Jennißen/Schmidt

Der WEG-Verwalter

Der WEG-Verwalter

Handbuch
für Verwalter und Beirat

von

Dr. Georg Jennißen

Dipl.-Betriebswirt
Rechtsanwalt

und

Dr. Jan-Hendrik Schmidt

Rechtsanwalt

2. Auflage

Verlag C. H. Beck München 2010

Verlag C. H. Beck im Internet:
beck.de

ISBN 978 3 406 59856 2

© 2010 Verlag C. H. Beck oHG
Wilhelmstraße 9, 80801 München
Satz, Druck und Bindung: Druckerei C. H. Beck, Nördlingen
(Adresse wie Verlag)

Gedruckt auf säurefreiem, alterungsbeständigem Papier
(hergestellt aus chlorfrei gebleichtem Zellstoff)

Vorwort zur 2. Auflage

Seit Erscheinen der Erstauflage des Handbuchs, passend zum Inkrafttreten der Novellierung des Wohnungseigentumsgesetzes am 1. Juli 2007, sind bereits etliche Gerichtsentscheidungen zum neuen Recht ergangen. Soweit der Bundesgerichtshof sich zu Wort gemeldet hat, betraf dies zumeist prozessuale Fragen, die für Verwalter und Verwaltungsbeiräte naturgemäß weniger relevant sind. Von erheblich größerem Interesse sind dafür diejenigen Entscheidungen, die sich mit dem materiellen Recht selbst beschäftigen und teilweise schon deutlich richtungweisenden Charakter besitzen.

Dies gilt für die neuen Beschlussmöglichkeiten bei der Modernisierung von Wohnanlagen sowie für die Änderung und Durchbrechung geltender Kostenverteilungsschlüssel bei Betriebs-, Verwaltungs- und Baukosten zur Erzielung von mehr Verteilungsgerechtigkeit. Aber auch zur Doppelrolle des Verwalters, der die Wohnungseigentümer (hinsichtlich des Gemeinschaftseigentums) und die Wohnungseigentümergemeinschaft (Verband) gleichermaßen zu vertreten hat, sowie zur besonderen Rolle des Verbandes, der sowohl verbandseigene Angelegenheiten als auch die „fremden" Angelegenheiten seiner Mitglieder, der Eigentümer, zu regeln hat, liegen neue Erkenntnisse vor. Entscheidungen zur Beschluss-Sammlung sowie zur Verwalter- und Beiratshaftung runden das Bild ab.

Das Handbuch versucht, diesen neuen Stand der Dinge, aber auch aktuelle Tendenzen aus der wohnungseigentumsrechtlichen Fachliteratur unter Beibehaltung des bisherigen Konzepts in die Darstellung einzubinden. Berücksichtigt wurden Rechtsprechung und Literatur bis Ende September 2009. Der Umfang des Buches hat um rund 150 Seiten zugenommen. Neu aufgenommen wurden zwei Verwaltervertragsmuster, von denen das eine die Interessen des gewerblichen Verwalters und das andere die Interessen der Gemeinschaft in den Vordergrund stellt. Beide Muster verstehen sich als Vorschläge möglicher Vertragsgestaltungen.

Für Anregungen und konstruktive Kritik danken die beiden Autoren allen Lesern und Nutzern im Voraus.

Köln/Hamburg, im Frühjahr 2010   Georg Jennißen
                                                Jan-Hendrik Schmidt

Inhaltsübersicht

Inhaltsverzeichnis

Inhalt

Abkürzungsverzeichnis

a. A.	anderer Ansicht
a. a. O.	am angegebenen Ort
a. F.	alte Fassung
AG	Amtsgericht, Aktiengesellschaft
AGBG	Gesetz zur Regelung der Allgemeinen Geschäftsbedingungen
AktG	Aktiengesetz
amtl. Begründung	amtliche Begründung
Anm.	Anmerkung
AnwZert MietR	Anwalt Zertifikat Online (juris)
AO	Abgabenordnung
Aufl.	Auflage
BayObLG	Bayerisches Oberstes Landgericht
BayObLGZ	Entscheidungen des BayObLG in Zivilsachen
BFH	Bundesfinanzhof
BGB	Bürgerliches Gesetzbuch
BGH	Bundesgerichtshof
BMF	Bundesministerium der Finanzen
BRAGO	Bundesrechtsanwaltsgebührenordnung
BR-Drucks.	Bundesratsdrucksache
BStBl	Bundessteuerblatt
BT-Drucks.	Bundestagsdrucksache
BVerfG	Bundesverfassungsgericht
bzgl.	bezüglich
bzw.	beziehungsweise
ders.	derselbe
d. h.	das heißt
DStR	Deutsches Steuerrecht
DStZ	Deutsche Steuerzeitung
DWE	Der Wohnungseigentümer
EnEG	Energieeinspargesetz
EnEV	Energiesparverordnung
EStDV	Einkommensteuer-Durchführungsverordnung
EStG	Einkommensteuergesetz
EStR	Einkommensteuer-Richtlinien
FGG	Gesetz über die freiwillige Gerichtsbarkeit
FGPrax	Praxis der freiwilligen Gerichtsbarkeit
Fn.	Fußnote
Fs.	Festschrift
GBO	Grundbuchordnung
GbR	Gesellschaft bürgerlichen Rechts
GE	Grundeigentum
gem.	gemäß
GewO	Gewerbeordnung
ggf.	gegebenenfalls
GKG	Gerichtskostengesetz
GmbH	Gesellschaft mit beschränkter Haftung
GmbHG	GmbH-Gesetz
GvKostG	Gerichtsvollzieherkostengesetz

HeizkV	Heizkostenverordnung
HGB	Handelsgesetzbuch
HmbGE	Hamburger Grundeigentum
h. M.	herrschende Meinung
i. d. R.	in der Regel
i. H. v.	in Höhe von
IMR	Immobilien- und Mietrecht
i. S.	im Sinne
i. S. d.	im Sinne des
i. S. v.	im Sinne von
jurisPR-MietR	juris Praxis Report Miet- und Wohnungseigentumsrecht
KG	Kammergericht, Kommanditgesellschaft
KostO	Kostenordnung
lfd.	laufend
LG	Landgericht
Ls.	Leitsatz
lt.	laut
MaBV	Makler- und Bauträgerverordnung
max.	maximal
m. E.	meines Erachtens
MietRB	Miet-Rechts-Berater
mind.	mindestens
monatl.	monatlich
m. w. N.	mit weiteren Nachweisen
MwSt.	Mehrwertsteuer
n. F.	neue Fassung
NJW	Neue Juristische Wochenschrift
NJW-RR	NJW Rechtsprechungs-Report Zivilrecht
Nr.	Nummer
NZG	Neue Zeitschrift für Gesellschaftsrecht
NZI	Neue Zeitschrift für Insolvenzrecht
NZM	Neue Zeitschrift für Miet- und Wohnungseigentumsrecht
OFD	Oberfinanzdirektion
OHG	Offene Handelsgesellschaft
OLG	Oberlandesgericht
OLGE	Rechtsprechung der Oberlandesgerichte
OLG-Report	Oberlandesgerichts-Report
OLGZ	Entscheidungen der Oberlandesgerichte in Zivilsachen
p. a.	per anno
PartGG	Partnerschaftsgesellschaftsgesetz
PiG	Partner im Gespräch
R.	Richtlinie
Rpfl.	Der Deutsche Rechtspfleger
RVG	Rechtsanwaltsvergütungsgesetz
Rdn.	Randnummer
s.	siehe
s. o.	siehe oben

sog.	sogenannte
st. Rechtsprechung	ständige Rechtsprechung
UG	Unternehmergesellschaft (haftungsbeschränkt)
UmwG	Umwandlungsgesetz
UR	Umsatzsteuerrundschau
UStG	Umsatzsteuergesetz
UStR	Umsatzsteuerrichtlinien
u. V. a.	unter Verweis auf
vgl.	vergleiche
WE	Wohnungseigentum
WEG	Wohnungseigentumsgesetz
WEM	Wohnungseigentümer-Magazin
WoVermittG	Wohnungsvermittlungsgesetz
WPM	Wertpapier-Mitteilungen
WuM	Wohnungswirtschaft und Mietrecht
z. B.	zum Beispiel
ZfIR	Zeitschrift für Immobilienrecht
Ziff.	Ziffer
ZinsO	Zeitschrift für das gesamte Insolvenzrecht
Zit.	Zitat
ZIP	Zeitschrift für Wirtschaftsrecht
ZMR	Zeitschrift für Miet- und Raumrecht
ZPO	Zivilprozessordnung
ZWE	Zeitschrift für Wohnungseigentum

Literaturverzeichnis

A. Bücher

Abramenko	Das neue WEG, 2007
ders.	Handbuch WEG 2009
Bärmann/Pick	Wohnungseigentumsgesetz (zit. WEG) nebst Ergänzungsband zum Regierungsentwurf 2006 für ein Gesetz zur Änderung des WEG und anderer Gesetze, 18. Aufl. 2007 (ab Mai 2010: 19. Aufl.)
Bärmann	Wohnungseigentumsgesetz (zit. WEG), 10. Aufl. 2008 (ab Juli 2010: 11. Aufl.)
Bärmann/Seuß	Praxis des Wohnungseigentums, 5. Aufl. 2010
Bamberger/Roth	BGB, Kommentar, Bd. 2, 1. Aufl. 2003
Becker/Kümmel/Ott	Wohnungseigentum, 1. Aufl. 2003
Bielefeld	Der Wohnungseigentümer, 7. Aufl. 2003
Bub/von der Osten	Wohnungseigentum von A–Z, 7. Aufl. 2004
Dauner-Lieb/Heidel/Ring	Nomos-Kommentar BGB, 2. Aufl. 2008
Deckert, Wolf	Die Eigentumswohnung, Loseblattsammlung, 1982
Erman	BGB, Kommentar, 11. Aufl. 2004
Frotscher	Abgabenordnung (zit. AO), 2003
Greiner	Wohnungseigentumsrecht, 2007
Gottschalg	Die Haftung von Verwalter und Beirat in der Wohnungseigentümergemeinschaft (zit. Haftung), 3. Aufl. 2009
Hügel/Elzer	Das neue WEG-Recht, 2007
Hügel/Scheel	Rechtshandbuch Wohnungseigentum (zit. Rechtshandbuch), 1. Aufl. 2002
Jacoby, Florian	Das private Amt, Habilitation 2007
Jennißen	Die Verwalterabrechnung nach dem Wohnungseigentumsgesetz (zit. Verwalterabrechnung), 5. Aufl. 2004
Köhler/Bassenge	Anwaltshandbuch Wohnungseigentumsrecht (zit. AHB WEG), 1. Aufl. 2004
ders.	Anwaltshandbuch Wohnungseigentumsrecht, 2. Aufl. 2009
Lutter/Hommelhoff	GmbH-Gesetz, 16. Aufl. 2004
Merle	Bestellung und Abberufung des Verwalters nach § 26 WEG, 1977
Müller	Beck'sches Formularbuch Wohnungseigentumsrecht, 2007
ders.	Praktische Fragen des Wohnungseigentums, 4. Aufl. 2004
Niedenführ/Kümmel/Vandenhouten	WEG, Handbuch und Kommentar, 8. Aufl. 2008
Palandt	BGB, 65. Aufl. 2006
Plückebaum/Malitzky/Widmann	Umsatzsteuergesetz – Kommentar (zit. UStG), 10. Aufl. 2004
Rau/Dürrwächter	Kommentar zum Umsatzsteuergesetz (zit. UStG), 8. Aufl. 2003
Riecke/Schmid	Kompaktkommentar WEG (zit. KK-WEG), 1. Aufl. 2005
Riecke/Schmidt/Elzer	Die erfolgreiche Eigentümerversammlung (zit. Eigentümerversammlung), 4. Aufl. 2006
Röll/Sauren	Handbuch für Wohnungseigentümer und Verwalter, 9. Aufl. 2008
Sauren	Wohnungseigentumsgesetz (zit. WEG), 5. Aufl. 2008
ders.	Verwaltervertrag und Verwaltervollmacht im Wohnungseigentum, 3. Aufl. 2000
Schimansky/Bunte/Lwowski	Bankrechts-Handbuch, 1. Aufl. 1997 (2. Aufl. 2001)
Schmidt, Karsten	Gesellschaftsrecht, 4. Aufl. 2004
Staudinger	BGB, Wohnungseigentumsgesetz, 13. Aufl. 2005

Tipke/Kruse	Kommentar zur Abgabenordnung/Finanzgerichtsordnung, (zit. AO), Lieferung 110, 2006
Ulmer/Brandner/Hensen	AGB-Recht, 10. Aufl. 2006
Weitnauer	Wohnungseigentumsgesetz (zit. WEG), 9. Aufl. 2005
Werner/Pastor	Der Bauprozess, 11. Aufl. 2005

B. Aufsätze

Abramenko	Parteien und Zustandekommen des Verwaltervertrags nach der neuen Rechtsprechung zur Teilrechtsfähigkeit der Wohnungseigentümergemeinschaft, ZMR 2006, 6
Armbrüster	Bauliche Veränderung und Aufwendungen gemäß § 22 Abs. 1 WEG und Verteilung der Kosten gemäß § 16 Abs. 4 und 6 WEG, ZWE 2008, 61
ders.	Die schuldrechtlichen Beziehungen zwischen Verwaltungsbeirat und Wohnungseigentümergemeinschaft nach Anerkennung ihrer Teilrechtsfähigkeit, ZWE 2006, 273
Armbrüster	Beendigung der Mitgliedschaft im Verwaltungsbeirat, insbesondere Abberufung, ZWE 2001, 412
ders.	Gesellschaft bürgerlichen Rechts kein Verwalter, ZWE 2006, 181
Becker	Die Anfechtung des Abberufungsbeschlusses durch den abberufenen Verwalter, ZWE 2002, 211
Bogen	Bestellung und Anstellung des Verwalters im Wohnungseigentumsrecht, ZWE 2002, 289
Briesemeister	Die Beschwerdebefugnis des neu bestellten WEG-Verwalters gegen die Ungültigkeitserklärung seines Bestellungsbeschlusses, NZM 2006, 568
Bub	Maßnahmen der Modernisierung und Anpassung an den Stand der Technik (§ 22 Abs. 2 WEG) und Verteilung der Kosten gem. § 16 Abs. 4 WEG, ZWE 2008, 205
Deckert	Die korrekte Verkündung von Entscheidungsergebnissen der Eigentümer einer Wohnungseigentümergemeinschaft durch den Verwalter, ZMR 2008, 585
Dippel/Wolicki	Auflösung oder Fortbestand des Verwaltungsbeirats bei Wegfall eines seiner Mitglieder, NZM 1999, 603
Drasdo	Die Renaissance der Gesellschaft bürgerlichen Rechts als Wohnungseigentumsverwalterin, NZM 2001, 258
ders.	Beschränkung der Abberufung des Verwalters auf einen wichtigen Grund, NZM 2001, 923
ders.	Der Tod des Verwalters oder des Geschäftsführers sowie des geschäftsführenden Gesellschafters der Verwaltungsgesellschaft, WE 1998, 429
Elzer	Welche Auswirkungen hat die Reform des § 79 ZPO auf Wohnungseigentumsverwalter?, ZMR 2008, 772
ders.	Zur gerichtlichen Entscheidung über die Wiederwahl eines WEG-Verwalters, ZMR 2001, 418
Fritsch	Die Verkehrssicherungspflicht im Wohnungseigentum, ZWE 2005, 384
Gottschalg	Probleme bei der Einberufung der Wohnungseigentümerversammlung, NZM 1999, 825
ders.	Inhaltliche Gestaltung von Verwalterverträgen nach der WEG-Novelle, NZM 2009, 217
ders.	Die Abgrenzung der baulichen Veränderung von der modernisierenden Instandsetzung, NZM 2001, 729
ders.	Verwalterentlastung im Wohnungseigentumsrecht, NJW 2003, 1293

ders.	Zur Haftung des Verwalters für fehlerhafte oder unterlassene Beschlussfeststellungen, ZWE 2005, 32
ders.	Das Anfechtungsrecht des Verwalters bei seiner Abberufung – neue Aspekte, ZWE 2006, 332
Häublein	Verwalter und Verwaltungsbeirat – einige aktuelle Probleme, ZMR 2003, 233
ders.	Bauliche Veränderung nach der WEG-Novelle – Neue Fragen und alte Probleme in „neuem Gewand", NZM 2007, 752
ders.	Aktuelle Rechtsfragen der Einberufung und Durchführung von Wohnungseigentümerversammlungen, ZMR 2004, 723
Horlemann	Gesonderte und einheitliche Feststellung der Einkünfte bei Wohnungseigentumsgemeinschaften, DStZ 1990, 422
ders.	Aufwendungen aus der Instandhaltungsrücklage bei Wohnungseigentumsgemeinschaften – steuerliche Probleme für Wohnungsverwalter?, DStZ 1990, 120
Jennißen	Die Auswirkungen der Rechtsfähigkeit auf die innergemeinschaftlichen Beziehungen der Wohnungseigentümer, NZM 2006, 203
Kahlen	Wohnungseigentum: Steuerliche Konsequenzen der Zuführung zur Instandhaltungsrückstellung, ZMR 2006, 21
Kümmel	Die Mitgliedschaft von Personenvereinigungen im Verwaltungsbeirat, NZM 2003, 303
Merle	Zur Vertretungsmacht des Verwalters nach § 27 RegE-WEG, ZWE 2006, 365
Moraht	Der Provisionsanspruch des makelnden Verwalters, DWE 2006, 89
Müller	Das Rechtsschutzbedürfnis bei Beschlussanfechtung, ZWE 2000, 557
Nieskoven	Umsatzsteuerliche Besonderheiten bei Wohnungseigentumsgemeinschaften, Gestaltende Steuerberatung 2006, 438
Sauren	Beiträge zur Instandhaltungsrücklage nach dem WEG direkt abzugsfähig, DStR 2006, 2163
Schäfer	Kann die GbR Verwalter einer Wohnungseigentümergemeinschaft sein?, NJW 2006, 216
Schmidt, J.-H.	Anfechtungsprozess – Prozesskostenverteilung vor rechtskräftiger gerichtlicher Entscheidung, MietRB 2009, 151
ders.	Rechnungserteilung und Vorsteuerabzugsberechtigung bei Wohnungseigentümergemeinschaft, UR 1993, 204
ders.	Neue Möglichkeiten der Kostenverteilung bei baulichen , Maßnahmen in Wohnungseigentumsanlagen, ZMR 2007, 913
ders.	Darlehensaufnahme durch die rechtsfähige Wohnungseigentümergemeinschaft – Wer wird Vertragspartner und wer haftet?, ZMR 2007, 90
ders.	Zur Beschlussergebnisverkündung durch den WEG-Verwalter, DWE 2005, 9
ders./Riecke	Anspruchsbegründung und Anspruchsvernichtung durch Mehrheitsbeschluss – Kann die Wohnungseigentümergemeinschaft mit Miteigentümern „kurzen Prozess" machen? ZMR 2005, 252
Suilmann	Beschlussanfechtung durch den abberufenen Verwalter, ZWE 2000, 106
Vandenhouten	Die Informationspflichten des Verwalters bei Rechtsstreitigkeiten gemäß § 27 Abs. 1 Nr. 7 WEG, ZWE 2009, 145
Weimann/Raudszus	Wohnungseigentümergemeinschaften: Die Steuerbefreiung des § 4 Nr. 13 UStG und ihre Brennpunkte, UR 1997, 462
ders.	Wohnungseigentümergemeinschaften – Neue Problemfelder der Steuerbefreiung des § 4 Nr. 13 UStG, UR 1999, 486

Literatur

Wenzel .... Die Wohnungseigentümergemeinschaft – ein janusköpfiges Gebilde aus Rechtssubjekt und Miteigentümergemeinschaft?, NZM 2006, 321

ders. .... Die Wahrnehmung der Verkehrssicherungspflicht durch den Wohnungseigentumsverwalter, ZWE 2009, 57

ders. .... Der vereinbarungsersetzende, vereinbarungswidrige und vereinbarungsändernde Mehrheitsbeschluss, ZWE 2000, 2

ders. .... Die Befugnis des Verwalters zur Anfechtung des Abberufungsbeschlusses, ZWE 2001, 510

ders. .... Die Entscheidung des Bundesgerichtshofes zur Beschlusskompetenz der Wohnungseigentümerversammlung und ihre Folgen, ZWE 2001, 226

ders. .... Die Teilrechtsfähigkeit und die Haftungsverfassung der Wohnungseigentümergemeinschaft – eine Zwischenbilanz, ZWE 2006, 2

A. Der WEG-Verwalter

I. Die wohnungseigentumsrechtlichen Organe

§ 20 Abs. 1 WEG nennt für die Verwaltung des Wohnungseigentums drei Organe, **1**
nämlich die Gesamtheit der Wohnungseigentümer, den Verwalter und den Verwaltungsbeirat.[1]

Die Gemeinschaft der Wohnungseigentümer, der seit der Entscheidung des BGH **2**
vom 2. 6. 2005[2] **Teilrechtsfähigkeit** zugeordnet wird, kann selbstständig am Rechtsverkehr mit Dritten teilnehmen. Die Entscheidungen im Innenverhältnis, was der rechtsfähige Verband tun soll, trifft die **Wohnungseigentümerversammlung.** Diese ist das Organ, das grundsätzlich die **Entscheidungskompetenz** besitzt.

Demgegenüber ist der Verwalter **das ausführende Organ.** Die Organstellung ist **3**
ebenfalls vom BGH in der Entscheidung vom 2. 6. 2005 im Rahmen der Teilrechtsfähigkeit klargestellt worden. Bis dahin war die rechtliche Einordnung des Verwalters unklar. Lediglich Teile der Literatur gingen von einer Organstellung aus.[3] Teilweise wurde auch nur von einer gewillkürten oder eingeschränkten gesetzlichen Vertretungsmacht gesprochen.[4] Nunmehr ist geklärt, dass die Eigentümergemeinschaft zwar das Willensbildungsorgan und der Verwalter das Leitungsorgan der Eigentümergemeinschaft ist.[5] Da der Verwalter nicht selbst Wohnungseigentümer sein muss und somit seine Organfunktion nicht an die Mitgliedschaft gebunden ist, ist von einer **Fremdorganschaft** zu sprechen.[6]

Der **Verwaltungsbeirat** ist nach § 29 Abs. 1 WEG fakultativ und hat keine Befug- **4**
nisse, Verwaltungsentscheidungen zu treffen. Seine Funktion beschränkt sich nach § 29 Abs. 2 WEG auf die Unterstützung des Verwalters, eine besondere Prüfungspflicht gem. § 29 Abs. 3 WEG und auf das Recht, unter in § 24 Abs. 3 WEG genannten Voraussetzungen durch den Beiratsvorsitzenden oder seinen Vertreter die Eigentümerversammlung einberufen zu dürfen. Der Beirat, wenn er denn überhaupt in der Eigentümergemeinschaft bestellt wurde, ist das schwächste Organ der Gemeinschaft.

Wohnungseigentumsrechtlich besteht somit eine **dreigliedrige Organschaft.** Vom **5**
Willensbildungsorgan, der Eigentümerversammlung, werden Beschlüsse dem Verwalter zur Ausführung übertragen und ggf. vom Beirat beaufsichtigt. Auch wenn diese Struktur vordergründig mit den Organschaften im Gesellschaftsrecht vergleichbar ist, sind die Machtbefugnisse unterschiedlich. Daraus ergibt sich folgende **Abgrenzung zum GmbH- und Aktienrecht:** Zentrales Organ ist bei der Eigentümergemeinschaft die Eigentümerversammlung, die mit der Gesellschafterversammlung der GmbH oder der Hauptversammlung der Aktiengesellschaft korrespondiert. Das aufsichtsführende Organ, der Beirat, ist aber wesentlich schwächer ausgeprägt als der Aufsichtsrat. Dies wird schon dadurch deutlich, dass der Aufsichtsrat der Aktiengesellschaft zwingend ist, während der wohnungseigentumsrechtliche Beirat fakultativ eingerichtet werden kann. Da das GmbH-Gesetz keinen obligatorischen, sondern ebenfalls nur einen fakultativen

---

[1] *Merle* in Bärmann, WEG, § 20 Rdn. 9 u. V. a. BRatsdrucks. 75/51 zu § 20.

[2] ZMR 2005, 547 = DWE 2005, 134 = NJW 2005, 2061 = NZM 2005, 543.

[3] So *Merle,* Bestellung und Abberufung des Verwalters, S. 15; *Lüke* in Weitnauer, WEG, § 27 Rdn. 1; *Müller,* Praktische Fragen, Rdn. 874.

[4] *Gottschalg* in Deckert, Gruppe 4, 1073.

[5] Vgl. zu den Organbegriffen *Karsten Schmidt,* Gesellschaftsrecht, § 14 II.

[6] So auch *Merle,* ZWE 2006, 21.

Aufsichtsrat oder Beirat kennt, bestehen eher hier Parallelen. Sofern satzungsgemäß nichts anderes geregelt ist, bleiben wohnungseigentumsrechtlicher Beirat und der Beirat einer GmbH schwache Organe mit geringer Kompetenz. Demgegenüber ist der Aufsichtsrat einer Aktiengesellschaft ein starkes Organ, das die Vorstandsmitglieder bestellt und abberuft (§ 84 AktG), die Geschäftsführung laufend überwacht (§ 111 Abs. 1 AktG) und die Gesellschaft gegenüber den Vorstandsmitgliedern gerichtlich und außergerichtlich vertritt (§ 112 AktG).

6   § 29 Abs. 2 WEG bestimmt lediglich, dass der **Verwaltungsbeirat** den Verwalter bei der Durchführung seiner Aufgaben **unterstützt.** Hieraus ließe sich schließen, dass der Verwalter ein stärkeres Organ als der Vorstand einer Aktiengesellschaft ist. Seine Tätigkeit unterliegt nicht der strengen Kontrolle, wie sie der Aufsichtsrat gegenüber dem Vorstand einer Aktiengesellschaft ausübt. Dennoch ist die Machtbefugnis des WEG-Verwalters schon von Gesetzes wegen eingeschränkt, als § 27 WEG dem Verwalter keine umfassenden Rechte und Pflichten überträgt. Dem Verwalter stehen nur **partielle Befugnisse** zu, um für die Wohnungseigentümer im Rechtsverkehr zu handeln. Bis zur Novelle enthielt das WEG keine Vorschrift, wonach der Verwalter den teilrechtsfähigen Verband oder die Wohnungseigentümer gerichtlich vertritt.[7] Dies ist durch die Novelle insofern anders geworden, als der Verwalter nach § 27 Abs. 2 Nr. 2 und Abs. 3 Nr. 2 WEG auf Passivseite Prozesse für die Wohnungseigentümer und den Verband führen darf. Im Aktivverfahren für die Wohnungseigentümer ist ein ermächtigender Beschluss notwendig, § 27 Abs. 2 Nr. 3 WEG. Abgesehen von Notmaßnahmen benötigt der Verwalter im Innenverhältnis zur Begründung seiner Geschäftsführungskompetenz weitgehend eine Beschlussanweisung der Eigentümerversammlung.

Vergleichbare Regelungen existieren im Gesellschaftsrecht nicht. Geschäftsführung und Vorstand leiten die Geschäfte des Unternehmens unter eigener Verantwortung. Die Geschäftsführungskompetenz besteht von Gesetzes wegen und muss nicht durch Beschluss der Gesellschafterversammlung begründet werden. Allerdings kann sie gesellschaftsrechtlich durch Satzung oder Beschluss der Gesellschafterversammlung eingeschränkt werden. Demgegenüber hat der Verwalter in erster Linie Beschlüsse der Eigentümerversammlung auszuführen, d. h. die Handlungskompetenz wird erst durch Beschluss begründet. Der Verwalter darf weitgehend ohne Beschlussgrundlage nicht handeln. Dies schwächt seine Organstellung deutlich und stärkt die **Bedeutung der Eigentümerversammlung.**

---

[7] Vgl. auch *Merle,* ZWE 2006, 21, 22.

II. Notwendigkeit der Verwalterbestellung

Nach § 21 Abs. 1 WEG steht die Verwaltung des gemeinschaftlichen Eigentums den **7** Wohnungseigentümern gemeinschaftlich zu. Dagegen regelt § 20 Abs. 2 WEG vermeintlich widersprüchlich, dass die Bestellung eines Verwalters nicht ausgeschlossen werden kann. Ein Ausschluss ist sowohl durch Beschluss[1] als auch Vereinbarung[2] nichtig. Dieses Verbot wird jedoch nicht mit der Verpflichtung gleichgesetzt, einen Verwalter bestellen zu müssen.[3] Es wird also zwischen Bestellungsgebot und Verpflichtung differenziert.

Bisher wurde die **Verpflichtung,** einen Verwalter zu bestellen, insbesondere von der **8** **Größe der Eigentümergemeinschaft** abhängig gemacht. Bei kleineren Eigentümergemeinschaften (z. B. aus drei Wohnungseigentümern bestehend) wird es als **ordnungsmäßiger Verwaltung entsprechend** angesehen, wenn die Wohnungseigentümer ihre Verwaltungsangelegenheiten gemeinschaftlich nach § 20 Abs. 1 WEG regeln. Hingegen sei bei größeren Eigentümergemeinschaften ein Anspruch des Einzelnen im Sinne des § 21 Abs. 4 WEG auf Bestellung eines Verwalters gegeben, weil nur so eine ordnungsmäßige Verwaltung gewährleistet werden könne.[4]

Die Frage, ob ein Verwalter vorhanden sein muss, kann nicht von der Frage nach sei- **9** ner Funktionalität getrennt werden. Seit der Entscheidung des BGH zur Rechtsfähigkeit der Eigentümergemeinschaft[5] ist klargestellt, dass der Verwalter das **Organ** des rechtsfähigen Verbands ist. § 27 Abs. 3 S. 2 WEG macht aber deutlich, dass ein Verwalter nicht der Einzige ist, der für die Vertretung der Eigentümergemeinschaft in Betracht kommt. Wenn ein Verwalter fehlt, so vertreten alle Wohnungseigentümer die Gemeinschaft. Dabei können die Wohnungseigentümer auch durch Mehrheit beschließen, einen oder mehrere Wohnungseigentümer **zur Vertretung** zu **ermächtigen.** Gleiches ist nach der gesetzlichen Regelung der Fall, wenn ein Verwalter nicht zur Vertretung der Eigentümergemeinschaft berechtigt ist. Die gesetzliche Regelung macht somit deutlich, dass die Vertretungsmacht nicht unbedingt beim Verwalter angesiedelt sein muss. Wenn einzelne Wohnungseigentümer bevollmächtigt werden, die Eigentümergemeinschaft zu vertreten, werden diese zwar Vertreter der Eigentümergemeinschaft, nicht aber deren Organ. Andernfalls käme es zu einer **Doppelverwalterbestellung,** die im Gesetz nicht vorgesehen ist.

Der Verwalter als Organ wird durch die Möglichkeit, dass ihm teilweise die Vertretungsmacht nicht übertragen wird, geschwächt. Verzichten die Wohnungseigentümer auf eine Verwalterbestellung, liegt die Vertretungsmacht bei ihnen, ohne dass die Wohnungseigentümer gleichzeitig zum Organ der Gemeinschaft werden. In einem solchen Fall hat die Eigentümergemeinschaft kein Organ. Eine generelle Handlungsunfähigkeit ist wegen der Vertretungsmacht der Wohnungseigentümer damit nicht verbunden.

Dennoch bleibt es das Ziel einer jeden Eigentümergemeinschaft, dass ein Verwalter be- **10** stellt wird. Ein Beschluss der Wohnungseigentümer, keinen Verwalter zu bestellen (ggf. auch nur zeitweise), ist nach der Regelung des § 20 Abs. 2 WEG nichtig.[6] § 27 Abs. 3

---

[1] *Merle* in Bärmann, WEG, § 20 Rdn. 13; *Giesen,* DWE 1993, 130, 136.

[2] BayObLG WE 1990, 67; LG Hannover DWE 1983, 124; *Merle* in Bärmann, WEG, § 20 Rdn. 13.

[3] *Merle* in Bärmann, WEG, § 20 Rdn. 13; *Sauren,* WEG, § 20 Rdn. 4.

[4] So *Becker/Kümmel/Ott,* Wohnungseigentum, § 7 Rdn. 336; *Merle* in Bärmann, WEG, § 20 Rdn. 15.

[5] ZMR 2005, 547 = DWE 2005, 134 = NJW 2005, 2061 = NZM 2005, 543.

[6] So auch *Niedenführ/Kümmel/Vandenhouten,* WEG, § 26 Rdn. 3; a.A. *Müller,* Praktische Fragen, 4. Aufl., Rdn. 8 – allerdings ist die 4. Aufl. vor der Entscheidung des BGH zur Rechtsfähigkeit erschienen.

S. 2 WEG will die Regelung des § 20 Abs. 2 WEG nicht abändern. Es soll lediglich das Vertretungsverhältnis geklärt werden, wenn ein Verwalter fehlt. Damit soll nicht gesagt werden, dass die Eigentümergemeinschaft auf die Bestellung eines Verwalters generell verzichten kann. Andererseits kann die Gemeinschaft verwalterlos sein und ist dennoch durch die vertretungsberechtigten Wohnungseigentümer handlungsfähig.

11   § 27 Abs. 3 S. 2 WEG differenziert dabei nicht zwischen Fremd- und Selbstverwalter. Wenn ein Nicht-Eigentümer zum Verwalter gewählt wird, handelt es sich um ein **Fremdorgan.** Wird hingegen ein Wohnungseigentümer gewählt, liegt ein Fall der **Selbstorganschaft** vor. Sind die Wohnungseigentümer neben oder anstelle eines Verwalters vertretungsberechtigt, lässt sich nicht von Organschaft sprechen, da die Aufgabe der Wohnungseigentümer in diesem Fall nur auf die gemeinsame Vertretung beschränkt ist. Die zahlreichen Verwalteraufgaben, wie z. B. Erstellung der Jahresabrechnung oder Einberufung einer Eigentümerversammlung, werden damit nicht auf die einzelnen bevollmächtigten Wohnungseigentümer übertragen. Diese erhalten nicht die Geschäftsführungskompetenz, sondern nur gemeinsame Vertretungsmacht. Wenn mehrere oder alle Wohnungseigentümer handeln sollen, liegt ein Fall der **Gesamtvertretung** vor.

12   Bei größeren Eigentümergemeinschaften entspricht die Fremdorganschaft ordnungsmäßiger Verwaltung. Nur professionelle Verwalter werden bei größeren Gemeinschaften in der Lage sein, die vielfältigen Aufgaben ordnungsgemäß zu erfüllen. Auch würde eine größere Eigentümergemeinschaft bei Gesamtvertretung durch die einzelnen Wohnungseigentümer praktisch handlungsunfähig.

III. Doppelfunktion des Verwalters

Der BGH hat in seiner Entscheidung zur Rechtsfähigkeit der Eigentümergemein- **13** schaft[1] deutlich gemacht, dass dem rechtsfähigen Verband insbesondere das Geldvermögen und solche Gegenstände zuzuordnen sind, die der lfd. Bewirtschaftung und Verwaltung des Objektes dienen. Demgegenüber bleibt das **Gemeinschaftseigentum,** wie es das Wort auch sagt, Eigentum aller Wohnungseigentümer. Damit bestehen zwei **unterschiedliche Vermögensmassen,** die eine, die dem Verband gehört und die andere, die der Summe der Wohnungseigentümer zuzurechnen ist.[2] Dem schließt sich der Gesetzgeber an und bestätigt die BGH-Auffassung nunmehr in § 10 Abs. 7 WEG. Danach zählen zum **Verbandsvermögen** die gesetzlich begründeten und rechtsgeschäftlich erworbenen Sachen und Rechte sowie die damit korrespondierenden Verbindlichkeiten. Forderungen können sowohl gegenüber Dritten als auch gegenüber Wohnungseigentümern entstehen. Die aus diesen Forderungen eingenommenen Gelder werden ebenfalls Verbandsvermögen.

Indem sich der Verwalter um das Vermögen des Verbands einerseits und das Vermö- **14** gen der Wohnungseigentümer andererseits kümmern muss, spricht Hügel[3] von einer Zwitterstellung und **Doppelfunktion** des Verwalters. Er handelt einmal für den rechtsfähigen Verband und zum anderen auch für die Summe der Wohnungseigentümer. Der Gesetzgeber trägt dieser Auffassung Rechnung, indem er die Aufgaben und Befugnisse des Verwalters in § 27 WEG in solche aufsplittet, die einmal gegenüber der Gemeinschaft der Wohnungseigentümer (Verband) und zum anderen gegenüber allen Wohnungseigentümern bestehen sollen. Der Verwalter erhält dadurch folgende Doppelfunktion: Er ist einmal Organ des Verbands und ist zum anderen für die Wohnungseigentümer tätig. Die Bundesregierung spricht in ihrer Entwurfsbegründung vom **Organ** der Gemeinschaft und vom **Vertreter** der Wohnungseigentümer.[4]

Die Neufassung des § 27 WEG definiert in bewusster Aufgabentrennung in Absatz 2 **15** die **Aufgaben** und **Befugnisse** des Verwalters in Relation zu allen Wohnungseigentümern und in Absatz 3 die Aufgaben und Befugnisse in Relation zum Verband. Daneben führt der Gesetzgeber in § 27 Abs. 1 WEG Aufgaben an, die der Verwalter sowohl im Namen der Eigentümergemeinschaft als auch für die Wohnungseigentümer zu erfüllen hat. Damit entstehen drei Bereiche. Er ist in einem Bereich **Organ** und im anderen **Vertreter.** Im dritten Bereich, dort wo der Verwalter für Verband **und** Wohnungseigentümer tätig wird, ließe sich an die Wortschöpfung „Organvertreter" denken. Dies wäre jedoch ein Trugschluss, da der Gesetzgeber in diesem Schnittbereich dem Verwalter eben keine Vertretungsmacht, sondern nur Geschäftsführungsbefugnis überträgt.[5] In diesem Bereich spricht der Gesetzgeber selbst von einer Zwitterstellung.[5] § 27 Abs. 1 WEG will klarstellen, dass der Verwalter – anders als der Geschäftsführer einer GmbH – Geschäftsführungsaufgaben sowohl für den Verband als auch für die Summe der Mitglieder ausüben kann.

Gegenüber dieser Geschäftsführungskompetenz des § 27 Abs. 1 WEG gewähren § 27 **16** Abs. 2 und 3 WEG dem Verwalter **Vertretungsmacht,** wobei der Verwalter dann

---

[1] ZMR 2005, 547 = DWE 2005, 134 = NJW 2005, 2061 = NZM 2005, 543.
[2] *Hügel,* DNotZ 2005, 753, 764; *Jennißen,* NZM 2006, 203; *Wenzel,* NZM 2006, 321.
[3] S. Fn. 2; ebenfalls von Doppelfunktion ausgehend *Wenzel,* ZWE 2006, 2, 8.
[4] Gegenäußerung der Bundesregierung zur Stellungnahme des Bundesrats v. 8. 7. 2005 zum Entwurf eines Gesetzes zur Änderung des Wohnungseigentumsgesetzes und anderer Gesetze in BR-Drucks. 397/05 in *Bärmann/Pick,* WEG, Ergänzungsband zur 17. Aufl., S. 178.
[5] S. Fn. 4.

nicht mehr gleichzeitig für Verband und Wohnungseigentümer tätig wird, sondern nur „entweder oder". So trifft den Verwalter beispielsweise die Geschäftsführungspflicht für Verband **und** Wohnungseigentümer, Beschlüsse der Wohnungseigentümer umzusetzen oder notwendige Instandhaltungs- und Instandsetzungsmaßnahmen des gemeinschaftlichen Eigentums zu treffen. Erfordern diese Maßnahmen Rechtshandlungen im Außenverhältnis, erhält der Verwalter **hierfür Vertretungsmacht,** den rechtsfähigen Verband gegenüber Dritten zu berechtigen und zu verpflichten.

17   Bis zur Novellierung konnte argumentiert werden, dass der Verwalter nur die Rechte und Pflichten haben konnte, die ihm von seinem **Dienstherrn,** dem Verband, verliehen wurden. Der Verband musste dann seinerseits von den Wohnungseigentümern beauftragt werden.[6] Durch die Gesetzesnovelle ist diese Auffassung nicht mehr haltbar. Der Verwalter ist jetzt für den Verband und für die Wohnungseigentümer tätig. Es wird deutlich, dass der WEG-Verwalter sich beispielsweise vom GmbH-Geschäftsführer dadurch unterscheidet, dass Letzterer eben nur die Gesellschaft und nicht gleichzeitig auch die einzelnen Gesellschafter vertritt. Die jetzt vom Gesetzgeber gewählte Konstruktion des **Doppelvertretungsrechts** findet im Gesellschaftsrecht keine Parallele.

18   Diese Systematik verliert ihre klaren Konturen, wenn der Verwalter gem. § 27 Abs. 1 Nr. 5 WEG berechtigt und verpflichtet wird, alle Zahlungen und Leistungen zu bewirken und entgegenzunehmen, die mit der lfd. Verwaltung des gemeinschaftlichen Eigentums zusammenhängen. Nr. 6 des § 27 Abs. 1 WEG ergänzt dann noch, dass er für den Verband und für die Wohnungseigentümer die Geschäftsführungskompetenz besitzt, eingenommene Gelder zu verwalten. Demgegenüber erteilt nach § 27 Abs. 3 WEG der Verwalter im Außenverhältnis Aufträge an Dritte für den Verband und bezahlt diese aus dem **Verbandsvermögen.** Das Geldvermögen hat er nach § 27 Abs. 3 Nr. 5 WEG auf Konten des Verbands zu führen. Sämtliche Forderungen gegenüber Dritten und gegenüber Wohnungseigentümern werden Verbandsvermögen, § 10 Abs. 7 WEG. Damit kann der Verwalter eingenommene Gelder nicht für die Wohnungseigentümer, sondern nur für den Verband verwalten. Diese gehen auf Konten des Verbands ein und werden dessen Vermögen. Er verfügt Gelder des Verbands vom Konto des Verbands. Daher kann er im Innenverhältnis den Zahlungsverkehr nicht gleichzeitig auch für die Wohnungseigentümer ausführen. Die Vermischung der Doppelfunktion zu einem überschneidenden Pflichtenkreis muss insoweit als missglückt angesehen werden.

Der Verwalter steht in einem Rechtsverhältnis zum Verband und muss auch Pflichten gegenüber dem Wohnungseigentümern erfüllen. Dennoch steht er bei vertretener Auffassung nur zum Verband in einem Vertragsverhältnis. (s. zum Verwaltervertrag unten Rdn. 162 ff.). Zu berücksichtigen ist, dass nach § 10 Abs. 6 WEG dem Verband eine bevorrechtigte Position zukommt. Der Verband wird **im Rahmen der gesamten Verwaltung** für die Wohnungseigentümer tätig und übt die gemeinschaftsbezogenen Rechte der Wohnungseigentümer aus.

---

[6] *Jennißen,* NZM 2006, 203, 204.

IV. Vertretungsmacht

1. Überblick

Die Vertretungsmacht des Verwalters beginnt mit dem ersten Tag des Bestellungszeit- **19**
raums und endet mit seiner **Abberufung** oder der Niederlegung seines Amts. Einschränkend sieht der Gesetzgeber in § 27 Abs. 3 Satz 2 WEG ausdrücklich die Möglichkeit vor, dass der legitimierte Verwalter zur Vertretung im **Einzelfall** nicht
berechtigt sein kann und deshalb die Gemeinschaft durch alle Wohnungseigentümer
vertreten wird. Der Gesetzgeber lässt offen, wodurch es zur fehlenden Vertretungsbe-
rechtigung kommt. Sowohl die **Nichtübertragung** von einzelnen Vertretungsaufgaben
als auch ihre **Entziehung** sind denkbar. Auch differenziert der Wortlaut nicht, ob die
Vertretungsmacht ganz oder teilweise fehlt. Die Wohnungseigentümer können einen
oder mehrere Wohnungseigentümer durch Mehrheitsbeschluss zur Vertretung an Stelle
des Verwalters ermächtigen, § 27 Abs. 3 Satz 3 WEG. Der Gesetzgeber will damit erreichen, dass es zukünftig **keinen Notverwalter** mehr geben muss bzw. soll.[1] Gleichzeitig geht er aber über dieses Ziel hinaus und begründet eine Vertretungsmacht anderer Personen (Wohnungseigentümer) neben bestehender Verwaltung. Wenn in der
Regierungsbegründung davon gesprochen wird, dass der Verwalter nicht zur Vertretung
ermächtigt wird[2], ist ebenso die Entziehung denkbar. Fehlende Übertragung und Entziehung sind gleichermaßen möglich.

2. Abgrenzung zur Geschäftsführungskompetenz

Nicht möglich ist es allerdings, dem Verwalter die Vertretungsmacht zu entziehen, **20**
soweit seine **Geschäftsführungsaufgaben** nach § 27 Abs. 1 WEG und seine Vertretungskompetenzen gem. § 27 Abs. 2 und Abs. 3 WEG betroffen sind. Diese können
ihm gem. § 27 Abs. 4 WEG nicht durch Vereinbarung eingeschränkt oder insgesamt
entzogen werden. Auch wenn der Wortlaut der Norm nur von Vereinbarung spricht, so
können diese Kompetenzen erst recht nicht durch Beschluss beeinträchtigt werden.[3]
Ebenso ist es unzulässig, die Verwalterrechte gem. § 27 Abs. 1–3 WEG durch den Verwaltervertrag einzuschränken. Es handelt sich somit um gesetzliche Mindestrechte.

Eine unzulässige Einschränkung stellt es aber dar, wenn Handlungen des Verwalters **21**
generell unter Zustimmungsvorbehalt, z.B. des Verwalterbeirats, gestellt werden.[4] Die
Wohnungseigentümer besitzen aber eine Richtlinienkompetenz, die es ihnen erlaubt,
auf einzelne Maßnahmen Einfluss zu nehmen. Sie können hierdurch die **Art und Weise** der Verwaltertätigkeit bestimmen. Während die Wohnungseigentümer dem Verwalter nicht das Recht auf Verwaltung der eingenommenen Gelder entziehen können,
dürfen sie aber entscheiden, bei welcher Bank die Konten der Eigentümergemeinschaft
geführt werden. Ebenso dürfen die Wohnungsgeigentümer dem Verwalter nicht das
Recht gem. § 27 Abs. 2 Nr. 4, Abs. 3 Nr. 6 entziehen, mit einem Rechtsanwalt eine
Streitwertvereinbarung zu treffen. Davon unbenommen bleibt aber das Recht, die Person des Rechtsanwalts zu bestimmen.

---

[1] So die Begründung der Bundesregierung im Gesetzgebungsverfahren in BT-Drucks. 16/887
in *Bärmann/Pick*, WEG, Ergänzungsband zur 17. Aufl., S. 85 f.

[2] S. Fn. 1.

[3] So schon für den alten § 27 Abs. 3 OLG Hamm DWE 1992, 126; BayObLG WE = 1998,
154; *Merle* in Bärmann, WEG, § 27 Rdn. 263.

[4] Ebenso *Merle* in Bärmann, WEG § 27 Rdn. 260; *Abramenko* in Riecke/Schmid, WEG, § 27
Rdn. 72; *Heinemann* in Jennißen, WEG, § 27 Rdn. 137.

Zulässig ist es, durch Beschluss, Vereinbarung oder Verwaltervertrag die Aufgaben und Befugnisse des Verwalters zu erweitern.[5] Entsprechende Vereinbarungen binden den Verwalter unmittelbar.[6]

3. Vertretung bei Maßnahmen der Instandhaltung und Instandsetzung

22   **a) Umfang.** Eine Besonderheit besteht für Instandhaltungs- und Instandsetzungsmaßnahmen. § 27 Abs. 1 Nr. 2 WEG begründet die Geschäftsführungskompetenz des Verwalters für erforderliche Maßnahmen der ordnungsmäßigen Instandhaltung und Instandsetzung. Die Vertretungsmacht wird dem Verwalter aber in § 27 Abs. 3 Nr. 3 WEG nur für die **laufenden Maßnahmen** der erforderlichen ordnungsmäßigen Instandhaltung und Instandsetzung erteilt. Somit ist die Vertretungsmacht beschränkt. Geschäftsführungsbefugnis und Vertretungsmacht decken sich insoweit nicht.

Dabei ist zu berücksichtigen, dass der Wortlaut der Norm des § 27 Abs. 3 Nr. 3 WEG insoweit als missglückt angesehen werden muss, als es laufende Maßnahmen der Instandsetzung nicht geben kann. Eine laufende Maßnahme setzt eine Wiederkehr voraus. Sie muss gewissermaßen planbar sein. Dies dürfte nur bei Instandhaltungsmaßnahmen der Fall sein, die der Verhinderung von Schäden an der Gebäudesubstanz dienen. Zu Instandhaltungsarbeiten zählen auch Pflegemaßnahmen[7], Anstricharbeiten[8], Kleinreparaturen und Wartungsarbeiten.[9] Alle diese Maßnahmen sind laufend erforderlich, so dass der Verwalter hierfür Vertretungsmacht besitzt. Instandsetzungsmaßnahmen sind hiergegen größere Reparaturen und Ersatzbeschaffungen[10], die nicht laufend anfallen, so dass für diese eine Vertretungsmacht des Verwalters ohne Ermächtigungsbeschluss der Wohnungseigentümer kaum denkbar ist.

23   Bis zur Novellierung von § 27 WEG wurde die Auffassung vertreten, dass der Verwalter Aufträge im Rahmen von Instandsetzungs- oder Instandhaltungsmaßnahmen nur nach entsprechender **Beschlussfassung** durch die Wohnungseigentümer erteilen dürfe. Andernfalls hätte er weder mit Geschäftsführungskompetenz noch mit Vertretungsmacht gehandelt und im Zweifel einem Dritten gegenüber nach § 179 BGB gehaftet.[11]

Seit der WEG-Novelle differenziert das Gesetz stärker zwischen Geschäftsführung nach § 27 Abs. 1 und Vertretung nach Abs. 2 bzw. Abs. 3. Zur Geschäftsführungskompetenz sieht § 27 Abs. 1 Nr. 2 WEG keine Beschlussfassung vor. Da der Wortlaut aber insoweit gegenüber der alten Fassung nicht geändert wurde, wird gefolgert, dass zur Ausübung der Geschäftsführung in dieser Angelegenheit weiterhin ein Beschluss der Wohnungseigentümer notwendig ist.[12] Diese Auffassung ist in ihrer Allgemeinheit nur schwer mit § 27 Abs. 4 WEG zu vereinbaren, wonach auch die Geschäftsführungskompetenz des Verwalters nicht eingeschränkt werden darf. Überzeugender ist daher die Auffassung, die den Maßnahmenbegriff des § 27 Abs. 1 Nr. 2 WEG einschränkt. Danach sei die für den Verwalter erforderliche Maßnahme nur im Herbeiführen einer Entscheidung der Wohnungseigentümer zu sehen.[13] Diese müssen über größere In-

---

[5] Ebenso *Merle* in Bärmann, WEG § 27 Rdn. 260; *Abramenko* in Riecke/Schmid, WEG, § 27 Rdn. 72; *Heinemann* in Jennißen, WEG, § 27 Rdn. 137.

[6] *Merle,* ZWE 2001, 145; *Drasdo,* NZM 2001, 923.

[7] LG Frankfurt NJW-RR 1990, 24.

[8] BayObLG ZMR 1997, 37.

[9] OLG Zweibrücken NJW-RR 1991, 1301.

[10] BayObLG WuM 1993, 562; OLG Düsseldorf WE 1996, 347.

[11] *Merle* in Bärmann, WEG, § 27 Rdn. 63; einschränkend *Lüke* in Weitnauer, WEG, § 27 Rdn. 6.

[12] *Merle* in Bärmann, WEG, § 27 Rdn. 36; *Abramenko* in Riecke/Schmid, WEG, § 27 Rdn. 19.

[13] *Sauren,* WEG, § 27 Rdn. 13; *Niedenführ/Kümmel/Vandenhouten,* WEG, § 27 Rdn. 15.

standhaltungen und Instandsetzungen beschließen. Diese Entscheidung der Wohnungseigentümer ist aber bei Notmaßnahmen und auch bei Maßnahmen der laufenden Verwaltung obsolet. Es wäre widersinnig, die Vertretungsmacht über die Geschäftsführungskompetenz einzuschränken.

b) Haftung. Die Geschäftsführungskompetenz des Verwalters, die der bisherigen 24 Rechtslage entspricht, korrespondiert grundsätzlich mit der Vertretungsmacht. Der Verwalter bedarf zur Begründung seiner Vertretungsmacht im Zusammenhang mit Instandsetzungsmaßnahmen, insbesondere größeren Umfangs, weiterhin eines Beschlusses der Wohnungseigentümerversammlung. Handelt er ohne einen solchen Beschluss, läuft er Gefahr, nach § 179 Abs. 1 BGB dem Vertragspartner nach dessen Wahl auf Erfüllung oder **Schadensersatz** zu haften.

Dabei muss sich der Vertragspartner nicht etwa nach § 179 Abs. 3 BGB entgegenhalten lassen, er habe die gesetzliche Einschränkung der Vertretungsmacht kennen müssen und sei daher bösgläubig. Es ist anerkannt, dass der Vertragspartner hinsichtlich der Vertretungsbefugnis des anderen Teils auf dessen Behauptung, diese zu besitzen, vertrauen darf. **Nachforschungen** muss er nicht anstellen. Auch die gesetzliche Einschränkung der Vertretungsmacht begründet nicht seine **Bösgläubigkeit.**[14] Für diese Auffassung spricht auch, dass dem Vertragspartner nicht das Wertungsrisiko angelastet werden kann, ob es sich aus Sicht der Eigentümergemeinschaft um eine laufende Maßnahme der erforderlichen Instandsetzung oder um eine außergewöhnliche Maßnahme handelt. Allerdings wäre es begrüßenswert gewesen, der Gesetzgeber hätte zur Klarstellung eine Vorschrift analog §§ 37 Abs. 2 GmbHG, 82 AktG oder § 186 Abs. 2 HGB aufgenommen, wonach die Beschränkung der Vertretungsmacht des Geschäftsführers Dritten gegenüber keine rechtliche Wirkung hat. Die Vorlage einer **Vollmachtsurkunde** hat deshalb für den Vertragspartner der Eigentümergemeinschaft besondere Bedeutung. Wurde dem Verwalter eine solche ausgestellt, bleibt nach § 172 Abs. 2 BGB seine Vertretungsmacht solange bestehen, bis die Vollmachtsurkunde zurückgegeben oder für kraftlos erklärt wurde. Der **gute Glaube** des Vertragspartners an das Fortbestehen der ihm vorgelegten Vertretungsmacht wird geschützt.

Handelt allerdings der Verwalter bei einer nicht laufenden Instandsetzungsmaßnahme ohne Vertretungsmacht, wird er im Innenverhältnis im Zweifel einen Erstattungsanspruch nach § 670 BGB geltend machen können.[15] Der Verwalter wird dann nachzuweisen haben, dass es sich bei Abschluss des Vertrags auf Durchführung der Instandhaltungs- bzw. Instandsetzungsmaßnahme aus der Sicht eines verständigen Geschäftsbesorgers um eine erforderliche Maßnahme handelte. Hierzu ist eine ex ante-Betrachtung erforderlich.[16] Maßgebend ist ein objektiver Maßstab mit subjektivem Einschlag.[17] Je größer der Kostenumfang und das Risiko für die Eigentümergemeinschaft ist, desto sorgfältiger muss der Verwalter abwägen, ob er den Auftrag ohne Beschluss der Wohnungseigentümer erteilen darf.[18] Da diese Frage der Erforderlichkeit Wertungsrisiken enthält, ist dem Verwalter zu empfehlen, wie bisher für Instandhaltungs- und Instandsetzungsmaßnahmen generell eine Beschlussfassung herbeizuführen. Andernfalls läuft er Gefahr, dass die Wohnungseigentümer für die Frage des Erstattungsanspruchs des Verwalters bestreiten, dass die Maßnahme als solche oder in der konkret ausgeführten Art und Weise erforderlich war.

---

[14] OLG Celle OLGZ 1976, 440; *Palm* in Erman, BGB, § 179 Rdn. 15.
[15] OLG Hamm ZMR 1997, 377 = WE 1997, 314; *Heinemann* in Jennißen, WEG, § 27 Rdn. 97.
[16] S. hierzu *Ehmann* in Erman, BGB, § 670 Rdn. 7.
[17] *Sprau* in Palandt, BGB, § 670 Rdn. 4.
[18] Vgl. hierzu auch *Ehmann* in Erman, BGB, § 670 Rdn. 7; *Sprau* in Palandt, BGB, § 670 Rdn. 4.

26   **c) Zusammenfassung.** Hinsichtlich der Beauftragung von Instandhaltungs- und Instandsetzungsmaßnahmen ist die Vertretungsmacht des Verwalters demnach in dreifacher Hinsicht unterteilt:

27   – zu Notmaßnahmen ist der Verwalter weiterhin nach § 27 Abs. 1 Nr. 3 WEG i. V. m. § 27 Abs. 3 Nr. 4 WEG berechtigt;

   – die laufenden Maßnahmen zur erforderlichen ordnungsmäßigen Instandhaltung können ebenfalls ohne Beschluss der Wohnungseigentümer in Auftrag gegeben werden;

   – alle darüber hinausgehenden Maßnahmen bedürfen zur Begründung der Vertretungsmacht einer Beschlussfassung.

4. Vertretung bei sonstigen Rechtsgeschäften

28   Nachdem für **sonstige Rechtsgeschäfte** die Vertretungsmacht nur dann gegeben ist, wenn der Verwalter hierzu durch Beschluss ermächtigt wurde, bedarf es nun auch einer entsprechenden Beschlussfassung, wenn der Verwalter Verträge beispielsweise mit Versorgungsträgern (Gas, Wasser, Strom etc.) abschließen will. Wird die Heizungsanlage mit Öl betrieben, kann der Verwalter das Öl nur dann mit Rechtswirkung für die Eigentümergemeinschaft bestellen, wenn er hierzu im Einzelfall bevollmächtigt wurde. Droht die Heizungsanlage mangels Ölvorrats funktionsunfähig zu werden und kann der Verwalter bis dahin nicht schnell genug eine Eigentümerversammlung einberufen, kann er im Sinne einer Notmaßnahme nur einen solchen Ölvorrat ohne Beschluss der Eigentümerversammlung einkaufen, der eine ordnungsgemäße Beheizung bis zur Durchführung der nächsten Eigentümerversammlung gewährleistet.[19] Alles Weitere muss er dann der Eigentümerversammlung zur Entscheidung überlassen. Für das Beispiel des weiteren Öleinkaufs fehlt dem Verwalter sowohl die Geschäftsführungskompetenz als auch die Vertretungsmacht. Der Öllieferant oder der Versorgungsträger werden daher die Vertretungsmacht des Verwalters nicht ohne Weiteres unterstellen dürfen.

29   Zu den sonstigen Rechtsgeschäften i. S. § 27 Abs. 3 Nr. 7 gehören auch die Abschlüsse von **Hausmeisterverträgen**. Hingegen kann der Verwalter Reinigungskräfte ohne Beschluss der Wohnungseigentümer einstellen, da ihre Tätigkeiten unter den Begriff der laufenden Instandhaltung zu subsumieren sind.[20]

30   Zweifelhaft ist die Neufassung auch insoweit, als der Verwalter in § 27 Abs. 2 und Abs. 3 WEG zur Vertretung der Wohnungseigentümer und des Verbands zwar berechtigt, aber nicht verpflichtet wird.[21] Nach dem Wortlaut dürfte der Verwalter die Vertretung verweigern. Hiervon ist aber nicht auszugehen und stattdessen anzunehmen, dass der Gesetzgeber die insoweit schon fehlerhafte Formulierung des § 27 Abs. 2 WEG lediglich unkritisch übernommen hat und somit auch eine Verpflichtung des Verwalters begründen wollte.[22]

---

[19] Die Ölbestellung stets als eine Art Notmaßnahme ansehend, für die ein Beschluss nicht notwendig sei, KG ZMR 1984, 249; *Sauren*, WEG, § 27 Rdn. 29.

[20] Ebenso *Sauren*, WEG, § 27 Rdn. 28.

[21] Gleichermaßen den Wortlaut kritisierend, *Merle*, ZWE 2006, 365, 367.

[22] *Merle* in Bärmann, WEG, § 27 Rdn. 8 unter Verweis auf BT-Drucks. 16/3843, 53; kritisch *Merle*, ZWE 2006, 365.

V. Zustellungsvertreter

Nach § 45 WEG ist der Verwalter auch Zustellungsvertreter gem. § 27 Abs. 2 Nr. 1 **31** WEG. Als solcher hat er **Zustellungen** für die Wohnungseigentümer entgegenzunehmen.

Wenn der Verwalter aber zunächst am Verfahren als Gegner gegenüber den Eigentü- **32** mern oder dem rechtsfähigen Verband beteiligt ist oder auf Grund des Streitgegenstands die Gefahr besteht, er werde die Wohnungseigentümer nicht sachgerecht unterrichten, entfällt seine Zustellungsvertretung. In diesen Fällen ist die Zustellung an einen **Ersatzzustellungsvertreter** zu bewirken. Bei ihm handelt es sich um eine Person, die an Stelle des Verwalters die Zustellungen entgegenzunehmen hat. Der Gesetzgeber stellt in der amtlichen Begründung klar, dass hierzu jede natürliche Person bestellt werden kann. Es muss sich nicht um einen Wohnungseigentümer handeln.[1]

Der Ersatzzustellungsvertreter erlangt naturgemäß **keine Organstellung,** da sich **33** seine Bevollmächtigung ausschließlich auf die Zustellung und Information der Wohnungseigentümer beschränkt. Neben dem Ersatzzustellungsvertreter ist auch sein Vertreter zu bestellen **(Vertreter des Vertreters).** Wenn die Wohnungseigentümer keinen Ersatzzustellungsvertreter benennen, kann das Gericht ihn bestellen, § 45 Abs. 3 WEG.

Der Verwalter kann sich der Aufgabe des Zustellungsvertreters nicht entziehen. An- **34** ders ist es hingegen beim Ersatzzustellungsvertreter, der nicht gegen seinen Willen per Beschluss der Wohnungseigentümer oder des Gerichts mit der Aufgabe belastet werden kann. Die Wohnungseigentümer können allerdings über die Art der Zustellung bzw. ihrer Weitergabe und über die Höhe der Vergütung mit Mehrheit beschließen.

Die Vertreterberechtigung gilt für alle Zustellungen während des Rechtsstreits. Stellt **35** ein Wohnungseigentümer eigene Sachanträge, endet die gesetzliche Zustellungsvertretung des Verwalters.[2] Für Zustellungen außerhalb gerichtlicher Verfahren gilt § 27 Abs. 2 Nr. 1, Abs. 3 Nr. 1 WEG.

Solange der Verwalter im Amt ist, kommt er auch als Zustellungsvertreter in Betracht. Wird später durch gerichtliches Urteil festgestellt, dass seine Bestellung ungültig war, werden die Zustellungen nicht nachträglich unwirksam. Dies folgt aus der ex-nunc-Wirkung der Abberufung des Verwalters (s. u. Rdn. 891 ff.).

---

[1] Begründung der Bundesregierung zum Entwurf eines Gesetzes zur Änderung des WEG in BT-Drucks. 16/887 in *Bärmann/Pick,* WEG, Ergänzungsband zur 17. Aufl., S. 91.
[2] *Suilmann* in Jennißen, WEG, § 45 Rdn. 9; *Wenzel* in Bärmann, WEG, § 45 Rdn. 7.

VI. Der Notgeschäftsführer

1. als Verwalter

36   Der Verwalter ist nach § 27 Abs. 1 Nr. 3 WEG berechtigt, in **dringenden Fällen** sonstige zur Erhaltung des gemeinschaftlichen Eigentums erforderliche Maßnahmen zu treffen. Für diese Maßnahmen ist eine Zustimmung der Wohnungseigentümer nicht erforderlich. Voraussetzung ist nicht, dass ein unmittelbarer Schaden droht. Es genügt eine gewisse **Dringlichkeit.**[1] Der Gesetzgeber hat darauf verzichtet, § 27 Abs. 1 Nr. 3 wie § 21 Abs. 2 WEG auszugestalten. Während für die Notgeschäftsführung eines Wohnungseigentümers die Abwendung eines unmittelbar drohenden Schadens Zielsetzung sein muss, genügt als Voraussetzung für eine Notgeschäftsführung des Verwalters eine dringende Angelegenheit.

37   Dringlichkeit ist mit einer **Eilbedürftigkeit** gleichzustellen, die die vorherige Einberufung einer Wohnungseigetümerversammlung nicht zulässt.[2] Mit der Geschäftsführungskompetenz nach § 27 Abs. 1 Nr. 3 korrespondiert die Vertretungsmacht des Verwalters in dringenden Fällen gemäß § 27 Abs. 3 Nr. 4 WEG.

38   Der Verwalter darf alle Maßnahmen ergreifen, die erforderlich sind. Erforderlich sind nur Handlungen, die der Beseitigung der **Gefahrenlage** oder der Verhinderung von Folgeschäden dienen. Dies sind in erster Linie **Sicherungsmaßnahmen.** Der Verwalter darf die Dringlichkeit nicht dazu ausnutzen, die grundsätzlich bestehende Entscheidungskompetenz der Wohnungseigentümer zu umgehen. Ob noch von Sicherungsmaßnahmen auszugehen ist oder schon eine nicht dringliche Instandsetzung vorliegt, ist der Einzelfallwertung überlassen. So kann sich bei Ausführung einer beschlossenen (normalen) Instandsetzungsmaßnahme die Notwendigkeit eines Folgeauftrags ergeben. Würde in einer solchen Situation die Einberufung einer Eigentümerversammlung dazu führen, dass vermeidbare Kosten (z. B. zusätzliche Gerüstkosten, doppelte Baustelleneinrichtung, provisorisches Schließen des Baukörpers) entstehen, ist die Folgemaßnahme als dringend anzusehen.

39   In Betracht kommen alle Maßnahmen, die der **Erhaltung der Substanz** oder des **wirtschaftlichen Werts** dienen.[3] Wenn ein Schaden am Gebäude bereits vorliegt, kann ein Verwalter im Rahmen einer Notmaßnahme nur solche Aufträge erteilen, die eine Ausweitung des Schadens auch in Form von Folgeschäden verhindern.[4] Die Notgeschäftsführung setzt voraus, dass keine **andere Möglichkeit der Gefahrenabwehr** besteht. Es darf keine Zeit mehr bestehen, einen Wohnungseigentümerbeschluss herbeizuführen.[5]

40   Die Voraussetzungen der Notgeschäftsführung sind in der **Rechtsprechung** in folgenden Fällen bejaht worden:
– Abdichtung eines undichten Wasserrohrs[6]

---

[1] Unter Aufgabe gegenteiliger Auffassung in Vorauflage; ebenso *Abramenko* in Riecke/Schmid, WEG, § 27 Rdn. 24; *Niedenführ* in Niedenführ/Kümmel/Vandenhouten, WEG, § 27 Rdn. 31; *Sauren*, WEG, § 27 Rdn. 24; *Heinemann* in Jennißen, WEG, § 27 Rdn. 31; *Merle* in Bärmann, WEG, § 27 Rdn. 60.
[2] BayObLG NZM 2004, 390; WE 1997, 434; OLG Hamm NJW-RR 1989, 331; OLG Celle NJW-RR 2002, 303; OLG Düsseldorf NJW-RR 1998, 13.
[3] *Bub* in Staudinger, BGB, § 21 WEG Rdn. 48.
[4] OLG Oldenburg WE 1988, 175 = DWE 1988, 64.
[5] OLG Hamm NJW-RR 1989, 331.
[6] LG Berlin GE 1990, 487.

– Abdichtung eines Daches nach Sturmschaden zum Schutz vor eindringendem Wasser[7]
– Beseitigung einer Verstopfung der Abwasserleitung[8]
– Heizungsausfall
– Erneuerung eines Plattenbelags.[9]

Als Notgeschäftsführungsmaßnahme wurden hingegen **nicht** anerkannt:
– Durchführung eines selbstständigen Beweisverfahrens nach §§ 485 ff. ZPO[10];
– Beseitigung langjähriger Feuchtigkeitsschäden[11];
– weitergehender Reparaturbedarf bei Dachsanierung[12];
– Austausch veralteter Fensterrahmen[13];
– Einstellung eines Hausmeisters[14];
– Zusatzauftrag bei Dachsanierung, obwohl Pauschalvergütung vereinbart[15];
– Reparatur einer defekten Gemeinschaftswaschmaschine[16];
– Reparaturauftrag bei ausgefallener Warmwasserversorgung[17].

Die Dringlichkeit beurteilt sich nach der subjektiven Einschätzung des Verwalters im **41** Zeitpunkt der Notmaßnahmendurchführung.[18] Eine ex-post-Betrachtung verbietet sich. Die **Haftung** des Verwalters ist gemäß § 680 BGB auf Vorsatz und grobe Fahrlässigkeit auch im Hinblick auf die Annahme der Dringlichkeit selbst beschränkt. Beim berufsmäßigen Verwalter ist das Maß der Sorgfaltspflicht schärfer zu beurteilen.[19]

Macht der Verwalter zur Erfüllung einer Dringlichkeitsmaßnahme erforderliche Aufwendungen, so ist ihm die Eigentümergemeinschaft zum Ersatz gemäß §§ 670, 675 BGB verpflichtet. Stellt sich heraus, dass es sich nicht um eine Dringlichkeitsmaßnahme handelte, besteht nur Anspruch auf Bereicherungsausgleich nach §§ 812 ff. BGB. Hierbei trägt der Verwalter das Risiko, Abzüge hinnehmen zu müssen, weil die Maßnahme für die Eigentümer nur eingeschränkt Vorteile brachte.

2. als Wohnungseigentümer

Unabhängig davon, ob ein Verwalter bestellt ist, kann auch ein Wohnungseigentümer Maßnahmen der Notgeschäftsführung ausüben, § 21 Abs. 2 WEG. Ein Wohnungseigentümer muss bei fehlender Mitwirkung der übrigen Wohnungseigentümer nicht versuchen, die Einwilligung der übrigen Wohnungseigentümer gerichtlich zu erwirken.[20] Dies folgt aus dem Begriff der **Unaufschiebbarkeit,** da entweder eine

---

[7] AG Hamburg-Blankenese WuM 1994, 403.
[8] OLG Hamm NJW-RR 1989, 331.
[9] BayObLG WE 1991, 200, wonach eine Dringlichkeit zur Erneuerung des Plattenbelags darin gesehen wurde, dass sich erst bei Beginn der Sanierungsarbeiten gezeigt hatte, dass der vorhandene Plattenbelag nicht mehr verwendet werden konnte und die Wohnungseigentümer in der Wohnungseigentümerversammlung davon ausgegangen waren, dass die Neuverlegung des Plattenbelags im Zuge der Sanierungsarbeiten durchgeführt werden sollte.
[10] BayObLG WE 1996, 152 = WuM 1995, 728.
[11] OLG Celle NZM 2002, 169.
[12] KG ZWE 2001, 278.
[13] BayObLG ZMR 1997, 325.
[14] OLG Stuttgart OLGZ 1989, 179.
[15] KG ZWE 2001. 278.
[16] So *Greiner*, AHB Wohnungseigentumsrecht, Teil 11, Rdn. 287.
[17] So OLG Köln OLGZ 1978, 7; abzulehnen, da fehlendes Warmwasser die Wohnqualität massiv beeinträchtigt und auch Mietminderungen rechtfertigt.
[18] A. A. *Grziwotz* in Erman, BGB, § 27 WEG Rdn. 4, der auf die objektive Einschätzung der Sachlage abstellt.
[19] Vgl. hierzu *Ehmann* in Erman, BGB, § 680 Rdn. 2.
[20] *Bub* in Staudinger, BGB, § 21 WEG Rdn. 43, der die Anrufung des Gerichts generell nicht für erforderlich hält.

Jennißen

Notmaßnahme im Sinne eines unaufschiebbaren Handlungszwangs besteht oder, wenn noch Zeit für die Anrufung der Eigentümerversammlung oder die Anhängigmachung eines gerichtlichen Verfahrens bestünde, es an der notwendigen dringenden Eilbedürftigkeit fehlen dürfte. Trotz Unaufschiebbarkeit wird aber in der Regel soviel Zeit bestehen, zuvor den **Verwalter** zu einem Handeln aufzufordern. Bleibt er **untätig** oder **weigert** er sich sogar, notwendige Maßnahmen einzuleiten, kann der Wohnungseigentümer selbst handeln.

43   Wird die Maßnahme nicht vom Verwalter, sondern von einem Wohnungseigentümer durchgeführt, und hat er Aufwendungen im Rahmen einer Notgeschäftsführung berechtigtermaßen getätigt, besteht Anspruch auf **Aufwendungsersatz** und somit auf Zahlung von Geld. Dieser Anspruch ist gegen die Eigentümergemeinschaft selbst zu richten.[21] Von wesentlicher Bedeutung ist die Feststellung der **Notgeschäftsführungsberechtigung,** um die geleisteten Aufwendungen gegenüber Beitragsforderungen aufrechnen zu können. Die **Aufrechnung** wird im Wohnungseigentumsrecht für anerkannte, rechtskräftig festgestellte oder aus Notgeschäftsführung resultierende Ansprüche zugelassen.[22] Wird hingegen die Notgeschäftsführungsmaßnahme nicht anerkannt und handelt es sich lediglich um eine **Maßnahme ordnungsmäßiger Verwaltung,** kann der vorleistende Wohnungseigentümer nicht mit seinen Beitragsverpflichtungen aufrechnen, sondern muss Erstattung seitens der Eigentümergemeinschaft geltend machen. Dabei muss er sich seinen Eigenanteil von vornherein anrechnen lassen, da er nur solche Aufwendungen erstattet verlangen kann, die zwar zunächst die Eigentümergemeinschaft, letztendlich aber im Innenverhältnis die restlichen Wohnungseigentümer zu tragen haben.

44   **Verfahrensrechtlich** besteht für den Wohnungseigentümer, dessen Vorleistung keiner Notgeschäftsführung entspricht, die Möglichkeit, gegen einen Wohngeldanspruch, den die Eigentümergemeinschaft gerichtlich gegen ihn durchsetzen will, eine **Widerklage** auf Erstattung seiner Aufwendungen zu erheben. Das Gericht muss allerdings über Antrag und Widerantrag nicht gleichzeitig entscheiden. Geschieht dies, wirkt die Widerklage, wenn ihm entsprochen wird, wie eine Aufrechnung. Der Gegenanspruch wird gerichtlich festgestellt und darf dann aufgerechnet werden.

---

[21] Als Folge der Entscheidung des BGH v. 2. 6. 2005 zur Rechtsfähigkeit der Eigentümergemeinschaft, ZMR 2005, 547 = NJW 2005, 2061 = NZM 2005, 543.
[22] BayObLG NZM 1998, 973; 1998, 919; 2003, 906.

VII. Die Person des Verwalters

1. Natürliche und juristische Personen

a) Grundsätze. Das Gesetz spricht nur von dem „Verwalter", ohne die Person nä- 45
her zu beschreiben und insbesondere Qualifikationsmerkmale zu definieren. Daraus
folgt grundsätzlich, dass zum Verwalter **jede geschäftsfähige, natürliche oder juristische Person** bestellt werden kann. Auch ein Wohnungseigentümer kann Verwalter
sein. Die hieraus möglicherweise folgende Interessenkollision steht der Verwalterbestellung nicht generell entgegen.

Unbestritten ist, dass **GmbHs** und **AGs** Verwalter sein können.[1] Eine GmbH ist
auch die **Unternehmergesellschaft** (haftungsbeschränkt), die keine neue Rechtsform
darstellt, für die aber einige Sondervorschriften im GmbHG gelten. Bestehen Zweifel,
ob der Kandidat persönlich oder als GmbH gewählt wurde, ist maßgebend, was der
Versammlungsleiter verkündet. Beweiswert hat der Protokollinhalt. Maßgebend ist der
objektive Erklärungswert und nicht die subjektive Vorstellung der Versammlungsteil-
nehmer.[2]

b) GbR. Zur Frage, ob zum Verwalter auch eine **GbR** bestellt werden kann, hat die 46
Rechtsprechung ihren Standpunkt mehrfach gewechselt. Zunächst wurde die Rechtsfähigkeit der GbR verneint, mit dem Ergebnis, dass eine GbR nicht Verwalterin werden
konnte.[3] Nachdem dann der BGH[4] die **Rechtsfähigkeit der GbR** testierte, wurde
unter Aufgabe der früheren Meinung überwiegend angenommen, dass auch eine GbR
Verwalterin sein könne.[5] Nunmehr hat der BGH[6] die Auffassung vertreten, dass die GbR
trotz Rechtsfähigkeit nicht das Verwalteramt ausüben kann. Der BGH begründet dies
damit, dass die Rechtsfähigkeit an sich noch keine hinreichende Voraussetzung für die
Bestellung zum Wohnungseigentumsverwalter sei. Aus Sinn und Zweck der gesetzlichen
Verwalteraufgaben folge, dass dieser die Handlungsfähigkeit der Eigentümergemeinschaft
im Rechtsverkehr sicherzustellen habe. Für den Rechtsverkehr wäre aber bei Handeln
einer GbR nicht klar, wer berechtigt sei, die GbR zu vertreten. **Mangels Handelsregis-
tereintragung** sei dies nicht für den Rechtsverkehr erkennbar. Ein Gesellschaftsvertrag
müsse nicht in schriftlicher Form bestehen, müsse auch nicht offengelegt werden und
genieße selbst bei Offenlegung keinen öffentlichen Glauben. Änderungen im Bestand
der Gesellschafter könnten vom Rechtsverkehr nicht erkannt werden.[7]

Die Auffassung des BGH ist wenig konsequent. Das Argument, dass bei einer GbR 47
nicht erkennbar wird, wer die Gesellschafter und damit die handelnden Personen sind,
trifft für das gesamte Rechtssystem zu und ist keine wohnungseigentumsrechtliche Be-

---

[1] BGH NJW 1989, 2059; BayObLG WE 1990, 60 = NJW-RR 1989, 526; OLG Düsseldorf
NJW-RR 1990, 1299; OLG Frankfurt WE 1989, 172.
[2] OLG Frankfurt ZMR 2009, 56.
[3] BGH NJW 1989, 2059; BayObLG NJW-RR 1989, 526; KG NJW 1995, 62; *Bub* in Staudinger, BGB, § 26 WEG Rdn. 95.
[4] NJW 2001, 2056.
[5] OLG Frankfurt NZM 2005, 866 (Vorlagebeschluss); *Merle* in Bärmann, WEG, § 26 Rdn. 13;
Bassenge in Palandt, BGB, § 26 WEG Rdn. 1; *Lüke* in Weitnauer, WEG, § 26 Rdn. 6; *Niedenführ*
in Niedenführ/Kümmel/Vandenhouten, WEG, § 26 Rdn. 9; *Bub* in Staudinger, BGB, § 26
WEG Rdn. 91; *Drasdo,* NZM 2001, 258; a. A. LG Darmstadt Rpfleger 2003, 178.
[6] ZWE 2006, 183 = NJW 2006, 263 = DWE 2006, 23 = NZM 2006, 263; ebenso OLG
München DWE 2006, 149.
[7] So im Ergebnis auch *Hügel,* ZWE 2003, 323, 324; *Sauren,* WEG, § 26 Rdn. 3; *Abramenko* in
Riecke/Schmid, WEG, § 26 Rdn. 2; ablehnend *Schäfer,* NJW 2006, 2160.

sonderheit.[8] Daher wäre es konsequenter gewesen, die GbR insgesamt nicht als rechtsfähig anzusehen. Zudem ist die **Abgrenzung der GbR von der OHG** fließend. Eine OHG ist zwar in das Handelsregister einzutragen. Sie entsteht aber schon durch Aufnahme ihrer Geschäftstätigkeit und Abschluss eines Gesellschaftsvertrages. Die Eintragung in das Handelsregister hat nur deklaratorische Bedeutung und wird in der Praxis häufig unterlassen. Eine OHG liegt dann vor, wenn der Geschäftsbetrieb eine vollkaufmännische Einrichtung erfordert. Dies ist aber nach außen kaum erkennbar, so dass eine gewisse Rechtsunsicherheit auch bei der OHG angenommen werden kann.

Beim WEG-Verwalter wird es sich tatsächlich aber nur dann um eine GbR handeln, wenn sich zwei oder mehrere Personen zur gelegentlichen Verwaltung zusammenschließen oder sich die Geschäftstätigkeit noch im Anfangsstadium befindet. Andernfalls wird eher von einer OHG auszugehen sein, so dass sich das Problem in der Praxis reduziert.

Wenn eine GbR nicht Verwalterin sein kann, gilt dies erst recht für ein **Ehepaar**.[9]

48　Die Auffassung des BGH, die GbR könne nicht Verwalterin einer Eigentümergemeinschaft sein, hat die **Nichtigkeit der Verwalterbestellung** zur Folge.[10] Die Eigentümergemeinschaft muss daher schnellstens einen Verwalter wählen. Die nicht wirksam bestellte GbR hat für ihre Tätigkeitsdauer nur Ansprüche auf die marktübliche Vergütung, die sich allerdings an der vereinbarten orientiert.[11]

Allerdings kann die GbR, auch wenn ihre Verwalterbestellung unwirksam war, Rechte der Wohnungseigentümer, namentlich die Verfolgung von Gewährleistungsansprüchen, wahrnehmen.[12] Insoweit wird die Verwalterbestellung in eine Bevollmächtigung eines externen Dritten umgedeutet.

49　**c) Personengesellschaften.** Nach h. M. können Personenhandelsgesellschaften zum Verwalter bestellt werden.[13] Gesellschaftsrechtlich entsteht eine Personenhandelsgesellschaft auch unabhängig von ihrer Eintragung im Handelsregister durch **tatsächliche Ausübung** eines vollkaufmännischen Handelsgewerbes gem. §§ 105, 161 Abs. 2 HGB. Allerdings ist, wenn die Eintragung der Gesellschaft in das Handelsregister fehlt, für außenstehende Dritte nicht erkennbar, ob es sich um eine Personenhandelsgesellschaft oder nur um eine GbR handelt. Vor Eintragung der Gesellschaft in das Handelsregister müsste geklärt werden, ob es sich um einen vollkaufmännisch eingerichteten Geschäftsbetrieb und somit um eine Personenhandelsgesellschaft oder um einen nicht vollkaufmännischen Geschäftsbetrieb und damit um eine GbR handelt. Die **Bestellung einer nicht eingetragenen Personengesellschaft** zum Verwalter ist daher rechtsunsicher und risikoreich. Diese Rechtsunsicherheit führt dazu, dass die nicht eingetragene Personenhandelsgesellschaft hinsichtlich der Verwaltereigenschaft einer GbR gleichzustellen ist. Ohne Eintragung kann auch hier die Eigentümergemeinschaft nicht sichergehen, mit wem sie es im Einzelnen zu tun hat und ob Änderungen in der Geschäftsführung bzw. im Gesellschafterkreis eintreten. Damit greifen die gleichen Argumente, wie sie gegen die Verwaltereigenschaft einer GbR sprechen. Die Personenhandelsgesellschaft kann daher nur dann wirksam zur WEG-Verwalterin bestellt werden, wenn sie im Handelsregister eingetragen ist.

---

[8] Vgl. auch hierzu die Kritik von *Armbrüster,* ZWE 2006, 181, 182, sowie von *Schäfer,* NJW 2006, 2160, der auch auf verfassungsrechtliche Bedenken hinweist, die aus der Einschränkung der Berufsausübungsfreiheit folgen.

[9] BGH WE 1990, 84; *Müller,* Praktische Fragen, Rdn. 902.

[10] BGH ZWE 2006, 183.

[11] Vgl. hierzu auch *Armbrüster,* ZWE 2006, 181, 182.

[12] BGH NZM 2009, 547.

[13] BGH NJW 1989, 2059; BayObLG WE 1990, 60 = NJW-RR 1989, 526; OLG Frankfurt WE 1989, 172; OLG Düsseldorf NJW-RR 1990, 1299; *Hügel,* ZWE 2003, 323, 327.

Es spricht nichts gegen eine Bestellung von **Partnerschaftsgesellschaften** nach dem 50
Partnerschaftsgesellschaftsgesetz (PartGG) zum Verwalter.[14] Diese sind gemäß § 7 Abs. 2
PartGG Personenhandelsgesellschaften gleichgestellt und in das Register einzutragen.
Nach § 7 Abs. 1 PartGG entsteht die Gesellschaft erst mit ihrer Eintragung in das Part-
nerschaftsregister. Somit besteht hier das Abgrenzungsproblem zur GbR nicht.

Rechtsanwaltskanzleien können nur als Partnerschaftsgesellschaft und nicht als 51
GbR das Verwalteramt übernehmen. In steuerrechtlicher Hinsicht ist jedoch für
Rechtsanwälte Vorsicht geboten, da die Verwaltertätigkeit als **gewerbliche Tätigkeit**
angesehen wird, die Gewerbesteuer auslöst. Rechtsanwälte sind in ihrer freiberuflichen
Tätigkeit hingegen von der Gewerbesteuer befreit. Ist aber ein **Teilbereich** einer Tätig-
keit gewerbesteuerpflichtig, so schlägt diese Gewerbesteuerpflicht auf den gesamten
Geschäftsbetrieb durch, so dass dann auch die Einkünfte aus der Anwaltstätigkeit gewerbesteuerpflichtig werden.

2. Einsatz von Erfüllungsgehilfen

Die Tätigkeit des Verwalters ist grundsätzlich **an dessen Person gebunden.** Dies 52
folgt aus § 26 Abs. 1 WEG, wonach die Wohnungseigentümer den Verwalter bestellen.
Dem würde es entgegenstehen, wenn der Verwalter die Aufgaben auf eine andere Person übertragen könnte. Bei juristischen Personen und Personenhandelsgesellschaften
bleibt diese Feststellung insoweit ohne Wirkung, als diese durch ihre Mitarbeiter, wozu
auch **Geschäftsführer** und **Prokuristen** zählen, handeln können. Der Einsatz von
Erfüllungsgehilfen ist von der vollständigen Delegation der Aufgaben auf eine andere
juristische Person zu unterscheiden.

Anders kann es sich aber verhalten, wenn der Verwalter in der Rechtsform eines 53
Einzelunternehmers tätig ist. Auch dann kann er zwar Angestellte als **Hilfspersonen**
einsetzen. Er darf aber die Tätigkeiten nicht so weitgehend ohne Zustimmung der
Wohnungseigentümer auf eine andere Person übertragen, dass eine Art Unterverwal-
tung entsteht.[15] Dies ist dann der Fall, wenn **wesentliche Bereiche** der Verwaltungsaufgaben zur **eigenverantwortlichen** Tätigkeit auf eine andere Person übertragen werden.[16] Die Wohnungseigentümer und die Eigentümergemeinschaft müssen sich nicht
ohne ihre Zustimmung eine andere Person als Verwalter oder Mitverwalter aufdrängen
lassen.[17] Dennoch ist nicht zu übersehen, dass die Grenze zwischen der **Delegation
von Aufgaben** an Angestellte gegenüber der selbstständigen Übertragung von Aufgaben an Dritte fließend ist.

Ein Indiz für eine zulässige Delegation kann das Anstellungsverhältnis sein. Demgegenüber spricht die selbstständige Tätigkeit der eingesetzten Hilfsperson eher für eine
unzulässige Rechtsübertragung. Da die Wohnungseigentümer aber das Anstellungsverhältnis nicht prüfen können, ist im Zweifel vom Verwalter zu fordern, dass er
die **Kernaufgaben** seines Verwalterauftrags persönlich erledigt.[18] Hierzu zählen die
Vertretung der Eigentümergemeinschaft im Außenverhältnis, die Vertragsabschlüsse,
Kontoführung und Zahlungsverkehr sowie die gerichtliche Vertretung.[19] Dabei muss er
beispielsweise den Zahlungsverkehr nicht selbstständig ausführen, aber selbst unterzeichnen. Auch die Teilnahme an der Eigentümerversammlung ist eine Kernaufgabe.
Der als Einzelunternehmer handelnde Verwalter kann sich zwar ebenfalls in der Eigen-

---

[14] So auch *Abramenko* in Riecke/Schmid, WEG, § 26 Rdn. 3.
[15] So auch *Lüke* in Weitnauer, WEG, § 26 Rdn. 25.
[16] BayObLG NJW-RR 1997, 1443, 1444; KG ZMR 2002, 695 = NZM 2002, 389.
[17] BayObLG, ebenda.
[18] Ebenso *Greiner* in AHB-Wohnungseigentumsrecht, Teil 11, Rdn. 7.
[19] Vgl. zur gerichtlichen Vertretung durch einen unterbevollmächtigten Verwalter: KG,
Fn. 15.

tümerversammlung Hilfspersonen bedienen. Er muss die Versammlung auch nicht persönlich leiten, aber persönlich anwesend sein. Der Verwalter muss sich seinen Auftraggebern stellen.

Allerdings kann der Umfang des Delegationsrechts **vertraglich** geregelt werden.[20] Die Wohnungseigentümer können mit dem Verwalter die Übertragbarkeit seines Amtes vereinbaren.

3. Rechtsnachfolge

54 **a) Vererblichkeit.** Die Verpflichtung zur persönlichen Ausübung des Verwalteramts hat für einen Einzelunternehmer zur Folge, dass die Verwalterposition **nicht vererbt** werden kann.[21] Der Einzelunternehmer kann zwar sein Handelsgeschäft vererben, § 22 Abs. 1 HGB. Damit gehen aber nicht alle Auftragsverhältnisse automatisch über. Die Aufträge, die der Erblasser **höchstpersönlich** auszuführen hatte, enden mit seinem Tod. Hierzu zählt auch das Verwalteramt.

55 **b) Veräußerung der Verwaltungsfirma.** Je nach Rechtsform der Verwaltungsgesellschaft kann sich im Veräußerungsfall ebenfalls die Frage nach der Übertragbarkeit des Verwalteramts stellen. Entscheidend ist, ob mit der Übertragung von Geschäftsanteilen eine **Rechtsformänderung** verbunden ist, die die handels- und gesellschaftsrechtliche **Identität** entfallen lässt.[22] Hingegen kommt es nicht darauf an, ob die übernehmende Gesellschaft die gleiche wirtschaftliche Leistungsfähigkeit besitzt. Auch sind Fragen der Zumutbarkeit unerheblich.

56 Werden die Geschäftsanteile einer **juristischen Person** vollständig veräußert und wechselt gleichzeitig der Alleingeschäftsführer, findet faktisch ein Austausch des Verwalters statt. Dennoch verbleibt die Personenidentität, da die juristische Person das Verwalteramt unverändert ausübt. Etwas anderes gilt nur dann, wenn sich durch die Anteilsübertragung gleichzeitig die Rechtsperson ändert.[23]

57 Hingegen lässt sich bei **Einzelunternehmen** das Verwalteramt nicht übertragen. Geht das Einzelunternehmen mit Aktiva und Passiva auf einen Erwerber über, liegt keine Personenidentität mehr vor, so dass die Verwalterstellung nicht übergeht. Der Unternehmenserwerber erwirbt nicht den Verwaltungsbestand.

58 Bei **Personenhandelsgesellschaften** ist im Einzelfall zu differenzieren. Bei einer **KG** wurde der Wechsel des einzigen Komplementärs als unerheblich angesehen.[24] Dementsprechend ist auch der Austausch eines von mehreren Kommanditisten unerheblich. Für die **OHG** folgt hieraus, dass der Austausch eines OHG-Gesellschafters ebenfalls für die Verwalterstellung bedeutungslos ist. Etwas anderes gilt nur dann, wenn ein Gesellschafter einer zweigliedrigen OHG ausscheidet und somit aus der OHG ein Einzelunternehmen wird. Hier wird die Auffassung vertreten, dass keine **Identität der Rechtspersonen** mehr vorliegt und daher das Einzelunternehmen nicht mehr Verwalterin der Eigentümergemeinschaft ist. Ebenso verhält es sich, wenn bei einer Kommanditgesellschaft der einzige Kommanditist ausscheidet und der einzige Komplementär das Unternehmen fortführen will. Dann hört die Kommanditgesellschaft ebenfalls auf zu bestehen. Der Einzelunternehmer wird zwar Rechtsnachfolger der Kommanditgesellschaft, auf ihn geht der Verwaltungsbestand aber nicht über.[25]

59 Wenn der Verwalter die Veräußerung seiner Verwaltungsfirma beabsichtigt und er bisher in der Rechtsform eines Einzelunternehmers gehandelt hat, wird er seinen Fir-

---

[20] *Weidenkoff* in Palandt, BGB, § 613 Rdn. 1; *Merle* in Bärmann, WEG, § 26 Rdn. 79.
[21] S. hierzu auch *Drasdo*, WE 1989, 429.
[22] OLG Köln NZM 2006, 591 = ZMR 2006, 385.
[23] OLG Köln, ebenda.
[24] BayObLG NJW 1988, 1170.
[25] BayObLG WE 1988, 19.

menwert so nicht vermarkten können. Ihm kann nur empfohlen werden, neben dem Einzelunternehmen eine **GmbH** zu gründen und sukzessive in den nächsten Eigentümerversammlungen den Austausch des Verwalters (GmbH ./. Einzelunternehmen) beschließen zu lassen. Erst dann, wenn er den Verwaltungsbestand auf die GmbH unter Zustimmung der jeweiligen Wohnungseigentümer übergeleitet hat, wird er die GmbH veräußern können. Gleiches gilt entsprechend für ein Handeln als **AG**.

c) **Umwandlung.** Eine besondere Problematik stellt sich bei einer Umwandlung des **60** Verwaltungsunternehmens. Das Umwandlungsgesetz (UmwG) kennt den Formwechsel, die Verschmelzung und die Spaltung.

Bei der **Verschmelzung** wird das Gesamtvermögen eines oder mehrerer Rechtsträger auf einen vorhandenen oder das Gesamtvermögen mehrerer Rechtsträger auf einen neuen Rechtsträger überführt, §§ 2 ff. UmwG. Bei der **Spaltung** gemäß §§ 123 ff. UmwG wird das Vermögen eines Rechtsträgers auf mehrere Rechtsträger verteilt. Beim **Formwechsel** (§§ 190 ff. UmwG) ändert sich lediglich die Rechtsform des Rechtsträgers, z. B. von GmbH in AG.

Im Ergebnis wird zu differenzieren sein. Entscheidend ist jeweils die Frage der Iden- **61** tität zwischen altem und neuem Unternehmen. Sofern die Umwandlung von einem **Einzelunternehmen** in eine Gesellschaftsform betrieben wird (z. B. durch Ausgliederung), fehlt es an der Personenidentität. Bei der Umwandlung von Einzelunternehmen in andere Rechtsformen geht das Verwalteramt nicht mit über. Dies ist dadurch begründet, dass die Eigentümergemeinschaft durch die Umwandlung ihren Einfluss auf die Person des Verwalters verliert. Das **persönliche Vertrauensmoment,** das in der Bestellung einer natürlichen Person als Verwalter zum Ausdruck kommt, geht verloren.[26] Insbesondere bei den juristischen Personen können Geschäftsführer und Gesellschafter ausgewechselt werden, ohne dass dies Einfluss auf die Identität des Verwalters hat. Wenn die Eigentümergemeinschaft aber eine natürliche Person gewählt hat, entwickelt sie konkret zu dieser Person ein persönliches Vertrauen und der Gemeinschaft kann nicht einfach durch Umwandlung eine Personenhandelsgesellschaft oder eine juristische Person aufgedrängt werden. Wird hingegen von einer **Gesellschaftsform** in eine andere gewechselt, ist die Identität gegeben, weil sich nur die Organisations- und Haftungsstruktur des fortbestehenden Rechtsträgers ändert.[27]

Von der Umwandlung ist die **Übertragung** des Verwaltungsbestands von einer **62** GmbH auf eine andere zu unterscheiden. In diesem Fall ist die neue GmbH nicht Verwalterin geworden, weil **keine Identität** vorliegt und den Wohnungseigentümern kein neuer Verwalter aufgedrängt werden darf. Ob die neue GmbH über die gleiche wirtschaftliche Leistungsfähigkeit und Bonität verfügt, ist unerheblich.[28] Ob bei einem Formwechsel von GmbH in GmbH & Co. KG die Personenidentität gewahrt bleibt, ist vom OLG Köln[29] offengelassen worden, wird aber eher zu verneinen sein. Die GmbH & Co. KG ist eine Personengesellschaft während die GmbH eine juristische Person ist.

Bei der **Verschmelzung** zwischen zwei oder mehreren Gesellschaften ist zwischen **63** den einzelnen Verschmelzungsformen zu differenzieren. Nach § 2 UmwG ist die Verschmelzung durch Aufnahme oder durch Neugründung möglich. Bei der ersten Möglichkeit geht das Vermögen auf einen anderen, schon bestehenden Rechtsträger über. Bei der zweiten Möglichkeit wird eine neue Rechtsperson gegründet, auf die mindestens zwei bisherige Rechtsträger ihr Vermögen übertragen.[30] Im zweiten Fall hat die

---

[26] BayObLG NZM 2002, 346 für den Fall der Ausgliederung von einem Einzelunternehmen zum Zwecke der Neugründung einer GmbH.
[27] Vgl. zur Identität nach Umwandlung *Karsten Schmidt,* Gesellschaftsrecht, § 12 IV 2.
[28] OLG Köln ZMR 2006, 385 = NZM 2006, 591.
[29] S. Fn. 27.
[30] Vgl. hierzu *Mayer* in Münchener Handbuch des Gesellschaftsrechts, Bd. 3, § 73 Rdn. 9.

Verschmelzung zur Folge, dass Rechtsidentität nicht gewahrt wird und daher das Verwalteramt endet. Im ersten Fall bleiben hingegen bei der bereits bestehenden Gesellschaft, auf die verschmolzen wird, die vorhandenen Verwaltungsbeiträge bestehen, während sie für das zu verschmelzende Unternehmen untergehen.[31]

Für die Identität ist es nicht entscheidend, ob für die Gläubiger höhere **Haftungsrisiken** nach der Verschmelzung bestehen oder nicht. Für die Frage des Übergangs des Verwaltungsbestands kommt es nicht auf Bonitätsrisiken, sondern auf die Personenidentität an. Die Verschmelzung, die in der Regel auch zu einer Mehrheit von Gesellschaftern führt, steht der Identität nicht entgegen.

64 Etwas anderes gilt für die **Abspaltung.** In diesem Zusammenhang wird auch nur von einer **partiellen Universalsukzession** gesprochen.[32] Bei der Abspaltung erlischt entweder der bisherige Rechtsträger und sein Vermögen fällt geteilt mehreren Nachfolgerechtsträgern zu oder der bisherige Rechtsträger überführt einen Teil seines Vermögens auf einen anderen. Dies gilt auch für die **Ausgliederung** eines Teilbetriebes einer einzelkaufmännischen Firma zum Zwecke der Neugründung einer GmbH. Auch dann geht das Verwalteramt nicht auf die GmbH über.[33] Hier lässt sich nicht mehr von Identität sprechen und der Verwaltungsbestand geht unter. Mit dem neuen Gebilde sind die Wohnungseigentümer bzw. der rechtsfähige Verband nicht mehr in einem Verwaltungsverhältnis verbunden.

---

[31] Aufgabe der insoweit nicht differenzierenden Auffassung in der Vorauflage; im Ergebnis ebenso *Bub* in Staudinger, BGB, § 26 WEG Rdn. 381.

[32] Vgl. *Karsten Schmidt,* Fn. 26.

[33] BayObLG NZM 2002, 346; OLG Köln MietRB 2004, 81; *Hügel* in Bamberger/Roth, BGB, § 26 WEG Rdn. 2, a. A. AG Viechtal ZfIR 2001, 752; *Rapp,* ZfIR 2001, 754; *Lüke,* ZfIR 2002, 469; *Grziwotz* in Erman, BGB, § 26 WEG Rdn. 1.

VIII. Bestellung des Verwalters

1. Grundlagen

Das Wohnungseigentumsgesetz spricht in § 26 WEG nur von der **Bestellung** und 65 damit korrespondierend von der **Abberufung** des Verwalters. Somit sind nur die organisationsrechtlichen Akte geregelt, die von dem nicht geregelten rechtsgeschäftlichen Abschluss des **Verwaltervertrages** und seiner Beendigung zu unterscheiden sind. Das Zusammenspiel von Bestellung bzw. Abberufung auf der einen und Vertragsabschluss bzw. Kündigung auf der anderen Seite ist umstritten. Die sog. Trennungstheorie steht der Vertragstheorie gegenüber.

a) **Trennungstheorie.** Die Trennungstheorie **differenziert** zwischen dem Bestel- 66 lungsakt und dem Abschluss des Verwaltervertrages. Die **Organstellung** erhält der Verwalter durch seine Bestellung, während der Verwaltervertrag nur die **schuldrechtlichen Beziehungen** zur Eigentümergemeinschaft regelt.[1] Aus dem Verwaltervertrag folgen die dienstvertraglichen Inhalte, aus der Bestellung die organschaftlichen.

Kommt es nach dem Bestellungsakt nicht mehr zum Abschluss eines Verwaltervertrages, so sollen nach BayObLG[2] diesbezüglich die gesetzlichen Bestimmungen gelten. Welche gesetzlichen Bestimmungen allerdings gemeint sind, bleibt unklar. Da das WEG zum Vertragsinhalt im Einzelnen nichts ausführt und lediglich die allgemeinen Verwalteraufgaben in § 27 WEG umschreibt, können zum Inhalt der schuldrechtlichen Beziehungen nur die allgemeinen Regeln über **Auftrag** und **Geschäftsbesorgungsvertrag** gem. §§ 662 ff. BGB sowie **Dienstvertragsrecht** gem. §§ 611 ff. BGB herangezogen werden. Diese liefern allerdings für die wesentlichen Details der schuldrechtlichen Beziehung, nämlich die Vergütung, keine Anhaltspunkte. Wenn die Vergütung im Vertrag nicht festgelegt wurde, lässt sich die Verwaltervergütung im Zweifel nur analog § 612 Abs. 2 BGB als übliche Vergütung durch Sachverständigengutachten ermitteln.

Die Trennungstheorie hat zur Konsequenz, dass der Verwalter auch dann bestellt ist, wenn es nicht zum Abschluss des schuldrechtlichen Vertrages kommt. Allerdings ist der Bestellungsakt erst abgeschlossen, wenn dem Verwalter die Bestellungserklärung zugegangen ist und dieser sie annimmt. Die Trennungstheorie ist auch im **Gesellschaftsrecht** bekannt, wo gleichfalls zwischen der Bestellung und der Anstellung von Geschäftsführern unterschieden wird.[3]

Dass es maßgeblich für die Organstellung auf die Verwalterbestellung nebst Annahme 67 durch den Verwalter ankommt, folgt aus § 26 Abs. 3 WEG. Dort wird geregelt, dass die Verwaltereigenschaft durch Vorlage einer **Niederschrift** über den Bestellungsbeschluss nachgewiesen werden kann. Auf die Vorlage des Verwaltervertrages hat der Gesetzgeber in diesem Zusammenhang verzichtet. So hätte der Gesetzgeber auch formulieren können, dass sich der Verwalter durch Vorlage des Verwaltervertrages ausweisen kann. Die gesamte Vorschrift des § 26 WEG steht dagegen unter der Begriffsbildung „Bestellung und Abberufung". Die Worte „Vertragsabschluss und Kündigung" kommen nicht vor. Dass dem Bestellungsbeschluss ein Vertragsabschluss folgen muss, ist dem WEG also nicht zu entnehmen. Allerdings ist in § 27 Abs. 6 WEG vorgesehen, dass der Verwalter

---

[1] BGH NJW 1997, 2106 = WE 1997, 306; NJW 2002, 3240 = ZMR 2002, 766; BayObLG WE 1996, 314; 1991, 223; OLG Köln WE 1990, 171; OLG Hamm NJW-RR 1993, 845 = WE 1993, 246; *Merle* in Bärmann, WEG, § 26 Rdn. 21 m.w.N.; kritisch *Greiner* in AHB-Wohnungseigentumsrecht, Teil 11, Rdn. 13.

[2] WE 1990, 111.

[3] Vgl. hierzu *Karsten Schmidt*, Gesellschaftsrecht, § 14 III 2 b.

zum Nachweis seiner Vertretungsmacht von den Wohnungseigentümern die Ausstellung einer **Vollmachtsurkunde** verlangen kann. Damit wird das Argument aus § 26 Abs. 3 WEG für die Trennungstheorie abgeschwächt.

68   **b) Vertragstheorie.** Die Vertragstheorie misst demgegenüber dem **Vertragsabschluss** (Geschäftsbesorgungsvertrag) **konstitutive Bedeutung** zu, so dass es zur Verwalterbestellung erst mit dem Abschluss des Verwaltervertrages kommt. Die Bestellung selbst stellt bis zum Abschluss des Verwaltervertrages eine aufschiebende Bedingung dar. Diese Auffassung wurde in der Literatur von Bub[4] und Niedenführ[5] vertreten. Beide haben diese Auffassung inzwischen aufgegeben.[6] Auch Sauren[7] scheint diese Auffassung nicht mehr aufrecht zu halten. Die Vertragstheorie trägt der Regelung des § 26 Abs. 3 WEG nicht hinreichend Rechnung, wonach die Verwaltereigenschaft durch die Bestellungsurkunde und nicht durch den Verwaltervertrag nachgewiesen wird. Zudem berücksichtigt die Vertragstheorie ebenfalls nicht, dass der Verwalter nicht zwingend entgeltlich arbeiten muss und daher ein schuldrechtlicher Vertrag nicht unbedingt notwendig ist. Auch im Gesellschaftsrecht sind **Geschäftsführer ohne Anstellungsvertrag** insbesondere im Bereich der Personengesellschaften nicht untypisch.[8]

69   **c) Praktische Konsequenzen.** Die Grenzen zwischen beiden Auffassungen verwischen sich in der Praxis, weil – auch von den Vertretern der Vertragstheorie – bei Fehlen eines Verwaltervertrages dessen **stillschweigender Abschluss** unterstellt wird.[9] So wird in dem Bestellungsbeschluss zugleich auch das an die als Verwalter zu bestellende Person gerichtete Angebot auf Abschluss eines Verwaltervertrages gesehen.[10] Liegt vor dem Bestellungsakt bereits ein Vertragsangebot vor, wird im Zweifel anzunehmen sein, dass die Wohnungseigentümer mit dem Bestellungsbeschluss auch die Annahme des Vertragsangebots erklären wollten.[11] Dies ist insbesondere beim **Verlängerungsbeschluss** anzunehmen. Sollen die vertraglichen und insbesondere die finanziellen Konditionen nicht verändert werden, ist im Bestellungsbeschluss **konkludent** die Bestätigung zu sehen, den Verwaltervertrag zu unveränderten Bedingungen fortsetzen zu wollen. Auch bei der **Abberufung** des Verwalters wird selbst bei Anwendung der Trennungstheorie nicht zwischen Abberufung und Kündigung unterschieden, weil der Verwaltervertrag als durch die rechtswirksame Abberufung **auflösend bedingt** angesehen wird. Diese Verknüpfung bedarf sogar keiner ausdrücklichen Vereinbarung, sondern ergibt sich aus ergänzender und gesetzeskonformer Auslegung.[12]

Lüke[13] weist mit Recht darauf hin, dass die beiden Theorien zu **keinem praktisch bedeutsamen Meinungsstreit** führen, da bei einem fehlenden Verwaltervertrag die Trennungstheorie trotzdem von einer wirksamen Bestellung ausgehen könne und in diesem Fall den Inhalt des Dienstvertrages nach den gesetzlichen Regeln definiert. Demgegenüber unterstellen die Vertreter der Vertragstheorie einen konkludenten Vertragsabschluss und füllen diesen im Zweifel ebenfalls nach den gesetzlichen Regeln aus.

---

[4] In *Staudinger*, BGB, § 26 WEG Rdn. 130.

[5] NZM 2001, 517.

[6] *Bub* in Staudinger, BGB, § 26 WEG Rdn. 131; *Niedenführ* in Niedenführ/Schulze, WEG, 7. Aufl., § 26 Rdn. 6.

[7] WEG, § 26 Rdn. 5.

[8] Vgl. zu den gesellschaftsrechtlichen Parallelen *Karsten Schmidt*, Gesellschaftsrecht, § 14 III 2 b.

[9] *Bassenge* in Palandt, BGB, § 26 WEG Rdn. 7; *Sauren*, WEG, § 26 Rdn. 5.

[10] BGH NJW 1980, 2466; BayObLG WuM 1997, 396; WE 1991, 223; OLG Hamm ZMR 1997, 94.

[11] BayObLG, ebenda.

[12] *Bub* in Staudinger, BGB, § 26 WEG Rdn. 132.

[13] In *Weitnauer*, WEG, § 26 Rdn. 10.

Allerdings entsteht ein wesentlicher Unterschied dann, wenn sich der **aufteilende** 70
Eigentümer selbst in der **Gemeinschaftsordnung** zum ersten Verwalter bestellt. Eine
Vollmacht, mit sich selbst einen Verwaltervertrag abschließen zu dürfen, wird er in der
Regel nicht besitzen. Daher würde es nach der Vertragstheorie überhaupt nicht zur
wirksamen Verwalterbestellung kommen, da diese auf den Abschluss eines Verwalter-
vertrages als konstitutives Element abstellt.[14]

2. Der Bestellungsakt

§ 26 Abs. 1 WEG regelt die Bestellung des Verwalters durch **Beschluss.** Unzweifel- 71
haft kann der Verwalter aber auch durch **Vereinbarung** und hier insbesondere durch
die **Gemeinschaftsordnung** bestellt werden.

a) Bestellung in der Gemeinschaftsordnung. Der aufteilende Bauträger kann in 72
der Gemeinschaftsordnung auch schon den Verwalter **konkret bestellen,** so dass die
Wohnungseigentümer mit Erwerb ihrer Wohnung auch den Verwalter „erwerben".[15]
Der BGH hat diese Möglichkeit der Bestellung durch den aufteilenden Eigentümer als
zulässig bestätigt.[16]
Wenn sich in der Gemeinschaftsordnung der **aufteilende Gebäudeeigentümer**
selbst zum ersten Verwalter bestellt, ist die grundsätzlich notwendige Annahmeerklärung entbehrlich, da diese in der eigenen Benennung **konkludent** enthalten ist. Bestellt
hingegen der teilende Gebäudeeigentümer eine andere Person zum ersten Verwalter,
wird diese die **Bestellung annehmen** müssen. Dies kann ebenfalls konkludent geschehen, z. B. durch die Aufnahme der Verwaltungstätigkeit. Die Bestellungsdauer kann im
Zweifel nur aufschiebend bedingt durch die Annahme der Bestellung ausgelöst werden.
Behält sich der teilende Gebäudeeigentümer in der Gemeinschaftsordnung das Recht 73
vor, einen **Verwalter zu bestellen,** geht dieses einseitige Recht mit der Entstehung
der **werdenden Wohnungseigentümergemeinschaft**[17] unter. Es endet, wenn er bis
dahin von seinem Recht keinen Gebrauch gemacht hat.[18] Ein solches **Bestimmungs-**
recht soll die Eigentümergemeinschaft sofort **handlungsfähig** machen. Nach Entstehung der werdenden Wohnungseigentümergemeinschaft besteht hierfür keine Notwendigkeit mehr, da jetzt die Eigentümergemeinschaft selbst bestimmen kann.
Wird der Verwalter in der Gemeinschaftsordnung auf **unbestimmte Zeit** bestellt 74
und ist seine Abberufungsmöglichkeit nicht eingeschränkt worden, kann die Eigentümergemeinschaft jederzeit die **Abberufung durch Mehrheitsbeschluss** herbeiführen.
Es handelt sich nicht um einen vereinbarungsändernden Beschluss, der im Zweifel

---

[14] Auf die Schwäche der Vertragstheorie mit Recht hinweisend *Bogen,* ZWE 2002, 289, 291.
[15] *Scheel* in Hügel/Scheel, Rechtshandbuch, Teil 9, Rdn. 22.
[16] ZMR 2002, 766, 770.
[17] Nach herrschender Auffassung entsteht die werdende Wohnungseigentümergemeinschaft für
den Fall, dass das Objekt nach § 8 WEG geteilt wird, wenn nach dem Inhalt der abgeschlossenen
schuldrechtlichen Kaufverträge Besitz, Nutzen und Lasten auf den Erwerber übergegangen sind
und für diesen eine Auflassungsvormerkung eingetragen wurde. Streitig ist, ob weitere Voraussetzung die Anlage der Wohnungsgrundbücher ist. Auch wenn grundsätzlich zur Entstehung einer
Eigentümergemeinschaft die Eintragung eines zweiten Eigentümers im Grundbuch notwendig
ist, so besteht ein praktisches Bedürfnis, die Regeln des WEG auf den Zeitpunkt der werdenden
Wohnungseigentümergemeinschaft vorzuverlegen, um unklare Rechtssituationen bei Streitigkeiten zwischen Veräußerer und Erwerber oder bei einem langsam arbeitenden Grundbuchamt zu
vermeiden: siehe u. a. BGH NJW 2008, 2639; BayObLG NJW 1990, 3216; OLG Frankfurt
DWE 1993, 77; DWE 1998, 43; OLG Köln NZM 1998, 199; OLG Düsseldorf NZM 1998, 517;
OLG Hamm ZMR 2003, 776; a. A. OLG Saarbrücken WE 1998, 314, das die Konstruktion der
werdenden Wohnungseigentümergemeinschaft ablehnt.
[18] BayObLG NJW-RR 1994, 784.

nichtig wäre[19], da sich die Erstbestellung des Verwalters mit Aufnahme seiner Tätigkeit bereits realisiert hat. Ab diesem Zeitpunkt ist die Abwahl des in der Gemeinschaftsordnung bestimmten ersten Verwalters **nicht vereinbarungsändernd,** da sich der konkrete Inhalt der Gemeinschaftsordnung in der Erstbestellung des Verwalters erschöpft und somit ein späterer Abberufungsbeschluss diese Regelung nicht verletzt. Etwas anderes wäre anzunehmen, wenn die Gemeinschaftsordnung die Abberufungsmöglichkeit auf einen wichtigen Grund **beschränkt** oder den ersten Verwalter für eine **bestimmte** Dauer bestellt. Dann kann die Wohnungseigentümergemeinschaft nicht mit Mehrheit beschließen, dass die Bestellung in eine unbestimmte Bestellungsdauer bei jederzeitiger Abberufungsmöglichkeit abgeändert wird.

75 § 26 Abs. 1 WEG beschränkt die Bestellung hinsichtlich ihrer Dauer auf höchstens fünf Jahre. § 26 Abs. 1 Satz 5 WEG weist ergänzend darauf hin, dass andere **Beschränkungen** der Bestellung **unzulässig** sind. Sieht die Gemeinschaftsordnung beispielsweise vor, dass die Wohnungseigentümer im jährlichen Turnus die Verwaltung jeweils selbst übernehmen, ist dies ebenso eine unzulässige Einschränkung wie die Feststellung, dass nur Wohnungseigentümer das Verwalteramt ausüben dürfen.[20] Solche einschränkenden Regelungen sind nichtig.

76 **Nichtigkeit** ist auch anzunehmen, wenn die Verwalterbestellung von der Zustimmung eines Dritten abhängig gemacht wird.[21] Unzulässig ist es auch, in der Gemeinschaftsordnung vorzusehen, dass die Verwalterbestellung eines qualifizierten Mehrheitsbeschlusses bedarf, da hierdurch die Verwalterbestellung behindert wird.[22] Regelungen in der Gemeinschaftsordnung, die die Verwalterhonorare der Höhe nach beschränken oder gar ihre Unentgeltlichkeit festlegen, sind ebenfalls nichtig, weil sie die Verwalterbestellung unzulässig einschränken, wenn ein qualifizierter Verwalter nur entgeltlich oder zu höheren Honorarsätzen tätig werden würde.[23]

77 **b) Bestellung durch Beschluss. aa) Einberufung der Eigentümerversammlung.** Der Verwalter kann durch **Mehrheitsbeschluss** bestellt werden, § 26 Abs. 1 Satz 1 WEG. Eine Regelung in der Gemeinschaftsordnung, wonach der Verwalter nur mit Drei-Viertel-Mehrheit gewählt werden kann, ist dagegen unwirksam.[24] Die Begründung ist darin zu sehen, dass die Bestellung eines Verwalters grundsätzlich ordnungsmäßiger Verwaltung entspricht. Die Erfüllung ordnungsmäßiger Verwaltung kann nicht durch besondere Mehrheitsverhältnisse erschwert werden.

78 Wenn der erste Verwalter nicht in der Gemeinschaftsordnung bestellt wurde, sondern in der ersten Versammlung zu wählen ist, stellt sich das Problem, dass niemand berechtigt ist, zu dieser ersten Versammlung einzuberufen, sofern sich der teilende Gebäudeeigentümer dieses Recht nicht in der Gemeinschaftsordnung vorbehalten hat. Ist dieses Recht, die erste Versammlung einberufen zu dürfen, gegeben, kann der aufteilende Gebäudeeigentümer es aber nicht schon dann ausüben, wenn die **werdende Wohnungseigentümergemeinschaft** noch nicht entstanden ist. Eine **Ein-Mann-Versammlung** vor diesem Zeitpunkt ist abzulehnen, da die Eigentümerversammlung stets voraussetzt, dass die Eigentümergemeinschaft zumindest als werdende Gemeinschaft entstanden ist und alle Mitglieder zur Eigentümerversammlung geladen werden. Beschließt der teilende Gebäudeeigentümer hingegen alleine und hat nur sich zur Ver-

---

[19] *Wenzel,* ZWE 2000, 2, 6.

[20] BayObLG NJW-RR 1995, 271 = WuM 1995, 229 = WE 1995, 287 = MDR 1995, 144.

[21] KG OLGZ 1978, 142, 144; OLG Hamm OLGZ 1978, 184, 186.

[22] BayObLG DWE 1995, 155; WuM 1996, 497; KG NZM 1998, 520; das Einstimmigkeitserfordernis der Verwalterwahl für nichtig erklärend: OLG Hamm NZM 2009, 163.

[23] So auch *Bub* in Staudinger, BGB, § 26 WEG Rdn. 21; KG NJW-RR 1994, 402 für Verwalterhonorar in Höhe von 7% des Wohngeldes.

[24] BayObLG WuM 1996, 497; erst recht bei Einstimmigkeit OLG Hamm NZM 2009, 163.

sammlung eingeladen, liegt eine **Nicht-Versammlung** vor. Die „Beschlüsse" sind nicht existent, sog. **Nicht-Beschlüsse**.[25] Anders ist die Rechtslage, wenn die Eigentümergemeinschaft zumindest als werdende Gemeinschaft entstanden ist. Dann ist auch eine beschlussfähige Eigentümerversammlung denkbar, wenn nur ein Wohnungseigentümer anwesend oder vertreten ist, sofern er mehr als 50% der Miteigentumsanteile innehat.

Nach § 24 Abs. 1 WEG wird die Versammlung vom Verwalter einberufen. Fehlt ein **79** Verwalter, so kann die Versammlung vom Verwaltungsbeiratsvorsitzenden oder seinem Vertreter einberufen werden, wie es § 24 Abs. 3 WEG klarstellt. Wenn aber noch keine **konstituierende Wohnungseigentümerversammlung** stattgefunden hat und somit kein Beirat gewählt wurde, ist keine Person berechtigt, die erste Eigentümerversammlung einzuberufen. In diesen Fällen ist zunächst der **Antrag an das Gericht** zu stellen, einen Wohnungseigentümer zwecks Einladung zur ersten ordentlichen Eigentümerversammlung mit dem Tagesordnungspunkt „Wahl eines Verwalters" zu bevollmächtigen. Die Bestellung eines Notverwalters, wie es in § 26 Abs. 3 WEG a. F. vorgesehen war, ist nicht mehr möglich.

Ordnungsgemäße Verwalterwahl setzt voraus, dass der **Tagesordnungspunkt** in der **80** Einladung hinreichend bekannt gegeben wurde. Dazu reicht eine **schlagwortartige Bezeichnung** des Beschlussgegenstands aus. Der Wohnungseigentümer muss anhand der Tagesordnung erkennen können, dass eine **Beschlussfassung** erfolgen soll und welches **Thema** sie haben wird. Dazu müssen die Beschlüsse in der Einladung nicht detailliert umschrieben oder gar vorformuliert werden. Die Ankündigung in der Tagesordnung „Wahl eines Verwalters" genügt, um unter diesem Tagesordnungspunkt auch über den Abschluss eines Verwaltervertrages beschließen zu können.[26] Unerheblich ist die ungenaue Bezeichnung des Tagesordnungspunktes in der Einladung, wenn **alle** Wohnungseigentümer in der Versammlung anwesend sind und dem Beschlussantrag zustimmen. So können die Wohnungseigentümer auch allstimmig unter „Verschiedenes" **Beschlüsse trotz Formmangels** fassen[27] und insbesondere einen Verwalter wählen. Unter dem Tagesordnungspunkt „Verwalterwahl" ist auch die Wiederwahl des Verwalters zulässig.

bb) Mehrheitsbeschluss. Für den Beschluss zur Bestellung eines Verwalters ist die **81** **Mehrheit** der abgegebenen Stimmen erforderlich. Es müssen nicht mehrere Kandidaten zur Auswahl stehen.[28] Wenn mehrere Kandidaten zur Auswahl stehen und in einem Wahlgang über diese entschieden werden soll, muss der zu wählende Verwalter die **absolute Mehrheit** der abgegebenen Stimmen erhalten.[29] Dies folgt nicht aus dem Wortlaut des § 26 Abs. 1 WEG[30], der offen lässt, ob eine relative oder absolute Mehrheit gemeint ist. Entscheidend ist vielmehr, dass bei einer relativen Mehrheit im Einzelfall Zweifel entstehen, ob nicht tatsächlich die Mehrheit gegen den Kandidaten gestimmt hat.

Beispiel: Zur Verwalterwahl stellen sich die Kandidaten A, B und C. Von 20 abgegebenen Stimmen entfallen auf A 10, B 6 und C 4. Somit hat in diesem Wahlgang keiner der Kandidaten die absolute Mehrheit erhalten.

---

[25] OLG München ZMR 2006, 308.
[26] BayObLG NZM 1998, 668; WuM 2003, 169; OLG Celle ZWE 2002, 474.
[27] BayObLG WE 1997, 268.
[28] *Scheel* in Hügel/Scheel, Rechtshandbuch, Teil 9, Rdn. 20.
[29] BayObLG NZM 2003, 444 = WuM 2003, 410; *Bub* in Staudinger, BGB, § 26 WEG Rdn. 156; *Scheel* in Hügel/Scheel, Rechtshandbuch, Teil 9, Rdn. 20; *Gottschalg*, ZWE 2005, 32, 35.
[30] A. A. BayObLG NZM 2003, 444; *Gottschalg*, ZWE 2005, 32, 35.

Im vorstehenden Beispiel stimmen 10 Wohnungseigentümer für A, aber auch 10 indirekt gegen ihn. Somit bleibt unklar, auf wen sich die Mehrheit verständigt. Die Wohnungseigentümer könnten dann einen zweiten Wahlgang beschließen, bei dem nur noch die beiden Kandidaten zur Wahl stehen, die im 1. Wahlgang die meisten Stimmen auf sich vereinigen konnten. Möglicherweise erhält dann A oder B die absolute Mehrheit.

82 Zu berücksichtigen ist, dass **Enthaltungen neutral** wirken.[31] Durch die neutrale Behandlung der Stimmenthaltungen wie nicht vorhandene Stimmen kann ein Kandidat mehrheitlich gewählt werden, auch wenn er nicht die tatsächliche rechnerische Mehrheit der anwesenden Wohnungseigentümer auf sich vereinigt.

Beispiel: Es stehen die Kandidaten A, B und C zur Wahl. Von 22 abgegebenen Stimmen erhält A 8, B 5, C 2 Stimmen und 7 enthalten sich der Stimmabgabe. In diesem Fall hat A die absolute Mehrheit erhalten. Die sich der Stimme enthaltenden Wohnungseigentümer bringen zum Ausdruck, dass sie sich nicht festlegen wollen. Dann macht auch eine Stichwahl keinen Sinn. Für A haben 8 Wohnungseigentümer gestimmt und gewissermaßen 7 gegen ihn.

Das Erfordernis der absoluten Mehrheit ist nicht dahingehend zu verstehen, dass der gewählte Kandidat immer mehr als 50% der abgegebenen Stimmen auf sich vereinigen muss. So kann der Verwalter auch mit nur einer Stimme gewählt werden, wenn sich alle anderen enthalten.

Bei mehreren Kandidaten ist es auch zulässig, zunächst nur über den aussichtsreichsten abzustimmen. Erhält dieser die einfache Mehrheit, ist er gewählt. Die Wahl war nicht rechtswidrig, auch wenn über die anderen Kandidaten nicht mehr abgestimmt wurde.[32]

Der Bestellungsbeschluss muss, wie jeder andere Beschluss auch, einen bestimmten Inhalt haben. Beschlüsse sind objektiv auszulegen.[33] Auf die subjektiven Vorstellungen der Abstimmenden kommt es nicht an. So muss insbesondere die gewählte Person klar bestimmt sein. Es darf auch kein Zweifel bestehen, ob die sich vorstellende Person persönlich oder als Vertreter einer juristischen Person gewählt wurde. Solche Unklarheiten führen zur Nichtigkeit des Bestellungsbeschlusses. Wird beispielsweise eine GmbH gewählt, die tatsächlich nicht existiert, kann der Beschluss nicht in die Wahl der sich konkret vorstellenden Person umgedeutet werden. Vielmehr handelt es sich um eine Wahl einer nicht existenten Person, die einen unmöglichen Inhalt hat.[34]

83 In der Eigentümerversammlung ist der Kandidat zum Verwalter gewählt, der vom Versammlungsvorsitzenden im Sinne des Beschlussergebnisses als gewählt **verkündet** wird.[35] Die Beschlussverkündung hat **konstitutive Bedeutung.** Zählt der Versammlungsleiter die Stimmen einer Verwalterwahl nach Wohneinheiten und nicht nach dem in der Gemeinschaftsordnung vorgesehenen Miteigentumsanteilsschlüssel aus, ist die hierdurch bedingte unzutreffende Ergebnisfeststellung nur **anfechtbar.**[36] Dasselbe gilt auch, wenn die Eigentümerversammlung von einer Person einberufen wird, die noch nicht Verwalterin ist, aber in der Versammlung zum Verwalter bestellt werden soll. Wird dann tatsächlich diese Person in der Versammlung mit nahezu allen Stimmen gewählt, ist die Wahl nicht nichtig, sondern lediglich anfechtbar.[37]

---

[31] BGH DWE 1988, 68.

[32] OLG Düsseldorf NJW-RR 1991, 594; *Scheel* in Hügel/Scheel, Rechtshandbuch,. Teil 9, Rdn. 20; *Greiner*, Wohnungseigentumsrecht, Rdn. 1149.

[33] BGH ZMR 1999, 182; OLG Frankfurt/Main ZMR 2009, 56.

[34] Siehe auch OLG Frankfurt/Main ZMR 2009, 56.

[35] Vgl. BGH NJW 2001, 3339.

[36] BayObLG WuM 2003, 410.

[37] BayObLG NZM 1999, 129.

Zur ordnungsgemäßen Verwalterwahl soll nach Auffassung des OLG Hamm[38] auch **84** die Festlegung der wichtigsten Vertragselemente wie Vertragslaufzeit und Vergütung zählen. Diese Auffassung überzeugt nicht, da sie nicht im Sinne der Trennungstheorie zwischen Bestellung und Vertrag differenziert. Wenn die Vergütung nicht beschlossen wird, gilt die übliche; bei fehlender Vertragslaufzeit ist auf unbestimmte Zeit bestellt.

Der Bestellungsbeschluss hat zunächst nur interne Wirkung. Die Bestellungserklä- **85** rung muss der zu bestellenden Person **zugehen** und von dieser **angenommen** werden.[39] Ist der gewählte Kandidat in der Versammlung anwesend, geht ihm die Bestellungserklärung unmittelbar zu. Findet die Abstimmung in seiner Abwesenheit statt, ist ihm das Abstimmungsergebnis bekannt zu geben, was auch durch Übermittlung des Beschlussprotokolls möglich ist. Bub[40] und Merle[41] sehen den Versammlungsleiter als konkludent befugt an, das Abstimmungsergebnis bzw. die Bestellung dem Kandidaten zu übermitteln. In den seltensten Fällen wird der Verwalter die Verwalterbestellung ausdrücklich annehmen. Dies wird in der Regel **konkludent** durch Aufnahme der Verwaltertätigkeit oder durch späteren Abschluss des Verwaltervertrages geschehen.

Das **Stimmrecht** richtet sich nach der **Gemeinschaftsordnung** und, falls dort eine **86** Regelung fehlt, nach dem **Kopfprinzip** des § 25 Abs. 2 WEG. Die Wohnungseigentümer können in der Eigentümerversammlung für die Verwalterwahl das Stimmrecht nicht durch Beschluss abändern. Beschließen die Wohnungseigentümer einen Abstimmungsmodus nach Köpfen, obschon die Gemeinschaftsordnung ein Stimmrecht nach Miteigentumsanteilen vorsieht, ist dieser Beschluss mangels Beschlusskompetenz nichtig.[42]

Sicherlich entspricht es ordnungsmäßiger Verwaltung, wenn sich die zu wählenden **87** Kandidaten in der Eigentümerversammlung **persönlich** präsentieren. Sind mehrere Bewerbungen eingegangen, muss den Wohnungseigentümern grundsätzlich die Möglichkeit eingeräumt werden, alle Angebote einsehen zu können. Allerdings ist es nicht zu beanstanden, wenn der **Beirat** nach Prüfung der Unterlagen eine **Vorauswahl** trifft und nur geeignet erscheinende Bewerber zur Eigentümerversammlung einladen lässt.[43]

Ein Verwalter kann auch im **schriftlichen Umlaufverfahren** gewählt werden. Nach **88** § 23 Abs. 3 WEG kommt ein Beschluss ohne Eigentümerversammlung jedoch nur dann zustande, wenn alle Wohnungseigentümer ihre Zustimmung schriftlich erklären. Außerhalb der Eigentümerversammlung sind daher Beschlüsse nur wirksam, wenn die doppelte Hürde der Schriftform und der Allzustimmung übersprungen wird.

cc) Stimmrecht des Verwalters bei seiner Wahl. Ob der Kandidat bei seiner **89** Wahl zum WEG-Verwalter mit abstimmen kann, ist dann problematisch, wenn er entweder selbst Miteigentümer ist oder von anderen Wohnungseigentümern zur Stimmabgabe bevollmächtigt wurde.

Grundsätzlich kann der zu wählende Verwalter bei seiner eigenen Wahl mit abstimmen.[44] Dabei kann das Argument, dass das **Stimmrecht des Wohnungseigentümers bei seiner Kandidatur** zum Verwalter deshalb nicht ausgeschlossen sei, weil er bei der Wahl keine Privatinteressen, sondern Gemeinschaftsinteressen verfolge,[45] nicht überzeu-

---

[38] OLG Hamm ZMR 2003, 50.
[39] OLG Hamburg ZWE 2002, 483.
[40] In Staudinger, BGB, § 26 WEG Rdn. 124.
[41] Bestellung und Abberufung des Verwalters, S. 49.
[42] BayObLG NZM 2003, 444 = WuM 2003, 410.
[43] OLG Düsseldorf NZM 2002, 266 unter Offenlassung der Frage, ob sämtliche Bewerbungsunterlagen und somit auch die der nicht geladenen Kandidaten den Wohnungseigentümern vorab zur Verfügung gestellt werden müssten.
[44] KG NJW-RR 1987, 268; OLG Düsseldorf WE 1996, 70; OLG Saarbrücken WE 1998, 69.
[45] So *Scheel* in Hügel/Scheel, Rechtshandbuch, Teil 9, Rdn. 21.

gen. Überzeugender ist die Argumentation, dass das Wohnungseigentumsgesetz für den Bestellungsbeschluss keinen Stimmrechtsausschluss vorsieht. § 25 Abs. 5 WEG lässt das Stimmrecht nur dann entfallen, wenn die Beschlussfassung die Vornahme eines auf die Verwaltung des gemeinschaftlichen Eigentums bezüglichen Rechtsgeschäfts mit dem Wohnungseigentümer betrifft. Die Verwalterbestellung wird **nicht als Abschluss eines Rechtsgeschäfts** angesehen.[46] Es geht um die organschaftliche Bestellung i. S. eines internen Vorgangs. Das **Demokratieprinzip** ermöglicht es, dass ein Kandidat auch sich selbst wählen darf. Hiervon hat das Wohnungseigentumsgesetz keine Ausnahme definiert. § 25 Abs. 5 WEG will den Rechtsgedanken des § 181 BGB aufgreifen und die Mitwirkung an „In-sich-Geschäften" verhindern. Die organschaftliche Bestellung ist aber noch kein „In-sich-Geschäft", sondern die Ausübung des **Mitgliedschaftsrechts**.[47]

Hingegen ist der Abschluss eines Verwaltervertrages ein „In-sich-Geschäft", so dass der Verwalter bei entsprechenden Beschlüssen nicht mit abstimmen darf (s. u. Rdn. 199 ff.). Wird der Bestellungsbeschluss mit dem Beschluss über den Verwaltervertrag verbunden, soll der Verwalter nach der Rechtsprechung dennoch Stimmrecht besitzen, weil der Schwerpunkt des Beschlusses im Bestellungsakt läge.[48]

90   Wenn sich der Kandidat selbst wählen kann, ist es auch nicht zu beanstanden, wenn er von Personen gewählt wird, die wirtschaftlich und persönlich eng mit ihm verflochten sind (z. B. regelmäßige Auftragnehmer des Verwalters, Angestellter, Prokurist der Gesellschaft etc.).[49]

Ebenfalls ist es zulässig, dass sich der Kandidat von Eigentümern zur Stimmabgabe für die eigene Bestellung bevollmächtigen lässt.[50] Sieht allerdings die Gemeinschaftsordnung vor, dass der Verwalter ihm erteilte Vollmachten nur im Sinne der Mehrheit der Anwesenden bzw. Vertretenen verwenden darf, liegt eine **Stimmrechtsbindung** vor, die der Verwalter auch nicht durch Erteilung von Untervollmachten umgehen kann. Der Unterbevollmächtigte kann nie mehr Rechte haben als der Hauptbevollmächtigte.[51] Der Bevollmächtigte wiederum unterliegt den gleichen Stimmrechtsbeschränkungen wie der Wohnungseigentümer selbst. Die Interessenkollision, die durch die Vorschrift des § 25 Abs. 5 WEG vermieden werden soll, besteht auch dann, wenn der Verwalter nicht selbst Wohnungseigentümer ist, sondern als Vertreter von Wohnungseigentümern handelt.[52]

91   Haben die nicht erschienenen Wohnungseigentümer in ihrer Vollmacht Weisungen erteilt, kann der Verwalter die Vollmachten stets verwenden, da er dann nur wie ein Bote fremde Willenserklärungen übermittelt.[53] Insoweit nimmt der Verwalter lediglich weisungsgebunden die Interessen des vertretenen Wohnungseigentümers wahr.

92   **dd) Majorisierung der Wohnungseigentümer.** Wenn der aufteilende Bauträger mit seinem Stimmengewicht, weil er noch eigene Wohnungen im Besitz hat, einen ihm genehmen Verwalter wählt, ist dies für sich genommen noch kein Maßstab für einen anfechtbaren Bestellungsbeschluss. Allerdings ist das BayObLG[54] der Auffassung, dass

---

[46] *Merle* in Bärmann, WEG, § 26 Rdn. 27.

[47] BGH NZM 2002, 995, 998; OLG Düsseldorf NZM 1999, 285; OLG Saarbrücken WuM 1998, 243 = ZMR 1998, 50; *Niedenführ* in Niedenführ/Kümmel/Vandenhouten, WEG, § 26 Rdn. 14; *Lüke* in Weitnauer, WEG, § 25 Rdn. 21.

[48] BGH NJW 2002, 3704, 3706; LG Berlin GE 2008, 1203.

[49] OLG Frankfurt MietRB 2005, 234.

[50] BayObLG WuM 1993, 488; OLG Hamburg ZWE 2002, 483.

[51] BayObLG WuM 2003, 410 = NZM 2003, 444.

[52] OLG Hamm DWE 2006, 141, 142.

[53] Im Ergebnis ebenso OLG Schleswig ZMR 2006, 803 = NZM 2006, 822.

[54] WE 1997, 115.

dies dann anfechtbar sei, wenn der Bauträger sich ausdrücklich gegen den Willen der übrigen Wohnungseigentümer durchsetzt. Dies sei aber noch kein **Rechtsmissbrauch.** Ein solcher liege vor, wenn die übrigen Wohnungseigentümer sachliche Gründe gegen den zu wählenden Verwalter vorbringen. Setze sich der Mehrheitseigentümer über diese Argumente hinweg, sei der **Interessenwiderspruch** deutlich und mit einer nicht objektiven Ausübung des Verwalteramts zu rechnen.[55] Dabei solle es keine Rolle spielen, dass die Stimmen nicht allesamt beim Bauträger selbst, sondern auch einige Stimmen bei seiner Ehefrau lagen.

Überzeugender ist die Auffassung des OLG Düsseldorf,[56] wonach bei einer majorisierten Wahl diese nur dann nicht anfechtbar ist, wenn der Verwalter tatsächlich auch die persönliche und fachliche **Qualifikation** für dieses Amt besitzt. Andernfalls wäre die Wahl eines unqualifizierten Verwalters rechtsmissbräuchlich. Bei majorisierender Verwalterwahl sei die Qualifikation des Verwalters besonders sorgfältig zu prüfen.[57] Im Falle der Wiederwahl kann die Qualifikation an den Leistungen des Verwalters im konkreten Objekt gemessen werden; bei seiner erstmaligen Bestellung können objektive Informationen von anderen Eigentümergemeinschaften herangezogen werden. Hingegen hält das saarländische OLG[58] jede Verwalterwahl für unzulässig, bei der ein Miteigentümer auf Grund seiner Stimmenmehrheit sich selbst wählt, was einem Ausschluss des eigenen Stimmrechts des Verwalters gleichkommt und deshalb argumentativ nicht überzeugt. Das OLG Hamm[59] erklärt die Majorisierung bei der Verwalterwahl zwar nicht grundsätzlich für unzulässig, beschränkt aber das Stimmrecht des majorisierenden Miteigentümers auf 25% der abgegebenen Stimmen und will hierdurch die Majorisierung einschränken. Letzteren Auffassungen ist insgesamt entgegenzuhalten, dass sie das im Wohnungseigentumsrecht verankerte **Demokratiegebot** verletzen, indem sie Majorisierungen schlechthin untersagen. Ebenso scheint die Beschränkung des Stimmrechts auf 25% der abgegebenen Stimmen willkürlich zu sein.

Ob eine unzulässige Majorisierung vorliegt, ist in jedem **Einzelfall** zu prüfen und 93 nicht zu generalisieren. So ist auch eine Regelung in der Gemeinschaftsordnung, wonach einem Teileigentümer, der 30% der Miteigentumsanteile hält, hiervon abweichend die absolute Stimmenmehrheit übertragen wurde, nicht generell nichtig.[60] Auch diese Regelung muss im Falle einer Beschlussanfechtung auf den Einzelfall hin gewertet werden. Nicht die Ausnutzung der Mehrheitsverhältnisse als solche ist bereits rechtswidrig. Wesentlich ist, ob ein **wichtiger Grund** gegen die Bestellung vorliegt, der allerdings schon bei offenkundig werdenden **Interessengegensätzen** anzunehmen ist. Das zwischen Verwalter und Wohnungseigentümer erforderliche **Vertrauensverhältnis** wird durch solche Interessengegensätze von vornherein belastet. Kandidiert hingegen der Bauträger selbst zum Verwalter, so ist ein Wohnungseigentümer bei der Beschlussfassung nicht mit seinem Stimmrecht ausgeschlossen, auch wenn er wirtschaftlich und persönlich eng mit dem zu bestellenden Verwalter verflochten ist. Das OLG Frankfurt[61] war in einem solchen Fall der Auffassung, dass kein Stimmverbot vorläge, weil im Fall von Gewährleistungsansprüchen davon auszugehen sei, dass der betreffende Wohnungseigentümer dem Bauträger/Verwalter keinen unangemessenen Vorteil verschaffen würde. Der abstimmende Wohnungseigentümer wäre selbst auch von etwaigen Mängeln betroffen. Daher sei davon auszugehen, dass bei der Geltendmachung von Mängeln am

---

[55] OLG Zweibrücken WE 1990, 108.
[56] WE 1996, 70.
[57] LG Berlin GE 2008, 1203.
[58] WE 1998, 70.
[59] OLGZ 1978, 184.
[60] OLG Zweibrücken WE 1990, 108.
[61] OLGReport Frankfurt 2005, 378 = MietRB 2005, 234.

Gemeinschaftseigentum der Bauträger durch seine Verwalterstellung keine besonderen Vorteile erlange und der verbundene Wohnungseigentümer ihn im Zweifel nicht mehr schütze. Wenn der Bauträger-Verwalter Gewährleistungsansprüche entgegen entsprechender Beschlussfassung nicht verfolge, auch wenn sich die Ansprüche gegen ihn selbst richten würden, könne er mit sofortiger Wirkung abberufen werden.[62]

94 Die Ausübung der Stimmenmehrheit ist stets dann rechtsmissbräuchlich, wenn der zu bestellende Verwalter wegen eines **Vermögens- oder Eigentumsdelikts** verurteilt worden war.[63] Wegen rechtsmissbräuchlicher Ausnutzung der Stimmenmehrheit ist eine Verwalterwahl auch dann anfechtbar, wenn der **Zwangsverwalter** der überwiegenden Mehrheit der Eigentumswohnungen den die Zwangsverwaltung betreibenden Gläubiger zum Verwalter wählt. In diesem Fall ist der Interessenwiderspruch von vornherein erkennbar, da der Gläubiger nicht den dauerhaften Fortbestand des Objekts, sondern die möglichst kurzfristige Realisierung seiner Forderungen verfolgt.[64]

Setzt sich der Mehrheitseigentümer bei der Verwalterwahl durch, ohne den anderen Wohnungseigentümern Gelegenheit gegeben zu haben, den Kandidaten kennenzulernen, ist die Wahl anfechtbar.[65]

95 **c) Bestellung durch den Beirat.** Können oder wollen sich die Wohnungseigentümer auf die Person eines Verwalters nicht verständigen, so kommt es häufiger vor, dass diese per Beschluss den Beirat bevollmächtigen, den Verwalter stellvertretend für die Eigentümergemeinschaft auszusuchen und zu bestellen. Ein solcher Beschluss ist nichtig, da er in den Kernbereich des Wohnungseigentumsrechts eingreift. Die Wohnungseigentümer würden sich ihres wesentlichen Rechts, den Verwalter selbst aussuchen zu dürfen, begeben.[66] Wer die Wohnungseigentümergemeinschaft als Organ vertritt, muss von den Wohnungseigentümern selbst bestimmt werden. Sie können die Organbestellung nicht einzelnen Miteigentümern überlassen. Eine Delegation der wesentlichen Selbstbestimmungsrechte sieht das WEG nicht vor.

Lädt der so bestellte „Verwalter" in der Folge zu einer Eigentümerversammlung ein und lässt sich in dieser Versammlung als Verwalter bestätigen, wäre dieser Beschluss allerdings nicht nichtig, sondern nur anfechtbar. Nach überwiegender Rechtsauffassung führt die Einberufung einer Versammlung durch eine nicht berechtigte Person lediglich zu anfechtbaren Beschlüssen.[67]

96 **d) Bestellung durch das Gericht. aa) Notverwalter. Fehlt ein Verwalter,** so konnten nach § 26 Abs. 3 WEG a. F. die Wohnungseigentümer in dringenden Fällen beantragen, dass das Gericht einen Verwalter bestellt. Dieses Antragsrecht stand nicht nur jedem Wohnungseigentümer, sondern auch einem Dritten zu, der ein berechtigtes Interesse an der Bestellung eines Verwalters hatte, § 26 Abs. 3 WEG a. F. Da dieser gerichtlich bestellte Verwalter (Notverwalter) nur bis zur Behebung des Mangels bestellt werden durfte, erschöpfte sich in der Regel die Aufgabe des Notverwalters in der Einberufung einer Eigentümerversammlung zur Wahl eines ordentlichen Verwalters. Im Bestellungsbeschluss war dem Notverwalter die **konkrete Aufgabe als Vollmacht** zu übertragen.

97 Verfahrensrechtlich war die Notverwalterbestellung in § 43 Abs. 1 Nr. 3 WEG a. F. geregelt. Dennoch machten die Gerichte zunehmend seltener von der Notverwalterbestellung Gebrauch und beauftragten stattdessen einzelne Eigentümer, die jeweils

---

[62] OLG Hamm MietRB 2004, 296.

[63] LG Berlin ZMR 2001, 143.

[64] OLG Celle WE 1989, 199, 200.

[65] KG NJW-RR 1986, 644.

[66] LG Lübeck Rpfleger 1986, 232; *Merle* in Bärmann, WEG, § 26 Rdn. 78; *Scheel* in Hügel/Scheel, Rechtshandbuch, Teil 9, Rdn. 42.

[67] BayObLG WE 1991, 285; NZM 1999, 129; KG NJW 1987, 386; OLG Köln WuM 1996, 246.

notwendige Maßnahme durchzuführen (z. B. Einladung einer Eigentümerversammlung).

Der Gesetzgeber hat die Notverwalterbestellung 2007 aus dem Gesetz gestrichen. **98** § 26 Abs. 3 WEG wurde ebenso aufgehoben, wie § 43 Abs. 1 Nr. 3 WEG. Stattdessen hat der Gesetzgeber durch § 27 Abs. 3 S. 2 WEG n. F. die Möglichkeit in das Gesetz eingeführt, dass die Wohnungseigentümer durch Mehrheitsbeschluss **einen oder mehrere Wohnungseigentümer** zur Vertretung ermächtigen können. Der Gesetzgeber will damit erreichen, dass die Bestellung eines Notverwalters entfällt. Da aber weiterhin der Verwalter nach § 24 Abs. 1 WEG legitimiert ist, eine Eigentümerversammlung einzuberufen, wird gerichtliche Hilfe notwendig sein, wenn kein Verwalter bestellt ist und auch kein Verwaltungsbeirat existiert, der gem. § 24 Abs. 3 ausnahmsweise berechtigt wäre, bei fehlendem Verwalter die Eigentümerversammlung einzuberufen. Dann kann es zu dem Mehrheitsbeschluss, der einzelne Wohnungseigentümer mit Aufgaben der Verwaltung bevollmächtigt, nicht kommen. Somit muss auch in diesen Fällen weiterhin das Gericht angerufen werden, um einen Wohnungseigentümer zur Einladung zu bevollmächtigen.

bb) Ordentlicher Verwalter. Auch wenn die Notverwalterbestellung nach §§ 26 **99** Abs. 3, 43 Abs. 1 Nr. 3 WEG a. F. vom Gesetzgeber gestrichen wurde, so bedeutet dies nicht, dass eine Verwalterbestellung durch das Gericht generell ausscheidet. Können sich beispielsweise die Wohnungseigentümer nicht auf die Bestellung eines Verwalters einigen, weil eine **Patt-Situation** besteht, kann das Gericht auf entsprechenden Antrag hin einen Verwalter bestimmen.

Bis zur Novellierung des WEG konnte dabei das Gericht auch von dem gestellten Antrag abweichen und einen anderen Verwalter nach **billigem Ermessen** bestimmen.[68] Dies folgte aus § 43 Abs. 2 WEG a. F., wonach der Richter nach billigem Ermessen entscheiden konnte. Das Gericht war an den Antrag auf Vornahme einer bestimmten Maßnahme nicht gebunden.[69] In der Novelle wurde § 43 Abs. 2 WEG a. F. gestrichen. Dies hat zur Konsequenz, dass das Gericht nach § 308 Abs. 1 ZPO wesentlich stärker an die gestellten Anträge gebunden ist als früher. So darf nun das Gericht weder mehr als beantragt noch etwas anderes entscheiden. Wird daher von einem Wohnungseigentümer beantragt, eine bestimmte Person zum Verwalter zu bestellen, kann das Gericht nur noch positiv oder negativ entscheiden. Die Bestellung einer anderen Person nach freiem Ermessen des Gerichts ist nicht mehr möglich.

Denkbar ist es allerdings, dass ein Wohnungseigentümer gerichtliche Hilfe in Anspruch nimmt und allgemein um Bestellung eines Verwalters nachsucht. Nach § 21 Abs. 8 WEG kann das Gericht in einem Rechtsstreit nach billigem Ermessen entscheiden, soweit die Wohnungseigentümer eine nach dem Gesetz erforderliche Maßnahme nicht getroffen haben. Dies gilt somit auch für die Verwalterbestellung. Ein Verwalter ist nach dem Gesetz notwendig. Wird er nicht bestellt, kann das Gericht nach billigem Ermessen entscheiden. Die vom Gericht nach billigem Ermessen zu treffende Entscheidung richtet sich dann auf die erforderliche Verwalterbestellung.

Daneben wird die Möglichkeit diskutiert, dass ein Wohnungseigentümer auch weiterhin einen Antrag gem. § 43 Nr. 1 i. V. m. 21 Abs. 4 WEG stellen könnte. In beiden Fällen ist zunächst Voraussetzung, dass der Wohnungseigentümer sich um die Einberufung einer Eigentümerversammlung bemüht und einen Antrag auf Verwalterwahl stellt.[70] Scheitern diese Bemühungen oder ist von vornherein erkennbar, dass eine Ver-

---

[68] OLG Saarbrücken MietRB 2004, 174.

[69] KG NJW-RR 1996, 587 = WE 1996, 271.

[70] Ebenso *Abramenko* in Riecke/Schmid, WEG, § 26 Rdn. 17 unter Verweis auf BGH ZMR 2003, 941; OLG Hamburg ZMR 1993, 537; OLG Düsseldorf ZMR 1994, 523.

walterwahl nicht zustande kommt, weil sie beispielsweise vom Mehrheitseigentümer boykottiert wird, kann das Gericht unmittelbar angerufen werden.

Grundsätzlich müssen Anträge in gerichtlichen Verfahren nach § 43 Nr. 1 WEG einen bestimmten Inhalt haben. Dennoch kann nicht die gerichtliche Bestellung eines bestimmten Verwalters beantragt werden, weil kein Wohnungseigentümer Anspruch auf Bestellung eines bestimmten Verwalters hat[71] Andernfalls würde § 21 Abs. 8 WEG bedeutungslos. Diese Vorschrift will den einzelnen Wohnungseigentümer nicht nur davon entbinden, eine bestimmte Maßnahme einfordern und im Klageantrag formulieren zu müssen. Die Vorschrift zeigt aber auch, dass ein Wohnungseigentümer dann keinen bestimmten Antrag stellen kann, wenn er auf die begehrte Maßnahme – hier Bestellung eines ihm genehmen Verwalters – keinen Anspruch hat. Das Gericht kann auch ausnahmsweise die Bestellungsdauer festlegen, wenn zu befürchten ist, dass der Mehrheitseigentümer den gerichtlich bestellten Verwalter sofort wieder abwählen könnte. Auch die Vergütung ist durch das Gericht zu bestimmen.

103   Grundsätzlich ist es auch denkbar, dass ein Antrag auf gerichtliche Verwalterbestellung durch einen **Dritten** gestellt wird. § 43 Nr. 5 WEG lässt Klagen Dritter zu. Richtet sich dieser Antrag auf Verwalterbestellung, wird aber im Zweifel das **Rechtsschutzinteresse** fehlen. § 27 Abs. 3 Satz 2 WEG bestimmt, dass die Eigentümergemeinschaft dann, wenn ein Verwalter fehlt, durch alle Wohnungseigentümer vertreten wird. Somit würde es einem Dritten nicht an handlungsfähigen Personen fehlen. Ebenso hat der Dritte i. d. R. auch kein Zustellungsproblem, falls er gegen die Eigentümergemeinschaft Klage erheben will. Die Zustellungsproblematik regelt § 45 WEG in der Person des Ersatzzustellungsvertreters.[72]

104   Besteht dringende Notwendigkeit, einen Verwalter kurzfristig zu bestellen, um die Handlungsfähigkeit der Eigentümergemeinschaft wiederherzustellen, kann eine **einstweilige Verfügung** beantragt werden. Durch diesen Antrag wird dann ein vorläufiger Verwalter bis zur Entscheidung in der Hauptsache bestellt. Über diesen Verfahrensantrag wird aus dem abgeschafften Institut des Notverwalters ein vorläufiger Verwalter.

3. Bestellungsdauer

105   Die Tätigkeit des ersten Verwalters beginnt mit der Entstehung der **werdenden Wohnungseigentümergemeinschaft.** Selbst wenn zuvor der Verwalter dem teilenden Gebäudeeigentümer die Annahme der Verwalterbestellung erklärt, wirkt diese Erklärung erst auf den **Zeitpunkt der Entstehung** der werdenden Wohnungseigentümergemeinschaft, da zuvor eine wohnungseigentumsrechtliche Verwaltung noch nicht möglich ist. Solange das Gebäude im Alleineigentum des aufteilenden Eigentümers steht, ist eine Tätigkeit als WEG-Verwalter undenkbar.[73] Die Bestellungsdauer beginnt mit Entstehen der werdenden Wohnungseigentümergemeinschaft, für die die **Anlegung der Wohnungsgrundbücher, Veräußerung einer Einheit, Besitzübergang an dieser und Eintragung einer Auflassungsvormerkung** notwendig sind.[74]

106   § 26 Abs. 1 WEG beschränkt die Bestellung des Verwalters auf **maximal fünf Jahre.** Auf die Verwalterbestellung ist § 309 Nr. 9 a) BGB nicht anzuwenden. Das Kammerge-

---

[71] Ebenso *Abramenko* in Riecke/Schmid, WEG, § 26 Rdn. 17; beide Anträge nach § 43 Nr. 1 und § 21 Abs. 8 WEG zulassend, *Elzer* in Hügel/Elzer, Das neue WEG-Recht, § 10 Rdn. 9.

[72] Siehe hierzu auch *Elzer* in Hügel/Elzer, Das neue WEG-Recht, § 10 Rdn. 9.

[73] Solange eine GmbH sämtliche Eigentumsrechte innehat, besteht keine Wohnungseigentümergemeinschaft und der Verwalter kann nur für die Gesellschaft tätig werden, OLG Düsseldorf ZMR 2006, 463.

[74] Vgl. zur werdenden Wohnungseigentümergemeinschaft KG NJW-RR 1986, 1274; OLG Hamm, OLGReport Hamm 2000, 52; *Becker/Kümmel/Ott,* Wohnungseigentum, Rdn. 76.

richt[75] wollte auf Grund dieser Vorschrift die Bestellungsdauer des Verwalters auf zwei Jahre beschränkt sehen. Der BGH[76] hat sich dieser Auffassung nicht angeschlossen und ausgeführt, dass es sich bei § 26 Abs. 1 S. 2 WEG um eine **Sonderregelung** handelt, der insoweit der Vorrang eingeräumt worden ist. Daher kann der Verwalter grundsätzlich für fünf Jahre bestellt werden und der Verwaltervertrag auch eine entsprechende Laufzeit vorsehen.

Durch die WEG-Novelle ist die maximale Bestellungsdauer für die Erstbestellung auf **107** **drei Jahre** beschränkt worden, § 26 Abs. 1 S. 2 WEG. Der Gesetzgeber sah die Gefahr, dass der Erstverwalter häufig einem besonderen Interessenkonflikt unterliegt, wenn er vom Bauträger bestellt wird. Da die Verjährungsfrist für etwaige Baumängel in der Regel fünf Jahre beträgt, sollte ein Gleichlauf mit der Bestellungsdauer vermieden werden.[77] Wurde die Erstbestellung allerdings vor Inkrafttreten der Novelle vorgenommen, bleibt die längere Bestellung wirksam. Somit bestehen jetzt zwei zeitliche Limitierungen: drei Jahre für die Erstbestellung, in anderen Fällen fünf Jahre.

Der Verwalter, der auf **unbestimmte Zeit** bestellt wird, muss sich spätestens zum **108** Ablauf des 5. Vertragsjahres zur **Wiederwahl** stellen. Geschieht dies nicht, liegt keine wirksame Verwalterbestellung mehr vor, so dass das Verwalteramt **automatisch** mit Ablauf des 5. Jahres endet. Wird der Verwalter hingegen für einen beschränkten Zeitraum, z. B. für zwei Jahre, bestellt und gleichzeitig festgelegt, dass sich die Bestellung automatisch um ein weiteres Jahr verlängert, wenn der Verwalter zuvor nicht abberufen wurde (Vertrag mit Mindestdauer und Verlängerungsklausel), bewirkt auch diese Klausel, dass die automatische Verlängerungsmöglichkeit spätestens zum Ablauf des 5. Jahres endet.[78]

Übt der Verwalter die Verwaltungstätigkeit über das 5. Jahr hinaus **faktisch** aus, ist die weitergehende Bestellung ab diesem Zeitpunkt nichtig.[79] Der Verwalter kann und muss in einem solchen Fall nicht abberufen werden. Wenn die Wohnungseigentümer Sicherheit erlangen wollen, dass kein Verwalter mehr vorhanden ist, können sie einen entsprechenden **Feststellungsantrag** an das Gericht richten.

Die Bestellung des Verwalters für einen längeren Zeitraum als fünf Jahre macht die **109** Bestellung insgesamt nicht **nichtig.**[80] Die Bestellung gilt dann auf unbestimmte Zeit. Nicht überzeugend ist die Auffassung, dass eine Reduzierung der Beschlussfassung auf das zulässige Maß von fünf Jahren erfolgt.[81] Nichtige Beschlussteile können nicht mit einer Reduzierung auf das zulässige Maß belohnt werden. Im Vertragsbereich folgt dies aus dem Verbot der geltungserhaltenden Reduktion.[82] Diese Grundsätze müssen auch entgegen der h. M. für den Bestellungsbeschluss analog gelten. Andernfalls würde die Vertragsdauer nicht mit der Bestellungsdauer konform gehen.

Liegt hinsichtlich der Bestellungsdauer bei der Beschlussfassung und anschließendem Verwaltervertrag ein **Schreib- oder Rechenfehler** hinsichtlich der fünfjährigen Bestellungsdauer vor, so ist ebenfalls keine Nichtigkeit anzunehmen, da es sich nur um eine unschädliche Falschbezeichnung des Enddatums handelt.[83]

---

[75] NJW-RR 1989, 839.

[76] NZM 2002, 788 = NJW 2002, 3240 = ZMR 2002, 766.

[77] Amtliche Begründung zu § 26 Abs. 1 S. 2 in BT-Drucks. 16/3843, S. 51.

[78] So auch *Abramenko* in Riecke/Schmid, WEG, § 26 Rdn. 89; a. A. *Bub* in Staudinger, BGB, § 26 WEG Rdn. 518, der die Verlängerungsklausel als nichtig ansieht.

[79] BayObLG NJW-RR 1991, 978.

[80] *Lüke* in Weitnauer, WEG, § 26 Rdn. 15.

[81] So aber die h. M.: *Merle* in Bärmann, WEG, § 26 Rdn. 49. *Müller,* Praktische Fragen, Rdn. 420; *Bassenge* in Palandt, BGB, § 26 WEG Rdn. 2; *Abramenko* in Riecke/Schmid, WEG, § 26 Rdn. 89; OLG München ZMR 2007, 989.

[82] BGHZ 86, 297; BGHZ 114, 342; BGH NJW 1993, 1135; NJW 2000, 1110.

[83] LG Düsseldorf ZMR 2005, 740.

110   Sofern der **Beginn** der Bestellungsdauer im Bestellungsakt nicht eindeutig bestimmt wird, ist der Zeitpunkt, zu dem der Verwalter zur Aufnahme seiner Tätigkeit verpflichtet ist, maßgebend.[84] Allerdings kann der bestellte Verwalter seine Tätigkeit nicht zu einem Zeitpunkt aufnehmen, in dem sein Vorgänger noch im Amt ist. Eine Eigentümergemeinschaft kann **niemals zwei** wirksam bestellte Verwalter haben.

4. Verlängerungsbeschluss/Wiederwahl

111   **a) Zeitpunkt.** Auch hinsichtlich der Verlängerung der Bestellungsdauer schränkt § 26 Abs. 2 WEG die Gestaltungsmöglichkeiten ein. Die wiederholte Bestellung darf **frühestens ein Jahr** vor Ablauf der Bestellungszeit beschlossen werden. Ein hiergegen verstoßender Beschluss ist nichtig.[85] Der Beschluss ist dann auch nicht nach § 139 BGB mit einer kürzeren Laufzeit teilweise wirksam.[86]

So wie der Verwalter durch Mehrheitsbeschluss gewählt werden kann, genügt auch für seine Wiederwahl, wenn nicht mehr als zwei Kandidaten zur Wahl stehen, die **einfache Mehrheit.** Nun soll § 26 Abs. 2 WEG aber nicht bewirken, dass ein solcher Verlängerungsbeschluss generell nur innerhalb eines Jahres vor Ablauf der bisherigen Bestellungsdauer gefasst werden kann. § 26 Abs. 2 WEG ist dahingehend zu verstehen, dass die Jahresfrist nur dann Anwendung findet, wenn die erneute Bestellungsdauer zusammen mit dem Zeitraum zwischen der Wahl des Verwalters und dem Beginn der Verlängerungsdauer **mehr** als **sechs Jahre** beträgt.

Beispiel: Der Verwalter ist noch bis zum 31. 12. 2010 bestellt. Am 30. 9. 2009 wird er für weitere fünf Jahre und somit bis zum 31. 12. 2015 bestellt.
Der vorstehende Beschluss ist unwirksam, da er früher als ein Jahr vor Beginn des Verlängerungszeitraums gefasst wurde.

Erfolgt die Wiederwahl zwar früher als ein Jahr vor Ablauf der bisherigen Bestellungsdauer, wird aber der Wiederbestellungsbeschluss mit **sofortiger Wirkung** getroffen, ist dieser Beschluss nicht nichtig, da die sofortige Wiederbestellung im Vordergrund steht und die max. Bindungsdauer der Eigentümergemeinschaft an den Verwalter nicht über sechs Jahre hinaus begründet wird.[87]

Beispiel: Der Verwalter ist noch bis zum 31. 12. 2010 bestellt. Die Wiederwahl erfolgt am 30. 9. 2009 für die Dauer von fünf Jahren, beginnend mit dem 1. 10. 2009. Die Wiederwahl mit sofortiger Wirkung führt im vorstehenden Beispiel nicht nur zu einer max. Bindungsdauer von fünf Jahren, die zulässig ist, sondern sie beinhaltet inzidenter auch die vorzeitige Aufhebung der bisherigen Bestellung.

Problematisch ist, ob die erneute Bestellung mehr als ein Jahr vor Ablauf der Bestellungszeit zulässig ist, wenn unter Berücksichtigung dieses Zeitraumes und der Wiederbestellungszeit ein Zeitraum von 6 Jahren insgesamt **nicht** überschritten wird.

Beispiel: Die Bestellungsdauer des Verwalters endet am 31. 12. 2010. Die Wiederwahl erfolgt am 30. 9. 2009, beginnend mit dem 1. 1. 2011 für die Dauer von drei Jahren bis zum 31. 12. 2013. Im vorstehenden Beispiel wird die fünfjährige Bestellungsdauer des § 26 Abs. 1 WEG nicht erreicht. Die max. sechsjährige Bindungsdauer des § 26 Abs. 2 WEG wird ebenfalls nicht verletzt. Zwischen Wiederbestellungsbeschluss und Wiederbestellungsbeginn liegt zwar ein Zeitraum von mehr als einem Jahr, die Gesamtbindungsdauer liegt aber unter fünf Jahren.

---

[84] KG WE 1987, 122; *Merle* in Bärmann, WEG, § 26 Rdn. 49; *Abramenko* in Riecke/Schmid, WEG, § 26 Rdn. 89.
[85] KG DWE 1999, 74; OLG Frankfurt MietRB 2006, 47.
[86] OLG Frankfurt, ebenda.
[87] BGH NJW-RR 1995, 780.

Die vom BGH[88] angenommene max. sechsjährige Bindungsdauer wird auch in folgendem Beispiel nicht überschritten:

Beispiel: Wie im vorstehenden Fall wird nun der Verwalter bis zum 31. 12. 2014 wiederbestellt.

Beim vorstehenden Beispiel beträgt somit die Bestellungsdauer vier Jahre und verstößt nicht gegen § 26 Abs. 1 WEG. Die Gesamtbindungsdauer liegt über fünf und unter sechs Jahren. Zwar wird der Wortlaut des § 26 Abs. 2 WEG verletzt; **Sinn und Zweck** der Norm wollen aber eine max. Bindung von 6 Jahren erlauben, die auch in diesem Beispiel nicht überschritten wird. **112**

Die Richtigkeit dieser Auffassung ergibt sich auch aus folgender Kontrollüberlegung: Dürfen nach § 26 Abs. 2 WEG die Wohnungseigentümer mit einer Vorlaufzeit beispielsweise von sechs Monaten den Verwalter für fünf Jahre wiederwählen, sind sie 5$\frac{1}{2}$ Jahre an ihn gebunden. Wählen die Wohnungseigentümer den Verwalter hingegen 1$\frac{1}{2}$ Jahre vor Ablauf des Vertrages für weitere vier Jahre, ist die Bindungsdauer gleich lang. Daher kann aus Sinn und Zweck der Norm des § 26 Abs. 2 WEG kein Unterschied zwischen beiden Gestaltungsmöglichkeiten folgen. Wenn der BGH[89] eine max. Bindungsdauer von sechs Jahren zulässt, sind im Ergebnis die Beispielsfälle gleich zu behandeln. Die Ratio des § 26 WEG lässt im Ergebnis keine längere Bindung als max. 6 Jahre zu.[90] Dabei ist dann unerheblich, warum die Wiederwahl erfolgt.

b) Beschlussfassung. Wird in einer Eigentümerversammlung „die Fortsetzung des Verwaltervertrages" beschlossen, so kann dieser Beschluss dahingehend ausgelegt werden, dass er auch die Wiederbestellung des Verwalters umfasst. Die Wirksamkeit der Wiederwahl ist nicht davon abhängig, dass **Alternativangebote** eingeholt wurden.[91] Die Wohnungseigentümer können auch ohne Gegenangebote die Leistungen des bisherigen Verwalters bewerten. Diesem wiederum ist es nicht zumutbar, die Konkurrenz vorzustellen. Allerdings sind die Wohnungseigentümer nicht daran gehindert, selbständig Alternativangebote einzuholen. **113**

Die Wiederwahl des Verwalters leidet auch dann nicht unter einem Ladungsmangel, wenn der Tagesordnungspunkt als „Neuwahl der Hausverwaltung" angekündigt wurde. Der Begriff der Neuwahl deckt auch eine Wiederwahl mit ab.[92] Den Wohnungseigentümern muss auch das Verlängerungsangebot oder gar der Verlängerungsvertrag nicht schon mit der Einladung zugehen. Es genügt, wenn diese Unterlagen den Wohnungseigentümern bei der Beschlussfassung vorliegen, da die Abweichungen gegenüber dem bisherigen Vertrag i.d.R. nur in einer Honorarerhöhung liegen werden.[93] Bewerben sich aber Gegenkandidaten, müssen die Wohnungseigentümer deren Angebote nebst Bewerbungsunterlagen vor der Versammlung zugesandt erhalten, damit sie sich eine Meinung bilden können.

5. Bedingte Bestellung

Ob eine bedingte Bestellung möglich ist, ist umstritten. Teilweise wird die **aufschiebende Bedingung** als zulässig angesehen, weil das Wohnungseigentumsgesetz die Ver- **114**

---

[88] NJW-RR 1995, 780.
[89] S. Fn. 76.
[90] A.A. *Bub* in Staudinger, BGB, § 26 WEG Rdn. 197.
[91] OLG Schleswig ZMR 2006, 803 = NZM 2006, 822; OLG Hamburg ZMR 2001, 998.
[92] OLG München ZWE 2009, 27 = ZMR 2009, 64; BayObLG WuM 1992, 331; ZMR 2000, 858.
[93] OLG München ZWE 2009, 27 = ZMR 2009, 64.

walterbestellung nicht als bedingungsfeindlich definiert habe.[94] Dem wird mit Hinweis auf das Vereinsrecht entgegengehalten, dass auch eine bedingte Bestellung von Vereinsvorständen nicht möglich sei.[95] Dieses Argument der Bedingungsfeindlichkeit überzeugt jedoch nicht. Auch im Vereinsrecht ist die Bedingungsfeindlichkeit der Vorstandsbestellung nicht normiert. Es wird lediglich darauf hingewiesen, dass eine bedingte Vorstandszugehörigkeit nicht in das Vereinsregister eintragungsfähig ist.[96] Als Begründung für die Bedingungsfeindlichkeit der Vereinsvorstandsbestellung wird dagegen zutreffend angeführt, dass der Eintritt der Bedingung nicht aus dem Vereinsregister erkennbar wird und daher **Rechtsunsicherheit** entsteht, ob nun der eingetragene Vorstand wirksam bestellt ist oder nicht.

115   Da der WEG-Verwalter aber nicht in ein Register eingetragen wird, gilt es auch nicht, einen guten Glauben an die Richtigkeit des Registers zu schützen.[97] Ob die aufschiebende Bedingung wirksam ist, bleibt daher der **Einzelfallbetrachtung** überlassen. Beschließen beispielsweise die Wohnungseigentümer die Bestellung eines Verwalters aufschiebend bedingt bis zur Zustimmung eines Dritten, wäre die Beschlussfassung nichtig, weil sich die Wohnungseigentümer ihres Selbstbestimmungsrechts berauben. Würde hingegen die Verwalterbestellung unter die aufschiebende Bedingung gestellt, dass die gewählte Person eine steuerliche Unbedenklichkeitsbescheinigung beibringt und diese dem Beirat übergibt, stehen der Wirksamkeit der Verwalterwahl keine Bedenken entgegen. Dann ist mit Zugang der geforderten Negativbescheinigung beim Beirat die Bedingung erfüllt.

116   Der Fall der **auflösenden Bedingung** wird an dem Beispiel diskutiert, dass ein Verwalter aus wichtigem Grund abberufen und ein neuer Verwalter bestellt wurde. Ficht dann der abberufene Verwalter erfolgreich diesen Beschluss an, sähe sich die Eigentümergemeinschaft zwei Verwaltern gegenüber verpflichtet. Da aber angenommen wird, dass die Eigentümergemeinschaft nur einen Verwalter haben könne, müsse nun der zweite Verwalter im Sinne einer auflösenden Bedingung ausscheiden. Die auflösende Bedingung wird auch als **konkludent** vereinbart in den Bestellungsbeschluss hineingelesen.[98]

117   Die Aussage, dass nicht zwei Verwalter gleichzeitig im Amt sein können, ist überzeugend. Zwar üben nach § 20 Abs. 1 WEG die Wohnungseigentümer im Zweifel die Verwaltung gemeinschaftlich aus. Aber auch in diesem Fall hat die Wohnungseigentümergemeinschaft nicht mehrere Verwalter. Diese werden vielmehr als gesamtvertretungsberechtigte Einheit angesehen. Daran ändert auch der neu gefasste § 27 Abs. 3 S. 2 WEG nichts, der die Wohnungseigentümer zur Vertretung der Gemeinschaft berechtigt, wenn der Verwalter dies nicht ist. Aus beiden Regelungen folgt nicht, dass mehrere Personen die Verwaltungstätigkeit ausüben können. § 20 Abs. 1 WEG regelt einen Fall der Gesamtvertretung und § 27 Abs. 3 S. 2 WEG differenziert zwischen Vertretung und Verwaltung.

118   Somit können die Wohnungseigentümer durchaus die Bestellung des neuen Verwalters unter die auflösende Bedingung stellen, dass diese Bestellung endet, wenn sich rechtskräftig herausstellen sollte, dass die Abberufung des alten Verwalters unwirksam war. Zweifel bestehen allerdings daran, ob sich dies generell auch ohne ausdrückliche Erklärung in den Bestellungsbeschluss des neuen Verwalters hineinlesen lässt. Hierzu

---

[94] *Merle* in Bärmann, WEG, § 26 Rdn. 61 ff.; ders. in Bestellung und Abberufung des Verwalters, S. 71.

[95] *Müller,* Praktische Fragen, Rdn. 895; *Bub* in Staudinger, BGB § 26 WEG Rdn. 121.

[96] BayObLG NJW-RR 92, 802; OLG Celle NJW 69, 326.

[97] So im Ergebnis auch *Merle* in Bärmann, WEG, § 26 Rdn. 82.

[98] *Müller,* Praktische Fragen, Rdn. 895; *Greiner,* Wohnungseigentumsrecht, Rdn. 1250; *Scheel* in Hügel/Scheel, Rechtshandbuch, Teil 9 Rdn. 39.

wird argumentiert, dass ein praktisches Bedürfnis an der Annahme einer **konkludent** ausgesprochenen auflösenden Bedingung bestünde, weil andernfalls die Wohnungseigentümergemeinschaft zwei Verwalter bezahlen müsse.[99] Diese Argumente sind aber rein **ergebnisorientiert** und überzeugen dogmatisch nicht. Die Gefahr der Doppelzahlung kann nicht genügen, dem neuen Verwalter ohne ausdrückliche Erwähnung im Bestellungsbeschluss und ohne ausdrückliche Vereinbarung die Verwalterposition einschließlich seiner vertraglichen Ansprüche zu entziehen.[100] Den Wohnungseigentümern ist zu empfehlen, die auflösende Bedingung ausdrücklich im Bestellungsbeschluss aufzunehmen und gleichzeitig im Verwaltervertrag zu vereinbaren, dass bei Bedingungseintritt keine Schadensersatzansprüche für den Verwalter entstehen.

6. Anfechtung des Bestellungsbeschlusses

a) Überblick. Der Beschluss über die Bestellung des Verwalters oder seine Wieder- **119** bestellung kann nach § 46 Abs. 1 WEG binnen Monatsfrist angefochten werden, wenn der Beschluss **nicht ordnungsmäßiger Verwaltung** entspricht. Dazu ist schlüssig darzulegen, warum die Verwalterwahl aufzuheben ist. Dies ist grundsätzlich zu bejahen, wenn in der Person des Verwalters ein **wichtiger Grund** liegt, der seiner Bestellung entgegensteht.

Die Bedeutung des wichtigen Grundes steht in einem **Stufenverhältnis,** je nachdem ob ein **Abberufungsbeschluss** oder ein **Bestellungsbeschluss** zur Überprüfung steht. Da bei der Abberufung die Wohnungseigentümer mehrheitlich gegen den Verwalter gestimmt haben, sind in diesem Fall an den wichtigen Grund geringere Anforderungen zu stellen als im Falle der Wahl oder der Wiederwahl. Bei Letzterem haben die Wohnungseigentümer mehrheitlich für den Verwalter votiert und die gerichtliche Entscheidung kann diese Mehrheit nur bei besonders wichtigen Gründen zurückdrängen,[101] während bei der Abberufung ein (einfacher) wichtiger Grund genügt. Die Abwägung hat umfassend unter Berücksichtigung aller Umstände zu erfolgen, wobei die Beurteilung in erster Linie dem Tatrichter obliegt.[102]

Die Anfechtung der Verwalterwahl kann nur auf Gründe gestützt werden, die im Zeitpunkt der Beschlussfassung **bekannt** waren.[103] Gründe, die erst nach diesem Zeitpunkt entstanden sind, können nicht nachgeschoben werden.[104]

b) Neubestellung. Bei der Anfechtung der ersten Bestellung des Verwalters (Neu- **120** bestellung) können nur Gründe in Betracht kommen, die entweder allgemein in der Person des Verwalters liegen oder zukünftig eine sachgerechte und den Grundsätzen ordnungsmäßiger Verwaltung entsprechende Tätigkeit nicht erwarten lassen **(Prognoseentscheidung).**[105]

Ist der gewählte Verwalter wegen eines **Vermögensdeliktes** vorbestraft, kann seine Wahl ordnungsmäßiger Verwaltung widersprechen. Gleiches gilt, wenn ihm die **Gewerbeerlaubnis** entzogen wurde.[106] Die Person des Verwalters muss ein **Mindestmaß an Objektivität** gegenüber allen Wohnungseigentümern erwarten lassen. Besteht zwi-

---

[99] So *Merle* in Bärmann, WEG, § 26 Rdn. 63.
[100] Die auflösende Bedingung des Verwaltervertrages wird von *Müller* angenommen, obschon er die auflösende Bedingung des Bestellungsbeschlusses ablehnt, in Praktische Fragen, Rdn. 895.
[101] OLG München DWE 2006, 72; BayObLG NZM 2001, 754; *Bub* in Staudinger, BGB, § 26 WEG Rdn. 160 m.w.N.
[102] BayObLGReport 2005, 366 = MietRB 2005, 208.
[103] BayObLG MietRB 2005, 208.
[104] BayObLG NZM 2001, 104.
[105] BayObLG, ebenda.
[106] *Bub* in Staudinger, BGB, § 26 WEG Rdn. 103.

schen dem zu wählenden Verwalter und einem Wohnungseigentümer **Streit** wegen einer **nachbarrechtlichen Angelegenheit,** ist die Wahl des Verwalters anfechtbar, da die Gefahr besteht, dass der Verwalter seine persönlichen Interessen gegenüber diesem Eigentümer durchsetzen und mit dem Verwalteramt verquicken will.[107]

121 Seine Eignung im Sinne einer Prognoseentscheidung ist nur in einem engen Rahmen überprüfbar. So kann es nicht genügen, die Wahl als rechtswidrig anzusehen, weil der gewählte Verwalter erst wenige Objekte betreut und noch nicht über umfangreiche **praktische Verwaltungserfahrung** verfügt. Dann würde es dem Jungunternehmer nahezu unmöglich, jemals als Verwalter bestellt zu werden.[108] Da es für Verwalter keinen Ausbildungsberuf gibt und das Gesetz auch keine konkreten Anforderungen an die Eignung des Verwalters stellt, können keine verallgemeinernden Erwägungen der Verwalterwahl entgegenstehen. Dies würde im Übrigen auch Einzelunternehmer gegenüber juristischen Personen benachteiligen. Die gewählte GmbH kann beispielsweise hervorragende Verwaltungstätigkeit erbringen, auch wenn der Geschäftsführer persönlich über noch geringe Verwaltungserfahrung verfügt, er aber auf einen sehr qualifizierten Mitarbeiterstamm zurückgreifen kann.

122 Anders ist die Rechtslage zu beurteilen, wenn der Verwalter durch **Majorisierung** gewählt wird. Dann sind erhöhte Anforderungen an die Person des gewählten Verwalters zu stellen (s. hierzu auch oben Rdn. 92 ff.).[109] Auch die **Nähe zum errichtenden Bauträger** kann der Wahl entgegenstehen, wenn hierdurch zu befürchten ist, dass der gewählte Verwalter Gewährleistungsansprüche nicht ordnungsmäß verfolgen wird.[110] Die **wirtschaftliche und persönliche Verflechtung** des zu bestellenden Verwalters mit einzelnen Wohnungseigentümern ist dagegen unerheblich. Die Wahl entspricht nur dann nicht ordnungsmäßiger Verwaltung, wenn erkennbar ist, dass sich die Wohnungseigentümer bei Wahl dieses Verwalters von **gemeinschaftsfremden** und **egoistischen** Interessen leiten ließen.[111]

123 c) **Wiederwahl.** Handelt es sich hingegen um eine **Wiederwahl,** kann sich die Rechtmäßigkeit der Beschlussfassung auch daran orientieren, ob der Verwalter bisher seine Tätigkeit ordnungsgemäß ausgeübt hat. Dann spielt zwar immer noch der qualitative Unterschied eine Rolle, dass im Gegensatz zur Abberufung bei der Wiederwahl die Mehrheit für den Verwalter votiert hat und ihm somit das Vertrauen aussprach. Diese Vertrauenskundgabe ist auch bei der gerichtlichen Überprüfung zu berücksichtigen. Zudem ist die Abberufung aus wichtigem Grund auf konkrete Verfehlungen zu stützen. Bei der Anfechtung der Wiederwahl kommt es zwar indirekt auch auf etwaige Verfehlungen in der Vergangenheit an. Diese sind aber nur dann für die Frage der Rechtmäßigkeit der Wiederwahl heranzuziehen, wenn sie gewichtig sind und aus ihnen eine **Wiederholungsgefahr** resultiert.[112] Die Wiederwahl des Verwalters kann rechtswidrig sein, wenn der Verwalter in der Vergangenheit **fehlerhaft abgerechnet** hat.

124 An die Rechtswidrigkeit einer Mehrheitsentscheidung über die Verwalterwiederwahl sind strenge Anforderungen zu stellen.[113] Das OLG Köln hatte hierzu den Fall zu entscheiden, dass die Wiederwahl erfolgte, nachdem der Verwalter seiner Abrechnung einen **unzutreffenden Verteilungsschlüssel** zugrunde gelegt hatte.[114] Dem OLG ist insoweit beizupflichten, dass es auf den **Einzelfall** ankommt und nicht jeder Abrech-

---

[107] OLG Hamburg MietRB 2003, 11 = OLGReport Hamburg 2003, 244.
[108] A. A. *Elzer,* ZMR 2001, 418, 421.
[109] OLG Düsseldorf WE 1996, 70.
[110] A. A. OLG Frankfurt MietRB 2005, 234.
[111] OLG Frankfurt Fn. 95.
[112] Vgl. hierzu die überzeugenden Ausführungen von *Elzer,* ZMR 2001, 418, 419 f.
[113] BayObLG MietRB 2005, 208.
[114] NZM 1999, 128.

nungsfehler der Verwalterwiederwahl entgegensteht. Hierbei ist auch zu berücksichtigen, dass § 28 Abs. 3 WEG lediglich bestimmt, dass der Verwalter eine Jahresabrechnung zu erstellen hat. Das Gesetz schweigt zum Inhalt und Umfang der Abrechnung. Auch die Rechtsprechung ist nicht immer einheitlich. So wird beispielsweise mit Recht gefordert, dass der Jahresabrechnung eine Bankkontenentwicklung beigefügt werden müsse[115], während in anderen Entscheidungen es als ausreichend angesehen wird, wenn diese später nachgereicht wird.[116] Sofern ein Abrechnungsfehler rechtskräftig festgestellt ist, impliziert er aber keine Wiederholungsgefahr. Es kann somit nicht unterstellt werden, dass der Verwalter auch zukünftig fehlerhaft abrechnet. Abrechnungsfehler können deshalb nur dann eine negative Prognose rechtfertigen, wenn die bisher erstellte Abrechnung solche Abrechnungsfehler in solcher Qualität und Quantität enthält, dass dem Verwalter auch bei erneuter Erstellung der Jahresabrechnung nicht zugetraut werden kann, dass dann die Abrechnung schlüssig wird. Hingegen hat sich die Wiederholungsgefahr realisiert, wenn der Verwalter auch in der nächsten Abrechnung die Fehler nicht abstellt.[117] Der Ansatz eines falschen Verteilungsschlüssels im Hinblick auf die Verwaltervergütung reicht hierzu im Gegensatz zu der Auffassung des OLG Köln nicht aus. In der **Abrechnungspraxis** ist es ein weit verbreiteter Fehler, die Verwaltervergütung entgegen der Regelung in der Gemeinschaftsordnung nicht nach Miteigentumsanteilen, sondern nach Anzahl der Wohnungen zu verteilen. Wäre die Auffassung des OLG Köln zutreffend, wäre in all diesen Fällen die Wiederwahl des Verwalters anfechtbar. Dem kann nur dann gefolgt werden, wenn sich der Verwalter als **unbelehrbar** und gemeinschaftsordnungsresistent erweist.

d) Einzelfälle. Aus der Rechtsprechung sind **weitere Einzelfälle** bekannt, bei denen die Wahl/Wiederwahl rechtswidrig war: **125**

— die Wahl eines Hausnachbarn zum WEG-Verwalter, obschon er persönlich gegen einzelne Wohnungseigentümer einen **Rechtsstreit** führt;[118]
— Wahl eines **neuen** Verwalters, obwohl die Abberufung des alten Verwalters aus wichtigem Grund **offensichtlich rechtswidrig** war;[119]
— Wiederwahl des Verwalters, obwohl er im Objekt als **Verkaufsmakler** tätig wurde und jeder Verkauf seiner Zustimmung nach § 12 WEG bedurfte;[120]
— der Verwalter erklärt, die vor seiner Bestellung ausgeübte Maklertätigkeit in der verwalteten Anlage fortsetzen zu wollen;[121]
— der Verwalter verlangt eine **unangemessene Vergütung;**[122]
— die vom Verwalter erstellte Jahresabrechnung enthält grobe Fehler;[123]
— die bisherige Tätigkeit des Verwalters lässt keine objektive Interessenwahrnehmung erwarten.[124]
— Unterlassen der rechtzeitigen Wiederwahl und hierdurch Herbeiführung einer verwalterlosen Zeit;[125]

---

[115] AG Köln MietRB 2008, 211.
[116] So BayObLG NJW-RR 2004, 1602.
[117] OLG Düsseldorf ZMR 2006, 144.
[118] OLG Hamburg WuM 2003, 110.
[119] KG WE 1986, 140.
[120] BayObLG MDR 1997, 727 = WE 1997, 439 = NJW-RR 1998, 302.
[121] LG München I NJW-RR 1997, 335.
[122] BayObLG DWE 1990, 38 (Ls.).
[123] OLG Köln OLGReport 2005, 658 = MietRB 2006, 104 für den Fall, dass die Abrechnung nicht alle Einnahmen und Ausgaben enthält.
[124] BGH ZMR 2002, 936; OLG Düsseldorf WuM 2005, 798; BayObLG ZMR 2001, 722; OLG Saarbrücken ZMR 1998, 54.
[125] OLG Köln ZMR 2007, 717.

- Durchführung von Eigentümerversammlungen an unzumutbaren Orten und zu unangebrachten Zeiten;[126]
- Erstellung wesentlich falscher Versammlungsprotokolle.[127]

Hingegen wurde die Verwalterwahl als **rechtmäßig** in folgenden Fällen angesehen:

- Der wiederbestellte Verwalter hat vor seiner Wiederwahl **keine Konkurrenzangebote** eingeholt, so dass die Eigentümergemeinschaft nur über ihn abstimmte;[128]
- die Eigentümergemeinschaft wählt **nicht den billigsten Kandidaten,** sondern unterstellt bei dem gewählten Kandidaten eine höhere Qualifikation;[129]
- der **Beirat trifft eine Vorauswahl** und lädt zur persönlichen Vorstellung in der Eigentümerversammlung nur die Kandidaten ein, die nach seiner Einschätzung geeignet erscheinen;[130]
- der Verwalter hat für einen Wohnungseigentümer die **Betreuung** angeregt, nachdem er zuvor **Rechtsrat** einholte;[131]
- der Verwalter war zwar vorbestraft, diese Vorstrafe ist aber im Strafregister getilgt worden.[132]

126   Neben den Gründen, die in der Person des Verwalters liegen, können noch **Form** und **Inhalt** des Beschlusses unwirksam sein. So ist der Bestellungsbeschluss aufzuheben, wenn die Abstimmung nach Köpfen statt, wie in der Gemeinschaftsordnung vorgesehen, nach Miteigentumsanteilen durchgeführt wurde.[133] Ebenso muss der Beschluss die wichtigsten Elemente des Verwaltervertrages hinsichtlich **Laufzeit und Höhe der Vergütung** enthalten.[134] Bei der Wiederwahl sind hierzu geringere Anforderungen zu stellen. Enthält der Beschluss keine Aussage zur Vergütung, gilt die **bisherige** Vergütungshöhe unverändert fort. Wird keine Bestellungsdauer genannt, ist der Verwalter auf **unbestimmte Zeit** gewählt.

127   Der Bestellungsbeschluss ist auch dann nichtig, wenn aus ihm die **gewählte** Person nicht deutlich wird. Wird beispielsweise beschlossen, Herrn Müller zum Verwalter zu bestellen, ist der Beschluss nichtig, wenn Herr Müller als Müller GmbH kandidiert hat und damit nicht deutlich wird, ob die wählenden Wohnungseigentümer den geschäftsführenden Gesellschafter persönlich meinten oder sich nur unvollständig ausgedrückt haben.

128   Auch kann ein Verwalter **nicht rückwirkend bestellt** werden. Dies ist schon faktisch unmöglich. War der bestellte Verwalter bereits in der Vergangenheit als Geschäftsführer für die Eigentümergemeinschaft tätig, kann die Eigentümergemeinschaft allenfalls seine Handlungen genehmigen.

129   **e) Rechtsfolgen der erfolgreichen Anfechtung.** Der Verwalter ist bis zur rechtskräftigen Entscheidung über die Anfechtung seiner Bestellung im Amt. Die Beschlussaufhebung erfolgt allerdings nicht rückwirkend (**ex-nunc-Wirkung**).[135] Seine zwi-

---

[126] OLG Hamm NJW-RR 2001, 517 = ZMR 2001, 385.

[127] BayObLG NJW-RR 2004, 445.

[128] OLG Hamburg ZMR 2001, 998; OLG Schleswig ZMR 2006, 803 = NZM 2006, 822; Abramenko in Riecke/Schmid, WEG, § 26 Rdn. 13.

[129] OLG Hamburg ZMR 2005, 82.

[130] OLG Düsseldorf ZMR 2002, 213.

[131] BayObLG MietRB 2005, 208.

[132] KG NJW-RR 1989, 843 unter Verweis auf § 51 Abs. 1 BZRG.

[133] BayObLG WuM 2003, 410.

[134] OLG Hamm ZMR 2003, 51.

[135] BayObLG DWE 1977, 90; OLG Düsseldorf ZMR 2006, 544; OLG Hamburg ZMR 2006, 791; im Ergebnis ebenso *Abramenko* in Riecke/Schmid, WEG, § 26 Rdn. 18, sowie *Merle* in Bärmann, WEG, § 26 Rdn. 236, die den Rechtsgedanken des § 32 FGG weiterhin anwenden; a. A. OLG München NZM 2006, 631; *Niedenführ* in Niedenführ/Kümmel/Vandenhouten, WEG, § 26 Rdn. 21.

schenzeitlich ausgeübten Tätigkeiten binden die Wohnungseigentümer bzw. die Gemeinschaft. Hätte die Anfechtung hingegen ex-tunc-Wirkung ließen sich die Handlungen des Verwalters für die Zwischenzeit nur über die Grundsätze der Anscheins- oder Duldungsvollmacht rechtfertigen. Die ex-nunc-Wirkung folgte bis zur WEG-Novelle aus § 32 FGG. Nachdem nun das wohnungseigentumsgerichtliche Verfahren nicht mehr nach FGG, sondern nach ZPO zu beurteilen ist, fehlt eine vergleichbare Vorschrift. Die Berechtigung zur Durchführung der Beschlüsse lässt sich jetzt nur noch aus § 27 Abs. 1 Nr. 1 WEG ableiten. Dort wird der Verwalter bevollmächtigt, die Beschlüsse der Wohnungseigentümer durchzuführen. Der Wortlaut des § 27 Abs. 1 Nr. 1 WEG stellt nicht darauf ab, dass die Beschlüsse bestandskräftig sein müssen. Auch setzt die Norm nicht voraus, dass die Beschlüsse nur von dem bestandskräftig gewählten Verwalter durchgeführt werden können. Andernfalls wäre die Eigentümergemeinschaft auf Jahre **handlungsunfähig,** wenn die Verwalterwahl angefochten wird und sich ein mehrjähriges Gerichtsverfahren hieran anschließt. Auch kann dem Verwalter nicht das Risiko aufgebürdet werden, dass er die Erfolgsaussichten der Anfechtung seiner Wahl falsch einschätzt. Allerdings kann es **ordnungsmäßiger Verwaltung** entsprechen, wenn der Verwalter nach Kenntnis von der Beschlussanfechtung alsbald eine Eigentümerversammlung einberuft und sich bestätigen lässt, dass er trotz Beschlussanfechtung die Beschlüsse durchführen soll.[136] Bis zur **gerichtlichen Aufhebung** der Verwalterwahl muss der gewählte Verwalter auch die weiteren Beschlüsse der Wohnungseigentümer umsetzen, will er sich nicht **schadensersatzpflichtig** machen.[137] Andererseits behält der Verwalter grundsätzlich auch seinen Vergütungsanspruch, sofern er seine Pflichten weiterhin erfüllt hat. Zögert er seine Abberufung hinaus, weil er sich rechtsmissbräuchlich weigert, eine Eigentümerversammlung mit dem Ziel seiner sofortigen Abberufung anzuberaumen, entfällt für diesen Weigerungszeitraum der Honoraranspruch.[138]

f) Verfahrensrecht. Die **Anfechtung der Verwalterwahl** kann mit einem **Antrag** **130** **auf Feststellung** des wirklich gefassten, aber vom Versammlungsleiter nicht festgestellten Beschlussinhalts verbunden werden. Standen mehrere Kandidaten zur Wahl und verkündet der Versammlungsleiter die Wahl eines Kandidaten, während dies der **tatsächlichen Rechtslage** und den tatsächlichen Stimmverhältnissen nicht entspricht, würde die bloße Beschlussanfechtung lediglich bewirken, dass der gewählte Kandidat tatsächlich nicht Verwalter geworden ist. Damit wäre die Eigentümergemeinschaft verwalterlos. Mit diesem Anfechtungsantrag ist daher der Antrag zu verbinden, positiv festzustellen, dass ein anderer Kandidat gewählt wurde.[139] Voraussetzung ist allerdings, dass sich das Stimmverhalten der Wohnungseigentümer eindeutig aufklären lässt. Es muss sicher feststellbar sein, ob bei richtiger Handhabung der Stimmrechte ein Mehrheitsbeschluss zu Gunsten des anderen Kandidaten zustande gekommen ist.[140]

Wird der Verwalter **nicht wieder gewählt,** kann er diesen Beschluss nicht anfech- **131** ten. Der Verwalter hat **keinen Anspruch auf Bestellung und Wiederwahl.**[141]

Wurde er wieder gewählt und wird dieser Beschluss von einem Wohnungseigentü- **132** mer erfolgreich angefochten, ist zweifelhaft, ob der Verwalter dann gegen diese Gerichtsentscheidung ein **Rechtsmittel** einlegen kann. Dies wurde in der Rechtsprechung zunächst verneint.[142] Eine Ausnahme wurde zugelassen, wenn der Verwalter in

---

[136] So auch *Drabek* in KK-WEG, § 23 Rdn. 89.
[137] BGH DWE 1997, 72 = NJW 1997, 294 = ZMR 1997, 308.
[138] OLG München NZM 2006, 631.
[139] BayObLG WuM 2003, 410; KG WuM 1990, 323.
[140] BayObLG WuM 2003, 410.
[141] OLG München DWE 2006, 71.
[142] OLG Köln NZM 2006, 25; OLG München DWE 2006, 71 = MietRB 2006, 189.

der gerichtlichen Entscheidung auf die Verfahrenskosten gesetzt wurde.[143] Nur dann sei er beschwert. Diese Rechtsprechung überzeugte jedoch nicht. Wenn der Verwalter wieder gewählt wurde und diese Wahl angenommen hat, dann ist er bis zur gerichtlichen Entscheidung über die Anfechtung dieses Beschlusses Verwalter. Die Aufhebung des Wiederwahlbeschlusses wirkt für den Verwalter daher genauso wie eine Abberufung. Dem Verwalter muss daher die Möglichkeit eingeräumt werden, gerichtlich seine erlangte Bestellung verteidigen zu können. Daher ist ihm ein **Berufungsrecht** einzuräumen.[144] Dies setzt aber voraus, dass der Verwalter in der ersten Instanz beigeladen wird und auf Beklagtenseite dem Rechtsstreit beitritt, § 48 Abs. 2 S. 2 WEG. Dann erlangt der Verwalter ein eigenes Berufungsrecht nach § 68 ZPO. Diese Auffassung hat der BGH[145] bestätigt, so dass das Problem als ausgestanden angesehen werden kann.

---

[143] BayObLG ZMR 2004, 924.
[144] So auch *Briesemeister*, NZM 2006, 568, 570.
[145] NJW 2007, 2776.

IX. Verwalternachweis

Durch die vom BGH am 2. Juni 2005[1] entdeckte und vom Gesetzgeber im Zuge der **133** WEG-Novellierung zum 1. Juli 2007 im Gesetz (§ 10 Abs. 6 S. 1 WEG) kodifizierte (Teil-)Rechtsfähigkeit[2] der **Wohnungseigentümergemeinschaft** (s. zur allein richtigen Bezeichnung im Rechtsverkehr § 10 Abs. 6 S. 4 WEG) ist diese im Kreise der rechtsfähigen Personenvereinigungen angekommen. Anders als z.B. der Geschäftsführer einer GmbH (vgl. §§ 35 Abs. 1, 37 Abs. 2 GmbHG) oder der Vorstand einer Aktiengesellschaft (vgl. §§ 78 Abs. 1, 82 Abs. 1 AktG) verfügt der WEG-Verwalter trotz seiner Organstellung für den rechtsfähigen Verband „Wohnungseigentümergemeinschaft" nicht über eine gesetzlich unbeschränkte und unbeschränkbare Vertretungsmacht. Seine kraft Bestellung entstehenden organschaftlichen Befugnisse sind nach der gesetzlichen Grundkonzeption auf die in den § 27 Abs. 1 bis 3 WEG genannten Teilausschnitte der Verwaltung des gemeinschaftlichen Eigentums begrenzt und auch nur in diesem **beschränkten organschaftlichen Kompetenzbereich** gesetzlich unbeschränkbar (vgl. § 27 Abs. 4 WEG). Weitergehende Kompetenzen bedürfen einer Vereinbarung der Wohnungseigentümer in der Gemeinschaftsordnung (Satzung) oder sonst einer ergänzenden Legitimation im jeweiligen Einzelfall durch Eigentümerbeschluss.[3] Aus diesem Grunde ist es für den WEG-Verwalter im Gegensatz zum GmbH-Geschäftsführer oder Vorstand einer AG regelmäßig erforderlich, sowohl seine **Verwaltereigenschaft** als auch den Umfang der ihm durch Gesetz, Satzung (Gemeinschaftsordnung) oder Beschluss der Wohnungseigentümer[4] verliehenen **Vertretungsmacht** für den Verband und die Wohnungseigentümer durch eine Urkunde nachweisen zu können. **Nachweis der Verwaltereigenschaft**, d. h. der Verwalterstellung als solcher, und **Umfang der Vertretungsmacht** sind nicht dasselbe und werden daher vom Gesetz an unterschiedlicher Stelle geregelt (§ 26 Abs. 3 WEG einer- und § 27 Abs. 6 WEG andererseits; s. zu letzterem unten Rdn. 143). Die Legitimationswirkung des § 26 Abs. 3 WEG umfasst nur die **Verwaltereigenschaft** als solche, nicht dagegen eine zur Legitimierung des Verwalterhandelns etwa erforderliche **Bevollmächtigung** bzw. **Ermächtigung**.[5]

Damit der Verwalter sich **im Rechtsverkehr legitimieren** kann, kommen ver- **134** schiedene Nachweismöglichkeiten in Betracht:
– Protokoll der Eigentümerversammlung über den Bestellungsbeschluss
– Verwaltervertrag
– privatschriftliche Vollmachts- und Ermächtigungsurkunde
– öffentlich beglaubigte Vollmachts- und Ermächtigungsurkunde
– Gerichtsbeschluss im Falle gerichtlicher Bestellung
– bei Bestellung in der Teilungserklärung[6] durch Vorlage einer notariell beglaubigten Abschrift.

§ 26 Abs. 3 WEG sieht für den **Nachweis der Verwaltereigenschaft** eine **öffent-** **135** **lich beglaubigte Urkunde** vor. Die Einhaltung dieser gesetzlichen Formvorschrift

---

[1] BGH NJW 2005, 2061 = ZMR 2005, 547 mit Anm. *Häublein*.
[2] Richtig: (volle) Rechtsfähigkeit in Teilbereichen.
[3] Vgl. grundlegend BGH NJW 2005, 2061 = ZMR 2005, 547 mit Anm. *Häublein*.
[4] Einschließlich des durch einen solchen Beschluss legitimierten Verwaltervertrages.
[5] Vgl. BayObLG DNotZ 1979, 174 = Rpfl. 1979, 108; *Schultzky* in NK-BGB § 26 WEG Rdn. 30. Wegen Formerleichterungen durch das am 1. 9. 2009 in Kraft getretene Gesetz zur Einführung des elektronischen Rechtsverkehrs mit dem Grundbuchamt (ERVGBG) s. *Demharter*, NZM 2009, 502, 503 f.
[6] Zur Verwalterbestellung in der Teilungserklärung *Wenzel* in FS für Bub, S. 249 ff.

erfordert, dass die Urkunde schriftlich abgefasst und die Unterschrift des Erklärenden von einem Notar beglaubigt wird (§ 129 Abs. 1 S. 1 BGB). Die notarielle Beurkundung genügt erst recht (§ 129 Abs. 2 BGB). Die **öffentliche Beglaubigung** ist mangels einer in der Teilungserklärung abweichend vereinbarten Sonderregelung vor allem in **Grundbuchangelegenheiten** notwendig und daher lediglich in besonderen Fällen. Sieht die Gemeinschaftsordnung einen **Zustimmungsvorbehalt** für den Verwalter bei einem **Eigentümerwechsel** vor (vgl. § 12 Abs. 1 WEG), muss diese Zustimmung in der Form des § 29 GBO erfolgen. Gleiches hat zu gelten für die Abgabe einer **löschungsfähigen Quittung** zur Löschung im Grundbuch eingetragener Rechte.[7]

136 **Verwalterzustimmung** einerseits und **Verwaltereigenschaft** andererseits sind zu unterscheiden. Die Zustimmungserklärung, z. B. zu einer Auflassung zwischen Verkäufer und Käufer eines Wohnungs- oder Teileigentums, muss **öffentlich beglaubigt** sein.[8] Darüber hinaus muss nachgewiesen werden, dass der Verwalter im Zeitpunkt der Zustimmung tatsächlich Verwalter war. Nur für den Nachweis der Verwaltereigenschaft gilt die Formerleichterung des § 26 Abs. 3 WEG. Dazu ist es erforderlich, sofern der Verwalter in der Eigentümerversammlung bestellt wurde, eine Niederschrift über den Bestellungsbeschluss zu fertigen, die vom Versammlungsvorsitzenden, einem Wohnungseigentümer und, falls ein Verwaltungsbeirat bestellt ist, auch von dessen Vorsitzendem oder seinem Vertreter zu unterschreiben ist, § 24 Abs. 6 S. 2 WEG. Die Unterschriften sind vor einem Notar öffentlich zu beglaubigen. Die Eigenschaften der Unterzeichnenden, z. B. die Beiratsmitgliedschaft, sind nicht nachzuweisen.[9] Die Anwesenheit des Notars in der Eigentümerversammlung ist im Gegensatz zu Beschlüssen der Hauptversammlung im Aktienrecht (vgl. § 130 Abs. 1 AktG) nicht vorgeschrieben, wenngleich denkbar.[10] Wenn kein Verwaltungsbeirat bestellt ist und die Gemeinschaftsordnung keine andere Regelung enthält, unterschreiben lediglich der Versammlungsleiter und ein Wohnungseigentümer. Vereinbarungen, die eine von § 24 Abs. 6 WEG abweichende Regelung treffen, sind sowohl hinsichtlich der Reduzierung als auch der Erweiterung der Anzahl der Unterschriften wirksam.[11] Dies gilt etwa für eine Bestimmung in der Gemeinschaftsordnung, die lediglich die Unterschrift des Vorsitzenden der Eigentümerversammlung und eines Verwaltungsbeiratsmitglieds verlangt. Durch den Verwaltervertrag kann die Gemeinschaftsordnung nicht abgeändert werden, da er das Rechtsverhältnis zwischen den Vertragsparteien regelt, nicht aber Rechte und Pflichten der Wohnungseigentümer untereinander wie die Gemeinschaftsordnung nach § 10 Abs. 2 WEG.[12]

137 Da der Verwalter zum Nachweis seiner Verwaltereigenschaft nicht das gesamte Protokoll der Eigentümerversammlung, in der seine (Wieder)Bestellung beschlossen wurde, vorlegen muss und Beschlüsse in einer Beschluss-Sammlung aufzubewahren sind (§ 24 Abs. 7 und 8 WEG), wird der Verwalter den **Bestellungsbeschluss** separat unterschreiben und beglaubigen lassen. Der Verwalter muss während der Bestellungsdauer die Verwaltereigenschaft nicht für jede Eintragungsbewilligung erneut nachweisen.[13] Die Bezugnahme auf beim Grundbuchamt bereits hinterlegte Urkunden (z. B. auch in an-

[7] Vgl. dazu BayObLG NJW-RR 1995, 852 f.; BGH ZMR 2005, 547, 551; *Demharter*, ZflR 2001, 957 f.

[8] *Wenzel* in Bärmann, WEG, § 12 Rdn. 34.

[9] LG Lübeck Rpfl. 1991, 309; *Niedenführ* in Niedenführ/Kümmel/Vandenhouten, WEG, § 26 Rdn. 125.

[10] *Abramenko* in Riecke/Schmid, WEG, § 26 Rdn. 95.

[11] BayObLG WuM 1989, 534 = NJW-RR 1989, 1168 = MDR 1989, 1106.

[12] BayObLG NJW-RR 1989, 1168, 1170.

[13] BayObLG NJW-RR 1991, 978; *Bub* in Staudinger, BGB, § 26 WEG Rdn. 528; *Abramenko* in Riecke/Schmid, WEG, § 26 Rdn. 95; a. A. die ältere Rechtsprechung des BayObLG, Bay-ObLGZ 1975, 264, 267.

deren Grundakten) ist zulässig und regelmäßig ausreichend.[14] Bis zum Ablauf der Bestellungszeit von ggf. zunächst 3 und sodann 5 Jahren (vgl. § 26 Abs. 1 S. 2 WEG) kann das Grundbuchamt grundsätzlich vom **Fortbestand der Verwalterstellung** ausgehen. Allerdings muss das Grundbuchamt – wegen § 12 Abs. 3 S. 1 WEG von Amts wegen – überprüfen, ob der Verwalter diese Stellung tatsächlich noch innehatte, als er die Zustimmungserklärung abgab, wenn die konkrete, also nicht nur abstrakte Möglichkeit besteht, dass die Verwalterbestellung bei Erklärung der Zustimmung schon beendet war.[15] Über das ihm bekannte Ende seiner Bestellungszeit ist der WEG-Verwalter aufklärungspflichtig, insbesondere gegenüber einem Erwerber im Fall der Zustimmungsbedürftigkeit gem. § 12 Abs. 1 WEG.[16]

Wurde der Verwalter im **schriftlichen Umlaufverfahren** bestellt, müssen alle Unterschriften der Wohnungseigentümer öffentlich beglaubigt werden.[17] Hingegen genügt es nicht, wenn im Falle der schriftlichen Beschlussfassung über die Bestellung des Verwalters nur Erklärungen des Verwalters und/oder einzelner – nicht aller – Wohnungseigentümer in öffentlich beglaubigter Form vorgelegt werden.[18] Eine analoge Anwendung von § 26 Abs. 3 WEG scheidet aus. Bei der Bestellung in einer Eigentümerversammlung bieten die „Versammlungsöffentlichkeit"[19] und die Unterzeichnung der Versammlungsniederschrift durch die in § 24 Abs. 6 S. 2 WEG bezeichneten Personen die Gewähr für das Zustandekommen und den Inhalt des protokollierten Eigentümerbeschlusses. Diese Gewähr besteht aber nicht, wenn nur schriftliche Erklärungen ohne die genannten Kontrollmechanismen vorliegen.[20] Ist nach der Gemeinschaftsordnung nicht die Zustimmung des Verwalters, sondern der Mehrheit der Eigentümerversammlung notwendig, kann der Nachweis analog § 26 Abs. 3 WEG durch das öffentlich beglaubigte Versammlungsprotokoll mit den vorgeschriebenen Unterschriften geführt werden.[21] Es müssen also nicht Namen und Unterschriftsbeglaubigungen der zustimmenden Mehrheit beigebracht werden. Ein gerichtlich bestellter Verwalter[22] benötigt keine Unterschriften i. S. v. § 24 Abs. 6 WEG. Der Gerichtsbeschluss genügt zum Nachweis der Verwalterstellung. Die Ausfertigung des Gerichtsbeschlusses ist eine öffentliche Urkunde. **138**

Auch die Vorlage einer notariell beglaubigten Abschrift der **Teilungserklärung** kann genügen, wenn der Verwalter dort namentlich bestellt wurde. Hält man die **Erstbestellung** des Verwalters durch den aufteilenden Alleineigentümer in der Teilungserklärung ab Entstehen der werdenden Gemeinschaft für einen einstimmigen Beschluss i. S. des § 23 Abs. 3 WEG,[23] fragt sich, ob die Unterschriften aller – d.h. zunächst ggf. nur noch des ersten Erwerbers – werdenden Eigentümer öffentlich beglaubigt werden müssen. Bislang lässt die Praxis die Bezugnahme auf die Teilungserklärung genügen, wenn diese dem Grundbuchamt – was der Regelfall ist – bereits in der Form des § 29 GBO vorliegt.[24] **139**

---

[14] BayObLG, BayObLGZ 1975, 267; OLG Köln, OLGZ Köln 1986, 410; *Abramenko* in Riecke/Schmid, WEG, § 26 Rdn. 95.

[15] BayObLG NJW-RR 1991, 978, 979.

[16] KG NZM 1999, 255, 256.

[17] BayObLG NJW-RR 1986, 565; *Bub* in Staudinger, BGB, § 26 WEG Rdn. 521.

[18] BayObLG NJW-RR 1986, 565 f.

[19] Für Miteigentümer, denn die Eigentümerversammlung unterliegt selbstverständlich dem Nichtöffentlichkeitsgrundsatz.

[20] Vgl. BayObLG NJW-RR 1986, 565.

[21] *Wenzel* in Bärmann § 12 Rdn. 34.

[22] Dazu *Merle* in Bärmann, WEG, § 26 Rdn. 250 f.

[23] So *Wenzel* in Fs. Bub, S. 249, 266 ff.

[24] BayObLG, BayObLGZ 1975, 267; OLG Köln, OLGZ Köln 1986, 410; *Abramenko* in Riecke/Schmid, WEG, § 26 Rdn. 95.

140   Außerhalb des Grundbuchverkehrs ist die Vorlage **privatschriftlicher Vollmachten**
       bzw. des Verwaltervertrages ausreichend. Dies gilt etwa für den Fall einer in der Ge-
       meinschaftsordnung entsprechend § 12 Abs. 1 WEG geregelten **Vermietungszustim-**
       mung, da eine Grundbucheintragung insoweit nicht nötig ist. Wird eine separate
       Vollmachtsurkunde ausgestellt, ist es sinnvoll, die **Bestellungsdauer** zu vermerken. Es
       gilt die Vermutung, dass der Verwalter für die beschlossene Bestellungsdauer fort-
       dauernd das Verwalteramt innehat, wobei im Falle der ersten Bestellung nach Begrün-
       dung von Wohnungseigentum die dreijährige Höchstgrenze des § 26 Abs. 1 S. 2 WEG
       zu beachten ist.

141   Ist der Verwalter auf unbestimmte Zeit bestellt worden, dann kann bis zum Ablauf
       der Höchstdauer von fünf bzw. – seit der WEG-Novelle – im Falle der ersten Bestel-
       lung nach Begründung von Wohnungseigentum höchstens drei Jahren (vgl. § 26 Abs. 1
       S. 2 WEG) ab Beginn der Bestellung ebenfalls die **Vermutung seiner fortdauernden**
       Verwalterstellung angewendet werden.[25] Gleiches gilt auch, wenn der Verwalter für
       eine kürzere Zeit als fünf Jahre fest bestellt ist und sich die Verwalterbestellung sodann
       bis zur Höchstfrist von fünf Jahren verlängert, wenn der Verwalter nicht zuvor abberu-
       fen wird.[26]

142   Im Fall der **Aufhebung** einer in der Gemeinschaftsordnung vereinbarten **Veräuße-**
       rungsbeschränkung durch Mehrheitsbeschluss (§ 12 Abs. 4 S. 1 WEG) kann der
       Nachweis über den gefassten Aufhebungsbeschluss durch die Vorlage des Protokolls
       über die betreffende Eigentümerversammlung mit öffentlicher Beglaubigung der erfor-
       derlichen Unterschriften geführt werden (§ 12 Abs. 4 S. 4 WEG). Für diesen Nachweis
       ist § 26 Abs. 3 WEG entsprechend anzuwenden (vgl. § 12 Abs. 4 S. 5 WEG).[27]

143   Nach § 27 Abs. 6 WEG kann der Verwalter von den Wohnungseigentümern die
       Ausstellung einer Vollmachts- und Ermächtigungsurkunde verlangen, aus der
       der **Umfang seiner Vertretungsmacht** ersichtlich ist. Die Vorschrift entspricht § 27
       Abs. 5 WEG a. F., wurde jedoch im Hinblick auf die Formulierung von § 27 Abs. 2
       Nr. 3 und § 27 Abs. 3 S. 1 Nr. 7 WEG n. F. sprachlich um die Ermächtigungsurkunde
       ergänzt. Hintergrund ist, dass abstrakt-generelle Regelungen über den Umfang der
       Vertretungsmacht, die auf eine Vereinbarung i. S. des § 10 Abs. 2 WEG oder einen Be-
       schluss gem. § 27 Abs. 2 Nr. 3; Abs. 3 S. 1 Nr. 7 WEG zurückgehen, keine durch
       Rechtsgeschäft erteilte Vertretungsmacht (Vollmacht) i. S. des § 166 Abs. 2 S. 1 BGB
       sind und der bisherige Gesetzeswortlaut daher zu eng gefasst war. Die Ausstellung einer
       solchen Urkunde ist zweckmäßig, weil die Vertretungsmacht des Verwalters nicht be-
       reits kraft Gesetzes unbeschränkt ist und ihr Umfang aufgrund der statuarischen und
       gesetzlichen Ausgestaltungsmöglichkeiten in der jeweiligen Gemeinschaft sehr unter-
       schiedlich ausfallen kann. Die Ausstellung der Vollmachts- und Ermächtigungsurkunde
       dient daher der Rechtsklarheit und Rechtssicherheit. Dem **Nachweis der Verwalter-**
       eigenschaft dient § 27 Abs. 6 WEG hingegen nicht, da dieser allein über den Bestel-
       lungsbeschluss geführt werden kann.[28] Die Vorlage einer öffentlich beglaubigen Nieder-
       schrift über den Bestellungsbeschluss i. S. des § 26 Abs. 3 WEG besagt nichts über den
       Umfang der Vertretungsmacht des Verwalters. Umgekehrt bietet die Vorlage einer

---

[25] BayObLG NJW-RR 1991, 978; *Merle* in Bärmann, WEG, § 26 Rdn. 278; *Bub* in Staudinger, BGB, § 26 WEG Rdn. 518; siehe im Übrigen unten VIII. 3.
[26] A. A. *Bub* in Staudinger, BGB, § 26 WEG Rdn. 518, der eine solche Verlängerungsklausel
für nichtig hält, so dass dann zwingenderweise auch die Vollmachtsurkunde mit Ablauf der ersten
Bestellungsdauer unwirksam würde.
[27] *Wenzel* in Bärmann, WEG, § 12 Rdn. 61; *Abramenko* in Riecke/Schmid, WEG, § 26
Rdn. 96.
[28] A. A. *Merle* in Bärmann, WEG, § 27 Rdn. 266; *Abramenko* in Riecke/Schmid, WEG, § 27
Rdn. 87.

Vollmachts- und Ermächtigungsurkunde gem. § 27 Abs. 6 WEG keine Gewähr dafür, dass der genannte Amtsträger noch bestellt ist. Allerdings begründet die Vorlage der Vollmachts- und Ermächtigungsurkunde durch einen nicht mehr im Amt befindlichen Verwalter den Vertrauensschutz der §§ 172 ff. BGB. Danach bleibt derjenige, der die Urkunde vorlegt, dem gutgläubigen Dritten gegenüber solange vertretungsberechtigt, bis die Urkunde zurückgegeben, für kraftlos erklärt oder dem Dritten das Erlöschen der Vertretungsmacht anderweitig angezeigt wird.[29]

Dem Wortlaut des § 27 Abs. 6 WEG nach richtet sich der Anspruch des Verwalters **144** gegen die Wohnungseigentümer, also nicht gegen den rechtsfähigen Verband. Dies würde bedeuten, dass die Vollmachts- und Ermächtigungsurkunde von allen Wohnungseigentümern ausgestellt, d. h. unterzeichnet werden muss.[30] Je größer die Wohnanlage ist, desto unpraktikabler wird dies. Hält man sich vor Augen, dass die durch den Bestellungsakt erlangte Vertretungsmacht des Verwalters aufgrund seiner **Doppelstellung** neben den Wohnungseigentümern (§ 27 Abs. 2 WEG) auch die Vertretung des rechtsfähigen Verbandes (§ 27 Abs. 3 S. 1 WEG) einbezieht, dürfte zumindest eine entsprechende Anwendung des § 27 Abs. 3 S. 3 WEG in Betracht kommen. Daher können die Wohnungseigentümer durch Mehrheitsbeschluss einen oder mehrere Wohnungseigentümer zur Ausstellung der Vollmachts- und Ermächtigungsurkunde ermächtigen. Der Urkunde muss eine Abschrift des Beschlussprotokolls beigefügt werden.[31]

Nach dem **Erlöschen seiner Vertretungsmacht** hat der Verwalter die Vollmachts- **145** und Ermächtigungsurkunde nach § 175 BGB zurückzugeben. Ein Zurückbehaltungsrecht steht ihm nicht zu.[32] Beispiele für ein Erlöschen der Vertretungsmacht sind Ende der Amtszeit, Abberufung, Amtsniederlegung, gerichtliche Nichtigkeitsfeststellung oder Ungültigerklärung des (Wieder-)Bestellungsbeschlusses usw., wobei bei zwischenzeitlichem Gebrauch der Vollmachts- und Ermächtigungsurkunde ggf. die Rechtsscheinstatbestände der §§ 172 ff. BGB zu berücksichtigen sind.[33]

---

[29] *Merle* in Bärmann, WEG, § 27 Rdn. 267.

[30] So *Merle* in Bärmann, WEG, § 27 Rdn. 269; *Abramenko* in Riecke/Schmid, WEG, § 27 Rdn. 87.

[31] Vgl. vorige Fn.

[32] *Merle* in Bärmann, WEG, § 27 Rdn. 270.

[33] Vgl. dazu *Merle* in Bärmann, WEG, § 27 Rdn. 268; *Abramenko* in Riecke/Schmid, WEG, § 27 Rdn. 87.

X. Der Verwaltervertrag

1. Funktion des Verwaltervertrages (Anstellung) und Verhältnis zur Bestellung

146   Das Wohnungseigentumsgesetz kennt den Begriff des **Verwaltervertrages** nicht. Es regelt lediglich die **Bestellung und Abberufung** des Verwalters durch Beschluss der Eigentümer (§ 26 Abs. 1 S. 1 WEG). Bestellung und Abberufung betreffen nicht das durch den Verwaltervertrag ausgestaltete **vertragliche Anstellungsverhältnis** des Verwalters, sondern die Begründung bzw. Beendigung des **organisationsrechtlichen Bestellungsrechtsverhältnisses**.[1]

147   Bis zur Entdeckung und Kodifizierung der Rechtsfähigkeit der Wohnungseigentümergemeinschaft konnte das Organisationsrecht eines rechtsfähigen Verbandes auf die Wohnungseigentümergemeinschaft mangels (entdeckter) Rechtsfähigkeit im Bereich der Verwaltung des gemeinschaftlichen Eigentums nur entsprechend angewandt werden. § 26 Abs. 1 S. 1 WEG verwendete sozusagen zwei Rechtsbegriffe, die im Verbandsrecht allgemein anerkannt waren, denen jedoch im Bereich des Wohnungseigentumsrechts die rechtsdogmatische Grundvoraussetzung – nämlich die Rechtsfähigkeit – fehlte.

148   Seit Entdeckung der Rechtsfähigkeit der Wohnungseigentümergemeinschaft ist dieses Defizit beseitigt. Der WEG-Verwalter ist ein echtes Organ im verbandsrechtlichen Sinne, wenn auch im Gegensatz zu den Leitungs- und Vertretungsorganen anderer rechtsfähiger Verbände (u. a. GmbH, Aktiengesellschaft) mit nur **minimaler organschaftlicher Funktionsausstattung**. Diese Neuheit der rechtlichen Stellung des WEG-Verwalters entspricht der rechtlichen Einordnung der rechtsfähigen Wohnungseigentümergemeinschaft als **Verband sui generis**[2] und ist gewissermaßen ihre logische Folge. Seither dürfte daher endgültig geklärt sein, dass die vom BGH[3] bereits weit vor Entdeckung der Rechtsfähigkeit angewandte **Trennungstheorie**,[4] die auf der Trennung zwischen organschaftlicher Bestellung und schuldrechtlicher Anstellung (Verwaltervertrag) basiert, unmittelbare Anwendung im Wohnungseigentumsrecht findet.

149   Trotz der fehlenden Erwähnung im Gesetzestext ist anerkannt, dass zusätzlich zum organschaftlichen Bestellungsakt ein Verwaltervertrag mit dem jeweilgen Amtsinhaber abzuschließen ist. Zwar ist der Abschluss des Verwaltervertrages keine Voraussetzung für eine wirksame Amtserlangung des jeweils bestellten Amtsinhabers (Verwalters), die neben dem Bestellungsbeschluss (§ 26 Abs. 1 S. 1 WEG) lediglich die Amtsannahmeerklärung des Bestellten verlangt.[5] Jedoch besteht ein Bedürfnis, die **gesetzlich** oder in der Satzung (Gemeinschaftsordnung)[6] **statuarisch** geregelten abstrakten Kompetenzen des Verwalteramtes durch ergänzende Regelungen im schuldrechtlichen Anstellungsvertrag (Verwaltervertrag) im direkten Verhältnis zum konkreten Amtsinhaber zu konkretisieren oder zu modifizieren.[7] Diese **Ergänzungsfunktion** des vertraglichen Anstellungsrechtsverhältnisses zum organschaftlichen Bestellungsrechtsverhältnis spielt beim Verwaltervertrag insbesondere hinsichtlich der Verwaltervergütung und der Verwalterhaftung eine große praktische Rolle. Regelungen zur Festlegung der Höhe der Vergütung sind

---

[1] Grundlegend *Jacoby*, Das private Amt, S. 475 ff., S. 534 ff.

[2] BGH NJW 2005, 2061 = ZMR 2005, 547 mit Anm. *Häublein*.

[3] BGH NJW 1997, 2106, 2107; vgl. auch BGH NJW 2002, 3240.

[4] S. dazu oben VIII Rdn. 66.

[5] *Merle* in Bärmann, WEG, § 26 Rdn. 23.

[6] Die Rechtsfähigkeit macht die Gemeinschaftsordnung zur verbandseigenen Satzung, BGH ZMR 2005, 547, 550 III. 5 a der Gründe.

[7] Vgl. ausführlich *Jacoby*, Das private Amt, S. 536 ff. und S. 602 f.

dem Organisationsrecht rechtsfähiger Verbände fremd.[8] Daher ist gem. § 612 Abs. 2 BGB die jeweilige ortsübliche Vergütung als vereinbart anzusehen, deren Ermittlung indessen aufwändig und streitanfällig ist, zumal WEG-Verwalter ihre Leistungen nach Grundleistungen (Grundvergütung) und Zusatzleistungen (Sondervergütung) vertraglich ausgestalten sollten (s. Rdn. 350 ff. und 361 ff.). Des Weiteren empfehlen sich vertragliche Regelungen zur Verwalterhaftung, um allgemeine Haftungsrisiken im gesetzlich zulässigen Rahmen einzuschränken (s. zur Verwalterhaftung unten XII Rdn. 713 ff.).

Jeder gewerblich tätige WEG-Verwalter sollte es sich daher zur festen Gewohnheit **150** machen, einen Verwaltervertrag abzuschließen, um die relevanten und aus seiner Sicht regelungsbedürftigen Fragen einer eindeutigen Regelung zuzuführen. Es liegt in der Natur der Sache, dass WEG-Verwalter Verträge verwenden, die das Verwalterinteresse in den Vordergrund stellen. Viele Verwalterverbände und sonstige Organisationen geben Vertragsmuster heraus, die fortlaufend den Vorgaben der Rechtsprechung angepasst werden (s. zu einem verwalterfreundlichen Mustervertrag unten C. Anhang I). Je nach Interessenlage sind die für gewöhnlich voneinander abweichenden Regelungen rechtlich und – vor allem – wirtschaftlich zu prüfen. Umgekehrt kann es in der Verwalterpraxis vorkommen, dass eine Wohnungseigentümergemeinschaft einen von ihr ausgearbeiteten Verwaltervertragsentwurf vorlegt, der mit dem Amtskandidaten abgeschlossen werden soll (s. zu einem solchen gemeinschaftsfreundlichen Mustervertrag unten C. Anhang II).

Eine Besonderheit des **Bestellungsrechtsverhältnisses** ist, dass durch den organisa- **151** tionsrechtlichen Bestellungsakt der WEG-Verwalter nicht nur **gesetzliche** und **statuarische** Rechte und Pflichten im Verhältnis zum rechtsfähigen Organisationsträger (Wohnungseigentümergemeinschaft) erlangt, sondern auch im Verhältnis zu den Wohnungseigentümern. Diese sind am organisationsrechtlichen Bestellungsrechtsverhältnis nicht selbst beteiligt, obwohl sie als Wohnungseigentümer eine **Mitgliedschaft** im rechtsfähigen Verband besitzen und über die Besetzung des Verwalteramtes gem. § 26 Abs. 1 S. 1 WEG beschließen. Die Rechtsfähigkeit der Wohnungseigentümergemeinschaft macht diese zu einem von den Eigentümern unabhängigen Rechts- und Vermögensträger sowie Haftungssubjekt mit eigenem Rechtskreis und eigenen Rechten und Pflichten (**Verbandsangelegenheiten**). Dieser Rechtskreis ist zu trennen von den Rechtskreisen der Eigentümer mit den darin wurzelnden Rechten und Pflichten (**Individualangelegenheiten**). Bindeglied zwischen beiden Rechtskreisen ist die **Mitgliedschaft** im Verband, die im Individualrechtskreis wurzelt, jedem Wohnungseigentümer aber zugleich eine Einflussmöglichkeit auf den Rechtskreis des rechtsfähigen Verbandes gibt, vor allem durch das Stimmrecht.[9] Diese Trennung der Rechtskreise ist im Ausgangspunkt unstreitig. Gleichwohl führt die darauf aufbauende Diskussion zu teilweise unterschiedlichen Ansichten. Dies gilt etwa für die Frage, wer die Parteien des Verwaltervertrages sind (s. dazu sogleich unten 2. Rdn. 152 ff.). Auch fragt es sich, wie der Verwaltervertrag abgeschlossen wird (s. dazu unten 3. Rdn. 171 ff.).

2. Die Parteien des Vertrages

Bis zur Grundsatzentscheidung des BGH vom 2. Juni 2005 zur Teilrechtsfähigkeit der **152** Wohnungseigentümergemeinschaft[10] wurde angenommen, dass der Verwaltervertrag mit den einzelnen Wohnungseigentümern zustande kommt. Der rechtsfähige Verband

---

[8] Wenngleich manche, vor allem ältere Gemeinschaftsordnungen die Verwaltervergütung exakt beziffern. Es dürfte sich nicht um rechtsverbindliche Satzungsbestandteile handeln, sondern um bloße Vorschläge, von denen durch einfachen Mehrheitsbeschluss abgewichen werden kann.
[9] *J.-H. Schmidt*, ZMR 2007, 90, 91.
[10] BGH NJW 2005, 2061 = ZMR 2005, 547 mit Anm. *Häublein*.

als Rechtssubjekt war zwar bereits seit Inkrafttreten des WEG im Jahre 1951 existent, aber von der höchstrichterlichen Rechtsprechung noch nicht entdeckt. Daher war er als Vertragspartner des Verwalters nicht anerkannt, obgleich – auch in älteren Verwalterverträgen keineswegs selten – im Rubrum und/oder Text des Verwaltervertrages die „Wohnungseigentümergemeinschaft XY-Strasse Haus-Nr. xy" als schlagwortartige Kurzbezeichnung verwendet wurde und nicht die Wohnungseigentümer. Vertragspartner des Verwalters und somit Schuldner der Verwaltervergütung waren ausschließlich die Wohnungseigentümer, und zwar als Gesamtschuldner.[11]

153   Seit der Entdeckung der Teilrechtsfähigkeit ist umstritten, wer Partei des Verwaltervertrages ist. Kein Streit besteht darüber, dass der Verwalter einer der Vertragspartner ist. Die Frage, wer ihm gegenüber steht, wird hingegen uneinheitlich beantwortet. Eine Ansicht nimmt an, dass die „Wohnungseigentümer als Verband" bzw. der „rechtsfähige Verband der Wohnungseigentümer" Vertragspartner des Verwalters sind (s. Rdn. 154). Eine andere Meinung steht auf dem Standpunkt, dass sowohl die rechtsfähige Wohnungseigentümergemeinschaft als auch die Wohnungseigentümer Vertragsparteien des Verwalters seien, also ein dreiseitiger Anstellungsvertrag gegeben sei (s. unten Rdn. 155 ff.). Nach h. M. kommt der Verwaltervertrag ausschließlich mit dem rechtsfähigen Verband und nicht mit den Wohnungseigentümern zustande; letztere seien lediglich im Rahmen eines Vertrages zugunsten bzw. mit Schutzwirkung zugunsten Dritter in den Verwaltervertrag einbezogen (s. Rdn. 161). Im Ergebnis überzeugen kann nur die h. M. (s. unten Rdn. 162).

154   a) „Wohnungseigentümer als Verband". Nach einer in der Rechtsprechung anzutreffenden Ansicht ist der „insoweit rechtsfähige **Verband der Wohnungseigentümer**" alleiniger Vertragspartner des Verwalters.[12] Ob und inwieweit hiernach wirklich die Wohnungseigentümer als Vertragspartner angesehen werden und nicht der rechtsfähige Verband, kann den vorzitierten Entscheidungen nicht mit der notwendigen Klarheit entnommen werden. Beide Entscheidungen betrafen die Frage, gegen wen sich die Vergütungsansprüche des Verwalters richten. Hingegen ging es nicht um Haftungsfragen, so dass die rechtliche Einordnung des Verwaltervertrages als ein Vertrag mit Drittbeziehungen offen blieb. Immerhin nehmen sowohl das OLG Hamburg als auch das OLG Hamm ausweislich der Entscheidungsgründe für sich in Anspruch, der Rechtsprechung des BGH vom 2. 6. 2005 zu folgen, wonach die partiell rechtsfähige Gemeinschaft der Wohnungseigentümer als Vertragspartner des Verwalters anzusehen sei.[13] In der Tat heißt es in der zitierten BGH-Entscheidung an mehreren Stellen, die Rechtsfähigkeit beschränke sich auf die Teilbereiche des Rechtslebens, bei denen „die Wohnungseigentümer" im Rahmen der Verwaltung des gemeinschaftlichen Eigentums „als Gemeinschaft" am Rechtsverkehr teilnehmen.[14] Der BGH verzichtete also – bewusst oder unbewusst – auf eine klare Diktion, indem er nicht den rechtsfähigen Verband „Wohnungseigentümergemeinschaft" beim Namen nennt,[15] sondern die Wohnungseigentümer „als Gemeinschaft" bzw. „als rechtsfähigen Verband".

155   b) **Verband und Wohnungseigentümer (dreiseitiger Vertrag).** Die im Schrifttum vertretene **„Doppelvertragstheorie"** geht davon aus, dass der Verwaltervertrag nicht nur mit dem rechtsfähigen Verband abgeschlossen wird, sondern auch mit allen Wohnungseigentümern. Dem Verwalter stehen nach dieser Auffassung zwei Ver-

---

[11] Vgl. OLG Hamburg ZMR 2008, 899.
[12] OLG Hamburg ZMR 2008, 899, 901 im Anschluss an OLG Hamm ZMR 2006, 633.
[13] So explizit OLG Hamm ZMR 2006, 633; OLG Hamburg ZMR 2008, 899, 901.
[14] BGH ZMR 2005, 547, 555 u. a. unter III. 12. der Entscheidungsgründe; ebenso *Wenzel,* ZMR 2006, 245, 246; *ders.,* NZM 2006, 321, 322 und ZWE 2006, 462, 464.
[15] Anders nunmehr seit dem 1. 7. 2007 ausdrücklich § 10 Abs. 6 S. 4 WEG.

tragspartner gegenüber, so dass es sich um einen **dreiseitigen Vertrag** handelt. Die Ansicht geht auf *Müller*[16] und *Jennißen*[17] zurück. Andere Autoren haben sich ihr angeschlossen.[18]

Die Argumentation lautet im Wesentlichen wie folgt: § 27 Abs. 1–3 WEG verdeutliche, dass der Verwalter **Aufgaben für die Gemeinschaft** und auch **für alle Wohnungseigentümer** erfülle und somit in zwei selbständigen Rechtskreisen tätig sei.[19] Hieraus sei zu folgern, dass auch beide, Verband und alle Wohnungseigentümer, am Vertragsabschluss mitwirken müssen, damit eine **doppelte Verpflichtung** des Verwalters entstehe. Die h.M.[20] lasse, indem sie den Verwaltervertrag als **Vertrag zugunsten Dritter** deute (s. unten Rdn. 161), unberücksichtigt, dass § 27 Abs. 2 WEG zumindest in den Nrn. 2 und 4 auch das Recht des Verwalters enthalte, die Wohnungseigentümer zu verpflichten bzw. zu belasten. Schon die Vereinbarung einer Aufwandsentschädigung für die Beauftragung eines Rechtsanwalts (vgl. § 27 Abs. 2 Nr. 2 WEG) oder für die Herstellung von Fotokopien (vgl. § 27 Abs. 1 Nr. 7 WEG) sei eine Belastung der Wohnungseigentümer.[21] Auch seien mit den aus einer Streitwertvereinbarung mit einem Rechtsanwalt resultierenden Mehrkosten nach § 16 Abs. 2 und 8 WEG alle Wohnungseigentümer zu belasten.[22] Von einzelnen Eigentümern an den Verwalter zu zahlende Zusatzentgelte, z.B. für die Nichtteilnahme am Lastschriftverfahren, zeigten ebenso eine belastende Wirkung.[23] Ferner sei an Informationspflichten der Wohnungseigentümer zu denken.[24]

Die zahlreichen Beispiele für denkbare vertragliche Regelungen zeigten, dass es insoweit nicht nur um Rechte der Wohnungseigentümer, sondern auch um Befugnisse und Rechte des Verwalters gehe, die mangels Zulässigkeit eines **Vertrages zu Lasten Dritter**, der unserem Rechtssystem fremd sei, nicht in einem Vertrag mit dem Verband begründet werden könnten.[25] Die Neufassung des § 27 WEG führe daher zu dem Ergebnis, dass der Verwalter **zwei Vertragspartner** erhalte, wenn die Summe der Wohnungseigentümer untechnisch als eine Partei angesehen werde.[26]

Vereinzelt wird konzediert, man könne die o.g. Pflichten (z.B. zur Teilnahme am Lastschriftverfahren) konstruktiv zwar als **Vertrag zu Lasten Dritter** einordnen, der freilich hier (anders als sonst) zulässig sei, nachdem § 21 Abs. 7 WEG eine gesetzliche Beschlusskompetenz für Regelungen statuiere, die persönliche Pflichten einzelner Miteigentümer vertraglich begründeten.[27] Zudem wird die Beschlusskompetenz aus § 26 Abs. 1 WEG entnommen, die sich auf alle Angelegenheiten erstrecke, die mit der Verwalterbestellung zusammenhingen, also auch auf den Abschluss des Vertrages mit den Wohnungseigentümern.[28]

---

[16] *Müller* in FS Seuß (2007), S. 211, 217 ff.; zustimmend *Rüscher* in Formularbuch Wohnungseigentumsrecht J. II. 1 Anm. 2 und 14.

[17] *Jennißen* in der Vorauflage dieses Buches; *ders.* in Jennißen, WEG, § 26 Rdn. 63.

[18] *Gottschalg*, Die Haftung von Verwalter und Beirat, Rdn. 20 f.; *Kahlen* in Schmid/Kahlen, WEG, § 26 Rdn. 93.

[19] *Jennißen* in Jennißen, WEG, § 26 Rdn. 63 a.E.; *Gottschalg*, Die Haftung von Verwalter und Beirat, Rdn. 20.

[20] Zurückgehend auf *Abramenko*, ZMR 2006, 6, 8.

[21] *Jennißen* in Vorauflage Rdn. 94.

[22] *Gottschalg*, Die Haftung von Verwalter und Beirat, Rdn. 20.

[23] *Jennißen* in Jennißen, WEG, § 26 Rdn. 63.

[24] So *Gottschalg*, Die Haftung von Verwalter und Beirat, Rdn. 20.

[25] *Gottschalg*, wie Fn. zuvor; *Müller*, FS Seuß, S. 211, 217 f.; *Jennißen* in Jennißen, WEG, § 26 Rdn. 63.

[26] *Müller*, s. ebenda, S. 221; *Jennißen*, wie Fn. zuvor.

[27] So *Greiner* in AHB WEG, Teil 11 Rdn. 204.

[28] So *Gottschalg*, Die Haftung von Verwalter und Beirat, Rdn. 21.

159 Aus den o. g. Gründen ist nach der oben dargelegten Meinung auch kein Raum für die in der Rechtsprechung[29] ebenfalls vertretene Ansicht, der Verwaltervertrag komme nur mit dem Verband zustande und habe **Schutzwirkung für Dritte**, d. h. für die Wohnungseigentümer. Verwalterverträge müssten sorgfältig darauf abgestimmt werden, ob sie nur den Verband oder auch die einzelnen Wohnungseigentümer verpflichten. Sei Letzteres der Fall, müssten alle Wohnungseigentümer am Vertrag mitwirken, da in § 27 Abs. 2 WEG eine Bevollmächtigung einzelner Wohnungseigentümer als Vertreter aller Wohnungseigentümer nicht vorgesehen sei. Im Zweifel komme ein **Doppelvertrag mit dem Verband und den Wohnungseigentümern** zustande. Das Problem der Bindung des Rechtsnachfolgers eines Wohnungseigentümers an den Vertragsteil, der zwischen Wohnungseigentümer und Verwalter zustande komme, lasse sich im Zweifel nur über einen konkludenten Vertragsbeitritt lösen.

160 Die Haftungsbeschränkung des § 10 Abs. 8 WEG gelte für die Wohnungseigentümer nicht automatisch, da sie nach dieser Ansicht selbst eine persönliche vertragliche Verpflichtung gegenüber dem Verwalter eingingen, für die sie grundsätzlich gesamtschuldnerisch hafteten. Allerdings lasse sich diese Haftung vertraglich einschränken, indem entweder die quotale Haftung der Wohnungseigentümer vereinbart oder geregelt wird, dass das Verwalterhonorar und sämtliche finanziellen Vergütungen nur der rechtsfähige Verband schulde.

161 **c) Vertrag mit dem Verband (mit Schutzwirkung) zugunsten Dritter.** Die inzwischen h. M. nimmt an, dass der Verwalter den Verwaltervertrag mit der rechtsfähigen Wohnungseigentümergemeinschaft abschließt.[30] Nur der rechtsfähige Verband sei sein Vertragspartner und mithin Schuldner der vollen vertraglich vereinbarten Vergütung. Die Wohnungseigentümer haften für die Vertragserfüllung und insbesondere für die Vergütung nicht gesamtschuldnerisch, sondern gem. § 10 Abs. 8 WEG nur teilschuldnerisch (**quotal**) in Höhe des im Grundbuch eingetragenen Miteigentumsanteils. Ganz überwiegend wird jedoch die Notwendigkeit gesehen, aufgrund der **doppelten rechtlichen Stellung** des WEG-Verwalters als Organ des rechtsfähigen Verbandes (§ 27 Abs. 3 WEG) einerseits und als Vertreter der Wohnungseigentümer (§ 27 Abs. 2 WEG) andererseits die durch das Zustandekommen des Verwaltervertrages entstehenden Rechtsbeziehungen nicht auf das Zweierverhältnis Verwalter/Verband beschränken zu können. So wird angenommen, dass die Wohnungseigentümer zwar nicht Vertragspartner seien, jedoch im Rahmen eines **Vertrages zu Gunsten Dritter** in den Verwaltervertrag einbezogen sind.[31] Nach anderer Ansicht soll es sich um einen **Vertrag mit Schutzwirkung zu Gunsten Dritter** handeln mit der Folge, dass den Wohnungseigentümern keine (primären) Erfüllungsansprüche zustehen, möglicherweise aber (sekundäre) Schadensersatzansprüche bei der Verletzung von **Schutz- und Obhutspflichten**.[32] Hierbei werden beide Varianten der Dritteinbeziehung in den Verwaltervertrag nicht in einem Ausschließlichkeitsverhältnis gesehen. Die vorherrschende Meinung geht vielmehr davon aus, dass Verwalterverträge teilweise als (echter) Vertrag zu Gunsten Dritter ausgelegt werden können und zudem Schutzwirkungen zu Gunsten der Wohnungseigentümer entfalten.[33]

---

[29] OLG Düsseldorf NZM 2007, 137, 138 = NJW 2007, 161.

[30] OLG München NZM 2007, 92 = ZMR 2007, 220; OLG Düsseldorf NJW 2007, 161; OLG Hamm FGPrax 2006, 153.

[31] OLG München ZMR 2006, 954, 955; *Abramenko*, ZMR 2006, 6, 7; *Niedenführ* in Niedenführ/Kümmel/Vandenhouten, WEG, § 26 Rdn. 28; wohl auch Greiner in AHB WEG, Teil 11 Rdn. 204; differenzierend *Merle* in Bärmann, WEG, § 26 Rdn. 88, 112; *Häublein*, ZWE 2008, 2, 7 f.

[32] OLG Düsseldorf NZM 2007, 137, 138.

[33] *Merle* in Bärmann, WEG, 26 Rdn. 112; *Abramenko* in Riecke/Schmid, WEG, § 26 Rdn. 37; *Greiner* in AHB WEG Teil 11 Rdn. 204; ausführlich *Häublein*, ZWE 2008, 1, 6 ff.

d) Stellungnahme. Der h. M. ist zuzustimmen. Der Verwaltervertrag kommt zwi- **162**
schen dem WEG-Verwalter und dem rechtsfähigen Verband als alleinigem Vertragspartner zustande. Die Wohnungseigentümer selbst sind am Vertrag nicht als Vertragspartei beteiligt, wohl aber in einer Drittbeziehung zu sehen. Diese Drittbeziehung ist
weder ausschließlich als Vertrag zu Gunsten Dritter noch ausschließlich als Vertrag mit
Schutzwirkung zu Gunsten Dritter zu qualifizieren. Die in der Praxis anzutreffenden
Fallkonstellationen zwingen vielmehr dazu, im Verwaltervertrag beide Elemente angelegt zu sehen. Jedoch handelt es sich diesbezüglich nicht nur um eine sprachliche Un-
genauigkeit.[34] Hinter der Begriffsverwirrung steht der sachliche Streit zwischen der
sog. Einheits- und Trennungstheorie.[35] Diesbezüglich wurde bereits an anderer Stelle
darauf hingewiesen, dass unter Zugrundlegung des im Verbandsrecht allgemein anerkannten Organprinzips die Wohnungseigentümer nicht teils als natürliche Personen
und teils als rechtsfähige Gemeinschaft handeln, sondern im letzteren Fall ausschließlich und allein der rechtsfähige Verband selbst, und zwar durch seine Handlungs- bzw.
Vertretungsorgane.[36]

Nicht überzeugend ist es, die Wohnungseigentümer „als Gemeinschaft" oder „als **163**
Verband" als Vertragspartner anzusehen. Zwar sind derartige Formulierungen in der
ober- und höchstrichterlichen Rechtsprechung zu finden.[37] Die Einordnung von Wohnungseigentümergemeinschaft und Verwalter als Verband bzw. Organ „sui generis" ändert daran nichts. Handelten nämlich die Wohnungseigentümer teils als natürliche Personen (Menschen), teils als „rechtsfähiger Verband", so kreierte man keinen Verband sui
generis, sondern Menschen (Wohnungseigentümer) sui generis.[38]

Aus diesem Grunde ist es unerheblich, wenn Streit darüber besteht, ob die Woh- **164**
nungseigentümer im Rechtsverkehr „als rechtsfähiger Verband" handeln oder „durch
ihn".[39] Die Wohnungseigentümer handeln weder „als Verband" noch „durch den Verband". Es handelt der Verband selbst als eigenständiges und von den Wohnungseigentümern abzugrenzendes Rechtssubjekt. Diese Feststellung hat nach hier vertretener
Ansicht nichts mit dem Meinungsstreit zwischen Einheits- und Trennungstheorie zu
tun, die daran ansetzt, ob eine oder zwei Gemeinschaften existieren. Hält man sich vor
Augen, dass die gesamte Diskussion auf der Rechtsfähigkeit eines Personenverbandes
aufbaut, kann ohnehin nur eine Gemeinschaft anerkannt werden, nämlich die rechtsfähige Wohnungseigentümergemeinschaft. Eine Bruchteilsgemeinschaft ist nach gelten-
dem Recht nicht rechtsfähig. In diesem Sinne gibt es im Rahmen der geführten Diskussion keine zweite Gemeinschaft (Bruchteilsgemeinschaft). Insbesondere handelt die
Wohnungseigentümergemeinschaft im Rechtsverkehr nicht teils als rechtsfähiger Verband und teils als Bruchteilsgemeinschaft.[40]

Der Doppelvertragstheorie (oben Rdn. 155 ff.) lassen sich mehrere Argumente ent- **165**
gegensetzen. Richtig und unbestritten ist, dass der Verwalter sich inmitten zweier selbständiger Rechtskreise bewegt. Er ist gleichsam „Diener zweier Herren", nämlich Organ des Verbandes und Vertreter der Wohnungseigentümer. Seine insoweit doppelte
Rechtsstellung erlangt er durch einen einheitlichen Vorgang, nämlich die Bestellung ins

---

[34] Richtig allein die gesetzlich vorgeschriebene Namensbezeichnung in § 10 Abs. 6 S. 4 WEG
(„Wohnungseigentümergemeinschaft …"), die jedoch überraschenderweise vom Gesetzgeber
selbst ausweislich der übrigen Vorschriften des novellierten WEG („Gemeinschaft der Wohnungseigentümer …") nicht ernst genommen wird.
[35] S. zum Meinungsstand *Wenzel* in Bärmann, WEG, § 10 Rdn. 217 ff.
[36] *J.-H. Schmidt,* ZMR 2007, 90, 91.
[37] Nachweise oben Rdn. 25.
[38] wie vor.
[39] A. a. *Wenzel,* NZM 2006, 321, 322; *ders.* in Bärmann, WEG, § 10 Rdn. 220, wiederum inmitten des Meinungsstreits zwischen Einheits- und Trennungstheorie.
[40] So aber *Gottschalg,* Die Haftung von Verwalter und Beirat, Rdn. 21.

Verwalteramt. Dass er durch diesen einheitlichen Organisationsakt nicht nur organschaftliche Geschäftsführungs- und Vertretungsbefugnisse für den rechtsfähigen Verband erlangt, sondern zugleich gesetzliche Geschäftsführungs- und Vertretungskompetenzen für die Wohnungseigentümer, ist im Verbandsrecht zwar ein Novum, aber die notwendige Konsequenz aus der Rechtsnatur der Wohnungseigentümergemeinschaft. Aus der doppelten Rechtsstellung und Pflichtenbindung des Verwalters jedoch die Schlussfolgerung zu ziehen, den Anstellungsvertrag (Verwaltervertrag) als dreiseitiges Vertragsverhältnis qualifizieren zu müssen, verkennt die Rechtsstellung des Verwalters und letztlich auch die Trennungstheorie. Dass dem Verwalter aus seiner Bestellung unmittelbar Befugnisse und Rechte sowohl für Verband als auch für Wohnungseigentümer erwachsen, darf nicht gleichgesetzt werden mit einer entsprechenden Belastung der Wohnungseigentümer.[41]

166   Die Geschäftsführungs- und Vertretungsbefugnisse, die der Verwalter auch für die Eigentümer erlangt, werden durch den organisationsrechtlichen Bestellungsakt begründet. Sie gehen nicht auf eine vertragliche Verpflichtung zurück. Außerdem kann bezweifelt werden, dass die Wohnungseigentümer als Mitglieder des Verbandes diesem oder dem Verwalter überhaupt als Dritte im herkömmlichen Sinne der §§ 328 ff. BGB bzw. des Rechtsinstituts des Vertrages mit Schutzwirkungen zu Gunsten Dritter gegenüberstehen.[42] Sowohl der Verwalter als auch die Gesamtheit der Wohnungseigentümer sind als Handlungs- und Vertretungsorgane in die Handlungsorganisation des rechtsfähigen Verbandes integriert.[43] Wollte man allein der doppelten Amtsbefugnisse des Verwalters für Verband und Wohnungseigentümer wegen die Eigentümer gleichermaßen zu Vertragspartnern des Verwalters erklären, würde man übersehen, dass Organstellung und Anstellungsverhältnis nach jeweils eigenen Regeln zu beurteilen sind und mithin nicht zwangsläufig parallel bestehen bzw. gleichlaufen müssen.[44]

167   Soweit die Gegenmeinung die Zahlung von Sondervergütungen durch einzelne Eigentümer an den Verwalter als eine Verpflichtung **zulasten Dritter** anführt, wird unterstellt, eine derartige vertragliche Regelung sei rechtswirksam. Das ist sie jedoch nach zutreffender und inzwischen h. M. nicht, da persönliche Leistungsverpflichtungen einzelner Eigentümer (Sonderbelastungen) nicht im Verwaltervertrag rechtswirksam begründet werden können, sondern nur im Gemeinschaftsverhältnis der Wohnungseigentümer untereinander. Gemeinschaftsordnungs- oder gesetzesändernde Verwalterverträge sind mangels Beschlusskompetenz nichtig. Soweit § 21 Abs. 7 WEG neuerdings eine gesetzliche Beschlusskompetenz einräumt, um einen besonderen Verwaltungsmehraufwand direkt dem Verursacher zuweisen zu können, muss die erforderliche Beschlussfassung separat, d.h. innerhalb des Gemeinschaftsverhältnisses erfolgen. Sie kann nicht ausgelagert werden in eine Regelung im Verwaltervertrag, um – mittelbar – über die Genehmigung des Verwaltervertrages eine Änderung des Gemeinschaftsverhältnisses der Wohnungseigentümer untereinander vorzunehmen.[45]

---

[41] So aber *Müller*, FS Seuß (2007), S. 211, 218; *Jennißen* in Jennißen, WEG, § 26 Rdn. 63; *Gottschalg*, Die Haftung von Verwalter und Beirat Rdn. 20.

[42] Vgl. AG Saarbrücken ZMR 2009, 560, 562 mit Hinweis auf *Wenzel*, NZM 2006, 321, 323 gegen *Jennißen*, NZM 2006, 203, 210; dens. in *Jennißen, WEG*, § 26 Rdn. 63.

[43] Soweit BGH ZMR 2005, 547, 550 unter III. 5 c der Gründe nur Eigentümerversammlung. Verwalter und – fakultativ – den Verwaltungsbeirat als Organe aufzählt, ist spätestens durch § 27 Abs. 3 S. 2 und 3 WEG klar gestellt, dass auch die „Gesamtheit der Wohnungseigentümer" als – nachrückendes – Vertretungsorgan zu qualifizieren ist. Außerhalb einer Eigentümerversammlung ist die Gesamtheit der Wohnungseigentümer ferner Willensbildungsorgan gem. § 23 Abs. 3 WEG, vgl. *Armbrüster*, FS Wenzel, S. 85, 88.

[44] Vgl. *Armbrüster*, FS Wenzel, S. 85, 89.

[45] A. A. *Greiner* in AHB WEG, Teil 11 Rdn. 204.

Für die h. M. spricht, dass der Abschluss des Verwaltervertrages zu denjenigen Teilbe- **168** reichen des Rechtslebens gehört, in denen die Wohnungseigentümergemeinschaft bei der Verwaltung des gemeinschaftlichen Eigentums am Rechtsverkehr teilnimmt.[46] Alleiniger Vertragspartner ist der Verband. Die Wohnungseigentümer selbst sind keine Vertragspartner, nicht zuletzt auch im Hinblick auf die anderenfalls vertragsrechtlich kaum zu begründende Vertragsweitergabe beim Eigentümerwechsel. Diese Erwägung der Rechtspraktikabilität darf nicht hinter rechtsdogmatischen Erwägungen zurückgesetzt werden, nach dem auch der BGH[47] in seiner Entscheidung vom 2. 6. 2005 die schlüssige Lösung zahlreicher praxisrelevanter Rechtsprobleme durch die partielle Rechtsfähigkeit der Wohnungseigentümergemeinschaft ausdrücklich hervorgehoben hat.

Dass der Verwaltervertrag zwischen Verwalter und Verband zustande kommt, heißt **169** nicht, dass es keine Drittrechtsbeziehungen gibt. Für die am Vertrag nicht unmittelbar beteiligten Wohnungseigentümer ergeben sich im Wege der ergänzenden Vertragsauslegung Schutzwirkungen (Vertrag mit Schutzwirkung zu Gunsten Dritter), sofern die Würdigung des Vertragsinhalts dazu führt, dass die Wohnungseigentümer in der Weise in die vertraglichen Sorgfalts- und Obhutspflichten einbezogen sind, dass sie bei deren Verletzung im eigenen Namen vertragliche Schadensersatzansprüche geltend machen können.[48]

Ob und inwieweit der Verwaltervertrag im Einzelfall als ein Vertrag zu Gunsten der **170** Wohnungseigentümer ausgelegt werden kann, ist – wie bei den Schutzwirkungen – eine Frage der Vertragsauslegung. Die Frage wird vor allem dann relevant, wenn dem organschaftlichen Bestellungsrechtsverhältnis die fragliche Verpflichtung des Verwalters im Verhältnis zu den Eigentümern nicht entnommen werden kann. Bei identischen Pflichten kann die Frage der Vertragsauslegung hingegen offen bleiben.[49] Daran, dass der Verwaltervertrag im Einzelfall Regelungen zu Gunsten der Eigentümer enthalten kann, besteht jedoch kein Zweifel. Eine Beschränkung auf Schutzwirkungen zu Gunsten Dritter scheidet insoweit aus, da dieses Rechtsinstitut den Eigentümern keine primären vertraglichen Erfüllungsansprüche zuweisen kann.[50]

3. Vertragsabschluss

a) Überblick. Verträge kommen durch Angebot und Annahme zustande. Es finden **171** die allgemeinen Regelungen der §§ 145 ff. BGB Anwendung. Besonderheiten, die daraus resultieren, dass der Verwaltervertrag eine das Bestellungsrechtsverhältnis ergänzende Funktion hat, sind nicht zu beachten, der Verwaltervertrag ist nach anerkannter Ansicht ein gegenseitiger entgeltlicher Geschäftsbesorgungsvertrag (§ 675 BGB), der überwiegend dienstvertragsrechtliche (§§ 611 ff. BGB), teilweise aber auch werkvertragsrechtliche (§§ 631 ff. BGB)[51] Elemente aufweist.[52] Dies gilt uneingeschränkt für den gewerb-

---

[46] S. OLG Hamm ZMR 2006, 633; OLG Düsseldorf ZMR 2005, 56, 57.

[47] ZMR 2005, 547, 551 unter III. 6 der Gründe.

[48] OLG Düsseldorf ZMR 2006, 56, 57; *Merle* in Bärmann, WEG, § 26 Rdn. 88, 112; *Häublein,* ZWE 2008, 1, 6 f.; *Abramenko* in Riecke/Schmid, WEG, § 26 Rdn. 37. Vgl. ferner *Wenzel,* NZM 2006, 321, 322 (für Werkverträge zwischen Verband und Unternehmer) sowie OLG München ZMR 2006, 226, 227 (für Hausmeisterverträge mit dem Verband).

[49] Vgl. *Häublein,* ZWE 2008, 1, 6 ff.; *Merle* in Bärmann, WEG, § 26 Rdn. 112; weitergehend *Abramenko* in Riecke/Schmid, WEG, § 26 Rdn. 37, der eine generelle Ausgestaltung als Vertrag zu Gunsten Dritter sieht.

[50] Vgl. *Abramenko* wie vor.

[51] Insbesondere die Aufstellung von Wirtschaftsplan und Jahresabrechnung.

[52] Vgl. *Merle* in Bärmann, WEG, § 26 Rdn. 113; *Gottschalg,* Die Haftung von Verwalter und Beirat, Rdn. 18.

lichen (professionellen) WEG-Verwalter. Für den unentgeltlich tätigen Verwalter, vor allem dem Eigentümerverwalter in kleinen Gemeinschaften, kommt zumeist Auftragsrecht zur Anwendung (§§ 662ff. BGB), da es sich insoweit um eine unentgeltliche Tätigkeit handeln wird.[53] Die Zahlung einer Aufwandsentschädigung oder die Bewilligung von Aufwendungsersatz (vgl. § 670 BGB) führt nicht zur Entgeltlichkeit. Daneben sind eventuelle Haftungsprivilegierungen zu berücksichtigen, wenn es bei der Verwaltertätigkeit zu Versäumnissen kommt (s. zur Verwalterhaftung unten Rdn. 713ff.).

172   **b) Delegation des Vertragsabschlusses.** Obwohl die Wohnungseigentümer im Regelfall nicht selbst unmittelbar am Vertrag beteiligt sind, ist keineswegs ausgeschlossen, dass sie im Einzelfall Vertragspartner werden. Wenn der Verwalter durch den organisationsrechtlichen Bestellungsakt unmittelbar Geschäftsführungs- und Vertretungsbefugnisse ihnen gegenüber erlangt, so ist es naheliegend, dass dem Verwaltervertrag auch diesbezüglich eine Ergänzungsfunktion zukommen kann. In der Praxis wird eine unmittelbare Vertragsbeteiligung der Wohnungseigentümer allein aus Gründen der Praktikabilität Kleinstgemeinschaften vorbehalten sein. Auf Seiten der Wohnungseigentümer ist dies unproblematisch, wenn alle Wohnungseigentümer den Vertrag unterzeichnen. Es genügt nicht, wenn nur die Mehrheit der Wohnungseigentümer unterzeichnet.[54] Zweifelhaft ist, ob die Wohnungseigentümer mehrheitlich beschließen können, dass Einzelne von ihnen und insbesondere der **Beirat bevollmächtigt** werden, den Vertrag auf Seiten der Wohnungseigentümer **stellvertretend** abzuschließen.

173   Im Normalfall kommt der Vertrag zwischen dem Verwalter und dem rechtsfähigen Verband zustande (s. oben Rdn. 162ff.). Da der rechtsfähige Verband selbst nicht handlungsfähig ist, muss er beim Abschluss des Verwaltervertrages vertreten werden. Die Vertretung betrifft die Teilnahme des rechtsfähigen Verbandes am Rechtsverkehr. Insofern wird zutreffend darauf hingewiesen, dass auf Seiten der Gemeinschaft ein Beschluss für das Zustandekommen des Verwaltervertrages nicht ausreichend ist. Vielmehr ist dazu im Anschluss an den Eigentümerbeschluss auf Willensbildungsebene dessen Umsetzung bzw. Durchführung (vgl. § 27 Abs. 1 Nr. 1 WEG) auf der Willensbetätigungsebene notwendig.[55]

174   Zur ordnungsmäßigen und rechtswirksamen Durchführung des Beschlusses ist es jedoch nicht erforderlich, den Umsetzungsakt auf einen zusätzlichen Akt außerhalb der Eigentümerversammlung zu verschieben. Ist der Verwalter bei der Beschlussfassung über einen von ihm vorgelegten Vertragsentwurf persönlich in der Eigentümerversammlung anwesend, kann die Verkündung des Beschlussergebnisses zugleich als Abgabe der Annahmeerklärung durch den konkludent ermächtigten Versammlungsleiter gewertet werden.[56] Gleiches gilt wenn die Vertragsparteien den Abschluss eines schriftlichen Verwaltervertrages vereinbaren und der Versammlungsleiter oder ein anderer dazu ermächtigter Eigentümer noch in der Versammlung selbst den Verwaltervertrag unterschreibt.[57] In beiden Fällen handelt es sich um die Annahme eines Antrages unter Anwesenden. Ort des Vertragsschlusses ist nach allgemeinen Grundsätzen derjenige, an den die Annahmeerklärung wirksam wird, in der Regel, wo sie dem Antragenden zugeht. Zeitpunkt des Vertragsschlusses ist gleichfalls derjenige des Wirksamwerdens der Annahmeerklärung.[58] Der rechtsfähige Verband ist in der Eigentümerversammlung in die-

---

[53] *Merle; Gottschalg*, s. vorherige Fn.; ferner LG Berlin ZMR 2009, 393.

[54] *Abramenko,* ZMR 2006, 6, 8.

[55] *Hügel,* ZMR 2008, 1ff.; *Jacoby,* ZWE 2008, 327 ff.

[56] *Merle* in Bärmann, WEG, § 26 Rdn. 96; a. A. *Hügel,* ZMR 2008, 1, 4.

[57] Vgl. OLG Düsseldorf NZM 2006, 936. Zum Zeitpunkt des Vertragsabschlusses bei vereinbarter Schriftform s. *Niedenführ* in Niedenführ/Kümmel/Vandenhouten, WEG, § 26 Rdn. 30.

[58] *Ellenberger* in Palandt, BGB, Einf v. § 145 Rdn. 4.

sem Sinne „anwesend". Er handelt und wird vertreten mittels der Eigentümerversammlung, die in einem derartigen Fall nicht nur Willensbildungsorgan, sondern auch Vertretungsorgan des Verbandes ist. Der Beschluss über die Bestellung und den Abschluss des Verwaltervertrages ist mit Verkündung des Beschlussergebnisses wirksam und vollziehbar.

Ist das Verwalteramt unbesetzt oder ein Verwalter zwar bestellt, ein Verwaltervertrag **175** aber nicht geschlossen[59] oder kurz vor dem Ende der Vertragslaufzeit,[60] kommt eine Vertretung des Verbandes durch ihn bei Abschluss des Verwaltervertrages im ersten Fall schon tatsächlich, ansonsten aus rechtlichen Gründen (**Selbstkontrahierungsverbot**, vgl. § 181 BGB) nicht in Betracht. § 27 Abs. 3 S. 2 WEG sieht im gesetzlichen Ausgangspunkt vor, dass die Gemeinschaft in diesem Fall von **allen** Wohnungseigentümern (Gesamtheit der Wohnungseigentümer) vertreten wird (**Gesamtorganschaft**). Verneint werden muss dies, wenn sich die Wohnungseigentümer neben dem rechtsfähigen Verband als Vertragspartner, insbesondere zur Zahlung der Vergütung, verpflichten wollen. Ein einzelner Wohnungseigentümer kann von einem Miteigentümer neben dem Verband nur verpflichtet werden, wenn er den Miteigentümer hierzu eigens bevollmächtigt hat.

Dazu genügt, anders als für eine Vollmacht des Verwalters, den Verband zu vertreten, **176** ein Mehrheitsbeschluss nicht, weil die Eigentümerversammlung keine Beschlusskompetenz hat, eine persönliche Leistungspflicht durch Mehrheitsentscheidung zu begründen.[61] Dies gilt nicht nur für einzelne Leistungspflichten, sondern auch für sonstige Schutz- und Obhutspflichten im Rahmen eines Dauerschuldverhältnisses, zu dem der Verwaltervertrag als Ausgestaltung des Anstellungsrechtsverhältnisses einzuordnen ist.[62] Daneben hat dies jedoch auch dann zu gelten, wenn die Wohnungseigentümer sich ausschließlich, also nicht neben dem Verband, als Vertragspartner verpflichten wollen. Die erforderliche Beschlusskompetenz zur vertraglichen Mitverpflichtung anderer Miteigentümer fehlt auch hier.[63]

Soweit die benötigte Beschlusskompetenz in § 26 Abs. 1 WEG gesehen wird, der **177** sich auf alle Angelegenheiten erstrecken soll, die mit der Verwalterbestellung zusammenhängen, also auch auf den Abschluss des Vertrages mit den Eigentümern in den Bereichen außerhalb der Rechtsfähigkeit der Gemeinschaft,[64] widerspricht dies sowohl der Rechtsprechung des BGH[65] als auch der Trennungstheorie. Verwalterbestellung und Verwalteranstellung hängen nicht zusammen. § 26 Abs. 1 WEG beschränkt sich auf das organschaftliche Bestellungsrechtsverhältnis. Da jedoch nach der gesetzlichen Handlungsorganisation keiner der Wohnungseigentümer (Gesamtvertreter) eine umfassende organschaftliche Vertretungsmacht besitzt, um im Namen des Verbandes Rechtsgeschäfte abzuschließen oder sonstige Maßnahmen zu treffen,[66] wird ein Gesamthandeln aller Wohnungseigentümer in der Praxis ausscheiden. Je größer die Gemeinschaft ist, desto unwahrscheinlicher wird ein Gesamthandeln.

---

[59] So der Regelfall, vgl. etwa OLG Düsseldorf NZM 2006, 936.

[60] Vgl. OLG München NJW-RR 2008, 1182 = ZMR 2009, 64 zur Neuwahl und Vertragsverlängerung.

[61] BGH ZMR 2005, 547, 554 unter III. 9a der Gründe mit Hinweis auf *Wenzel*, NZM 2004, 542, 543.

[62] Vgl. OLG Hamburg ZMR 2008, 899, 901.

[63] A. A. *Jennißen* in Vorauflage, Rdn. 89, freilich auf Grundlage der von ihm vertretenen Doppelvertragstheorie.

[64] So *Gottschalg*, Die Haftung von Verwalter und Beirat, Rdn. 21.

[65] BGH ZMR 2005, 547, 554.

[66] Die gesetzliche Geschäftsführungs- und Vertretungskompetenz für Notmaßnahmen gem. § 21 Abs. 2 WEG wird beim Abschluss des Verwaltervertrages ausscheiden, vgl. etwa *Drabek* in Riecke/Schmid, WEG, § 21 Rdn. 76.

178   Die Wohnungseigentümer können einzelne oder mehrere Wohnungseigentümer zum Vertragsabschluss **ermächtigen**, § 27 Abs. 3 S. 3 WEG. In der Praxis wird zumeist der **Verwaltungsbeirat** eingeschaltet, um den Verwaltervertrag **auszuhandeln** und/oder **abzuschließen**, d. h. in aller Regel ihn zu unterzeichnen.[67] Denkbar ist aber auch, dass ein außenstehender Dritter (z. B. ein Rechtsanwalt) oder der derzeitige Verwalter, dessen Amtszeit demnächst endet, hinzugezogen wird.

179   Die Verwaltungspraxis zeigt immer wieder, dass die **Delegation** des Aushandelns und Abschlusses von Verwalterverträgen durch Eigentümerbeschluss mit einem hohen Anfechtungsrisiko verbunden ist. Damit ist nicht einmal die ohnehin als zusätzliche Hürde zu berücksichtigende Inhaltskontrolle gemeint, die von den allgemeinen Schranken des Vertragsrechts i. S. der §§ 134, 138, 242 BGB (s. unten Rdn. 302 ff.), der besonderen AGB-Kontrolle nach §§ 305 ff. BGB (s. unten Rdn. 253 ff.) und den Grundsätzen ordnungsmäßiger Verwaltung i. S. des § 21 Abs. 3 WEG (s. Rdn. 181 ff.) einschl. des Verbots der Abänderung der Gemeinschaftsordnung durch den Verwaltervertrag (s. Rdn. 220 ff.) getragen wird, sondern zunächst nur die Beachtung der notwendigen Formalitäten. Gerichte lassen eine inhaltliche Vertragskontrolle immer wieder dahingestellt, weil bereits die formalen Rahmenbedingungen einer zulässigen Delegation von der Eigentümerversammlung auf den Beirat oder einen Dritten nicht eingehalten werden. Ähnlich wie bei der Delegation des Abschlusses von Sanierungsverträgen über die Instandhaltung und Instandsetzung des gemeinschaftlichen Eigentums[68] hat die obergerichtliche Rechtsprechung auch für den Abschluss des Verwaltervertrages umfangreiche Vorgaben aufgestellt, die von den Gerichten teils sehr streng angewendet werden. Daher empfiehlt es sich, die nachstehend aufgeführten Grundsätze zu beachten. Je umfangreicher die Delegation von Entscheidungsbefugnissen von der Versammlung auf den Beirat oder einen Dritten ist, desto höher ist das Risiko, dass der gefasste Eigentümerbeschluss im Falle der gerichtlichen Anfechtung für ungültig erklärt wird. Dieses Risiko steigt ungleich, wenn der Bevollmächtigte den Verwaltervertrag für den Verband nicht nur **abschließen**, sondern darüber hinaus mit dem Verwalter im Einzelnen **aushandeln** soll. Denn in diesem Fall agiert der Bevollmächtigte nicht nur als klassischer Stellvertreter i. S. arbeitsteiliger Funktion, sondern wird vom Verband bzw. den (übrigen) Wohnungseigentümern als Verhandlungsführer eingesetzt, um einzelne vertragliche Regelungen auszuhandeln und einen dem Gesamtinteresse aller Wohnungseigentümer entsprechenden Vertragsabschluss zuzuführen.

180   Erste formale Voraussetzung einer rechtmäßigen **Delegation** ist die ordnungsmäßige **Ankündigung** des Abschlusses eines Verwaltervertrages in der Einladung (vgl. § 23 Abs. 2 WEG). Nach den allgemein anerkannten Grundsätzen dürfen überzogene Anforderungen nicht gestellt werden. Eine schlagwortartige **Ankündigung** reicht. Die Bezeichnung „Neuwahl der Hausverwaltung" als Gegenstand der Tagesordnung deckt auch die Wiederwahl des bisherigen Verwalters sowie den Abschluss eines Verwaltervertrages mit diesem ab.[69] Die beabsichtigte Delegation oder gar der/die Name(n) der/ des zu Bevollmächtigenden müssen nicht angekündigt werden, da mit der Einschaltung eines Vertreters beim Abschluss des Verwaltervertrages stets zu rechnen ist. Anderes kann im Einzelfall gelten, wenn ein Dritter (z. B. ein Anwalt) mit dem **Aushandeln** des Vertrages beauftragt werden soll, vor allem gegen Entgelt. Liegt der ins Auge gefasste Verwaltervertrag im Entwurf (z. B. als Musterformular) bereits vor, kann es zur Beschleunigung des Versammlungsablaufs zweckmäßig sein, der Einladung eine Kopie beizufügen oder die Zusendung vor der Versammlung gegen Kopierkostenerstattung

---

[67] Vgl. OLG Düsseldorf NZM 2006, 936.

[68] Dazu etwa OLG München GE 2009, 525; KG ZMR 2004, 622; OLG Düsseldorf NJW-RR 1998, 13.

[69] OLG München NJW-RR 2008, 1182 = ZMR 2009, 64.

anzubieten. Zwingend ist diese Vorabunterrichtung über den genauen Inhalt des Verwaltervertrages aber nicht. Es genügt, wenn alle anwesenden Eigentümer bei der Beratung und Abstimmung in der Versammlung eine Musterausfertigung des Vertrages in den Händen haben.[70] Eine Kopie für jeden Eigentümer kann nicht verlangt werden, die Aushändigung einer ausreichenden Anzahl an Kopien (z. B. Tischauslagen) reicht. Maßgeblich sind letztlich Größe der Gemeinschaft bzw. Versammlung und Informationsbedürfnis.

Weitere Voraussetzung einer rechtmäßigen, d. h. im Sinne des § 21 Abs. 3 WEG 181 ordnungsmäßigen Bevollmächtigung bzw. Ermächtigung ist, dass die **wesentlichen Vertragsinhalte (essentialia negotii)** entweder vom Bestellungsbeschluss[71] oder vom Ermächtigungsbeschluss umfasst sind. Sie müssen also den bzw. dem Bevollmächtigten von der Eigentümerversammlung als dem **im Innenverhältnis** der Wohnungseigentümer (Gemeinschaftsverhältnis) **zuständigem Willensbildungsorgan** mit auf den Weg gegeben werden.

Die **Festlegung** des Inhalts des Verwaltervertrages zählt zu den **Kernkompetenzen** 182 der Eigentümerversammlung. Werden Entscheidungs- und Abschlussbefugnisse übertragen, muss jedenfalls die wesentliche Entscheidungsgrundlage auf die Versammlung zurückzuführen sein. Könnten die Wohnungseigentümer dem Bevollmächtigten völlig freie Hand geben, wie er **im Außenverhältnis** mit dem Verwalter den Verband letztlich verpflichtet, begäben sie sich eines wesentlichen Teils ihres **Selbstbestimmungsrechts**.[72] Die Bevollmächtigung des Beirats zum Vertragsabschluss ist nach h. M. daher nur dann nicht anfechtbar, wenn ihm durch Beschluss von den Wohnungseigentümern die **wesentlichen Eckpunkte,** wie insbesondere **Vertragspartner, Laufzeit einschließlich Kündigungs- und Verlängerungsmöglichkeiten** und die **Höhe der Vergütung**[73] vorgegeben werden.

Grundsätzlich unbedenklich ist es, wenn der in der Eigentümerversammlung vorge- 183 legte Verwaltervertrag von dieser selbst inhaltlich gebilligt und der Verwaltungsbeirat lediglich zum Abschluss (Unterzeichnung) im Außenverhältnis ermächtigt wird.[74] Hier erfolgt der Abschluss des Verwaltervertrages nicht auf der Grundlage einer Willensentscheidung des Beirats, sondern auf der Grundlage des Beschlusses der Eigentümerversammlung, die das vorgelegte Vertragsangebot bzw. den fertig verhandelten Verwaltervertrag selbst mehrheitlich billigt.[75] Auch die Verantwortlichkeit für den Vertragsinhalt übernimmt die Eigentümerversammlung. Ein Haftungsrisiko des Beirats besteht nicht, da er nur die Unterschrift zu leisten hat, jedoch keine Verhandlungen mit dem Verwalter schuldet.[76] Wird der Beirat mit dem Aushandeln des Verwaltervertrages beauftragt, ist das Anfechtungsrisiko für den Delegationsbeschluss geringer, wenn festgelegt ist, dass die Eigentümerversammlung über den ausgehandelten Vertrag abstimmen wird.

Ferner nicht unüblich und grundsätzlich ebenfalls unbedenklich ist es, wenn die Ver- 184 sammlung beschließt, den ihr vorgelegten Vertragsentwurf mit der Maßgabe abzuschließen, dass einzelne von ihr in der Versammlung beschlossene Ergänzungen hinzuzufügen sind.[77] Ist eine beschlossene Delegation der Abschlusskompetenz formell

---

[70] OLG München NJW-RR 2008, 1182, 1183.
[71] Sofern die Bestellung dem Abschluss eines Verwaltervertrages voraus gegangen ist.
[72] OLG Köln ZMR 2003, 604; OLG Hamburg ZMR 2003, 776; ZMR 2003, 864; OLG Düsseldorf ZWE 2006, 396 = NZM 2006, 936 = ZMR 2006, 870; *Abramenko* in Riecke/ Schmid, WEG, § 26 Rdn. 40.
[73] Vgl. OLG Köln ZMR 2002, 155, 156.
[74] OLG München NJW-RR 2008, 1182, 1183; OLG Düsseldorf NZM 2006, 936.
[75] Vgl. OLG Düsseldorf NZM 2006, 936.
[76] Vgl. zur weisungswidrigen Ausgestaltung eines Verwaltervertrages OLG Düsseldorf NZM 1998, 36 = ZMR 1998, 104.
[77] Vgl. OLG Düsseldorf NZM 2001, 390.

ordnungsgemäß erfolgt, muss freilich der vorgelegte und vom Beirat zu unterzeichnen-
de Vertrag der vom Gericht auf rechtzeitige Beschlussanfechtung hin vorzunehmenden
Inhaltskontrolle standhalten.[78] Halten einzelne Bestimmungen des Verwaltervertrages
einer Inhaltskontrolle nicht stand, widerspricht sein Abschluss ordnungsmäßiger Verwaltung. Sind nach einer Gesamtwürdigung letztlich nur Nebenpunkte des Verwaltervertrages unwirksam bzw. anfechtbar, werden die zentralen Aufgaben und Pflichten des
Verwalters aber davon nicht berührt, ist davon auszugehen, dass der Vertrag auch ohne
die zu beanstandende Klauseln gebilligt worden wäre, so dass die gerichtliche Ungültigerklärung des Billigungsbeschlusses auf die jeweiligen Bestimmungen beschränkt werden kann.[79] Hält das vertragliche Regelwerk in erheblichen Umfang der Inhaltskontrolle nicht stand, ist der den Vertragsschluss billigende Eigentümerbeschluss insgesamt für
ungültig zu erklären.[80]

185   Fraglich und noch nicht abschließend diskutiert ist, welche weiteren Auswirkungen
ein fehlender oder fehlerhafter Delegationsbeschluss hat. Wichtig ist es, insoweit zwischen der Willensbildung im Innenverhältnis der Wohnungseigentümergemeinschaft
und dem Inhalt des Verwaltervertrages im Außenverhältnis zu unterscheiden.

186   Was die Willensbildungsebene anbelangt, so ist unbestritten, dass die allgemeine
Übertragung des Aushandelns und/oder Abschlusses des Verwaltervertrages auf den
Verwaltungsbeirat, ohne dass diesem, abgesehen von der Laufzeit, Vorgaben zu den wesentlichen Eckpunkten des abzuschließenden Vertrages gemacht werden, nicht ordnungsmäßiger Verwaltung entspricht.[81] In den Bereich der Beschlussnichtigkeit soll
nach teilweise vertretener Auffassung ein solcher Delegationsbeschluss fallen, der den
Ermächtigungsbeschluss nach Wortlaut und Sinn bei unbefangener Betrachtung darauf
ausrichtet, Bestimmungen in den Verwaltervertrag aufzunehmen, die gegen die allgemeinen Schranken des Vertragsrechts (§§ 134, 138, 226, 242 BGB;[82] s. dazu unten
Rdn.) verstoßen. Dem ist nicht zu folgen.

187   Die fehlende inhaltliche Bestimmtheit des Delegationsbeschlusses im Hinblick auf die
dem Beirat gemachten Vorgaben stellt keinen Nichtigkeitsgrund dar. Im Ansatzpunkt
wird man richtigerweise zu differenzieren haben: Da gem. § 23 Abs. 4 WEG fehlerhafte
Beschlüsse nur anfechtbar sind, gilt dies auch für nicht hinreichend bestimmte Beschlüsse, soweit diese eine durchführbare Regelung (vgl. § 27 Abs. 1 Nr. 1 WEG) noch erkennen lassen. Nur wenn die Unbestimmtheit des Beschlussinhalts eine durchführbare
Regelung überhaupt nicht mehr erkennen lässt, z.B. wegen innerer Widersprüchlich-
keit des Beschlusses (Perplexität), tritt die Nichtigkeitsfolge ein.[83]

188   Letzteres ist bei unbestimmten Delegationsbeschlüssen nicht ersichtlich. Die Beauftragung des Beirats mit dem Aushandeln und/oder Abschluss eines Verwaltervertrages
ist eine durchführbare Handlung, selbst wenn keinerlei Vorgaben getroffen werden.
Dass der Beirat womöglich „völlig freie Hand" hat, macht den Ermächtigungsbeschluss
nicht undurchführbar. Auch dadurch, dass die Eigentümerversammlung mehrheitlich
den Vertragsschluss auf den Beirat delegiert, wenn auch ohne jegliche Vorgabe hinsichtlich der wesentlichen Vertragseckpunkte, macht sie in einer bestimmten Weise von ihrer
Entscheidungskompetenz Gebrauch. Dies widerspricht unzweifelhaft ordnungsgemäßer
Verwaltung i.S. des § 21 Abs. 3 WEG, ist aber nur anfechtbar und nicht mangels hin-

---

[78] OLG München NJW-RR 2008, 1182, 1183; OLG Düsseldorf ZWE 2006, 396 = NZM
2006, 936 = ZMR 2006, 870.
[79] OLG München NJW-RR 2008, 1182, 1185; OLG Saarbrücken WE 1998, 69, 74; Bay-
ObLG WuM 1991, 312.
[80] OLG Düsseldorf NZM 2006, 936, 937.
[81] OLG Köln ZMR 2003, 604, 605; ZMR 2002, 155.
[82] S. allgemein *Merle* in Bärmann, WEG, § 23 Rdn. 122 ff.
[83] OLG Hamburg ZMR 2008, 22; allgemein *Merle* in Bärmann, WEG, § 23 Rdn. 148.

reichender Bestimmtheit des Beschlussinhalts nichtig.[84] Ohne hinreichende Bevollmächtigung im Innenverhältnis ist der im Außenverhältnis abgeschlossene Verwaltervertrag somit nicht nichtig.[85]

Wird der Beirat ohne besondere Bestimmung von Eckdaten zum Abschluss eines **189**
Verwaltervertrages ermächtigt, ist ein Vertrag bereits mit Abschluss im Außenverhältnis
wirksam zustande gekommen, ohne dass es darauf ankommt, ob der interne Ermächtigungsbeschluss in Bestandskraft erwächst.[86] Das Fehlen von Eckdaten bzw. Vorgaben im
Delegationsbeschluss bedeutet nicht, dass der Beirat berechtigt ist, nach eigenem Dafür-
halten auszuhandeln. Er muss sich am Gesamtinteresse aller Wohnungseigentümer an
einer ordnungsmäßige Verwaltung i. S. des § 21 Abs. 3 orientieren und insbesondere
auch die gesetzlichen Mindestaufgaben – und Befugnisse des Verwalters für Verband
und Eigentümer (§ 27 Abs. 1–4 WEG) beachten. Die ihm erteilte (Blanko-)Vollmacht
ermächtigt ihn also nur zu einer ordnungsgemäße Verwaltung entsprechenden Vertragsgestaltung.[87]

Auch Vorgaben aus dem Bestellungsbeschluss sind zu beachten. Enthält der Beschluss **190**
über die Bestellung des Verwalters bereits Regelungen über die Höhe der Verwaltervergütung, so ist der Verwaltungsbeirat nicht bevollmächtigt, im Verwaltervertrag **Sondervergütungen** zu vereinbaren.[88] Wurden dagegen weder im Bestellungsbeschluss noch
im Delegationsbeschluss Vorgaben hinsichtlich der Höhe der Verwaltervergütung aufgestellt, kann es ordnungsmäßiger Verwaltung entsprechen, im Verwaltervertrag Sondervergütungen zu vereinbaren, die Verwalterleistungen betreffen, die über die Grundleistungen des Verwalters hinausgehen.[89] In einem derartigen Fall kann sich der Verwalter
als Vertragspartner nicht auf eine dem Beirat etwa erteilte Blankoermächtigung berufen.
Er ist an den Inhalt des Bestellungsbeschlusses gebunden. Handeln der amtierende Verwalter, einzelne Wohnungseigentümer oder der Beirat als Vertreter des Verbands den
Verwaltervertrag aus, wird der neu zu bestellende Verwalter nach der Vollmacht zu fragen haben. Der neue Verwalter kann hier nicht gutgläubig handeln, d. h. sein guter
Glaube an eine ausreichende Vollmacht oder sonstige Legitimation des Vertreters kann
nicht geschützt werden.

Etwas anderes gilt jedoch dann, wenn die handelnden Personen tatsächlich durch **191**
uneingeschränkten Beschluss bevollmächtigt wurden. Da dieser Beschluss die Vollmacht für ein einzelnes Geschäft beinhaltet, kann er zwar wegen inhaltlicher Unbestimmtheit oder zu weit gehender Selbstentscheidungsbefugnisse des Bevollmächtigten
gerichtlich anfechtbar sein, ist aber nicht nichtig. Dann kann spätestens mit Eintritt der
Bestandskraft der zu bestellende Verwalter darauf vertrauen, dass die handelnden Personen den Vertragsinhalt frei mit ihm aushandeln können.[90] Die Vollmacht der handelnden Personen steht auch nicht unter der generellen Einschränkung, dass hiervon
nur im Rahmen ordnungsgemäßer Verwaltung Gebrauch gemacht werden könnte.[91]

Unberührt bleiben die allgemeinen Grundsätze des Missbrauchs der Vertretungs- **192**
macht. Es gelten die §§ 177 ff. BGB, wenn die Vertretungsmacht (Vollmacht) fehlt oder
überschritten wird. Die Verletzung seiner Pflichten aus dem Innenverhältnis macht die

---

[84] Vgl. OLG Köln ZMR 2003, 604, 605; ZMR 2002, 155, 156 jeweils m. w. N.

[85] OLG Köln ZMR 2003, 604.

[86] A. A. KG ZMR 2008; OLG Köln ZMR 2003, 604.

[87] OLG Hamm ZMR 2001, 138 = ZMR 2001, 49.

[88] BayObLG NZM 2004, 658.

[89] Vgl. OLG Hamm NZM 2001, 49, 52 = ZMR 2001, 138 zu Sondervergütungen für die
Erbringung von Architekten- bzw. Ingenieurleistungen und die Führung gerichtlicher Wohngeldverfahren.

[90] Vgl. KG ZMR 2008, 476.

[91] OLG Hamm ZMR 2001, 138, 141.

Vertretung im Außenverhältnis grundsätzlich nicht unwirksam, es sei denn, dem anderen Vertragsteil (Verwalter) war der Missbrauch der Vertretungsmacht bei Vertragsabschluss bekannt oder trotz massiver Verdachtsmomente nicht bekannt (kennen müssen).[92] Das Risiko eines Missbrauchs der Vertretungsmacht trägt aber grundsätzlich der Vertretene[93] und folglich auch die Darlegungs- und Beweislast für einen Missbrauch.

193 **c) Auslegung.** Die Rechtsprechung geht davon aus, dass der Verwaltervertrag unter der **auflösenden Bedingung** geschlossen wird, dass der Bestellungsbeschluss nicht in einem Anfechtungsverfahren aufgehoben wird.[94] Hierin liegt kein Verstoß gegen die Trennungstheorie, sondern eine verständige Auslegung des Verwaltervertrages, wenn die Umstände dafür sprechen, dass das Angebot zum Abschluss des Verwaltervertrages von vornherein nur mit einer entsprechenden stillschweigenden Einschränkung abgegeben wird.

194 Für die Zeit nach rechtskräftiger Aufhebung des Bestellungsbeschlusses können aus dem Vertrag keine Rechte hergeleitet werden.[95] Trotz der grundsätzlichen Trennung zwischen Bestellung und Anstellung werden in der Praxis auch die auf die Beendigung des Verwaltervertrages gerichtete Kündigung und die auf die Beendigung des organschaftlichen Amtes gerichtete Abberufung bzw. Amtsniederlegung zumeist miteinander verbunden. Auch hier ist im Einzelfall durch Auslegung der Erklärungen zu ermitteln, ob beide Rechtsverhältnisse beendet werden sollten.[96] Außer den auf einem Ermächtigungsbeschluss beruhenden Erklärungen im Außenverhältnis unterliegt auch der zugrundeliegende Eigentümerbeschluss den allgemeinen Auslegungsgrundsätzen. Daher kann eine ihrem Wortlaut nach ungenaue Beschlussfassung neben der Bevollmächtigung des Verwaltungsbeirats zum Abschluss des Verwaltervertrages auch den aufgrund der Trennungstheorie zu unterscheidenden (Wieder-)Bestellungsakt des bisherigen Verwalters enthalten.[97]

195 Der Verwaltervertrag kann auch **konkludent** zustande kommen. Liegt der Verwaltervertrag beim Bestellungsbeschluss vor und geben die Wohnungseigentümer bei der Beschlussfassung zu erkennen, dass sie hierauf Bezug nehmen, kommt der Vertrag auch ohne ausdrückliche Unterzeichnung zustande.[98] Dabei ist unerheblich, ob der Verwalter oder die Gemeinschaft den konkreten Vertrag angeboten hat. Auch durch die Aufnahme der Verwaltertätigkeit entsprechend den Regelungen in der Teilungserklärung kann ein Vertrag mit dem dort vorgesehenen Inhalt zwischen Verwaltung und Gemeinschaft **konkludent** zustande kommen.[99] Etwas anderes gilt, wenn der Verwalter eine entgegenstehende Erklärung abgibt.[100]

196 Dass der Verwaltervertrag auch dann konkludent durch die Annahme des Bestellungsbeschlusses seitens des Verwalters zustande kommt, wenn bei der Bestellung kein konkreter Vertrag ins Auge gefasst ist,[101] erscheint zweifelhaft, wenn die Vertragsbedingungen im Zeitpunkt des Bestellungsbeschlusses noch nicht feststehen, sondern zunächst ausgehandelt werden sollen. Anderes kann gelten, wenn die äußeren Umstände

---

[92] *Heinrichs* in Palandt, BGB, § 164 Rdn. 13 ff. und § 177 Rdn. 1.

[93] *Heinrichs* in Palandt, § 164 Rdn. 13 m. Hinweis auf BGH NJW 1999, 28 83.

[94] KG MietRB 2005, 124 = NZM 2005, 21.

[95] *Merle* in Bärmann, WEG, § 26 Rdn. 111.

[96] *Merle* in Bärmann, WEG, § 26 Rdn. 165.

[97] OLG München NJW-RR 2008, 1182, 1183.

[98] *Abramenko*, ZMR 2006, 6, 9; *Niedenführ* in Niedenführ/Kümmel/Vandenhouten, WEG, § 26 Rdn. 31.

[99] OLG Hamburg ZMR 2008, 899, 900 f.

[100] *Niedenführ* in Niedenführ/Kümmel/Vandenhouten, WEG, § 26 Rdn. 31. Rechtsgedanke des § 150 Abs. 2 BGB.

[101] So *Niedenführ* in Niedenführ/Kümmel/Vandenhouten, WEG, § 26 Rdn. 31.

J.-H. Schmidt

ergeben, dass sich der Vertragsinhalt nach den gesetzlichen Bestimmungen richten soll. Dann sind die wesentlichen Eckdaten zumindest bestimmbar. Bei einem gewerblich tätigen Verwalter wird es sich um einen entgeltlichen Geschäftsbesorgungsvertrag handeln (§§ 611, 631, 675 BGB). Eine Vergütung gilt dem Grunde nach als **konkludent** vereinbart. Ihre Höhe richtet sich nach der ortsüblichen Vergütung (s. § 612 Abs. 1 und 2 BGB). Die Vertragslaufzeit kann ebenfalls bestimmbar sein, wenn sie den Umständen nach der im Bestellungsbeschluss festgelegten Bestellungsdauer entspricht.

d) Stimmrechtsvereinbarung. Neuerdings wieder in die Diskussion geraten ist die **197** Frage, ob bei einer vom gesetzlichen Kopfprinzip (§ 25 Abs. 2 S. 1 WEG) abweichenden Stimmrechtsvereinbarung in der Gemeinschaftsordnung eine im Einzelfall unwirksame Beschränkung der Bestellung oder Abberufung des Verwalters i.S. des § 26 Abs. 1 S. 5 WEG gegeben sein kann.[102] Namentlich in Fällen, in denen einem Eigentümer mehr als eine Einheit gehört, so dass sich aufgrund des vereinbarten Objekt- oder Wertprinzips andere Abstimmungsergebnisse im Verhältnis zum Kopfprinzip ergeben, wird vereinzelt die Ansicht vertreten, dass der Versammlungs- und Abstimmungsleiter ein positives Beschlussergebnis verkünden müsse, da in der Ablehnung des Beschlussantrags anderenfalls eine unzulässige Beschränkung der Bestellung oder Abberufung des Verwalters vorliege.[103] Folge dieser Ansicht ist, dass der Abstimmungsleiter alternativ auszuzählen hat: Ist bei Vereinbarung einer Abstimmung nach dem Wert oder Objektprinzip die Bestellung oder Abberufung des Verwalters durch negativen Beschluss abzulehnen,[104] während er unter – fiktiver – Zugrundelegung des gesetzlichen Kopfprinzips durch positiven Beschluss als angenommen zu verkünden gewesen wäre, so sei wegen § 26 Abs. 1 S. 5 WEG ein positives Beschlussergebnis festzustellen und zu verkünden.[105]

Die bislang ganz h.M. geht demgegenüber davon aus, dass eine vom gesetzlichen **198** Kopfprinzip abweichende Stimmrechtsvereinbarung, durch die das Gewicht und damit die Wertigkeit der einzelnen Stimme verändert wird, keine unzulässige Beschränkung der Bestellung oder Abberufung i.S. des § 26 Abs. 1 S. 5 WEG darstellt.[106] Ob die Einführung verschiedener zwingender Beschlusskompetenzen (Abänderungsverbote) durch die WEG-Novellierung zum 1. 7. 2007 (s. §§ 12 Abs. 4 S. 2; 16 Abs. 5; 22 Abs. 2 S. 2 WEG)[107] ein Abweichen von der h.M. erforderlich macht,[108] ist fraglich. Die gesetzlichen Abänderungsverbote dienen der Erleichterung der Willensbildung durch Einführung neuer gesetzlicher Beschlusskompetenzen. Diesem Zweck dient § 26 Abs. 1 S. 5 WEG nicht.

4. Stimmrecht des Verwalters

Die Wohnungseigentümergemeinschaft kann über den Vertragsinhalt mit Mehrheit **199** beschließen. An diesem Beschluss darf ein Wohnungseigentümer, der selbst zum Verwalter bestellt werden soll (sogenannter **Eigentümerverwalter**) nach h.M. mit abstimmen. § 25 Abs. 5 WEG, wonach ein Wohnungseigentümer nicht stimmberechtigt ist, wenn die Beschlussfassung den **Abschluss eines Rechtsgeschäfts** mit ihm zum

---

[102] Zum Meinungsstand *Merle*, GE 2009, 90 ff.

[103] So seinerzeit AG Berlin-Schöneberg ZMR 1976, 316; *Groß*, ZMR 1977, 67, nunmehr wieder *Merle* in Bärmann, WEG, 25 Rdn. 31.

[104] Der Versammlungsleiter hat einen negativen Beschluss zu verkünden, nicht etwa dass kein Beschluss zustande gekommen sei; ungenau insoweit *Merle*, GE 2009, 90 f. Negativbeschlüsse haben ebenfalls Beschlussqualität, s. BGH NJW 2001, 3339.

[105] *Merle* in Bärmann, WEG, § 25 Rdn. 31.

[106] BGH NZM 2002, 995, 997 = NJW 2002, 3704; OLG Saarbrücken WE 1998, 69, 72.

[107] Dazu *Armbrüster* ZWE 2005, 141; *Häublein*, ZMR 2007, 409, 410; *ders.* vertiefend in FS Bub, S. 113, 114 ff.

[108] So *Merle*, GE 2009, 90, 92.

Gegenstand hat, gilt insoweit nicht.[109] Die **Verwalterbestellung** ist vor vornherein kein solches Rechtsgeschäft, sondern ein organisationsrechtlicher Akt unter Ausübung **mitgliedschaftlicher Befugnisse.**[110] Da die h. M. Bestellungsakt und Abschluss des Verwaltervertrages insofern gleich behandelt, ist es unschädlich, wenn über die Bestellung und Anstellung gleichzeitig beschlossen wird oder im Bestellungsbeschluss zumindest einzelne Fragen des Verwaltervertrages mit geregelt werden. Hier liegt der Schwerpunkt der Beschlussfassung in der Verwalterbestellung. Etwas anderes gilt, wenn über die Abberufung oder fristlose Kündigung des Verwaltervertrages **aus wichtigem Grund** abgestimmt wird. In diesen beiden Fällen unterliegt der **Eigentümerverwalter** einem Stimmrechtsausschluss. Der Grund für diese Ausnahme wird überwiegend darin gesehen, dass ein Eigentümerverwalter bei schwerwiegenden Vorwürfen nicht zum „Richter in eigener Sache" werden darf.[111]

200 Der **Eigentümerverwalter** ist aber nur dann von einem Stimmverbot betroffen, wenn der wichtige Grund tatsächlich vorliegt. Hier ergibt sich das Problem, dass über das tatsächliche Vorliegen eines wichtigen Grundes rechtsverbindlich nur ein mit der Sache befasstes Gericht entscheiden kann. Vorläufig entscheidet über das Vorliegen eines wichtigen Grundes der Versammlungs- bzw. Abstimmungsleiter in der Versammlung. Denn seiner Ergebnisverkündung kommt sowohl konstitutive wie auch inhaltsfixierende Wirkung zu.[112] Der notwendige Ausgleich für die dem Versammlungsleiter eingeräumte Kompetenz, das Beschlussergebnis mit vorläufiger Bestandskraft verbindlich festzulegen, ergibt sich aus der gerichtlichen Anfechtungsmöglichkeit, die hinsichtlich des (ggf. negativen) Abberufungsbeschlusses fristgebunden und hinsichtlich der Feststellung der Unwirksamkeit der fristlosen Kündigung des Verwaltervertrages nicht fristgebunden ist.[113]

201 Fraglich ist, wie der beim Eigentümerverwalter drohende **Interessenkonflikt** sich auf die Befugnis zur Versammlungs- bzw. Abstimmungsleitung (s. § 24 Abs. 5 WEG) auswirkt. Bei dem wichtigen Grund handelt es sich um einen unbestimmten Rechtsbegriff unter den die fragliche Pflichtverletzung subsumiert werden muss. Grundsätzlich wird eine derartige Subsumtion – auch wenn sie rechtlich schwierig sein mag – vom Versammlungsleiter erwartet.[114] Daher könnte man sich auf den Standpunkt stellen, dass der Eigentümerverwalter aufgrund des Interessenkonflikts vom Versammlungsvorsitz von vornherein ausgeschlossen ist und die erforderliche juristische Wertung und Ergebnisverkündung nicht vornehmen darf. Es besteht Missbrauchsgefahr, so die Mehrheit den Eigentümer als Versammlungsleiter ablösen und einem anderen Eigentümer oder einem Dritten den Vorsitz übertragen sollte. Dies ist durch Geschäftsordnungsbeschluss jederzeit zulässig. Ein Nichtigkeitsgrund liegt in der Versammlungsleitung und Beschlussergebnisverkündung durch den Eigentümerverwalter, um dessen Abberufung und fristlose Kündigung aus wichtigem Grund es geht, aber nicht.

202 Ähnliche Lösungen bieten sich an, wenn der Verwalter, mit dem der Verwaltervertrag abgeschlossen werden soll, nicht selbst Wohnungseigentümer ist, aber in der Versammlung von anderen Wohnungseigentümern zur Stimmabgabe über den mit ihm abzuschließenden oder zu kündigenden oder inhaltlich abzuändernden Anstellungsvertrag bevollmächtigt wird. Diese Vollmachten kann er dann durch Untervollmachten

---

[109] *Kümmel* in Niedenführ/Kümmel/Vandenhouten, WEG, § 25 Rdn. 22; *Merle* in Bärmann, WEG, § 25 Rdn. 120; a. A. KG NJW-RR 1987, 268; BayObLG NJW-RR 1987 595; NJW-RR 1993, 206; OLG Düsseldorf NZM 1999, 285.
[110] BGH NZM 2002, 788 = NJW 2002, 3240.
[111] BGH NJW 2002, 3240; *Merle* in Bärmann, WEG, § 25 Rdn. 123.
[112] Vgl. BGH NJW 2001, 3339.
[113] BGH NJW 2002, 3704, 3705.
[114] BGH NJW 2002, 3704 im Hinblick auf ein rechtsmissbräuchliches Abstimmungsverhalten.

weiterreichen, sofern dies in der Vollmachtserteilung nicht ausgeschlossen ist. Jedoch darf der Verwalter die **Untervollmachten** nicht mit Stimmrechtsweisungen versehen.[115] Nach wohl h. M. ist der Verwalter weder durch § 25 Abs. 5 WEG noch durch § 181 BGB gehindert, als Vertreter einzelner Wohnungseigentümer an der Beschlussfassung über seine erneute Bestellung mitzuwirken, selbst dann, wenn mit der Beschlussfassung zugleich über den Abschluss bzw. die Verlängerung des Verwaltervertrages abgestimmt wird.[116]

Stets ist die Gemeinschaftsordnung zu beachten, wenn dort Einschränkungen zur **203** Vollmachtserteilung enthalten sind. Zwar wird der Verwalter diese Vollmachten in der Praxis nur an eine Person weiterreichen, bei der er sich einer Abstimmung in seinem Sinne sicher wähnt. Dennoch ist die Untervollmacht wirksam, weil schon der Hauptvollmachtgeber in Kenntnis der Tagesordnung durch die Vollmachtserteilung zum Ausdruck bringt, dass er Vertrauen zum Verwalter hat und ihm selbst in eigenen Angelegenheiten ein Stimmrechtsermessen überträgt. Wenn dann diese Vollmacht i. S. v. § 25 Abs. 5 WEG vom Verwalter nicht selbst ausgeübt werden dürfte, was diesseitiger Auffassung widerspricht, wird durch die Untervollmachtserteilung eine Berücksichtigung der konkreten Stimmungen und Wortbeiträge in der Eigentümerversammlung stattfinden.

Ist der Verwalter, der selbst Wohnungseigentümer ist, stimmberechtigt, gilt dies auch **204** für den Verwalter, wenn er lediglich Stimmen anderer Wohnungseigentümer in Vollmacht ausübt. Auf jeden Fall sind Stimmen des Verwalters zu berücksichtigen, die er mit entsprechenden Stimmrechtsweisungen der zu vertretenden Wohnungseigentümer ausübt. In diesem Fall liegt tatsächlich kein Vertretungsverhältnis, sondern lediglich die Stellung eines **Boten** vor. Als Erklärungsbote übermittelt er nur fremde Willenserklärungen, so dass sein Stimmrecht nicht eingeschränkt ist, selbst wenn grundsätzlich die Voraussetzungen des § 25 Abs. 5 WEG vorlägen.[117]

Mit Anerkennung des Stimmrechts des Verwalters bei Abschluss des Verwaltervertra- **205** ges wird § 25 Abs. 5 WEG nicht bedeutungslos. Beschlüsse über die **Verwalterentlastung** als negatives Schuldanerkenntnis oder Beschlüsse, die über die übliche Verwaltervollmacht hinaus den Abschluss eines Rechtsgeschäfts mit dem Verwalter zum Gegenstand haben (z. B. der Abschluss eines Werkvertrages über die Durchführung von Baumaßnahmen am Objekt, wenn der Verwalter gleichzeitig ein Architekturbüro oder ein Handwerksunternehmen betreibt), bleiben vom Stimmverbot erfasst. Ist eine Verwalter-GmbH bestellt, gilt der Stimmrechtsausschluss auch für den Geschäftsführer persönlich.[118]

5. Inhalt des Verwaltervertrages

a) Überblick. Der Inhalt eines Verwaltervertrages ist nicht gesetzlich geregelt, was **206** nicht verwundert, da kein Abschlusszwang besteht. Die wirksame Bestellung des Verwalters erfordert keinen Verwaltervertrag. Es genügt der Bestellungsbeschluss gem. § 26 Abs. 1 S. 1 WEG; der Verwaltervertrag hat eine reine Ergänzungsfunktion (zur Trennungstheorie s. oben Rdn. 66). Soll ein Verwaltervertrag abgeschlossen werden, unterliegt sein Inhalt grundsätzlich der **Vertragsfreiheit** als Ausdruck der Privatautonomie. Nur an wenigen Stellen enthält das Wohnungseigentumsgesetz zwingende Bestimmun-

---

[115] OLG Zweibrücken, WE 1998, 504 = NZM 1998, 671; BayObLG NZM 1998, 668; *Merle* in Bärmann, WEG, § 25 Rdn. 137.
[116] OLG Hamm ZMR 2007, 63.
[117] So im Ergebnis auch OLG Schleswig ZMR 2006, 803, das allerdings von einer schriftlichen Stimmabgabe ausgeht.
[118] AG Hannover ZMR 2004, 787.

gen, die weder im Verwaltervertrag noch durch Vereinbarung der Wohnungseigentümer abbedungen werden können.

207 Dies gilt etwa für die höchstzulässige **Vertragslaufzeit** von 5 Jahren bzw. im Falle der ersten Bestellung nach der Begründung von Wohnungseigentum auf höchstens 3 Jahre (vgl. § 26 Abs. 1 S. 2 WEG). Die Vorschrift regelt zwar unmittelbar die Bestellungszeit. Die Vertragslaufzeit im Anstellungsverhältnis hat sich jedoch an der zwingenden Vorgabe des Bestellungsrechtsverhältnisses zu orientieren.[119]

208 Ein anderes Beispiel ist § 27 Abs. 4 WEG, wonach die in § 27 Abs. 1–3 WEG geregelten gesetzlichen Geschäftsführungsbefugnisse (Abs. 1) sowie Vertretungskompetenzen für Wohnungseigentümer (Abs. 2) und Verband (Abs. 3) weder durch Vereinbarung der Wohnungseigentümer noch im Verwaltervertrag eingeschränkt oder ausgeschlossen werden können.

209 Ansonsten stellt das WEG keine zwingenden Regelungsinhalte bzw. -grenzen für den Verwaltervertrag auf. Es erwähnt in § 24 WEG allgemeine Vorgaben zur Einberufung und Durchführung der Eigentümerversammlung einschließlich des Führers der Beschluss-Sammlung, in § 27 WEG einen Mindestkatalog interner Geschäftsführungsbefugnisse gegenüber Eigentümern und Verband (Abs. 1) sowie externer Vertretungskompetenzen für Eigentümer (Abs. 2) und Verband (Abs. 3) sowie in § 28 WEG Rahmenbedingungen für die Erstellung von Wirtschaftsplan und Jahresabrechnung. Regelungen im Verwaltervertrag, die derartige allgemeine Regelungen wiederholen, sind zulässig, aber überflüssig. Oft wiederholt der Verwalter die gesetzlichen Aufgaben und Kompetenzen, um insbesondere unerfahrenen Wohnungseigentümern sein Tätigkeitsgebiet zu verdeutlichen. Der praktische Ertrag einer solchen Wiederholung des Gesetzestextes ist dabei vielfach fraglich, insbesondere im Hinblick auf spätere Gesetzesänderungen. Hierdurch können Auslegungsschwierigkeiten resultieren, wenn unklar ist, in welchem Verhältnis Vertragsinhalt und – novellierter – Gesetzeswortlaut stehen. Im Zweifel sollte deshalb auf überflüssige Regelungen im Verwaltervertrag von vornherein verzichtet werden (zu überflüssigen Regelungen s. unten Rdn. 215 ff.).

210 Der hier empfohlene weitestgehende Verzicht auf eine **Wiederholung des Gesetzestextes** im Verwaltervertrag soll freilich nicht heißen, sich bei der Ausgestaltung des Vertragstextes nicht an den gesetzlichen Vorgaben zu orientieren. Dazu gehört insbesondere die Beachtung der Doppelfunktion, die der Verwalter seit Entdeckung und Kodifizierung der Rechtsfähigkeit der Wohnungseigentümergemeinschaft ausfüllt. Die Geschäftsführungs- und Vertretungskompetenzen, die ihm Kraft Bestellung ins Verwalteramt unmittelbar mit der Annahme seiner Bestellung zuteil werden, beziehen sich einerseits auf die Wohnungseigentümer und andererseits auf den rechtsfähigen Verband. Während die internen Geschäftsführungsbefugnisse im Innenverhältnis für Eigentümer und Verband in § 27 Abs. 1 WEG weitestgehend gleichlautend ausformuliert sind, zeigen sich bzgl. der externen Vertretungsmacht im Außenverhältnis Unterschiede. Die gesetzliche Vertretungsmacht für die Wohnungseigentümer (§ 27 Abs. 2 WEG) ist nicht deckungsgleich mit der organschaftlichen Vertretungsmacht für den Verband (§ 27 Abs. 3 WEG). Gemeinsamkeiten gibt es gleichwohl. Beispiele sind die Entgegennahme von Willenserklärungen und Zustellungen, soweit sie an alle bzw. alle übrigen Wohnungseigentümer in dieser Eigenschaft (vgl. § 27 Abs. 2 Nr. 1 WEG) oder den rechtsfähigen Verband (vgl. § 27 Abs. 3 S. 1 Nr. 1 WEG) gerichtet sind oder die Ergreifung von Maßnahmen, die zur Wahrung einer Frist oder Abwendung eines sonstigen Rechtsnachteils erforderlich sind einschl. des Führens von Passivprozessen für die beklagten Wohnungseigentümer (vgl. § 27 Abs. 2 Nr. 2 WEG) oder den beklagten rechtsfähigen Verband (vgl. § 27 Abs. 3 S. 1 Nr. 2 WEG) und des Abschlusses von Streitwert-

---

[119] Vgl. bereits BGH ZMR 2002, 766, 772 zur Rechtslage vor dem 1. 7. 2007, an der sich insoweit durch die Novellierung nichts geändert hat.

vereinbarungen mit Rechtsanwälten für derartige Passivprozesse (vgl. § 27 Abs. 2 Nr. 4 und Abs. 3 S. 1 Nr. 6 WEG). Eine weitere Gemeinsamkeit ist, dass der Verwalter in Aktivprozessen, die für Wohnungseigentümer oder den Verband zu führen sind, eine gesetzliche Prozessführungsbefugnis bzw. Vertretungsmacht besitzt. Hier bedarf es der vorherigen Ermächtigung durch die Wohnungseigentümer, und zwar bereits für die außergerichtliche Geltendmachung von Ansprüchen (§ 27 Abs. 2 Nr. 3 und Abs. 3 S. 1 Nr. 7 WEG).

Neben der vorgenannten Beachtung der Doppelfunktion des Verwalters sollte der **211** Verwalter tunlichst darauf achten, Widersprüche bzw. Kollisionen zwischen Verwaltervertrag und Gemeinschaftsrecht zu vermeiden. Solche **Widersprüche** bzw. **Kollisionen** können ohne Weiteres zur Unwirksamkeit einzelner kollidierender Vertragsbestimmungen führen. Zum Gemeinschaftsrecht im obigen Sinne zu zählen sind neben der Gemeinschaftsordnung (Satzung) auch Eigentümerbeschlüsse, durch die Bestimmungen der Gemeinschaftsordnung oder des Gemeinschaftsrechts abgeändert oder modifiziert werden, z.B. Mehrheitsbeschlüsse, die auf der Grundlage einer gesetzlichen (etwa § 16 Abs. 3 WEG) oder in der Gemeinschaftsordnung vereinbarten Öffnungsklausel gefasst wurden. Der Verwalter ist kraft seiner Bestellung ins Verwalteramt sowohl dem Verbandsinteresse als auch dem Gesamtinteresse aller Wohnungseigentümer verpflichtet. Zu dieser organisationsrechtlichen Bindung gehört auch die Pflicht zur Umsetzung und Beachtung des Gemeinschaftsrechts. Vor allem Vereinbarungen oder Beschlüsse der Wohnungseigentümer, die ihr Verhältnis untereinander i.S. der §§ 10 ff. WEG ausgestalten, hat der bestellte Verwalter zu beachten. Dies gilt etwa für Änderungen des Kostenverteilerschlüssels, die Zulässigkeit baulicher Maßnahmen, Zweckbestimmungen oder Gebrauchsregelungen, Einladungsfristen zur Eigentümerversammlung oder Beschränkungen bei der Stimmrechtsvertretung. An derartige Regelungen des Gemeinschaftsrechts ist der Verwalter stets gebunden, auch wenn sie nachträglich, d.h. nach erfolgter Verwalterbestellung, vereinbart bzw. beschlossen werden.

Das **Gemeinschaftsrecht** kann auch Vereinbarungen enthalten, die das Verwalter- **212** amt unmittelbar ausgestalten. Gemeint ist das abstrakte Verwalteramt als Organisationseinheit innerhalb der Handlungsorganisation des rechtsfähigen Verbandes, unabhängig von der Person des konkret zum Verwalter bestellten Amtsträgers.[120] Zumeist wird es sich um Vereinbarungen handeln, die die gesetzlichen Geschäftsführungsbefugnisse oder Vertretungskompetenzen abbedingen oder ergänzen, z.B. eine in der Gemeinschaftsordnung vereinbarte Verwalterermächtigung zur gerichtlichen oder außergerichtlichen Geltendmachung von Ansprüchen der Wohnungseigentümer oder des Verbandes (§ 27 Abs. 2 Nr. 3 und Abs. 3 S. 1 Nr. 7 WEG). Beschlüsse, durch die das (abstrakte) Verwalteramt unmittelbar in Abweichung oder Ergänzung vom Gesetz ausgestaltet wird, werden hingegen in der Praxis seltener vorkommen. Die dazu erforderliche Beschlusskompetenz ergibt sich nicht aus gesetzlichen Bestimmungen, sondern allenfalls aus einer vertraglich vereinbarten Öffnungsklausel in der Gemeinschaftsordnung.[121]

Inhaltliche Widersprüche bzw. Kollisionen können auch zwischen den Erklärungen **213** zur Begründung des organisationsrechtlichen Bestellungsrechtsverhältnisses, insbesondere dem Inhalt des Bestellungsbeschlusses (§ 26 Abs. 1 S. 1 WEG) und dem Inhalt des Verwaltervertrages auftreten.[122] Derartige Widersprüche gilt es zu vermeiden.

Da der Verwaltervertrag zwischen Verwalter und Verband besteht (s. oben Rdn. **214** 162 ff.) und somit trotz seiner Drittwirkungen in Bezug auf die Wohnungseigentümer (s. oben Rdn. 161) ein zweiseitiges (bipolares) Anstellungsrechtsverhältnis begründet,

---

[120] Vgl. *Merle*, ZWE 2001, 145 ff.; *ders.* in Bärmann, WEG, 26 Rdn. 161.
[121] Nach h.M. werden allerdings auch § 27 Abs. 2 Nr. 3 und Abs. 3 S. 1 Nr. 7 WEG als gesetzliche Beschlusskompetenz in diesem Organisationsbereich angesehen.
[122] *Merle* in Bärmann, WEG, § 26 Rdn. 163.

muss im Ausgangspunkt klar sein, dass durch ihn nicht das Verhältnis der Wohnungseigentümer untereinander i. S. der §§ 10 ff. WEG (Gemeinschaftsverhältnis) ausgestaltet oder abgeändert werden kann. Vertragsbestimmungen, durch die das Gemeinschaftsverhältnis der Wohnungseigentümer abgeändert wird, sind daher nichtig (s. dazu unten Rdn. 220 ff.). Unwirksam sind auch solche Vertragsklauseln, die der AGB-Kontrolle nach den §§ 305 ff. BGB nicht standhalten (s. dazu unten Rdn. 253 ff.) oder gegen allgemeine Schranken der Vertragsgestaltung (§§ 134, 138, 226, 242 BGB) verstoßen (s. dazu unten Rdn. 302 ff.).

Praxishinweis: Die Wiederholung des Gesetzestextes im Verwaltervertrag ist nicht zu empfehlen.

215 **b) Überflüssige Regelungen.** Das WEG gibt keine Regelungsinhalte zum Verwaltervertrag vor. Es erwähnt lediglich in § 27 WEG einen Aufgabenkatalog. Regelungen im Verwaltervertrag, die den Aufgabenkatalog des § 27 WEG wiederholen, sind zulässig, aber überflüssig. Oft wiederholt der Verwalter die gesetzlichen Aufgaben im Vertrag, um insbesondere unerfahrenen Wohnungseigentümern sein Tätigkeitsgebiet zu verdeutlichen.

216 Überflüssig ist die Regelung, die Wohnungseigentümer seien verpflichtet, den Erwerber zum **Eintritt in den Verwaltervertrag** zu verpflichten, denn die Wohnungseigentümer sind nach zutreffender Ansicht nicht Vertragspartei (s. oben Rdn. 162 ff.). Ein Wechsel im Mitgliederbestand (Eigentümerwechsel) hat demnach keine Auswirkungen auf die Stellung der Vertragspartner.

217 Auch sonstige Regelungen für den Fall des **Eigentümerwechsels** sind überflüssig:

– *Im Falle der Veräußerung findet eine Auseinandersetzung hinsichtlich des zum gemeinschaftlichen Eigentum gehörenden Verwaltungsvermögens nicht statt.*

Die Regelung ist überflüssig, da das Verwaltungsvermögen dem rechtsfähigen Verband gehört (§ 10 Abs. 7 S. 1 WEG) und ein Wechsel in der Mitgliedschaft bzw. personellen Zusammensetzung der Eigentümer keine Auszahlungs- oder Abfindungsansprüche begründet. An der Instandhaltungsrücklage ist der einzelne Eigentümer ebenfalls nicht beteiligt. Die Rücklage gehört ausschließlich und allein dem rechtsfähigen Verband. Die einzelnen Wohnungseigentümer sind auch nicht ideell, d. h. in Höhe der Größe ihres Miteigentumsanteils, an der Instandhaltungsrücklage beteiligt.

218 Überflüssig sind Regelungen zum **Wohngeld** im Verwaltervertrag.

Beispiel: Der Wohnungseigentümer verzichtet auf das Recht zur Aufrechnung gegen Wohngeldforderungen, auf Zurückbehaltung von Wohngeld oder auf deren Verzinsung.

Es entspricht herrschender Rechtsprechung, dass gegenüber Wohngeldforderungen **Aufrechnung** und **Zurückbehaltungsrecht** grundsätzlich ausgeschlossen sind.[123] Zudem kann der Verwaltervertrag nicht das Gemeinschaftsverhältnis regeln. Dieses kann durch Vereinbarungen oder durch Beschlüsse bestimmt werden, nicht aber durch Verträge mit Dritten. Auch wenn der Verwalter das Organ der Eigentümergemeinschaft ist, so lässt sich im Vertrag mit ihm nicht das Gemeinschaftsverhältnis regeln. Selbst wenn man es für zulässig hält, dass der Verwalter die für ihn fremden Wohngeldforderungen des Verbandes im eigenen Namen, d. h. in **Prozessstandschaft**, gerichtlich geltend macht, ist Forderungsinhaber der rechtsfähige Verband. Das o. g. Formulierungsbeispiel ist überdies AGB-rechtlich bedenklich. Das von der Rechtsprechung entwickelte Aufrechnungs- und Zurückbehaltungsverbot besteht nur im Grundsatz. Ausnahmen sind anerkannt, namentlich für unstreitige oder rechtskräftig festgestellte Gegenforderungen,

---

[123] KG NZM 2003, 686 = ZMR 2002, 861 = WuM 2002, 391; BayObLG NZM 2002, 346 = ZMR 2001, 53; NZM 1998, 973.

Ansprüchen aus Notgeschäftsführung und unter Umständen[124] Ersatzansprüchen aus § 14 Nr. 4 2. Halbs. WEG. Diese ebenfalls anerkannten Ausnahmen finden in der starren Formulierung der Vertragsklausel keine Berücksichtigung (vgl. auch § 309 Nr. 3 BGB). Zu dem deutet die Formulierung „verzichtet …" auf einen endgültigen Rechtsverzicht hin.

Allgemein lässt sich noch hinzufügen, dass **richterrechtliche** Rechtsgrundsätze, die also nicht unmittelbar vom Gesetzgeber, sondern von der Rechtsprechung in Anwendung des Rechts herausgearbeitet wurden, als Inhalt des Verwaltervertrages überflüssig erscheinen.

Beispiele für überflüssige Regelungen im Verwaltervertrag, die **gesetzlich** geregelt sind: **219**
– Der Verwalter ist verpflichtet, den Wohnungseigentümern einen Wirtschaftsplan vorzulegen, welcher von den Wohnungseigentümern genehmigt werden muss.
– Über die Verwendung des Wohngeldes wird jährlich nach Abschluss des Kalenderjahres durch den Verwalter abgerechnet.
– Der Verwalter ist zur Führung einer Beschluss-Sammlung verpflichtet.
– Der Verwalter muss mindestens einmal im Jahre die Eigentümerversammlung einberufen.
– Den Vorsitz in der Wohnungseigentümerversammlung führt, sofern diese nichts anderes beschließt, der Verwalter.
– Das Wirtschaftsjahr ist das Kalenderjahr.

Die Überflüssigkeit der zuletzt genannten Regelung etwa folgt aus § 28 Abs. 1 WEG, wonach der Wirtschaftsplan immer für das Kalenderjahr aufzustellen ist. Sollte in der Gemeinschaftsordnung ein vom Kalenderjahr abweichendes Wirtschaftsjahr vereinbart worden sein,[125] wäre eine gemeinschaftsordnungsändernde Regelung im Verwaltervertrag sogar nichtig.

c) Nichtige Regelungen. aa) Wohnungseigentumsrechtliche Unwirksamkeit. **220**
aaa) Dogmatik. Ein wohnungseigentumsrechtlicher Nichtigkeitsgrund ist die **fehlende Beschlusskompetenz** der Eigentümer für eine Änderung des **Gemeinschaftsrechts**. Der Verwaltervertrag kann nicht rechtswirksam in das Gemeinschaftsverhältnis der Wohnungseigentümer untereinander i.S. der §§ 10ff. WEG eingreifen und Regelungen des Wohnungseigentumsgesetzes, sonstiger Rechtsnormen (z.B. Rechtsvorschriften des BGB), der Gemeinschaftsordnung (Satzung) oder sonstiger Regelungen des Gemeinschaftsrechts (z.B. gesetzes- oder satzungsändernde oder -ergänzende Mehrheitsbeschlüsse aufgrund einer gesetzlichen[126] oder vereinbarten[127] Öffnungsklausel) der betreffenden Wohnungseigentümergemeinschaft **ändern**.

Die Gemeinschaftsordnung (Satzung) ist ein **Kollektivvertrag** der Wohnungseigen- **221** tümer über ihr Gemeinschaftsverhältnis untereinander.[128] Vertragspartner gibt es so viele, wie es Wohnungseigentümer gibt. Die Zahl der Vertragspartner ist folglich variabel und entspricht grundsätzlich dem Kreis der jeweiligen Wohnungseigentümer. Auch die vom teilenden Eigentümer gem. § 8 WEG allein aufgestellte Gemeinschaftsordnung zur Teilungserklärung stellt ab dem Zeitpunkt des Entstehens der werdenden Wohnungs-

---

[124] Str. vgl. LG Frankfurt/M. ZMR 1989, 271; *v. Rechenberg*, ZWE 2005, 47, 54; a.A. OLG München ZMR 2007, 397; *Wenzel* in Bärmann, WEG, 14 Rdn. 79.

[125] Dazu und zur treuwidrigen (§ 242 BGB) Berufung auf eine unzulässige Abweichung des Wirtschaftsplans vom Kalenderjahr OLG München GE 2009, 525 = OLGR München 2009, 387.

[126] Z.B. § 12 Abs. 4 S. 1; § 16 Abs. 3 WEG.

[127] Z.B. einer in der Gemeinschaftsordnung vereinbarten (qualifizierten) Öffnungsklausel, die eine Änderung der Gemeinschaftsordnung mit einer ²⁄₃- oder ³⁄₄-Mehrheit der Eigentümer oder der Eigentümerversammlung erlaubt.

[128] *Merle*, FS Wenzel, S. 251 ff.

eigentümergemeinschaft eine derartige Vereinbarung dar.[129] Mit dem Eintritt des ersten Erwerbers entsteht eine zweiseitige Vereinbarung, mit jedem weiteren Erwerber kommt ein zusätzlicher Vertragspartner hinzu. Nur bei einer Zweiergemeinschaft ist die Satzung kein wirklicher Kollektivvertrag, sondern ein zweiseitiger Vertrag, jedenfalls dann, wenn man annimmt, dass ein „Kollektiv" die Beteiligung von mehr als zwei Vertragsseiten voraussetzt. Zweiergemeinschaften sind in der Praxis aber die Ausnahme (z.B. nach WEG aufgeteilte Doppelhaushälften).

222   Da die Gemeinschaftsordnung eine Kollektivvereinbarung ist, setzt ihre Änderung, Ergänzung oder sonstige Modifizierung nach dem Gesetz (vgl. § 10 Abs. 3 WEG) wiederum eine Vereinbarung i.S. des § 10 Abs. 2 WEG voraus. Eine Mehrheitsentscheidung genügt (s. § 23 Abs. 1 WEG) nicht und ist nichtig.[130] Etwas anderes gilt, wenn die zur Änderung, Ergänzung oder sonstigen Modifizierung durch Mehrheitsbeschluss benötigte Beschlusskompetenz gegeben ist. Die Beschlusskompetenz kann sich aus Gesetz ergeben (gesetzliche Beschlusskompetenz) oder aus einer in der Gemeinschaftsordnung selbst vertraglich vereinbarten Beschlusskompetenz (sog. Öffnungsklausel). Die gesetzlich verliehene Beschlusskompetenz kann sinngemäß als **gesetzliche Öffnungsklausel** bezeichnet werden, da sie das dem Minderheitenschutz dienende Einstimmigkeitserfordernis (Vertragsprinzip) beiseite schiebt und der Mehrheitsmacht eine Tür „öffnet". Sie kann eine einfache Stimmenmehrheit genügen lassen (s. §§ 12 Abs. 4 S. 1; 16 Abs. 3 WEG) oder auch eine doppelt qualifizierte Mehrheit erfordern (s. §§ 16 Abs. 4; 22 Abs. 2 WEG)[131]. Vertraglich vereinbarte Beschlusskompetenzen (Öffnungsklauseln) unterliegen der Privatautonomie. Sie können daher als zur Satzungsänderung benötigtes Mehrheitserfordernis ebenfalls die einfache Mehrheit genügen lassen oder aber auch ein strengeres Mehrheitserfordernis verlangen, z.B. eine $^2/_3$-Mehrheit oder eine $^3/_4$-Mehrheit.

223   Der Verwaltervertrag stellt keine Vereinbarung i.S. des § 10 Abs. 2 WEG dar. Zwar ist er als Vertrag ebenfalls eine Vereinbarung, da jede schuldrechtliche Einigung zweier Vertragsparteien eine durch Angebot und Annahme erzielte Vereinbarung ist (vgl. §§ 145 ff. BGB). Beim Verwaltervertrag handelt es sich aber um keine kollektive Vereinbarung i.S. des Wohnungseigentumsrechts. Mit einer Vereinbarung i.S. von § 10 Abs. 2 und 3 WEG wollen die Wohnungseigentümer untereinander statuarische Regeln für ihr Gemeinschaftsverhältnis untereinander aufstellen, aufheben, abändern oder sonst wie ausgestalten. Vereinbarungen betreffen das innergemeinschaftliche Recht und gründen auf der **Privatautonomie (Satzungsautonomie)** der Wohnungseigentümer. Dies gilt auch dann, wenn die Vereinbarung die Ausgestaltung des abstrakten Verwalteramtes betrifft, indem ungeachtet des jeweiligen konkreten Inhabers des Verwalteramtes in generell-abstrakter Weise die gesetzlichen (§§ 24–28 WEG) oder bereits abweichend hiervon statuarisch geregelten Kompetenz- und Funktionszuweisungen ausgestaltet werden.[132]

224   Demgegenüber stellt der Verwaltervertrag eine zweiseitige schuldvertragliche Regelung mit dem konkreten Verwalter (Amtswalter) dar, der das abstrakte Verwalteramt im

---

[129] BGH DWE 2008, 88.

[130] Grundlegend BGH NJW 2000, 3500.

[131] § 16 Abs. 4 und § 22 Abs. 2 WEG betreffen keine Änderung im eigentlichen Sinne, sondern § 16 Abs. 4 WEG eine Durchbrechung des unverändert fortgeltenden Verteilerschlüssels im Einzelfall (*J.-H. Schmidt*, ZMR 2007, 913) und § 22 Abs. 2 WEG eine dauerhafte Änderung des äußeren Erscheinungsbildes der Wohnanlage und somit der Lebenswirklichkeit, die teilweise ein stärkeres Publizitätsmittel ist als der Satzungsinhalt (s. dazu *J.-H. Schmidt* in Bärmann/Seuß, Teil C Rdn. 146 f.).

[132] Z.B. durch eine allgemeine Verwalterermächtigung zur gerichtlichen und außergerichtlichen Geltendmachung von Wohngeldansprüchen in Ergänzung zu § 27 Abs. 3 S. 1 Nr. 7 WEG.

jeweiligen Einzelfall für die jeweilige Amtszeit besetzt. Dies gilt zum einen für einen Nichtwohnungseigentümer, der zum Verwalter bestellt wird. Denn auch wenn dieser konkrete Amtsinhaber zum Organ des Verbandes bestellt wird, so ist er dennoch nicht Mitglied der Eigentümergemeinschaft, sondern externer Funktionsträger (**Fremd-organ**) innerhalb der Handlungsorganisation einer für ihn fremden rechtsfähigen Personenvereinigung. Er bleibt insoweit außenstehender Dienstleister und durch Vertrag mit ihm kann nicht das innergemeinschaftliche Recht geregelt werden. Doch auch in dem anderen Fall, in dem also ein Wohnungseigentümer zum Verwalter bestellt wird (Eigentümerverwalter), kann durch den Inhalt des Verwaltervertrages nicht das zwischen den Wohnungseigentümern bestehende Gemeinschaftsverhältnis untereinander in rechtswirksamer Weise abgeändert werden. Der Verwaltervertrag bildet auch insoweit ein rein schuldrechtliches Vertragsverhältnis zur Ausgestaltung des Anstellungsrechtsverhältnisses im Verhältnis des Verbandes zum konkreten Amtsinhaber (Amtswalter). Die verschiedenen Funktionsbereiche, in denen der Eigentümerverwalter tätig wird, sind stets sauber zu trennen. In der Eigentümerversammlung ist er sowohl Organmitglied des Willensbildungsorgans (Eigentümerversammlung) als auch Inhaber des Verwalteramtes mit den diesbezüglich bestehenden Aufgaben und Befugnissen.

Ebenso wenig stellte der Verwaltervertrag einen **Beschluss** dar, durch den die Gemeinschaftsordnung (Satzung) rechtswirksam abgeändert werden könnte. Zwar geht der Abschluss eines Verwaltervertrages auf Seiten der Wohnungseigentümergemeinschaft auf einen Eigentümerbeschluss zurück, weil der Abschluss des Anstellungsvertrages zur Teilnahme am Rechtsverkehr bei der Verwaltung des gemeinschaftlichen Eigentums gehört und einer kollektiven Legitimation durch interne Willensbildung erfordert. Durch den Eigentümerbeschluss allein kommt der Verwaltervertrag aber nicht zustande. Es bedarf stets der Umsetzung bzw. Durchführung des auf Willensbildungsebene gefassten Beschlusses im Außenverhältnis zum konkreten Amtsinhaber.[133]   **225**

Durch die Einführung der neuen gesetzlichen Beschlusskompetenz in **§ 21 Abs. 7 WEG** für das gesamte „**Wohngeldmanagement**" wird von Neuem die Frage erörtert, ob auf dem Umweg des Verwaltervertrages eine Änderung des Gemeinschaftsverhältnisses der Wohnungseigentümer untereinander wirksam herbeigeführt werden kann. Zum Teil wird diese Möglichkeit bejaht.[134] *Greiner* führt aus: Soweit § 21 Abs. 7 WEG eine Beschlusskompetenz bzgl. der Regelung der Art und Weise von Zahlungen, der Fälligkeit und der Folgen des Verzugs sowie der Kosten für eine besondere Nutzung des gemeinschaftlichen Eigentums oder für einen besonderen Verwaltungsaufwand verleiht, soll es möglich sein, die Beschlussfassung auf einen entsprechenden Beschluss über den Verwaltervertrag auszulagern.[135]   **226**

Dieser Weg ist abzulehnen. Schon vor der WEG-Novelle vom 1. 7. 2007 war im Schrifttum teilweise versucht worden, die (seinerzeit) fehlende Beschlusskompetenz zur Änderung des Gemeinschaftsrechts u. a. im Bereich des **Wohngeldmanagements** dadurch „zu retten", dass man die jeweilige Amtsperiode des Verwalters als einen Einzelfall einstufte und die Abweichung vom Gemeinschaftsrecht nicht als eine mangels Beschlusskompetenz nichtige Änderung i. S. des § 10 Abs. 2 WEG ansah, sondern als bloße Durchbrechung (Verletzung) des Gemeinschaftsrechts in einem Einzelfall i. S. des § 21 Abs. 3 WEG.[136] Dabei wurde das durch den das Bestellungsrechtsverhältnis regel-   **227**

---

[133] *Hügel,* ZMR 2008, 1 ff.

[134] *Greiner* in AHB WEG, Teil 11 Rdn. 204; im Ergebnis auch *Niedenführ* in Niedenführ/Kümmel/Vandenhouten, WEG., § 26 Rdn. 59, der die erforderliche Beschlusskompetenz zur Genehmigung einer solchen Klausel wohl § 26 Abs. 1 S. 1 und § 21 Abs. 7 WEG zugleich entnehmen müsste.

[135] *Greiner* in AHB WEG, Teil 11 Rdn. 204.

[136] *Merle,* DWE 2001, 45 ff.

mäßig begleitenden Verwaltervertrag geschaffene Anstellungsrechtsverhältnis als Grundlage dafür gesehen, in beschränktem Umfang Regelungen zu begründen, die auf direktem Beschlusswege nichtig wären. Da den Wohnungseigentümern – so diese Ansicht – für die Ausgestaltung des konkreten Verwaltervertrages die nötige Beschlusskompetenz in jedem Falle zukomme (§ 21 Abs. 3 oder 26 Abs. 1 S. 1 WEG), hätte die Abweichung vom Gemeinschaftsrecht mit dem konkreten Verwalter vertraglich vereinbart werden können. Werde der Mehrheitsbeschluss nicht angefochten, sei der durch ihn legitimierte Verwaltervertrag wirksam **ergänzt** und für die Dauer der Vertragslaufzeit für alle Eigentümer verbindlich, ohne dass es auf die Frage der Ordnungsmäßigkeit des Vertragsinhalts noch ankäme.[137]

228   Diese Hilfskonstruktion war schon vor der WEG-Novelle bedenklich, da sie im Ergebnis die Umgehung der als zu restriktiv empfundenen Auswirkungen der Entscheidung des BGH vom 20. 9. 2000 bezweckte. Ob ein Einzelfall vorliegt oder nicht, beurteilt sich nicht nach Zeiteinheiten, also insbesondere nicht nach der regelmäßig 5-jährigen Amtszeit, sondern danach, ob die Ergänzung des Gemeinschaftsrechts im Verwaltervertrag die einmalige oder wiederholte künftige Durchbrechung (Verletzung) der Gemeinschaftsordnung oder gesetzlicher Bestimmungen erlaubt. Dies wäre aber bei derartigen Vertragsklauseln unzweifelhaft der Fall gewesen. Ferner hat die Ansicht übersehen, dass auch die **Ergänzung** bestehender Vereinbarungen oder gesetzlicher Bestimmungen gem. § 10 Abs. 2 S. 2 und Abs. 3 WEG vereinbarungsbedürftig ist. Doch auch unter der Geltung des § 21 Abs. 7 WEG erscheint es zweifelhaft, eine Änderung des Gemeinschaftsrechts in die schuldvertragliche Sonderrechtsbeziehung (Anstellungsrechtsverhältnis) zum konkreten Organwalter (Verwalter) auszulagern. Satzungsänderungen sind auf der Grundlage eines auf § 21 Abs. 7 WEG gestützten und entsprechend angekündigten (s. § 23 Abs. 2 WEG) eigenständigen Beschlusses herbeizuführen, nicht innerhalb des Beschlusses über die Eingehung einer zweiseitigen schuldrechtlichen Sonderrechtsbeziehung zu einem konkreten Funktionsträger des Verbandes. Ein auf beides gerichteter Mehrheitsbeschluss unterläge der objektiv-normativen Auslegung durch einen unbefangenen Betrachter, da zumindest die Änderung der Gemeinschaftsordnung eine Dauerregelung beinhaltet.[138] Ohne eine entsprechende Kenntlichmachung im Beschlussantrag wäre ein Änderungswille der Wohnungseigentümer bei unbefangener Betrachtung nicht erkennbar. Der fehlende Wille würde auch nicht dadurch beseitigt werden, dass der Beschluss unangefochten bliebe. Eine nachträgliche Heilung käme allenfalls durch einen späteren genehmigenden Mehrheitsbeschluss in Betracht. Aber auch dann, wenn die gleichzeitige Änderung der Gemeinschaftsordnung durch den kombinierten Beschluss ordnungsgemäß angekündigt worden wäre und dem Willen der Wohnungseigentümer entsprechen sollte, bliebe fraglich, ob dem Beschluss die Wirksamkeit zu versagen wäre. Bedenken bestünden wegen der fehlenden Transparenz für Eigentümer und Sondernachfolger, da die Änderung des Gemeinschaftsrechts nicht unmittelbar aus der Beschluss-Sammlung hervorginge, sondern lediglich mittelbar auf dem Umweg über die Beschlussfassung zum Abschluss des Verwaltervertrages.

229   Im Übrigen – also unabhängig von § 21 Abs. 7 WEG – sprechen allgemeine verbandsrechtliche Überlegungen dagegen, Änderungen oder die Legitimierung von Durchbrechungen des Gemeinschaftsrechts rechtswirksam in den Verwaltervertrag ausgliedern zu können. Wie im allgemeinen Verbandsrecht bzw. in anderen körperschaftlich verfassten Personenvereinigungen auch sollte auch im Wohnungseigentumsrecht zwischen **punktuellen** und **zustandsbegründenden Satzungsdurchbrechungen** differenziert werden.[139] Eine durch den Verwaltervertrag legitimierte einmalige oder

---

[137] *Merle*, DWE 2001, 45, 46 f.; s. auch *Riecke/Schmidt*, Eigentümerversammlung, 3. Aufl., S. 43.
[138] Statt aller BGH ZMR 2001, 809, 812; 1999, 41, 44; OLG Hamm ZMR 2005, 306, 308.
[139] Vgl. *Priester*, ZHR 151 (1987), 40, 51 ff.; kritisch *Habersack*, ZGR 1994, 354, 362 f.

wiederholte **Durchbrechung** der Gemeinschaftsordnung wäre in diesem Sinne als **zustandsbegründende** und daher nichtige Satzungsdurchbrechung zu werten.[140]

Eine Durchbrechung in diesem Sinne wird sicher zu bejahen sein, wenn die im Ver- **230** waltervertrag vorgesehene Abweichung von der Satzung sich nicht in einem **einmaligen** Vollzug erschöpfen und erledigen soll, sondern Legitimationsgrundlage für mindestens eine weitere künftige (z. B. nächstjährige) Einzelfallmaßnahme sein soll. Angesichts der regelmäßigen Verwalteramts- und Vertragslaufzeit von fünf Jahren (vgl. § 26 Abs. 1 S. 2 WEG) könnten bei Wirksamkeit einer solchen Vertragsklausel also bis zu fünf Satzungsdurchbrechungen in Serie legitimiert werden, jedenfalls bei solchen Verwaltungsmaßnahmen, die sich einmal jährlich wiederholen müssen (insb. Aufstellung von Wirtschaftsplan und Jahresabrechnung; Einberufung und Durchführung der ordentlichen Eigentümerversammlung).

Eine Durchbrechung dürfte aber auch dann anzunehmen sein, wenn der Verwalter- **231** vertrag lediglich die einmalige Durchbrechung der Satzung legitimieren soll, sofern dieser Einzelfall in der Zukunft liegt, (z. B. die einmalige Anwendung eines falschen Kostenverteilerschlüssels in der nächsten fälligen Jahresabrechnung). Ein Mehrheitsbeschluss, in der nächsten Jahresabrechnung einen rechtswidrigen Kostenverteilerschlüssel anzuwenden, ist mangels Beschlusskompetenz nichtig. Auch für einmalige Einzelmaßnahmen können sich die Wohnungseigentümer nicht im Vorfeld (z. B. Vorjahr) eine bestandskräftige Legitimationsgrundlage schaffen, um in Zukunft rechtswidrig handeln zu dürfen.[141]

Um keine zustandsbegründende Satzungsdurchbrechung handelt es sich, wenn nicht **232** gegen statuarische oder gesetzliche Bestimmungen verstoßen wird, sondern gesetzliche oder durch die Teilungserklärung (insbesondere im Wege einer „verdeckten" Öffnungsklausel) eingeräumte Rahmenbeschlusskompetenzen ausgefüllt werden. Es handelt sich in derartigen Fällen nicht um eine Ergänzung von Satzungsrecht i. S. des § 10 Abs. 2 S. 2 und Abs. 3 WEG, da die Ergänzung bereits vereinbart ist, wenn auch inhaltlich noch nicht näher **konkretisiert**.

Um einen solchen nicht vereinbarungsergänzenden und daher auch nicht mangels **233** Beschlusskompetenz nichtigen,[142] sondern von einer gesetzlichen Öffnungsklausel getragenen und daher wirksamen konkretisierenden Beschluss handelt es sich in den Fällen der Begründung der Verwalterermächtigung zur Aktivprozessführung durch Beschluss (§ 27 Abs. 2 Nr. 3, Abs. 3 S. 1 Nr. 7 WEG). Die Ergänzung der gesetzlichen Aufgaben und Befugnisse bzw. Vertretungskompetenzen des Verwalters ist in § 27 Abs. 2 Nr. 3, Abs. 3 S. 1 Nr. 7 WEG ausdrücklich vorgesehen. Die nähere Konkretisierung durch Mehrheitsbeschluss ist daher gesetzlich eröffnet. Es handelt sich um eine gesetzliche Öffnungsklausel.[143] Allerdings erscheint es fragwürdig, ob eine generelle Verwalterermächtigung zur gerichtlichen und außergerichtlichen Geltendmachung von Ansprüchen der Eigentümer oder des Verbandes durch Mehrheitsbeschluss wirksam begründet werden kann oder ob eine solche umfassende Ermächtigung zum Schutze der Wohnungseigentümer einer Vereinbarung bedarf. Dieser Frage kann und soll an dieser Stelle nicht weiter nachgegangen werden. Jedenfalls für das Wohngeldinkasso kann über § 27 Abs. 3 S. 1 Nr. 7 WEG aber eine Verwalterermächtigung beschlossen werden. Wohngeldansprüche entstehen mit Beschlussfassung originär und ausschließlich

---

[140] Vgl. BGHZ 123, 15, 19 = MDR 1993, 959; *Riecke/Schmidt/Elzer*, Eigentümerversammlung, 4. Aufl., Rdn. 165; *Elzer*, ZMR 2009, 411, 412.

[141] Inzwischen ganz h. M., s. *Wenzel*, ZWE 2004, 130, 131; *Häublein*, ZWE 2001, 363; *J.-H. Schmidt*, ZMR 2007, 913, 915; a. A. damals noch *Müller* in Potsdamer Tage (2001), S. 125, 135 f.

[142] Dazu *Wenzel* in Bärmann, WEG, § 10 Rdn. 134.

[143] Vgl. *Wenzel* in Bärmann, WEG, § 10 Rdn. 73.

in der Person des rechtsfähigen Verbandes. Die Beitreibung fälliger Forderungen gehört zu den Kardinalpflichten des Verwalters. Sie stellt für die Wohnungseigentümer ein überschaubares Haftungsrisiko dar, da Zielsetzung und Umfang gerichtlicher Wohngeldklagen überschaubar sind. Der Beschluss über eine Ermächtigung i.S. des § 27 Abs. 2 Nr. 3, Abs. 3 S. 1 Nr. 7 WEG ändert das abstrakte Verwalteramt.

234   **Praxishinweis:** Als Ergebnis der obigen Ausführungen ist festzuhalten, dass nach hier vertretener Ansicht jedenfalls solche Klauseln in einem Verwaltervertrag nichtig sind, die zu einer **Abänderung** oder **zustandsbegründenden Durchbrechung der Gemeinschaftsordnung** oder **gesetzlicher Regelungen** führen sollen. Zur Gemeinschaftsordnung in diesem Sinne gehören auch Beschlüsse, die seit der Entstehung der jeweiligen Wohnungseigentümergemeinschaft auf der Grundlage einer gesetzlichen (insb. § 16 Abs. 3 WEG) oder in der Gemeinschaftsordnung vereinbarten Öffnungsklausel eine wirksame Abänderung oder Modifizierung des bis dahin geltenden Gemeinschaftsrechts herbeigeführt haben, denn auch sie haben **Satzungsstatus (Vereinbarungsinhalt)**. Daher sollte der Verwalter in den Verwaltervertrag keine Reglungen aufnehmen, die das Gemeinschaftsverhältnis betreffen.

235   **bbb) Beispiele.** Nachfolgend soll auf einige für Verwalterverträge typische Vertragsklauseln näher eingegangen werden:

> **Beispiel:** Die Wohnungseigentümerversammlung wird zwingend vom Verwalter geleitet.

Diese Regelung im Verwaltervertrag ist unwirksam, da nach § 24 Abs. 5 WEG der Verwalter den **Vorsitz in der Eigentümerversammlung** nur dann führt, soweit die Eigentümerversammlung keinen anderen Versammlungsleiter wählt.[144] Durch Verwaltervertrag kann die gesetzliche Regelung nicht aufgehoben werden. Selbst wenn, was in der Praxis vorkommt, eine Bestimmung in der Gemeinschaftsordnung den Verwalter zum Versammlungsleiter bestimmt, steht dies stets unter dem Vorbehalt einer abweichenden Beschlussfassung der Versammlung. Eine Vereinbarung i.S. des § 10 Abs. 2 WEG kann in diesem Bereich kein zwingendes Recht schaffen. Sie ist nicht als Einrichtung eines zusätzlichen und noch dazu mehrheitsfesten Verbandsorgans „Versammlungsleitung" auszulegen, sondern allenfalls als formeller (unverbindlicher) Satzungsbestandteil.

236   **Beispiel:** Das Wohngeld ist zum Fünften eines Monats fällig; kommt ein Wohnungseigentümer mit zwei Raten in Zahlungsverzug, ist das Jahreswohngeld zu zahlen.

237   **Die Fälligkeit des Wohngeldes** ist nach dem Wortlaut des § 28 Abs. 2 WEG vom Abruf durch den Verwalter abhängig. Zuvor müssen die Wohnungseigentümer aber einen Wirtschaftsplan beschlossen haben. Dieser Beschluss wird im Zweifel regeln, ob das Wohngeld als Jahresbetrag oder in mtl. Teilraten fällig wird. Von diesem Beschluss kann der Verwaltervertrag nicht abweichen oder die Beschlusskompetenz von vornherein einschränken. Zudem sieht die vorstehende Klausel die Fälligkeit des Jahreswohngelds bei Zahlungsverzug mit zwei Monatsraten vor. Hierbei handelt es sich um eine sog. **Vorfälligkeitsregelung**, die wie eine Vertragsstrafe zu verstehen ist. Bis zur WEG-Novelle wurde der Beschluss über eine Vorfälligkeitsregelung als nichtig angesehen.[145] § 21 Abs. 7 WEG n.F. lässt jetzt Mehrheitsbeschlüsse über die Fälligkeit des Wohngeldes ausdrücklich zu, so dass die Wohnungseigentümer solche Beschlüsse fassen können. Der Verwaltervertrag kann dies aber nicht regeln. Bei einem das Gemein-

---

[144] Zutreffend KG NZM 2003, 325; OLG München NZM 2005, 588.

[145] Vgl. hierzu *Riecke/Schmidt/Elzer*, Eigentümerversammlung, Rdn. 1239 ff.; *Häublein*, ZWE 2004, 48, 52; der BGH hatte in ZMR 2003, 943 = NZM 2003, 946 eine **Verfallklausel** zu beurteilen, s. dazu nächste Rdn.

schaftsverhältnis ändernden Verwaltervertrag handelt es sich um eine zustandsbegründende und daher nichtige Satzungsdurchbrechung.

Beispiel: Der Wirtschaftsplan gilt fort bis zur Beschlussfassung über den nächsten Wirtschafts- **238** plan. Das Wohngeld für das Wirtschaftsjahr ist in einer Summe im Voraus zur Zahlung fällig. Es wird den Eigentümern jedoch nachgelassen, das Wohngeld in 12 gleichen Monatsraten jeweils zum 3. Werktag eines Monats zu Händen der Verwaltung zu zahlen. Kommt ein Eigentümer mit 2 Monatsraten in Verzug, wird die gesamte noch offene Jahresrestsumme auf einmal fällig. Der Verwalter wird beauftragt und ermächtigt, diese außergerichtlich oder gerichtlich einzufordern. Scheidet der Eigentümer während des Wirtschaftsjahres aus der Gemeinschaft aus, lebt die monatliche Zahlungsverpflichtung für den Rechtsnachfolger wieder auf. Der ausscheidende Eigentümer ist für diesen Fall verpflichtet, das Wohngeld bis zum Monat seines Ausscheidens zu zahlen. Die monatliche Zahlungspflicht lebt auch dann wieder auf, wenn während des Wirtschaftsjahres ein Zwangsverwaltungs- oder ein Insolvenzverfahren eröffnet wird.

Es handelt sich um eine Fortgeltungsklausel, die kombiniert ist mit einer auflösend **239** bedingten Verfallklausel.[146] Die Kombination war von der Beschlusskompetenz der §§ 21 Abs. 3, 28 Abs. 5 WEG gedeckt, obwohl sich ein mehrere Abrechnungsjahre umfassender Zustand einstellen konnte.[147] Die **Fortgeltungsklausel** sorgt dafür, dass ein Wirtschaftsplan über das Jahresende hinaus **fort gilt** bis zur Beschlussfassung über den nächsten Wirtschaftsplan. Als **Verfallklausel** bezeichnet man eine Regelung, die – im Gegensatz zur Vorfälligkeitsklausel – die sofortige Fälligkeit des Jahreswohngeldes zu Jahresbeginn vorsieht, den Eigentümern aber die Zahlung in 12 gleich hohen Monatsraten gestattet (stundet). Zahlt der Eigentümer pünktlich, bleibt ihm der Stundungsvorteil erhalten. Gerät er in Zahlungsverzug, verfällt der Stundungsvorteil. Nach früherer Rechtslage konnten Fortgeltungs- und Verfallklauseln nur im **konkreten Einzelfall** beschlossen werden.[148] Seit der WEG-Novelle erlaubt § 21 Abs. 7 WEG eine **generelle** Einführung durch Mehrheitsbeschluss. Eine generelle Regelung entlastet Beschlussprotokoll und Beschluss-Sammlung, da nur eine Eintragung erforderlich ist. Um der in Verfallklauseln angelegten Gefahr von Beitragsausfällen bei unterjährigen Eigentümerwechseln, Insolvenzverfahren oder Zwangsverwaltung zu begegnen, ist darüber nachzudenken, den Verfall (Stundungsverlust) über eine **auflösende Bedingung** auf den säumigen Schuldner zu beschränken und für Rechtsnachfolger, Insolvenz- und Zwangsverwalter ein Wiederaufleben der monatlichen Beitragspflicht anzuordnen.[149] Die obige Klausel greift diesen Praxisvorschlag auf. Wiederum ist der Verwaltervertrag aber nicht der Ort, um eine generelle Fortgeltungs- und/oder Verfallklausel rechtswirksam in das Gemeinschaftsrecht einzuführen.[150]

Beispiel: Über Instandsetzungsmaßnahmen entscheidet der Verwalter nach Rücksprache mit **240** dem Beirat.

Die Entscheidung, ob und in welchem Umfang der Verwalter Vertretungsmacht für die Durchführung von Instandsetzungsmaßnahmen erhält, obliegt der Eigentümerversammlung. Dabei hat die Eigentümerversammlung einen weiten Ermessensspielraum.[151] Der Beirat besitzt nur beratende Kompetenz und unterstützt nach § 29 Abs. 2 WEG den Verwalter. Das Ermessen der Eigentümer kann weder der Verwalter noch der Beirat

---

[146] S. *Riecke/Schmidt/Elzer*, Eigentümerversammlung, Rdn. 1242 ff.

[147] KG ZMR 2003, 778; ZMR 2002, 460; *Wenzel*, ZWE 2004, 5, 10; *Riecke/Schmidt/Elzer*, s. ebenda.

[148] BGH ZMR 2003, 943; s. auch BGH NJW 2005, 3146, 3147; a. A. *Drasdo*, NZM 2003, 588.

[149] *Häublein*, ZWE 2004, 48, 51 f.; zustimmend *Merle*, ZWE 2004, 312.

[150] Oben Rdn. 237 ff. sowie *Riecke/Schmidt/Elzer*, ebenda, Rdn. 1246; a. A. wohl KG ZMR 2001, 60.

[151] OLG Düsseldorf ZMR 2002, 854.

stellvertretend ausüben. Im Übrigen bestehen erhebliche AGB-rechtliche Bedenken, da die Klausel die Entscheidungskompetenz und das Vorbefassungsrecht der Eigentümerversammlung verdrängt und überdies keinerlei Risikobegrenzung für die Eigentümer durch Beschränkung auf eine Auftragsgesamtsumme vorsieht (s. dazu noch unten Rdn. 274 ff.)

241 **Beispiel:** Der Verwalter kann seine Aufgaben durch einen Dritten ausführen lassen und diesem Untervollmacht erteilen.

Die **Verwaltertätigkeit** ist **höchstpersönlich** auszuüben. Der Verwalter darf hierzu die Aufgaben nicht auf eine andere Rechtsperson übertragen.[152] Etwas anderes würde gelten, wenn die dritte Person ausdrücklich benannt wird. Die Klausel verstößt, wenn sie als AGB verwendet wird, zudem gegen §§ 305 ff. BGB.

242 **Beispiel:** Der Verwaltervertrag hat eine Laufzeit von 6 Jahren.

Ein spezielles wohnungseigentumsgesetzliches Laufzeitverbot beinhaltet § 26 Abs. 1 S. 2 WEG. Dieser regelt, dass die Bestellung auf höchstens 5 Jahre bzw. im Fall der ersten Bestellung nach Begründung von Wohnungseigentum (§§ 3, 8 WEG) auf höchstens 3 Jahre vorgenommen werden darf. Da aufgrund der **Trennungstheorie** der Verwaltervertrag von dem Bestellungsakt zu differenzieren ist, könnte man auf den ersten Blick vielleicht annehmen, dass die schuldrechtlichen Beziehungen (Anstellung) zwischen der Wohnungseigentümergemeinschaft und dem Verwalter über 5 Jahre hinaus begründet werden könnten. Eine solche Auffassung ließe aber unberücksichtigt, dass der WEG-Verwalter, wenn seine Bestellungsdauer endet, nicht mehr in anderer Funktion für die Eigentümergemeinschaft tätig bleiben kann. Damit sind trotz der Trennungstheorie Bestellung und Verwaltervertrag so eng miteinander verknüpft, dass eine vertragliche Bindung über 5 Jahre hinaus ebenso nichtig ist wie ein entsprechender Bestellungszeitraum.[153] Spätestens nach Ablauf von 5 Jahren wird dem Verwaltervertrag ohne Neubestellungsbeschluss (Wiederwahl) die Grundlage entzogen. Da der Verwalter weiß, dass eine Bestellung über 5 Jahre hinaus gegen § 26 Abs. 1 S. 2 WEG verstößt und nichtig ist, stehen ihm in einem solchen Fall auch keine vertraglichen Schadensersatzansprüche zu.

243 **Beispiel:** Während der Bestellungsdauer ist eine Abberufung des Verwalters ausgeschlossen.

Die vorstehende Regelung ist nichtig, weil eine **Abberufung aus wichtigem Grund** gem. §§ 314, 626 BGB nicht ausgeschlossen werden kann.[154] Dies folgt für den WEG-Verwalter zudem aus dem Umkehrschluss zu § 26 Abs. 1 S. 3 WEG, wonach die Abberufung auf das Vorliegen eines wichtigen Grundes beschränkt werden kann. Weitergehende Beschränkungen der Abberufung des Verwalters sind hingegen nicht zulässig und daher unwirksam (§ 26 Abs. 5 S. 5 WEG). Die oben zitierte Klausel enthält eine nichtige weitergehende Einschränkung, da sie zu weit formuliert ist.

244 **Beispiel:** Das Verwalterhonorar schuldet jeder Wohnungseigentümer i. H. v. 35,– EUR je Einheit und Monat.

Eine solche Klausel ist in doppelter Hinsicht wohnungseigentumsrechtlich bedenklich, da sie auf zwei Änderungen des Gemeinschaftsrechts abzielt, namentlich des Kostenverteilerschlüssels für Kosten der Verwaltung und der Haftung der Wohnungseigentümer für Verbandsschulden. Grundsätzlich kann das **Verwalterhonorar** je Wohnung

---

[152] S. oben VII. 2. u. 3.
[153] Vgl. BGH ZMR 2002, 766, 771; *Merle* in Bärmann, WEG, § 26 Rdn. 166.
[154] Allgemeine Meinung: BGH ZIP 1986, 920 = NJW 1986, 3134; BB 1973, 819; *Grüneberg* in Palandt, BGB, § 314 Rdn. 3; *Hohloch* in Erman, BGB, § 314 Rdn. 3.

bzw. je Einheit bemessen werden. Meist ist dies sogar sachgerecht, da der Verwaltungsaufwand gleich hoch ist, unabhängig davon, ob es sich um eine Wohnung oder eine Teileigentumseinheit (z. B. Stellplatz) handelt und wie groß oder werthaltig das Sondereigentum ist.[155] Jedoch richtet sich der im Innenverhältnis der Wohnungseigentümer anzuwendende Verteilungsschlüssel nach der **Gemeinschaftsordnung** und – sofern diese keine Regelung enthält – nach Miteigentumsanteilen (§ 16 Abs. 2 WEG). Sieht die Gemeinschaftsordnung z. B. vor, dass die Kosten nach Fläche oder nach Miteigentumsanteilen[156] verteilt werden, kann hiervon durch Verwaltervertrag nicht abgewichen werden. Allerdings lässt § 16 Abs. 3 WEG einen Mehrheitsbeschluss zu, wonach das Verwalterhonorar zukünftig auf alle Wohnungen gleichermaßen verteilt wird. Das Verwalterhonorar gehört zu den Kosten der Verwaltung i. S. dieser Vorschrift.[157] Die Kostenverteilung zwischen den Wohnungseigentümern im Innenverhältnis bestimmt sich nicht danach, wie, d. h. nach welchem Berechnungsmaßstab, sich der Verband im Außenverhältnis zum Verwalter zur Zahlung verpflichtet hat. Zwar dürfte es eine verursachungsgerechte Kostenverteilung darstellen, den Schlüssel aus dem Außenverhältnis in das Innenverhältnis zu transferieren. Eine Regelung im Verwaltervertrag genügt dazu jedoch nicht.

Die zitierte Beispielsklausel enthält überdies eine Änderung des gesetzlichen Haf- **245** tungsmodells. Alleiniger Vertragspartner des Verwalters ist der rechtsfähige Verband. Die Wohnungseigentümer haften für die Verwaltervergütung (Verbandsschuld) nur teilschuldnerisch nach dem Verhältnis ihres im Grundbuch eingetragenen Miteigentumsanteils (§ 10 Abs. 8 S. 1 WEG). Eine gesamtschuldnerische persönliche Haftung der Wohnungseigentümer für diese Verbandsschuld kommt mangels einer gesetzlich angeordneten Haftung[158] für das Verwalterhonorar nur bei einer klar und eindeutig eingegangenen persönlichen Verpflichtung jedes einzelnen Wohnungseigentümers in Frage, die durch einen Mehrheitsbeschluss nicht rechtswirksam (konstitutiv) begründet werden kann.[159] Hiergegen würde verstoßen, wenn es möglich wäre, auf dem Umweg über den Beschluss zur Billigung des Verwaltervertrages zugleich eine persönliche Leistungspflicht der Wohnungseigentümer zu begründen. Im Ergebnis hat die erwähnte Klausel daher haftungsrechtlich keine Bedeutung. Der Verwalter kann das vereinbarte Honorar lediglich vom Verband verlangen. Eine Direkthaftung der Wohnungseigentümer besteht nur gem. § 10 Abs. 8 S. 1 WEG. Eine darüber hinausgehende persönliche Haftung entfällt.

Beispiel: Die Wohnungseigentümer verpflichten sich, dem Verwalter für das Wohngeld eine **246** Einzugsermächtigung zu erteilen. Nimmt ein Wohnungseigentümer an dem Lastschriftverfahren nicht teil, zahlt er zum Ausgleich des für den Verwalter hiermit verbundenen Mehraufwands ein Zusatzhonorar i. H. v. 2,50 € je Monat.

Verwalter vereinbaren im Verwaltervertrag häufig, dass die Wohnungseigentümer, die nicht am **Lastschrifteinzugsverfahren** teilnehmen wollen, hierfür ein zusätzliches Entgelt an den Verwalter zu zahlen haben, weil sie diesem einen Mehraufwand verursachen. Der Verwalter kann eine solche Regelung im Verwaltervertrag vereinbaren. Damit steht fest, dass der Verwalter im Außenverhältnis vom Verband das vereinbarte Son-

---

[155] *J.-H. Schmidt*, ZMR 2007, 913.

[156] Laut AG Hamburg ZMR 2009, 320 soll § 16 Abs. 3 WEG bei vereinbartem Verteilerschlüssel Miteigentumsanteile nicht greifen. Das ist zweifelhaft wegen § 16 Abs. 5 WEG; a. A. (obiter dictum) auch LG Nürnberg-Fürth NZM 2009, 363 = NJW-RR 2009, 884; OLG Hamm ZMR 2009, 304.

[157] Wichtig ist, Verwalter- und Verwaltungskosten nicht gleichzusetzen. Verwalterkosten sind nur eine Art von Verwaltungskosten. Verwaltungskosten sind etwa auch Prozesskosten, vgl. BGH NJW 2007, 1869.

[158] Vgl. dazu BGH, Urt. v. 18. 6. 2009 – VII ZR 196/08.

[159] BGH ZMR 2005, 547, 554.

derhonorar verlangen kann. Die Wohnungseigentümer haften lediglich teilschuldnerisch gem. § 10 Abs. 8 S. 1 WEG. Zweifel daran, ob eine Verbandsschuld vereinbart wurde, ergeben sich an der o.g. Klausel jedoch dadurch, dass als Schuldner der Sondervergütung der Wohnungseigentümer genannt wird („… zahlt er…"), so dass klärungsbedürftig ist, ob diese insoweit nichtige Bestimmung in eine wirksame Verpflichtung des Verbandes umgedeutet werden kann. Fraglich ist des Weiteren, ob der Verwalter im Rahmen der (Einzel-)Jahresabrechnung den einzelnen Wohnungseigentümer, der den Mehraufwand verursacht hat, mit der Sondervergütung belasten **darf** bzw. **kann**. Hinsichtlich des **„Dürfens"** setzt dies voraus, dass die Wohnungseigentümer die Einführung des Lastschriftverfahrens zum Inhalt ihres Gemeinschaftsrechts gemacht haben. Ohne Regelung in der Gemeinschaftsordnung oder einen wirksamen Beschluss fehlt es an einer Teilnahmepflicht, so dass der „Lastschriftmuffel" nicht direkt belastet werden darf. Ein wirksamer Beschluss über die Begründung der Pflicht zur Teilnahme am Lastschriftverfahren erfordert eine Beschlusskompetenz.

247   Diese wurde in der Rechtsprechung schon vor der WEG-Novelle bejaht,[160] allerdings zu Unrecht. Es wurde übersehen, dass Wohnungseigentümer nach § 23 Abs. 1 WEG lediglich in solchen Angelegenheiten Beschlusskompetenz besitzen, in denen sie nach Gesetz oder nach einer Vereinbarung in der Gemeinschaftsordnung durch Beschluss entscheiden können. Eine gesetzliche Regelung, dass die Wohnungseigentümer über die Einführung eines Lastschriftverfahrens entscheiden können, existierte bis zur WEG-Novelle jedoch nicht. Sofern die Gemeinschaftsordnung keine einschlägige Öffnungsklausel enthielt, fehlte die Beschlusskompetenz daher, weil die Entscheidung, ob ein einzelner Wohnungseigentümer am Lastschriftverfahren teilnehmen will, eine persönliche ist. Wem ein Wohnungseigentümer Zugang zu seinem Konto einräumt, war seiner persönlichen Entscheidung überlassen. Die Wohnungseigentümer konnten sich nicht per Mehrheitsbeschluss Zugang zum persönlichen Bankkonto des einzelnen Wohnungseigentümers verschaffen. Ferner konnte mangels Beschlusskompetenz keine persönliche Zahlungsverpflichtung des „Lastschriftmuffels" begründet werden, und zwar weder im Innenverhältnis der Wohnungseigentümer untereinander (Gemeinschaftsverhältnis) noch im Verhältnis zum Verwalter.[161]

248   Die WEG-Novelle zum 1. 7. 2007 hat die Rechtslage insoweit geändert. Nach § 21 Abs. 7 WEG können die Wohnungseigentümer mit Stimmenmehrheit über die Art und Weise der Wohngeldzahlung beschließen. Somit können sie auch das Lastschriftverfahren per Beschluss einführen und sich sperrende Wohnungseigentümer mit einem zusätzlichen Entgelt beugen. Dieses Zusatzentgelt muss der betreffende Wohnungseigentümer aber nur dann zahlen, wenn die Wohnungseigentümer gem. § 21 Abs. 7 WEG die Kostenverteilung nach Verursachung beschließen. Dieser notwendige Beschluss kann nicht durch eine entsprechende Klausel im Verwaltervertrag ersetzt werden. Hinsichtlich des **„Könnens"** erwächst ein Beschluss über die Genehmigung der (Einzel-)Jahresabrechnung, in dem ein einzelner Eigentümer zu Unrecht direkt mit einer Lastschriftstrafgebühr belastet wird, bei nicht rechtzeitiger Anfechtung in Bestandskraft. § 28 Abs. 5 WEG verleiht innerhalb des Finanz- und Rechnungswesens die Beschlusskompetenz, um insoweit eine endgültige Verteilung der Ausgaben zwischen den Eigentümern vorzunehmen.[162]

249   **Beispiel:** Über die Verwendung des Wohngeldes rechnet der Verwalter jährlich nach Ablauf des Wirtschaftsjahres ab. Die Abrechnungspflicht folgt aus § 28 Abs. 3 WEG.

---

[160] OLG Hamm MietRB 2005, 325 = OLGReport Hamm 2005, 421; BayObLG ZWE 2002, 581; OLG Hamburg ZMR 2002, 961.
[161] Zutreffend OLG München NZM 2006, 868, 869.
[162] Zur konstitutiven Anspruchsbegründung durch Mehrheitsbeschluss ausführlich *Schmidt/Riecke*, ZMR 2005, 252 ff.

Was die Entstehung der Abrechnungspflicht nach Ablauf des Abrechnungszeitraums angeht, ist die Klausel überflüssig, da es sich von selbst versteht, dass zuvor eine Abrechnung unmöglich ist. Nichts sagend und daher ebenfalls überflüssig ist die Klausel ferner im Hinblick auf eine fehlende zeitliche Konkretisierung der Fälligkeit der Abrechnung. Mangels einer gesetzlichen Regelung ist die Jahresabrechnung innerhalb einer angemessenen Frist fällig, die regelmäßig 3 bis höchstens 6 Monate beträgt.[163] Unwirksam ist sie, soweit sie statt vom Kalenderjahr vom Wirtschaftsjahr spricht, sofern nicht die Gemeinschaftsordnung ebenfalls eine wirksame Änderung der gesetzlichen Grundregel (§ 28 Abs. 1 und 3 WEG) enthält. Die gesetzliche Grundregel ist nicht zwingend, sondern disponibel, kann also durch Vereinbarung oder durch Beschluss auf der Grundlage einer Vereinbarung (Öffnungsklausel) wirksam abgeändert werden.[164]

Beispiel: Ist die Eigentümerversammlung nicht beschlussfähig, lädt der Verwalter für den gleichen Abend, 30 Minuten später, zu einer Wiederholungsversammlung ein, die auf jeden Fall beschlussfähig ist.   **250**

Eine sog. **Eventualeinberufung** für den gleichen Abend ist nur zulässig, wenn dies in der Gemeinschaftsordnung so vorgesehen ist. Andernfalls verstößt eine solche Regelung gegen § 25 Abs. 4 WEG und ist nichtig.[165] Dies ergibt sich aus dem Regelungszusammenhang mit § 25 Abs. 3 WEG. Danach ist eine Wohnungseigentümerversammlung nur beschlussfähig, wenn die erschienenen stimmberechtigten Wohnungseigentümer mehr als die Hälfte der Miteigentumsanteile auf sich vereinen, berechnet nach der im Grundbuch eingetragenen Größe ihrer Anteile. Ist diese Vorgabe nicht erfüllt, muss der Verwalter nach § 25 Abs. 4 S. 1 WEG eine neue Versammlung einberufen, die ohne Rücksicht auf die Höhe der vertretenen Miteigentumsanteile in jedem Falle beschlussfähig ist (§ 25 Abs. 4 S. 2 WEG). Nach der gesetzlichen Regelung kann diese Einberufung jedoch erst erfolgen, wenn die Beschlussunfähigkeit der Erstversammlung tatsächlich feststeht, was zum Zeitpunkt der Ersteinladung aber naturgemäß noch gar nicht der Fall sein kann. Folglich kann nach der gesetzlichen Ausgangsregelung die Einladung zur Zweitversammlung (Eventualversammlung) nicht gleichzeitig mit der Einberufung der Erstversammlung erfolgen. Auch beim Versuch der Legitimierung einer an sich rechtswidrigen Eventualeinberufung (nur) für die nächstjährige Eigentümerversammlung schon im Vorjahr ist von Beschlussnichtigkeit auszugehen, weil den Eigentümern die Beschlusskompetenz zur Änderung des Gesetzes auch für einen einzigen in der Zukunft liegenden Einzelfall fehlt.[166]

Da das vorstehende Beispiel in der nächstjährigen Versammlung – trotz der Nichtigkeit des Legitimationsaktes – sodann dennoch allenfalls einen Einladungsmangel (Einberufungsmangel) auslösen würde, bleibt der Eigentümerversammlung, die trotz des Einberufungsfehlers Beschlüsse fassen will, nur das einmonatige Zittern in der Hoffnung auf ein Ausbleiben der Anfechtung.   **251**

Für den Verwalter stellt sich die Frage, ob bereits die von der Gemeinschaftsordnung abweichende Regelung im Verwaltervertrag zu einem Haftungsausschluss führt, wenn infolge des Einladungsfehlers Beschlüsse der Eventualversammlung erfolgreich angefochten werden, oder ob er dazu in der Versammlung selbst einen rechtlichen Hinweis auf die Anfechtbarkeit infolge des formellen Beschlussmangels geben muss bzw. sollte (s. dazu unten Rdn. 579a ff.). Fraglich ist ferner, ob der Verwaltervertrag teilweise oder ganz unwirksam ist, wenn bzw. soweit er die Regelungen enthält, die der Gemeinschaftsordnung, sonstigem Gemeinschaftsrecht (z.B. Eigentümerbeschlüssen, richter-   **252**

---

[163] *Merle* in Bärmann, WEG, § 28 Rdn. 59.
[164] OLG München GE 2009, 525 = OLGR München 2009, 387.
[165] OLG Köln NJW-RR 1990, 26 = WE 1990, 53; *Wenzel,* ZWE 2001, 226, 236 .
[166] *Wenzel,* ZWE 2001, 226, 236; *Riecke/Schmidt/Elzer*, Eigentümerversammlung, Rdn. 120.

rechtlichen Vorgaben) oder gesetzlichen Bestimmungen (z. B. des WEG, §§ 134, 138, 305 ff. BGB usw.) widersprechen oder diese abzuändern versuchen.

253 **bb) AGB-widrige Regelungen. aaa) Anwendung der AGB-Regeln.** Da Verwalterverträge i. d. R. nicht im Einzelfall frei ausgehandelt werden, sondern vom Verwalter für eine Vielzahl von Eigentümergemeinschaften vorformuliert sind, so dass es sich um **Allgemeine Geschäftsbedingungen (AGB)** handelt (§ 305 Abs. 1 S. 1 BGB), unterliegen sie der Kontrolle der §§ 305 ff. BGB. Bei älteren Verwalterverträgen ist anhand der Übergangsvorschrift des Art. 229 § 5 EGBGB im Einzelfall zu überprüfen, ob auf ihn noch das bis zum 31. 12. 2001 geltende AGBG anzuwenden ist, das mit Inkrafttreten des Schuldrechtsmodernisierungsgesetzes zum 1. 1. 2002 abgelöst und durch die §§ 305 ff. BGB in das Bürgerliche Gesetzbuch überführt wurde.[167]

254 **Verwender** der allgemeinen Geschäftsbedingungen i. S. d. § 305 Abs. 1 S. 1 BGB ist der Verwalter und zwar unabhängig davon, ob er selbst das Vertragsmuster entworfen hat, oder – der praktische Regelfall – das Vertragsformular eines Verbandes oder sonstigen Herausgebers benutzt. Aufgrund der ständig wachsenden Rechtserkenntnisse und des stetigen Flusses der Rechtsprechung kann nicht dafür garantiert werden, dass selbst die neuesten Vertragsformulare einer gerichtlichen Kontrolle standhalten werden. Es zeigt sich immer wieder, dass einzelne Vertragsklauseln von dem mit der Sache befassten Gericht für unwirksam gehalten werden. Für den Verwalter zu bedenken ist, dass einzelne Klauseln nach den §§ 305 ff. BGB auch dann rechtsunwirksam sein können, wenn der Beschluss, dem der Verwaltervertrag zugrunde liegt, nicht angefochten wurde und somit bestandskräftig ist. Die Bestandskraft des Beschlusses richtet sich nur auf die interne Legitimation der Willensbildung innerhalb der Wohnungseigentümergemeinschaft. Er kann nicht Gesetzesverstöße in Sonderrechtsbeziehungen mit außenstehenden Dritten – und sei es ein Organ des Verbandes – heilen bzw. unbeachtlich machen.

255 Nur selten wird es dem professionellen Verwalter gelingen, der Anwendung der §§ 305 ff. BGB zu entgehen. **Allgemeine Geschäftsbedingungen** (AGB) liegen nicht vor, soweit die Vertragsbedingungen zwischen den Vertragsparteien im Einzelnen **ausgehandelt** sind. Dies ist bei Verwalterverträgen so gut wie nie der Fall. Hinzu kommt, dass bei Verträgen zwischen einem Unternehmer und einem Verbraucher (Verbraucherverträge) die Kernvorschriften der Inhaltskontrolle (§§ 307–309 BGB) auf vorformulierte Vertragsbedingungen schon dann Anwendung finden, wenn diese nur zur einmaligen Verwendung bestimmt sein sollten und soweit der Verbraucher aufgrund der Vorformulierung auf ihren Inhalt kein Einfluss nehmen konnte (§ 310 Abs. 3 Nr. 2 BGB). Ferner gelten bei **Verbraucherverträgen** die allgemeinen Geschäftsbedingungen bzw. vorformulierten Vertragsbedingungen als vom Unternehmer gestellt, sofern er nicht darlegen und beweisen kann, dass sie durch den Verbraucher in den Vertrag eingeführt wurden (§ 310 Abs. 3 Nr. 1 BGB).

256 Grundsätzlich sind Verwalterverträge, die ein gewerblich tätiger WEG-Verwalter mit einer Wohnungseigentümergemeinschaft abschließt, Verbraucherverträge in diesem Sinne. Die Verbrauchereigenschaft gem. § 13 BGB des rechtsfähigen Verbandes ist zu bejahen, sofern nicht eine Anlage ausschließlich aus nicht zu Wohnzwecken genutzten Teileigentumseinheiten (z. B. Einkaufszentrum oder Tiefgaragenanlage) besteht.[168] Aushandeln i. S. des § 305 Abs. 1 S. 3 BGB erfordert mehr als ein bloßes Verhandeln. Der gewerbliche Verwalter muss sein Vertragsmuster ernsthaft zur Disposition stellen und dem Vertragsgegner Gestaltungsfreiheit zur Wahrung seiner eigenen Interessen einräumen mit der reellen Möglichkeit, den Inhalt der Vertragsbedingungen zu beeinflus-

---

[167] OLG München ZMR 2007, 220.
[168] OLG München NZM 2008, 894; LG Nürnberg-Fürth ZMR 2008, 831; *Gottschalg*, NZM 2009, 217, 219; *Armbrüster*, GE 2007, 420, 424; *Wenzel* in Bärmann, WEG, § 10 Rdn. 236; a. A. LG Rostock ZWE 2007, 292 mit abl. Anm. *Armbrüster* S. 290.

sen.[169] Nach der üblichen Erfahrung wird der Inhalt des Verwaltervertrages nicht ausgehandelt. Im Normalfall wird der vorformulierte Verwaltervertrag vom Verwalter vorgelegt und unverändert abgeschlossen. Nur selten kommt es vor, dass wesentliche Vertragsbestimmungen ausgehandelt werden oder sogar aus dem Kreise der Wohnungseigentümergemeinschaft dem Verwalterkandidaten ein vorformulierter Vertragsentwurf überreicht wird. Dass einzelne – auch wesentliche (z. B. Vertragslaufzeit- und Kündigungsklauseln) – Vertragsbestimmungen bereits in der Teilungserklärung festgelegt sind und im Verwaltervertrag übernommen werden, macht diese Vertragsklauseln weder zu zwischen den Vertragsparteien im Einzelnen ausgehandelten Vertragsbedingungen (§ 305 Abs. 1 S. 3 BGB) noch zu individuellen Vertragsabreden i. S. des § 305 b BGB.[170]

bbb) Prüfungsschritte. Vorgehensweise bei der AGB-Kontrolle: Sind vorfor- **257** mulierte Vertragsbedingungen als **Allgemeine Geschäftsbedingungen** zu qualifizieren, so ist im nächsten Schritt zu prüfen, ob sie Bestandteil des Verwaltervertrages wurden. Dies richtet sich im Grundsatz nach § 305 Abs. 2 BGB. Eine für die Praxis wichtige Ausnahmevorschrift, die eine **Einbeziehung der AGB** in den Verwaltervertrag verhindert, enthält § 305 c BGB. Danach werden Bestimmungen in Allgemeinen Geschäftsbedingungen, die nach den Umständen, insbesondere nach dem äußeren Erscheinungsbildes des Vertrages, so ungewöhnlich sind, dass der Vertragspartner des Verwenders (Verwalter) mit ihnen nicht zu rechnen braucht, nicht Vertragsbestandteil, wobei Zweifel bei der Auslegung Allgemeiner Geschäftsbedingungen zu Lasten des Verwenders (Verwalters) gehen (§ 305 c Abs. 2 BGB). Derartig **überraschende** oder **mehrdeutige Klauseln** sind nicht Vertragsbestandteil und unterliegen somit von vornherein nicht mehr der **Klauselkontrolle** nach §§ 307–309 BGB.

Wurde die fragliche Vertragsbedingung in den Vertrag einbezogen, unterliegt sie der **258** Inhaltskontrolle. Diese vollzieht sich in vier Schritten:

Im ersten Schritt muss der Regelungsgehalt der Klausel ermittelt werden. Ausle- **259** gungsmaßstab ist insoweit die Unklarheitenregelung des § 305 c Abs. 2 BGB. Danach ist stets auf die dem Verwender nachteiligste Auslegung (**sog. verwenderfeindlichste Auslegung**) abzustellen.[171] Im nächsten Schritt ist zu prüfen, ob die Klausel einem **Klauselverbot ohne Wertungsmöglichkeit** i. S. des § 309 BGB unterliegt. Im dritten Schritt folgt die Klauselkontrolle anhand des § 308 BGB (**Klauselverbote mit Wertungsmöglichkeiten**) und schließlich – sofern die speziellen Klauselverbote nicht greifen – die allgemeine **Inhaltskontrolle** anhand der Generalklausel des § 307 BGB. Danach sind Bestimmungen in allgemeinen Geschäftsbedingungen unwirksam, wenn sie den Vertragspartner des Verwenders entgegen den Geboten von Treu und Glauben unangemessen benachteiligen, wobei sich eine unangemessene Benachteiligung schon daraus ergeben kann, dass die Bestimmungen nicht klar und verständlich (intransparent) sind, § 307 Abs. 1 S. 2 BGB. Eine unangemessene Benachteiligung ist im Zweifel anzunehmen, wenn eine Bestimmung mit wesentlichen Grundgedanken der gesetzlichen Regelung, von der abgewichen wird, nicht zu vereinbaren ist (§ 307 Abs. 2 Nr. 1 BGB) oder wesentliche Rechte oder Pflichten, die sich aus der Natur des Vertrages ergeben, so einschränkt, dass die Erreichung des Vertragszwecks gefährdet ist (§ 307 Abs. 2 Nr. 2 BGB).

ccc) Beispiele für unwirksame Klauseln. Die für die Verwaltungspraxis wesentli- **260** chen Klauselverbote in vorformulierten Verwalterverträgen beziehen sich vor allem auf **Haftungsbeschränkungen** (Haftungsmaßstab, Verjährung) und **Vergütungsregelun-**

---

[169] BGH NJW 2000, 1110; NJW 1992, 1107; NJW 1991, 1679.
[170] BGH ZMR 2002, 766, 771 noch zu § 1 AGBG.
[171] BGH NJW 2003, 1237.

gen. In der obergerichtlichen Rechtsprechung wurden und werden immer wieder Vertragsklauseln auf den Prüfstand gestellt und dabei häufig für unwirksam befunden (zu den Folgen von Verstößen gegen die §§ 305 ff. BGB s. unten Rdn. 265 und 295).

Beispiele:[172]

261 – Haftungsbeschränkungen

Beispiel 1: Der Verwalter haftet für etwaige Verletzungen von Pflichten gegenüber Gemeinschaft und Wohnungseigentümer nur, sofern ihm vorsätzliches oder grob fahrlässiges Verschulden nachgewiesen werden kann; für einfache und einfachste Fahrlässigkeit haftet er nicht.

Beispiel 2:[173] (1) Der Verwalter haftet für ein Verschulden, das weder vorsätzlich noch grob fahrlässig ist, der Höhe nach bis zur Versicherungssumme von X Euro.

(2) Eine vertragliche Haftung des Verwalters für leicht fahrlässiges Verhalten ist ausgeschlossen und besteht nur bei grob fahrlässigem oder vorsätzlichem Handeln.

262 Das Klauselverbot in § 309 Nr. 7 a und b BGB verbietet kurz gesagt den **Ausschluss** und die **Beschränkung** der Haftung bei **Körperschäden** und **grobem Verschulden**.[174] Die Vorschrift will in ihrem Anwendungsbereich die volle gesetzliche Schadensersatzhaftung dem Grunde und der Höhe nach sichern. Auf welche Anspruchsgrundlage der Schadensersatzanspruch gestützt wird, ist unerheblich. Erfasst werden deliktische Ansprüche, Ansprüche aus Gefährdungshaftung sowie vorvertragliche und vertragliche Schadensersatzansprüche wegen Pflichtverletzung.[175] § 309 Nr. 7 BGB unterscheidet nicht zwischen der Verletzung von Haupt- und Nebenpflichten, da gerade auch die Verletzung von Aufklärungs- und Sorgfaltspflichten schadensträchtig ist.[176] Beim Verwalter können insoweit rechtliche Hinweispflichten in der Versammlung relevant werden.[177] Soweit ein Vertrag Schutzwirkungen zu Gunsten Dritter entfaltet, sind auch die sich daraus ergebenen Pflichten des Verwenders von § 309 Nr. 7 BGB erfasst.[178] Verursacht also z. B. eine Pflichtverletzung des Verwalters durch unzureichende Baustellensicherung oder durch infolge mangelnder Objektkontrolle herabfallende Dachziegel bei einem Wohnungseigentümer einen Körperschaden, so kann der Verwalter sich auf eine formularmäßige Haftungsbeschränkung bei fahrlässiger Pflichtverletzung nicht mit Erfolg berufen.[179]

263 Nach § 309 Nr. 7 a BGB kann die Haftung für Schäden aus der Verletzung des Lebens, des Körpers oder der Gesundheit **(Körperschäden)** nicht rechtswirksam **ausgeschlossen** oder auch nur **beschränkt** werden, wenn die Schäden auf einer fahrlässigen Pflichtverletzung des Verwenders oder einer vorsätzlichen oder fahrlässigen Pflichtverletzung eines gesetzlichen Vertreters oder Erfüllungsgehilfen des Verwenders beruhen. Demgegenüber ist ein Ausschluss oder eine Beschränkung der Haftung für **sonstige Schäden**, vor allem also **Vermögensschäden**, für fahrlässiges Handeln möglich und nur für grobe Fahrlässigkeit unwirksam (§ 309 Nr. 7 b BGB). Hier ist aber eine übergeordnete Einschränkung zu beachten, die sich aus § 309 Nr. 7 BGB nicht ersehen lässt. Haftungsausschlüsse oder -beschränkungen für einfache Fahrlässigkeit sind nämlich auch in solchen Fällen unwirksam, wenn sie sog. **Kardinalpflichten** betreffen, d. h. Pflich-

---

[172] Übersicht und Nachweise bei *Christensen* in Ulmer/Brandner/Hensen, AGB-Recht, Anh § 310 Rdn. 1062.

[173] Vgl. *Gottschalg*, NZM 2009, 217, 220.

[174] Vgl. *Christensen* in Ulmer/Brandner/Hensen, AGB-Recht, § 309 Nr. 7 BGB Rdn. 26.

[175] *Fuchs* in Ulmer/Brandner/Hensen, AGB-Recht, § 307 Rdn. 283.

[176] BGH NJW 1999, 761; NJW 1985, 914; *Christensen* in Ulmer/Brandner/Hensen, AGB-Recht § 309 Nr. 7 BGB Rdn. 12.

[177] Dazu unten Rdn. 579 a ff.

[178] *Christensen*, s. ebenda; *Gottschalg*, NZM 2009, 217, 219.

[179] *Gottschalg*, NZM 2009, 217, 219.

J.-H. Schmidt

ten, deren Beachtung erst die Voraussetzungen für eine korrekte Vertragserfüllung schafft,[180] die also mit anderen Worten so wesentlich sind, dass bei einer Freizeichnung für ihre Verletzung die Erreichung des Vertragszwecks gefährdet ist.[181] Die Unzulässigkeit der Klausel folgt dann aus § 307 Abs. 2 Nr. 2 BGB, da sie die Wohnungseigentümergemeinschaft unangemessen benachteiligt.[182]

Die Kardinalpflichten des WEG-Verwalters sind in §§ 27 und 28 WEG geregelt. **264** § 28 WEG schafft die Mindestvoraussetzungen für ein intaktes Finanz- und Rechnungswesen. Er ist daher in einem direkten Regelungszusammenhang mit § 27 WEG zu sehen (vgl. insbesondere § 27 Abs. 1 Nr. 1 und Nr. 4–6 WEG). Hinsichtlich dieser Pflichten ist daher eine Einschränkung der Haftung auch bei leichter Fahrlässigkeit nicht möglich. Andernfalls wäre der Verwalter nicht zur Erneuerung seiner Abrechnung verpflichtet, wenn seine Abrechnungsfehler auf Fahrlässigkeit beruhen würden. Ebenso müsste der Verwalter Beschlüsse der Wohnungseigentümer nicht umsetzen, wenn es zu seiner Untätigkeit nur durch fahrlässiges Handeln käme. Bezüglich des Beschlussrechts, insbesondere der Vorbereitung und Durchführung der Eigentümerversammlung dürfte § 24 WEG ebenfalls Kardinalpflichten enthalten, wobei bzgl. der Versammlungsleitung Zweifel angebracht erscheinen, da § 24 Abs. 5 WEG insoweit lediglich eine Ersatzkompetenz vorsieht und der Verwalter, wenn er Eigentümerversammlungen bzw. Abstimmungen leitet, nur Funktionsgehilfe der Eigentümer ist.[183]

Da nach § 309 Nr. 7 BGB nicht nur der komplette Haftungsausschluss verboten ist, **265** sondern auch jede Haftungsbegrenzung, sind auch summenmäßige Beschränkungen der Höhe des Anspruches oder der Ausschluss bestimmter Schäden, z. B. mittelbarer, indirekter oder nicht vorhersehbarer, unzulässig.[184] Daraus folgt etwa, dass nach h. M. die pauschale höhenmäßige Haftungsbeschränkung bei **fahrlässiger Schadensverursachung** in Verwalterverträgen unwirksam ist.[185] Derartige Klauseln differenzieren nicht zwischen der unbeschränkbaren Haftung für Körperschäden und der grundsätzlich beschränkbaren Haftung für Vermögensschäden. Dies führt zu einer Gesamtunwirksamkeit der Klausel im Interesse eines wirksamen Verbraucherschutzes.[186] Eine haftungsbegrenzende Klausel in einem Verwaltervertrag, die § 309 Nr. 7a BGB teilweise nicht berücksichtigt, ist – auch wenn sie im Übrigen unbedenklich ist – grundsätzlich insgesamt unwirksam. Es gilt insoweit das **Verbot der geltungserhaltenden Reduktion**.[187] Ewas anderes kann nur dann gelten, wenn der wirksame und der unwirksame Teil einer Klausel sprachlich und sachlich voneinander trennbar sind.[188] Dies wird bei Haftungsbegrenzungsklauseln in Verwalterverträgen selten der Fall sein.

Wird der Verwaltervertrag hingegen zwischen der Gemeinschaft und dem Verwalter **266** individualvertraglich ausgehandelt, so dass die §§ 305 ff. BGB unanwendbar sind, dürfte eine **summenmäßige** Begrenzung der Verwalterhaftung jedenfalls dann ordnungsmäßiger Verwaltung (§ 21 Abs. 3 WEG) entsprechen, wenn der Verwalter nach dem Vertragsinhalt zu Abschluss und Vorhaltung einer ausreichend hohen Vermögensschadenhaftpflichtversicherung verpflichtet wird und die Begrenzung der Haftungshöhe an die

---

[180] *Christensen* in Ulmer/Brandner/Hensen, AGB-Recht, § 309 Nr. 7 BGB Rdn. 33.

[181] *Becker* in Bamberger/Roth, § 309 Nr. 7 BGB Rdn. 17.

[182] *Gottschalg*, Die Haftung von Verwalter und Beirat, Rdn. 380.

[183] Zur Verwalterhaftung für die fehlerhafte Verkündung von Beschlussergebnissen unten Rdn. 755 ff.

[184] *Gottschalg*, NZM 2009, 217, 220; *Grüneberg* in Palandt, BGB, § 309 Rdn. 44.

[185] MietRB 2004, 183, 184.

[186] *Gottschalg*, Die Haftung von Verwalter und Beirat, Rdn. 377 ff.; *ders.*, MietRB 2004, 183, 185; *Roloff* in Erman, BGB, Vor §§ 307–309 BGB Rdn. 16.

[187] *Gottschalg*, NZM 2009, 217, 220; vgl. ferner BGH NJW 2000, 1110, 1113; *Grüneberg* in Palandt, BGB, Vorb. 8 v § 307.

[188] *Grüneberg* in Palandt, BGB, § 309 Rdn. 47.

Versicherungsdeckungssumme angelehnt wird. Andernfalls dürfte der Abschluss eines solchen Vertrages nicht ordnungsmäßiger Verwaltung entsprechen.[189]

267   – *Verjährungsklauseln*

Beispiel:[190] Gegenseitige Ansprüche aus diesem Vertrag verjähren nach drei Jahren von dem Zeitpunkt an, in dem sie entstanden sind, spätestens jedoch drei Jahre nach Beendigung des Vertrags.

Eine unzulässige Haftungsbegrenzung liegt ferner vor, wenn die **Verjährungsfrist verkürzt** wird.[191] Zwar kann die Verjährung von Schadensersatzansprüchen gegen den Verwalter auch durch Allgemeine Geschäftsbedingungen wirksam abgekürzt werden. So wurden unter der Geltung des alten Verjährungsrechts, nach dem die Regelverjährungsfrist gem. § 195 BGB a.F. noch 30 statt wie heute 3 Jahre (s. § 195 BGB) betrug, Abkürzungen nach § 9 AGBG grundsätzlich für zulässig erachtet, soweit dabei auf die berechtigten Interessen des Gläubigers Rücksicht genommen wurde. Insbesondere die Beschränkung der Verjährung von 30 auf 3 Jahre im Verwaltervertrag benachteiligte die Wohnungseigentümer bzw. die Eigentümergemeinschaft nicht unangemessen.[192] Unangemessen und deshalb unwirksam war eine Klausel in Allgemeinen Geschäftsbedingungen jedoch dann, wenn solche Ansprüche auch bei vorsätzlichem Handeln des Verwalters unabhängig von der Kenntnis der Geschädigten nach drei Jahren verjährten.[193] Dies ist etwa der Fall, wenn die Verjährung wie im o. g. Beispiel spätestens 3 Jahre nach Beendigung des Vertrages abläuft. Gleiches gilt, wenn die Verjährungsfrist mit dem Tag einer Zuwiderhandlung oder dem erstmaligen Unterlassen beginnen soll. Hierin liegt ein Verstoß gegen § 309 Nr. 7a BGB.[194] Die kenntnisunabhängige Verjährung von Ansprüchen verstößt gegen die gesetzliche Leitbildfunktion des neuen Verjährungsrechts (s. § 202 Abs. 1, § 199 BGB) und erschwert die Rechtsverfolgung für den Vertragspartner des Verwenders in unangemessener Weise.

268   – *Anspruch auf Entlastung*

Beispiel:[195] Der Verwalter kann Entlastung beanspruchen, es sei denn, dass dadurch bestehende oder mögliche Ansprüche gegen den Verwalter, die zu benennen sind, ausgeschlossen würden.

Im Zusammenhang mit einer unzulässigen Haftungsbegrenzung sind auch Regelungen zu sehen, die eine Verpflichtung der Wohnungseigentümergemeinschaft zur Verwalterentlastung vorsehen. Obige Klausel ist in mehrfacher Weise missglückt und daher unwirksam. Sie verstößt gegen das Transparenzgebot und enthält außerdem eine unangemessene Benachteiligung i.S. des § 307 BGB.[196] Findet sich eine solche Klausel im Vertragsabschnitt „Haftung" und nicht unter gesonderter Überschrift, so kann sie zudem eine überraschende Klausel i.S. von § 305c BGB darstellen.[197] Unbedenklich dürfte eine Klausel sein, die an den höchstrichterlichen Vorgaben des BGH zur Rechtmäßigkeit der Beschlussfassung über die Entlastung des Verwalters ausgerichtet wird (s. unten Rdn. 808ff.).

269   – *Fiktion des Zugangs von Erklärungen*

Beispiel: Für die Einladung zur Eigentümerversammlung genügt es, wenn die Einladung an die letzte dem Verwalter bekannt gegebene Adresse versandt wird.

---

[189] Im Einzelnen *Gottschalg*, Die Haftung von Verwalter und Beirat, Rdn. 371ff.
[190] Nach OLG München ZMR 2007, 220 = MietRB 2007, 12.
[191] BGH NJW 2007, 674; *Grüneberg* in Palandt, BGB, § 309, Rdn. 44.
[192] OLG München ZMR 2007, 220, 221; *Furmans*, NZM 2000, 985, 992.
[193] OLG München ZMR 2007, 220.
[194] OLG Düsseldorf NZM 2006, 936, 937.
[195] S. *Furmans*, NZM 2004, 201, 203.
[196] *Furmans*, NZM 2004, 203.
[197] *Furmans*, ebenda.

J.-H. Schmidt

Die ordnungsgemäße **Einladung** zur Eigentümerversammlung setzt voraus, dass die Einladung mit Tagesordnung allen Wohnungseigentümern form- und fristgerecht tatsächlich **zugeht** (vgl. § 130 Abs. 1 S. 1 BGB) Die Beweislast für das Zugehen liegt beim Erklärenden (Absender). Kommt die Einladung als unzustellbar zurück, muss der Verwalter eigene Anstrengungen unternehmen, die aktuelle Adresse herauszufinden. Lediglich durch Vereinbarung kann bestimmt werden, dass die Absendung an die letzte bekannte Adresse genügt. Eine solche Regelung im Verwaltervertrag verstößt gegen § 308 Nr. 6 BGB.[198]

Auf die sprachliche Formulierung einer Fiktion, insbesondere die Verwendung der **270** Worte „gilt als zugegangen", kommt es nicht an. § 308 Nr. 6 BGB ist immer anwendbar, wenn der tatsächliche Zugang als Voraussetzung für das Wirksamwerden einer Erklärung des Verwenders durch ein anderes Ereignis ersetzt wird, etwa die Absendung der Erklärung an die letzte bekannte Adresse.[199] Die Einladung zur Eigentümerversammlung ist eine Erklärung von besonderer Bedeutung i.S. des § 308 Nr. 6 BGB.[200] Sie dürfte überdies sogar zu den Kardinalpflichten des Verwalters gehören. Sieht die Klausel eine Fiktion des Zugangs vor, so muss aber der Verwender zumindest den Beweis führen, dass die Erklärung abgegeben (abgesandt) wurde. Beweiserleichterungen zu Gunsten des Verwenders in dieser Vorfrage werden von § 308 Nr. 6 BGB nicht erfasst und unterliegen in vollem Umfang der Kontrolle nach § 309 Nr. 12 BGB.[201]

– *Kompetenzverlagerungsklauseln* **271**

Wie bereits dargelegt (s. oben Rdn. 148), ist der WEG-Verwalter ein Funktionsträger für Verband und Wohnungseigentümer mit **minimaler organschaftlicher Funktionsausstattung**. Insbesondere seine Vertretungsmacht für Eigentümer (§ 27 Abs. 2 WEG) und Verband (§ 27 Abs. 3 WEG) ist nach dem Gesetz ganz erheblich eingeschränkt. Mit dem Vertretungs- oder Leitungsorgan einer GmbH (Geschäftsführer) oder Aktiengesellschaft (Vorstand) ist er nicht annähernd vergleichbar. Soweit seine gesetzliche bzw. organschaftliche Vertretungsmacht nicht ausreicht, ist er auf eine ergänzende **Ermächtigung** durch Vereinbarung oder Beschluss angewiesen, sobald es etwa darum geht, Ansprüche gerichtlich oder außergerichtlich geltend zu machen oder sonstige Rechtsgeschäfte und Rechtshandlungen für Eigentümer oder Verband bei der Verwaltung des gemeinschaftlichen Eigentums vorzunehmen (s. § 27 Abs. 2 Nr. 3 und Abs. 3 S. 1 Nr. 7 WEG).

Ermächtigung i.S. des § 27 Abs. 2 Nr. 3 und Abs. 3 S. 1 Nr. 7 WEG ist die auf **272** Dauer angelegte Ausgestaltung des **abstrakten Verwalteramtes**, d.h. unabhängig von der konkreten Organbesetzung mit dem jeweils bestellten Verwalter (Amtsträger). Sie gestaltet das Amt als solches aus, selbst wenn dieses – im Extremfall – niemals besetzt werden sollte.[202]

Die Ermächtigung ist abzugrenzen von der **Bevollmächtigung** des konkreten Ver- **273** walters in dessen individuellen Verwaltervertrag. Die im Verwaltervertrag vorgenommene Einräumung gesetzlich bzw. organschaftlich fehlender Vertretungsmacht ändert das abstrakte Verwalteramt mithin nicht und ist – jedenfalls für das Wohngeldinkasso – von der erforderlichen Beschlusskompetenz getragen. Von diesen Grundsätzen muss man sich leiten lassen, wenn es um die Beurteilung von Vertragsklauseln geht, die in der Verwaltungspraxis verwendet werden, um Lücken in der gesetzlichen bzw. organschaft-

---

[198] OLG München NJW-RR 2008, 1182, 1184; BayObLG WE 1991, 295; *Merle* in Bärmann, WEG, § 26 Rdn. 104.

[199] *H. Schmidt* in Ulmer/Brandner/Hensen, AGB-Recht, § 308 Nr. 6 BGB Rdn. 5.

[200] OLG München NJW-RR 2008, 1182, 1184.

[201] *H. Schmidt*, wie vor Rdn. 6.

[202] Es besteht kein Organbesetzungszwang, ungenau daher BGH ZMR 2002, 766, 772; NJW 1993, 1924.

lichen Vertretungsmacht zu füllen, dem Verwalter einen größeren Handlungsspielraum zu geben und auf diese Weise eine zu häufige Einberufung der Eigentümerversammlung entbehrlich zu machen. Gebräuchlich sind u. a. allgemeine Instandsetzungsklauseln, Kleinreparaturklauseln, Hausmeisterklauseln, Grundversorgungsklauseln und sonstige zu diesem Zweck dienende Vertragsklauseln. Eine Auswahl wird nachstehend untersucht:

274 – *Allgemeine Instandsetzungsklauseln*

Beispiel:[203] Der Verwalter ist berechtigt und verpflichtet, die laufenden Instandhaltung- und Instandsetzungsarbeiten zu veranlassen.

Nach § 27 Abs. 1 Nr. 2 WEG ist der Verwalter im Innenverhältnis gegenüber den Wohnungseigentümern und dem Verband berechtigt und verpflichtet, die für die ordnungsmäßige Instandhaltung und Instandsetzung des gemeinschaftlichen Eigentums erforderlichen Maßnahmen zu treffen. In dringenden Fällen stellt § 27 Abs. 1 Nr. 3 WEG dieser allgemeinen Befugnis eine besondere Eilbefugnis (Notgeschäftsführung) an die Seite.[204] Dies entsprach auch der bisherigen Rechtslage. Zum 1. 7. 2007 wurde § 27 Abs. 3 S. 1 Nr. 3 WEG neu ins Gesetz aufgenommen. Danach ist der Verwalter berechtigt, im Namen des Verbandes die laufenden Maßnahmen der erforderlichen ordnungsmäßigen Instandhaltung und Instandsetzung gem. § 27 Abs. 1 Nr. 2 WEG zu treffen. Die neue Vorschrift verleiht dem Verwalter also im Außenverhältnis eine beschränkte gesetzliche Vertretungsmacht. Sie erstreckt sich nicht auf alle unter Absatz 1 Nr. 2 fallenden Maßnahmen, sondern nur auf einen Teilausschnitt.[205]

275   Auf den ersten Blick scheint eine unnötige Doppelung der Zuständigkeitsbereiche vorzuliegen, wenn man sieht, dass es in § 21 Abs. 5 Nr. 2 WEG heißt, die ordnungsmäßige Instandhaltung und Instandsetzung des gemeinschaftlichen Eigentums sei Sache der Wohnungseigentümer. Dieser erste Anschein trügt. Der Unterschied ist, dass zwischen der Willensbildung im Innenverhältnis der Wohnungseigentümer durch Beschluss und Vereinbarung (Gemeinschaftsordnung) und der Willensbetätigung im Außenverhältnis unterschieden werden muss. Über Ja und Nein, Art und Umfang, Zeitpunkt, Kosten und Finanzierungsweise einer Maßnahme der Instandhaltung und Instandsetzung beschließen die Wohnungseigentümer mit einfacher Stimmenmehrheit (§ 21 Abs. 3 WEG). Sie sind die „Herren der Verwaltung". Ihnen gehört das Gemeinschaftseigentum (§ 10 Abs. 1 WEG). Der Verwalter ist verpflichtet, Beschlüsse der Eigentümer über Maßnahmen der ordnungsmäßigen Instandhaltung und Instandsetzung des gemeinschaftlichen Eigentums **herbeizuführen** (§ 27 Abs. 1 Nr. 2 WEG) und gefasste Beschlüsse anschließend **durchzuführen** (§ 27 Abs. 1 Nr. 1 WEG). Die Zuständigkeitsbereiche der Wohnungseigentümer einerseits und des Verwalters andererseits greifen demnach zwar ineinander, lassen sich aber voneinander abgrenzen. Nach anerkannter Rechtsauffassung ist der Verwalter gem. § 27 Abs. 1 Nr. 2 WEG gesetzlich nur dazu verpflichtet, die Instandhaltung und Instandsetzung des Gemeinschaftseigentums **zu organisieren**, d.h. das Gemeinschaftseigentum regelmäßig auf eine etwaige Instandsetzungsbedürftigkeit hin zu kontrollieren, die Wohnungseigentümer über einen anerkannten oder erkennbaren Instandsetzungsbedarf zu informieren und auf die Herbeiführung entsprechender Eigentümerbeschlüsse über geeignete Instandsetzungsmaßnahmen hin zu wirken. Werden Beschlüsse gefasst, muss er diese durchführen (§ 27 Abs. 1 Nr. 1 WEG).[206] Versäumnisse des Verwalters bei der Herbeiführung oder Durch-

---

[203] S. OLG München NJW-RR 2008, 1182, 1184 = ZMR 2009, 64.
[204] Dazu *Bub*, ZWE 2009, 245 ff.
[205] *Merle* in Bärmann, WEG, § 27 Rdn. 188; *Lüke*, ZWE 2009, 101.
[206] OLG Düsseldorf ZWE 2007, 92, 95; NJW-RR 1998, 13 f.; BayObLG ZMR 2004, 601; *Merle* in Bärmann, WEG, § 27 Rdn. 36, 42.

führung von Instandsetzungsbeschlüssen können zur Verwalterhaftung führen (s. dazu Rdn. 739 ff.).

Änderungen der gesetzlichen Zuständigkeitsbereiche, insbesondere **Kompetenz-** 276 **verlagerungen** zwischen den verschiedenen abstrakten Funktions- und Organisationseinheiten des rechtsfähigen Verbandes, sind zwar zulässig, bedürfen aber einer Vereinbarung.[207] Die Entscheidung über Art und Umfang von Instandhaltungs- und Instandsetzungsaufträgen gehört nicht zu den zwingenden Organkompetenzen der Eigentümer.[208] Jedoch war schon vor der WEG-Novellierung zum 1. 7. 2007 in der Rechtsprechung anerkannt, dass in engen Grenzen eine solche Kompetenzverlagerung auch **im Beschlusswege** möglich ist, und zwar durchaus auch generell und nicht nur im Einzelfall.[209] Gerade bei großen Wohnungseigentümergemeinschaften wird das praktische Bedürfnis nach einer flexibleren Regelung als sie die gesetzliche Kompetenzordnung vorgibt betont.[210] Andererseits weist die Rechtsprechung zugleich auf die Notwendigkeit hin, die Kompetenzverlagerung zu begrenzen und vor allem das finanzielle Risiko für den einzelnen Wohnungseigentümer überschaubar zu machen. Als geeignete Mittel solcher Beschränkungen werden genannt die gegenständliche Beschränkung der Kompetenzverlagerung für bestimmte Maßnahmen, die Festlegung eines festen Jahresbudgets (Gesamtsumme) oder eine Begrenzung der Höhe nach.[211] Fehlen derartige Beschränkungen, benachteiligt die Klausel die Wohnungseigentümer entgegen dem Gebot von Treu und Glauben unangemessen und ist deshalb unwirksam (§ 307 Abs. 1 S. 1, Abs. 2 Nr. 1 BGB).[212] Sie widerspricht darüber hinaus auch einer ordnungsmäßigen Verwaltung i. S. des § 21 Abs. 3 WEG.[213]

Es ist schwierig und dementsprechend riskant, bei der Klauselgestaltung die o. g. Vor- 277 gaben der obergerichtlichen Rechtsprechung rechtswirksam umzusetzen. Problematisch ist bereits, dass die Vorgaben nicht starr sind, sondern von der Größe der jeweiligen Gemeinschaft abhängen.[214] Bei der Festlegung (Bezifferung) einer zulässigen Jahresgesamtsumme oder der Höchstsumme für einen Einzelauftrag muss demnach auf die Größe der jeweiligen Gemeinschaft geachtet werden. Die Verwendung pauschaler Sätze unabhängig von der Größe der jeweiligen Gemeinschaft wird zumeist zur Unwirksamkeit führen, da der Klausel eine wirksame Risikobegrenzung fehlt. Werden – was sich dringend empfiehlt – pauschale Höchstsummen für Einzelaufträge festgelegt, sowie eine höchst zulässige Gesamtsumme pro Jahr (s. unten Rdn. 281), so müssen die Summen an der Größe der jeweiligen Gemeinschaft ausgerichtet werden.[215]

Das finanzielle Risiko für den einzelnen Wohnungseigentümer ist infolge der WEG- 278 Novelle freilich bereits dadurch erheblich überschaubarer geworden, dass er für Verbandsschulden nicht mehr gesamtschuldnerisch haftet, sondern nur noch teilschuldnerisch in Höhe der Größe seines Miteigentumsanteils (s. § 10 Abs. 8 S. 1 WEG). Ver-

---

[207] OLG München NJW-RR 2008, 1182, 1184; OLG Düsseldorf NJW-RR 1988, 13; *Wenzel* in Bärmann, WEG, § 10 Rdn. 77.

[208] *Wenzel* in Bärmann, WEG, § 10 Rdn. 99.

[209] OLG München NJW-RR 2008, 1182, 1184 = ZMR 2009, 64 im Anschl. an OLG Düsseldorf NZM 2001, 390, 391; zu den Grenzen der zulässigen Delegation von Instandsetzungsmaßnahmen im Einzelfall instruktiv OLG München GE 2009, 525 = OLGR München 2009, 387 und vor allem die Vorinstanz LG München I v. 10. 11. 2008 – 1 T 4472/08.

[210] Wie vor.

[211] Wie vor.

[212] OLG München NJW-RR 2008, 1162, 1164.

[213] OLG München, ebenda; OLG Düsseldorf NZM 2001, 390.

[214] Besonders deutlich OLG Düsseldorf a. a. O.: „Je größer eine solche ist, desto eher wird eine Zuständigkeitsverlagerung möglich sein."

[215] Vgl. *Lüke*, ZWE 2009, 101, 106, die Entscheidungen OLG München und OLG Düsseldorf jeweils ebenda, ergingen noch zum alten Recht und betrafen das alte Haftungsmodell.

bindlichkeiten aus Instandsetzungsaufträgen sind Verbandsschulden, da die (Werk-)Verträge im Namen des Verbandes abgeschlossen werden.

279   Die im Eingangsbeispiel verwendete Klausel ist unwirksam. Zwar lässt sich dies nicht unmittelbar der Entscheidung des OLG München entnehmen, das über sie zu befinden hatte. Die Entscheidung erging noch zum alten Recht, so dass § 27 Abs. 3 S. 1 Nr. 3 WEG keine Anwendung fand.[216] Die Klausel enthält zwar eine Beschränkung auf die laufende Instandhaltung und Instandsetzung, so dass sie den Regelungsbereich des neuen § 27 Abs. 3 S. 1 Nr. 3 WEG betrifft. Ansonsten ist sie aber zu unklar und unbestimmt. Es fehlen gegenständliche Beschränkungen und Beschränkungen der Höhe nach. Ferner ist nicht ersichtlich, was mit **laufenden** Arbeiten gemeint sein soll und mit der **Veranlassung** dieser Arbeiten. Auch die weitere gesetzliche Einschränkung auf die laufenden Maßnahmen der erforderlichen ordnungsmäßigen Instandhaltung und Instandsetzung (s. § 27 Abs. 3 S. 1 Nr. 3 WEG) fehlt. Solange Rechtsprechung und Rechtswissenschaft keine gesicherten Erkenntnisse zur Auslegung und Anwendung des neuen § 27 Abs. 3 S. 1 Nr. 3 WEG herausgearbeitet haben,[217] ist die Verwendung entsprechender Vertragsklauseln daher mit Vorsicht zu genießen.

280   – *Kleinreparaturklauseln*

Beispiel 1:[218] (1) Die Verwalterin ist zur Vergabe von Instandsetzungsaufträgen berechtigt, wenn Einzelaufträge eine Auftragssumme bis zu 3.000,00 € brutto nicht übersteigen.

(2) Bei Auftragssummen über 3.000,00 € und bis zu 5.000,00 € brutto ist die Verwalterin zur Auftragsvergabe berechtigt mit Zustimmung des Verwaltungsbeirats.

(3) Bei einer Summe von über 5.000,00 € brutto ist ein Beschluss der Eigentümerversammlung notwendig. Zur Beschlussvorlage ist in der Eigentümerversammlung die voraussichtliche Höhe der Gesamtkosten auf Grundlage eines verbindlichen Angebotes bekannt zu geben und über die eventuelle Beteiligung eines Fachmanns zu entscheiden. Nach dem jeweiligen Beschluss sind im Regelfall zwei weitere Angebote einzuholen.

281   Die Billigung dieser Instandsetzungs- bzw. Instandhaltungsmaßnahmen betreffenden Klausel des Verwaltervertrages durch die Eigentümerversammlung entspricht nicht ordnungsmäßiger Verwaltung. Zwar ist in engen Grenzen eine solche Kompetenzverlagerung auch generell im Beschlusswege möglich. Die einschränkenden Voraussetzungen einer solchen Verlagerung werden durch die Klausel jedoch nicht eingehalten.[219] Auch wenn der den Abschluss des Verwaltervertrages billigende Beschluss nicht angefochten wird, ist die Vertragsklausel unwirksam, da sie zu einer unangemessenen Benachteiligung i. S. des § 307 BGB führt.[220] Die pauschale und ausnahmslose Ausschaltung der Eigentümerversammlung bei Instandsetzungsaufträgen jeglicher Art unterhalb einer Auftragssumme von über 5.000,00 € brutto erfüllt nicht die Anforderungen an eine wirksame Risikobegrenzung. Insbesondere fehlt die Begrenzung auf eine höchstzulässige Jahresgesamtsumme sämtlicher Einzelaufträge.[221] Die Festlegung einer Gesamtsumme beugt dem Missbrauch vor, ein umfangreiches Sanierungsvorhaben durch Splittung der Auftragsvergabe in viele jeweils 5.000,00 € brutto nicht übersteigende Einzelaufträge zu zerlegen.[222]

---

[216] Es handelte sich um ein Anfechtungsverfahren, so dass das am Versammlungstag (13. 12. 2004) maßgebliche materielle Recht auch nach dem 1. 7. 2007 anzuwenden war (vgl. § 62 Abs. 1 WEG).

[217] Kritisch zur Neuregelung zu Recht *Lüke*, ZWE 2009, 101 ff.

[218] S. OLG Düsseldorf NZM 2001, 390.

[219] Im Einzelnen OLG Düsseldorf NZM 2001, 390, 391.

[220] Vgl. OLG München NJW-RR 2008, 1182, 1184 = ZMR 2009, 64.

[221] OLG Düsseldorf NZM 2001, 390, 391; vgl. ferner OLG München NJW-RR 2008, 1182, 1184.

[222] OLG Düsseldorf, ebenda sowie ZMR 1997, 605.

Beispiel 2:[223] Kleinere Reparaturen, pro Maßnahmen bis zu einem Betrag bis zu 2.500,00 € **282** netto, … bedürfen keines besonderen Eigentümerbeschlusses.

Die Klausel wird zwar von dem praxisnahen Bestreben getragen, eine sonst jeweils notwendige Einberufung der Eigentümerversammlung verbunden mit der dadurch entstehenden Verzögerung und Kostenverursachung zu vermeiden. Sie ist aber bereits deshalb unwirksam, da sie keine feste Obergrenze definiert. Bei verwenderfeindlichster Auslegung erlaubt sie vielmehr eine der Anzahl nach unbeschränkte Vergabe von Einzelaufträgen, sofern die Einzelmaßnahme 2.500,00 € netto nicht übersteigt.[224]

Beispiel 3:[225] Der Verwalter ist berechtigt, Reparaturarbeiten (Instandsetzungen) bis zu einem **283** Wert von 3.000,00 EUR je Einzelfall ohne Beschlussfassung der Eigentümerversammlung in Auftrag zu geben, selbst wenn es sich bei dieser Reparatur nicht um eine laufende Maßnahme handeln sollte.

Nach § 27 Abs. 3 S. 1 Nr. 3 WEG darf der Verwalter ohne Ermächtigung in der Gemeinschaftsordnung oder einem ermächtigenden Beschluss (s. § 27 Abs. 3 S. 1 Nr. 7 WEG) Instandhaltungs- und Instandsetzungsverträge nur abschließen, wenn die Maßnahme eine **laufende** Maßnahme der erforderlichen ordnungsmäßigen Verwaltung ist (s. Rdn. 22). Ansinnen der Klausel in Beispiel 3 ist es, den Verwalter bei Kleinreparaturen von dem Bewertungsrisiko zu befreien, entscheiden zu müssen, ob es sich um eine **laufende** Maßnahme der erforderlichen ordnungsmäßigen Instandhaltung i. S. des § 27 Abs. 3 S. 1 Nr. 3 WEG handelt. Zu berücksichtigen ist allerdings wiederum, dass die Wertgrenze von der Größe des Objektes abhängig ist. Eine Wertgrenze von 3.000,00 EUR je Einzelfall dürfte mittelgroßen Objekten entsprechen. Zusätzlich dürfte eine festgelegte Obergrenze unentbehrlich sein. Zweifelhaft ist, ob die fehlende Beschränkung gegenständlicher Art zur Unwirksamkeit der Klausel führt. Die Klausel löst sich ausdrücklich von der gesetzlich vorgesehenen Beschränkung der Vertretungsmacht des Verwalters auf **laufende** Maßnahmen der erforderlichen ordnungsmäßigen Instandsetzung. Sie umfasst daher ihrem Wortlaut nach auch ganz unregelmäßige (aperiodische), eventuell auch einmalige und insbesondere außergewöhnliche Instandsetzungsarbeiten. Bis zu einer näheren Definierung des neu ins Gesetz aufgenommenen unbestimmten Rechtsbegriffes „laufende Maßnahme der erforderlichen ordnungsmäßigen Instandhaltung und Instandsetzung" sollte von der Verwendung einer solchen Klausel deshalb Abstand genommen werden.

– *Hausmeisterklauseln*　　　　　　　　　　　　　　　　　　　　　　　　　　　　　　**284**

Beispiel 1:[226] Der Verwalter ist berechtigt, im Namen der Wohnungseigentümergemeinschaft, soweit erforderlich, einen Hausmeister und eine Reinigungskraft einzustellen und diese zu überwachen; der Abschluss und die Kündigung dieser Verträge obliegt ebenfalls dem Verwalter.

In der Regel entspricht es ordnungsmäßiger Verwaltung, einen **Hausmeister** für das Objekt einzustellen. Dennoch ist zweifelhaft, ob es sich bei der Einstellung eines Hausmeisters um eine **laufende** Maßnahme der erforderlichen ordnungsmäßigen Instandhaltung gem. § 27 Abs. 3 S. 1 Nr. 3 WEG handelt. Bejaht man dies, wäre eine solche Maßnahme nicht von einem Beschluss der Wohnungseigentümer abhängig. Da Hausmeisterverträge aber typischerweise auf eine lang- bzw. längerfristige Vertragslaufzeit angelegt sind, auch wenn sie ggf. ordentlich kündbar sein sollten und somit eine fortlaufende und je nach Größe des Objekts erhebliche finanzielle Belastung der Gemeinschaft bedeuten, dürfte die Einstellung eines Hausmeisters als sonstiges Rechtsge-

---

[223] S. AG Recklinghausen NZM 2009, 521.
[224] AG Recklinghausen NZM 2009, 521, 522.
[225] Vorauflage Rdn. 116.
[226] S. OLG München NJW-RR 2008, 1182, 1184 = ZMR 2009, 64.

J.-H. Schmidt

schäft i. S. des § 27 Abs. 3 S. 1 Nr. 7 WEG anzusehen sein, das der Verwalter mangels einer ihn ermächtigenden Vereinbarung in der Gemeinschaftsordnung nur nach entsprechender Beschlussfassung durch die Wohnungseigentümer vornehmen darf.[227]

285 Dem Verwalter ist daher nach der gegenwärtigen Rechtslage zu empfehlen, über das „Ob" einer Hausmeistereinstellung und die Art und Weise seiner Anstellung einschließlich Vergütung die Eigentümer beschließen zu lassen, sofern nicht die Gemeinschaftsordnung ihn dazu ermächtigt. Sinnvoll und der AGB-Kontrolle standhalten dürfte eine Bevollmächtigung des Verwalters, die ihm das Auswahlermessen und die Vertragsgestaltung überlässt, sofern nicht die Eigentümerversammlung konkrete verbindliche Weisungen erteilt. Zur vertraglichen Gestaltung kann auch die Festlegung des genauen Aufgabenkreises des Hausmeisters gehören (s. auch unten Anhang 3). Hierzu könnte im Verwaltervertrag wie folgt formuliert werden:

Beispiel 2: Beschließt die Eigentümerversammlung die Beschäftigung eines Hausmeisters als Angestellter oder Selbstständiger und legt sie hierzu den Vergütungsrahmen fest, ist der Verwalter bevollmächtigt, die Person des Hausmeisters auszuwählen, den weiteren Vertrag mit ihm auszuhandeln und insbesondere den Pflichtenkatalog bzw. das Leistungsverzeichnis festzulegen. Verbindliche Weisungen aus dem Eigentümerbeschluss schränken das pflichtgemäße Auswahl-, Verhandlungs- und Gestaltungsermessen des Verwalters insoweit ein.

286 – *Beschäftigung von Hilfskräften*

Beispiel:[228] Der Verwalter ist berechtigt, erforderliche Hilfskräfte für Hausreinigung, Gartenpflege und Schneeräumen und allgemeine Hausmeistertätigkeiten einzustellen und zu entlassen, ihre Tätigkeiten zu bestimmen und zu überwachen sowie angemessene Vergütungen zu vereinbaren.

Die Klausel verstößt gegen AGB-Recht und ist daher unwirksam. Die Einbeziehung einer solchen Vertragsklausel in den Verwaltervertrag widerspricht den Grundsätzen ordnungsgemäßer Verwaltung. Unabhängig davon, dass in engen Grenzen eine Kompetenzverlagerung auf den Verwalter in Betracht kommen kann (s. unten Rdn. 312 ff.), hält die o. g. Klausel einer AGB-Kontrolle nicht stand. Sie verleiht dem Verwalter einen Freibrief für eine unüberschaubare finanzielle Belastung der Gemeinschaft. Es wird weder eine zahlenmäßige, noch eine funktionelle Begrenzung der einzusetzenden Hilfskräfte noch eine Obergrenze der Gesamthonorarbelastung der Gemeinschaft pro Wirtschaftsjahr angegeben.[229] Soweit die Gemeinschaftsordnung den Verwalter ermächtigt, einzelne Personen, z. B. den Hauswart, anzustellen, zu entlohnen oder zu entlassen, kann diese Regelung nicht erweiternd im Sinne einer allgemeinen Einstellung von Hilfskräften verstanden werden. Für eine ergänzende Auslegung in diesem Sinne ist bei unbefangener Betrachtung nach Wortlaut und Sinn kein Raum.[230]

287 – *Grundversorgungsklauseln*

Beispiel 1:[231] Der Verwalter ist berechtigt, mit Wirkung für und gegen die Eigentümergemeinschaft im Rahmen seiner Verwaltungsaufgaben im Einvernehmen mit dem Verwaltungsbeirat Verträge abzuschließen bzw. zu kündigen, z. B. Versicherungs- und Wartungsverträge sowie Heizungs-, Strom- und Wasserlieferungsverträge und Erklärungen abzugeben, die zur Anbringung einer Fernseh- und Rundfunkanlage erforderlich sind.

---

[227] In diesem Sinne auch *Heinemann* in Jennißen, WEG, § 27 Rdn. 29 und 95; *Lüke*, ZWE 2009, 101, 107.
[228] S. OLG Düsseldorf NZM 2001, 390.
[229] OLG Düsseldorf NZM 2001, 389.
[230] OLG Düsseldorf, s. ebendort.
[231] S. OLG München NJW-RR 2008, 1182, 1184 = ZMR 2009, 64.

J.-H. Schmidt

Beispiel 2:[232] Der Verwalter ist bevollmächtigt, die Versorgung des Hauses mit Energie sicherzustellen. Er darf den Öltank ohne Beschluss der Eigentümerversammlung betanken lassen, wenn er zuvor drei Angebote einholt und den Lieferauftrag an den günstigsten Anbieter erteilt. Für Strom- oder Gasversorgung ist der Verwalter berechtigt, die Erstversorgung sicherzustellen. Er darf hierzu Versorgungsverträge mit einer Laufzeit von maximal einem Jahr abschließen. Er hat sich zuvor zu vergewissern, dass die angebotenen Preise marktüblich sind. Eine längere Bindung als ein Jahr an einen Versorger darf der Verwalter nur nach entsprechender Beschlussfassung der Eigentümerversammlung eingehen.

Daraus, dass nach § 27 Abs. 3 S. 1 Nr. 7 WEG alle sonstigen Rechtsgeschäfte und **288** Rechtshandlungen des Verwalters für die Eigentümergemeinschaft einer Vereinbarung oder Beschlussfassung bedürfen, folgt u. a. auch, dass der Verwalter aufgrund der minimalen organschaftlichen Funktionsausstattung ohne besondere Ermächtigung bzw. Bevollmächtigung nicht einmal die **Grundversorgung** des Objektes sicherstellen kann. Es wird für nicht sinnvoll gehalten, wenn der Verwalter vor der notwendigen Ölbestellung zunächst eine Eigentümerversammlung einberufen müsste und daher angeregt, im Verwaltervertrag die im Beispiel 2 zitierte Vollmacht zu verwenden. Angesichts der restriktiven Rechtsprechung ist allerdings vor dem Gebrauch derartiger Vollmachten zu warnen. Die Klausel aus Beispiel 1 ist unwirksam (§ 307 BGB), da sie in unbeschränktem Umfang (s.: „z.B. […]") die grundsätzliche Entscheidungskompetenz der Eigentümerversammlung auf die Person des Verwalters verlagert, keine summenmäßige Begrenzung der mit den eingeräumten Verwaltungsbefugnissen verbundenen Kostenbelastung vorsieht und daher für die Gemeinschaft der Wohnungseigentümer ein nicht überschaubares finanzielles Risiko begründet.[233] Es genügt insoweit auch nicht, die Befugnisse des Verwalters an das Einvernehmen des Verwaltungsbeirats zu knüpfen.[234]

Auch das Beispiel 2 enthält eine rechtlich nicht unbedenkliche Klausel. Zwar ist sie **289** anders als im Beispiel 1 gegenständlich auf die Energieversorgung[235] beschränkt und durch die Konkurrenzangebotsklausel bzw. Zeitgrenze auch vom finanziellen Risiko her überschaubarer. Anderseits fehlt zumindest eine Höchstgrenze der in einem Wirtschaftsjahr maximal zulässigen finanziellen Belastung.[236] Dem haftungsrechtlichen Grundsatz des sichersten Weges entspricht es daher, die Klausel nicht zu verwenden. Anzumerken ist im Übrigen, dass der Heizölkauf in den Wintermonaten durch die gesetzliche Vertretungsmacht aus § 27 Abs. 3 S. 1 Nr. 4 Abs. 1 Nr. 3 WEG gedeckt ist. Bei einer solchen Notmaßnahme wäre aufgrund der Dringlichkeit die Einholung von drei Vergleichsangeboten verzichtbar.

– *Abbedingung des § 181 BGB*   **290**
Grundsätzlich unterliegt der WEG-Verwalter wegen der zu besorgenden Interessenkollision dem Selbstkontrahierungsverbot des § 181 BGB, so dass er in der Regel nicht mit sich im Namen der Wohnungseigentümer bzw. Wohnungseigentümergemeinschaft Rechtsgeschäfte vornehmen darf.

Beispiel:[237] Der Verwalter ist von der Beschränkung des § 181 BGB – soweit zulässig – befreit. **291**

Der Verwalter kann durch eine individuelle Regelung im Verwaltervertrag von diesem Verbot befreit werden. Wird die Befreiung in einem vorformulierten Verwalterver-

---

[232] S. Vorauflage Rdn. 115.

[233] OLG München NJW-RR 2008, 1182, 1184 mit Hinweis auf OLG Düsseldorf NJW-RR 1998, 13, 14 (zur Instandsetzung); NZM 2006, 936, 937; NZM 2001, 390.

[234] OLG München, s. ebenda; OLG Düsseldorf NZM 2001, 390, 391.

[235] Der Heizölkauf vollzieht sich in einem einmaligen Akt (§ 433 BGB), die Energielieferung ist ein Dauerlieferungsvertrag.

[236] Vgl. OLG Düsseldorf NZM 2001, 390, 391.

[237] OLG München NJW-RR 2008, 1182, 1184 = ZMR 2009, 64.

trag vereinbart, benachteiligt dies allerdings die Wohnungseigentümer bzw. die Gemeinschaft unangemessen i. S. des § 307 Abs. 1 S. 1, Abs. 2 Nr. 2 BGB und ist daher nichtig.[238] Salvatorische Klauselbestandteile im Verwaltervertrag („soweit [gesetzlich] zulässig …") wie sie auch das o. g. Beispiel aufweist, verstoßen gegen das Verständlichkeitsgebot und ändern an der Nichtigkeit der verbotswidrigen Klausel nichts.[239]

292 – *Untervollmachtserteilung*

Beispiel:[240] Der Verwalter kann Untervollmacht erteilen.

Verwalterleistungen sind grundsätzlich „in Person" zu erbringen. Einer in der Sache unbeschränkten Übertragungsbefugnis in Formularverträgen steht deshalb § 307 Abs. 1 S. 1, Abs. 2 Nr. 2 BGB entgegen.[241]

293 – *Vertragslaufzeitklauseln*

Nicht AGB-widrig ist die Regelung, dass der Verwaltervertrag eine Laufzeit von bis zu 5 Jahren hat. § 26 Abs. 1 S. 2 WEG ist nicht durch das später in Kraft getretene Klauselverbot des § 11 Nr. 12a AGBG bzw. § 309 Nr. 9a BGB verdrängt worden. Der Verwaltervertrag darf somit trotz § 11 Nr. 12a BGB bzw. § 309 Nr. 9a BGB länger als 2 Jahre, nicht jedoch länger als 5 Jahre abgeschlossen werden.[242] Der Verwaltervertrag des ersten Verwalters nach Begründung von Wohnungseigentum darf gem. § 26 Abs. 1 S. 2 WEG in der zum 1. 7. 2007 eingeführten Neufassung höchstens 3 Jahre laufen. Diese Besonderheit der 5- bzw. 3-jährigen Vertragslaufzeit ist bei allen Abschlüssen ab dem 1. 7. 2007 in der Klausel klar und eindeutig zum Ausdruck zu bringen, sofern für beide Fälle ein einziges Vertragsmuster verwendet werden soll. Unvollständige oder unklare Regelungen gehen im Zweifel zu Lasten des Verwenders. Rechtlich nicht zu beanstanden ist es, wenn zugleich mit der Festlegung der festen Vertragslaufzeit (Befristung) das Recht zur ordentlichen Kündigung beiderseitig[243] ausgeschlossen und auf die fristlose Kündigung aus wichtigem Grund beschränkt wird.

294 – *Verwaltervergütung*

AGB-widrige Klauseln werden häufig auch im Zusammenhang mit Vergütungsabsprachen verwendet. Diese Problematik ist unten unter Ziff. 6. (Rdn. 341 ff.) dargestellt.

295 – *Rechtsfolgen von Verstößen gegen das AGB-Recht*

Bei der Frage, welche Konsequenzen ein Verstoß gegen AGB-rechtliche Bestimmungen in Bezug auf den Verwaltervertrag hat, sind einige Besonderheiten zu berücksichtigen. AGB-rechtlich sind die Rechtsfolgen bei Nichteinbeziehung oder Unwirksamkeit in § 306 BGB geregelt. Sind allgemeine Geschäftsbedingungen ganz oder teilweise unwirksam, so bleibt der Vertrag im Übrigen wirksam (§ 306 Abs. 1 BGB). An die Stelle der unwirksamen Klausel tritt die jeweilige gesetzliche Vorschrift (§ 306 Abs. 2 BGB). Anderes gilt nur dann, wenn das Festhalten am Vertrag eine zumutbare Härte für eine Vertragspartei darstellen würde; in einem solchen Fall ist der Vertrag insgesamt unwirksam (§ 306 Abs. 3 BGB). Der Grundsatz der Wirksamkeit des restlichen Vertragsteils ist

---

[238] OLG München NJW-RR 2008, 1182, 1184; OLG Düsseldorf NZM 2006, 936, 937; *Bub* in Staudinger, BGB, § 27 WEG Rdn. 45.

[239] Vgl. Gottschalg, NZM 2009, 217, 220.

[240] OLG München NJW-RR 2008, 1182, 1184 = ZMR 2009, 64

[241] OLG München NJW-RR 2008, 1182, 1184.

[242] Vgl. hierzu auch BGH NZM 2002, 788 = NJW 2002, 3240.

[243] Wird nur zugunsten der Gemeinschaft ein einmaliges befristetes Sonderkündigungsrecht (z. B. zum Ablauf des 2. Jahres mit einer Frist von 6 Monaten) vereinbart, ist dies unbedenklich. Behält sich aber nur der Verwalter als Verwender ein solches Recht vor, kann dies AGB-rechtlich riskant sein wegen einer unangemessenen Benachteiligung (§ 307 BGB) des Vertragsgegners.

eine Sonderregelung im Verhältnis der allgemeinen zivilrechtlichen Unwirksamkeitsvermutung des § 139 BGB. Während diese Vorschrift bei Teilunwirksamkeit eines Vertragsbestandteils eine – freilich widerlegbare – Unwirksamkeitsvermutung für den gesamten Vertrag aufstellt unter Berücksichtigung des jeweiligen Parteiwillens, geht § 306 Abs. 1 BGB vor allem zum Schutz des Vertragsgegners des Verwenders, der eine unwirksame Klausel verwendet, vom Fortbestand des Vertrages unabhängig vom Parteiwillen aus.

Die besondere Rechtsfolge des § 306 Abs. 1 BGB ist auch bei der gerichtlichen **296** Überprüfung eines Mehrheitsbeschlusses zu beachten, durch den der Abschluss eines Verwaltervertrages gebilligt wird, der eine AGB-widrige und daher unwirksame Klausel enthält. Da an die Stelle der unwirksamen Klausel dispositives Gesetzesrecht tritt, welches der Wohnungseigentümergemeinschaft zu Gute kommt, kann der Abschluss des Verwaltervertrages durchaus ordnungsmäßiger Verwaltung i. S. des § 21 Abs. 3 WEG entsprechen. Dies gilt etwa auch, wenn die unwirksame Klausel eine der Kardinalpflichten des Verwalters betrifft, z. B. die Haftung.[244]

Ist also nur eine einzelne Klausel unwirksam, widerspricht der Verwaltervertrag in **297** der Regel nicht ordnungsmäßiger Verwaltung, denn an die Stelle der unwirksamen Klausel tritt das dispositive Gesetzesrecht.[245] Ein Eigentümerbeschluss, durch den ein Verwaltervertrag gebilligt wird, dessen Bestimmungen in zahlreichen Punkten gegen die §§ 305 ff. BGB verstoßen, entspricht hingegen zumeist nicht ordnungsmäßiger Verwaltung.[246] Allerdings verbietet sich eine pauschale Beurteilung. Vielmehr muss im Einzelfall überprüft werden, ob die dispositiven Gesetzesbestimmungen, die an die Stelle der unwirksamen Vertragsklauseln treten, dem Gesamtinteresse aller Wohnungseigentümer dienen (vgl. § 21 Abs. 3 und 4 WEG). Auf die Anzahl der unwirksamen Klauseln kann es daher nicht ankommen, sondern stets auf den Inhalt. Auch eine Vielzahl unwirksamer Einzelklauseln muss nicht dazu führen, dass die Billigung des Verwaltervertrages ordnungsmäßiger Verwaltung widerspricht. Handelt es sich nämlich um Nebenabreden, die nicht den Kern der beiderseitigen schuldrechtlichen Verpflichtungen berühren, kann angenommen werden, dass der Vertrag auch ohne die unwirksamen Regelungen geschlossen worden wäre.[247]

Umgekehrt führt die Bestandskraft eines den Verwaltervertrag genehmigenden Eigen- **298** tümerbeschlusses nicht dazu, dass eine AGB-widrige Klausel wirksam wäre. Die Bestandskraft kann die materielle Unwirksamkeit der Klausel nicht heilen bzw. überwinden. Versuche, die nach § 306 Abs. 1 und 2 BGB vorgesehene Geltung des Verwaltervertrages unter Einbeziehung des dispositiven Gesetzesrechts anstelle der unwirksamen Klausel durch eine sog. **salvatorische Klausel** im Verwaltervertrag zu verdrängen, müssen scheitern. Sie zielen darauf ab, die gesetzliche Rechtsfolge zu umgehen und dem Verwender (Verwalter) das Risiko der Unwirksamkeit der von ihm verwendeten Klauseln zumindest teilweise wieder abzunehmen. Aus diesem Grunde sind vorformulierte salvatorische Klauseln unwirksam, insbesondere wenn sie vorsehen, dass die Parteien wechselseitig verpflichtet sind, eine dem wirtschaftlichen Erfolg der ursprünglichen Regelung möglichst nahekommende Ersatzregelung zu vereinbaren.[248] Da an die Stelle der unwirksamen salvatorischen Klausel wiederum das dispositive Gesetzesrecht tritt, hier also die uneingeschränkte Verwalterhaftung, dürfte die Billigung eines Verwaltervertrages, in dem eine solche Klausel enthalten ist, üblicherweise ordnungs-

---

[244] LG Mönchengladbach ZMR 2007, 895, 896.
[245] *Merle* in Bärmann, WEG, § 26 Rdn. 103.
[246] *Merle* in Bärmann, WEG, § 26 Rdn. 103.
[247] OLG München, NJW-RR 2008, 1182, 1185; OLG Hamm, NZM 2001, 49, 53; OLG Saarbrücken, WE 1998, 69, 74.
[248] *Furmans*, NZM 2004, 201, 205.

mäßiger Verwaltung entsprechen, denn die Wohnungseigentümer werden nicht benachteiligt.[249]

299   **Beispiel**:[250] Ist oder wird eine Regelung dieses Vertrags unwirksam, bzw. undurchführbar oder enthält dieser Vertrag eine Lücke, so tritt an die Stelle der unwirksamen oder lückenhaften Regelung diejenige, die die Parteien vernünftigerweise unter Berücksichtigung des beabsichtigten wirtschaftlichen Zwecks getroffen hätten.

300   Der einzelne Wohnungseigentümer kann die AGB-rechtliche Wirksamkeit von Bestimmungen des Verwaltervertrages jederzeit gerichtlich überprüfen lassen. Die Bestandskraft des auf den Vertragsabschluss gerichteten Eigentümerbeschlusses steht dem nicht entgegen. Die Einzelklagebefugnis wird ebenfalls nicht dadurch berührt, dass der Abschluss des Verwaltervertrages eine Maßnahme der gemeinschaftlichen Verwaltung und der einzelne Eigentümer am Verwaltervertrag nicht als Vertragspartei beteiligt ist. Die Befugnis des einzelnen Wohnungseigentümers zur Klage hängt folglich nicht von einem ermächtigenden Beschluss der übrigen Miteigentümer ab. Denn bei der Feststellung der Unwirksamkeit des Vertragsinhalts oder einzelner Bestimmungen des Verwaltervertrages geht es nicht um die aktive Durchsetzung eines Anspruches und auch nicht um die Gestaltung eines Rechtsverhältnisses, sondern nur um die Feststellung, ob und in welchem Umfang durch den geschlossenen Verwaltervertrag Rechte und Pflichten rechtswirksam begründet wurden. Im Hinblick auf diese Feststellung besteht kein Vorrang der gemeinschaftlichen Verwaltungszuständigkeit. Nachdem der Verwaltervertrag geschlossen ist, steht der Gemeinschaft eine Gestaltungsbefugnis hinsichtlich des Inhalts des Vertrages nicht mehr zu. Der schuldrechtlich bindende Vertrag ist entweder insgesamt oder teilweise wirksam bzw. unwirksam.[251]

301   Sind einzelne Bestimmungen des Verwaltervertrages nicht gem. den §§ 305 ff. BGB unwirksam, etwa weil sie zwar als AGB zu werten sind, aber nicht unter die Klauselverbote (§ 308 und § 309 BGB) fallen und auch nicht gegen die Generalklausel (§ 307 BGB) verstoßen, kann der Abschluss des Verwaltervertrages gleichwohl ordnungsmäßiger Verwaltung widersprechen, wenn in anderer Hinsicht Verstöße gegen die Grundsätze ordnungsgemäßer Verwaltung festzustellen sind. Ein solcher Verstoß kann insbesondere vorliegen, wenn der Inhalt des Verwaltervertrages im Widerspruch zu Bestimmungen der zwischen den Wohnungseigentümern vereinbarten Gemeinschaftsordnung steht.[252] Gleiches gilt, wenn über den Verwaltervertrag eine Änderung der Gemeinschaftsordnung herbeigefügt werden soll (s. oben Rdn. 229 ff.). Ein Eigentümerbeschluss, durch den ein Verwaltervertrag gebilligt wird, dessen Bestimmungen in ihrem Regelungsgehalt unklar oder überflüssig[253] erscheinen, entspricht ebenfalls nicht ordnungsmäßiger Verwaltung.[254] Auch in derartigen Fällen muss das mit der Sache befasste Gericht im Rahmen einer Gesamtwürdigung feststellen, ob es die Ungültigerklärung des die Billigung des Verwaltervertrages aussprechenden Beschlusses auf die jeweiligen Bestimmungen beschränkt[255] oder den Billigungsbeschluss insgesamt für ungültig erklärt.[256] Im Rahmen der Gesamtwürdigung ist die Wertung des § 139 BGB zu berücksichtigen.[257] Dessen Unwirksamkeitsvermutung wird hier nicht verdrängt, da § 306 BGB keine Anwendung findet.

---

[249] Im Ergebnis ebenso OLG Hamm NZM 2001, 49, 53.
[250] S. *Furmans*, NZM 2004, 201, 205.
[251] OLG Hamm NZM 2001, 49, 51.
[252] OLG Düsseldorf NZM 2001, 390; *Bub* in Staudinger, BGB, § 26 WEG Rdn. 50, 238.
[253] S. oben Rdn. 209, 215 ff.
[254] OLG Düsseldorf NZM 2001, 390, 392; BayObLG WE 1991, 295.
[255] OLG München NJW-RR 2008, 1182, 1185; BayObLG WuM 1991, 312.
[256] So im Fall OLG Düsseldorf NZM 2006, 936, 937.
[257] OLG Hamm NZM 2001, 49, 52.

J.-H. Schmidt

cc) Allgemeine Nichtigkeitsgründe (§§ 134, 138, 226, 242 BGB). Bislang 302
wurden besondere Nichtigkeitsgründe dargestellt, die dazu führen, dass einzelne Bestimmungen des Verwaltervertrages oder auch der Vertrag insgesamt unwirksam sind.
Neben diesen besonderen Regelungen gelten die allgemeinen Schranken des Vertragsrechts (§§ 134, 138, 226, 242 BGB). Auch sie schränken die grundsätzlich bestehende
Vertragsfreiheit der Parteien bei der Gestaltung des Verwaltervertrages ein.[258] Eine Regelung im Vertrag ist folglich insbesondere dann nichtig, wenn sie gegen ein zwingendes gesetzliches Verbot (§ 134 BGB) oder gegen die guten Sitten verstößt (§ 138 BGB),
das Schikaneverbot (§ 226 BGB) oder die Grundsätze von Treu und Glauben (§ 242
BGB) verletzt oder gegen zwingende Vorschriften des Wohnungseigentumsgesetzes
oder sonstige Gesetze verstößt.

Eine Verletzung zwingender Vorschriften des Wohnungseigentumsgesetzes liegt etwa 303
vor, wenn eine Gesellschaft bürgerlichen Rechts (**GbR**) zum WEG-Verwalter bestellt
wird.[259] Die zwingende gesetzliche Bestimmung ist § 26 BGB i. V. m. den insoweit
zwingenden Vorgaben der Rechtsprechung (Richterrecht). Die Nichtigkeit der Verwalterbestellung schlägt auch auf den Verwaltervertrag durch, wenn dieser mit einer
GbR abgeschlossen wird.[260]

Sonstige zwingende Vorschriften, deren Verletzung zur Nichtigkeit vertraglicher Re- 304
gelungen führt, stellen die handels- und steuerrechtlichen Vorschriften über die Dauer
der **Aufbewahrungspflicht** von Belegen und Buchhaltungsunterlagen dar. Die Aufbewahrungsdauer beträgt nach § 257 Handelsgesetzbuch (HGB), § 147 Abs. 1 und Abgabenordnung (AO) für Bücher und Aufzeichnungen, Inventare, Bilanzen sowie die zu
ihrem Verständnis erforderlichen Arbeitsanweisungen 10 Jahre. Eine ausdrückliche gesetzliche Regelung für die Dauer der Aufbewahrung von Unterlagen der Wohnungseigentümergemeinschaft gibt es nicht. Jedoch ist anerkannt, dass die handels- und steuerrechtlichen Vorschriften auf das Wohnungseigentumsrecht entsprechend anzuwenden
sind. Die Aufbewahrungspflichten bilden die Grundlage des individuellen Prüfungsrechts, welches jedem Wohnungseigentümer hinsichtlich des Finanz- und Rechnungswesens zusteht. Daher sind unter die 10-Jahresfrist auch die Jahresabrechnungen nebst
Kontenblättern zu subsumieren. Gem. § 257 Abs. 1 Nr. 4 HGB sind auch Belege 10
und nicht mehr lediglich 6 Jahre aufzubewahren.[261]

Alle sonstigen Unterlagen, wie z. B. Schriftwechsel, sind grundsätzlich 6 Jahre aufzu- 305
bewahren.[262] Die Aufbewahrungsfrist beginnt mit dem Schluss des Kalenderjahres, in
dem die letzte buchhalterische Eintragung gemacht oder die Bilanz festgestellt wurde.
Dies bedeutet für die Jahresabrechnung, dass die 10-Jahresfrist mit Ablauf des Jahres
beginnt, in dem sie durch Eigentümerbeschluss genehmigt wurde.[263] Sofern die Gemeinschaft eigene Arbeitnehmer, etwa einen Hausmeister beschäftigt, sind die Lohn-
konten nach § 41 Abs. 1 S. 6 Einkommensteuergesetz (EStG) bis zum Ablauf des 6.
Kalenderjahres, das auf die zuletzt gebuchte Lohnzahlung folgt, aufzubewahren.[264] Aus
§ 14b Abs. 1 S. 1 Umsatzsteuergesetz (UStG) ergibt sich die bußgeldbewehrte (§ 26a
Abs. 2 UStG) Pflicht, Rechnungen im Zusammenhang mit Arbeiten an einem Grundstück 10 Jahre aufzubewahren.[265] Außer der Jahresabrechnung müssen auch dazu gehö-

---

[258] OLG München NJW-RR 2008, 1182, 1183; OLG Düsseldorf NZM 2001, 390; *Merle* in
Bärmann, WEG, § 26 Rdn. 102.
[259] BGH NZM 2006, 263; NJW 1989, 2059.
[260] *Merle* in Bärmann, WEG, § 26 Rdn. 102.
[261] *Jennißen*, Verwalterabrechnung, Rdn. 705.
[262] *Niedenführ* in Niedenführ/Kümmel/Vandenhouten, WEG, § 28 Rdn. 132.
[263] *Jennißen*, ebenda.
[264] *Abramenko* in Riecke/Schmid, WEG, § 28 Rdn. 163.
[265] *Niedenführ*, ebenda; *Kahlen*, ZMR 2005, 837.

rige Wirtschaftpläne aufbewahrt werden, da diese auch nach Genehmigung der Jahresabrechnung durch Beschlussfassung weiterhin Anspruchsgrundlage für rückständige
Wohngeldzahlungen für das jeweilige Abrechnungsjahr bleiben.

306   Teilungserklärung, Teilungsvertrag (jeweils mit Gemeinschaftsordnung) eventuelle
Nachträge, Versammlungsprotokolle, etwaige Beschlussbücher und die Beschluss-Sammlung sind dauerhaft aufzubewahren. Verträge und sonstige Unterlagen sind nicht nur für
die Dauer ihrer Laufzeit aufzubewahren, sondern darüber hinaus jedenfalls solange, wie
wechselseitige Ansprüche noch nicht verjährt sind.[266] Es ist aber zweckmäßig, Kaufverträge und alle sonstigen Vertragsunterlagen, die den baulichen Zustand der Gemeinschaft
betreffen, unbefristet aufzubewahren, da sie von Bedeutung sein können, solange die
Wohnanlage existiert. Dies gilt etwa für Baugenehmigungen, statische Nachweise, Bau-
zeichnungen, Revisionspläne, Materialblätter usw. Eigene Geschäftspost, z.B. Korrespondenz des Verwalters mit einzelnen Eigentümern, muss der Verwalter grundsätzlich
nicht aushändigen. Gleiches gilt etwa für rechtliche Auskünfte, die er hinsichtlich seiner
eigenen Verpflichtungen bei der Verwaltung des gemeinschaftlichen Eigentums der
Wohnanlage eingeholt hat, etwa bzgl. seiner Durchführungspflicht (§ 27 Abs. 1 Nr. 1
WEG) in Bezug auf rechtswidrige oder angefochtene Eigentümerbeschlüsse.

307   Die allgemeinen 6- bzw. 10-jährigen Aufbewahrungspflichten für Jahresabrechnungen, Wirtschaftspläne, Buchungsbelege und Geschäftspost gelten für die Wohnungseigentümer untereinander, nicht jedoch für den Verwalter.[267] Gleichwohl ist der Verwalter in diesem Bereich Organ bzw. Treuhänder der Wohnungseigentümer, so dass er die
Fristen zwingend zu beachten hat. Ein Mehrheitsbeschluss, der zu Gunsten des Verwalters eine kürzere Aufbewahrungsfrist einräumt, kann bei unbefangener Betrachtung in
gesetzeskonformer Auslegung unter Umständen dahin verstanden werden, nach Ablauf
dieser Frist die Unterlagen an die Wohnungseigentümergemeinschaft auszuhändigen, da
sie zum Verwaltungsvermögen gehören. Ist eine solche gesetzeskonforme Auslegung im
Einzelfall aber ausgeschlossen, etwa weil der Verwalter durch Beschluss zur vorzeitigen
Vernichtung der Unterlagen ermächtigt wird, ist ein derartiger Beschluss wegen Verstoßes gegen zwingendes Recht nichtig.[268] Demgemäß kann auch ein bestandskräftiger
Eigentümerbeschluss über die Befugnis der Verwaltung zur Aktenvernichtung eine Re-
gelung im Verwaltervertrag nicht als Maßnahme einer ordnungsmäßigen Verwaltung
rechtfertigen, da der Beschluss keine Rechtswirkungen entfaltet und insofern trotz
Nichtanfechtung auch nicht bestandskräftig wird, sondern nichtig ist.[269] Verwendet ein
Verwalter im Verwaltervertrag eine Vertragsklausel, die ihm nach Ablauf abgekürzter
Fristen ein Recht zur Vernichtung von Verwaltungsunterlagen einräumt, ist eine solche
Bestimmung jedenfalls wegen Verstoßes gegen zwingende Gesetzesvorschriften nichtig.

308   Darüber hinaus kommt auch eine Unwirksamkeit wegen unangemessener Benachteiligung der Wohnungseigentümergemeinschaft (§ 307 BGB) in Betracht, da die Vernichtung der Unterlagen das Prüfungs- und Kontrollrecht zunichte macht, welches
jedem einzelnen Wohnungseigentümer in Bezug auf die Überprüfung des ordnungsgemäßen Finanz- und Rechnungswesens einräumt.[270] Von der Verwendung derartiger
Klauseln sollte daher wegen des hohen Nichtigkeitsrisikos abgesehen werden.

---

[266] *Niedenführ* in Niedenführ/Kümmel/Vandenhouten, WEG, § 28 Rdn. 132.
[267] OLG München NJW-RR 2008, 1182, 1185.
[268] OLG München NJW-RR 2008, 1182, 1185, *Bub* in Staudinger, BGB, § 28 WEG
Rdn. 301; *Abramenko* in Riecke/Schmid, WEG, § 28 Rdn. 163; a. A. AG Königstein NZM 2000,
876; *Niedenführ* in Niedenführ/Kümmel/Vandenhouten, WEG, § 28 Rdn. 132: nur anfechtbar.
[269] Ungenau, aber im Ergebnis zutreffend OLG München aa. O.
[270] Zum individuellen Prüfungs- und Kontrollrecht ausführlich *Jennißen*, Verwalterabrechnung,
Rdn. 667 ff; zum Datenschutz im Bereich des Wohneigentums eingehend *Drasdo*, GE 2009,
826 ff.

Beispiel für eine unwirksame Klausel:[271] Die Hausverwaltung ist berechtigt, alle Verwal- **309** tungsunterlagen aus laufender Verwaltung (wie Kontoauszüge, Belege und bedingt Teile von Korrespondenz) nach Ablauf von 5 Kalenderjahren datenschutzsicher zu vernichten.

Eine Vertragsklausel kann gegen ein zwingendes gesetzliches Verbot verstoßen, wenn **310** darin dem Verwalter eine Berechtigung zur umfassenden Rechtsberatung der Wohnungseigentümer innerhalb oder außerhalb der Eigentümerversammlung eingeräumt wird (§ 134 BGB i. V. m. § 3 Rechtsdienstleistungsgesetz (RDG)). Das RDG hat zum 1. 7. 2007 das bis dahin geltende Rechtsberatungsgesetz (RBerG) abgelöst. Es hält an einem grundsätzlichen **Rechtsberatungsverbot** mit Erlaubnisvorbehalt fest. Im Gegensatz zum RBerG ist das RDG nur noch auf außergerichtliche Rechtsdienstleistungen anwendbar, während Rechtsvertretungsverbote vor Gericht nunmehr in den verschiedenen Verfahrensordnungen geregelt werden. Für den WEG-Verwalter stellt § 5 Abs. 2 Nr. 2 RDG eine besondere Befugnisnorm auf, wonach Rechtsdienstleistungen, die von einem WEG-Verwalter im Zusammenhang mit seiner Verwaltertätigkeit erbracht werden, als erlaubte Nebenleistungen gelten. Gleichwohl räumt diese Befugnisnorm einem gewerblichen Verwalter von Wohnungseigentum nicht das uneingeschränkte Recht zur rechtlichen Beratung der Wohnungseigentümer ein. Einzelheiten können und sollen an dieser Stelle nicht vertieft werden. Vor der Verwendung uneingeschränkter Rechtsberatungsklauseln in Verwalterverträgen muss jedoch gewarnt werden.

Verstöße gegen die guten Sitten (§ 138 BGB) kommen insbesondere in Betracht, **311** wenn sich der Verwalter stark überhöhte Vergütungen versprechen lässt.[272] Sittenwidrige oder wucherähnliche Entgeltvereinbarungen machen die vertragliche Bestimmung unwirksam.[273]

d) Kompetenzdefinierende Klauseln. Wegen der minimalen Vertretungskompe- **312** tenzen, die dem Verwalter mit seiner Bestellung zufallen, wird im Schrifttum überlegt, ob im Verwaltervertrag, sofern die Gemeinschaftsordnung keine anderslautende Regelung enthält, Kompetenzen für den Verwalter definiert werden können, um seine Handlungsfähigkeit für Wohnungseigentümer und Verband bei der Verwaltung des gemeinschaftlichen Eigentums im Rechtsverkehr zu erhöhen.[274] So wurde insbesondere beanstandet, dass nach der gesetzlichen Regelung des § 27 Abs. 3 S. 1 Nr. 7 WEG der Verwalter den Verband in einer Wohngeldklage nur dann aktiv vertreten darf, wenn er hierzu ermächtigt wurde. Damit der Verwalter möglichst schnell rückständige Wohngelder einklagen kann und nicht auf eine vor jeder einzelnen Klage einzuholende Bevollmächtigung angewiesen ist, wird vorgeschlagen, in den Verwaltervertrag folgende Formulierung aufzunehmen:

– *Der Verwalter ist berechtigt, rückständiges Wohngeld im eigenen Namen oder im Namen der Eigentümergemeinschaft einzuklagen und hierzu einen Rechtsanwalt zu beauftragen.*[275]

Für den Sonderfall des **Wohngeldinkassos** ist eine solche Vertragsklausel empfeh- **313** lenswert. Bereits nach alter Rechtslage war es allgemein anerkannt, dass die nach § 27 Abs. 2 Nr. 5 WEG a. F. erforderliche Ermächtigung des Verwalters, Wohngeldrückstände gerichtlich durchzusetzen, außer durch die Gemeinschaftsordnung oder einen gesonderten Eigentümerbeschluss auch durch eine Regelung im Verwaltervertrag verliehen werden konnte.[276] Da der rechtsfähige Verband noch nicht entdeckt war, entsprach

---

[271] OLG München NJW-RR 2008, 1182, 1185 = ZMR 2009, 64.

[272] Zu Vergütungsklauseln s. unten Rdn. 366 ff.

[273] Zu den guten Sitten im Wohnungseigentumsrecht *Armbrüster*, ZWE 2008, 361.

[274] S. Vorauflage Rdn. 113.

[275] Vorauflage Rdn. 113.

[276] Zur alten Rechtslage statt aller *Merle* in Bärmann/Pick/Merle, WEG, 9. A., § 27 Rdn. 139 ff.

es ferner einhelliger Ansicht, dass der Verwalter Wohngeldansprüche nicht zwingend im fremden Namen der Wohnungseigentümer geltend machen musste, sondern auch dazu berechtigt war, die Ansprüche im eigenen Namen, also in **Verfahrensstandschaft**, zu verfolgen.[277] Er musste dabei nicht selbst tätig werden, sondern war auch ohne ausdrückliche Ermächtigung berechtigt, einen Rechtsanwalt mit der Anspruchsverfolgung zu beauftragen.[278] An diese frühere Regelung knüpft § 27 Abs. 3 S. 1 Nr. 7 WEG an, ohne in der Sache etwas ändern zu wollen. Daher ist auch zum neuen Recht anerkannt, dass die Ermächtigung durch Vereinbarung oder Beschluss i.S. des § 27 Abs. 3 S. 1 Nr. 7 WEG weit auszulegen ist, so dass die Ermächtigung durch Gemeinschaftsordnung (Satzung), Beschluss oder im Verwaltervertrag erfolgen kann.[279] Unbestritten ist dabei auch, dass nicht nur Einzelfallermächtigungen wirksam sind, sondern auch generelle Ermächtigungen, die den Verwalter also für eine Vielzahl von Wohngeldverfahren zum gerichtlichen Tätigwerden ermächtigen.[280]

314   Angesichts dieser eindeutigen Rechtslage ist es unbedenklich, die o.g. vorgeschlagene Vertragsklausel in den Verwaltervertrag aufzunehmen. Dies dürfte auch hinsichtlich des Klauselbestandteils gelten, der eine Prozessführung im eigenen Namen des Verwalters vorsieht, d.h. im Wege der Prozessstandschaft. Zwar ist die Frage, ob der Verwalter Wohngeldklagen für den rechtsfähigen Verband in Prozessstandschaft führen kann, noch nicht abschließend diskutiert. Das praktische Bedürfnis ist seit Anerkennung der Rechtsfähigkeit fraglich geworden, da die Erhöhungsgebühr nach § 7 Abs. 2 RVG, VV 1008 (§ 6 BRAGO a.F.) auch beim Verbandsprozess nicht mehr anfällt.[281] Trotzdem dürfte die Prozessstandschaft noch zulässig sein, da die gesetzliche (organschaftliche) Vertretungsmacht des Verwalters nach dem Gesetzeswortlaut (§ 27 Abs. 3 S. 1 Nr. 2, 4, 7 WEG) nicht das Führen von Aktivprozessen – erstaunlicherweise auch nicht von Wohngeldprozessen[282] – umfasst und nichts dagegen spricht, die erforderliche rechtsgeschäftliche Ergänzung der Verwalterbefugnis entweder durch eine Vollmacht oder durch eine Ermächtigung zur Prozessstandschaft zuzulassen.[283] Anders wäre die Rechtslage zu beurteilen, falls nach einer künftigen Gesetzesänderung Wohngeldprozesse von der organschaftlichen Vertretungsmacht des Verwalters umfasst wären, da der WEG-Verwalter dann insoweit nicht mehr anders bewertet werden könnte als z.B. ein GmbH-Geschäftsführer, der Gesellschaftsansprüche ebenfalls nicht im eigenen Namen als Prozessstandschafter einklagen kann. Vielmehr handelten GmbH und WEG dann mittels ihrer Vertretungsorgane selbst und nicht das Vertretungsorgan für den rechtsfähigen Verband.

315   Dennoch ist zu beachten, dass im Verwaltervertrag organschaftliche Kompetenzen des Verwalters, die das abstrakte Amt betreffen, weder abgeändert noch ergänzt (konkretisiert) werden können. Eine Änderung oder Ergänzung der Gemeinschaftsordnung (Satzung) in Bezug auf abstrakte Amtsbefugnisse des Verwalters erfordern eine Vereinbarung (§ 10 Abs. 2 und 3 WEG). Etwas anderes kann nur gelten, sofern eine gesetzli-

---

[277] Siehe unten Rdn. 534.

[278] *Elzer*, ZMR 2004, 479.

[279] *Merle* in Bärmann, WEG, § 27 Rdn. 216 ff.; *Abramenko* in Riecke/Schmid, WEG, § 27 Rdn. 67 f.; *Niedenführ* in Niedenführ/Kümmel/Vandenhouten, WEG, § 27 Rdn. 75 ff.

[280] Wie vor.

[281] *Bub*, FS Blank (2006), s. 601, 609.

[282] Zu Recht erstaunt auch *Elzer* in Hügel/Elzer, Das neue WEG-Recht, § 11 Rdn. 91; *Abramenko* in Riecke/Schmid, WEG, § 27 Rdn. 65.

[283] OLG München ZMR 2007, 845; OLG Hamburg ZMR 2007, 59; *Jennißen*, Vorauflage, Rdn. 304; a.A. *Elzer*, ZMR 2008, 772, 774, der kein eigenes schutzwürdiges Interesse des Verwalters sieht; zweifelnd auch *Zöller/Vollkommer*, ZPO, § 50 Rdn. 24 a.E., der eine Prozessstandschaft nur bei Störungsbeseitigungsansprüchen zulassen möchte. Offen lassend BGH ZMR 2005, 547, 553 (III. 7 der Gründe).

J.-H. Schmidt

che oder in der Gemeinschaftsordnung vereinbarte (vertragliche) Öffnungsklausel eine
derartige Satzungsänderung mit Mehrheitsbeschluss gestattet.

Vertragliche Öffnungsklauseln dieser Art sind in Gemeinschaftsordnungen unüblich.   **316**
Sie beziehen bzw. beschränken sich in der Regel auf Änderungen des Kostenverteilungs-
schlüssels und sonstiger Vereinbarungen der Wohnungseigentümer untereinander, nicht
jedoch auf die abstrakte Handlungsorganisation der einzelnen Organe (Ämter) des Verbandes. Als gesetzliche Öffnungsklausel im obigen Sinne kommt § 27 Abs. 3 S. 1 Nr. 7
WEG in Betracht. Da die Ermächtigung durch Vereinbarung oder Beschluss erfolgen
kann, unterliegt auch die weitere Ausgestaltung der Verwalterkompetenzen beim Führen
von Aktivprozessen der Mehrheitsmacht. Jedenfalls dann, wenn sich – wie beim Wohngeldprozess – die generell-abstrakte Ermächtigung auf eine einzige Anspruchsart (Wohngeld) beschränkt, ergeben sich auch nicht aus sonstigen übergeordneten Überlegungen
heraus Bedenken, aus der gesetzlichen Ermächtigungsgrundlage die erforderliche Mehrheitsmacht zu entnehmen. Anders kann dies zu beurteilen sein, wenn eine Regelung im
Verwaltervertrag eine generell-abstrakte Ermächtigung zur Geltendmachung von Ansprüchen jeder Art enthält, zumal § 27 Abs. 3 S. 1 Nr. 7 WEG diesbezüglich noch allgemeiner gefasst ist als die Vorgängernorm in § 27 Abs. 2 Nr. 5 WEG a. F.[284]

Eine allgemeine Ermächtigung des Verwalters zur gerichtlichen Geltendmachung   **317**
von Wohngeldansprüchen im Verwaltervertrag ändert das abstrakte Verwalteramt insoweit nicht ab. Vielmehr wird nur der konkrete Amtsträger (Verwalter), mit dem das
abstrakte Verwalteramt für diese Amtsperiode besetzt wird, zum gerichtlichen Wohngeldinkasso ermächtigt. Etwas anderes kann ausnahmsweise nur gelten, wenn der Beschlussfassung über den Abschluss bzw. die Billigung des Verwaltervertrages zugleich der
Eigentümerwille entnommen werden kann, das abstrakte Verwalteramt generell, d. h.
unabhängig vom jeweiligen Amtsträger, abzuändern. Ist dies nicht festzustellen, so ist
die allgemeine Ermächtigung im Verwaltervertrag rechtsdogmatisch betrachtet eine
Bevollmächtigung des konkret eingesetzten Verwalters.

Der Verwalter ist nicht verpflichtet, die Wohngeldklage für den Verband ohne Hin-   **318**
zuziehung eines Rechtsanwalts allein zu führen.[285] Beauftragt der Verwalter einen
Rechtsanwalt und fordert dieser einen **Kostenvorschuss** an, ist im Hinblick auf § 16
Abs. 8 WEG nicht frei von Zweifeln, ob der Verwalter diese Vorschüsse vom Konto der
Eigentümergemeinschaft entnehmen darf.[286] § 16 Abs. 8 WEG regelt, dass Kosten eines
Rechtsstreits gem. § 43 WEG nur dann zu den Kosten der Verwaltung i. S. von § 16
Abs. 2 WEG gehören, wenn es sich um **Mehrkosten** gegenüber der gesetzlichen Ver-
gütung eines Rechtsanwalts handelt, die dieser aufgrund einer mit dem Verwalter in
einem Passivprozess für die Wohnungseigentümer (§ 27 Abs. 2 Nr. 4 WEG) oder den
Verband (§ 27 Abs. 3 S. 1 Nr. 6 WEG) abgeschlossenen **Streitwertvereinbarung** erhält. Bei anderen Kostenarten soll es sich nicht um solche der Verwaltung i. S. des § 16
Abs. 2 WEG handeln mit der Folge, dass auch eine vorübergehende Finanzierung bis
zum rechtskräftigen Abschluss eines Prozesses aus der Gemeinschaftskasse unzulässig sein
soll. Dies müsste mithin auch für die Entnahme von Kostenvorschüssen bei Wohngeldklagen gelten, da insoweit **Streitwertvereinbarungen** unstatthaft sind, da es sich zum
Einen nicht um ein Passivverfahren, sondern ein Aktivverfahren handelt und zum Anderen der Streitwert wegen der genauen Bezifferung der Klagsumme einer Streitwertvereinbarung nicht zugänglich ist.

Nach zutreffender h. M. dürfen Kostenvorschüsse für Wohngeldklagen, also sowohl   **319**
der Gerichtskostenvorschuss als auch ein etwaiger Vorschuss für den Rechtsanwalt oder

---

[284] Vgl. *Abramenko* in Riecke/Schmid, WEG, § 27 Rdn. 65.

[285] *Elzer* in Riecke/Schmid, WEG, § 16 Rdn. 255; genau genommen klagt der rechtsfähige
Verband mittels seines Organs, so dass ein Fall des § 79 Abs. 1 ZPO vorliegt.

[286] Ablehnend *Elzer* in Riecke/Schmid, WEG, § 27 Rdn. 317 f. gegen den BGH und die h. M.

dessen Bezahlung aus dem Verwaltungsvermögen entnommen werden. Wohngeldansprüche fallen originär in das Verwaltungsvermögen, so dass der rechtsfähige Verband selbst Partei des Rechtsstreits ist. Unbeachtlich ist, dass der Wohngeldschuldner (Beklagte) ebenfalls Mitglied der Gemeinschaft ist. Er wird nicht unangemessen benachteiligt, wenn er den gegnerischen Prozessbevollmächtigten anteilig mit zahlt, zumal er in aller Regel letztlich sogar alle Prozesskosten wird tragen müssen. Dass im Ergebnis die gerichtliche Kostenentscheidung maßgeblich ist für die Kostenverteilung, steht dabei außer Frage (Vorrang der Kostengrundentscheidung).[287]

320   Klarstellend könnte für den Verwalter im Verwaltervertrag formuliert werden:

– *Mit Hinblick auf § 16 Abs. 8 WEG ist der Verwalter berechtigt, die Kosten für Verfahren nach § 43 WEG einschließlich ihrer Vorschüsse (z. B. für Gericht und Rechtsanwalt) bis zur Erstellung der diesbezüglichen Jahresabrechnung vorübergehend dem Konto der Eigentümergemeinschaft zu entnehmen.*

321   **e) Eigentümergünstige Klauseln.** Die Wohnungseigentümergemeinschaft kann den Verwaltervertrag für sich günstig gestalten und den Pflichtenkreis des Verwalters im Verhältnis zu den gesetzlichen Grundregeln ausdehnen bzw. – zur Steigerung der Rechtssicherheit – zumindest konkretisieren. Freilich sollten Wohnungseigentümer Bedenken, dass auch ein von ihnen verwendetes Vertragsformular die Anwendbarkeit der §§ 305 ff. BGB auslösen kann mit der Folge, dass die für eine Vielzahl von Fällen vorformulierten Vertragsklauseln der AGB-Kontrolle unterliegen. Dies gilt es im Einzelfall zu beachten. Das Muster eines die Interessen der Wohnungseigentümer in den Vordergrund stellenden Verwaltervertrages findet sich im Anhang 2).

322   Günstig für die Gemeinschaft dürfte es i.d.R. sein, den Verwalter nicht für die **Bestellungsdauer** von fünf Jahren[288], sondern beispielsweise zunächst nur für zwei Jahre zu bestellen. Gerade bei Neuabschlüssen kann sich dies anbieten, um mit dem bis dahin noch unbekannten Verwalter eine Art **Probezeit** einzugehen. Aber auch bei der Wiederwahl kann eine derartige Laufzeitbeschränkung für die Eigentümer von Vorteil sein. Der Verwalter muss sich dann alle zwei Jahre neu bewerben bzw. die Wohnungseigentümer immer wieder neu von seiner Leistungsfähigkeit überzeugen. Dies führt zu gesteigerten Anstrengungen des Verwalters und ermöglicht der Wohnungseigentümergemeinschaft die schnellere Trennung von einem unzureichend arbeitenden Verwalter. Die Bestellung auf unbestimmte Zeit, die dies ebenso beinhalten würde, wird selten von den Verwaltern akzeptiert, da diese keine Planungssicherheit erhalten würden. Die zweijährige Dauer stellt daher eine sinnvolle Kompromisslösung dar.

Beispiel: Die Verwaltertätigkeit beginnt in Übereinstimmung mit dem Bestellungszeitraum am […]. Der Vertrag hat eine Festlaufzeit von 2 Jahren. Während dieser festen Vertragslaufzeit ist eine ordentliche Kündigung des Vertrages ausgeschlossen. Das Recht zur fristlosen Kündigung aus wichtigem Grunde bleibt hiervon unberührt.

323   Aus Sicht der Wohnungseigentümergemeinschaft sollte die Verwalterbestellung nicht mit dem 31.12. eines **Kalenderjahres** enden, da im Falle des **Verwalterwechsels** bzw. der Abberufung oder Amtsniederlegung des amtierenden Verwalters ohne gleichzeitige Bestellung eines Nachfolgers der ausgeschiedene Amtsinhaber dann für das zurückliegende Kalenderjahr die Jahresabrechnung nicht mehr aufstellen müsste. Nach h.M. hat

---

[287] Abweichendes gilt für Prozesskostenvorschüsse im Beschlussanfechtungsverfahren, an denen der Verband nicht beteiligt ist; s. dazu *Jennißen*, Verwalterabrechnung, Rdn. 180 ff; *J.-H. Schmidt*, MietRB 2009, 151 ff. Hier dürfen Vorschüsse ebenfalls dem Verbandsvermögen entnommen werden, müssen aber in der nächsten Jahresabrechnung vor rechtskräftigem Abschluss des Prozesses allein auf die Beklagten ohne den Anfechtungskläger verteilt werden.

[288] Beachte § 26 Abs. 1 S. 2 WEG für den ersten Verwalter nach Begründung von Wohnungseigentum: max. 3 Jahre.

der Verwalter die Jahresabrechnung zu erstellen, der im Zeitpunkt der Fälligkeit der Jahresabrechnung Verwalter ist.[289] Deshalb wird empfohlen, die Verwalterbestellung stets bis zum 31.1. zu terminieren, damit der ausscheidende Verwalter noch für das zurückliegende Kalenderjahr abrechnen muss.[290] Dagegen spricht, dass der Gemeinschaft mit dieser Regelung möglicherweise nicht geholfen ist, da der Anspruch auf Aufstellung und Vorlage der Jahresabrechnung mangels einer gesetzlichen Regelung erst nach Ablauf einer angemessenen Frist fällig wird, die nach h. M. in der Regel 3–6 Monate nach Ablauf des Kalenderjahres beträgt.[291] Darüber hinaus ist es ausreichend, durch eine Regelung im Verwaltervertrag eine entsprechende vertragliche Verpflichtung des ausscheidenden Verwalters zu begründen. Diese Verpflichtung entsteht unabhängig vom Bestellungszeitraum und erlischt bei entsprechender vertraglicher Regelung nicht, wenn der Verwalter im Laufe des Wirtschaftsjahres vor Fälligkeit der Jahresabrechnung aus dem Amt ausscheidet.[292]

Beispiel: Scheidet der Verwalter im Laufe des Wirtschaftsjahres aus seinem Amt aus, ist er zur Erstellung der Jahresabrechnung für das Vorjahr verpflichtet.

Da die Erstellung und Vorlage der Jahresabrechnung keiner gesetzlichen Frist unter- **324** liegt und dem Verwalter von der Rechtsprechung je nach den Umständen des Einzelfalles 3 bis höchstens 6 Monate zugebilligt werden (s. vorige Rdn.), ist es zweckmäßig, den Zeitpunkt, bis wann der Verwalter die Jahresabrechnung aufzustellen und der Eigentümerversammlung zur Genehmigung vorzulegen hat, im Vertrag festzulegen.

Beispiel: Der Verwalter hat die Jahresabrechnung bis spätestens 30. 6. des Folgejahres zu erstellen und der Eigentümerversammlung zur Beschlussfassung vorzulegen.

Mit der vorstehenden Klausel korrespondiert auch die Festlegung, dass der Verwalter die ordentliche Eigentümerversammlung im ersten Halbjahr durchzuführen hat. Jedenfalls konkludent (den Umständen nach) lässt sich eine solche Verpflichtung der vorgenannten Klausel entnehmen.

Um die Klarheit der vertraglichen Regelung zu erhöhen und um sich Diskussionen **325** zu ersparen, kann es sich empfehlen, eine gesonderte Regelung in den Verwaltervertrag aufzunehmen, aus der sich die Pflicht zur Einberufung und Durchführung der ordentlichen Wohnungseigentümerversammlung ergibt.

Beispiel: Der Verwalter hat die jährlich vorgesehene ordentliche Eigentümerversammlung spätestens bis zum 30.06. des laufenden Wirtschaftsjahres form- und fristgerecht einzuberufen.

Für den Fall des **Verwalterwechsels** bzw. der Abberufung ist es aus Sicht der Ge- **326** meinschaft weiter sinnvoll, wenn im Verwaltervertrag festlegt wird, dass der Verwalter zum Abberufungszeitpunkt (Stichtag) Rechnung zu legen und sämtliche Verwaltungsunterlagen an den neuen Verwalter herauszugeben hat. Eine solche vertragliche Regelung hätte zur Folge, dass die Wohnungseigentümergemeinschaft nicht erst den Rechnungslegungsbeschluss gem. § 28 Abs. 4 WEG fassen und die außergerichtliche oder, falls erforderlich, gerichtliche Geltendmachung des Anspruchs auf **Herausgabe der Verwaltungsunterlagen** einschließlich der Gemeinschaftskonten, die ebenfalls Bestandteil des Verwaltungsvermögens der Wohnungseigentümergemeinschaft sind (§ 10 Abs. 7 WEG) durch Beschluss fordern muss.

---

[289] OLG Zweibrücken ZMR 2007, 887; OLG Köln NJW 1986, 328; WuM 1998, 375; BayObLG ZWE 2002, 585; *Merle* in Bärmann, WEG, 28 Rdn. 64; a. A. *Jennißen*, Verwalterabrechnung, Rdn. 723; *Sauren*, ZMR 1985, 326.

[290] *Jennißen*, Vorauflage Rdn. 118; *ders.*, Verwalterabrechnung, Rdn. 722.

[291] OLG Zweibrücken ZMR 2007, 887; *Merle* in Bärmann, WEG, § 28 Rdn. 59.

[292] *Merle* in Bärmann, WEG, § 28 Rdn. 64.

327   **Beispiel**: Bei Beendigung dieses Vertrages hat der Verwalter alle in seinem Besitz befindlichen Verwaltungsunterlagen und sonstigen Bestandteile des Verwaltungsvermögens einschl. der Gemeinschaftsgelder zu Händen des neuen Verwalters, des Vorsitzenden des Verwaltungsbeirats oder einer anderen von den Eigentümern dazu bestimmten Person herauszugeben. Ein Zurückbehaltungsrecht steht dem Verwalter nicht zu. Ebenso hat der Verwalter auf den Stichtag der Beendigung dieses Vertrages Rechnung zu legen.

328   Die Wohnungseigentümergemeinschaft sollte im Verwaltervertrag **keine Entlastung** des Verwalters vorsehen bzw. diesem keinen Anspruch auf Erteilung der Entlastung für den jeweiligen Abrechnungs- und Entlastungszeitraum zubilligen. Dann kann der Verwalter diese auch nicht einfordern (zur Entlastung s. unten Rdn. 808 ff.). Daher sollte die Verwalterentlastung im Vertrag nicht erwähnt werden.

329   Für die Eigentümergemeinschaft kann es empfehlenswert sein, eine feste Anzahl routinemäßiger Pflichtbegehungen des Objektes pro Kalenderjahr festzulegen und einen entsprechenden Nachweis, z. B. Kontrollbuch, Begehungsprotokoll oder Aktenvermerk zu verlangen. Zwar ist der Verwalter Kraft Gesetzes dazu verpflichtet, die Liegenschaft **regelmäßig** zu **begehen** und Mängelanzeigen seitens der Eigentümer oder Mieter nachzugehen, sofern die Ursächlichkeit des Gemeinschaftseigentums nicht ausgeschlossen werden kann.[293] Zur Verwalterhaftung bei unterlassener Objektkontrolle s. unten Rdn. 754. Von derartigen Routinebegehungen ohne konkrete Anhaltspunkte für einen Instandsetzungsbedarf unberührt bleiben selbstverständlich Begehungen aus konkretem Instandhaltungs- oder Instandsetzungsanlass.

Beispiel: Der Verwalter ist verpflichtet, das Verwaltungsobjekt regelmäßig, mindestens jedoch einmal im Quartal, zu begehen. Hierüber hat er ein Kontrollbuch zu führen. Zu den Begehungen ist der Beirat einzuladen.

330   Die Wohnungseigentümer und die Gemeinschaft können weiterhin daran interessiert sein, **die Haftung** des Verwalters auszudehnen und insbesondere die regelmäßige **Verjährungsfrist** von drei Jahren (§ 195 BGB) zu **verlängern**. Die deutliche Verkürzung der regelmäßigen Verjährungsfrist von 30 auf 3 Jahre zum 1. 1. 2002 hat das Interesse geweckt, einer zu schnellen Verjährung berechtigter Ansprüche durch eine Verlängerung der Verjährungsfrist vorzubeugen. Im Gegensatz zum früheren Recht (§ 225 BGB a. F.) ist eine derartige Verjährungserschwerung nunmehr zulässig bis zur Höchstgrenze des § 202 Abs. 2 BGB. Danach darf die Verjährung durch Rechtsgeschäft nicht über eine Verjährungsfrist von 30 Jahren ab dem gesetzlichen Verjährungsbeginn hinaus (dazu §§ 199 f. BGB) erschwert werden. Abgesehen von dieser allgemeinen Höchstgrenze des § 202 Abs. 2 BGB ist § 7 BGB als Kontrollmaßstab zu berücksichtigen, sofern sich die Verjährungserschwerung im Einzelfall als Allgemeine Geschäftsbedingung darstellt. Das vom Gesetzgeber sorgfältig abgewogene neue Verjährungsrecht hat im Rahmen der Inhaltskontrolle Leitbildfunktion i. S. des § 307 Abs. 2 Nr. 1 BGB.[294] Geringfügige Verlängerungen der dreijährigen Regelverjährungsfrist dürften hiergegen aber nicht verstoßen. Daher wird bei unverändert kenntnisabhängigem Verjährungsbeginn (s. § 199 Abs. 1 BGB) eine Verlängerung der Verjährungsfrist auf 5 Jahre innerhalb und außerhalb von AGB rechtswirksam sein. Bei der Formulierung ist darauf zu achten, dass sich die Wohnungseigentümer – je nach Anspruchsart – im Vergleich zur gesetzlichen Regelung nicht schlechter stellen. Daher sollte etwa bei Schadenersatzansprüchen die kenntnisunabhängige Höchstverjährungsfrist nach § 199 Abs. 2 und 3 BGB beachtet werden, die letztlich dem Schuldner (Schädiger) zugute kommen soll.

---

[293] OLG München NJW-RR 2009, 1182, 1184; OLG Zweibrücken NJW-RR 1991, 1301; *Abramenko* in Riecke/Schmid, WEG, § 27 Rdn. 22.

[294] OLG München NJW 2007, 227; *Heinrichs* in Palandt, BGB, § 202 Rdn. 13.

Beispiel: Schadensersatzansprüche der Wohnungseigentümer und der Gemeinschaft gegen den Verwalter verjähren ab dem in § 199 Abs. 1 BGB genannten gesetzlichen Zeitpunkt in fünf Jahren. Die kenntnisunabhängige Verjährungsfrist des § 199 Abs. 2 und 3 BGB bleibt hiervon unberührt.

Wegen weiterer eigentümergünstiger Formulierungshilfen im Verwaltervertrag s. das **331** Vertragsmuster im Anhang 2).

f) Verwaltergünstige Klauseln. Der Verwalter kann in einem von ihm verwende- **332** ten Vertrag Klauseln vorsehen, die ihm günstig sind und einer AGB-Inhaltskontrolle standhalten. Das Muster eines verwaltergünstigen Verwaltervertrages findet sich unten im Anhang 1). Das Muster berücksichtigt die derzeitigen Erkenntnisse der obergerichtlichen Rechtsprechung, kann aber keine Gewähr dafür bieten, dass jede einzelne Vertragsklausel einer gerichtlichen AGB-Kontrolle standhalten wird. Einige aus der Vertragspraxis bekannte Klauseln sollen nachfolgend dargestellt und erläutert werden.

So kann der Verwalter vereinbaren, dass er Anspruch auf eine jährlich in der ordentli- **333** chen Eigentümerversammlung durch Beschluss zu erteilende **Entlastung** hat, wenn im Beschlusszeitpunkt keine Anhaltspunkte dafür bestehen, dass er die Verwaltung im Entlastungszeitraum nicht ordnungsgemäß durchführte.[295] In zwei Grundsatzentscheidungen aus dem Jahr 2003 hat der BGH[296] festgestellt, dass ein Eigentümerbeschluss, mit dem einem Verwalter Entlastung erteilt wird, grundsätzlich nicht im Widerspruch zu einer ordnungsmäßigen Verwaltung steht, sondern nur bzw. erst dann, wenn Ansprüche gegen den Verwalter erkennbar in Betracht kommen und nicht aus besonderen Gründen Anlass besteht, auf die hiernach möglichen Ansprüche zu verzichten. Sind im Beschlusszeitpunkt auf Versäumnissen des Verwalters beruhende Ansprüche gegen ihn nicht erkennbar, entspricht ein Entlastungsbeschluss ordnungsmäßiger Verwaltung und ist folglich nicht erfolgreich anfechtbar. Da die Darlegungs- und Beweislast für angebliche Versäumnisse des Verwalters nicht nur im Regressprozess, sondern auch im Anfechtungsprozess bei den Wohnungseigentümern[297] liegt, sollte dies bei der Formulierung der Vertragsklausel berücksichtigt werden.

Überhaupt empfiehlt es sich, den amtlichen Leitsatz des BGH zu übernehmen. Ob- **334** wohl die grundsätzliche Rechtmäßigkeit eines Entlastungsbeschlusses höchstrichterlich geklärt ist, ist in der Praxis immer wieder festzustellen, dass eine Abstimmung von der Gemeinschaft abgelehnt wird. Daher sollte der Verwalter durch eine Entlastungsklausel die rechtlichen Voraussetzungen schaffen, um von den Eigentümern die Entlastung beanspruchen zu können. Wenn der Verwalter einen solchen Anspruch im Verwaltervertrag nicht definiert, könnte die Eigentümergemeinschaft ohne Angabe von Gründen einen Entlastungsbeschluss verweigern.[298] Im Verwaltervertrag ließe sich beispielsweise formulieren:

– *Der Verwalter hat Anspruch auf jährliche Entlastungserteilung durch Beschluss der Eigentümer, sofern nicht im Beschlusszeitpunkt hinreichende tatsächliche Anhaltspunkte dafür erkennbar sind, dass für den vom Beschluss umfassten Entlastungszeitraum Ansprüche der Gemeinschaft oder Eigentümer gegen ihn in Betracht kommen.*

Gem. § 202 Abs. 1 BGB kann die **Verjährungsfrist abgekürzt** werden, soweit Haf- **335** tungstatbestände für fahrlässige Pflichtverletzungen in Betracht kommen. Durch die Verkürzung der Verjährungsfrist tritt aus Sicht des Verwalters eine diesen begünstigende Erleichterung der Verjährung ein bzw. – aus Sicht seines Vertragspartners – eine Er-

---

[295] Siehe hierzu auch unten Rdn. 808.
[296] BGH NZM 2003, 764, 767 zum amtierenden Verwalter; BGH NZM 2003, 950 = ZMR 2003, 942 zum ausgeschiedenen Verwalter.
[297] Im Rahmen einer Anfechtungsklage also beim Kläger.
[298] BGH NJW 2003, 3124 = NZM 2003, 764 = ZMR 2003, 750.

schwerung der gegen den Verwalter gerichteten Anspruchsverfolgung. Die Verjährung kann nur bei Haftung wegen Vorsatzes nicht im Voraus durch Rechtsgeschäft erleichtert werden (§ 202 Abs. 1 BGB). Die Regelverjährungsfrist beträgt gem. § 195 BGB drei Jahre. Daher ließe sich formulieren:

– *Schadensersatzansprüche gegen den Verwalter wegen fahrlässiger Pflichtverletzungen verjähren in zwei Jahren ab Kenntnis des geschädigten Wohnungseigentümers vom schädigenden Ereignis.*

336 Allerdings kann die Verwendung der vorgenannten Klausel nach dem derzeitigen Stand der Diskussion noch nicht als rechtlich unbedenklich angesehen werden. Teilweise wird die Ansicht vertrete, bei generell **verjährungsverkürzenden Klauseln** eine Ausnahme für den Anwendungsbereich des § 309 Nr. 7 BGB regeln zu müssen, um der Klauselunwirksamkeit vorzubeugen.[299] Namentlich die Verkürzung der Verjährungsfrist von Schadensersatzansprüchen verstoße nach dieser Auffassung gegen § 309 Nr. 7 BGB, wenn die dort genannten Fallgruppen (Körperschäden/grobes Verschulden) nicht ausgenommen werden.[300] Da eine höchstrichterliche Klärung dieser Streitfrage noch aussteht, entspricht es dem (haftungsrechtlich) sichersten Weg, auf die Verwendung dieser umstrittenen Klausel zu verzichten.

337 Will der Verwalter sein Verwalteramt **niederlegen** und/oder den Verwaltervertrag **kündigen**, steht er vor der Frage, wer auf Seiten der Wohnungseigentümergemeinschaft zur Entgegennahme der Erklärung berechtigt ist. Überwiegend wird angenommen, dass er Niederlegungs- und Kündigungserklärung allen Wohnungseigentümern zustellen muss.[301] Diese Ansicht überzeugt nicht und abzulehnen.[302] Wenn Bestellungs- und Anstellungsverhältnis (Verwaltervertrag) zwischen Verwalter und Verband bestehen, folgt daraus, dass Amtsniederlegung und Kündigung des Verwaltervertrages gegenüber dem Verband als alleinigem Vertragspartner zu erklären sind und nicht gegenüber den einzelnen Wohnungseigentümern. Die zu klärende Frage lautet also, durch wen der Verband vertreten wird. Normalerweise sind an den Verband gerichtete Erklärungen dem Verwalter gegenüber abzugeben, da dieser das gesetzlich vorgesehene Vertretungsorgan ist. Gibt jedoch – wie hier – der Verwalter eine Erklärung gegenüber dem Verband ab und ist er als Vertreter der WEG verhindert (s. § 181 BGB), so wird letzterer durch die „Gesamtheit der Wohnungseigentümer" vertreten (s. §§ 20 Abs. 1, 21 Abs. 1, 27 Abs. 3 S. 2 WEG). Die „Gesamtheit der Wohnungseigentümer" kann insoweit als Vertretungsorgan des Verbandes angesehen werden. Diese Sichtweise hat zur Folge, dass es für die Wirksamkeit einer Willenserklärung genügt, wenn sie einem der Gesamtvertreter (Wohnungseigentümer) zugeht. Dieser allgemeine Rechtsgrundsatz kommt etwa in § 170 Abs. 3 ZPO zum Ausdruck.

338 Wem dies zu weit geht, muss jedenfalls die Eigentümerversammlung als zuständiges Vertretungsorgan ansehen, zumal sie den Verwalter für den rechtsfähigen Verband per Mehrheitsbeschluss bestellt und daher auch für die Niederlegung/Kündigung empfangszuständig sein muss. Dies problematisiert das OLG München[303] nicht einmal ansatzweise, obwohl seine Entscheidung deutlich nach Veröffentlichung der BGH-Entscheidung zur Teilrechtsfähigkeit vom 2. 6. 2005[304] erging. Einstweilen ist die Rechtslage an dieser Stelle aber umstritten. Der Verwalter kann dieses Problem, d.h. die derzeit unklare Rechtslage, im Verwaltervertrag lösen, indem er für seine Kündigungs-

---

[299] *Mansel*, NJW 2002, 89, 97; *Christensen* in Ulmer/Brandner/Hensen, AGB-Recht § 309 Nr. 7 BGB Rdn. 28.

[300] *Christensen*, ebendort Anh. § 310 BGB Rdn. 886.

[301] OLG München ZMR 2005, 980.

[302] S. auch unten Rdn. 846 f.

[303] OLG München ZMR 2005, 980.

[304] BGH NJW 2005, 2061 = ZMR 2005, 547 mit Anm. *Häublein*.

erklärung und die Niederlegung des Verwalteramts den Zugang seiner Erklärung beim Verwaltungsbeirat für ausreichend vereinbart. Mit dem Verwaltungsbeirat ist bei verständiger Würdigung das abstrakte Amt gemeint, so dass empfangszuständig die im Zugangszeitpunkt jeweils im Amt befindlichen Beiratsmitglieder sind.

– *Die Kündigung des Verwaltervertrages durch den Verwalter oder seine Amtsniederlegung werden durch Zugang der Erklärung bei einem Mitglied des jeweils amtierenden Verwaltungsbeirats wirksam. Fehlt ein solcher, können die Erklärungen gegenüber einer beschlussfähigen Eigentümerversammlung abgegeben werden.*

Der Verwalter kann im Vertrag keine **Vertragsstrafe** wirksam vereinbaren. Dies **339** würde gegen § 309 Nr. 6 BGB verstoßen. Allerdings lässt sich ein **Schadensersatzanspruch** innerhalb der Grenzen des § 309 Nr. 5 BGB **pauschalieren**. Dies kann für den Verwalter insbesondere dann relevant werden, wenn er für eine bestimmte Vertragslaufzeit (Festlaufzeit) bestellt ist und von den Wohnungseigentümern vorzeitig abberufen und gekündigt wird, ohne dass sofortige Abberufung und fristlose Kündigung durch einen wichtigen Grund gerechtfertigt sind. Dann steht ihm ein **Schadensersatzanspruch** zu, weil Abberufung und Kündigung unwirksam waren, also einen Vertragsverstoß verkörpern. Die Unwirksamkeit muss der Verwalter im Streitfall gerichtlich feststellen lassen.[305] Obsiegt er in einem solchen Gerichtsverfahren, kann ihm die nachfolgende Klausel über eine **Schadensersatzpauschale** für die Zeit, in der er an der Ausübung des Verwalteramts wegen des entgegenstehenden schwebend wirksamen Beschlusses gehindert war, seinen Schaden mit folgendem Wortlaut pauschalieren:

– *Ist der Verwaltervertrag für eine bestimmte Dauer abgeschlossen worden und kündigt die Eigentümergemeinschaft den Verwaltervertrag vorzeitig, ist die Eigentümergemeinschaft zum Schadensersatz verpflichtet, wenn durch Gerichtsurteil rechtskräftig festgestellt ist, dass die Kündigung seitens der Wohnungseigentümer unwirksam war. Für die Zeit, in der der Verwalter deshalb daran gehindert war, sein Verwalteramt auszuüben, steht ihm ein pauschalierter Schadensersatzanspruch i. H. v. 80% des für diese Zeit vereinbarten Honorars zu, sofern die Wohnungseigentümergemeinschaft nicht nachweist, dass dem Verwalter kein oder nur ein wesentlich niedrigerer Schaden als in Höhe der Pauschale entstanden ist.*

Die Höhe des im Beispiel **pauschalierten Schadensersatzes** von 80% dürfte in tat- **340** sächlicher Hinsicht angemessen und auch rechtlich nicht zu beanstanden sein, weil zum Teil die Gerichte auch ohne eine solche Regelung den eingetretenen Schaden in Höhe von 80% der vereinbarten Vergütung schätzen.[306] Auf der anderen Seite kommt es jeweils auf die Umstände des Einzelfalles an. Diese können dazu führen, dass ein pauschalierter Abzug für ersparte eigene Aufwendungen von nur 20% zu gering ist. Dies muss insbesondere gelten, wenn die restliche Vertragslaufzeit noch erheblich gewesen wäre. Dementsprechend weit gestreut ist die Rechtsprechung zum Abzug pauschalierter ersparter Eigenaufwendungen.[307] Da der Verwender sich, wenn er in seinen AGB Schadensersatzansprüche pauschalieren will, an dem branchentypischen Durchschnittsschaden zu orientieren hat,[308] dürfte es riskant sein, wenn der Verwalter in seiner Vertragsklausel den Höchstsatz benutzt. Dies gilt umso mehr, als es nicht auf die individuellen Gewinne und Eigenheiten des einzelnen Verwenders ankommen kann, mithin nicht auf möglicherweise im Branchenvergleich untypisch hohe Gewinnspannen, sondern auf den Durchschnittsschaden bzw. die ersparten Eigenaufwendungen der gesamten Bran-

---

[305] Zu einem solchen Fall BGH ZMR 2002, 766.

[306] OLG Hamburg ZMR 2005, 974, 975 für die ersten 2 Monate nach der Kündigung; OLG Köln DWE 1994, 110.

[307] Tabellarische Übersicht bei *Fritsch*, ZMR 2005, 829, 834.

[308] BGH NJW 1984, 2093; *Hensen* in Ulmer/Brandner/Hensen, AGB-Recht, § 309 Nr. 5 BGB Rdn. 15.

che.[309] Geht man bei der Ausgestaltung der Klausel über eine Schadensersatzpauschale den AGB-rechtlich sichersten Weg, so sollte man eine Schadensersatzpauschale zwischen 60% und 70% ansetzen, möglicherweise noch weiter ausdifferenziert nach der noch offenen restlichen Vertragslaufzeit.

6. Verwaltervergütung

341 **a) Überblick.** Der Verwaltervertrag des gewerblich tätigen WEG-Verwalters ist ein entgeltlicher Geschäftsbesorgungsvertrag, der dienstvertragliche und werkvertragliche Merkmale miteinander (§§ 675, 611, 631 BGB) aufweist.[310] Den geschuldeten Verwalterleistungen steht als Gegenleistung ein Anspruch auf Entgeltzahlung gegen den rechtsfähigen Verband zu. Die Höhe der Verwaltervergütung wird regelmäßig im Verwaltervertrag vereinbart.

342 Verbreitet und zweckmäßig ist auch eine Vereinbarung der Vergütungsstruktur durch Aufteilung in Grundleistungen und Zusatzleistungen. Erstere werden durch die Grundvergütung abgegolten, letztere durch **Sondervergütungen**. Der Anspruch des Verwalters auf Zahlung der Vergütung ergibt sich nur aus dem Verwaltervertrag nicht aus dem Bestellungsrechtsverhältnis.[311] Ohne Abschluss eines Verwaltervertrages oder ohne ausdrückliche Vereinbarung der Höhe der Vergütung im Verwaltervertrag ist gem. §§ 675, 612 Abs. 1 und 2 BGB lediglich ein Anspruch auf die branchenübliche Vergütung gegeben, über deren Höhe im konkreten Einzelfall trefflich gestritten werden kann. Daher ist aus Verwaltersicht der Abschluss eines Verwaltervertrages mit einer dezidierten Regelung über die Vergütungsstruktur und die Höhe der Vergütungen unumgänglich.

343 Um eine klare und rechtssichere Grundlage für die Abgrenzung von **Grundleistungen und Zusatzleistungen** bzw. – damit korrespondierend – Grundvergütung und Sondervergütung zu schaffen, ist es dem Verwalter anzuraten, beide Leistungen in einem Leistungsverzeichnis gegenüberzustellen und möglichst zu beziffern. Das Leistungsverzeichnis kann entweder dem Verwaltervertrag als – ausdrücklich in Bezug zu nehmende – Anlage beigefügt oder direkt in den Vertragstext eingebunden werden. Auf eine klare und unmissverständliche Darstellungsweise ist zu achten. Sofern der Verwalter nicht ausdrücklich und in hinreichend transparenter Weise für bestimmte Tätigkeiten (Zusatzleistungen) eine Sondervergütung vereinbart, ist mit der Grundvergütung die gesamte gesetzliche und vertraglich geschuldete Verwaltertätigkeit abgegolten. Hierauf sollte der Verwalter beim Formulieren des Verwaltervertrages größte Sorgfalt verwenden, um nicht durch unklare oder lückenhafte Vertragsinhalte honorarmäßig ins Hintertreffen zu geraten. Denn grundsätzlich hat der Verwalter keinen Anspruch auf Zahlung einer zusätzlichen Verwaltervergütung (Sondervergütung) für Tätigkeiten, die sich im Rahmen der ihm vor allem in den §§ 24, 27, 28 WEG zugewiesenen Aufgaben und Befugnissen bewegen und zum typischen Berufsbild eines gewerblich tätigen Verwalters gehören.[312] Viele branchenübliche Sonderhonorare knüpfen aber an derartige gesetzliche Aufgaben und Befugnisse an, so dass es im Streitfall durchaus zweifelhaft ist, ob der Verwalter für den anfallenden Mehraufwand ein Sonderhonorar oder einen Bereicherungsausgleich gem. §§ 812 ff. BGB verlangen kann.

344 Nachträgliche Vereinbarungen über Sondervergütungen scheitern in der Regel am Widerstand der Wohnungseigentümer. Erforderlich ist in jedem Falle ein Änderungsvertrag durch den der laufende Vertrag abgeändert (ergänzt) wird. Gemäß § 311 Abs. 1 BGB erfordert der Änderungsvertrag ebenso wie der ursprüngliche Vertragsabschluss

---

[309] S. *Hensen,* ebendort.
[310] BGH NJW 1980, 2466, 2468; *Merle* in Bärmann, WEG, § 26 Rdn. 113.
[311] *Merle* in Bärmann, WEG, § 26 Rdn. 131.
[312] *Merle* in Bärmann, WEG, § 26 Rdn. 142.

J.-H. Schmidt

selbst miteinander korrespondierende Willenserklärungen (Angebot und Annahme, §§ 145 ff. BGB). Seitens der Wohnungseigentümergemeinschaft setzt eine derartige Willenserklärung zunächst eine interne Willensbildung der Eigentümerversammlung voraus. Regelmäßig verstößt der Beschluss über die nachträgliche Vereinbarung einer Sondervergütung gegen die Grundsätze ordnungsgemäßer Verwaltung, wenn die diesbezügliche Tätigkeit sich im Rahmen der dem Verwalter vom Gesetz zugewiesenen Aufgaben und Befugnissen bewegt und zum typischen Berufsbild eines Verwalters gehört.[313] Jeder Wohnungseigentümer darf grundsätzlich darauf vertrauen, dass die Höhe der zu Beginn der Amtszeit (Vertragslaufzeit) vereinbarten Verwaltervergütung bis zum Ende der jeweiligen Amtszeit unverändert fort gilt. Wo hier im Einzelfall die Grenze zwischen der Ordnungsmäßigkeit und der Ordnungswidrigkeit des Abschlusses eines Änderungsvertrages zu ziehen ist, kann nicht prognostiziert werden. Dass den Wohnungseigentümern die zur Ergänzung des laufenden Verwaltervertrages erforderliche Beschlusskompetenz aus § 21 Abs. 3 WEG ergibt,[314] hilft in der Praxis nicht weiter, wenn ein Eigentümer den Mehrheitsbeschluss anficht und gerichtlich überprüfen lässt. Der Verwalter sollte sich daher rechtzeitig vor dem (erstmaligen) Vertragsabschluss Gedanken über die Gestaltung seines Vertrages machen.

Neben der Vereinbarung der Vergütungsstruktur mit Aufteilung in Grundleistungen **345** und Zusatzleistungen sollte der Verwalter unbedingt auch Regelungen zum **Aufwendungsersatz** und zur **Mehrwertsteuer** treffen. Einen Anspruch auf Mehrwertsteuer zusätzlich zur vereinbarten Vergütung bzw. zur üblichen Vergütung hat der Verwalter nur, wenn dies ausdrücklich vereinbart ist.[315]

Seiner Rechtsnatur nach ist ein Aufwendungsersatzanspruch kein Bestandteil der **346** Verwaltervergütung, und zwar weder der Grundvergütung noch der Sondervergütung, sofern letztere im Verwaltervertrag unterschieden werden. Leistet die Wohnungseigentümergemeinschaft dem Verwalter Aufwendungsersatz, so wird damit nicht eine im Gegenseitigkeitsverhältnis stehende Verwalterleistung abgegolten, sondern Ersatz geleistet für Auslagen, Gebühren oder sonstige Aufwendungen, die der Verwalter für Verband oder Eigentümer erbracht hat. Gem. §§ 675, 670 BGB hat der Verwalter Anspruch auf Ersatz derartiger Aufwendungen, soweit die geltend gemachten Beträge nicht bereits durch die Verwaltervergütung abgegolten sind.[316] Der Aufwendungsersatzanspruch richtet sich gegen den rechtsfähigen Verband.[317] Soweit also im Verwaltervertrag kein **Aufwendungsersatz** vertraglich vereinbart wird, kann der Verwalter für die typischen Aufwendungen im Rahmen der Erfüllung seiner gesetzlichen Aufgaben und Befugnisse keinen Ersatz verlangen. Dies kann zu für den Verwalter äußerst unangenehmen finanziellen Folgen führen, denkt man etwa an seine gesetzliche Verpflichtung zur Unterrichtung der Wohnungseigentümer über Rechtsstreitigkeiten gem. § 43 WEG (s. § 27 Abs. 1 Nr. 7 WEG). Wendet der Verwalter zur sachgerechten Unterrichtung der Wohnungseigentümer über eine gegen diese gerichtete Anfechtungsklage etwa **Kopierkosten** auf, so hat er mangels einer vertraglichen Vereinbarung die entstehenden Auslagen (Kopierkosten, Porto) selbst zu tragen, da es sich um Grundleistungen handelt.[318]

Verbreiteter Praxis entspricht es, eine Vergütungsstruktur aus Grundvergütung, Son- **347** dervergütungen und Aufwendungsersatz zu vereinbaren. Üblicherweise werden eine

---

[313] OLG Düsseldorf ZMR 1998, 653, 654 = NZM 1998, 770; *Merle* in Bärmann, WEG, § 26 Rdn. 142.

[314] *Gottschalg*, ZWE 2002, 200, 203; *Wenzel*, ZWE 2001, 226, 233; *Merle* in Bärmann, WEG, § 26 Rdn. 136.

[315] BGHZ 60, 199, 203; *Merle* in Bärmann, WEG, § 26 Rdn. 132.

[316] BayObLG ZWE 2001, 487, 488 f.; *Merle* in Bärmann, WEG, § 26 Rdn. 126.

[317] OLG Zweibrücken ZMR 2007, 488, 489.

[318] Zum Umfang der Unterrichtungspflicht bei Beschlussanfechtung sowie zur Höhe der Erstattungsfähigkeit von Kopierkosten s. BGH NZM 2009, 517.

pauschale monatliche Grundvergütung, die nach einer festen Bezugsgröße (Zahl der Einheiten, Fläche) bemessen wird, und Sondervergütungen, die nach Zeitaufwand oder je Vorgang berechnet werden, verabredet. Dies hat den Vorteil, dass die Wohnungseigentümer wissen, wie viel für welche Sonderleistungen zu zahlen ist und dass die Sondervergütung nur dann zu entrichten ist, wenn die Sonderleistung in Anspruch genommen wird.[319] Andererseits sollten sich Wohnungseigentümer gerade bei niedrigen Grundvergütungspauschalen nicht davon ablenken lassen, dass je nach Umfang und Höhe von Sondervergütungen für Zusatzleistungen die monatliche bzw. jährliche Gesamthonorarbelastung wesentlich höher sein kann.

348   Die Höhe der Verwaltervergütung, d.h. in der Regel der Grundvergütung und der Sondervergütung, ist im rechtlichen Ausgangspunkt der Vertragsfreiheit der Vertragsparteien zu sehen. Verwalter und Wohnungseigentümergemeinschaft können die Höhe der Vergütung daher frei gestalten. In AGB-rechtlicher Hinsicht ist insbesondere das Gebot der Preisklarheit, d.h. der Transparenz und Nachvollziehbarkeit der Zusammensetzung der geschuldeten Verwaltervergütung, zu beachten. Dies gilt umso mehr, wenn im Vertrag Index-, Wertsicherungs-, Staffel-, Spannungs-, Leistungsvorbehalts- oder sonstige Anpassungsklauseln zur Neuberechnung bzw. Anpassung der vertraglich vereinbarten Vergütung an nach Vertragsabschluss eingetretene veränderte Umstände verwendet werden.[320] Allgemeine Schranken (§§ 134, 138 BGB) des Privatrechts gelten überdies, z.B. das Verbot der Vereinbarung sittenwidriger oder wucherähnlicher Verwaltervergütungen (s. dazu noch unten Rdn. 352).

349   Die Höhe der vertraglich vereinbarten Verwaltervergütung kann ebenso wenig wie die Änderung der Vergütungsstruktur einseitig durch Mehrheitsbeschluss der Wohnungseigentümer geändert werden, sondern setzt vielmehr einen Änderungsvertrag mit dem Verwalter voraus.[321] Während der Vertragslaufzeit widerspricht es regelmäßig ordnungsmäßiger Verwaltung, rückwirkend die vertraglich vereinbarte Verwaltervergütung zu erhöhen. Grundsätzlich dürfen beide Vertragsparteien darauf vertrauen, dass die anfangs vereinbarte Vergütung bis zum Ende der Vertragslaufzeit unverändert bleibt. Umgekehrt bedeutet dies, dass beide Vertragsteile sich an der ursprünglichen Vereinbarung festhalten lassen müssen.[322] Liegen besondere Umstände vor, kann die Ablehnung einer Erhöhung im Einzelfall ordnungsmäßiger Verwaltung widersprechen. In einem solchen Ausnahmefall hat der Verwalter einen Anspruch auf eine sachlich gerechtfertigte und angemessene Erhöhung seiner Vergütung.[323]

350   **b) Grundvergütungen.** Hinsichtlich der **Angemessenheit** der Grundvergütung lassen sich nur geringe allgemein verbindliche Aussagen treffen. Die Vergütungen sind von der Größe der Anlage abhängig. Zudem kalkulieren einige Verwalter geringere Grundvergütungen bei einem möglichst dichten Katalog von Zusatz- bzw. Sondervergütungen. Demgegenüber sind Verwalterhonorare klarer für die Wohnungseigentümer zu kalkulieren, wenn eine möglichst umfassende Grundvergütung vereinbart wird. Es bestehen regionale Unterschiede bei den Verwaltervergütungen.[324] Beispielsweise liegen die nach einer Studie ermittelten Durchschnittsvergütungen im Westen Deutschlands

---

[319] *Gottschalg*, NZM 2009, 217, 220.

[320] Dazu *Merle* in Bärmann, WEG, § 26 Rdn. 136 ff.

[321] *Gottschalg*, ZWE 2002, 200, 203; *Merle* in Bärmann, WEG, § 26 Rdn. 131.

[322] OLG Düsseldorf NZM 1998, 770; *Merle* in Bärmann, WEG, § 26 Rdn. 131.

[323] KG ZMR 1986, 94, 96; *Gottschalg*, ZWE 2002, 200, 203; *ders.* NZM 2000, 473, 475, *Merle* in Bärmann, WEG, § 26 Rdn. 136.

[324] Vgl. hierzu „Verwaltervergütungen in Deutschland", Studie 2004, Bundesfachverband Wohnungs- und Immobilienverwalter e.V., Bundesverband freier Immobilien- und Wohnungsunternehmen e.V., Ring Deutscher Makler e.V. und Dachverband Deutscher Immobilienverwalter e.V.

J.-H. Schmidt

bis 10 Wohneinheiten bei ca.	21,50 EUR
bis 29 Einheiten bei ca.	18,00 EUR
bis 49 Einheiten bei ca.	17,30 EUR
bis 99 Einheiten bei ca.	15,90 EUR
ab 100 Einheiten bei ca.	15,30 EUR.

Alle vorstehenden Vergütungssätze verstehen sich zzgl. MWSt. Garagen werden hingegen durchschnittlich mit 2,50 EUR zzgl. MWSt. vergütet.

Demgegenüber liegen die ermittelten Durchschnittssätze im Norden Deutschlands bei:

bis 10 Wohneinheiten bei ca.	17,63 EUR
bis 29 Einheiten bei ca.	16,17 EUR
bis 49 Einheiten bei ca.	15,68 EUR
bis 99 Einheiten bei ca.	14,81 EUR
ab 100 Einheiten bei ca.	14,59 EUR.[325]

351 Den Wohnungseigentümern steht bei der Festlegung der Höhe des Verwalterhonorars wie immer bei Maßnahmen der Verwaltung des gemeinschaftlichen Eigentums ein weiter **Ermessensspielraum** zu (vgl. § 21 Abs. 3 WEG). Nach Auffassung des AG Halle-Saalkreis[326] entspricht ein Beschluss über das Verwalterhonorar dann noch ordnungsmäßiger Verwaltung, wenn das Honorar nicht mehr als 10% von Vergleichsangeboten abweicht. Hierbei sei ggf. ein Aufschlag zu berücksichtigen, wenn es sich um eine besonders schwierige und streitlustige Eigentümergemeinschaft handele.

352 Diese Auffassung ist allerdings nicht überzeugend. Die Wohnungseigentümer sind nicht verpflichtet, den billigsten (preisgünstigsten) Anbieter zu wählen. Insbesondere bei der Wiederwahl des Verwalters können die Wohnungseigentümer besonders gute Leistungen des Verwalters durch eine deutliche Honorarerhöhung honorieren wollen. Preise sind in der Marktwirtschaft das Ergebnis von Angebot und Nachfrage. Die Gerichte sind nicht berufen, in diese Preisgestaltung reglementierend einzugreifen. Ausnahmen hiervon stellen die Tatbestände des Wuchers und der **Sittenwidrigkeit** gem. § 138 BGB dar. Diese Tatbestände führen zur Nichtigkeit der Honorarvereinbarung. **Wucher** liegt aber erst dann vor, wenn das branchenübliche Honorar etwa zu 100% überschritten wird.[327] Bei Überschreitung von Vergleichsangeboten beispielsweise im Bereich von unter 50% besteht keine Veranlassung, diese einer gerichtlichen Prüfung zu unterziehen. Die Gerichte müssten einen entsprechenden Antrag abweisen, weil nicht zu erklären ist, warum nicht auch Wohnungseigentümer im Schutze der ihnen durch die Privatautonomie verliehenen Vertragsfreiheit per Mehrheitsbeschluss in eine vertragliche Honorarvereinbarung einwilligen können dürfen. Mitglieder einer Wohnungseigentümergemeinschaft sind nicht schutzwürdiger als andere Personen. Es stellt daher eine Fehlentwicklung dar, wenn Gerichte, ohne dass ein Anhaltspunkt für einen Wuchertatbestand vorliegt, auf entsprechende Anträge hin, das vereinbarte Honorar überprüfen. Dabei ist auch zu berücksichtigen, dass die Vorschrift des § 138 BGB das Ausnutzen der schwächeren Lage eines Kunden unterbinden will.[328] Es ist aber nicht erkennbar, warum von einer schwächeren Lage der Eigentümergemeinschaft gegenüber dem Verwalter ausgegangen werden sollte.

353 Der Verwalter kann nicht wirksam vereinbaren, dass er einseitig die Vergütung erhöhen darf. Zwar wird eine **Leistungsvorbehaltsklausel** im Verwaltervertrag, nach der die Höhe der Vergütung bei Eintritt bestimmter Voraussetzungen durch eine Partei oder durch einen Dritten neu festgesetzt werden kann, grundsätzlich für möglich gehal-

---

[325] S. vorstehende Fußnote.
[326] ZMR 2006, 481, 482.
[327] *Heinrichs* in Palandt, BGB, § 138 Rdn. 34a m. w. N.
[328] Vgl. zum Kreditrecht BGH NJW 1995, 1022.

ten.[329] Sofern die Klausel nichts anderes bestimmt, muss die Anpassung billigem Ermessen entsprechen (§§ 315, 317 BGB).[330] Das BGB sieht grundsätzlich vor, dass einer Vertragspartei (§ 315) oder einem Dritten (§ 317) vertraglich das Recht eingeräumt werden kann, die Leistung oder die Gegenleistung (§ 316) zu bestimmen, den Preis oder sonstige Konditionen zu ändern oder eine andere für das Rechtsverhältnis erhebliche Bestimmung zu treffen.

354 Lässt sich ein Verwender von AGB ein solches einseitiges Leistungsbestimmungsrecht formularmäßig gewähren, unterliegt die Klausel der Inhaltskontrolle. Sind die beiden speziellen Klauselverbote (§ 309 Nr. 1 und § 308 Nr. 4 BGB) nicht einschlägig, greift in jedem Falle die Inhaltskontrolle nach § 307 BGB.[331] Die formularmäßig eingeräumte Möglichkeit, eine bei Vertragsschluss vereinbarte Verwaltervergütung nachträglich an geänderte Verhältnisse anzupassen, insbesondere erhöhen zu können, muss für den anderen Vertragsteil zumutbar sein, um der Klauselkontrolle standzuhalten (§ 308 Nr. 4 BGB). Vorformulierte Leistungsvorbehalte können daher auch außerhalb des direkten Anwendungsbereichs von § 308 Nr. 4 BGB nur hingenommen werden, wenn besondere Gründe vorliegen, die ihre Einräumung rechtfertigen und wenn sie möglichst transparent ausgestaltet sind, sowie die berechtigten Belange der anderen Vertragspartei hinreichend wahren.[332] Mindestvoraussetzung ist die Verwendung sicherer (bezifferbarer) Bezugs- und Vergleichsgrößen, etwa die Anlehnung an die Steigerung der Tariflöhne in der Wohnungswirtschaft innerhalb eines festgelegten Zeitraumes oder zu einem hinreichend bestimmbaren Zeitpunkt. Ferner kann es vorteilhaft sein, keine unmittelbare Preiserhöhung vorzuformulieren, sondern dem Verwender beim Nachweis der in der Klausel festgelegten Erhöhungsvoraussetzungen einen Anspruch auf Vertragsanpassung gegen den anderen Vertragsteil zu geben.

355 **Formulierungsbeispiel:**[333] Bei einer Änderung der Tarifhöhe der Wohnungswirtschaft ist der Verwalter berechtigt, eine entsprechende Anpassung der Vergütung nach Abs. 1 vorzunehmen und dieses in den Wirtschaftsplan des nächsten Jahres aufzunehmen. Hierüber hat der Verwalter dem Verwaltungsbeirat einen Nachweis durch eine entsprechende Tarifänderungsmitteilung zu erbringen. Die Wohnungseigentümergemeinschaft genehmigt den neuen Vergütungssatz durch Beschluss des nächstmöglichen Wirtschaftsplans.

Vor einer Stellungnahme der Rechtsprechung ist die Verwendung solcher Preisanpassungsklauseln freilich nicht ungefährlich.

356 Unzweifelhaft unwirksam ist die Verwendung von Klauseln der nachfolgenden Art.

Beispiel: Sobald der Arbeitsaufwand dem Verwalter in der Folgezeit höhere Kosten verursacht, setzt der Verwalter die Gebühr nach den Grundsätzen der §§ 315 ff. BGB neu fest.

Hierbei handelt es sich um eine **überraschende Klausel,** die unwirksam ist. Zudem ist die Klausel unbestimmt, da die Kosten und der Bezugswert für die Bemessung der Steigerung nicht definiert werden. Soll die Vergütung des Verwalters erhöht werden, muss dies mehrheitlich von den Wohnungseigentümern beschlossen werden.[334] Die daraus folgende Änderung des Verwaltervertrages kann konkludent erfolgen. Die Kopplung der Vergütung an einen **Preisindex** ist nicht generell ungültig. Die Preisanpassungsklausel hält aber dann einer Inhaltskontrolle gem. § 307 Abs. 1 BGB nicht stand, wenn sie nicht klar und verständlich formuliert ist.

---

[329] *Gottschalg,* NZM 2000, 473, 473; *Merle* in Bärmann, WEG, § 26 Rdn. 138.
[330] Wie vor.
[331] *Fuchs* in Ulmer/Brandner/Hensen, AGB-Recht, § 307 Rdn. 173.
[332] BGH NJW 2006, 651, 652; *Fuchs,* a. a. O. Rdn. 175.
[333] Aus dem Muster des BFW-Verwaltervertrages, § 7 a Nr. 2, Stand 08/2008.
[334] OLG Düsseldorf ZMR 2005, 468 = NZM 2005, 628.

Beispiel: Der Verwalter ist berechtigt, die Verwaltergebühren jährlich höchstens einmal der 357
Verwaltungskostenentwicklung anzupassen.

Diese Klausel ist unwirksam, da es keine „Verwaltungskostenentwicklung" gibt.[335]
Der Verwalter kann eine Erhöhung seines Honorars nicht durch Einstellung eines er- 358
höhten Kostenansatzes im **Wirtschaftsplan** herbeiführen. Dies gilt auch dann, wenn
der Wirtschaftsplan unangefochten blieb.[336] Die Erhöhung der Verwaltervergütung wäre
ohne Rechtsgrund erfolgt, so dass die Wohnungseigentümergemeinschaft eine Erstattung verlangen könnte (§ 812 Abs. 1 BGB). Weder Verwalter noch Gemeinschaft können einseitig durch Beschluss eine Erhöhung der vertraglich vereinbarten Vergütung
herbeiführen. Es bedarf vielmehr eines Änderungsvertrages durch korrespondierende
Willenserklärungen.[337]
Wenn der Verwalter seine Vergütung im Verwaltervertrag pro Wohneinheit be- 359
rechnet, führt dies nicht zu einer Änderung des **Verteilungsschlüssels**.[338] Der Verwaltervertrag legt die im Außenverhältnis zwischen Verband und Verwalter geschuldete
Vergütungshöhe fest. Eine wohnungseigentumsrechtliche Vereinbarung oder einen Eigentümerbeschluss zur Abänderung des gemeinschaftsintern geltenden Verteilerschlüssels für die Verwaltervergütung[339] stellt der Vertrag nicht dar. Ein Vertrag mit einem
Dritten, auch wenn es sich um das Organ der Gemeinschaft handelt, kann nicht zu einer wirksamen Abänderung des Verteilungsschlüssels führen.
Die **Fälligkeit** der Vergütung kann im Verwaltervertrag wirksam vereinbart werden. 360
Gleiches gilt für die Art und Weise der Zahlung. So kann formularmäßig festgelegt
werden, dass die monatliche Grundvergütung am 3. Werktag fällig ist und vom Verwalter aus dem laufenden Wohngeldkonto entnommen werden darf. Bei Sondervergütungen (unten Rdn. 361 ff.) bietet es sich unter Umständen an, gesonderte Fälligkeitszeit-
punkte zu vereinbaren, vor allem bei einmaligen Leistungen. Im Zweifel gilt eine
sofortige Fälligkeit nach Erbringung der darauf bezogenen Verwalterleistung. Es handelt
sich jeweils um eine vertragliche Regelung hinsichtlich der vom Verband geschuldeten
Gegenleistung im Verhältnis zum Vertragspartner (Verwalter). Es geht nicht um eine
Regelung des Gemeinschaftsverhältnisses der Wohnungseigentümer untereinander
i. S. d. §§ 10 ff. WEG. Eine solche gemeinschaftsinterne Regelung läge vor, wenn im
Verwaltervertrag bestimmt werden würde, zu welchem Zeitpunkt und auf welche Art
und Weise die Wohnungseigentümer fälliges Wohngeld an den Verband zu zahlen haben. Derartige Regelungen können zwar mehrheitlich beschlossen werden (§ 21 Abs. 7
WEG), aber nicht im Rahmen des Verwaltervertrages. Fälligkeit der Verwaltervergütung im Außenverhältnis (Anstellungsverhältnis) und Fälligkeit von Wohngeldforderungen im Innenverhältnis dürfen also weder verwechselt noch gleichgesetzt werden.

c) **Zulässige Sondervergütungen.** Hinsichtlich etwaiger Sondervergütungen 361
brachte die Novelle die Klarstellung, dass die Wohnungseigentümer über die Kosten für
einen besonderen Verwalteraufwand mit Stimmenmehrheit beschließen können, § 21
Abs. 7 WEG. Dies heißt aber nicht, dass der Verwalter diesen Beschluss durch beliebige
Regelungen im Verwaltervertrag umgehen bzw. ersetzen kann. Der Verwaltervertrag ist
nicht dazu da, um gemeinschaftsinterne Regelungen der Wohnungseigentümer untereinander zu treffen. Obwohl sowohl die Billigung des Abschlusses eines Verwaltervertrages (§ 21 Abs. 3 WEG) als auch die Festlegung einer besonderen Verwaltervergütung
(§ 21 Abs. 7 WEG) gleichermaßen einem einfachen Mehrheitserfordernis unterliegen,

---

[335] OLG Düsseldorf ebenda.
[336] LG Mainz ZMR 2005, 153.
[337] *Merle* in Bärmann, WEG, § 26 Rdn. 131, 136.
[338] BayObLG ZMR 2004, 358.
[339] Verwaltungskosten i. S. d. § 16 Abs. 3 WEG.

entspricht eine kombinierte Beschlussfassung nicht ordnungsmäßiger Verwaltung. Bei der Abstimmung über die Billigung eines Verwaltervertrages haben die Wohnungseigentümer nicht das Erklärungsbewusstsein, eine gemeinschaftsinterne Änderung des Kostenverteilerschlüssels zu beschließen. Die Frage nach der Beschlusskompetenz für eine derartige (kombinierte) Änderung dürfte sich daher im Regelfall nicht stellen. AGB-rechtlich ist zu differenzieren.

362   Vertragliche Vergütungsregelungen halten der AGB-Kontrolle nicht stand, wenn der Verwalter sich Sondervergütungen für Leistungen versprechen lässt, die als Grundleistungen zu seinem **normalen Pflichtenkatalog** gehören. Die Grundpflichten eines jeden WEG-Verwalters können nicht von der Zahlung von Sondervergütungen abhängig gemacht werden. Grundpflichten in diesem Sinne sind vor allem die gesetzlich (§§ 23 bis 28 WEG) festgelegten Leistungen (Aufgaben und Befugnisse). Gleichrangig daneben stehen richterrechtlich begründete Grundpflichten, wie etwa die Pflicht zur Feststellung (Ermittlung) und Verkündung des Beschlussergebnisses in der Eigentümerversammlung. Diese Pflicht ist keine gesetzliche Verpflichtung, da § 24 Abs. 7 WEG die Ergebnisverkündung voraussetzt, aber nicht regelt. Ob und inwieweit in der Gemeinschaftsordnung vereinbarte Verwalterleistungen per se zu den Grundleistungen zu zählen sind, da sie unmittelbar durch den organschaftlichen Bestellungsakt begründet werden, kann im Einzelfall fraglich sein. Abgrenzungsschwierigkeiten ergeben sich z.B. dann, wenn die Gemeinschaftsordnung Leistungen vorgibt, die nicht zu den gesetzlichen Grundleistungspflichten des Verwalters zählen, z.B. die Abnahme des gemeinschaftlichen Eigentums vom Bauträger.

363   Sondervergütungen im Bereich ordnungsmäßiger Instandhaltung und Instandsetzung des gemeinschaftlichen Eigentums sind kritisch zu werten. Der Verwalter ist nach § 27 Abs. 1 Nr. 2 WEG zur ordnungsmäßigen Instandhaltung und Instandsetzung verpflichtet. Für die laufenden Maßnahmen der erforderlichen ordnungsmäßigen Instandhaltung und Instandsetzung verleiht das Gesetz ihm sogar eine gesetzliche Vertretungsmacht im Außenverhältnis (§ 27 Abs. 3 S. 1 Nr. 3 WEG). Diese Tätigkeiten sind somit von seiner gesetzlichen Aufgabenstellung umfasst und müssen daher mit seiner Grundvergütung abgegolten sein.[340] Eine Zusatzvergütung wird in diesem Zusammenhang nur dann wirksam vereinbar sein, wenn sie auch mit zusätzlichen Leistungen verbunden ist. Solche zusätzlichen Leistungen sind denkbar, wenn der WEG-Verwalter über weitere Kompetenzen verfügt, die von einem durchschnittlichen Verwalter nicht erwartet werden können. Hier ist an **Ingenieur- oder Architektenleistungen** des Verwalters zu denken, der über eine entsprechende Ausbildung verfügt. Aber auch in diesem Fall wird die Klausel häufig an der notwendigen Transparenz scheitern. Bei einer besonders aufwendigen Bauüberwachung kann die Bewilligung einer Sondervergütung ordnungsmäßiger Verwaltung entsprechen, da es sich bei einer derartigen Leistung nicht um eine typische Verwalterleistung handelt.[341] Kleinere Instandhaltungs- und Instandsetzungsmaßnahmen dürfen diese Zusatzvergütung nicht auslösen. Auch sagt der kostenmäßige Umfang der Maßnahme wenig über den **Schwierigkeitsgrad** und die Notwendigkeit des Einsatzes speziellen Know-hows aus.

364   Eine Sondervergütung für die **Ausschreibung und Überwachung von Instandsetzungsmaßnahmen** ist nicht schon deshalb unwirksam, weil sie als Pauschale auf die Gesamtbaukosten erhoben wird. Das Argument, der Verwalter habe dann ein Interesse daran, dass die Maßnahme möglichst teuer würde, verfängt nicht. Hierbei ist zu berücksichtigen, dass nicht der Verwalter, sondern die Wohnungseigentümer über die Auftragsvergabe entscheiden. Die Wohnungseigentümer sind nicht verpflichtet, den preisgünstigsten („billigsten") Anbieter zu beauftragen. Der grundsätzlich weite Ermes-

---

[340] So auch *Gottschalg*, MietRB 2004, 183, 186.
[341] *Gottschalg*, NZM 2009, 217, 222.

sens- und Beurteilungsspielraum erlaubt es ihnen, einen teureren Anbieter auszuwählen, wenn dieser nach dem Preis-/Leistungsverhältnis der besser geeignete Auftragnehmer ist. Die Wohnungseigentümer können somit eine Ausschreibung der Maßnahme genauso verlangen wie die Beauftragung eines externen Sonderfachmanns. Im letzteren Fall ist für eine Sondervergütung des Verwalters regelmäßig kein Raum, da er keine Zusatzleistungen erbringt.

Im Einzelfall kann es auf die Unterscheidung ankommen, inwieweit der Verwalter **365** die die Sondervergütung auslösenden Zusatzleistungen selbst erbracht hat oder z. B. Überwachungs- und Kontrollarbeiten von zusätzlich beauftragten Architekten oder anderen Sonderfachleuten erbracht wurden. Ist Letzteres der Fall, so ist der zusätzliche Verwaltungsaufwand für den Verwalter begrenzt. Es ist ein angemessener Abzug von der Sondervergütung vorzunehmen.[342] Zudem ist die Anknüpfung der Vergütungshöhe an das Auftragsvolumen auch in anderen Rechtsgebieten nicht unbekannt, sondern sogar gesetzlich normiert (z. B. das Honorar für den Architekten oder den Rechtsanwalt). Eine Ausschreibung und Bauleitung geht weit über das vom Verwalter geschuldete Einholen von Kostenvoranschlägen hinaus und rechtfertigt eine Sondervergütung. Eine pauschale Sondervergütung von 6% der Bausumme ist angemessen, wenn die Fremdvergabe deutlich teurer wäre.[343] Bei Auftragsvergabe an einen Architekten oder Bauingenieur verstößt die Unterlassung der Einholung von Vergleichsangeboten jedenfalls dann nicht gegen den Grundsatz ordnungsmäßiger Verwaltung, wenn sich das Angebot bei überschlägiger Berechnung im Bereich des Mindesthonorars nach der HOAI bewegt.[344]

Grundsätzlich ist es zulässig, dass sich der Verwalter eine Zusatzvergütung verspre- **366** chen lässt, wenn er mehr als eine **Eigentümerversammlung** pro Jahr durchführt. Nach dem Gesetz schuldet er nur eine Versammlung (§ 24 Abs. 1 WEG). Voraussetzung für die Wirksamkeit einer solchen Klausel ist es aber, dass die zweite oder jede weitere Versammlung nicht vom Verwalter schuldhaft verursacht ist. Es muss sich somit um eine Eigentümerversammlung handeln, die dringend notwendig ist oder von den Wohnungseigentümern gefordert wird, ohne dass sie vom Verwalter schuldhaft verursacht wurde.[345]

Formulierungsbeispiel: Ab der zweiten Eigentümerversammlung pro Kalenderjahr erhält der Verwalter für Vorbereitung, Einberufung und Durchführung der Versammlung ein Zusatzhonorar i. H. v. pauschal 500,– EUR zzgl. MWSt.,[346] sofern die Versammlung nicht schuldhaft von ihm verursacht wurde.

Sieht die Vertragsklausel eine entsprechende Einschränkung der Zusatzvergütungs- **367** pflicht für den Fall schuldhaften Verwalterhandelns nicht vor, so ist sie nach § 307 BGB unwirksam.[347]

Formulierungsbeispiel für eine unwirksame Klausel:[348] Für die alljährlich vorgeschriebene Eigentümerversammlung erhält der Verwalter keine gesonderte Vergütung. Für jede weitere Eigentümerversammlung des laufenden Jahres erhält der Verwalter eine Vergütung von 300,00 € zzgl. MwSt. in gesetzlicher Höhe.

---

[342] Vgl. LG Hamburg ZMR 2004, 863, 864.

[343] AG Hamburg-Harburg ZMR 2008, 1006.

[344] OLG München OLGReport München 2009, 387 = GE 2009, 525.

[345] So auch *Gottschalg,* MietRB 2004, 183, 186.

[346] Vgl. hierzu „Verwaltervergütungen in Deutschland", Studie 2004, Bundesfachverband Wohnungs- und Immobilienverwalter e. V., Bundesverband freier Immobilien- und Wohnungsunternehmen e. V., Ring Deutscher Makler e. V. und Dachverband Deutscher Immobilienverwalter e. V.

[347] OLG München NJW-RR 2008, 1182, 1185; OLG Düsseldorf NZM 2006, 936, 937.

[348] OLG München NJW-RR 2008, 1182, 1185.

368　Der Verwalter kann sich für die rechtliche **Geltendmachung von Wohngeldrückständen** und Abrechnungsspitzen eine **pauschalierte Aufwandsentschädigung** im Verwaltervertrag zusichern lassen. Durch die Zulässigkeit einer Pauschalvereinbarung wird dem Verwalter der im Einzelfall schwer zu führende Nachweis seines tatsächlichen Zeit- und Arbeitsaufwand erspart, der zudem von den Wohnungseigentümern kaum überprüft werden könnte.[349] Das Honorar muss verhältnismäßig sein, was bei 100,– EUR zzgl. MWSt. noch anzunehmen ist. Es ist nämlich zu berücksichtigen, dass die Zusammenstellung der erforderlichen Unterlagen zwecks Weiterleitung an den Rechtsanwalt im Normalfall einen erheblichen Arbeitsaufwand verursacht. Es geht nicht um eine bloße Unterrichtung des Rechtsanwaltes durch Übersendung eines aktuellen Kontoauszuges. Vielmehr muss der Verwalter die den Zahlungsansprüchen zugrunde liegenden Wirtschaftspläne, Sonderumlageanforderungen, Einzeljahresabrechnungen jeweils nebst dazu gehörigen Versammlungsprotokollen sowie die Grundlage der gem. § 27 Abs. 3 S. 1 Nr. 7 WEG erforderlichen Verwalterermächtigung zur gerichtlichen Wohngeldbeitreibung unter Einschaltung des Rechtsanwaltes (Gemeinschaftsordnung, Verwaltervertrag oder gesonderter Eigentümerbeschluss) beifügen.

369　Auch die Vereinbarung eines Zeithonorars ist zulässig, wobei ein Zeithonorar von 130,– EUR pro Stunde für den Geschäftsführer einer Verwaltungsgesellschaft als zu hoch angesehen wurde.[350] Hier bietet sich eine Abgrenzung nach Personenkreis und/ oder Art der Leistung an, etwa einer Unterscheidung nach Geschäftsführer, Kaufmann der Grundstücks- und Immobilienwirtschaft, Haustechniker, Sachbearbeiter usw. mit einer entsprechenden Staffelung der jeweiligen Stundensätze und/oder einer Differenzierung zwischen gehobenen Verwaltungsleistungen und einfachen kaufmännischen Hilfstätigkeiten (z.B. Kopierarbeiten). In jedem Falle ist darauf zu achten, dass die Vergütung in einem angemessenen Rahmen liegt.[351]

370　Macht der Verwalter für die Wohnungseigentümer oder den Verband gerichtliche Ansprüche geltend, zu denen er durch Beschluss beauftragt wurde, kann er für sich die Kostenerstattung nach den Sätzen der BRAGO (heute RVG) vereinbaren.[352] Dies gilt selbstverständlich nur, wenn der Verwalter den Wohngeldprozess ohne Hinzuziehung eines Rechtsanwaltes führt. Andernfalls käme es zu einer unbilligen Doppelbelastung der Wohnungseigentümer, die neben dem Rechtsanwalt auch den Verwalter zu zahlen hätten. Dieses Zusatzhonorar ist von der Eigentümergemeinschaft an den Verwalter zu zahlen, weil der Verwalter nur der Gemeinschaft gegenüber Vergütungsansprüche besitzt. Die Gemeinschaft kann dann wiederum beim säumigen Wohnungseigentümer Regress nehmen.[353]

371　Die Aufwandsentschädigung darf aber nicht dazu Anlass geben, jede rückständige Wohngeldsumme geltend machen zu können. Andernfalls würde der Verwalter je Monat einen Rechtsanwalt mit der Beitreibung beauftragen und hierdurch die Kosten in die Höhe treiben. Die Aufwandsentschädigung des Verwalters könnte dann im Einzelfall höher sein als der Zahlungsrückstand. So ist die Regelung in einer Teilungserklärung, die für den Mehraufwand des Verwalters im Fall der Säumnis eines Wohnungseigentümers die doppelte, bei gerichtlichen Maßnahmen die dreifache jährliche Verwaltergebühr festlegt, nichtig.[354] Die dort streitige Regelung befand sich nicht im Verwaltervertrag, sondern in der Gemeinschaftsordnung. Auf diese sind die Vorschriften

---

[349] BayObLG NZM 2004, 587, 588.

[350] BayObLG NZM 2004, 587.

[351] BayObLG NZM 2004, 587, 588.

[352] BGH NJW 1993, 1924; BayObLG ebenda.

[353] So auch AG Fürth ZMR 2004, 540, wonach eine Kostenpauschale von 300,– DM = 177,93 EUR zulässig sei.

[354] OLG Hamm ZMR 2008, 554 = ZWE 2008 293.

　　　　　　　　　　　　　　　　　　　　　　　　J.-H. Schmidt

des AGB nach h. M. nicht anwendbar.[355] Die Nichtigkeit der Klausel ergab sich jedoch jedenfalls aus den §§ 134, 138 BGB.[356]

Eine wirksame Klausel könnte beispielsweise wie folgt formuliert werden: 372

– *Der Verwalter ist berechtigt, rückständige Wohngeldbeträge, Sonderumlagen und Abrechnungsspitzen durch einen Rechtsanwalt beitreiben zu lassen. Für die Information des Rechtsanwalts und die Überlassung der notwendigen Unterlagen hat der Verwalter Anspruch auf eine Sondervergütung i. H. v. 100,– EUR zzgl. MWSt., wenn der säumige Betrag sich auf mind. 600,– EUR beläuft. Die Eigentümergemeinschaft hat einen Rückforderungsanspruch, falls das Gericht den Zahlungsanspruch gegen den säumigen Wohnungseigentümer ganz oder teilweise zurückweist.*

Der Verwalter kann auch wirksam eine Sondervergütung für das Führen von **Passiv-** 373 **prozessen** vereinbaren. Dies galt nach Auffassung des LG Stuttgart[357] für **Beschluss-anfechtungsverfahren** nach § 43 Abs. 1 Nr. 4 WEG a. F. auch schon vor der WEG-Novelle. Der Verwalter durfte nach BRAGO (jetzt: RVG) mit den Antragsgegnern abrechnen, obwohl er selbst kein Rechtsanwalt war.[358] Mit der Novelle bestehen gegen diese Auffassung erst recht keine Bedenken mehr, da der Verwalter in § 27 Abs. 2 Nr. 2 WEG ausdrücklich legitimiert wird, solche Passivprozesse für die Wohnungseigentümer „zu führen". Dann darf er sich grundsätzlich auch ein Sonderhonorar zubilligen lassen, sofern er auf die Hinzuziehung eines Rechtsanwalts verzichtet. Die Anlehnung der Sondervergütung an die Abrechnung nach RVG kann wirksam vereinbart werden, auch wenn der Verwalter kein Rechtsanwalt bzw. Volljurist mit der Befähigung zum Richteramt ist. Allerdings sollte sich der Verwalter klar machen, dass die Eigentümer von ihm eine fehlerfreie Rechtsvertretung verlangen können. Das Haftungsrisiko ist also nicht gerade gering. Vor dem Landgericht, d. h. in der Beschwerde- und Berufungsinstanz, ist der Anwaltszwang zu beachten. In der ersten Instanz kann zudem § 79 Abs. 2 ZPO n. F. Probleme bereiten, wenn man den Verwalter – in entsprechender Anwendung – nicht zu dem dort genannten privilegierten Personenkreis zählt.[359] Freilich könnte sich hier ein Widerspruch zwischen materiellem Recht und Prozessrecht auftun, wenn § 79 ZPO eine Prozessvertretung der beklagten Wohnungseigentümer durch den Verwalter vor Gericht verbietet, die § 27 Abs. 2 Nr. 2 WEG diesem seinem Wortlaut nach gerade gestattet. Andererseits begründet § 27 Abs. 2 Nr. 2 WEG möglicherweise keine Pflicht, sondern nur ein Recht der Verwalters. Das „Führen des Prozesses" könnte sich insofern darauf beschränken, die Rechtsverteidigung der Beklagten durch Beauftragung eines Rechtsanwalts zu organisieren, aber nicht selbst vor Gericht mit dem Anfechtungskläger zu streiten.

Das Sonderhonorar ist nicht verdient, wenn der Verwalter selbst für den Rechtsstreit 374 durch eine mangelhafte Beschlussfassung Anlass gegeben hat. In einem solchen Fall kann sich der Verwalter schadensersatzpflichtig gemacht haben und für seine Fehlleistung durch Zahlung eines Sonderhonorars nicht auch noch belohnt werden.

Für den Fall, dass der Verwalter den Anfechtungsprozess auf Beklagtenseite nicht 375 selbst führt, kann er im Verwaltervertrag zumindest eine pauschale Sondervergütung für die Information und Instruierung des Beklagtenvertreters (Rechtsanwalt) vereinbaren. Gerade bei Anfechtungsprozessen mit umfangreichen Angriffen (verschiedene TOP), Begründungen und Anlagen (die vom Kläger oft nur für das Gericht eingereicht wer-

---

[355] Nachweise bei *Wenzel* in Bärmann, WEG, § 10 Rdn 105 f.
[356] OLG Hamm ZMR 2008, 554.
[357] ZMR 2004, 216.
[358] LG Stuttgart ZMR 2004, 216, 217 in Fortführung von BGH NJW 1993, 1924 (dort: Wohngeldverfahren).
[359] Vgl. *Elzer*, ZMR 2008, 772; s. auch die weiteren Ausführungen unten Rdn. 614.

den) fällt ein erheblicher Zusatzaufwand an. Die Pauschale muss angemessen sein. Der Verwalter könnte in seinem Vertrag für diesen Sachverhaltsbereich wie folgt formulieren:

– *Der Verwalter ist berechtigt, in einem Passivverfahren gem. § 43 Nr. 1 und 4 WEG einen Rechtsanwalt für die übrigen Wohnungseigentümer zu beauftragen. Für die Information des Rechtsanwalts und die Zurverfügungstellung von Unterlagen erhält der Verwalter ein Pauschalhonorar i. H. v. 250,– EUR zzgl. MWSt. sowie Erstattung der Kopierkosten gem. den Regelungen dieses Vertrages.*

376   Nach § 27 Abs. 2 Nr. 2 WEG könnte sich der Verwalter auch selbst beauftragen lassen, auf Passivseite tätig zu werden. Er bräuchte nicht einmal einen Rechtsanwalt einzuschalten. Der Wortlaut „ein Erkenntnisverfahren führen zu dürfen" belegt, dass der Verwalter dies auch unmittelbar erledigen darf. Allerdings ist dies nicht zu empfehlen, weil der Verwalter letztendlich seine **Neutralitätspflicht** verletzt.

377   Der Verwalter kann sich eine Sondervergütung zubilligen lassen, wenn er säumige Wohnungseigentümer mahnt. Eine **Mahngebühr** i. H. v. 12,50 EUR zzgl. MWSt. je Mahnschreiben ist angemessen.[360] Diese Höhe entspricht auch dem aktuellen Branchendurchschnitt.[361] Die Klausel ist jedoch nur dann angemessen, wenn sie für jeden rückständigen Betrag nur einmal zum Einsatz kommt. Hierbei ist zu berücksichtigen, dass der Wohnungseigentümer bei mtl. fällig werdendem Wohngeld ohnehin spätestens mit Ablauf des Monats in Verzug gerät. Ist das Wohngeld beispielsweise zum Dritten eines Monats fällig, tritt bereits dann Verzug ein. Die Mahnung ist nicht mehr verzugsbegründend. Dennoch wird eine Mahnung sinnvoll sein, um den säumigen Wohnungseigentümer vor Klageerhebung zu warnen. Andererseits soll ein reger Mahnverkehr dem Verwalter nicht die Möglichkeit eröffnen, eine Art zweites Honorar zu kassieren. So kann die Gebühr erst dann wieder ausgelöst werden, wenn eine weitere Mahnung wegen neuer Zahlungsrückstände notwendig wird.

378   Zulässig ist eine Sondervergütung für die **Nichtteilnahme** einzelner Wohnungseigentümer am **Lastschriftverfahren**. Die Sondervergütung wird in jedem Fall vom Verband geschuldet, nicht vom einzelnen „Lastschriftmuffel" persönlich. Eine direkte persönliche Verpflichtung durch den Verwaltervertrag wäre mangels Beschlusskompetenz nichtig. Wohnungseigentümer haben gem. § 21 Abs. 7 WEG die Möglichkeit, im Innenverhältnis eine entsprechende Zahlungsverpflichtung des Eigentümers, der nicht am Lastschriftverfahren teilnimmt, rechtswirksam zu begründen.[362] Hinsichtlich der Höhe der Sondervergütung waren nach OLG Düsseldorf[363] 5,00 DM pro Monat und Eigentümer nicht zu beanstanden. Nach heutigen Verhältnissen dürften 5,00 € pro Monat und Eigentümer angemessen erscheinen.

379   Eine Zusatzvergütung für die Erstattung von **Porto-, Telefon- und Telefaxkosten** ist nur im Einzelfall wirksam vereinbar. Es zählt zu den **Kardinalpflichten** des Verwalters, beispielsweise die Jahresabrechnung zu erstellen (§ 28 Abs. 3 WEG) und mindestens einmal jährlich zu einer Eigentümerversammlung einzuladen (§ 24 Abs. 1 WEG). Beide Leistungen kann er nicht von der Erstattung von Porto- oder Kopierkosten abhängig machen.

380   Etwas anderes gilt, wenn ein Wohnungseigentümer Kopien aus Verwaltungsunterlagen benötigt. Jeder einzelne Eigentümer hat das individuelle Recht zur Einsichtnahme

---

[360] Nach OLG Düsseldorf NZM 1999, 267 ist eine „Mahngebühr" von 25,– DM als zulässig angesehen worden.

[361] Vgl. „Verwaltervergütungen in Deutschland", Studie 2004, Bundesfachverband Wohnungs- und Immobilienverwalter e. V., Bundesverband freier Immobilien- und Wohnungsunternehmen e. V., Ring Deutscher Makler e. V. und Dachverband Deutscher Immobilienverwalter e. V.

[362] *Gottschalg*, NZM 2009, 217, 221.

[363] NZM 1999, 267.

in die Verwaltungsunterlagen, vor allem alle Aufzeichnungen und Belege zur Abrechnung.[364] Dieser Anspruch schließt das Recht ein, vom Verwalter die Fertigung und Überlassung von Kopien Zug um Zug gegen Erstattung der entstehenden Kosten verlangen zu können.[365] Für solche klar umrissenen Fälle kann ein Zusatzhonorar wirksam vereinbart werden, da es sich auch um eine Zusatzleistung handelt. Für die Erstattung von **Kopierkosten** ist eine Aufwandsentschädigung üblich, die sich an den Sätzen des RVG orientieren kann. So ist es nicht zu beanstanden, wenn 0,50 EUR für die 1. bis 50. Kopie und 0,15 EUR ab der 51. Kopie verlangt werden. Die Sätze verstehen sich zzgl. MWSt. und decken mangels einer weiteren Sonderregelung neben dem Materialaufwand auch den Arbeitsaufwand des Verwalters ab.[366]

Gleiches ist denkbar, wenn der Verwalter die Wohnungseigentümer über ein Beschlussanfechtungsverfahren gem. § 27 Abs. 1 Nr. 7 WEG unterrichtet. Die Wohnungseigentümergemeinschaft kann bei einem Verbandsprozess die Erstattung der durch die interne **Unterrichtung** ihrer Mitglieder über den Prozess entstehenden Kosten grundsätzlich nicht verlangen. Dies gilt auch bei einer Beschlussanfechtung, wenn sich die Wohnungseigentümer von dem Verwalter oder dem von diesem beauftragten Prozessbevollmächtigten (Rechtsanwalt) vertreten lassen, den Anfechtungsprozess auf Beklagtenseite ähnlich einem Prozess des Verbandes zu führen.[367] Betrifft allerdings die Beschlussanfechtung die Rechtsstellung des Verwalters, sind die Kosten der internen Unterrichtung der übrigen Wohnungseigentümer (Beklagten) über die Anfechtungsklage und ihre Begründung erstattungsfähig, weil sich ein Beschlussanfechtungsprozess nur bei Sicherstellung dieser Unterrichtung ähnlich einem Verbandsprozess führen lässt.[368] Die vorstehende Entscheidung betrifft die Erstattungsfähigkeit von Kommunikationskosten im Kostenfestsetzungsverfahren (§§ 91 Abs. 1, 103 ff. ZPO), d. h. gegenüber dem unterlegenen Prozessgegner (Anfechtungskläger). **381**

Gleichwohl dürften die vom BGH aufgestellten Grundsätze auch für die interne Unterrichtungspflicht Geltung beanspruchen. Es liegt im pflichtgemäßen Ermessen des Verwalters, wie er die Wohnungseigentümer über eine Anfechtungsklage sachgerecht unterrichtet. Grundsätzlich dürfte es ausreichen, die Eigentümer per Rundbrief oder E-Mail auf die Anfechtung bestimmter Tagesordnungspunkte hinzuweisen und ihnen anzubieten, Klageschrift und Klagebegründung sowie etwaige Anlagen auf Wunsch und gegen Kopierkostenerstattung zu übersenden. Wünschen die Wohnungseigentümer die Zusendung der Schriftstücke, kann der Verwalter Kopier- und Portokosten erstattet verlangen. Gleiches dürfte gelten für die Unterrichtung der Wohnungseigentümer über den Ausgang des Prozesses. Ein Hinweis genügt. Die Übersendung von Kopien des Urteils gegen Kopierkostenerstattung sollte gleichzeitig angeboten werden. Die Verursachung erheblicher Kopier- und Portokosten durch die unerbetene Zusendung umfangreicher Klageunterlagen, insbesondere von Anlagen und Anlagenkonvoluten, kann einen Anspruch auf Zusatzvergütung bzw. Aufwandsentschädigung grundsätzlich nicht auslösen. Der Verwalter darf sich grundsätzlich nicht dazu herausgefordert fühlen, allen Eigentümern ungefragt die gesamten vom Gericht zugestellten Schriftstücke zuzuschicken. **382**

Nach § 24 Abs. 7 und 8 WEG hat der WEG-Verwalter eine **Beschluss-Sammlung** zu führen. Es handelt sich um eine zum 1. 7. 2007 neu ins Gesetz aufgenommene gesetzliche Grundleistung, die mit der vereinbarten Grundvergütung abgegolten ist. Die gesetzliche Verpflichtung gilt für Beschlüsse, die ab dem 1. 7. 2007 gefasst wurden. Für **383**

---

[364] OLG München NZM 2006, 512.
[365] Dazu *Niedenführ* in Niedenführ/Kümmel/Vandenhouten, WEG, § 28 Rdn. 120.
[366] Siehe auch *Kümmel*, MietRB 2006, 272.
[367] BGH NZM 2009, 517 = NJW 2135.
[368] BGH a. a. O.

ältere Beschlüsse gilt die gesetzliche Verpflichtung nicht. Wünschen die Wohnungseigentümer zusätzliche eine **Rückwärtsdokumentation** für die Zeit vor dem 1. 7. 2007 kann der Verwalter hierfür eine Sondervergütung verlangen. Eine entsprechende vertragliche Ergänzung setzt eine Einigung zwischen Verwalter und Verband bzw. Wohnungseigentümern voraus. Denn nicht zur Begründung eines Schuldverhältnisses ist ein Vertrag zwischen den Vertragsparteien erforderlich, sondern auch zur Änderung des Inhalts eines bestehenden Schuldverhältnisses (§ 311 Abs. 1 BGB). Ein Mehrheitsbeschluss, der dem Verwalter die Anlegung einer Rückwärtsdokumentation vorgibt, ist – sofern er nicht lediglich als Angebot eines Änderungsvertrages zu verstehen ist – mangels Beschlusskompetenz nichtig. Wohnungseigentümer besitzen nicht die Beschlusskompetenz, um konstitutiv bestehende Rechtsverhältnisse einseitig abzuändern und zusätzliche Verwalterpflichten zu begründen, die dieser im bestehenden Verwaltervertrag nicht eingegangen ist.[369]

384   Seit dem 1. 1. 2003 werden durch § 35a EStG **haushaltsnahe Dienstleistungen** und seit dem 1. 1. 2006 auch **haushaltsnahe Handwerkerleistungen** steuerlich gefördert. Die hierdurch eröffneten Steuervergünstigungen kommen auch Wohnungseigentümern zugute.[370] Fraglich ist, ob der Verwalter zur Ausstellung einer derartigen Bescheinigung verpflichtet ist und – falls nein – ob er bei Erbringung dieser Zusatzleistung eine entsprechende Sondervergütung fordern kann. Nach inzwischen h.M. muss der Verwalter ohne gesonderten Auftrag und entsprechende Vergütung keine Bescheinigung nach § 35a EStG ausstellen. Einen solchen Auftrag bzw. eine entsprechende Regelung im Verwaltervertrag können und dürfen die Wohnungseigentümer mehrheitlich beschließen. Dies gilt auch für die Sondervergütung.[371] Ein Mehrheitsbeschluss über eine Sondervergütung von 17,00 € zzgl. USt. für das Wirtschaftsjahr 2006 und 8,50 € zzgl. USt. ab dem Wirtschaftsjahr 2007 jeweils pro Jahr und Wohnungseinheit aus Gemeinschaftsmitteln entspricht ordnungsmäßiger Verwaltung.[372] Andere Gerichte billigen auch eine Zusatzvergütung von 25,00 € pro Bescheinigung.[373] Die Bewilligung der Sondervergütung rechtfertigt sich durch den zusätzlichen Arbeitsaufwand, den der Verwalter dadurch hat, dass er für eine die Dienstleistungskosten separat ausweisende Rechnungsstellung sorgen muss und die Bescheinigung entsprechend zu erstellen hat.[374]

385   Ist in der Gemeinschaftsordnung vorgesehen, dass der Verwalter einem Eigentümerwechsel gem. § 12 Abs. 1 WEG zustimmt, kann er sich für die **Zustimmungserklärung** im Verwaltervertrag ein angemessenes Sonderhonorar ausbedingen.[375] Allerdings kann er die Zustimmungserklärung nicht von der Zahlung des **Sonderhonorars** abhängig machen, da das Sonderhonorar weder der Veräußerer noch der Erwerber schuldet. Der Verwalter wird diesbezüglich nur für die Gesamtheit aller Wohnungseigentümer tätig, die ein Interesse daran hat, dass die Person des Erwerbers zuvor überprüft wird. Daher kann sich der Verwalter das Honorar nur von der Gemeinschaft auszahlen lassen. Über die Kostenverteilung in der Jahresabrechnung ist dann entweder der Erwerber oder der Veräußerer, je nach Beschlusszeitpunkt, an diesem Sonderhonorar quotenmäßig beteiligt. Allerdings ist nach § 21 Abs. 7 WEG ein Mehrheitsbeschluss zulässig, der dieses Zusatzhonorar dem Veräußerer ausschließlich anlastet.

---

[369] Vgl. *Schmidt/Riecke,* ZMR 2005, 252 ff.; *Gottschalg*, NZM 2009, 217, 222.

[370] *Sauren*, NZM 2007, 23.

[371] KG GE 2009, 723; LG Düsseldorf NZM 2008, 453; AG Neuss NZM 2008, 464; *Gottschalg*, NZM 2009, 217, 222.

[372] KG GE 2009, 723.

[373] LG Düsseldorf und AG Neuss, jeweils ebenda.

[374] *Gottschalg*, NZM 2009, 217, 222.

[375] *Gottschalg*, NZM 2009, 217, 221 f.

Durchschnittlich werden folgende Zusatzvergütungen branchenüblich[376] verlangt:

Veräußerungszustimmung	*114,83 EUR*
Mahnung	*8,55 EUR*
zweite Versammlung	*200,00 EUR*
Kopien	*0,38 EUR*
Inkasso	*118,62 EUR*

jeweils zzgl. MWSt.

7. Anfechtung der Beschlussfassung über den Verwaltervertrag

Wird der Verwaltervertrag in der Eigentümerversammlung behandelt und schließlich **386** beschlossen, kann dieser Beschluss von einem Wohnungseigentümer angefochten werden, wenn der Verwaltervertrag fehlerhafte oder unwirksame Klauseln enthält. Der Beschluss über den Verwaltervertrag ist **insgesamt** aufzuheben, wenn das Vertragswerk mehrere in ihrer Gesamtwürdigung bedeutsame Klauseln aufweist, die einer Inhaltskontrolle nicht standhalten.[377] Dies ist beispielsweise anzunehmen, wenn das Selbstkontrahierungsverbot des § 181 BGB aufgehoben wird, eine unzulässige Haftungsbegrenzung durch Verkürzung der Verjährungsdauer und eine einschränkungslose Vergütungsverpflichtung für die Einberufung und Durchführung mehr als einer Eigentümerversammlung pro Jahr vorgesehen sind.[378]

Analog § 139 BGB kann der Beschluss über den Verwaltervertrag auch **teilweise 387** für unwirksam erklärt werden. Erforderlich ist, dass der gültige Teil des Vertrages sinnvollerweise Bestand haben kann und anzunehmen ist, dass die Wohnungseigentümer den Beschluss auch dann gefasst hätten, wenn er sich nur auf die gültigen Teile beziehen würde. Dies muss auch für die Anfechtung einzelner Klauseln des Verwaltervertrages gelten, um der Rechtssicherheit zu dienen. Der gleichfalls denkbare **Feststellungsantrag** ist gegenüber dem Anfechtungsantrag subsidiär und käme daher nur noch in Betracht, wenn die Anfechtungsfrist abgelaufen ist. Nach Bestandskraft des Beschlusses über den Verwaltervertrag kann sich der Feststellungsantrag aber nur noch auf nichtige Klauseln beziehen. Vergütungsregelungen, die ordnungsmäßiger Verwaltung widersprechen, können beispielsweise rechtswidrig sein, ohne die Nichtigkeitsschwelle zu überschreiten.

Ist bei einem Formularvertrag eine Klausel nicht Vertragsbestandteil geworden, d. h. ihre Nichtigkeit festgestellt, bleibt der Vertrag im Übrigen gem. § 306 Abs. 1 BGB wirksam. Der Vertrag ist nur dann und nur ausnahmsweise insgesamt unwirksam, wenn das Festhalten an ihm eine unzumutbare Härte für die Vertragspartei darstellen würde, § 306 Abs. 3 BGB. Liegt eine solche unzumutbare Härte nicht vor, muss es dennoch dem einzelnen Wohnungseigentümer möglich sein, den Beschluss über den Verwaltervertrag in Einzelteilen anzufechten. Dabei gilt wie immer im Wohnungseigentumsrecht, dass nichtige Rechtsakte nicht angefochten werden müssen, aber können.

---

[376] Vgl. „Verwaltervergütungen in Deutschland", Studie 2004, Bundesverband freier Immobilien- und Wohnungsunternehmen e. V., Ring Deutscher Makler e. V. und Dachverband Deutscher Immobilienverwalter e. V.

[377] OLG Düsseldorf ZWE 2006, 396 = ZMR 2006, 870.

[378] OLG Düsseldorf, ebenda.

XI. Aufgaben des Verwalters

388 Die **Mindestaufgaben** des WEG-Verwalters werden durch §§ 21 Abs. 5 und 27 Abs. 1–3 WEG bestimmt. Diese Aufgaben können nicht durch die Wohnungseigentümer eingeschränkt oder ausgeschlossen werden, § 27 Abs. 4 WEG.[1] Somit müssen die Mindestkompetenzen erhalten bleiben und die Wohnungseigentümer können nicht diese Aufgaben an sich ziehen.[2] Da das Gesetz nur den Einschränkungsfall verbietet, folgt aus dem Umkehrschluss, dass eine **Aufgabenerweiterung zulässig** ist.

1. Durchführung der Beschlüsse

389 Der BGH hielt in seiner Rechtsfähigkeitsentscheidung fest, dass der Verwalter das **Organ des rechtsfähigen Verbands** ist (s. o. I.). Damit wurden neue Zweifel geweckt, wie und in welcher Funktion der Verwalter gegenüber den Eigentümern handeln kann. § 27 Abs. 1 WEG hebt nun hervor, dass der Verwalter auch für die Wohnungseigentümer tätig wird und ihre Beschlüsse durchzuführen hat. Kritisch wird diese Pflicht für den Verwalter aber dann, wenn er den Beschluss für nicht unbedenklich hält oder vor Erledigung der beschlossenen Aufgabe erfährt, dass er gerichtlich angefochten wurde.

390 Die Beschlussdurchführung muss **unverzüglich** erfolgen, es sei denn, der Beschluss enthält konkrete Ausführungsfristen.

391 Der Beschluss ist grundsätzlich auch trotz einer **gerichtlichen Beschlussanfechtung** verbindlich und vom Verwalter auszuführen.[3] Dies folgt aus § 23 Abs. 4 WEG. Erkennt der Verwalter jedoch die mögliche **Nichtigkeit** des Beschlusses, entfällt nicht nur die **Vollzugspflicht,** sondern auch das **Vollzugsrecht.**[4] Ist der Verwalter hingegen nicht sicher, ob der Beschluss rechtmäßig ist und einer Beschlussanfechtung standhält, wird er im Einzelfall abzuwägen haben. Duldet die Maßnahme Aufschub oder würden durch die Beschlussausführung irreparable Zustände geschaffen, die im Falle einer Beschlussaufhebung nicht rückgängig gemacht werden können, wird der Verwalter bis zur Bestandskraft des Beschlusses abwarten. *Drabek*[5] empfiehlt dem Verwalter, bei zweifelhafter Rechtslage bereits in der Beschlussfassung die Anweisung der Wohnungseigentümerversammlung mit aufzunehmen, den Beschluss auch unabhängig von einer etwaigen Beschlussanfechtung sofort zu vollziehen. Dann hat der Verwalter auch für diesen Fall eine klare Anweisung, die ihn zumindest nicht der späteren Kritik der Wohnungseigentümer aussetzt.

392 Wenn der Verwalter erkennt, dass der Beschluss rechtlich zweifelhaft ist, stellt sich die Frage, ob er bei Rechtswidrigkeit diesen Beschluss anfechten darf oder muss und ob er im Falle der Nichtigkeit einen entsprechenden Feststellungsantrag zu stellen hat (siehe hierzu unten Rdn. 579 a ff.).

393 Führt der Verwalter Beschlüsse der Eigentümergemeinschaft nicht unverzüglich aus und entsteht der Gemeinschaft hierdurch ein **Verzögerungsschaden,** macht sich der Verwalter haftbar (siehe zur Haftung unten Rdn. 733).

---

[1] Die Regelung entspricht dem früheren § 27 Abs. 3 WEG.

[2] Vgl. hierzu auch *Bogen,* ZWE 2002, 153, 154.

[3] H.M. vgl. BayObLG WE 1991, 198; *Sauren,* WEG, § 27 Rdn. 8; *Merle* in: Bärmann, WEG, § 27 Rdn. 18; *Heinemann* in Jennißen, WEG, § 27 Rdn. 11; *Wenzel,* WE 1998, 455; differenzierend *Gottschalg,* Haftung, Rdn. 319.

[4] *Merle* in Bärmann, WEG, § 27 Rdn. 24; *Müller,* WE 1994, 7; *Niederführ* in Niederführ/Kümmel/Vandenhouten, WEG, § 27 Rdn. 11.

[5] In Riecke/Schmid, WEG, § 23 Rdn. 63.

2. Durchführung der Hausordnung

Wenn die **Teilungserklärung** oder die **Gemeinschaftsordnung** nicht bereits eine 394
Hausordnung enthält, werden die Wohnungseigentümer mit Mehrheit über eine Hausordnung beschließen können.[6] Hierzu wird der Verwalter die Beschlussfassung vorbereiten und einen Entwurf der Hausordnung fertigen. Da **keine Pflicht** zur Aufstellung der Hausordnung besteht, wird der Verwalter meistens nur nach entsprechender Anregung seitens der Wohnungseigentümer tätig.

Existiert eine Hausordnung, ist der Verwalter für ihre Durchführung verantwortlich. 395
Als Durchführungsmaßnahme kommt die **Information** der Wohnungseigentümer und Hausbewohner über das Bestehen der Hausordnung durch Rundschreiben oder Aushänge in Betracht. Ebenfalls kann es notwendig sein, die Hausordnung durch die Aufstellung von **Nutzungsplänen**, z.B. für die Nutzung der Waschküche, zu konkretisieren. Übernehmen die Wohnungseigentümer den Schneedienst vor dem Haus in einem festzulegenden „Reihum-Verfahren", hat der Verwalter auch hier die notwendigen Pläne zu erstellen und zu verteilen. Insoweit obliegt dem Verwalter das Ausführungsermessen. Er muss unter dem Gesichtspunkt der **Gleichbehandlung der Wohnungseigentümer** die Nutzungs- oder Schneedienstpläne erstellen und hierbei auf die persönlichen Belange der einzelnen Wohnungseigentümer soweit als möglich Rücksicht nehmen. Zu berücksichtigen ist aber, dass der einzelne Wohnungseigentümer nicht gegen seinen Willen per Mehrheitsbeschluss zu jeder Form der **tätigen Mithilfe** gezwungen werden kann. Eine einvernehmliche Vereinbarung ist sicherlich unbedenklich.[7] Einem Mehrheitsbeschluss fehlt aber dann die Beschlusskompetenz, wenn dem Wohnungseigentümer die Mithilfe bei Instandhaltungsarbeiten (Streichen der Fenster z.B.) aufgegeben werden soll.[8] Streitig ist diese Beschlusskompetenz für die Übertragung von Reinigungs- und Winterdiensten. Diese Aufgaben werden als Ausfluss der Verkehrssicherungspflicht auf den einzelnen Wohnungseigentümer per Mehrheitsbeschluss für übertragbar angesehen.[9]

Zur Durchführung der Hausordnung kann es auch gehören, **Hinweis- oder Ver-** 396
botsschilder aufzustellen. Haben die Wohnungseigentümer vereinbart oder beschlossen, **Klingel- und Firmenschilder** einheitlich zu gestalten, ist der Verwalter auch für die Umsetzung dieser Maßnahme zuständig.

Sieht die Hausordnung vor, dass das Halten von **Haustieren** nur mit schriftlicher 397
Zustimmung des Verwalters zulässig ist, ist die Verwalterzustimmung lediglich formale Voraussetzung für die Haustierhaltung. Trotz Genehmigung darf die Haustierhaltung andere Wohnungseigentümer jedoch nicht über das unvermeidbare Maß hinaus beeinträchtigen.[10]

Zur Durchführung der Hausordnung zählt auch das **Einwirken auf die Wohnungs-** 398
eigentümer zu ihrer Einhaltung. Werden dem Verwalter Verstöße gegen die Hausordnung bekannt, hat er die betreffenden Wohnungseigentümer abzumahnen.[11] Allerdings

---

[6] Siehe zum Muster einer Hausordnung *Rüscher* in Beck'sches Formularbuch Wohnungseigentumsrecht, S. 291.

[7] KG NJW-RR 1994, 207 = ZMR 1994, 70; *Heinemann* in Jennißen, WEG, § 21 Rdn. 56.

[8] Unzulässig nach OLG Zweibrücken NJW 2007, 2417 = NZM 2007, 512 = ZMR 2007, 646.

[9] *Heinemann* in Jennißen, WEG, § 21 Rdn. 57; BayObLG WuM 1994, 403 = ZMR 1994, 430; a.A. AG München WE 1993, 198.

[10] *Becker*, ZWE 2006, 79 unter Verweis auf OLG Frankfurt ZWE 2006, 80.

[11] *Lüke* in Weitnauer, WEG, § 27 Rdn. 5; *Merle* in Bärmann, WEG, § 27 Rdn. 32; *Müller*, Praktische Fragen, Rdn. 390; *Sauren*, WEG, § 27 Rdn. 10; *Heinemann* in Jennißen, WEG, § 27 Rdn. 16; *Niedenführ* in Niedenführ/Kümmel/Vandenhouten, WEG, § 27 Rdn. 13; AG Pinneberg ZMR 2004, 304.

muss der Verwalter nicht die Einhaltung von Sondernutzungsrechten überwachen.[12] Bei Streit zwischen Wohnungseigentümern über die Einhaltung der Hausordnung hat der Verwalter zu vermitteln. Scheitern **Vermittlung** oder **Abmahnung** und wird trotzdem die Hausordnung nicht eingehalten, so hat er über die weitere Vorgehensweise einen Beschluss der Wohnungseigentümer nach § 27 Abs. 2 Nr. 3 WEG einzuholen. Ohne entsprechende Beschlussfassung ist der Verwalter nur zu außergerichtlichen Maßnahmen berechtigt.[13] Er besitzt keinen materiellen Unterlassungsanspruch.

399 Der Verwalter kann die Verpflichtungs- und Unterlassungsansprüche in **Verfahrensstandschaft** geltend machen.[14] Allerdings ist zur Ausübung der Verfahrensstandschaft die Zustimmung der Wohnungseigentümer einzuholen, die durch Beschluss, Vereinbarung oder Verwaltervertrag ausgesprochen werden kann.

400 Bei **Lärmstörungen** durch einen Wohnungseigentümer setzt die Geltendmachung von gerichtlichen Verpflichtungs- und Unterlassungsansprüchen voraus, dass sich diese beweisen lassen. Hierzu sollte der Verwalter die betroffenen Wohnungseigentümer auffordern, sog. **Lärmprotokolle** zu führen. In diese werden dann Datum, Uhrzeit und Art der Lärmbeeinträchtigung eingetragen. Darüber hinaus sollten die Lärmbelästigungen gemessen werden, da nur die **objektive** und nicht die subjektive **Beeinträchtigung** maßgebend ist.

401 Neben den Wohnungseigentümern insgesamt[15] kann auch der einzelne Wohnungseigentümer gegen den Störer vorgehen. Insoweit bestehen **Individualansprüche.**[16] Insbesondere dann, wenn die Sachlage nicht klar und eindeutig beweisbar ist, sollte sich der Verwalter die Verpflichtungs- und Unterlassungsansprüche nicht in Verfahrensstandschaft antragen lassen, sondern den betroffenen Wohnungseigentümer auf die Geltendmachung seines Individualrechts verweisen. Eine solche Verhaltensweise entspricht der **Neutralitätspflicht** des Verwalters, der nicht in einem Streit zwischen Wohnungseigentümern Partei ergreifen sollte. Ist hingegen die Verletzung der Hausordnung evident und ohne weiteres beweisbar, hat der Verwalter diese Thematik der **Eigentümerversammlung** vorzustellen und die weiteren Maßnahmen beschließen zu lassen. Beschließt dann die Wohnungseigentümerversammlung, den betroffenen Wohnungseigentümer auf sein Individualrecht zu verweisen, hat der Verwalter seine Durchführungsaufgabe zur Einhaltung der Hausordnung erfüllt.

402 Beschließen die Wohnungseigentümer, dass auf einer bestimmten Gemeinschaftsfläche künftig keine Krafträder mehr abgestellt werden dürfen, so ermächtigt dieser Beschluss den Verwalter nicht, dort stehende Fahrzeuge abschleppen zu lassen. Er handelt dann in verbotener Eigenmacht.[17] § 14 Nr. 1 und Nr. 2 WEG gewährt keinen Anspruch auf Ersatzvornahme und Kostenerstattung.[18]

403 Gehen die **Störungen von Mietern** eines Wohnungseigentümers aus, kann der Verwalter zunächst auf den vermietenden Wohnungseigentümer einwirken, der für sei-

---

[12] AG Pinneberg ZMR 2004, 304.

[13] *Merle* in Bärmann, WEG, § 27 Rdn. 33; *Bub* in Staudinger, BGB, § 27 WEG Rdn. 134.

[14] *Müller*, Praktische Fragen, Rdn. 391; *Bub* in Staudinger, BGB, § 27 WEG Rdn. 125.

[15] Ob für Unterlassungsansprüche die Wohnungseigentümer oder die teilrechtsfähige Eigentümergemeinschaft aktivlegitimiert ist, ist umstritten. Der 34. Zivilsenat des OLG München (ZMR 2005, 733 = MietRB 2006, 9) sieht dieses Recht bei den Wohnungseigentümern, während der 32. Zivilsenat das OLG München (ZWE 2006, 135 = MietRB 2006, 102) den Verband als aktivlegitimiert ansieht. Auch wird vertreten, dass zwar grundsätzlich die Wohnungseigentümer Inhaber der Rechte seien, diese aber durch Beschluss die Angelegenheit auf den Verband übertragen könnten (*Briesemeister*, ZWE 2006, 15; *Wenzel*, ZWE 2006, 109; *Becker/Kümmel/Ott*, MietRB 2006, 252).

[16] BayObLG WE 1997, 395; *Müller*, Praktische Fragen, Rdn. 393 m. w. N.

[17] OLG München ZMR 2005, 907.

[18] BayObLG ZMR 1994, 428; NZM 1999, 175.

ne Mieter verantwortlich ist. Der Verwalter kann aber auch bei entsprechender Bevollmächtigung durch die Wohnungseigentümer unmittelbar gegen die Mieter Unterlassungsansprüche gerichtlich geltend machen. Die Mieter leiten ihr Besitzrecht vom Wohnungseigentümer ab und können keine weitergehenden Rechte haben als dieser. Daher können die Wohnungseigentümer auch unmittelbar Unterlassung fordern und dies gerichtlich geltend machen.[19] Der Mieter kann gegen die wohnungseigentumsrechtlichen Unterlassungsansprüche keine Rechtfertigungsgründe aus dem Mietvertrag einwenden. Mietvertragliche Regelungen binden nur die Mietvertragsparteien und nicht die übrigen Wohnungseigentümer.

3. Ordnungsmäßige Instandhaltung und Instandsetzung

a) Entscheidungskompetenz. Nach § 21 Abs. 5 Nr. 2 WEG haben die Woh- **404** nungseigentümer für die ordnungsmäßige Instandhaltung und Instandsetzung des gemeinschaftlichen Eigentums zu sorgen. Dies bedeutet, dass die Wohnungseigentümer mit einfacher Stimmenmehrheit die notwendigen Maßnahmen bestimmen können. Nach § 27 Abs. 1 Nr. 2 WEG ist der Verwalter verpflichtet, die für die ordnungsmäßige Instandhaltung und Instandsetzung des gemeinschaftlichen Eigentums erforderlichen Maßnahmen zu treffen.

Aus der Formulierung des § 27 Abs. 1 WEG, dass der Verwalter **berechtigt** und **405** **verpflichtet** ist, die für die ordnungsmäßige Instandhaltung und Instandsetzung des gemeinschaftlichen Eigentums erforderlichen Maßnahmen zu treffen, könnte geschlossen werden, dass er hierfür keine Weisung durch Beschluss erhalten muss. Dies findet teilweise Bestätigung durch § 27 Abs. 3 Nr. 3 WEG, wonach der Verwalter berechtigt ist, die Eigentümergemeinschaft in Angelegenheiten der lfd. Instandhaltung und Instandsetzung zu vertreten, sofern dies erforderliche ordnungsmäßige Maßnahmen sind. § 27 Abs. 3 Nr. 7 WEG hebt dann aber weiter hervor, dass alle **sonstigen Rechtsgeschäfte** und Rechtshandlungen vom Verwalter im Rahmen seiner Vertretungsmacht für die Eigentümergemeinschaft nur dann vorzunehmen sind, wenn er hierzu durch Beschluss der Wohnungseigentümer mit Stimmenmehrheit ermächtigt wurde. Hieraus folgt, dass der Verwalter für alle Maßnahmen, die über die lfd. Instandhaltung und Instandsetzung hinausgehen, eines Beschlusses der Wohnungseigentümer bedarf, um seine Vertretungsmacht zu erhalten (s. hierzu auch oben IV.). Der Gesetzgeber stellt klar, dass die Vertretungsmacht für laufende Maßnahmen der erforderlichen und ordnungsmäßigen Instandhaltung und Instandsetzung ohne Beschlussfassung besteht.[20]

Vor der WEG-Novelle wurde die primäre Zuständigkeit der Wohnungseigentümer, **406** über alle Instandsetzungs- und Instandhaltungsmaßnahmen durch Mehrheitsbeschluss zu entscheiden, unter Verweis auf § 21 Abs. 5 Nr. 2 WEG begründet.[21] Die Bedeutung des § 21 Abs. 5 Nr. 2 WEG ist jedoch eher als **Anspruch** der Wohnungseigentümer auf ordnungsmäßige Instandhaltung und Instandsetzung zu sehen.

Die laufenden Maßnahmen der erforderlichen ordnungsmäßigen Instandhaltung **407** und Instandsetzung kann der Verwalter hingegen ohne entsprechende Beschlussfassung der Wohnungseigentümer veranlassen. Diese beinhalten insbesondere laufende Pflegemaßnahmen, um das Objekt in einem ordnungsmäßigen Zustand zu erhalten.

---

[19] So auch *Müller*, Praktische Fragen, Rdn. 403; *Armbrüster/Müller*, ZMR 2007, 321 m. w. N..
[20] Siehe hierzu auch oben IV.
[21] OLG Hamburg DWE 1993, 164; ZWE 2002, 479; BayObLG NJW-RR 1992, 1102 = ZMR 1992, 352 = WuM 1992, 389; *Merle* in Bärmann/Pick/Merle, WEG, 9. Aufl., § 27 Rdn. 46; *Niedenführ* in Niedenführ/Schulze, WEG, 7. Aufl., § 27 Rdn. 10 a.

408   Bei laufenden Angelegenheiten ist seine Aufgabe nicht lediglich auf die Managementfunktion beschränkt.[22] Zu diesen Maßnahmen, die der Verwalter nun ohne Beschluss der Eigentümerversammlung in Auftrag geben kann, dürften die Reparatur von Mängeln an Türen und Fenstern, Beseitigung von Stolper- und Unfallgefahren z. B. auf Gehwegen, kleinere Dachreparaturen wie z. B. Beseitigung von Undichtigkeiten an der Dachrinne oder Ersatzbepflanzungen bei eingegangenen Sträuchern im gemeinschaftlichen Vorgarten gehören. Über diese laufenden Maßnahmen hinaus, besteht nur noch dann eine gesetzliche Vertretungsmacht, wenn es sich um Notmaßnahmen handelt. Für weitergehende Maßnahmen hat der Verwalter zwar Geschäftsführungskompetenz (§ 27 Abs. 1 Nr. 2), aber nicht die Vertretungsvollmacht (§ 27 Abs. 3 Nr. 3 und Nr. 7 WEG).

409   Die Geschäftsführungskompetenz umfasst alle Maßnahmen, die für die Willensbildung der Wohnungseigentümer erforderlich sind oder ihre Beschlüsse umsetzen. Im Einzelnen hat der Verwalter

– das Objekt regelmäßig zu begehen und auf Mängel zu überprüfen,
– Reparaturangebote einzuholen,
– die Beschlussfassung der Wohnungseigentümer durch Einberufung einer Eigentümerversammlung vorzubereiten,
– die Beschlüsse umzusetzen (Auftragserteilung, Überwachung, Abnahme)
– und die Gewährleistungsfristen zu überwachen.

410   **b) Umfang der Instandhaltungs- und Instandsetzungspflicht. aa) Begriffsbestimmung.** Als Instandhaltung wird die Erhaltung des ursprünglich ordnungsgemäßen Zustands verstanden.[23] Die Instandhaltung dient der **Verhinderung von Schäden** an der Gebäudesubstanz. Darunter werden aber auch **Schönheitsreparaturen,** wie z. B. Anstricharbeiten[24], Kleinreparaturen sowie Wartungsarbeiten[25] verstanden. Auch **pflegende Maßnahmen,** wie z. B. die Gartenpflege[26], werden unter den Begriff der Instandhaltung subsumiert. Schließlich werden auch Reinigungsarbeiten an gemeinschaftlichen Gebäudeteilen als Instandhaltungsmaßnahmen angesehen.[27] Gegenüber der Instandhaltung wird als Instandsetzung die **Wiederherstellung** des ursprünglichen ordnungsgemäßen Zustands durch **Reparatur** oder **Ersatzbeschaffung** verstanden.[28]

411   **bb) Zuständigkeit für das Gemeinschaftseigentum.** Die Instandhaltungs- und Instandsetzungsverpflichtung der Wohnungseigentümergemeinschaft bezieht sich selbstverständlich nur auf das Gemeinschaftseigentum. In der Praxis folgen für den Verwalter aus dieser simplen Aussage im Einzelfall jedoch erhebliche Schwierigkeiten, da die Zuordnung von Gegenständen zum Gemeinschaftseigentum im Einzelnen umstritten ist. Die Zuständigkeit des Verwalters für **Reparaturmaßnahmen** setzt somit zunächst die Beantwortung der Frage voraus, ob es sich um Gemeinschaftseigentum handelt. Hierüber klärt im Zweifel zunächst die **Teilungserklärung** auf. Allerdings ist zu berücksichtigen, dass nach § 5 Abs. 3 WEG Vereinbarungen, die Gegenstände des gemeinschaftlichen Eigentums zum Sondereigentum erklären, unwirksam sind. Deshalb ist auch bei einer entsprechenden Regelung in der Teilungserklärung die Frage noch nicht abschließend beantwortet, weil diese nichtig sein kann. Der Verwalter hat eine **Einzelfallentscheidung** zu treffen. Für folgende Gegenstände ist die Zuordnung zweifelhaft:

---

[22] So noch zur alten Regelung des § 27 Abs. 1 Nr. 2 WEG: BayObLG NZM 2002, 564; OLG Düsseldorf WE 1998, 37; ZMR 1998, 654; ZMR 2004, 365; *Bub* in Staudinger, BGB, § 27 WEG Rdn. 132.
[23] KG NZM 1999, 131.
[24] BayObLG ZMR 1997, 37.
[25] OLG Zweibrücken NJW-RR 1991, 1301.
[26] LG Frankfurt/M. NJW-RR 1990, 24.
[27] KG WuM 1993, 562.
[28] BayObLG WuM 1993, 562 = BayObLGReport 1993, 57; OLG Düsseldorf WE 1996, 347.

- **Thermostatventile**

Die Thermostatventile dienen der Regulierung des individuellen Heizenergiever- **412** brauchs des Sondereigentums.[29] Allerdings besteht eine öffentlich-rechtliche Verpflichtung zur Anbringung von Thermostatventilen nach der Energieeinsparverordnung (EnEV). Diese öffentlich-rechtliche Verpflichtung hat die **Eigentümergemeinschaft** zu erfüllen, so dass es sich um Gemeinschaftseigentum handelt.[30]

- **Heizkörper**

Handelt es sich bei den Thermostatventilen um Gemeinschaftseigentum, dann muss **413** erst recht der Heizkörper Gemeinschaftseigentum sein, da sonst eine einheitliche Sache, bestehend aus dem eigentlichen Heizkörper und seinem Ventil, in zwei rechtlich unterschiedliche Schicksale aufgeteilt würde. Zudem ist die Zentralheizung unzweifelhaft Gemeinschaftseigentum. Bestandteil der Zentralheizung sind aber auch das Rohrsystem und die anschließenden Heizkörper.[31] Diese stellen ein geschlossenes System dar, und können auch rechtlich nicht an beliebiger Stelle in Gemeinschafts- oder Sondereigentum aufgeteilt werden. Zudem sind Anzahl und Größe der Heizkörper durch eine Energiebedarfsberechnung bestimmt worden. Diese Grundlagenberechnungen werden beeinträchtigt, wenn es sich bei den Heizkörpern um Sondereigentum handeln würde und demzufolge jeder Wohnungseigentümer berechtigt wäre, den Heizkörper zu beseitigen. Die Heizschlangen einer Fußbodenheizung sollen zwingend Gemeinschaftseigentum sein, da mit dem Estrich verbunden.[32] Dann kann der Heizkörper, der mit einer tragenden Wand verbunden ist, nicht anders beurteilt werden.[33]

- **Verbrauchserfassungsgeräte**

Heizenergie, Warmwasser und ggf. auch **Kaltwasser** können hinsichtlich ihres **414** Verbrauchs im Bereich des Sondereigentums durch besondere Messeinrichtungen erfasst werden. Für Heizenergie und Warmwasser sind diese Verbrauchserfassungsgeräte zwingend nach dem Energieeinsparungsgesetz (EnEG) und der Heizkostenverordnung (HeizkV) erforderlich. Diese Messeinrichtungen können nicht Sondereigentum sein, da andernfalls der Wohnungseigentümer sie jederzeit beseitigen könnte. Ihre Beseitigung würde aber wiederum dazu führen, dass die Heizkostenabrechnung beeinträchtigt würde. Zunächst bestünde noch die Schätzungsmöglichkeit nach § 9a Abs. 2 HeizkV. Übersteigt die zu schätzende Fläche 25% der Gesamtfläche des Gebäudes, käme nur noch eine Abrechnung nach Fläche in Betracht. Da somit die Wohnungseigentümer nicht berechtigt sind, die Messeinrichtungen zu beseitigen, handelt es sich um Gemeinschaftseigentum.[34]

Dies gilt entsprechend auch für Kaltwasserzähler[35], wenn die Wasserkosten des **415** **Sondereigentums** durch eine entsprechende Regelung in der Gemeinschaftsordnung

---

[29] So *Ott*, MietRB 2004, 130, 132.

[30] OLG Hamburg ZMR 2004, 291; OLG Hamm ZMR 2001, 839 = OLGReport Hamm 2001, 232; *Bub/v. d. Osten*, Wohnungseigentum von A–Z, S. 498; *Dickersbach* in Jennißen, WEG, § 5 Rdn. 31; *Schneider/Förth* in Riecke/Schmid, WEG, § 5 Rdn. 52.

[31] So auch *Müller*, Praktische Fragen, Rdn. 81; a. A. *Schneider/Förth* in Riecke/Schmid, WEG, § 5 Rdn. 39; *Armbrüster* in Bärmann, WEG, § 5 Rdn. 81; *Bub/v. d. Osten*, Wohnungseigentum von A–Z, S. 498.

[32] LG Bonn DWE 1997, 150.

[33] So im Ergebnis auch *Dickersbach* in Jennißen, WEG, § 5 Rdn. 30; *Müller*, Praktische Fragen, Rdn. 81; a. A. die wohl h. M., z. B. *Schneider/Förth* in Riecke/Schmid, WEG, § 5 Rdn. 52; OLG Köln DWE 1990, 108; BayObLG DWE 1986, 107; *Ott*, MietRB 2004, 100; *Armbrüster* in Bärmann, WEG, § 5 Rdn. 81.

[34] Ebenso OLG Hamburg ZMR 1999, 502; LG Bielefeld NZM 1998, 249; *Dickersbach* in Jennißen, WEG, § 5 Rdn. 32.

[35] OLG Hamburg ZMR 2004, 291.

oder durch Beschluss (s. § 16 Abs. 3 WEG) nach den Verbrauchswerten der Wasserzähler verteilt werden. Eine Differenzierung zwischen Kaltwasser- und Warmwasserzählern, die von der Heizkostenverordnung gesondert erfasst werden, ist nicht angezeigt.

– Fenster

416   Fenster können auch nicht durch eine entsprechende Regelung in der Gemeinschaftsordnung dem Sondereigentum zugewiesen werden.[36] Die Fenster bestimmen die **äußere Gestaltung** des Gebäudes. Zudem sind Fenster für die **Sicherheit** und die **Energieeinsparung** erforderlich. Ein Wohnungseigentümer kann diese nicht beseitigen, ohne dass er die übrigen Wohnungseigentümer beeinträchtigt. Deshalb handelt es sich um Gemeinschaftseigentum. Dabei kann nicht zwischen der Innenseite und der Außenseite differenziert werden. Auch hier gilt das Argument, dass ein und dieselbe Sache nicht in zwei unterschiedliche Schicksale aufgeteilt werden kann. Lassen sich hingegen bei sog. Doppelfenstern (Kastenfenster) die einzelnen Elemente gesondert öffnen und schließen, lässt sich die Differenzierung zwischen Sonder- und Gemeinschaftseigentum vertreten.[37] Eine etwaige Veränderung der Innenfenster hätte dann keine Auswirkungen auf die äußere Gestaltung des Gebäudes und wäre im Zweifel von den übrigen Wohnungseigentümern nicht wahrnehmbar. Mit Ausnahme dieser Differenzierung handelt es sich also bei den Fenstern um Gemeinschaftseigentum, so dass für deren Instandsetzung und Instandhaltung alle Wohnungseigentümer zuständig sind und der Verwalter beschlossene Maßnahmen umsetzen muss. Dies gilt für die Fenster mit all ihren Bestandteilen einschließlich Innenanstrich und Innenbeschlägen. Auch hier kann wiederum eine einheitliche Sache nicht in rechtlich selbstständige Teile zerlegt werden.[38]

– Jalousien und Rollläden

417   Bei Jalousien und Rollläden ist darauf abzustellen, ob diese das äußere Erscheinungsbild beeinflussen. Dann handelt es sich um Gemeinschaftseigentum. Reine Innenjalousien sind demgegenüber Sondereigentum.[39]

– Markisen

418   Gemeinschaftseigentum kann auch durch bauliche Veränderungen entstehen. Bringt z. B. ein Wohnungseigentümer eine Markise an, prägt diese das optische Erscheinungsbild des Gebäudes und wird daher zu Gemeinschaftseigentum.[40]

– Türen

419   Bei Türen ist zwischen **Außen- und Innentüren** zu differenzieren. Wohnungsabschlusstüren, Hauseingangstüren, Türen zum Treppenhaus oder Keller sind Gemeinschaftseigentum. Auch die Wohnungsabschlusstüren prägen das optische Erscheinungsbild und ihre Veränderung kann darüber hinaus zu einer Beeinträchtigung der übrigen Wohnungseigentümer führen (z. B. Geräuschbelästigung). Ebenso wie bei Fenstern ist nicht zwischen der Außen- und Innenseite der Wohnungsabschlusstür zu differenzieren. Eine Tür kann nicht zwei unterschiedliche rechtliche Schicksale besitzen und teilweise dem Einzelnen und teilweise allen Wohnungseigentümern gehören. Wohnungs-

---

[36] OLG Düsseldorf NJW-RR 1998, 515 = NZM 1989, 269 = WE 1998, 228; BayObLG WuM 2000, 560 = BayObLGReport 2000, 81; *Armbrüster* in Bärmann, WEG, § 5 Rdn. 71.
[37] OLG Hamm NJW-RR 1992, 148 = MDR 1992, 258.
[38] Ebenfalls Gemeinschaftseigentum bejahend, *Müller,* Praktische Fragen, Rdn. 81; AG Nürnberg ZMR 2004, 629.
[39] KG ZMR 1985, 344; *Armbrüster* in Bärmann, WEG, § 5 Rdn. 52.
[40] Ebenso *Ott,* MietRB 2004, 130 (132); *Armbrüster* in Bärmann, WEG, § 5 Rdn. 92; *Dickersbach* in Jennißen, WEG, § 5 Rdn. 35; *Sauren,* WEG, § 1 Rdn. 9.

abschlusstüren sind daher insgesamt als Gemeinschaftseigentum anzusehen.[41] Zimmer-
türen sind demgegenüber stets Sondereigentum.

– Balkone

Auch bei Balkonen ist die Differenzierung im Einzelfall schwierig.[42] Global orientiert **420**
sich die Beurteilung daran, ob das einzelne Element das **Erscheinungsbild** des Balkons
prägt bzw. bestandsnotwendig ist. So werden Oberbodenbelag und Innenanstrich des
Balkons, soweit diese von außen nicht erkennbar sind, als Sondereigentum angesehen.[43]
Demgegenüber sind Estrich und alle tragenden Teile sowie Konstruktionsbestandteile
des Balkons Gemeinschaftseigentum. Ordnet die Teilungserklärung den Balkon dem
Sondereigentum zu, ist im Zweifel nur der Raum gemeint.[44]

– Garagen

Wurden in einer Wohnanlage **Einzelgaragen** errichtet und stehen diese im Sonder- **421**
eigentum eines Miteigentümers, so bedeutet dies dennoch nicht, dass auch die Außenhaut und insbesondere das Dach der Garagen und das Garagentor zum Sondereigentum
gehören und vom Sondereigentümer instand zu halten wären.[45] Die Gemeinschaftsordnung kann nicht wirksam bestimmen, dass die Außenhaut und das Garagentor Sondereigentum sind. Vielmehr handelt es sich um Gemeinschaftseigentum, das in die In-
standhaltungskompetenz des Verwalters bzw. die Instandhaltungspflicht der Gesamtheit
der Wohnungseigentümer fällt. Allerdings kann die Gemeinschaftsordnung regeln, dass
die Kosten der Instandhaltung der jeweilige Sondereigentümer trägt.[46] Eine solche Kos-
tenverteilungsregelung, die das Kostenrisiko dem einzelnen Wohnungseigentümer überlässt, ist zulässig.

– Sondernutzungsrechte

Auch wenn Sondernutzungsrechte eingeräumt sind, handelt es sich bei den betref- **422**
fenden Flächen um Gemeinschaftseigentum. Wenn die Gemeinschaftsordnung dem
Sondernutzungsberechtigten keine besondere Instandhaltungsverpflichtung auferlegt,
liegt diese bei den Wohnungseigentümern. Es ist somit Sache des Verwalters, Instandsetzungsbedarf zu ermitteln und die erforderlichen Maßnahmen der Eigentümerversammlung zur Beschlussfassung vorzulegen.[47]

cc) Pflichten im Bereich des Sondereigentums. Der Verwalter ist grundsätzlich **423**
für das Sondereigentum nicht zuständig. Der Verwalter hat dennoch im Zweifel immer
der Mängelmitteilung eines Wohnungseigentümers nachzugehen und die Ursachen zu
erforschen. Meldet ein Wohnungseigentümer beispielsweise einen **Feuchtigkeitsschaden** in seiner Wohnung, kann der Verwalter nicht einfach darauf vertrauen, dass die
Ursachen im Sondereigentum liegen und insbesondere mangelndes Heizen und Lüften
die Ursachen hierfür sind. Nach der Rechtsprechung ist alleine dieses Unterlassen ausreichend, um den WEG-Verwalter mit Folgeschäden, z.B. Mietausfallschaden, im
Rahmen des Schadensersatzes zu belasten[48] (siehe hierzu unten Rdn. 745).

---

[41] OLG München ZMR 2007, 725; so auch *Ott,* MietRB 2004, 130 (132); *Sauren,* WEG, § 1
Rdn. 9; *Armbrüster* in Bärmann, WEG, § 5 Rdn. 113; a.A. OLG Düsseldorf, ZMR 2002, 445 =
ZWE 2002, 279 = NZM 2002, 571, wonach Wohnungsabschlusstüren zum Sondereigentum in
der Gemeinschaftsordnung erklärt werden könnten; *Müller,* Praktische Fragen, Rdn. 81, erklärt
den Innenanstrich für sondereigentumsfähig.
[42] Vgl. hierzu *Schmidt,* MietRB 2005, 88 ff. u. 107 ff.
[43] OLG Hamm ZMR 1989, 98.
[44] OLG Düsseldorf ZMR 1999, 350.
[45] So auch *Sauren,* WEG, § 1 Rdn. 9.
[46] OLG Düsseldorf MietRB 2004, 111.
[47] *Greiner,* Wohnungseigentumsrecht, Rdn. 73.
[48] OLG München MietRB 2006, 217.

424   Eine weitere Abgrenzungsproblematik stellt sich dann dem WEG-Verwalter, wenn durch Schäden am Gemeinschaftseigentum Folgeschäden im Sondereigentum entstehen. Grundsätzlich müssen diese vom jeweiligen Wohnungseigentümer auf seine eigenen Kosten beseitigt werden. Etwas anderes gilt nur dann, wenn die Mängel am Sondereigentum Folge der Schadensbeseitigung am Gemeinschaftseigentum sind. Muss beispielsweise der Fliesenbelag eines Balkons, der dem Sondereigentum zuzurechnen ist, beseitigt werden, um den darunter liegenden Beton sanieren zu können, ist die Eigentümergemeinschaft auch verpflichtet, danach für eine Wiederherstellung des Fliesenbelags auf eigene Kosten zu sorgen.[49] Tritt hingegen durch eine Undichtigkeit am Balkon ein Feuchtigkeitsschaden im Sondereigentum auf, müssen die Folgeschäden, wenn die Ursachen behandelt wurden, vom jeweiligen Wohnungseigentümer auf seine Kosten wieder beseitigt werden (z. B. malermäßige Behandlung der abgetrockneten Feuchtigkeitsstellen).

425   **c) Modernisierende Instandsetzung. aa) Abgrenzung zu baulichen Veränderungen.** Vor der WEG-Novelle kannte das Gesetz den Begriff der modernisierenden Instandsetzungen nicht ausdrücklich.

Ob es sich um eine mehrheitlich beschließbare Instandsetzungsmaßnahme oder um eine von allen betroffenen Wohnungseigentümern zu genehmigende bauliche Veränderung handelt, ist eine Frage des Einzelfalls. Definitionsversuche, die der Abgrenzung dienen sollen, bleiben letztendlich ungenau. So stellt das BayObLG[50] fest, dass **bauliche Veränderungen** solche sind, die eine Umgestaltung des Gemeinschaftseigentums zur Folge haben und vom Aufteilungsplan oder früheren Zustand des Gebäudes nach Fertigstellung abweichen und über eine ordnungsmäßige Instandhaltung und Instandsetzung hinausgehen. Klarer wird die Differenzierung dann, wenn auf die **Erforderlichkeit** der Maßnahme und ihre **Zweckmäßigkeit** im Zeitpunkt der Ausführung abgestellt wird.[51] Erforderlich sind solche Maßnahmen, die der **Erfüllung öffentlich-rechtlicher Pflichten** dienen, wie z. B. die Einhaltung von Eichfristen bei eichpflichtigen Messgeräten.[52] Weiterhin zählt auch der Ersatz abgenutzter oder unbrauchbar gewordener Geräte zur Instandsetzung.[53] Wie schwierig die Abgrenzung im Einzelfall ist, wird an einer Entscheidung des OLG Köln[54] deutlich. Dort wurde das Nachrüsten von Fenstergittern als Einbruchschutz als bauliche Veränderung gewertet, weil lediglich eine allgemeine Einbruchsgefahr in diesem Stadtteil mit mäßigem Ruf bestand. Hätte hingegen eine konkrete Einbruchsgefahr bestanden, weil bereits im Haus oder in der unmittelbaren Umgebung mehrfach eingebrochen wurde, hätte es sich um eine modernisierende Instandhaltung gehandelt. Demgegenüber hält das AG Hannover[55] den Einbau von Rollläden als Einbruchschutz generell für zulässig. Diese würden nur zu einer geringfügigen optischen Veränderung führen und könnten deshalb nicht als bauliche Veränderung angesehen werden.

426   Modernisierende Instandsetzungen sind auch dann gegeben, wenn beispielsweise **Spielgeräte** gegen andere ausgetauscht oder der Kinderspielplatz insgesamt umgestaltet wird.[56] Wird aber am Spielplatz ein Stahlgitterzaun errichtet, handelt es sich dabei um eine **bauliche Veränderung.**

---

[49] KG WE 1997, 66.
[50] WE 1990, 60.
[51] *Bub/v. d. Osten,* Wohnungseigentum von A–Z, S. 529.
[52] BayObLG MDR 1998, 708 = NZM 1998, 486.
[53] BayObLG NJW 1975, 2296 für die Erneuerung einer Waschmaschine.
[54] NZM 2004, 385.
[55] ZMR 2003, 963.
[56] OLG Schleswig MDR 2002, 449 = ZMR 2002, 865.

Teilweise wird auch auf die **Kosten- und Nutzenanalyse** abgestellt. Nur dann, 427
wenn diese Analyse positiv ausfalle, liege eine Maßnahme ordnungsmäßiger Instandsetzung vor. Das Instandsetzungsrecht darf dabei nicht zu eng am bestehenden Zustand
ausgerichtet werden.[57] Die Differenzierung zwischen modernisierender Instandsetzung
und baulicher Veränderung ist auch an den Kriterien der **Funktionsfähigkeit** der bisherigen Anlage, den künftigen **Unterhaltungskosten,** der langfristigen Sicherung von
Energiebedarf, Gesichtspunkten der Umweltverträglichkeit, bereits bestehenden Erfahrungen mit der zu wählenden Instandsetzungsform auszurichten. Für die Kosten-/
Nutzenanalyse wird i.d.R. ein 10-Jahreszeitraum zugrunde gelegt.[58] Dieser Zeitraum
ist aber vollkommen willkürlich. Er findet keine gesetzliche Grundlage. Auch ist zu
berücksichtigen, dass eine solche Analyse zukunftsbetrachtend ist und daher von nur
mehr oder weniger zuverlässigen Daten abhängt. Der Verwalter wird hier eine ordnungsmäßige Beschlussfassung nur dann vorbereiten können, wenn er nicht nur entsprechende **Kostenvoranschläge,** sondern auch Stellungnahmen der Handwerker oder
gar eines **Sachverständigen** einholt, die Berechnungen über die Vorteilhaftigkeit der
Maßnahme anstellen. Kostet die Stellungnahme des Sachverständigen allerdings Geld,
muss der Verwalter zuvor auch hierfür einen Beschluss der Eigentümerversammlung
einholen.

Als modernisierende Instandsetzung wurde beispielsweise die Ersetzung einer 18 Jahre 428
alten **Gemeinschaftsantenne** durch eine Komplettverkabelung angesehen.[59] Bei jeder
Instandsetzungsmaßnahme hat daher der Verwalter vorbereitend für die Eigentümerversammlung zu prüfen, ob die vorzuschlagende Ersatzbeschaffung der technischen Weiter-
entwicklung und einem verbesserten Standard Rechnung trägt. Dabei stellt jede bessere
und wirtschaftlich sinnvollere Lösung zur Behebung eines Mangels, die über die bloße
Reproduktion des Vorhandenen hinausgeht, eine Maßnahme ordnungsmäßiger Instandsetzung dar.

Ebenfalls auf den Einzelfall ist bei der Auswechslung einer Gemeinschaftsantenne 429
durch einen **Breitbandkabelanschluss** abzustellen. Diese Auswechselung stellt dann
eine modernisierende Maßnahme dar, die mehrheitlich beschlossen werden kann, wenn
die bisherige Antennenanlage nicht mehr mangelfrei funktioniert und die Anschlusskos-
ten unter Berücksichtigung des verbesserten Angebots zu den Reparaturkosten nicht
außer Verhältnis stehen.[60] Ebenfalls kann es als modernisierende Instandsetzung angesehen werden, wenn die bisherige Gemeinschaftsantenne nicht den üblichen Empfangs-
standard gewährleistete.[61] Ob die bloße Standardanpassung hingegen genügt, um die
Auswechslung nicht als bauliche Veränderung anzusehen, ist umstritten. Teilweise wird
argumentiert, dass die Verbesserung des üblichen Ausstattungsstandards eine bauliche
Veränderung sei.[62] M.E. dürfen die Kriterien jedoch nicht so eng gesetzt werden. Ob
der Breitbandkabelanschluss oder die Parabolantenne heute wirklich noch über dem
üblichen Ausstattungsstandard liegen, muss bezweifelt werden. Der Eigentümergemeinschaft muss es möglich sein, den Wohnkomfort auch durch Mehrheitsbeschluss verbes-
sern zu können. Andernfalls wird das **Ermessen der Wohnungseigentümer** für ord-

---

[57] BayObLG MDR 1989, 69.

[58] KG KGReport Berlin 1993, 122 = WuM 1993, 429; OLG Düsseldorf MDR 1994, 1245
= WE 1995, 149; BayObLG BayObLGReport 2002, 305 = MietRB 2003, 42 = NZM 2002,
531.

[59] LG Berlin ZMR 2002, 160.

[60] KG WuM 1992, 89; OLG CelleWuM 1987, 97; WE 1988, 170; OLG Hamm MDR 1998,
572 = WE 1998, 111.

[61] BayObLG NJW-RR 1992, 664.

[62] BayObLG MDR 1992, 48 = NJW-RR 1992, 16; NZM 2000, 679; OLG Hamm NJW
1993, 1276; OLG Zweibrücken MDR 1992, 1054 = NJW 1992, 2899.

nungsmäßige Instandhaltung und Instandsetzung durch eine zu enge Definition des Begriffs „modernisierende Instandsetzung" und durch eine zu extensive Definition der „bauliche Veränderungen" unnötig eingeschränkt.

430   Hingegen wurde die Abkopplung einer Wohnung von der gemeinsamen **Heizungs-anlage** als bauliche Veränderung gewertet, selbst dann, wenn der vorhandene Heizkessel keine ausreichende Wärmeversorgung der Gesamtanlage mehr gewährleistet.[63] Ein Mehrheitsbeschluss, der den Ersatz der Ölheizung durch Anschluss an das Fernwärmenetz vorsieht, wurde als wirksam angesehen.[64] Die Anbringung eines Wärmeverbundsystems zum Zwecke der Sanierung einer erhebliche Risse aufweisenden Fassade ist eine modernisierende Instandsetzung.[65] Jedoch sei auch hier eine Kosten-/Nutzenanalyse für den Zeitraum von 10 Jahren zu erstellen.

431   Bei **Videoüberwachungsanlagen,** die Bestandteil der Klingelanlage werden, kommt es darauf an, ob die Videoanlage eine ständige Überwachung des Eingangsbereichs ermöglicht. Dann wird es sich um eine bauliche Veränderung handeln, die nicht mehrheitlich beschlossen werden kann. Eine Videoüberwachung, die technische Beschränkungen enthält, wonach die Videoanlage nur durch das Klingeln eines Besuchers aktiviert wird und die Übertragung des Bildes nur in die Wohnung erfolgt, zu der der Besucher geklingelt hat, stellt eine modernisierende Instandsetzung dar.[66]

432   Weitere **Einzelfälle** der modernisierenden Instandsetzung:

– Installation von **Leichtmetallgeländern** anstelle von massiven Balkonbrüstungen;[67]
– Austausch einfach verglaster Holzfenster gegen Kunststofffenster mit Isolierverglasung ohne Veränderung des äußeren Erscheinungsbildes;[68]
– Sanierung eines Flachdachs durch Herstellung eines Walmdaches;[69]
– Anbringung einer Wärmedämmung.[70]

433   **bb) Abgrenzung Modernisierung zur modernisierenden Instandsetzung.** § 22 Abs. 2 WEG lässt ausdrücklich **Modernisierungsmaßnahmen** entsprechend § 559 Abs. 1 BGB und Anpassungen an den Stand der Technik zu. Diese bedürfen eines Mehrheitsbeschlusses, der mit einer Dreiviertelmehrheit aller stimmberechtigten Wohnungseigentümer i. S. v. § 25 Abs. 2 WEG und mehr als der Hälfte aller Miteigentumsanteile beschlossen werden können. Gem. § 22 Abs. 3 WEG ist für Maßnahmen der **modernisierenden Instandsetzung** weiterhin eine einfache Mehrheit ausreichend. Somit ist in doppelter Hinsicht zu differenzieren. Ist der zu erneuernde Teil des Gebäudes bereits reparaturbedürftig oder ist eine solche Reparatur absehbar, kommen modernisierende Instandsetzungen in Betracht, die mehrheitlich beschlossen werden können. Soll hingegen im Objekt ohne eine solche **Reparaturbedürftigkeit** eine Anpassung an den Stand der Technik erfolgen, kann es sich um eine Modernisierung i. S. v. § 22 Abs. 2 WEG handeln, die mit **qualifizierter Mehrheit** beschlossen werden kann. Wird hingegen nicht modernisiert oder an den Stand der Technik angepasst, wird es sich um eine **bauliche Veränderung** handeln, die weiterhin der Zustimmung aller Wohnungseigentümer bedarf. Sie können mit Zustimmung aller beschlossen werden.

---

[63] OLG Düsseldorf OLGReport Düsseldorf 2003, 267 = ZMR 2003, 953.
[64] OLG Hamburg ZWE 2006, 93.
[65] OLG Düsseldorf OLGReport Düsseldorf 2002, 398 = ZMR 2002, 854.
[66] BayObLG BayObLGReport 2005, 81 = NZM 2005, 107.
[67] OLG München ZMR 2006, 302.
[68] BayObLG WuM 1991, 56; OLG Köln NZM 1998, 821.
[69] KG WuM 1994, 223 = NJW-RR 1994, 528; BayObLG WuM 1998, 506 = NZM 1998, 338.
[70] OLG Frankfurt OLGZ 1984, 129; OLG Düsseldorf NZM 2000, 1067.

Beispiele: Eine Wohnungseigentumsanlage hat keinen **Aufzug.** Über den Einbau des Aufzugs **434** könnten die Wohnungseigentümer mit qualifizierter Mehrheit im Sinne des § 22 Abs. 2 WEG beschließen.

Die Geräte auf dem **Kinderspielplatz** einer Wohnanlage sind reparaturbedürftig. Der modernisierende Austausch dieser Geräte kann mit einfacher Mehrheit beschlossen werden. Sind hingegen die Geräte weiterhin in gutem Zustand, können die Wohnungseigentümer mit qualifizierter Mehrheit ihren Austausch beschließen, wenn sie die Geräte nicht mehr für zeitgemäß halten.

Wollen die Wohnungseigentümer die Fassade in einer anderen Farbe streichen, handelt es sich um eine bauliche Veränderung. Dabei wird es nicht darauf ankommen, ob die Fassade mangelhaft und der Anstrich dringend erforderlich ist. Das **Wechseln der Farbe** wird sich nicht mit Modernisierungsgesichtspunkten begründen lassen. Farbgestaltungen unterliegen immer nur einer relativ kurzen Modeepoche.

Der Verwalter hat im Vorfeld einer Eigentümerversammlung abzuwägen, welche der drei Möglichkeiten in Betracht kommt:

– bauliche Veränderungen
– Modernisierung mit Reparaturbedarf
– Modernisierung ohne Reparaturbedarf

Bauliche Veränderungen können aber weiterhin mit Mehrheit beschlossen und be- **435** standskräftig werden. Es gilt insoweit die bereits bisher bestehende Zitterbeschlussproblematik. Den Wohnungseigentümern steht grundsätzlich eine Beschlusskompetenz für bauliche Veränderungen zu. Wird die notwendige Zustimmung aller Wohnungseigentümer nicht erreicht, ist der Beschluss nicht nichtig, sondern lediglich anfechtbar.[71] Diese bereits vor dem 1. 7. 2007 geltende Auffassung wird durch die Neufassung von § 22 Abs. 1 WEG bestätigt, da dort die Beschlusskompetenz ausdrücklich erwähnt wird.

d) Erstmalige Herstellung. Zur ordnungsmäßigen Instandhaltung gehört auch die **436** erstmalige Herstellung eines **mängelfreien Gebäudes** sowie die erstmalige Herstellung eines den Plänen und insbesondere dem Aufteilungsplan entsprechenden Zustands. Es zählt zu den Maßnahmen ordnungsmäßiger Verwaltung, wenn der Verwalter Mängel feststellt und diese der Eigentümergemeinschaft zur Beschlussfassung über die weitere Verfahrensweise vorstellt.[72]

Der Verwalter ist allerdings nicht ohne weiteres berechtigt und verpflichtet, nach Be- **437** zugsfertigkeit des Objekts das **Gemeinschaftseigentum abzunehmen.** Zunächst kann eine solche Abnahmeverpflichtung nur dann entstehen, wenn der Verwalter hierzu ausdrücklich in der Gemeinschaftsordnung oder im Verwaltervertrag bevollmächtigt und verpflichtet wurde.[73] Der Verwalter sollte jedoch – soweit möglich – die Übernahme dieser Aufgabe ablehnen. Bei der Abnahme sind rechtliche und technische Fragen zu beurteilen, die nicht zum typischen Aufgabenbild des WEG-Verwalters gehören. Teilweise wird auch die Abnahme als Besorgung fremder Rechtsangelegenheiten angesehen, so dass sogar die vertragliche Übernahme der Abnahme im Verwaltervertrag oder in der Gemeinschaftsordnung als unwirksame Klauseln angesehen werden.[74] Soweit der Verwalter es beeinflussen kann, sollte er für eine Abnahme des Gemeinschaftseigentums durch einen **neutralen Sachverständigen** sorgen.

Auf keinen Fall darf sich der Verwalter mit der Abnahme des Gemeinschaftseigentums beauftragen lassen, wenn er mit dem Bauträger identisch oder verflochten ist.[75]

---

[71] St. Rspr. z. B. BayObLG NZM 2002, 530; OLG Köln NZM 2002, 454; OLG Schleswig NZM 2002, 962; ebenso *Sauren,* WEG, § 22 Rdn. 6; *Hogenschurz* in Jennißen, WEG, § 22 Rdn. 17.

[72] BayObLG NZM 2002, 705 = MDR 2003, 829.

[73] *Pastor* in Werner/Pastor, Der Bauprozess, Rdn. 509.

[74] *Basty* in Fs. für *Wenzel,* Partner im Gespräch, Band 71, S. 116.

[75] OLG Hamm ZfIR 2004, 644; *Basty,* s. ebenda.

438   Auch wenn der WEG-Verwalter somit in der Regel nicht verpflichtet ist, das Gemeinschaftseigentum abzunehmen, so kann er doch vor **festgestellten Baumängeln**
nicht die Augen verschließen und muss hierüber baldmöglichst die Eigentümerversammlung unterrichten. Auch ist es Pflicht des Verwalters, **Verjährungsfristen** im
Rahmen der Gewährleistung für die Wohnungseigentümer zu wahren. Der Verwalter
hat zu prüfen, ob und ggf. welche Maßnahmen vor Ablauf der Gewährleistungsfrist
zu ergreifen sind. Er hat die Fristen zu beachten und muss ggf. eine Eigentümerversammlung zeitgerecht hierzu einberufen.[76] Um den drohenden Ablauf der Gewährleistungsfrist hemmen zu können, muss der Verwalter notfalls auch eine **außerordentliche
Eigentümerversammlung** einberufen. Gelingt dem Verwalter dies nicht mehr fristgerecht, ist er nach § 27 Abs. 1 Nr. 3 und Abs. 2 Nr. 2 WEG berechtigt, selber Maßnahmen zur Erhaltung der Gewährleistungsfrist zu ergreifen und dazu insbesondere ein
gerichtliches Beweisverfahren einzuleiten. Er wird sich anschließend diese Maßnahme
durch die Eigentümerversammlung genehmigen lassen müssen. Damit besteht die Gefahr, dass die Wohnungseigentümergemeinschaft diese Handlungsweise nicht billigt,
weil sie die Ansprüche für fragwürdig hält oder das Verfahren hinsichtlich des wirtschaftlichen Nutzens nicht erfolgversprechend ist. Der Verwalter befindet sich somit in
einer **Konfliktsituation.** Reicht er den **gerichtlichen Beweisantrag** nicht ein, verjähren die Ansprüche, reicht er ihn hingegen ein, besteht die Gefahr, dass diese Maßnahme nicht von den Wohnungseigentümern genehmigt wird. Der Verwalter kann sich
dieser Zwangslage nur dadurch entziehen, dass er möglichst frühzeitig auf eine Entscheidung der Eigentümerversammlung zur Mängelverfolgung hinwirkt. Dies bleibt
aber dann Theorie, wenn erst unmittelbar vor Ablauf der Gewährleistungsfrist Baumängel bekannt werden.

439   Die **Abteilung für WEG-Sachen beim Amtsgericht** ist zuständig, wenn ein
Wohnungseigentümer den Verwalter wegen unzutreffender Abnahme des Gemeinschaftseigentums und dadurch ausgelösten Verlusts eines Sicherungsmittels (Bürgschaft)
auf Schadensersatz in Anspruch nimmt, (siehe zur Haftung des Verwalters unten XII.).[77]

440   Speziell bei neu errichteten Wohnanlagen ist der WEG-Verwalter innerhalb der zumeist fünfjährigen Verjährungsfrist dazu verpflichtet, etwaigen Instandsetzungsbedarf mit
besonderem Nachdruck aufzuklären. Gibt es besondere tatsächliche Anhaltspunkte für
das Vorliegen weiterer Mängel, wie etwa Mängel an einem (ersten) vieler baugleicher
Balkone, verdichtet sich die allgemeine Überprüfungspflicht zu einer besonderen.[78]

441   **e) Objektüberwachung/Wartung.** Zur ordnungsmäßigen Instandhaltung zählt
auch eine lfd. Objektüberwachung. Der Verwalter sollte dazu **regelmäßig** das Objekt
begehen. Wie oft dies erforderlich ist, lässt sich nicht verallgemeinernd feststellen. Mindestens **einmal jährlich** muss eine sorgfältige Objektkontrolle durchgeführt werden.[79]
Der Verwalter ist gut beraten, diese Begehung in zeitlicher Nähe zur Eigentümerversammlung durchzuführen, um zu prüfen, ob sich aus dem aktuellen Zustand des Objekts zusätzliche Tagesordnungspunkte ergeben.

442   Alter und Zustand des Objekts können häufigere Begehungen erfordern. Dabei muss
der Verwalter nicht in der Lage sein, technische Einrichtungen selbst zu überprüfen.
Hierzu kann er entsprechende Fachfirmen beauftragen oder gar **Wartungsverträge**
abschließen. Die Erforderlichkeit von Wartungsverträgen mag je Wartungsgegenstand
unterschiedlich beurteilt werden. So ist es beispielsweise nicht erforderlich, einen Wartungsvertrag über die **Regenwasserfallrohre** abzuschließen, weil von überlaufenden

---

[76] OLG Düsseldorf NZM 2002, 707.
[77] KG ZMR 2006, 152.
[78] Vgl. OLG München, ZMR 2009, 629.
[79] BayObLG ZMR 1990, 65; NZM 1999, 840; *Bub* in Staudinger, BGB, § 27 WEG
Rdn. 136.

Fallrohren kein unmittelbarer Folgeschaden droht.[80] Auch müssen **Abwasserleitungen,** bei denen generell eine Verstopfungsgefahr besteht, nicht gewartet werden. Nur bei konkretem Anlass muss eine Rohrreinigung in Auftrag gegeben werden.[81] Hingegen muss wegen der besonderen Gefahren die **Aufzugsanlage** regelmäßig gewartet und alle zwei Jahre einer TÜV-Prüfung unterzogen werden. Auch bei der **Heizungsanlage** wird der Abschluss eines Wartungsvertrages ordnungsmäßiger Verwaltung entsprechen, um eine möglichst optimale Einstellung der Heizungsanlage mit geringer Umweltbelastung zu gewährleisten.

Fraglich ist aber, ob der Verwalter für den Abschluss von Wartungsverträgen Vertre- **443** tungsmacht besitzt. Dies ist zu bejahen, da es sich bei Wartungsverträgen um eine laufende Instandhaltungsmaßnahme i. S. v. § 27 Abs. 3 Nr. 3 WEG handelt.[82] Einer Beschlussfassung bedarf es nicht. Allerdings ist stets zu prüfen, ob der Wartungsvertrag erforderlich ist, was z. B. bei **Flachdächern** zu verneinen ist. Hierzu genügt eine einfache Begehung.[83]

Will der Verwalter Streit über die Erforderlichkeit von Wartungsverträgen vermeiden, **444** sollte er die Entscheidung der Wohnungseigentümer durch Mehrheitsbeschluss herbeiführen oder die abzuschließenden Verträge im Verwaltervertrag aufzählen.

Ergeben sich bei der Objektbegehung tatsächliche Anknüpfungspunkte für einen Instandsetzungsbedarf oder zumindest für einen Gefahrenverdacht, z. B. für einen Hausschwammbefall, so muss der WEG-Verwalter eine weitere Tatsachenaufklärung anschieben. Grundsätzlich wird er nicht dazu verpflichtet sein, ohne vorherige Befragung der Eigentümerversammlung Untersuchungsaufträge zu vergeben. Anderes kann ausnahmsweise gelten, wenn unmittelbarer Schaden für Gebäude oder Personen droht oder Fristen abzulaufen drohen. Dies gilt vor allem bei einem unmittelbar bevorstehenden Ablauf der Verjährungsfrist, aber auch vor Ablauf einer gekündigten Schwammversicherung.[84]

f) Hausmeister. Der Verwalter ist als Organ der Eigentümergemeinschaft zum Ab- **445** schluss eines **Hauswartvertrags** berechtigt. Auch hier ist wiederum zweifelhaft, ob er hierzu einen legitimierenden Beschluss benötigt. Da der Hausmeister i. d. R. mit der laufenden Pflege und Instandhaltung des Objekts beschäftigt ist, bedarf es eines Beschlusses meines Erachtens nicht. Allerdings wird eine langjährige Vertragsbindung einen Ermächtigungsbeschluss erfordern[85], da diese Bindung nicht ohne weiteres ordnungsmäßiger Verwaltung entspricht. Auch wird die Festanstellung eines Hausmeisters durch die Eigentümergemeinschaft eines Beschlusses bedürfen, da hiermit Lohnsteuer- und Sozialversicherungsrisiken verbunden sind.

Bei größeren Anlagen kann ein angestellter Hausmeister die preisgünstigere Lösung **446** sein. Zudem ergeben sich meist Vorteile dadurch, dass sich der festangestellte Hausmeister mit dem Objekt stärker identifiziert als ggf. wechselndes Personal eines Hausmeisterdienstes. Auch kann der angestellte Hausmeister im Objekt wohnen und gewährleistet somit eine intensivere Erreichbarkeit. Über diese Fragen hat der Verwalter durch Beschluss entscheiden zu lassen.

Handelt es sich um einen angestellten Hausmeister, wird Dienstherr die **rechtsfähige Eigentümergemeinschaft.** Hinsichtlich der lohnsteuerrechtlichen Konsequenzen wird auf untenstehende Ausführungen unter XI. 8. h) Rdn. 656 ff. verwiesen.

---

[80] KG NZM 1999, 131.

[81] KG s. ebenda.

[82] So auch *Häublein*, ZWE 2009, 189, 193; offenlassend *Heinemann* in Jennißen, WEG, § 27 Rdn. 22.

[83] A. A. *Drabek* in AHB Wohnungseigentumsrecht, Teil 8 Rdn. 52 der es nicht als Verwalteraufgabe ansieht, Flächendächer zu begehen.

[84] AG Hamburg-St. Georg, ZMR 2009, 406.

[85] OLG Köln ZMR 2005, 473.

Bei kleineren Objekten wird die feste Anstellung eines Hausmeisters zu Lasten der Eigentümergemeinschaft kaum in Betracht kommen. Dann wird die Eigentümergemeinschaft einen Hausmeisterdienst beauftragen. Der Verwalter hat hierzu mehrere Angebote einzuholen und diese auszuwerten. Dies ist erforderlich, um beweisen zu können, dass er das Auswahlermessen zutreffend ausgeübt hat.

447   Wesentlich ist, dass der Verwalter einen **detaillierten Leistungskatalog** für das Objekt erstellt und diesen zur Vertragsgrundlage macht. Hierbei ist unerheblich, ob es sich um einen angestellten oder selbstständigen Hausmeister handelt. Nur bei einem konkreten Leistungskatalog kann ein Streit über die ordnungsmäßige Erfüllung der Hausmeister-/Hausreinigungsaufgaben vermieden werden.

Die Qualität des Leistungsverzeichnisses wird wesentlich durch die Erfahrungen des Verwalters und seine eigenen Kenntnisse über die technischen Anforderungen des Objektes bestimmt.

Bei einem selbstständigen Hausmeisterdienst übernimmt dieses Unternehmen in der Regel auch die Treppenhausreinigung. Beim angestellten Hausmeister ist dies nicht immer der Fall, und es muss dann nochmals separat für die Hausreinigung eine weitere Kraft beschäftigt werden. Je nach Umfang der Reinigungsarbeiten kommen hier auch geringfügige Beschäftigungsverhältnisse in Betracht.

448   Das Muster eines Leistungsverzeichnisses ist im Anhang 3 dargestellt.

Ist der Verwalter als ermächtigt anzusehen, einen Hausmeister anzustellen, umfasst diese Vollmacht im Zweifel auch das Recht zur **Kündigung**, ohne dass es einer ausdrücklichen Ermächtigung bedarf. Das LAG Düsseldorf[86] stellt allerdings auf eine Einzelfallwertung ab, die dann schon negativ ausfallen könne, wenn der Verwalter nicht zur „Anstellung", sondern nur zur „Einstellung" des Hausmeisters bevollmächtigt wurde. Das OLG Düsseldorf[87] hat die Auffassung vertreten, dass der Verwalter die Vollmacht zum Abschluss eines Hausmeistervertrags nicht im Verwaltervertrag regeln könne. Zumindest müssten Funktionen und finanzielle Obergrenze definiert sein. Diese Entscheidung ist zum alten Recht ergangen und setzt sich demzufolge nicht mit der gesetzlichen Vertretungsmacht auseinander. Die grundsätzlich zu entscheidende Frage, ob es sich um eine laufende Maßnahme i.S.v. § 27 Abs. 3 Nr. 3 WEG handelt, ist nicht davon abhängig, wie hoch die Vergütung ist oder ob die Funktionen definiert sind. Dies ist keine Frage der Vertretungsmacht des Verwalters, sondern seiner etwaigen Schlechtleistung. Wer einen Hausmeister ohne klaren Aufgabenkatalog beauftragt, verwaltet nicht ordnungsgemäß.

Die Frage der Hausmeisterbeauftragung kann klarstellend in einem Verwaltervertrag gelöst werden. Hinsichtlich einer Musterformulierung ist auf Anhang 1 und 2 zu verweisen.

449   **g) Verkehrssicherungspflicht.** Die Verkehrssicherungspflichten bewirken, dass die Eigentümergemeinschaft, vertreten durch den Verwalter, verpflichtet ist, das Objekt in einem verkehrssicheren Zustand zu halten. Diese Verpflichtung obliegt nach § 27 Abs. 1 Nr. 2 WEG sowohl dem **Verband** als auch den **Wohnungseigentümern.**

450   Die Verkehrssicherungspflicht bewirkt, dass Hindernisse oder Unebenheiten auf dem Grundstück zu beseitigen sind, Wege im Herbst von Laub und im Winter von Schnee und Eis befreit werden müssen und dass auf den Verkehrsflächen vor Gefahren zu warnen ist.[88] Die Verkehrssicherungspflicht kann sowohl gegenüber Eigentümern als auch gegenüber außenstehenden Dritten bestehen. Dabei ist nicht von einer völligen Gefahrenfreiheit auszugehen.[89] Die Verkehrssicherungspflichten sollen **nicht das allgemeine**

---

[86] GE 2008, 1612.
[87] NZM 2001, 390.
[88] OLG Hamm MDR 1982, 150; *Elzer,* MietRB 2005, 219 ff.
[89] OLG Hamm MDR 1988, 677.

Lebensrisiko abwenden. Es müssen aber solche Vorkehrungen getroffen werden, die nicht völlig fernliegende Gefahren abwenden.[90] Die überwiegende Auffassung bejaht eine gesetzliche Verkehrssicherungspflicht des Verwalters für das gemeinschaftliche Eigentum.[91] Die Wohnungseigentümer können allerdings die Verkehrssicherungspflicht vertraglich auf einzelne Eigentümer oder auf **Dritte übertragen.**[92] Wenn die Verkehrssicherungspflicht auf einen Eigentümer oder auf Dritte, insbesondere den **Hausmeister** übertragen wurde, trifft den Verwalter die **Überwachungspflicht.** Er hat zu kontrollieren, ob die jeweils beauftragten Personen die Sicherungsmaßnahmen fachgerecht ausführen. Dies muss er allerdings nicht dauerhaft durchführen. Kontrolliert er beispielsweise die ersten sechs Monate den Hausmeister, nachdem dieser mit bestimmten Aufgaben im Bereich der Verkehrssicherung beauftragt wurde und ergeben sich keine Beanstandungen und erweist sich der Hausmeister auch im Übrigen als zuverlässig, kann der Verwalter die weiteren Kontrollen einstellen.[93]

Wenn der Hausmeister in einem Vertragsverhältnis zur Gemeinschaft steht, kann der **451** Verwalter auch nicht gem. § 278 BGB für ihn haften. Der Hausmeister wird dann nicht in Erfüllung einer Verbindlichkeit des Verwalters tätig. Hinsichtlich der **Sondernutzungsflächen** obliegt die Verkehrssicherungspflicht nicht der Gemeinschaft und auch nicht den Wohnungseigentümern insgesamt, wenn die Unterhaltung der Fläche einem Wohnungseigentümer übertragen wurde. Zur Unterhaltungspflicht wird auch die Verkehrssicherungspflicht gezählt.[94] Der Verwalter ist in diesem Fall nicht für die Verkehrssicherheit der Sondernutzungsflächen zuständig.

h) Vorbereitung der Beschlussfassung zu Instandsetzungsmaßnahmen. 452 aa) Vorbereitung der Eigentümerversammlung. Der Verwalter ist nur verpflichtet, die für die ordnungsmäßige Instandhaltung und Instandsetzung des gemeinschaftlichen Eigentums erforderlichen Maßnahmen zu treffen, § 27 Abs. 1 Nr. 2 WEG. Zu den erforderlichen Maßnahmen zählt es zunächst, einen **Beschluss** der Eigentümerversammlung **vorzubereiten,** ob und in welchem Umfang Instandhaltungs- oder Instandsetzungsmaßnahmen durchgeführt werden sollen. Es ist daher Aufgabe des Verwalters, diese Themen zur Eigentümerversammlung vorzubereiten und zur Beschlussfassung vorzulegen. Er hat den Eigentümern alle notwendigen Informationen zu liefern, so dass sie eine vollständige Entscheidungsgrundlage für die Frage der Mängelbeseitigung vorfinden.[95] Liegt ein Prüfungsbericht, eine fachliche Stellungnahme oder gar ein Sachverständigengutachten vor, kann es im Einzelfall geboten sein, den Eigentümern Abschriften zur Verfügung zu stellen, jedenfalls aber in einem Hinweisschreiben anzubieten, alle weitergehenden Unterlagen auf Abruf weiterzuleiten, gegebenenfalls Zug um Zug gegen Erstattung der hierdurch anfallenden Kopierkosten. Der Vorbereitungsumfang lässt sich sicherlich nicht verallgemeinern und ist vom jeweiligen Einzelfall abhängig. Lehnt die Eigentümerversammlung einen Beschluss über eine vorgeschlagene Instandsetzungsmaßnahme ab, ist der Verwalter an der Durchführung gehindert, weil ihm dann die Vertretungsmacht fehlt, es sei denn, es handelt sich um eine Notmaßnahme oder eine laufende Maßnahme, § 27 Abs. 1 Nr. 3, Abs. 3 Nr. 3, Abs. 3 Nr. 4, Abs. 3 Nr. 7 WEG.

---

[90] So auch *Elzer,* MietRB 2005, 219 f.

[91] BGH MDR 1994, 45 = ZMR 1993, 322; OLG Frankfurt OLGZ 1982, 16; *Müller,* Praktische Fragen, Rdn. 1106; *Gottschalg,* Haftung von Verwalter und Beirat, Rdn. 284.

[92] BGH MDR 1996, 910 = ZMR 1996, 477; BayObLG WuM 2004, 736 = MietRB 2005, 98.

[93] OLG München MietRB 2006, 41; siehe auch *Gottschalg,* Haftung von Verwalter und Beirat, Rdn. 298 ff.

[94] *Elzer,* MietRB 2005, 219 (223).

[95] OLG München ZMR 2006, 716.

453 Grundsätzlich hat die Eigentümergemeinschaft einen weiten **Ermessensspielraum** zwischen gleichermaßen erfolgversprechenden Maßnahmen.[96] Bestehen mehrere Möglichkeiten der Instandsetzung, hat der Verwalter die unterschiedlichen Möglichkeiten aufzuzeigen und den Wohnungseigentümern vor der Beschlussfassung das Für und Wider zu schildern. Fehlt dem Verwalter hierzu die Fachkompetenz, sollte er sich zuvor bevollmächtigen lassen, diese Vorbereitungshandlungen nebst Schilderung der in Betracht kommenden Maßnahmen in der Eigentümerversammlung durch einen **Sachverständigen** ausführen zu lassen. Die Einschaltung von **Ingenieuren** und anderen **Sonderfachleuten** bedarf einer besonderen Bevollmächtigung für den Verwalter, die per Beschluss, im Verwaltervertrag oder in der Gemeinschaftsordnung erteilt werden kann.[97]

454 Der Wohnungseigentümergemeinschaft wird das **Auswahlermessen** zugebilligt, zwischen einer billigeren Lösung mit kürzerer Lebensdauer und einer aufwendigeren mit längerer Lebensdauer entscheiden zu können.[98] Diese Unterschiede muss der Verwalter bzw. der von ihm beauftragte Sachverständige herausarbeiten, damit die Eigentümergemeinschaft eine sachgerechte Entscheidung treffen kann.

455 Kommt nur eine Ausführungsart in Betracht, entspricht es ordnungsmäßiger Verwaltung, der Eigentümerversammlung mehrere **Kostenvoranschläge** vorzulegen.[99] Nach der Rechtsprechung bedarf es vor der Beschlussfassung über eine aufwendigere Sanierungsmaßnahme regelmäßig der Einholung verschiedener Alternativ- oder Konkurrenzangebote.[100] Jedenfalls bei größeren (kostenträchtigen) Maßnahmen sollten mindestens drei Vergleichsangebote vorliegen, um auf der sicheren Seite zu sein. Zwei Angebote ermöglichen zumeist keinen aussagekräftigen Preisvergleich. Eine bloße Kostenschätzung genügt in der Regel nicht. Vielmehr muss den Eigentümern im Zeitpunkt der Beschlussfassung das Angebot der zu beauftragenden Firma vorliegen. Nicht ausreichend ist es ferner, wenn in der Versammlung lediglich die Kostenzusammenstellung eines Architekten vorliegt.[101] Es entspricht auch ordnungsgemäßer Verwaltung, eine Powerpoint-Präsentation über die Schäden am Gemeinschaftseigentum vorzubereiten. Bei Fotografien hat er das Persönlichkeitsrecht der Wohnungseigentümer zu beachten.[102]

456 Der Verwalter muss bei der **Abfassung der Tagesordnung** verdeutlichen, dass es insoweit um eine Beschlussfassung über Instandsetzungsmaßnahmen geht. Neben einer entsprechenden Kennzeichnung in der Tagesordnung sollte der Verwalter schon in der Einladung Erläuterungen geben, die die spätere Beschlussfassung erleichtern und den Wohnungseigentümern den **Umfang** und die **wirtschaftliche Tragweite** der geplanten Maßnahme verdeutlichen. Je umfangreicher die geplante Instandsetzungsmaßnahme ist, desto genauer muss der Beschluss in der Tagesordnung angekündigt werden. So reicht beispielsweise die Ankündigung „Beschluss zur Großsanierung" nicht aus, wenn über konkrete bauliche Einzelmaßnahmen beschlossen werden soll.[103]

457 Eine zu unbestimmte Ankündigung des Gegenstandes der Beschlussfassung birgt im Beschlussanfechtungsverfahren die große Gefahr, dass das Gericht dem Verwalter die

---

[96] OLG Düsseldorf OLGReport Düsseldorf 2002, 398 = ZMR 2002, 854 für die Wahl zwischen Wärmedämmverbundsystem und Neuverputzung nebst Aufbringung einer Vorsatzschale aus Sparverblendern.

[97] AG Hannover ZMR 2006, 487.

[98] OLG Hamburg ZMR 2003, 441.

[99] BayObLG ZMR 2002, 689; *Bauriedl,* ZMR 2006, 252, 254.

[100] OLG München ZMR 2007, 557, 558; OLG Köln ZMR 2004, 148; BayObLG ZMR 2000, 39.

[101] LG München I ZMR 2009, 398.

[102] AG Köln NZM 2009, 133.

[103] OLG München NZM 2006, 934.

Prozesskosten auferlegt, da er das Verfahren durch einen formellen Fehler bei der Einberufung grob schuldhaft veranlasst hat (vgl. **§ 49 Abs. 2 WEG**).[104] Gleiches gilt selbstverständlich, wenn die Ankündigung vollständig unterbleibt oder unter dem Tagesordnungspunkt „Verschiedenes" Sachbeschlüsse über die Instandhaltung oder Instandsetzung gefasst werden. Für § 23 Abs. 2 WEG genügt in der Regel eine schlagwortartige Bezeichnung des Beschlussgegenstandes. Eine detaillierte Beschreibung des Schadensbildes und der zu ergreifenden Gegenmaßnahmen ist nicht erforderlich. Handelt es sich bei dem Gegenstand aufgrund einer in den letzten Jahren erfolgten Vorbefassung um einen „Dauerbrenner", kann im Einzelfall eine entsprechend knappe Bezeichnung genügen.

Bei größeren Sanierungsmaßnahmen kann es ordnungsmäßiger Verwaltung entsprechen, zunächst einen **Grundlagenbeschluss** über das „Ob" der Sanierung vorzubereiten und die Festlegung des „Wie" der Sanierung einer weiteren Beschlussfassung (Durchführungs- oder Vergabebeschluss) vorzubehalten, z.B. der nächstjährigen Versammlung. Dieser Grundsatz lässt hier jedoch die Notwendigkeit unberührt, auch in diesem Folgebeschluss die wesentlichen **Eckpunkte** der anstehenden Sanierung durch die Versammlung selbst festzulegen bzw. dem Verwalter hinreichend deutlich vorzugeben. **458**

Zur Vorbereitung der Beschlussfassung sollte der Verwalter folgende Fragen bearbeiten:

– Was wird wie saniert?
– Durch welche(n) Auftragnehmer?
– Wann?
– Auf der Grundlage welcher Angebote?
– Zu welchem Preis?
– Werden Fachleute (Ingenieur, Statiker, Architekt usw.) hinzugezogen für Voruntersuchung, Erstellung eines Sanierungskonzepts, Ausschreibung mit Leistungsverzeichnis, Baubetreuung, Abnahme (welche Leistungsphasen nach HOAI) usw.?
– Wie wird die Maßnahme finanziert?

bb) Finanzierungskonzept. Zur Vorbereitung der Beschlussfassung muss der Verwalter ebenfalls einen Vorschlag erarbeiten, wie die Maßnahme **finanziert** werden kann. Bei kleineren Maßnahmen wird es möglicherweise genügen, die entsprechende Höhe der Instandsetzungskosten in den **Wirtschaftsplan** einzustellen. Bei größeren Maßnahmen wird zu prüfen sein, ob die angesparte **Instandhaltungsrücklage** hierzu ausreicht und ganz oder teilweise eingesetzt werden soll. Sind hingegen keine ausreichenden Mittel vorhanden und genügt ein Wirtschaftsplan in üblicher Höhe nicht, ist zu prüfen, wie diese Maßnahme durch **Sonderumlagen** gedeckt werden kann. **459**

Die Möglichkeit der **Kreditaufnahme** schied bis zur Entscheidung des BGH zur Rechtsfähigkeit der Wohnungseigentümergemeinschaft praktisch aus. Es wurde die Meinung vertreten, dass die Kreditaufnahme einer Vereinbarung bedürfe.[105] Dies wurde damit begründet, dass auf Grund der bis dahin angenommenen gesamtschuldnerischen Haftung aller Wohnungseigentümer für den einzelnen ein unzumutbares Risiko entstünde. Jeder einzelne Wohnungseigentümer solle selbst entscheiden können, ob und ggf. wie er sich refinanziert. Eine Kreditaufnahme könne ihm nicht durch die Eigentümergemeinschaft aufgedrängt werden. **460**

Teilweise wurde die Kreditaufnahme, die auf einem Mehrheitsbeschluss beruhte, dann als zulässig angesehen, wenn sie nur von kurzfristiger Dauer war und in geringem **461**

---

[104] Vgl. BGH NJW 2007, 69, 73; OLG München NZM 2006, 934; *Wenzel* in Bärmann, WEG § 49 Rdn. 24.
[105] *Erlebach*, PiG 27 (1988), S. 89 f.

Umfang zur Abdeckung von Liquiditätsengpässen erfolgte.[106] Das Gleiche gilt auch für die Kontoüberziehung.[107] Diese ist ebenfalls eine Art **Kreditaufnahme.** Eine ohne Beschluss vorgenommene Überziehung bindet nach Auffassung des LG Köln[108] dennoch die Gemeinschaft, wenn den Wohnungseigentümern im Rahmen der **Jahresabrechnung** die Kontostände mitgeteilt wurden. Dann wurde die Kreditaufnahme konkludent durch die Beschlüsse über die Jahresabrechnung genehmigt. Richtiger wäre es allerdings, auf die Genehmigungswirkung der **Entlastung** abzustellen. Da gem. § 10 Abs. 8 WEG die Haftung der Wohnungseigentümer auf ihren quotalen Anteil beschränkt ist, ist die Grenze der Beschlusskompetenz für eine Kreditaufnahme wesentlich weiter zu ziehen.

462   Nicht zu folgen ist der Auffassung des BayObLG[109], wonach ein Beschluss über die Finanzierung von Instandsetzungsmaßnahmen durch die Aufnahme von Darlehen generell nicht ordnungsmäßiger Verwaltung entspreche. Der Senat ist der Meinung, dass das gesetzliche Finanzierungsmodell nach § 21 Abs. 3, Abs. 5 Nr. 4, § 27 Abs. 1 Nr. 4, Abs. 4, § 28 WEG darauf ausgerichtet sei, dass die Wohnungseigentümer den Finanzbedarf zeitnah durch Eigenmittel oder durch Ansammlung einer Instandhaltungsrücklage herbeizuführen haben. Dies lässt sich aber zumindest in der Allgemeinheit der Aussage nicht übernehmen. Wenn der Instandsetzungsbedarf innerhalb einer Eigentümergemeinschaft deutlich wächst und noch keine ausreichenden Rücklagen angesammelt wurden, müssten die Wohnungseigentümer in erheblichem Umfange **Sonderumlagen** leisten, wenn der Instandsetzungsbedarf kurzfristig erfüllt werden soll. Dies kann im Einzelfall die finanzielle Leistungsfähigkeit der Wohnungseigentümer überspannen. Die Wohnungseigentümer haben dann die Wahl, ob sie eine Sonderumlage beschließen, bei der die finanziell schwächeren Wohnungseigentümer im Zweifel ein Darlehen bei einem Kreditinstitut mit persönlicher Haftung des Wohnungseigentümers aufnehmen müssten, oder ob die Eigentümergemeinschaft den Kredit aufnimmt. In letzterem Fall war die Haftung des Wohnungseigentümers bis zur Reform des Wohnungseigentumsgesetzes durch die Entscheidung des BGH vom 2. 6. 2005[110] grundsätzlich nicht gegeben. Die fehlende unmittelbare Haftung im Außenverhältnis ist dann durch die Reform des Gesetzes zwar beseitigt worden. Die Haftung ist seither durch § 10 Abs. 8 WEG n. F. auf den quotalen Anteil des einzelnen Wohnungseigentümers beschränkt. Bis zur Novelle war es somit für den einzelnen Wohnungseigentümer äußerst vorteilhaft, wenn die Eigentümergemeinschaft den Kredit aufnahm, da er dann gegenüber dem Kreditinstitut überhaupt nicht persönlich haftete.

463   Die vom Gesetzgeber gewählte **quotale Haftung** stellt den einzelnen Wohnungseigentümer nicht mehr besser, aber auch nicht schlechter als bei einer persönlichen Kreditaufnahme. Nur derjenige, der die Sonderumlage aus eigenen Mitteln bezahlen kann, würde durch eine Kreditaufnahme seitens der Eigentümergemeinschaft in seiner Entscheidungsfreiheit eingeschränkt, ob er überhaupt Kreditmittel mit einer quotalen Außenhaftung aufnehmen will. Dennoch kann die Kreditaufnahme durch die Eigentümergemeinschaft ordnungsmäßiger Verwaltung entsprechen, da hierdurch sichergestellt wird, dass die notwendigen Finanzmittel insgesamt und pünktlich zur Verfügung gestellt werden. Die einheitliche Kreditaufnahme für die Eigentümergemeinschaft ist

---

[106] BayObLG DWE 2005, 24; KG ZMR 1997, 539 = WuM 1997, 574; OLG Hamm NJW-RR 1992, 403 L = WE 1992, 136; OLG Koblenz DWE 1992, 44; *Gottschalg,* Die Haftung von Verwalter und Beirat, Rdn. 184; *Merle* in Bärmann, WEG, § 27 Rdn. 205.
[107] OLG Celle ZMR 2006, 540.
[108] LG Köln MietRB 2004, 81.
[109] NZM 2006, 62.
[110] ZMR 2005, 547 = DWE 2005, 134 = NJW 2005, 2061 = NZM 2005, 543.

einfacher und schneller herzustellen, als die individuelle Kreditaufnahme der einzelnen Wohnungseigentümer.

Die Frage der gemeinschaftlichen Kreditaufnahme fördert die Entscheidungsfreude **464** der Wohnungseigentümer, notwendige Instandsetzungsmaßnahmen nicht weiter hinauszuzögern. So kann beispielsweise die Erneuerung der Fenster dazu beitragen, dass Mietminderungen vermieden und Heizenergie eingespart wird. Die Erneuerung von Fenstern wird sich selten als so notwendig herausstellen, dass sie überhaupt keinen Aufschub mehr duldet. Duldet sie aber Aufschub, werden Wohnungseigentümer sich gegen die Investition aussprechen, wenn die Maßnahme kurzfristig ihren Finanzrahmen sprengt. Andererseits kann es wirtschaftlich sinnvoll sein, Energie zu sparen und Mietminderungen zu vermeiden, wenn sich dies durch eine gemeinsame Kreditaufnahme finanzieren lässt.

Die Kreditaufnahme ist im WEG nicht ausgeschlossen. § 27 Abs. 1 Nr. 4, Abs. 3 **465** Nr. 4 WEG macht deutlich, dass der Verwalter Tilgungsbeträge anfordern kann, soweit es sich um gemeinschaftliche Angelegenheiten der Wohnungseigentümer handelt. Gemeinschaftliche Tilgungsbeträge können aber nur im Zusammenhang mit gemeinschaftlichen Darlehen entstehen. Die Kreditaufnahme durch die Eigentümergemeinschaft kann daher entgegen der überwiegend anders lautenden Rechtsprechung und Literatur durch Mehrheitsbeschluss legitimiert werden (s. hierzu auch unten Rdn. 492).[111]

Daher wird der Verwalter vorbereitend für die Eigentümerversammlung auch diese **466** Möglichkeit in Betracht ziehen. Er muss allerdings berücksichtigen, dass dann, wenn ein etwaiger Kreditgeber **persönliche Bürgschaften** der Wohnungseigentümer verlangt, die Beschlusskompetenz wieder entfällt. Nach § 10 Abs. 8 WEG haften die Wohnungseigentümer ohne besondere Regelung gegenüber den Gläubigern im Verhältnis ihres **Miteigentumsanteils.** Persönlicher Bürgschaften bedarf es somit nur, wenn eine weitergehende Haftung begründet werden soll, die jedoch nicht mehr ordnungsmäßiger Verwaltung entspricht. Die Beschlussfassung über eine Kreditaufnahme entspricht ordnungsmäßiger Verwaltung, wenn auf Grund der gesamten wirtschaftlichen Verhältnisse der Eigentümergemeinschaft und des bestehenden Wirtschaftsplans eine ordnungsgemäße Kreditbedienung durch die Eigentümergemeinschaft zu erwarten ist. Würde hingegen die Eigentümergemeinschaft einen Kredit aufnehmen, obschon sich die finanziellen Verhältnisse der Eigentümergemeinschaft als desolat darstellen, wäre eine Haftung des Verwalters gegeben. Dieser könnte haften, weil er bei der Kreditaufnahme die **besondere Gefahr** nicht offenlegt, dass die Wohnungseigentümergemeinschaft wegen eines unzureichenden Wirtschaftsplans oder häufiger ausfallenden Wohngelds nicht in der Lage sein könnte, den Kredit zu bedienen.[112] Dabei sind allerdings nur die Umstände im Zeitpunkt der Kreditaufnahme maßgebend. Verschlechtert sich die Bonität der Eigentümergemeinschaft im Laufe des Kreditverhältnisses, besteht für den Verwalter **keine Offenbarungspflicht** gegenüber dem Gläubiger.

i) Herbeiführung der Beschlussfassung über Instandsetzungsmaßnahmen. **467** Der Verwalter hat zu berücksichtigen, dass die Entscheidungskompetenz über die Instandsetzungsmaßnahmen nicht auf den **Beirat** oder einen **Arbeitskreis** übertragen werden kann.[113] Es zählt zu den elementaren Aufgaben der Eigentümerversammlung, über Art und Umfang von Instandsetzungsmaßnahmen zu entscheiden. Dieses **Kern-**

---

[111] A. A. OLG Hamm NJW-RR 1992, 403 = WE 1992, 136; BayObLG NZM 2006, 62; *Bub,* WE 1993, 3, 8; *Sittmann/Dietrich,* WuM 1998, 1615, 1620; *Merle* in Bärmann, WEG, § 27 Rdn. 205.

[112] Siehe für die Haftung des GmbH-Geschäftsführers BGH NZG 1999, 722.

[113] OLG Düsseldorf OLGReport Düsseldorf 2003, 100 = ZMR 2003, 126.

recht kann nicht auf ein anderes Organ oder auf einzelne Wohnungseigentümer delegiert werden.

Für den Verwalter besonders haftungsträchtig sind so genannte „Blankett-" und „Delegationsbeschlüsse", d. h. Mehrheitsbeschlüsse, mit denen die Eigentümerversammlung den Verwalter und/oder den Verwaltungsbeirat und/oder einen „Bau- oder Sanierungsausschuss" entweder mit der gesamten Entscheidung über eine Instandsetzung und deren Durchführung oder zumindest mit der Auftragsvergabe betraut. Grundsätzlich ist die Entscheidung über das „Ob" und „Wie" von Instandsetzungsmaßnahmen der Eigentümerversammlung vorbehalten. Denn die Eigentümer sind die Herren der Verwaltung und sollen entscheiden, wie gemeinschaftliches Eigentum instand gehalten oder instandgesetzt wird. Nur in engen Grenzen ist es zulässig, die Vergabe und die Durchführung eines Sanierungsauftrags durch Mehrheitsbeschluss auf die Verwaltung zu delegieren. Voraussetzung ist, dass die Ermächtigung zu einem überschaubaren und für den einzelnen Wohnungseigentümer begrenzten finanziellen Risiko führt und die grundsätzliche Verantwortlichkeit für den Beschluss solcher Maßnahmen bei der Eigentümerversammlung bleibt.[114]

468   Allerdings können die Eigentümer zunächst über das Ob und auch die wesentlichen Inhalte von Art und Weise der durchzuführenden Instandsetzungsmaßnahmen entscheiden und dann einzelne Detailfragen einem solchen Arbeitskreis oder dem Beirat überlassen. Auch ist es zulässig, zwischen zwei Angeboten, die grundsätzlich die Zustimmung der Eigentümer finden, den Beirat im Detail nochmals verhandeln und dann entscheiden zu lassen. In diesem Fall geht es nur noch um das **Auswahlermessen,** das durch den **Ermächtigungsbeschluss** der Wohnungseigentümerversammlung insoweit eingeengt sein muss, als eindeutige Kriterien für die abschließende Entscheidung definiert werden. Grundsätzlich ist der Verwalter nicht ermächtigt, ohne Beschluss Instandhaltungsmaßnahmen, wozu auch Ersatzbeschaffungen gehören[115], durchzuführen.

469   Es genügt, dass die Maßnahme, die zur Instandhaltung oder Instandsetzung des gemeinschaftlichen Eigentums durchgeführt werden soll, hinreichend **bestimmbar** ist, z.B. durch die Bezugnahme auf ein datumsmäßig bestimmtes Sanierungskonzept oder ein konkretes Angebot.[116] Nicht hinreichend bestimmt in diesem Sinne ist ein Beschluss, aus dem sich nicht entnehmen lässt, welche Maßnahmen zur Instandhaltung oder Instandsetzung vorgenommen werden sollen, wobei allerdings der Sanierungsumfang nicht immer schon im Beschlusszeitpunkt exakt feststehen muss.[117] Daher kann es bei umfangreicheren Sanierungen mit mehreren Gewerken, die sich über einen längeren Zeitraum erstrecken, oder einem bei Beschlussfassung noch nicht abschließend, sondern aus Kostengründen zunächst nur aufgrund von Stichproben aufgeklärten Schadenbildes sowohl dem Bestimmtheitserfordernis als auch dem gleichfalls zu beachtenden Gebot der Wirtschaftlichkeit (§ 21 Abs. 5 Nr. 2 WEG) entsprechen, zwar eine umfassende Fassaden- und Balkonsanierung zu beschließen, solche Fassadenteile von der Sanierung allerdings auszunehmen, die sich erst im Zuge der Maßnahme als nicht sanierungsbedürftig erweisen, etwa weil einige der im Zuge der weiteren Voruntersuchungen oder späteren Bauausführung zu öffnenden Balkone bereits eine intakte Abdichtung aufweisen.[118]

---

[114] Vgl. LG München I ZMR 2009, 398; bestätigt von OLG München, GE 2009, 525 = OLGR München 2009, 387.

[115] Vgl. für die eigenmächtige Ersatzbeschaffung einer Waschmaschine OLG Hamburg ZMR 2006, 546.

[116] OLG Hamburg ZMR 2001, 725, 726; *Merle* in Bärmann, WEG, § 23 Rdn. 51.

[117] OLG München ZMR 2007, 557; LG Köln ZMR 2007, 652; *Merle* in Bärmann, WEG, § 23 Rdn. 51.

[118] OLG München ZMR 2007, 557, 558.

Die Bestimmtheit des Beschlussinhalts muss sich nicht notwendig aus dem Beschluss- **470** text (Beschlussantrag) selbst ergeben. Es ist zulässig und vielfach auch zweckmäßig, im Beschlussantrag auf konkrete Sanierungskonzepte, Leistungsverzeichnisse, Gutachten oder Angebote Bezug zu nehmen. Die Bezugsurkunden können als Anlage dem Protokoll beigefügt werden, sollten zumindest aber ihrer textlichen Beschreibung nach (z.B. Datum, Auftragsnummer) so konkret wie möglich beschrieben werden. Sieht ein Sanierungskonzept **verschiedene Ausführungsvarianten** vor, muss sich dem Beschluss entnehmen lassen, welche Variante zur Ausführung gelangen soll.

Im Fall LG München I ZMR 2009, 398 fasste die Eigentümerversammlung folgen- **471** den Beschluss:

Ein „Beschluss über die Sanierung der Blechdächer über den Häusern 15–17 und 21. Kosten ca. 115.000,00 € (basierend auf der Ausschreibung vom letzten Jahr). Es wurde nachfolgender Antrag gestellt: Die WEG beschließt die Sanierung der Blechdächer über den Häusern 15–17 und 21 zu Kosten von ca. 115.000,00 €, wobei eine maximale Obergrenze von 125.000,00 € nicht überschritten werden darf. Die Sanierung soll im Sommer/Herbst 2007 ausgeführt werden. Zur Auftragsvergabe werden mindestens drei Angebote eingeholt und der Auftrag wird in Abstimmung mit dem Verwaltungsbeirat vergeben. Beschlussergebnis: „Mehrheitlich angenommen [...]“

LG und OLG München billigten diesen Beschluss, da es sich um eine „Ketten- **472** Sanierung“ handelte. Bereits in den drei Jahren zuvor waren die ersten beiden Teilsanierungen der Dächer anderer Häuser der Mehrhausanlage beschlossen worden. Es war ein Ingenieurbüro beauftragt worden, ein Leistungsverzeichnis zu erstellen, die Bauleitung zu übernehmen und die Abnahme durchzuführen. Das Ingenieurbüro hatte die beiden ersten Teildachsanierungen begleitet. Aufgrund dieser Vorbefassung und Vorerfahrungen war es im Ergebnis nicht zu beanstanden, dass hinsichtlich des „Wie“ explizit auf die bereits erfolgten Teilsanierungen Bezug genommen wurde. Das finanzielle Risiko war hinreichend deutlich erkennbar. Zudem hatten die Eigentümer weitere Sicherheiten eingebaut, indem eine maximale Obergrenze beschlossen wurde und sie die Verwaltung verpflichteten, mindestens drei Angebote einzuholen und den Auftrag in Abstimmung mit dem Beirat zu vergeben. Auf diese Weise entschied die Versammlung selbst über die maßgeblichen Eckpunkte der Sanierung. Der Verwaltung blieb nur ein sehr eingeschränkter, genau umgrenzter Handlungsspielraum. Die Gerichte beanstandeten auch nicht, dass Architekt und Handwerker ein weiteres Mal beauftragt wurden, ohne eine erneute Ausschreibung und/oder Angebotseinholung vorzunehmen. Es sei nicht zu beanstanden, wenn einem Auftragnehmer im Rahmen einer in Abschnitten durchzuführenden größeren Sanierungsmaßnahme ein Folgeauftrag erteilt werde, ohne dass erneut Konkurrenzangebote eingeholt werden.[119]

Handelt es sich um eine **Mehrhausanlage,** muss der Verwalter bei der Beschlussfas- **473** sung insbesondere die Regelungen in der Gemeinschaftsordnung hierzu beachten. Möglicherweise sehen diese vor, dass über Instandsetzungsmaßnahmen innerhalb des einzelnen Hauses nur die Eigentümer des betreffenden Hauses entscheiden und auch hierzu die Kosten alleine aufzubringen haben. Im Einzelfall können sich hier **Abgrenzungsschwierigkeiten** ergeben, wenn die Regelung in der Gemeinschaftsordnung nicht eindeutig oder nicht vollkommen klar ist, ob die Maßnahme nur ein bestimmtes Haus betrifft. Im Zweifel wird der Verwalter eine Zuständigkeit der Gesamtgemeinschaft annehmen müssen.[120]

Es ist auch zulässig, dem Verwalter insbesondere im Verwaltervertrag Vollmacht zu **474** erteilen, kleinere Instandhaltungs- oder Instandsetzungsmaßnahmen **ohne Beschluss** der Eigentümerversammlung durchzuführen.

---

[119] LG München I ZMR 2009, 398 mit Hinweis auf *Spielbauer/Then*, WEG, § 21 Rdn. 23.
[120] Vgl. auch zu den Bedenken gegen die Wirksamkeit einer solchen Regelung für eine Mehrhausanlage, *Jennißen,* NZM 2006, 203 (205).

475 Nach § 27 Abs. 3 Nr. 3 WEG kann der Verwalter die lfd. Maßnahmen ordnungsmäßiger Instandhaltung und Instandsetzung ohne Beschluss der Eigentümerversammlung treffen. Um aber Abgrenzungsschwierigkeiten zu vermeiden, welche Maßnahmen noch als „laufend" bezeichnet werden können, sollte dem Verwalter diesbezüglich, ggf. im Verwaltervertrag, eine klare Weisung erteilt werden. Laufende Maßnahmen sind solche, die regelmäßig wiederkehren. Sie müssen von untergeordneter Bedeutung sein.[121] So kommen laufende Maßnahmen insbesondere im Rahmen von **Kleinreparaturen** in Betracht. Die Definition wird sich im Zweifel an der Größe der aufzuwendenden Kosten orientieren. Die laufenden Maßnahmen im Sinne von Kleinreparaturen sollten daher der Höhe nach definiert werden, und zwar auf den Einzelfall und auf das jährliche Gesamtvolumen hin bezogen. Andernfalls könnte der Verwalter durch eine Vielzahl kleinerer Reparaturmaßnahmen die Beschlussfassung der Eigentümerversammlung umgehen. Es könnte daher im Verwaltervertrag (s. auch oben Rdn. 280 ff.) wie folgt formuliert werden:

– *Instandhaltungs- und Instandsetzungsmaßnahmen am Gemeinschaftseigentum kann der Verwalter ohne Beschluss der Eigentümerversammlung bis zur Höhe von 3 000,– EUR je Einzelfall und 10.000,– EUR kumuliert pro Jahr unmittelbar beauftragen. Für diese Kleinreparaturen ist die Einholung mehrerer Kostenvoranschläge nicht erforderlich. Reparaturen zwischen 3.000,– EUR und 5.000,– EUR je Einzelfall kann der Verwalter ebenfalls ohne Zustimmung der Wohnungseigentümerversammlung in Auftrag geben, bedürfen aber der Zustimmung des Beirats. Unbenommen bleiben Notmaßnahmen.*

476 Die vorstehend genannten Beträge sind von der Größe der Eigentümergemeinschaft abhängig. Bei großen Gemeinschaften sind Reparaturen in einer Größenordnung von 3.000,– EUR je Einzelfall von relativ geringer Bedeutung und als laufende Maßnahme anzusehen. Bei kleineren Eigentümergemeinschaften kann hingegen ein solcher Betrag bereits zu hoch sein. Für die Wirksamkeit der Klausel kommt es daher auf die **Angemessenheit je Einzelfall** an.

477 Der Verwalter kann sich im Verwaltervertrag ausbedingen, dass ihm seitens der Eigentümergemeinschaft eine **separate Verwaltervollmacht** ausgestellt wird, damit er sich gegenüber Dritten und insbesondere gegenüber Behörden nicht durch Vorlage des gesamten Verwaltervertrags ausweisen muss (siehe hierzu oben IX).

478 **j) Auftragserteilung für die Eigentümergemeinschaft.** Auch schon vor der Entscheidung des BGH zur Rechtsfähigkeit der Eigentümergemeinschaft hatte der Verwalter deutlich zu machen, dass er den Auftrag **nicht im eigenen Namen** und für eigene Rechnung erteilt. Durch die Rechtsfähigkeitsentscheidung kann es sich der Verwalter jetzt sparen, die Namen der einzelnen Wohnungseigentümer dem Auftragnehmer mitzuteilen.

479 Macht der Verwalter allerdings bei der Auftragserteilung nicht deutlich, dass er nicht im eigenen Namen, sondern nur für die Eigentümergemeinschaft den Auftrag erteilt, kann im Einzelfall dennoch eine **persönliche Haftung des Verwalters** begründet werden. Die Rechtsprechung stellt hierzu darauf ab, ob sich aus den **Umständen** ergibt, dass der Verwalter nur für die Wohnungseigentümergemeinschaft handeln wollte.[122] Solche Umstände sind im Zweifel schon dann gegeben, wenn der Verwalter die Verwaltungstätigkeit in seine **Firmierung** aufgenommen hat (z. B. „Meier Hausverwaltungen GmbH") und es um die Instandsetzung eines konkreten Objekts geht. Dann muss der Auftragnehmer davon ausgehen, dass das Objekt nicht im Eigenvermögen des

---

[121] *Häublein*, ZWE 2009, 189, 195.
[122] KG KGReport Berlin 1996, 266 = WE 1997, 66; AG Tempelhof-Kreuzberg MietRB 2004, 267.

WEG-Verwalters steht und daher ein Vertrag mit der dahinter stehenden Eigentümergemeinschaft zu Stande kommt.[123]

Hat der Verwalter **ohne Ermächtigungsbeschluss** Aufträge im eigenen Namen erteilt, haftet er im Außenverhältnis. Die Wohnungseigentümer können den Vertrag genehmigen, § 177 Abs. 1 BGB. Genehmigen diese nicht, so kann der Verwalter vom Vertragspartner wahlweise auf Erfüllung oder Schadensersatz in Anspruch genommen werden. Entsprach der Vertragsschluss dem wirklichen oder mutmaßlichen Willen der Eigentümer, so kann er Aufwendungsersatz nach §§ 677, 683 BGB verlangen.[124] Andernfalls kommt nur ein Bereicherungsausgleich in Betracht, der erhebliche Risiken für den Verwalter beinhaltet.[125] **480**

Der Verwalter hat vor der Auftragserteilung möglichst **Festpreise** auszuhandeln. Er muss die Eigentümergemeinschaft vor unvorhergesehenen Kostenüberschreitungen schützen. Sind die Preise vor der Beschlussfassung noch nicht abschließend verhandelt, sollte sich der Verwalter durch den Eigentümerbeschluss einen **Spielraum** einräumen lassen, innerhalb dessen er die Verhandlungen selbstständig führen und zum Abschluss bringen kann. Ggfs. kann hier auch die Eigentümerversammlung beschließen, in einem gewissen Umfang Zusatzarbeiten oder Kostenüberschreitungen für Unvorhergesehenes nur nach Rücksprache mit dem **Beirat** vereinbaren zu können. **481**

4. Versicherungspflicht

Nach § 21 Abs. 3 WEG gehört es zu einer ordnungsmäßigen Verwaltung, eine **Feuerversicherung** des gemeinschaftlichen Eigentums zum Neuwert sowie eine angemessene Versicherung der Wohnungseigentümer gegen **Haus- und Grundbesitzerhaftpflicht** abzuschließen. Die Zuordnung dieser Aufgabe zu den Aufgaben der Wohnungseigentümer macht deutlich, dass der Verwalter diese Versicherungen nicht nach eigenem Gutdünken abschließen kann. Sofern die Gemeinschaftsordnung hierzu keine verbindlichen Vorgaben macht, hat die Eigentümergemeinschaft über Umfang und Inhalt des Versicherungsschutzes zu entscheiden. Allerdings muss der Verwalter prüfen, ob ausreichender Versicherungsschutz besteht. Zudem muss er Versicherungsangebote einholen und der Eigentümerversammlung zur Beschlussfassung vorstellen.[126] **482**

Im Außenverhältnis wird der Versicherungsvertrag im Namen der rechtsfähigen Eigentümergemeinschaft abgeschlossen.[127] Diese wird Versicherungsnehmerin, während begünstigte Personen die einzelnen Wohnungseigentümer sind. Dies ist dadurch begründet, dass das zu versichernde Gemeinschaftseigentum den Wohnungseigentümern und nicht dem Verband gehört. Da der Abschluss des Versicherungsvertrags aber nicht von der Eigentümerstellung abhängig ist, so dass z.B. auch Mieter das fremde Eigentum versichern könnten, schließt der Verwalter die Verträge als Organ des Verbands ab. **483**

Gesetzlich vorgegeben werden die Feuerversicherung und die Haus- und Grundbesitzerhaftpflicht. Darüber hinaus können die Wohnungseigentümer aber weitere Versicherungen mit Mehrheit beschließen, wenn diese ordnungsmäßiger Verwaltung entsprechen. Bei **Leitungswasserversicherung, Sturmschädenversicherung,** Versicherung der **Elementarschäden** und **Gewässerschaden-/Haftpflichtversicherung** bei Vorhandensein eines Öltanks bestehen hieran keine Zweifel. Der Abschluss einer **Glas-** **484**

---

[123] A. A. BerlVerfGH NZM 2006, 931.

[124] OLG Hamm ZMR 1997, 377 = WE 1997, 314.

[125] OLG München ZMR 2006, 639 für den Fall der nicht beschlossenen Herstellung eines Kanalanschlusses; OLG Hamburg ZMR 2006, 546 für den Fall der nicht beschlossenen Ersatzbeschaffung einer defekten Waschmaschine; siehe hierzu auch *Heinemann* in Jennißen, WEG, § 27 Rdn. 97; *Abramenko*, Das neue WEG, § 5 Rdn. 9.

[126] Vgl. auch *Drabek* in Riecke/Schmid, § 21 Rdn. 240.

[127] *Armbrüster*, ZWE 2009, 109.

versicherung, der die Fensterbruchschäden absichert, entspricht ebenfalls ordnungsmäßiger Verwaltung.

485   Mit dem Abschluss der Gebäudeversicherung sind auch gleichzeitig Teile des Sondereigentums mit erfasst. Bei einem Feuerschaden hat dann der Verwalter die Schwierigkeit, die Versicherungsleistungen zuzuordnen. Häufig versuchen Versicherungen den Versicherungsschaden pauschal abzufinden, was den Nachteil hat, dass der Verwalter die Schadenssumme nicht zuordnen kann. Soweit das Sondereigentum betroffen ist, wird sich die Gebäudeversicherung auch mit der Hausratversicherung auseinandersetzen, falls eine solche vom Sondereigentümer abgeschlossen wurde.

Der Verwalter hat stets zu prüfen, ob der Versicherungsschutz noch genügt. Stellt er Versicherungslücken fest oder fehlt sogar wesentlicher Versicherungsschutz, hat der Verwalter unverzüglich eine Eigentümerversammlung zu diesem Thema einzuberufen. Bis dahin darf er i. S. einer Notmaßnahme für vorläufige Deckung sorgen.[128]

486   Die Haus- und Grundbesitzerhaftpflichtversicherung ist gleichermaßen für die Wohnungseigentümer wie auch für den Verwalter von wesentlicher Bedeutung. Diese deckt insbesondere Schadensersatzgefahren aus der Verletzung von **Verkehrssicherungspflichten** ab. Nur wenn eine solche Versicherung besteht, kann sich der Verwalter relativ sicher sein, dass er von Dritten wegen Verletzung von Verkehrssicherungspflichten nicht in Anspruch genommen werden kann bzw. dass er von der Versicherung freigestellt wird.

487   Der Verwalter wird insbesondere dann die **Versicherungssummen** überprüfen lassen müssen, wenn das Objekt wesentlich verändert wurde, was beispielsweise durch **bauliche Veränderungen** geschehen kann. Hierdurch wird auch deutlich, dass die Wohnungseigentümer bei der Genehmigung von baulichen Veränderungen gut daran tun, die Übernahme der Folgerisiken durch den ausbauenden Wohnungseigentümer zu vereinbaren. Hierzu zählt auch die Übernahme der zusätzlichen Versicherungsprämien. Ohne eine solche Vereinbarung verbleibt es jedoch bei dem allgemeinen Verteilungsschlüssel.

488   Der Verwalter hat im Rahmen der sog. **Repräsentantenhaftung** den Versicherer unverzüglich darüber zu informieren, wenn entweder gefahrerhöhende Umstände oder ein konkreter Versicherungsfall eintreten.[129] Die **verspätete Meldung** eines Versicherungsfalls durch den Verwalter müssen sich die Wohnungseigentümer zurechnen lassen[130], wobei sie bei einem etwaigen Verschulden des Verwalters diesen in Regress nehmen können. Die verspätete Schadensmeldung kann dazu führen, dass der Versicherer von seiner Leistungspflicht frei wird.

489   Der Verwalter hat auch dafür zu sorgen, dass die **Versicherungsprämien** bezahlt werden. Nach qualifizierter Mahnung kann der Versicherer von der Leistungspflicht frei werden. Damit keine Lücke im Versicherungsschutz entsteht, muss der Verwalter alles Notwendige unternehmen, um die entsprechenden Finanzmittel aufzutreiben. Er muss die Eigentümergemeinschaft unverzüglich informieren, wenn Einschränkungen oder Ausschluss des Versicherungsschutzes droht. Ggf. muss versucht werden, durch den Beschluss über Sonderumlagen die Finanzierungslücke zu schließen. Spätestens dann, wenn die Versicherungsprämien nicht mehr bedient werden können und es dem Verwalter auch nicht gelingt, einen entsprechenden Nachtragshaushalt (Sonderumlage) durch die Eigentümergemeinschaft beschließen zu lassen, sollte er sein Amt niederlegen (siehe hierzu unten Rdn. 843 ff.).

490   Tritt ein Schadensfall ein, hat der Verwalter für die Schadensbehebung und Abwicklung mit dem Versicherer zu sorgen. Für die Schadensabwicklung im Bereich des Son-

---

[128] Ebenso *Drabek* in Riecke/Schmid, WEG, § 27 Rdn. 241.
[129] Vgl. hierzu auch *Armbrüster,* ZMR 2003, 1, 5.
[130] OLG Köln NZM 2001, 551.

dereigentums ist der Verwalter nicht zuständig. Er muss aber auch dort den betroffenen Wohnungseigentümer gegenüber dem Versicherer unterstützen.[131]

5. Die wirtschaftlichen Verwaltungsaufgaben

a) Zahlungsverkehr. Nach § 27 Abs. 1 Nr. 5 WEG hat der Verwalter den Zah- **491** lungsverkehr für die Wohnungseigentümer und die Eigentümergemeinschaft auszuführen. Er ist somit zur Entgegennahme der lfd. Wohngeldbeträge und zur Begleichung aller Kosten im Zusammenhang mit der Verwaltung des Objektes berechtigt. **Haftungspotential** entsteht für den Verwalter, wenn er Rechnungen der falschen Eigentümergemeinschaft zuordnet und für diese zweckwidrige Zahlungen leistet. Wäre dann mangels Zahlungsfähigkeit der Bereicherungsausgleich nicht durchsetzbar oder der Ersatzanspruch verjährt, kann der Verwalter sich schadensersatzpflichtig gemacht haben (siehe zur Haftung auch unten Rdn. 764 ff.).

Auch wenn der Verwalter Rechnungen der Eigentümergemeinschaft aus dem gemeinschaftlichen Vermögen der Wohnungseigentümer begleichen kann, so umfasst dieses Recht nicht die Befugnis, **Ansprüche** im Namen der Wohnungseigentümer anzuerkennen.[132]

Soweit der Verwalter nach § 27 Abs. 1 Nr. 4 WEG berechtigt wird, Tilgungsbeträge **492** und Hypothekenzinsen anzufordern, in Empfang zu nehmen und abzuführen, vorausgesetzt es handelt sich um gemeinschaftliche Angelegenheiten der Wohnungseigentümer, läuft diese gesetzliche Vollmacht weitgehend leer. Die Vorschrift kommt nur zum Tragen, wenn die Wohnungseigentümer gemeinschaftliche Kredite aufnehmen, was bis zur Rechtsfähigkeitsentscheidung des BGH als vereinbarungsnotwendig angesehen wurde. Die **Kreditaufnahme** durch Mehrheitsbeschluss wurde nur dann als ordnungsmäßiger Verwaltung entsprechend angesehen, wenn die Höhe limitiert und die Rückzahlung in angemessener Zeit durch Hausgeldzahlungen sichergestellt war. Als Obergrenze wurde der Betrag von drei Monatswohngelder genannt.[133] Die restriktive Haltung bei der Aufnahme von Krediten war darin begründet, dass bis zur Rechtsfähigkeitsentscheidung des BGH eine gesamtschuldnerische Haftung angenommen wurde. Ein Wohnungseigentümer sollte nicht gegen seinen Willen einer so weitreichenden Haftung für gemeinschaftliche Kredite ausgesetzt werden. Es sollte seiner persönlichen Vermögensdisposition überlassen sein, ob und wie er sich refinanziert. Diese Auffassung ist nicht mehr uneingeschränkt vertretbar, da die Wohnungseigentümer nicht mehr gesamtschuldnerisch haften und im Außenverhältnis zunächst der Verband verpflichtet wird. Nach § 10 Abs. 8 WEG besteht nur noch eine **quotale Haftung** der einzelnen Wohnungseigentümer, die somit nicht über das hinausgeht, was auch im Fall einer persönlichen Kreditaufnahme an Haftungsrisiken bestünde. Daher kann über die Kreditaufnahme **mehrheitlich** beschlossen werden (s. hierzu auch oben Rdn. 465)

b) Kontoführung und Geldverwaltung. Nach § 27 Abs. 1 Nr. 6 WEG ist der **493** Verwalter gegenüber den Wohnungseigentümern und der Gemeinschaft berechtigt und verpflichtet, eingenommene Gelder zu verwalten. Das hierzu anzulegende Konto hat der Verwalter nach § 27 Abs. 3 Nr. 5 WEG im Namen der Wohnungseigentümergemeinschaft anzulegen. Auch wenn § 27 Abs. 3 Nr. 5 WEG nur von der Berechtigung spricht, Konten der Eigentümergemeinschaft zu führen, so umfasst das Führen auch das Eröffnen und das Schließen eines Kontos.[134] § 27 Abs. 5 WEG komplettiert die Rechte

---

[131] Siehe hierzu auch ausführlich *Armbrüster*, ZWE 2009, 109 ff.
[132] BayObLG WE 1997, 434; OLG Düsseldorf NZM 1999, 574.
[133] BayObLG WE 1991, 111; OLG Hamm WE 1992, 136.
[134] So die Gegenäußerung der Bundesregierung zur Stellungnahme des Bundesrats zum Entwurf des WEG in BR-Drucks. 397/05 in *Bärmann/Pick*, WEG, Ergänzungsband zur 17. Aufl., S. 183.

und Pflichten des Verwalters bei der Geldverwaltung der Eigentümergemeinschaft, indem dort die Verpflichtung des Verwalters ausgesprochen wird, eingenommene Gelder von seinem Vermögen **gesondert** zu halten. Die Vorschrift entspricht dem früheren § 27 Abs. 4 WEG.

494   Der Gesetzeswortlaut verdeutlicht, dass der Verwalter das Geldvermögen für die rechtsfähige Wohnungseigentümergemeinschaft und nicht für die einzelnen Wohnungseigentümer verwaltet. Insoweit wird nur wiederholt, was bereits § 10 Abs. 7 WEG regelt, nämlich dass das Verwaltungsvermögen der Wohnungseigentümergemeinschaft gehört. Darüber hinaus wird aber durch § 27 Abs. 3 Nr. 5 WEG auch klargestellt, dass das Konto im Namen der Wohnungseigentümergemeinschaft zu führen ist. Damit gibt das Gesetz nun zwingend vor, dass ein **Fremdkonto** anzulegen ist.[135] Es muss sich somit um ein Konto handeln, das die **Eigentümergemeinschaft als Kontoinhaberin** vorsieht und über das der Verwalter lediglich kontoführungsberechtigt ist.[136]

495   Bis zur Entscheidung des BGH v. 2. 6. 2005 zur Rechtsfähigkeit der Wohnungseigentümergemeinschaft[137] war die Anlage eines offenen Fremdkontos praktisch schwierig. Da angenommen wurde, dass die Eigentümergemeinschaft keine eigene Rechtspersönlichkeit hat, mussten alle Wohnungseigentümer bei der Kontoeröffnung mitwirken, da sie Kontoinhaber wurden.[138] Um dieser Schwierigkeit zu entgehen, haben deshalb in der Vergangenheit die Verwalter i. d. R. offene **Treuhandkonten** für die Eigentümergemeinschaft angelegt. Bei diesen Konten wird der Verwalter Kontoinhaber und Verfügungsberechtigter und macht lediglich durch einen Zusatz deutlich, dass es sich nicht um sein eigenes Vermögen handelt.[139]

Auch wenn es sich beim Treuhandkonto um ein eigenes Konto des Verwalters handelt, ist ein solches Konto dann vor Pfändungen geschützt, wenn es dem Verwalter gelingt zu beweisen, dass das Konto allein der Aufnahme von Fremdgeldern dient[140] und er als Treuhänder über dieses Konto nur im Rahmen der Treuhandabrede verfügt.[141] Diese Nachweisproblematik entfällt, wenn das Konto als offenes Fremdkonto geführt wird.

496   Nach der Neuregelung des § 27 Abs. 3 Nr. 5 WEG muss nun der Verwalter **zwingend** ein Fremdkonto anlegen. Eine anders geartete Kontoführung stellt eine Verletzung seiner gesetzlichen Pflichten dar. Der Verwalter ist daher gehalten, **auch bereits bestehende Verwaltungskonten,** sofern diese als Treuhandkonten geführt werden, auf im Namen der Wohnungseigentümergemeinschaft neu anzulegende Fremdkonten umschreiben zu lassen.

497   Es entspricht nicht ordnungsmäßiger Verwaltung, wenn der Verwalter sich für das Konto der Eigentümergemeinschaft eine **EC-Karte** ausstellen lässt. Der Zahlungsverkehr ist schon aus Sicherheitsgründen nur unbar durchzuführen. Benutzt ein Mitarbeiter des Verwalters die EC-Karte für Unterschlagungen, haftet der Verwalter. Dieser darf den Mitarbeitern keinen unkontrollierten Zugang zur EC-Karte ermöglichen und muss die Kontobewegungen regelmäßig kontrollieren.[142]

---

[135] *Grziwotz/Jennißen*, WEG, § 1 Rdn. 76; *Greiner*, Wohnungseigentumsrecht, Rdn. 1365; *Merle* in Bärmann, WEG, § 27 Rdn. 84; *Hügel*, ZMR 2008, 1; a. A. OLG Hamburg ZMR 2007, 59.

[136] Vgl. zum Charakter des offenen Fremdkontos, *Hadding* in Schimansky/Bunte/Lwowski, Bankrechts-Handbuch, S. 614.

[137] ZMR 2005, 547 = NJW 2005, 2061 = NZM 2005, 543.

[138] BayObLG NZM 2002, 460; *Schwörer*, NZM 2002, 421; a. A. *Bub,* ZWE 2002, 103.

[139] Vgl. zum Charakter des offenen Treuhandkontos, *Hadding* in Schimansky/Bunte/Lwowski, Bankrechts-Handbuch, S. 614.

[140] BGH WPM 1993, 1524; WPM 1996, 662.

[141] BGH WPM 1959, 686, 688.

[142] OLG München MietRB 2006, 229.

c) Aufstellen eines Wirtschaftsplans. In § 21 Abs. 5 Nr. 5 WEG schreibt der Ge- **498**
setzgeber vor, dass die Wohnungseigentümer einen Wirtschaftsplan aufzustellen haben
(Muster eines Wirtschaftsplanes s. Anlage 4). In § 28 Abs. 1 WEG wird die Ausführung
dieser Pflicht dann konkret dem Verwalter zugewiesen. Im Gegensatz zur Jahresabrechnung enthält das Gesetz zum Wirtschaftsplan einige deskriptive Hinweise. So hat der
Wirtschaftsplan zu enthalten:
- die voraussichtlichen **Einnahmen und Ausgaben** bei der Verwaltung des gemeinschaftlichen Eigentums,
- die anteilmäßige Verpflichtung der Wohnungseigentümer zur **Lasten- und Kosten-
tragung,**
- die Beitragsleistung der Wohnungseigentümer zu der in § 21 Abs. 5 Nr. 4 WEG vorgesehenen **Instandhaltungsrückstellung.**

Zudem verdeutlicht § 28 Abs. 2 WEG, dass die Wohnungseigentümer nur zur **Vor-
schussleistung** verpflichtet sind, wenn ein Wirtschaftsplan beschlossen wurde. Ohne
Eigentümerbeschluss entsteht keine Zahlungsverpflichtung der Wohnungseigentümer.
Der Verwalter kann nicht nach eigenem Gutdünken Zahlungen anfordern.

Nach § 28 Abs. 1 Nr. 1 WEG hat der Verwalter den Wirtschaftsplan jeweils für ein **499**
Kalenderjahr aufzustellen. Damit sind Wirtschaftspläne, die für ein abweichendes
Wirtschaftsjahr erstellt werden, unzulässig.

Der Wirtschaftsplan ist somit die Grundlage für die Bemessung der nach § 28 Abs. 2
WEG zu zahlenden Wohngeldvorschüsse. Der Wirtschaftsplan sollte eine **großzügige
Vorausschätzung** enthalten, um spätere Liquiditätsengpässe von vornherein zu ver-
meiden.[143]

Von einem gewerbsmäßigen Verwalter muss erwartet werden können, dass er einen **500**
Wirtschaftsplan kalkuliert, der Unterdeckungen ausschließt[144], sofern keine überra-
schenden und unvorhersehbaren Umstände eintreten und insbesondere die Wohnungseigentümer ihren Zahlungsverpflichtungen nachkommen. Dabei muss der Verwalter
allerdings stets einkalkulieren, dass einzelne Wohnungseigentümer säumig werden
könnten. Auch dies ist ein Grund, den Wirtschaftsplan großzügiger zu kalkulieren.[145]

Der zu beschließende Wirtschaftsplan besteht aus einem **Gesamtwirtschaftsplan** **501**
und den **Einzelwirtschaftsplänen.** Jeder Wohnungseigentümer muss erkennen können, welche Vorschüsse von ihm zu leisten sind, so dass die Aufstellung eines Gesamt-
wirtschaftsplans nicht ausreicht.

Da § 28 Abs. 1 WEG festlegt, dass der Wirtschaftsplan für ein Kalenderjahr aufzustel- **502**
len ist, verliert er grundsätzlich auch mit Ablauf des Kalenderjahres seine Wirkung.[146]
Allerdings kann ein Wirtschaftsplan auch über das Kalenderjahr hinaus gelten, wenn die
Wohnungseigentümer dies ausdrücklich beschließen. Es entspricht ordnungsmäßiger
Verwaltung, wenn die Wohnungseigentümer beschließen, dass der Wirtschaftsplan unverändert auch zu Beginn des nächsten Jahres fortgelten soll, und zwar **bis zur nächsten Eigentümerversammlung.**[147] Nach Auffassung des OLG Hamburg[148] soll die
Fortgeltung des Wirtschaftsplans über das Ende des Kalenderjahres hinaus im Beschluss der Wohnungseigentümer über den Wirtschaftsplan konkludent enthalten sein.

---

[143] OLG Hamm OLGZ 1971, 96, 104; siehe hierzu auch ausführlich *Jennißen*, Verwalterabrechnung, Rdn. 326 ff.
[144] AG Waiblingen WM 1996, 115.
[145] Siehe zur Verteilung von Wohngeldausfall in Wirtschaftsplan und Jahresabrechnung *Jennißen*,
Verwalterabrechnung, Rdn. 310 ff.
[146] BayObLG WE 1988, 141; KG DWE 1989, 18.
[147] BayObLG WuM 2003, 293; KG NJW 2002, 3482 = WuM 2002, 392 = NZM 2002, 294;
Becker/Kümmel/Ott, Wohnungseigentum, Rdn. 475; *Merle* in Bärmann, WEG, § 28, Rdn. 49.
[148] WuM 2003, 105.

Eine großzügige Auslegung der Beschlussfassung der Eigentümerversammlung über die Fortgeltung des Wirtschaftsplans stelle sicher, dass die Eigentümergemeinschaft auch im nächsten Jahr die lfd. Verwaltungsausgaben aus den Wohngeldzahlungen decken könne. Zudem kann für eine solche Auslegung die mehrjährige vergleichbare Übung der Eigentümergemeinschaft sprechen, dass die Geltung des Wirtschaftsplans stets bis zur Beschlussfassung über den neuen Wirtschaftsplan ausgedehnt wurde.[149]

Der Verwalter kann die Verlängerung der Geltungsdauer des Wirtschaftsplans bis zur nächsten Eigentümerversammlung klarstellen, indem er alternativ wie folgt beschließen lässt:

– *Die Eigentümergemeinschaft beschließt den vorgelegten Wirtschaftsplan 2010, der bis zur nächsten ordentlichen Eigentümerversammlung des Jahres 2011 fortgelten soll.*

503   Nicht zulässig ist eine Beschlussformulierung, wonach der Wirtschaftsplan **stets** fortgilt, bis ein neuer Wirtschaftsplan aufgestellt wird. Ein solcher Beschluss würde die Aufstellung des Wirtschaftsplans über mehrere Jahre entbehrlich machen können, was nichtig ist.[150] Auch wenn die Eigentümergemeinschaft jährlich über den Wirtschaftsplan beschließen muss, so beinhaltet dies nicht die Verpflichtung des Verwalters, jährlich einen neuen Wirtschaftsplan aufstellen zu müssen. Haben sich die wirtschaftlichen Daten nicht wesentlich verändert, kann der Verwalter auch beschließen lassen, dass der bisherige Wirtschaftsplan unverändert fortgeschrieben wird.

– *Beschlussformulierung: Der Wirtschaftsplan 2009 wird unverändert für 2010 übernommen und gilt bis zur ordentlichen Eigentümerversammlung 2011 fort.*

504   Neben der Fortdauer des Wirtschaftsplans ist auch über die **Fälligkeit des neuen Wohngeldes** zu beschließen. Findet die Eigentümerversammlung beispielsweise im Juni eines Jahres statt und stellt der Verwalter für diese Versammlung einen neuen Wirtschaftsplan auf, muss im Beschluss klargestellt werden, ob das neue Wohngeld nur für die Zukunft oder auch schon **rückwirkend** ab 1. 1. des laufenden Kalenderjahres gilt. Nur bei einem solch rückwirkenden Beschluss wird der Jahresetat ausgeglichen sein. Es ist nicht unzulässig, den Wirtschaftsplan rückwirkend auf den 1. 1. des Kalenderjahres zu beschließen. Es muss dann aber weiterhin klargestellt werden, ob die hieraus folgende Differenz als Einmalzahlung nachgeholt wird oder ob bis zum Jahresende die Wohngeldzahlungen entsprechend erhöht werden, um die Fehlbeträge zu verteilen.

Beispiel: Am 30. 6. findet eine Eigentümerversammlung statt und das Wohngeld wird rückwirkend ab 1. 1. des Kalenderjahres erhöht. Der Beschluss kann dann lauten: Die Eigentümergemeinschaft beschließt den Wirtschaftsplan rückwirkend zum 1. 1. Die Erhöhungsbeträge für den Zeitraum vom 1. 1. bis 30. 6. sind als Einmalzahlung am 15. 8. fällig. Ab 1. 7. ist das erhöhte Wohngeld laufend zu zahlen.

505   **d) Erstellen der Jahresabrechnung. aa) Ziele der Abrechnung.** Gem. § 28 Abs. 3 WEG hat der Verwalter nach Ablauf des Kalenderjahres eine Abrechnung aufzustellen (Muster einer Jahresabrechnung s. Anlage 5). Wie die Jahresabrechnung im Einzelnen zu gestalten ist und welche Ziele sie verfolgt, regelt das Gesetz nicht. Viele Diskussionen über eine ordnungsmäßige Jahresabrechnung werden nur geführt, weil es schon an einer terminologischen Klarheit fehlt. Oft werden inhaltliche Anforderungen gestellt, ohne zu definieren, wo und wie diese Beträge in der Jahresabrechnung dargestellt werden müssen.

Die Darstellung einer ordnungsmäßigen Jahresabrechnung setzt die Beantwortung der Frage voraus, welche **Ziele** eine Jahresabrechnung verfolgt.[151] Diese lassen sich in fünf Einzelfragen unterteilen:

---

[149] So im Ergebnis KG WuM 1990, 367.
[150] OLG Düsseldorf ZMR 2003, 767.
[151] Siehe hierzu ausführlich *Jennißen*, Verwalterabrechnung, Rdn. 390 ff.

1. Wie viel Geld hat der Verwalter im abzurechnenden Kalenderjahr eingenommen?
2. Wie viel Geld und wofür hat der Verwalter im abzurechnenden Kalenderjahr ausgegeben?
3. Wie viel Geld hat er am Jahresende noch im Bestand und wie ist es ggf. angelegt?
4. Welche Beträge haben die Wohnungseigentümer nachzuzahlen oder ausgeschüttet zu erhalten, damit der Etat des abgelaufenen Wirtschaftsjahres ausgeglichen ist?
5. Besteht Anlass, dem Verwalter zu misstrauen oder rechtfertigt es die schlüssige Jahresabrechnung, dem Verwalter Entlastung zu erteilen?

Die vorstehenden Fragen verdeutlichen, dass die Jahresabrechnung gleichzeitig einen **506** Wirtschaftsbericht des Verwalters darstellt. Es geht eben nicht nur darum, eine Abrechnungsspitze zu errechnen, sondern die Wohnungseigentümer wollen sich einen Überblick über die wirtschaftliche Situation der Eigentümergemeinschaft und die diesbezügliche Tätigkeit des Verwalters verschaffen. So ist die Jahresabrechnung gleichzeitig Rechenschaftsbericht des Verwalters.

bb) Inhalt der Abrechnung. Hinsichtlich der Jahresabrechnung hat der Verwalter **507** das Problem, dass das Gesetz zu seinem Inhalt schweigt. Nach § 28 Abs. 3 WEG hat der Verwalter nach Ablauf des Kalenderjahres eine Abrechnung aufzustellen. Nähere Informationen liefert das Gesetz nicht. Die Rechtsprechung hat daher im Laufe der Jahre diese gesetzgeberische Lücke auszufüllen versucht. Die insoweit entwickelten Kriterien leiden jedoch allesamt darunter, dass die Thesen sehr pauschal gewählt werden und die Gerichte ein Verständnis für das kaufmännische Rechnungswesen vermissen lassen. So gibt es schon keine einheitliche Terminologie.

Folgende Inhaltsdefinitionen der Rechtsprechung hat der Verwalter bei der Erstel- **508** lung der Jahresabrechnung zu berücksichtigen:
— Die Abrechnung muss aus **Einzel- und Gesamtabrechnung** bestehen.[152]
— Die Abrechnung muss aus sich heraus verständlich und nachprüfbar sein.[153]
— Die Jahresabrechnung muss zu dem Saldo zwischen den auf die Wohnung entfallenden Kosten und den tatsächlich geleisteten Wohngeldzahlungen führen.[154]
— Die Jahresabrechnung muss die **Gesamteinnahmen** und **Gesamtausgaben** erkennen lassen.[155]
— Die Jahresabrechnung soll eine reine Einnahmen- und Ausgabenabrechnung sein.[156]
— Die Jahresabrechnung soll einen Status enthalten, der u. a. die **Entwicklung des Bankkontos** der Gemeinschaft vom Anfangsbestand per 1. 1. bis zum Endbestand per 31. 12. des Kalenderjahres darlegt.[157]
— Die Jahresabrechnung muss die **Entwicklung der Rücklagen** und die Form ihrer Anlage erkennen lassen.[158]

Eine Jahresabrechnung, die die Arbeit des Verwalters überprüfbar macht, ist sehr de- **509** tailliert aufzustellen. Manche Eigentümer und manche Gerichte werden aber hierdurch überfordert. Eine detaillierte und schlüssige Jahresabrechnung wird wegen **Überforde-**

---

[152] BayObLG WE 1995, 161.
[153] OLG Hamm DWE 1997, 37.
[154] BayObLG ZWE 2001, 381; NZM 2002, 1033.
[155] OLG Frankfurt OLGZ 1984, 333; a. A. BayObLG ZMR 2003, 692, wonach die Angaben nachgeholt werden könnten.
[156] BayObLG DWE 1994, 156; NJW-RR 1993, 1166 = WE 1994, 181; WE 1995, 30; KG NJW-RR 1987, 1160; NJW-RR 1992, 845; OLG Karlsruhe NZM 1998, 768; OLG Zweibrücken ZMR 1999, 276; OLG Düsseldorf ZMR 2004, 282.
[157] OLG Hamm ZWE 2001, 446; einschränkend BayObLG ZWE 2000, 135 = NJW-RR 2000, 603, wonach Bankanfangs- und Bankendbestand bei gleichzeitiger Entwicklung des Vermögens angegeben werden müssen, ohne dass die Art der Vermögensentwicklung näher erläutert wird.
[158] BayObLGZ 1989, 310, 314.

rung gelegentlich von den Gerichten aufgehoben. Für den Verwalter hat dies im Zweifelsfall zur Konsequenz, dass er zukünftig nur noch vereinfacht und damit sehr intransparent und unschlüssig abrechnet. Eine solche Abrechnung macht seine Arbeit zwar nicht kontrollierbar, scheint aber bei manchen Wohnungseigentümern und Gerichten auf mehr Gefallen zu stoßen. Es könnte daher dem Verwalter zu raten sein, die Wohnungseigentümer über den Inhalt der aufzustellenden Jahresabrechnung beschließen zu lassen. Die Rechtsprechung lässt jedoch einen Beschluss nach dem Motto: „Wie hätten es die Wohnungseigentümer denn gern" nicht zu. So wird beispielsweise ein Beschluss über die Buchung von **Abgrenzungspositionen** als anfechtbar angesehen.[159] Abgrenzungspositionen müssen jedoch gebildet werden, um eine sachlich richtige und periodengerechte Abrechnung zu erstellen.[160] Es ist daher durchaus festzustellen, dass die Rechtsprechung zur Jahresabrechnung in einzelnen Fällen zu falschen Ergebnissen kommt.[161]

510   Die Feststellung, dass die **Abberufung des Verwalters aus wichtigem Grund** gerechtfertigt ist, wenn er „die dem Gesetz entsprechenden überwiegend von Rechtsprechung und Schrifttum anerkannten Methoden zur Abrechnung" nicht berücksichtigt[162], lässt sich so pauschal nicht akzeptieren. Hier ist jeder Einzelfall zu untersuchen. Auch wenn der Pauschalität der vorstehenden Auffassung nicht gefolgt werden kann, so war doch im konkreten vom OLG Düsseldorf[163] entschiedenen Fall nicht zu beanstanden, dass wegen **unschlüssiger Darstellung** der Gesamteinnahmen und Gesamtausgaben die Abrechnung fehlerhaft war und einen wichtigen Abberufungsgrund darstellte (s. zu den Abberufungsgründen unten Rdn. 833 ff.).

511   Durch § 16 Abs. 3 und Abs. 4 WEG ist der Verwalter jetzt gezwungen, schon in der Buchführung zwischen umlage- und nicht umlagefähigen Kosten zu unterscheiden. Andernfalls können die Kostenverteilungsbeschlüsse der Wohnungseigentümer, die bei Betriebskosten und Kosten der Verwaltung eine weite Beschlusskompetenz und bei der Verteilung von Instanthaltungs- und Instandsetzungskosten eine eingeschränkte Wahlmöglichkeit besitzen, nicht hinreichend vorbereitet oder umgesetzt werden.

512   **cc) Bestandteile der Abrechnung.** Was im Einzelnen unter einer Gesamtabrechnung zu verstehen ist, ist durch die Definition ihrer Bestandteile zu verdeutlichen. Die Darstellung der Gesamtkosten und ihrer jeweiligen auf den einzelnen Wohnungseigentümer entfallenden Anteile kann in einem einheitlichen Formular dargestellt werden. Damit schließt aber nicht die Gesamtabrechnung. Die Gesamtabrechnung gibt darüber hinaus die Auskünfte über die Fragen zur Höhe der Gesamteinnahmen, der Bankkontenstände und der Vermögenssituationen der Eigentümergemeinschaft. In der Einzelabrechnung wird lediglich der Betrag ermittelt, den der einzelne Wohnungseigentümer zum Etatausgleich beisteuern muss. Damit besteht eine ordnungsgemäße Abrechnung aus folgenden Bestandteilen:

– Kostenverteilung
– Heizkostenabrechnung
– Instandhaltungsrücklagenentwicklung
– Bankkontenentwicklung
– Status
– Saldenliste
– Wirtschaftsbericht.

---

[159] KG NJW-RR 1987, 79; BayObLG WE 1990, 133; 1991, 167; 1991, 225; DWE 2001, 32; BayObLGZ 1993, 185, 190.
[160] Siehe hierzu im Einzelnen *Jennißen,* Verwalterabrechnung, Rdn. 484 ff.
[161] *Jennißen,* s. ebenda.
[162] So aber OLG Düsseldorf ZMR 2006, 294.
[163] S. ebenda.

Die ersten vier sind Pflicht- und die weiteren drei fakultative Bestandteile.

Hinsichtlich der Gesamtabrechnung ist das BayObLG[164] der Auffassung, dass das Feh- **513** len der Gesamteinnahmen und Angaben zum Stand der Gemeinschaftskonten die Abrechnung nicht unwirksam mache, da diese fehlenden **Angaben nachholbar** seien.[165] Die Abrechnung könne somit ergänzt werden. Diese Auffassung schwächt die Inhaltsanforderungen an eine Gesamtabrechnung ab. Sie überzeugt nicht, da ihr eine gewisse Beliebigkeit inne ist. Wesentlich ist, dass die Jahresabrechnung aus sich heraus auf ihre Schlüssigkeit überprüfbar sein muss. Solange die Jahresabrechnung nicht vollständig ist und die notwendigen Angaben der Gesamtausgaben und die Entwicklung der Bankkonten nicht enthält, lässt sich die Abrechnung nicht auf ihre **Schlüssigkeit** hin prüfen. Es kommt nicht darauf an, ob diese Unvollständigkeit reparabel ist. Die Wohnungseigentümer müssen im Zeitpunkt der Beschlussfassung wissen, ob die Abrechnung richtig ist. Es genügt nicht, dass ihnen die zu einer solchen Prüfung notwendigen Angaben später geliefert werden. Mit dem Argument, dass die fehlenden Angaben reparabel sind, ließe sich letztendlich jeder fehlerhafte Beschluss rechtfertigen. Die Rechtmäßigkeit eines Beschlusses ist im Zeitpunk der Eigentümerversammlung zu beurteilen. Was nachgeschoben wird, ist für die Beschlussfassung nicht kausal und kann einen Beschluss, der ordnungsmäßiger Verwaltung nicht entspricht, nicht heilen.

Der Teil der Jahresabrechnung, in dem die Abrechnungsspitze des einzelnen Woh- **514** nungseigentümers errechnet wird, kann als **Kostenverteilung** bezeichnet werden. Dort werden die zur Verteilung zu bringenden Gesamtkosten, ihre Verteilungsschlüssel und der daraus resultierende Kostenanteil je Wohnungseigentümer ausgewiesen. Unter Berücksichtigung der Wohngeldvorauszahlungen des betreffenden Wohnungseigentümers errechnet sich hieraus die **Abrechnungsspitze**, also der Betrag der vom jeweiligen Wohnungseigentümer zur Kostendeckung nach zu entrichten oder ihm als Überschuss auszuschütten ist. Der Beschluss über die Abrechnungsspitze begründet dann die Forderung bzw. Verbindlichkeiten zwischen Eigentümergemeinschaft und dem einzelnen Wohnungseigentümer.

Weiterer Bestandteil der Jahresabrechnung ist auch die Verteilung der Heiz- und **515** Warmwasserkosten. Sie ist damit Unterbestandteil der Kostenverteilung, da die Ergebnisse der **Heizkostenabrechnung** in die Kostenverteilung einfließen.

Der Verwalter muss die Heizkostenabrechnung nicht zusätzlich erläutern. Insbeson- **516** dere muss er die der Heizkostenabrechnung zugrunde liegenden Berechnungsformeln nicht verständlich machen. Der Grundsatz, dass der Verwalter eine verständliche Abrechnung zu erstellen hat, wird hier eingeschränkt, da der Verwalter die gesetzlich vorgesehene Abrechnungsweise anwenden muss und die sich hieraus ergebenden Verständnisprobleme nicht veranlasst hat.[166] Wird die Jahresabrechnung nicht angefochten, wird diese mit allen Bestandteilen und somit auch mit der Heizkostenabrechnung bestandskräftig.[167]

Als Bestandteil der Abrechnung wird von der herrschenden Rechtsprechung die An- **517** gabe der Bankkontenstände der Eigentümergemeinschaft zu Beginn und Ende des Abrechnungsjahres gefordert.[168] Die Angabe dieser Bankkontenstände soll nicht nur Information über das Geldvermögen der Eigentümergemeinschaft geben, sondern auch eine **Schlüssigkeitsprüfung** zulassen. Die Kontenabstimmung indiziert die rechneri-

---

[164] ZMR 2003, 692; NJW-RR 1992, 1169; ebenso OLG Hamm NZM 1989, 923.

[165] A. A. AG Köln v. 24. 4. 2008 – 202 C 159/07, MietRB 2008, 271.

[166] So für die Aufklärungspflichten des Vermieters gegenüber seinem Mieter: BGH NJW 2005, 3135 = MDR 2006, 196.

[167] OLG Düsseldorf ZMR 2007, 379 = NZM 2007, 525.

[168] BayObLG ZMR 2000, 238; OLG Zweibrücken ZMR 2000, 868; OLG Düsseldorf ZMR 2004, 282; AG Kerpen ZMR 1998, 376.

sche Richtigkeit der Gesamtabrechnung.[169] Die daraus resultierende Plausibilitätsrechnung wird als

$$\begin{array}{l} \text{Kontoanfangsbestand} \\ + \text{ Einnahmen/Ausgaben} \\ = \text{Kontoendbestand} \end{array}$$

entwickelt[170], ohne zu erkennen, dass sich gerade durch diese vereinfachte Gleichung die Plausibilität nicht überprüfen lässt. Da in der Kostenverteilung nur die Ausgaben angesetzt werden, die auch auf den einzelnen Wohnungseigentümer zu verteilen sind, müssen in der Bankkontenentwicklung auch die Ausgaben dargelegt werden, die getätigt wurden, aber nicht zur Verteilung gelangten. Dies ist stets bei den **Abrechnungsspitzen** des Vorjahres der Fall, die im lfd. Kalenderjahr ein- oder ausgezahlt wurden.

Auch alle weiteren Kostenpositionen, die abgegrenzt wurden, müssen hinzugefügt werden, um die Kontenentwicklung zu verdeutlichen.

518 Der Bankanfangsbestand ist in der Kontenentwicklung um die Einzahlungen der Wohngelder sowie sonstige Einnahmen zu vermehren. Zudem sind die Kosten, die im Folgejahr bezahlt werden, aber das lfd. Jahr betreffen und somit in den verteilten Kosten bereits enthalten sind, hinzuzurechnen. Demgegenüber sind die Bewirtschaftungskosten lt. Gesamtabrechnung als Basiswert der Ausgaben um die abgegrenzten Kosten des Vorjahres, die im lfd. Jahr bezahlt, aber nicht abgerechnet werden, und um die Ausgleichung der Guthaben des Vorjahres zu reduzieren. Umbuchungen vom lfd. Bankkonto auf das Festgeldkonto der Instandhaltungsrücklage sind zusätzlich ebenso zu erfassen, wie Entnahmen aus der Rücklage zur Begleichung von Instandhaltungsausgaben. Durch diese Vermehrungen und Minderungen errechnet sich dann der Bankendbestand zum 31. 12. des Abrechnungsjahres.[171] Zu beachten ist dabei, dass diese Form der Bankkontenentwicklung schon alleine durch die Vorjahressalden und die im Rahmen der Heizkostenabrechnung zwingend notwendigen Abgrenzungen bestimmt wird.

519 Während die Bankkontenentwicklung als zwingender Bestandteil einer ordnungsmäßigen Jahresabrechnung anzusehen ist, ist ein **Status** sinnvoll, aber nicht unbedingt notwendig. Er unterscheidet sich im Wesentlichen von der Bankkontenentwicklung dadurch, dass in ihm in einer Art Vermögensübersicht auch **Forderungen** und **Verbindlichkeiten** der Eigentümergemeinschaft zum Kalenderjahresende erfasst werden. Dabei werden die Forderungen und Verbindlichkeiten nicht zur Verteilung gebracht. Durch ihre Darstellung informiert der Verwalter über die unerledigten Vorgänge. Er verdeutlicht den Vermögensstand der Eigentümergemeinschaft und schafft damit die Basis für einen ausreichend kalkulierten Wirtschaftsplan.

520 Neben den Forderungen und Verbindlichkeiten werden im Status nochmals Bankbestände, wie beispielsweise der Restölbestand im Tank der Zentralheizung, aufgenommen. Bei den Verbindlichkeiten sind ebenso **nicht bezahlte Rechnungen** Dritter wie noch auszuzahlende **Guthabenbeträge** der Wohnungseigentümer aus den Jahresabrechnungen zu erwähnen. Forderungen werden sich hingegen im Wesentlichen aus Wohngeldrückständen oder Nachzahlungsforderungen aus Jahresabrechnungen ergeben. Ebenso können ausstehende Versicherungsleistungen aus Schadensabwicklungen die Forderungen prägen.

521 Bestandteil einer Jahresabrechnung sollte auch eine **Saldenliste** sein, aus der sich alle **Abrechnungsergebnisse** der vorgelegten Jahresabrechnung aller Wohnungseigentümer ablesen lassen. Die Rechtsprechung ist hierzu teilweise inkonsequent. Das OLG Köln

---

[169] OLG Hamm ZWE 2001, 446, 448.
[170] So *Becker/Kümmel/Ott*, Wohnungseigentum, Rdn. 491.
[171] So auch OLG Hamm ZWE 2001, 446; *Stähling*, MietRB 2004, 29.

fordert eine solche Saldenliste grundsätzlich, beanstandet es aber nicht, wenn diese nicht mit der Jahresabrechnung versandt wird.[172] Offensichtlich hält der Senat die Saldenliste für notwenig, damit sich der in alle Abrechnungen Einsicht nehmende Wohnungseigentümer einen schnelleren Überblick verschaffen kann.

Die Bedeutung einer solchen Saldenliste ist nicht sehr groß. Sie stellt nur eine An- **522** einanderreihung der Abrechnungsspitzen dar und lässt keinerlei Schlüssigkeitsprüfung auf die Abrechnung selbst zu. Sie liefert nur die Erkenntnis, welche Abrechnungsspitzen für die übrigen Wohnungseigentümer errechnet wurden. Sie gewährt letztendlich nur einen Überblick über die Abrechnungsergebnisse aller Miteigentümer.

Ein nicht zwingender Bestandteil der Jahresabrechnung ist ein **Wirtschaftsbericht** **523** des Verwalters. In diesen können besondere wirtschaftliche Vorgänge des Abrechnungsjahres beschrieben und einzelne Positionen der Jahresabrechnung erläutert werden. Beispielsweise können Gegenstand des Wirtschaftsberichts sein:

– Ausführungen zum Stand von Wohngeldverfahren und eingeleiteter Zwangsvollstreckungsmaßnahmen;
– Aufschlüsselung der Kostenposition „Instandsetzung";
– Erläuterung zum Stand der Schadensregulierung seitens des Versicherers;
– Ausführungen über die Art der Anlage der Instandhaltungsrücklage und ihre Erträge.

Der Wirtschaftsbericht ist für den Verwalter im Zweifel kein zusätzlicher Aufwand. **524** Der Verwalter muss sich ohnehin für die Eigentümerversammlung soweit vorbereiten, dass er zu allen wesentlichen wirtschaftlichen Vorgängen Auskunft erteilen kann. Zudem erspart ein detaillierter Wirtschaftsbericht unnötige Rückfragen zum Inhalt und Verständnis der Jahresabrechnung.

Der Wirtschaftsbericht kann den vermietenden Wohnungseigentümern auch Anhaltspunkte liefern, wie ihre Jahresabrechnung in eine mietrechtliche Betriebskostenabrechnung umzuwandeln ist.

dd) Frist zur Aufstellung der Abrechnung. Vereinzelt wird in Rechtsprechung **525** und Literatur gefordert, dass der Verwalter die Jahresabrechnung bis spätestens 6 Monate nach Ablauf des Wirtschaftsjahres aufzustellen und zur Beschlussfassung vorzulegen habe.[173] Das Wohnungseigentumsgesetz selbst kennt **keine Vorlagefrist.** Allerdings regelt das Mietrecht seit 1. 9. 2001 in § 556 Abs. 3 BGB, dass der Vermieter spätestens bis zum **Ablauf von 12 Monaten** nach Ende des Abrechnungszeitraums über die Vorauszahlungen auf die Betriebskosten abzurechnen hat. Wohnungseigentumsrechtlich hat der Verwalter ebenfalls spätestens bis zum Ablauf von 12 Monaten nach Ende des Kalenderjahres die Jahresabrechnung vorzulegen, weil danach schon die neue Jahresabrechnung erstellbar ist. Eine ordnungsmäßige Verwaltung erfordert es, dass die Jahresabrechnung auch nicht erst kurz vor Ablauf des Kalenderjahres vorgelegt wird, da dann die vermietenden Wohnungseigentümer keine Gelegenheit mehr hätten, hieraus eine **Betriebskostenabrechnung** zu entwickeln und diese ihren Mietern zuzustellen.

Andererseits sind die handelsrechtlichen Vorlagefristen nicht anwendbar. Sie geben **526** lediglich einen Hinweis darauf, was vom Verwalter gefordert werden könnte. So ist zu empfehlen, in den Verwaltervertrag die Verpflichtung des Verwalters aufzunehmen, die Jahresabrechnung **innerhalb von 6 Monaten** nach Ablauf des Kalenderjahres vorzulegen. Damit wird der 6-Monatsfrist für kleine Kapitalgesellschaften gem. § 264 Abs. 1 S. 3 HGB entsprochen. Wenn der WEG-Verwalter allerdings nicht binnen Jahresfrist abrechnet, so führt dies doch zu keinem Schadensersatzanspruch der vermietenden

---

[172] OLG Köln ZMR 2007, 986.
[173] BayObLG WE 1991, 223; *Merle* in Bärmann, WEG, § 28 WEG Rdn. 59; siehe auch *Jennißen*, Verwalterabrechnung, Rdn. 528 ff.; a. A. *Sauren*, Wohnungseigentumsgesetz, § 28 Rdn. 17, der die Vorlage der Jahresabrechnung Ende Juni bereits als verspätet ansieht.

Wohnungseigentümer, obschon die verspätete Abrechnung nicht ordnungsmäßiger Verwaltung entspricht. Der Schadensersatzanspruch scheitert daran, dass die Wohnungseigentümer mit ihrer Betriebskostenabrechnung gegenüber ihren Mietern trotz Ablauf der Jahresfrist nicht ausgeschlossen sind. Sie müssen sich das Verhalten des WEG-Verwalters nicht zurechnen lassen.[174] Der WEG-Verwalter ist kein Erfüllungsgehilfe gem. § 278 BGB im Rechtsverhältnis zwischen Vermieter und Mieter.

527   Aus einer beschlossenen, aber **unvollständigen Jahresabrechnung** kann der vermietende Wohnungseigentümer keinen Schadensersatzanspruch geltend machen, auch wenn der Mieter wegen der Fehler den eigentlich zu fordernden Abrechnungsbetrag nicht zahlt. Eine bestandskräftige Abrechnung kann **keine Schadensersatzverpflichtung wegen inhaltlicher Fehler** mehr auslösen.[175]

528   e) **Ansammlung der Instandhaltungsrücklage.** Die Wohnungseigentümer sind verpflichtet, eine **angemessene** Instandhaltungsrücklage anzusammeln, § 21 Abs. 5 Nr. 4 WEG. Für den Verwalter folgt hieraus zunächst die Aufgabe, im kalkulierten **Wirtschaftsplan** den Wohnungseigentümern eine entsprechende Zuführung zur Instandhaltungsrücklage vorzuschlagen. Er hat dabei auf eine ausreichend bemessene Instandhaltungsrücklage hinzuwirken. Die Angemessenheit einer Instandhaltungsrücklage ist vom **Alter** und der konkreten **Beschaffenheit des Objekts** abhängig. Anlagen, die über **technische Einrichtungen** verfügen, die einem erhöhten Verschleiß unterliegen, werden höhere Rücklagen erfordern. Da die Wohnungseigentümer für Schulden der Eigentümergemeinschaft nicht gesamtschuldnerisch haften und somit der Zugriff der Gläubiger eingeschränkt ist, ist die **Bonität** der Eigentümergemeinschaft wesentlich von der Höhe der Instandhaltungsrücklage abhängig.

529   In der Literatur werden verschiedene Vorschläge zur **Bemessung der Instandhaltungsrücklage** unterbreitet, ohne dass sich hieraus etwas allgemein Verbindliches ableiten ließe.[176] Der Verwalter hat den Wohnungseigentümern eine zinsbringende **Anlage der Rücklage** vorzuschlagen, wobei die Anlage nicht spekulativ sein sollte. Wollen die Wohnungseigentümer eine risikoreiche Anlage beschließen, dann muss der Verwalter auf diese Risiken hinweisen. Durch den Beschluss der Wohnungseigentümer wird er nicht von jedweder Sorgfalt befreit.[177] Weit überdurchschnittlich hohe Renditezusagen nähren den Verdacht einer **Risikoanlage.** Auch ist die Bindungsdauer zu berücksichtigen. Eine **langfristig gebundene Anlage** der Rücklage entspricht dann nicht ordnungsmäßiger Verwaltung, wenn jederzeit mit notwendig werdenden Reparaturen zu rechnen ist. Selbstverständlich hat der Verwalter auch hier die Rücklagenkonten auf den Namen der Wohnungseigentümergemeinschaft anzulegen, § 27 Abs. 3 Nr. 5 WEG.

530   Der Verwalter darf über die Zuführungsbeträge zur Instandhaltungsrücklage so lange frei verfügen und auch reparaturfremde Vorgänge bedienen, als die Zweckbindung noch nicht eingetreten ist. Diese **Zweckbindung** tritt ein, wenn der Verwalter den Zuführungsbetrag auf das **separat geführte Rücklagenkonto** überwiesen hat und diese Ist-Rücklage von der Eigentümergemeinschaft beschlossen wurde. Sobald die Zweckbindung eingetreten ist, darf der Verwalter über diese Mittel nur noch verfügen, wenn er durch Eigentümerbeschluss hierzu ermächtigt wurde. Dies gilt erst recht für die **Entnahme des Verwalterhonorars** aus der Rücklage.[178]

531   f) **Insolvenzantragspflicht.** Die Insolvenzantragspflicht der Eigentümergemeinschaft wurde erstmalig in Erwägung gezogen, nachdem der BGH die **Rechtsfähig-**

---

[174] AG Singen MietRB 2004, 295.
[175] LG Memmingen MietRB 2005, 98.
[176] Vgl. hierzu *Peters,* Instandhaltung und Instandsetzung von Wohnungseigentum, S. 144; *v. Hauff,* DWE 1997, 16, 19.
[177] OLG Celle ZMR 2004, 845.
[178] OLG Düsseldorf ZMR 2005, 468 = NZM 2005, 628 = MietRB 2005, 295.

keit der Gemeinschaft feststellte. Hieran schloss sich eine vehemente Diskussion an.[179]
Für die **Insolvenzfähigkeit** der Wohnungseigentümergemeinschaft wurde angeführt,
dass die Rechtsfähigkeit die Insolvenzfähigkeit zur Folge habe. Dem wurde entgegengehalten, dass das Insolvenzverfahren deshalb nicht angewendet werden könne, weil
dieses grundsätzlich zur **Auflösung des Rechtssubjekts** führe, sofern es sich dabei
um eine Gesellschaft handele. Die rechtsfähige Eigentümergemeinschaft als eine besondere Gesellschaftsform könne jedoch gem. § 11 WEG nicht aufgelöst werden.
Zudem gehöre das Gemeinschaftseigentum nicht dem rechtsfähigen Verband und falle
daher nicht in die Insolvenzmasse. Insolvenzmasse seien nur die **Forderungen der
Eigentümergemeinschaft** gegen ihre Mitglieder auf Wohngeldzahlung. Diese Forderungen könnten aber genauso gut im Wege der Einzelzwangsvollstreckung verfolgt
werden.[180]

Diese Diskussion ist durch den Gesetzgeber beendet worden. Nachdem zunächst der **532**
Entwurf vorsah, dass die Eröffnung des Insolvenzverfahrens **nicht zur Auflösung**
der Eigentümergemeinschaft führt und somit die Insolvenzfähigkeit voraussetzte, hat
sich der Gesetzgeber dann doch gegen die Insolvenzfähigkeit entschieden. § 11 Abs. 3
WEG lautet: *Ein Insolvenzverfahren über das Verwaltungsvermögen der Gemeinschaft findet
nicht statt.* Das aus einer Insolvenzfähigkeit resultierende Risiko des Verwalters, die Frage
einer etwaigen Insolvenzreife prüfen zu müssen und die Gefahr, den Tatbestand der
Insolvenzverschleppung zu erfüllen, stellen sich somit nicht.

g) Beitreibung rückständiger Wohngeldbeträge. Aufgabe des Verwalters ist es, **533**
für die vollständige Zahlung des Wohngelds durch die Wohnungseigentümer zu sorgen.
Ist ein Wohnungseigentümer hiermit säumig, hat er diesen zu mahnen. Die **Mahnung**
ist zur Auslösung des Verzugs nicht erforderlich, wenn das Wohngeld mtl. fällig ist oder
sogar mit konkreten Zahlungsdaten (z. B. am 3. eines Monats) versehen wurde. Bevor
jedoch gerichtliche Hilfe in Anspruch genommen wird, ist es sicherlich eine Frage
ordnungsmäßiger Verwaltung, zunächst die säumigen Wohnungseigentümer nochmals
außergerichtlich an die Wohngeldbeträge zu erinnern. Der Verwalter kann sich hierfür
im Verwaltervertrag ein angemessenes **Sonderhonorar** versprechen lassen, das allerdings der Verband dem Verwalter schuldet. Der Verwalter kann somit im Falle der
Mahnung das vereinbarte Sonderhonorar vom Konto des Verbands abbuchen. Der Verband hat dann wiederum einen Schadensersatzanspruch unter dem Gesichtspunkt des
Verzugs gegen den säumigen Wohnungseigentümer.

Zahlt der säumige Wohnungseigentümer trotz Mahnung nicht, muss der Verwalter **534**
für eine baldige **Einleitung des gerichtlichen Verfahrens** sorgen. Hierzu kann er
entweder im Verwaltervertrag, in der Gemeinschaftsordnung oder per Beschluss **legitimiert** worden sein. Will er die Ansprüche in **Verfahrensstandschaft** geltend machen, bedarf es hierzu einer ausdrücklichen Bevollmächtigung, die per Beschluss oder
auch im Verwaltervertrag erteilt werden kann.[181] Die Geltendmachung der Ansprüche
in Verfahrensstandschaft hatte bis zur Anerkennung der Rechtsfähigkeit der Wohnungseigentümergemeinschaft[182] Vorteile. Die Mehrvertretungsgebühr des beauftragten
Rechtsanwalts entfiel und die Eintragung einschließlich ihrer späteren Löschung von
Zwangshypotheken wurde erleichtert. Durch die Rechtsfähigkeit der Wohnungseigentümergemeinschaft hat die Geltendmachung der Zahlungsansprüche in Verfahrensstandschaft keinen besonderen Sinn mehr, ist aber weiterhin zulässig. Der Verwalter ist dann

---

[179] Die Insolvenzfähigkeit bejahend: *Fischer,* NZI 2005, 586; AG Mönchengladbach ZMR
2006, 403; verneinend: *Bork,* ZinsO 2005, 1067; AG Dresden ZMR 2006, 320; LG Dresden
MietRB 2006, 193 = ZMR 2006, 561.
[180] LG Dresden, ebenda.
[181] OLG Hamm ZMR 2009, 61.
[182] BGH NJW 2005, 2061 = NZM 2005, 543 = ZMR 2005, 547 = DWE 2005, 134.

auch berechtigt, Zahlung an sich selbst zu verlangen.[183] Zur Geltendmachung der Forderung muss der Verwalter einen Rechtsanwalt beauftragen, § 79 ZPO. Auch einen **Mahnbescheid** darf er nicht selbst fertigen.

535   Bis zur Gesetzesnovelle hatte der Verwalter zu berücksichtigen, dass der BGH in einer Entscheidung vom 2. 10. 2003[184] festgestellt hat, dass die Eigentümergemeinschaft nicht beliebig eine generelle Fälligkeitsregelung treffen dürfe. Ein solch generalisierender Beschluss sei nichtig. Demgegenüber könne die Eigentümergemeinschaft nur für den einzelnen Wirtschaftsplan eine **Fälligkeitsregelung** derart treffen, dass das Wohngeld als Jahresbetrag fällig gestellt und gleichzeitig nachgelassen wird, dieses in 12 gleichen Monatsbeträgen leisten zu können. Dieses Recht entfällt jedoch dann, wenn ein Wohnungseigentümer mit zwei Monatsraten in Zahlungsverzug gerät (sog. Verfallklausel).[185] Diese **Verfallklausel** für den einzelnen Wirtschaftsplan sollte jedoch dann **nichtig** sein, wenn in der Zeit der Wirkungsdauer des Wirtschaftsplans mit Eigentümerwechseln, Insolvenzverfahren oder Zwangsverwaltungen hinsichtlich säumiger Wohnungseigentümer zu rechnen ist. Dann würden die Verfallklauseln zu Rechtsnachteilen der Wohnungseigentümer führen.

536   Diese Problematik muss seit der Gesetzesnovelle nicht weiter vertieft werden. Der Gesetzgeber hat in § 21 Abs. 7 WEG geregelt, dass die Wohnungseigentümer mit Stimmenmehrheit Fälligkeitsregelungen treffen dürfen. Damit überträgt der Gesetzgeber der Eigentümerversammlung eine entsprechende Beschlusskompetenz. Die zum Teil schwierige Unterscheidung, ob eine besondere Fälligkeitsregelung in Form der Verfallklausel oder der Vorfälligkeitsregelung anfechtbar oder nichtig ist, ist obsolet geworden. Somit können die Wohnungseigentümer mehrheitlich Beschlüsse fassen, die von einem Jahreswohngeld ausgehen, um die Beitreibung des Wohngeldes im Falle der Säumnis zu erleichtern.

537   Seit der Novelle ist es ebenfalls zulässig, dass die Eigentümergemeinschaft mit Mehrheit einen **Verzugszins** beschließt, der oberhalb der gesetzlichen Vorgabe des § 288 Abs. 1 BGB liegt. Bis zur Novelle wurde auch hier teilweise angenommen, dass den Wohnungseigentümern die Beschlusskompetenz fehle, von dem gesetzlichen Verzugszins abzuweichen.[186] Somit ist es jetzt nicht mehr zu beanstanden, wenn ein Verzugszins i. H. v. 12% p. a. beschlossen wird. Höhere Zinssätze können angefochten werden, wenn sie nicht ordnungsmäßiger Verwaltung gem. § 21 Abs. 3 WEG entsprechen. Allerdings ist ein Beschluss, der beispielsweise Verzugszinsen i. H. v. 20% vorsieht, nicht nichtig, da grundsätzlich Beschlusskompetenz besteht.

538   Die wichtigste Form der Vollstreckung rückständiger Beiträge der Wohnungseigentümer ist die **Zwangsversteigerung**.

Der Gesetzgeber hat durch die Neufassung des § 10 Abs. 1 Nr. 2 ZVG die Zwangsversteigerungsmöglichkeiten der Wohnungseigentümergemeinschaft deutlich verbessert. Nunmehr sind im geringsten Gebot solche Forderungen der Eigentümergemeinschaft gegen den einzelnen Wohnungseigentümer zu berücksichtigen, die sich aus dem laufenden Jahr der Beschlagnahme und den beiden letzten Jahren zuvor ergeben. Allerdings ist das Vorrecht einschließlich aller Nebenleistungen auf **5% des Verkehrswertes** (§ 74 a Abs. 5 ZVG) beschränkt.

539   Die zu berücksichtigenden Beträge müssen fällig sein, was einen Beschluss der Wohnungseigentümerversammlung voraussetzt. Sie können sich aus Wirtschaftsplan, Sonderumlage oder Jahresabrechnung ergeben.[187]

---

[183] OLG Hamm ZMR 2009, 61.
[184] ZMR 2003, 943 = NJW 2003, 3550.
[185] BGH ZMR 2003, 943 = NZM 2003, 946; *Riecke/Schmidt/Elzer,* Die Eigentümerversammlung, Rdn. 1239.
[186] BGH NJW 2003, 3550, 3553.
[187] So auch *Alff/Hintzen,* Rpfl. 2008, 166.

Die zeitliche Begrenzung der bevorrechtigten Ansprüche sowie ihre höhenmäßigen Begrenzungen auf 5% des Verkehrswertes schränken die Möglichkeiten der Wohnungseigentümergemeinschaft ein und erfordern schnelle Reaktionen auf säumige Wohnungseigentümer.

Zu berücksichtigen sind die Wohngeldforderungen der letzten zwei **Kalenderjahre** vor dem Jahr der Beschlagnahme.[188] Ebenso sind die laufenden Wohngeldverpflichtungen im Kalenderjahr der Beschlagnahme anzusetzen.

Die Höchstgrenze gilt für die Hauptforderung nebst **Zinsen** und **Kosten**, wozu auch die im Vollstreckungsverfahren anfallenden Anwaltskosten gehören.

Wenn die Wohnungseigentümergemeinschaft aus einem Zahlungstitel selbst die **540** Zwangsversteigerung betreiben will, müssen die im Titel festgesetzten Ansprüche **3% des Einheitswerts** der Wohnung übersteigen (§ 10 Abs. 3 S. 1 ZVG). Andernfalls kann das bevorrechtigte Verfahren nicht betrieben werden. Da die Einheitswerte der Wohnungen deutlich niedriger als die Verkehrswerte liegen und auch der Mindestbetrag von 750,– € nach § 866 Abs. 3 ZPO nicht einschlägig ist, kann die Zwangsversteigerung häufig schon für Kleinstbeträge durchgeführt werden.

Allerdings gehört der Nachweis zur Antragsvoraussetzung, dass die im Titel festge- **541** setzten Ansprüche, aus denen die Zwangsversteigerung betrieben werden soll, 3% des Einheitswertes übersteigen. Dieser Einheitswert ist bei der Finanzverwaltung anzufordern. Häufig wird die Herausgabe des Einheitswertes unter Hinweis auf das Steuergeheimnis verweigert. Hierdurch drohten die neuen Zwangsversteigerungsmöglichkeiten der Eigentümergemeinschaft zur Farce zu werden. Der BGH hatte diese Frage im Sinne der Eigentümergemeinschaften entschieden. Dieser ist der Auffassung, dass die Finanzverwaltung den Einheitswert dem Vollstreckungsgericht mitzuteilen hat.[189] Hieran fühlte sich die Finanzverwaltung aber nicht gebunden und machte auch in der Folgezeit keine Angaben zu den Einheitswerten. Somit musste der Gesetzgeber eingreifen, der mit Wirkung zum 10. 7. 2009 das Steuergeheimnis in diesem Zusammenhang außer Kraft setzte (Neuregelung des § 18 Abs. 2 Nr. 2 WEG).

Die im geringsten Gebot zu berücksichtigenden Ansprüche der Eigentümergemein- **542** schaft gehen gegebenenfalls über die im Titel festgestellten Beträge hinaus. Es genügt ein Titel, der über 3% des Einheitswertes liegt. Alle weiteren Beträge müssen dann nicht mehr durch Titel festgestellt sein. Sie müssen lediglich glaubhaft gemacht werden und können dann vor dem Versteigerungstermin angemeldet werden, damit sie im geringsten Gebot berücksichtigt werden können. Zur Glaubhaftmachung genügt es, wenn der Verwalter neben der Abschrift der Klageschrift eine Kopie des Wirtschaftsplans bzw. der Jahresabrechnung und des zugehörigen Versammlungsprotokolls vorlegt. Gegebenenfalls hat er die Richtigkeit dieser Angaben eidesstattlich zu versichern.

Wohngeldansprüche, die nicht in Rangklasse 2 berücksichtigt werden können, werden in Rangklasse 5 verschoben. Realistischerweise fallen diese dann aus, da in Rangklasse 4 die Forderungen der Realgläubiger berücksichtigt werden.

h) Belegpräsentation. Das Wohnungseigentumsgesetz enthält keine Vorschrift über **543** das Recht der Wohnungseigentümer, die Belege des Verwalters über das Verwaltungsobjekt einsehen zu können. In § 28 Abs. 4 WEG ist lediglich geregelt, dass die Wohnungseigentümer durch Mehrheitsbeschluss jederzeit von dem Verwalter **Rechnungslegung** verlangen können. Die Rechnungslegung als Einnahmen-/Ausgabenrechnung stellt eine Form des Misstrauensantrags gegen den Verwalter dar. Die Eigentümergemeinschaft ist Anspruchsinhaberin. Hiervon zu unterscheiden ist das Recht eines jeden Wohnungseigentümers, **Einsicht** in die Belege verlangen zu können und sich **Ab-**

---

[188] BT-Drucks. 16/887, S. 44 ff.
[189] BGH DWE 2008, 51 = NZM 2008, 450; a.A: FG Düsseldorf ZWE 2009, 81.

schriften fertigen zu dürfen, §§ 675, 666, 259 BGB. Dieses Einsichtsrecht wird nicht durch den Beschluss der Eigentümerversammlung über die Jahresabrechnung tangiert.[190]

544   Zur Beleg- und Abrechnungsprüfung gehört auch der Anspruch eines jeden Wohnungseigentümers vor der Beschlussfassung über die Jahresabrechnung die Einzelabrechnungen der übrigen Wohnungseigentümer einsehen zu dürfen.[191] Der Verwalter muss den Eigentümern Gelegenheit geben, sämtliche Abrechnungen einsehen zu können. Um Fragen der Wohnungseigentümer in der Eigentümerversammlung beantworten zu können, sollte der Verwalter alle Abrechnungen präsent haben. Der Verwalter muss aber nicht in der Einladung darauf hinweisen, dass vor und während der Eigentümerversammlung im Versammlungsraum Gelegenheit zur Einsichtnahme in alle Abrechnungen bestehe. Zum einen ist das Einsichtsrecht nicht auf den Zeitpunkt der Versammlung beschränkt und zum anderen würde eine Kontrolle aller Abrechnungen in der Versammlung ihren Ablauf sprengen.[192] Die zunächst vom OLG Köln geäußerte Auffassung, dass der Verwalter vor der **Eigentümerversammlung** sämtliche Einzelabrechnungen allen Wohnungseigentümern zusenden müsse[193], ist vom OLG Köln später selbst aufgegeben worden.[194]

545   Der Wohnungseigentümer kann vom Verwalter Einsicht in die Belege, aber nicht **Herausgabe der Originalabrechnungen** verlangen.[195] Das Einsichtsrecht geht auch nicht verloren, wenn der Verwaltungsbeirat bereits eine umfassende Belegprüfung durchgeführt hat. Die Präsentation der Belege vor und während der Eigentümerversammlung schränkt ebenfalls das Einsichts- und Prüfungsrechts eines Wohnungseigentümers nicht ein. Allerdings muss der Verwalter in der Eigentümerversammlung in der Lage sein, Fragen eines jeden Wohnungseigentümers zum Inhalt seiner Abrechnung beantworten zu können. Die Terminierung eines Belegprüfungstermins unmittelbar vor der Eigentümerversammlung ermöglicht es auswärtigen Wohnungseigentümern, eine Prüfung vornehmen zu können, ohne ein zweites Mal anreisen zu müssen.

546   Außerhalb der Eigentümerversammlung muss der Verwalter die Belege und Buchführungsunterlagen an seinem **Geschäftssitz** präsentieren. Der Verwalter erfüllt seine Verwaltungsaufgaben an seinem Geschäftssitz. Lediglich die regelmäßig durchzuführenden Objektbegehungen und Leistungen im Zusammenhang mit der Durchführung von Instandhaltungs- und Instandsetzungsarbeiten sind am Ort des Objekts zu erledigen. Dennoch ist der **Schwerpunkt der Leistungserfüllung** am Verwaltersitz zu sehen.[196]

547   Der Wohnungseigentümer kann auch **Ablichtungen von Belegen** verlangen. Ebenso kann der Verwalter eine begehrte Einsichtnahme unter Hinweis auf die Möglichkeit, dem Wohnungseigentümer Belegkopien zuzusenden, verweigern. Stets kommt es auf das **Verhältnismäßigkeitsprinzip** an. Der Verwalter kann das Erstellen der Belegkopien verweigern und auf eine Einsichtnahme im Verwalterbüro verweisen, wenn die Anzahl der Belegkopien ihm einen **unverhältnismäßigen Aufwand** verursacht. Umgekehrt kann es für den Eigentümer ebenfalls unzumutbar sein, sich auf die Zusendung von Belegkopien verweisen zu lassen, wenn der erhebliche Umfang der Kopien

---

[190] OLG Karlsruhe MDR 1976, 758; OLG Hamm DWE 1985, 127.

[191] OLG Köln WuM 1998, 50.

[192] So im Ergebnis auch LG Itzahoe ZMR 2009, 142; a. A. OLG Köln, s. ebenda.

[193] OLG Köln NJW-RR 1995, 1295 = WE 1995, 222 = ZMR 1995, 324.

[194] OLG Köln WE 1997, 232 = WuM 1997, 62.

[195] BayObLG WE 1989, 145; OLG Celle DWE 1985, 24.

[196] Vgl. hierzu *Jennißen*, Die Verwalterabrechnung, Rdn. 689; *Merle* in Bärmann, WEG, § 28 Rdn. 104; a. A. OLG Karlsruhe MDR 1976, 758; BayObLG WE 1989, 145; OLG Hamm NZM 1998, 722.

und ein etwaiger Anspruch des Verwalters auf Kostenerstattung für den Einsicht begehrenden Wohnungseigentümer unverhältnismäßig werden.[197]

Auch dem **Mieter** eines vermietenden Wohnungseigentümers muss der WEG-Verwalter Einblick in die Belege und Abrechnungsunterlagen gewähren. Den Mieter kann der WEG-Verwalter nicht auf die Einsichtnahme in seinen Büroräumen verweisen, wenn der Verwalter seinen Sitz nicht am Ort der Wohnanlage hat. Zwar steht der Mieter zum WEG-Verwalter in keinem Rechtsverhältnis und kann daher keine weitergehenderen Forderungen als der Wohnungseigentümer stellen. Da der WEG-Verwalter dem Wohnungseigentümer aber nicht die Originalbelege aushändigen kann, muss er dem Mieter die Einsichtnahme am Ort der Wohnanlage gewähren. Er kann dies durch Zusendung von Kopien der gewünschten Belege abwenden.[198] **548**

Der Verwalter kann im Verwaltervertrag die Erstellung von Ablichtungen der Belege von der Erstattung der Auslagen abhängig machen. Die Angemessenheit wird sich im Zweifel nach vergleichbaren Regelungen des Rechtsanwaltsvergütungsgesetzes (RVG), der Kostenordnung (KostO) oder des Gerichtsvollzieherkostengesetzes (GvKostG) ergeben. Nach diesen Vorschriften betragen die Kopierkosten für die ersten 50 Seiten 0,50 EUR und für jede weitere Seite 0,15 EUR, § 136 Abs. 3 KostO, § 36 Abs. 3 GvKostG, Nr. 7000 VV RVG. **549**

Das Belegeinsichtsrecht ist **zeitlich nicht beschränkt.** Der Wohnungseigentümer kann die Belege auch noch dann einsehen, wenn die Jahresabrechnung bestandskräftig beschlossen wurde.[199] **550**

Das Einsichtsrecht eines jeden Wohnungseigentümers erlischt, wenn der Verwalter nach Ablauf der gesetzlichen **Aufbewahrungspflichten** die Belege vernichtet hat. Die Aufbewahrungsdauer beträgt nach §§ 44, 257 Abs. 1 Nr. 4 HGB, 147 Abs. 1, Abs. 3 AO **10 Jahre.** Die Aufbewahrungsfrist beginnt mit dem Schluss des Kalenderjahres, in dem die letzte buchhalterische Eintragung gemacht und die Jahresabrechnung erstellt wurde. Somit beginnt die 10-Jahresfrist erst mit Ablauf des Jahres, in dem die Jahresabrechnung beschlossen wurde. **551**

Das Prüfungsrecht des Wohnungseigentümers ist eingeschränkt, wenn es **schikanös** ist, § 226 BGB.[200] Ein **mehrfaches Einsichtsbegehren** eines einzelnen Eigentümers kann dabei den Schikanetatbestand erfüllen. Ebenso kann der Verwalter das Einsichtsbegehren zurückweisen, wenn der Wohnungseigentümer bei früherer Einsichtnahme Belege **beschädigt oder entwendet** hat. In diesem Fall reduziert sich das Einsichtsrecht auf die Übermittlung von Belegkopien. **552**

Das Kopierersuchen muss sich auf vorhandene und hinreichend **genau bezeichnete** Unterlagen beziehen, die ohne nennenswerten Vorbereitungsaufwand und ohne Störungen des Betriebsablaufs der Verwaltung herausgesucht und fotokopiert werden können.[201] Die Forderung, **alle Belege** kopiert und zugesandt zu erhalten, kann ebenfalls schikanös sein.[202] **553**

Es ist nicht zu beanstanden, wenn der Verwalter die Belegeinsicht des Wohnungseigentümers überwachen lässt, indem beispielsweise ein Mitarbeiter während der Belegprüfung anwesend ist.

---

[197] So auch für den Bereich des Mietrechts AG Langenfeld WuM 1996, 426.
[198] BGH NJW 2006, 1419, 1421.
[199] OLG Frankfurt NJW 1972, 1377.
[200] OLG Hamm DWE 1985, 127; OLG München MietRB 2006, 271.
[201] OLG Hamm ZMR 1998, 586.
[202] OLG München NZM 2006, 512.

6. Durchführung der Eigentümerversammlung

554 **a) Pflicht zur Einberufung.** Der Verwalter ist mindestens **einmal im Jahr** verpflichtet, eine ordentliche Eigentümerversammlung einzuberufen, § 24 Abs. 1 WEG. Ist die Versammlung nicht beschlussfähig, so beruft der Verwalter eine neue Versammlung mit dem gleichen Gegenstand ein, sog. **Wiederholungsversammlung** nach § 25 Abs. 4 WEG. Über die Pflichtversammlung hinaus können durch Vereinbarung auch weitere Pflichtversammlungen festgelegt werden.

555 Darüber hinaus hat der Verwalter eine Eigentümerversammlung einzuberufen, wenn dies schriftlich unter Angabe des Zwecks und der Gründe **von mehr als einem Viertel der Wohnungseigentümer** verlangt wird. Demgegenüber hat der Verwalter ein **eigenes Ermessen,** ob er weitere Eigentümerversammlungen einberuft, weil er dies auf Grund aktueller Entwicklungen innerhalb der Eigentümergemeinschaft für erforderlich hält. Solche zusätzlichen Eigentümerversammlungen werden beispielsweise erforderlich, wenn
– die Eigentümergemeinschaft in einen **Rechtsstreit** verwickelt wird und der Verwalter sich für die weitere Vorgehensweise Weisungen holen will;
– **unvorhergesehene Instandsetzungsmaßnahmen** notwendig werden;
– sich herausstellt, dass der vorgelegte Wirtschaftsplan nicht ausreicht und zusätzliche Finanzmittel durch Beschluss über die Erhebung einer **Sonderumlage** herangezogen werden müssen;
– wenn sich die Eigentümerversammlung hinsichtlich eines oder mehrerer Beschlusspunkte vertagt, weil sie die **Beschlussgrundlagen** noch nicht für hinreichend ausgearbeitet erachtet.

556 Die vorstehenden Beispiele verdeutlichen, dass der Verwalter immer dann zu einer Eigentümerversammlung einzuberufen hat, wenn dies ordnungsmäßiger Verwaltung entspricht. Wird die Einberufung einer Eigentümerversammlung von einzelnen oder mehreren Wohnungseigentümern gefordert, die nicht ein Viertel der Wohnungseigentümer nach § 24 Abs. 2 WEG verkörpern, so kann die Nichteinberufung einer solchen Versammlung dennoch eine Pflichtverletzung des Verwalters sein, wenn die Einberufungsforderung auf Gründen basiert, die **ordnungsmäßiger Verwaltung** entsprechen. Ist hingegen die gesetzliche Mindestzahl erreicht und werden die formellen Erfordernisse erfüllt (schriftliches Einberufungsverlangen unter Angabe des Zwecks und der Gründe) steht dem Verwalter **kein Prüfungsrecht** zu, ob die Wohnungseigentümerversammlung zweckmäßig und dringend notwendig ist. Er muss der Einladungsforderung grundsätzlich nachkommen.[203] Der Verwalter kann sich lediglich über das Einberufungsverlangen hinwegsetzen, wenn dieses offenkundig **rechtsmissbräuchlich** ist.[204] Beruft der Verwalter die von ihm geforderte außerordentliche Eigentümerversammlung wegen des Verdachts eigener finanzieller Unregelmäßigkeiten nicht unverzüglich ein und tritt den erhobenen Vorwürfen nicht konkret entgegen, so rechtfertigt allein dies dessen **Abberufung** und die **Kündigung** des Verwaltervertrages aus wichtigem Grund.[205] Der **Beiratsvorsitzende** kann die Versammlung einberufen, wenn sich der Verwalter weigert, eine außerordentliche Versammlung mit dem Tagesordnungspunkt der vorzeitigen Beendigung des Verwaltervertrags zu terminieren.[206]

557 **b) Aufstellen der Tagesordnung.** Das Einladungsrecht des Verwalters umfasst auch das Recht, die Tagesordnung aufzustellen.[207] Die Tagesordnungspunkte müssen so defi-

---

[203] BayObLG WE 1991, 358; ZWE 2003, 387, 389; OLG Hamm WuM 2001, 461.
[204] BayObLG WE 1991, 358; *Bub* in Staudinger, BGB, § 24 WEG Rdn. 68a.
[205] OLG Düsseldorf MietRB 2004, 45.
[206] OLG Köln MietRB 2004, 240 = NJW-RR 2004, 733.
[207] BayObLG ZWE 2001, 538, 540; OLG Düsseldorf NJW-RR 1986, 96; *Häublein,* ZMR 2004, 723, 725.

niert sein, dass die Wohnungseigentümer erkennen können, ob ein **Beschluss** gefasst werden soll und was dieser zum Gegenstand haben wird. Die Wohnungseigentümer sollen vor Überraschungen geschützt werden.[208] Die Wohnungseigentümer sollen sich auf die Eigentümerversammlung vorbereiten und müssen hierzu den Beschlussgegenstand erkennen können. Dazu genügt eine **schlagwortartige Bezeichnung** des Beschlussgegenstands.[209]

Bei einer ordentlichen Eigentümerversammlung werden die Tagesordnungspunkte **558** *Beschluss über Wirtschaftsplan* und *Beschluss über die Jahresabrechnung* zwei Standardtagesordnungspunkte sein. Auch wird sich der Verwalter vor jeder Eigentümerversammlung vergewissern müssen, ob seine Verwalterbestellung binnen der nächsten 12 Monate ausläuft, so dass über die **Wiederwahl** zu entscheiden ist.

Kritisch kann es werden, wenn der Verwalter über die Ankündigung hinaus Beschlüsse herbeiführen will, die vom Kernbereich der Thematik nicht umfasst sind. Aus der Rechtsprechung sind folgende Beispiele bekannt:

*Mit dem angekündigten Tagesordnungspunkt „Beschluss über den Wirtschaftsplan“ kann nicht die **Höhe der Verwaltervergütung** verändert werden;*

*beim Tagesordnungspunkt „Jahresabrechnung“ müssen die Eigentümer nicht mit einer **Änderung des Verteilungsschlüssels** rechnen;[210]*

*unter dem Tagesordnungspunkt „Verwaltung/Verwalter“ muss nicht mit einer Abstimmung über die **Verwalterabberufung** gerechnet werden.[211]*

Unter dem Tagesordnungspunkt **„Verschiedenes“** oder **„Sonstiges“** können grundsätzlich keine Beschlüsse gefasst werden. Dieser Tagesordnungspunkt lässt nur allgemeine Erörterungen oder einen Informationsaustausch erwarten. Aus Rechtssicherheitsgründen ist nicht der Auffassung zu folgen, dass unter diesem Tagesordnungspunkt Gegenstände von untergeordneter Bedeutung beschlossen werden dürften, mit denen jeder Eigentümer vernünftigerweise noch rechnen musste.[212]

So ist es insbesondere unzulässig, unter „Verschiedenes“ einen Beschluss zur **Haus-** **559** **ordnung** oder zu **besonderen Nutzungsregelungen** zu treffen. Aus der Rechtsprechung sind hierzu die Regelungen über Betriebszeiten für Waschmaschinen[213], die Umwidmung eines Tischtennisraums in einen Geräteraum[214] oder die Genehmigung zur Errichtung einer Satellitenempfangsanlage auf dem Flachdach des Hauses[215] zu nennen. Ausnahmsweise werden Beschlüsse unter dem Tagesordnungspunkt „Verschiedenes“ unbedenklich sein, wenn sie nur einen späteren Beschluss vorbereiten sollen. Beispielsweise ist ein Beschluss nicht zu beanstanden, der den Verwalter beauftragt, für die nächste Eigentümerversammlung Kostenvoranschläge über eine bestimmte Instandsetzungsmaßnahme einzuholen. Ein solcher Beschluss hat noch keine Auswirkungen, da er lediglich einen späteren Beschluss ermöglicht.

Allerdings können die Wohnungseigentümer auch ohne Ankündigung in der Tages- **560** ordnung stets Beschlüsse zur **Geschäftsordnung** fassen. **Organisationsbeschlüsse,** die den Ablauf der Eigentümerversammlung betreffen, können jederzeit mehrheitlich in der Versammlung gefasst werden. Sie erledigen sich mit dem Ende der Eigentümerversammlung und haben in der Regel keine fortdauernde Wirkung. Hat der Geschäftsord-

---

[208] *Riecke/Schmidt/Elzer,* Die Eigentümerversammlung, Rdn. 422.

[209] BayObLG ZMR 2005, 460, 461; OLG Düsseldorf ZMR 2004, 282.

[210] OLG Düsseldorf ZMR 2005, 895.

[211] OLG Düsseldorf NJW-RR 1986, 96, 97.

[212] OLG Düsseldorf ZMR 1997, 91 = WuM 1997, 62; OLG Saarbrücken ZMR 2004, 533; *Riecke/Schmidt/Elzer,* Die Eigentümerversammlung, Rdn. 443.

[213] BayObLG WE 1988, 67.

[214] KG OLGZ 1994, 399.

[215] BayObLG BayObLGReport 2004, 327.

nungsbeschluss allerdings **Auswirkungen auf einen materiellen Beschluss,** kann indirekt die Anfechtung des materiellen Beschlusses wegen fehlerhaftem Organisationsbeschluss bzw. daraus resultierender Folgen möglich sein.[216]

561 Ist eine solche Beschlussfassung in der Einladung als Tagesordnungspunkt nicht gekennzeichnet und wird erst in der Versammlung eine **Beschlussvorlage** unterbreitet, kann ein Wohnungseigentümer diesen Beschluss anfechten. In diesem Fall sind dem Verwalter die Kosten des Verfahrens aufzuerlegen, weil er durch die nicht angekündigte Beschlussfassung zu diesem Gerichtsverfahren Anlass gegeben hat. Im Rahmen der **Schadensersatzverpflichtung** kann das Gericht aussprechen, dass er als Beteiligter am Verfahren die Gerichtskosten zu tragen hat.[217]

Bei größeren Eigentümerversammlungen ist der Verwalter gut beraten, wenn er schon mit der Tagesordnung schriftliche Hinweise zu den einzelnen Beschlusspunkten und ggf. auch schon **Beschlussvorschläge** unterbreitet. Hierdurch können sich die Wohnungseigentümer nicht nur besser auf die Eigentümerversammlung einstellen, sondern es wird auch ein gestraffter Versammlungsablauf gewährleistet.

562 Nach § 24 Abs. 1 WEG lädt der Verwalter zur Eigentümerversammlung ein. Daraus folgt, dass auch er grundsätzlich die Tagesordnung bestimmt, die mit der Einladung bekannt gemacht wird, § 23 Abs. 2 WEG. Wünschen Wohnungseigentümer die Aufnahme bestimmter Tagesordnungspunkte in die Einladung, hat der Verwalter diesem Wunsch Folge zu leisten, wenn die Ergänzung von mehr als einem Viertel der Wohnungseigentümer verlangt wird, § 24 Abs. 2 WEG. Wird dieses sog. Quorum nicht erreicht, hat der Verwalter trotzdem die Tagesordnung zu ergänzen, wenn das Verlangen ordnungsmäßiger Verwaltung entspricht.[218] Dabei hat der Verwalter großzügig zu werten.[219] Das Entscheidungsermessen der Wohnungseigentümerversammlung darf vom Verwalter nicht leichtfertig eingeschränkt werden. Im Zweifel ist daher jedem Ergänzungsverlangen stattzugeben.[220]

Weigert sich der Verwalter, ein bestimmtes Thema auf die Tagesordnung zu setzen, kann der dies wünschende Eigentümer die ablehnende Haltung des Verwalters überprüfen lassen, indem er **gerichtlich** die Aufnahme dieses Tagesordnungspunkts beantragt.[221]

563 Zur Aufstellung der Tagesordnung zählt es auch, die **Reihenfolge** der abzuhandelnden Themen festzulegen. Teilweise folgt die Reihenfolge schon aus einer inneren Logik. So ist zunächst über die Jahresabrechnung für das abgelaufene Kalenderjahr zu beschließen, bevor sich die Eigentümerversammlung mit dem Wirtschaftsplan für das laufende und kommende Jahr beschäftigt. Über eine etwaige Anpassung des Wohngelds können die Wohnungseigentümer erst dann diskutieren und beschließen, wenn die Jahresabrechnung für das abgelaufene Kalenderjahr vorliegt bzw. beschlossen wurde. Auch über die Entlastung des Verwalters können die Wohnungseigentümer erst nach der Jahresabrechnung beschließen. Über solche Notwendigkeiten hinaus entspricht es einer weitverbreiteten **Taktik** der Verwalter, unbequeme Tagesordnungspunkte an das Ende der Versammlung zu setzen. Hierbei wird darauf spekuliert, dass auf Grund einer allgemeinen Ermüdung solche Tagesordnungspunkte schneller abgehandelt werden als zu Beginn. Die Reihenfolge der Tagesordnung kann aber jederzeit durch mehrheitlichen **Geschäftsordnungsbeschluss** abgeändert werden.[222]

---

[216] OLG München ZMR 2006, 68.

[217] AG Neubrandenburg ZMR 2006, 162.

[218] OLG Frankfurt ZWE 2008, 43, 47 = NJW 2009, 300 = NZM 2009, 34; OLG Köln ZMR 1998, 48; OLG München MietRB 2007, 144.

[219] *Elzer* in Jennißen, WEG, § 23 Rdn. 66.

[220] Ebenso *Elzer* in Jennißen, WEG, § 23 Rdn. 66.

[221] Vgl. hierzu *Riecke/Schmidt/Elzer,* Eigentümerversammlung, Rdn. 415.

[222] OLG Düsseldorf WuM 1993, 305.

Ergänzungen der Tagesordnung können aus verschiedenen Gründen nachträglich **564** notwendig werden. Der Verwalter kann insoweit die **Tagesordnung** noch **anpassen,** wenn er diese Veränderung den Eigentümern noch unter Berücksichtigung der **Ladungsfrist** des § 24 Abs. 4 WEG oder einer etwas längeren Ladungsfrist gem. Gemeinschaftsordnung mitteilen kann. Andernfalls ist das Nachschieben eines Tagesordnungspunkts nur noch dann zulässig, wenn eine besondere **Dringlichkeit** gem. § 24 Abs. 4 WEG vorliegt. Ohne dass ein Fall der Dringlichkeit vorliegt, beträgt die gesetzliche Ladungsfrist seit der WEG-Novelle **zwei Wochen,** § 24 Abs. 4 Satz 2 WEG.

Der Verwalter kann auch dann zur ordentlichen Versammlung einladen, wenn seine **Wiederwahl** angefochten wurde. Bis zur rechtskräftigen Aufhebung der Wiederwahl bleibt der Verwalter im Amt. Lädt hingegen der **abberufene Verwalter** zu einer Eigentümerversammlung ein und wird später der Abberufungsbeschluss für ungültig erklärt, so sind dennoch die in dieser Versammlung gefassten Beschlüsse anfechtbar. Dies dient der Rechtssicherheit, da andernfalls die Wohnungseigentümer nicht übersehen könnten, ob sie der Einladung durch den abberufenen Verwalter folgen müssen.[223] Zudem bestünde die Möglichkeit, dass sowohl der abberufene als auch der neu gewählte Verwalter zu Versammlungen einladen und die Wohnungseigentümer widersprechende Beschlüsse fassen.

c) Versammlungsort und -zeit. Neben der Tagesordnung bestimmt der Verwalter **565** auch den Versammlungsort und die Versammlungszeit. Die Versammlung muss nicht zwingend am Ort der Wohnanlage stattfinden. Allerdings muss sie verkehrsüblich erreichbar und in einem **örtlichen Bezug zur Wohnanlage** liegen.[224] Dies gilt auch dann, wenn die Mehrheit der Wohnungseigentümer außerhalb des Orts der Anlage wohnt. Auswärtige Wohnungseigentümer müssen eine Anreise zur Eigentümerversammlung von vornherein in Kauf nehmen, nicht aber die, die in der Anlage wohnen.[225] Der Versammlungsort muss mit öffentlichen Nahverkehrsmitteln erreichbar sein.[226]

Hinsichtlich der Versammlungszeit muss der Verwalter auf die beruflichen Interessen der Wohnungseigentümer Rücksicht nehmen, so dass Eigentümerversammlungen am Vormittag ausscheiden und grundsätzlich **nicht vor 17.00 Uhr** eingeladen werden sollte.[227] Teilweise wird eine Eigentümerversammlung vor 18.00 Uhr schon als rechtswidrig angesehen.[228] Ein Versammlungstermin in der **Schulferienzeit** ist grundsätzlich zulässig.[229] Auf die Umstände des Einzelfalls (z. B. viele Familien mit schulpflichtigen Kindern) hat der Verwalter Rücksicht zu nehmen.[230] Eine Einladung auf einen **Sonn- oder Feiertag** nach 11.00 Uhr ist ebenfalls rechtmäßig.[231]

Der Verwalter hat auf die **Nichtöffentlichkeit** der Versammlung zu achten. Deshalb **566** muss er einen Versammlungsort wählen, der sicherstellt, dass die Wohnungseigentümer unter sich sind und Dritte nicht der Versammlung folgen können. In einer Gaststätte muss

---

[223] So auch im Ergebnis *Bub* in Staudinger, BGB, § 24 WEG Rdn. 36; a. A. *Drasdo,* Eigentümerversammlung, Rdn. 40.
[224] OLG Köln NJW-RR 1991, 725; *Gottschalg,* NZM 1999, 825; a. A. AG Berlin-Neukölln DWE 1989, 128; *Röll/Sauren,* Handbuch, Rdn. 216.
[225] OLG Köln ZMR 2006, 384 = NZM 2006, 227.
[226] BayObLG WE 1991, 261; OLG Hamm NJW-RR 2001, 516; siehe hierzu auch *Röll/Sauren*, Handbuch, Rdn. 312.
[227] OLG Düsseldorf WuM 1993, 305 = WE 1993, 99; *Gottschalg,* NZM 1999, 825.
[228] AG Köln ZMR 2004, 546.
[229] BayObLG ZWE 2002, 526; *Häublein,* ZMR 2004, 723, 727; a. A. *Röll/Sauren,* Handbuch, Rdn. 312.
[230] *Gottschalg,* NZM 2009, 529.
[231] OLG Schleswig NJW-RR 1987, 1362; OLG Stuttgart WuM 1986, 292; a. A. *Bassenge* in Palandt, BGB, § 24 WEG Rdn. 10.

es sich um einen **separaten Raum** handeln. Ebenso wenig ist der Vorgarten einer Gaststätte ordnungsgemäß.[232] Auch muss der Verwalter als Versammlungsleiter dem Antrag eines Wohnungseigentümers, das Rauchen einzustellen, folgen und ein solches **Rauchverbot** anordnen. Geschieht dies nicht, können die Beschlüsse angefochten werden, weil dies einem rechtswidrigen Ausschlussversuch gleichkommt.[233] Umgekehrt müssen bei einer länger andauernden Versammlung **Zigarettenpausen** eingelegt werden, um wiederum Raucher nicht von der Versammlung – auch nicht zeitweise – auszuschließen.[234]

567 Die Eigentümerversammlung muss so organisiert werden, dass es den einzelnen Wohnungseigentümern noch zumutbar ist, der Versammlung zu folgen. Die **Versammlungsdauer** ist auch von der Größe der Eigentümerversammlung und der **Dringlichkeit** der zu fassenden Beschlüsse abhängig. Eine fünfstündige Versammlungsdauer bei einer aus 500 Eigentümern bestehenden Gemeinschaft wurde nicht beanstandet.[235]

568 **d) Einzuladende Personen.** Der Verwalter hat die Wohnungseigentümer zur Versammlung einzuladen. Da der Verwalter nicht sicher sein kann, dass ihm **Eigentümerwechsel** hinreichend bekanntgegeben werden, müsste er das **Grundbuch** überprüfen, wenn er sichergehen will, dass er auch den richtigen Adressatenkreis vollständig erfasst. Anstelle des eingetragenen Wohnungseigentümers sind zu laden:

– der **gesetzliche Vertreter** bei einem geschäftsunfähigen Wohnungseigentümer,
– der **Zwangsverwalter,**
– der **Insolvenzverwalter,**
– der **Testamentsvollstrecker.**[236]

Die Inhaber von Dauerwohnrechten oder Nießbrauchsrechten sind nicht einzuladen.[237]

Nach der Kontrolle des Grundbuchs im Zeitpunkt der Einladung zur Eigentümerversammlung ist eine weitere Kontrolle vor dem Tag der Eigentümerversammlung sinnvoll, aber nicht praxisgerecht. Vielmehr wird man verlangen können, dass sich im Fall eines Eigentümerwechsels zwischen Ladung und Versammlung der **neue Eigentümer** durch Vorlage eines Grundbuchauszugs **legitimiert.**[238]

569 Will der Verwalter **Berater** zur Versammlung hinzuziehen, kann er dies zum einen in der Einladung ankündigen, muss aber dann zum anderen zu Beginn der Versammlung hierüber abstimmen lassen.[239] Dies ist entbehrlich, wenn die Eigentümergemeinschaft in einer früheren Versammlung bereits beschlossen hatte, dass ein Sachverständiger zur Klärung einer Problematik hinzugezogen werden soll. Dann kann der Verwalter auch davon ausgehen, dass dieser Sachverständige seine Feststellungen in der Versammlung unterbreiten darf.

---

[232] KG WE 1998, 31.
[233] OLG Köln NZM 2000, 1017.
[234] OLG Köln NZM 2000, 1017.
[235] OLG Köln ZMR 2005, 77.
[236] AG Essen NJW-RR 1996, 79; *Abramenko*, Handbuch, § 5 Rdn. 72; *Bub* in Staudinger, § 24 Rdn. 57; nach *Riecke* in Riecke/Schmid, WEG, § 24 Rdn. 46 ist der Testamentsvollstrecker und der Erbe zu laden.
[237] BGHZ MR 2002, 440; a. A. *Riecke* in Riecke/Schmid, WEG, § 24 Rdn. 45.
[238] Nach *Riecke/Schmidt/Elzer,* Eigentümerversammlung, Rdn. 470 sei der Verwalter nicht verpflichtet, die Einladung gegenüber dem Erwerber nachzuholen, wenn der Verwalter nach der Einladung vom Eigentümerwechsel Kenntnis erhält; ihm sei allerdings die Einladung des Erwerbers zu empfehlen.
[239] So wohl im Ergebnis ebenso *Greiner*, Wohnungseigentumsrecht, Rdn. 730; a. A. *Abramenko*, Handbuch, § 5 Rdn. 77, der die Aufhebung der Nichtöffentlichkeit als nicht mehrheitsfähig ansieht.

Wenn die Gemeinschaftsordnung nichts Gegenteiliges regelt, kann sich jeder Woh- **570** nungseigentümer durch eine andere beliebige Person **vertreten** lassen. So kann der Wohnungseigentümer auch dem Verwalter mitteilen, dass eine von ihm bevollmächtigte Person zu laden ist. Es handelt sich somit um die Bekanntgabe einer abweichenden Ladungsadresse. Dies kommt beispielsweise in Betracht, wenn sich der Wohnungseigentümer für längere Zeit im Ausland aufhält. Der Verwalter hat diese Angaben zu berücksichtigen. Ebenso ist es möglich, dass der Veräußerer einer Wohnung den **Wohnungserwerber** zur Teilnahme an der Eigentümerversammlung bevollmächtigt. Ohne eine solche Vollmacht ist allerdings immer der im Grundbuch eingetragene Eigentümer zu laden. Der werdende Wohnungseigentümer, d.h. der Käufer, dem bereits der Besitz übertragen und dessen Eigentum durch eine Auflassungsvormerkung gesichert wurde, ist nicht zu laden. Dies gilt selbst dann, wenn der **Kaufvertrag** eine anderslautende Regelung enthalten sollte, da schuldrechtliche Vereinbarungen zwischen Veräußerer und Erwerber vom Verwalter nicht zur Kenntnis genommen werden müssen. Etwas anderes gilt nur dann, wenn der Verwalter ausdrücklich vom Veräußerer auf die Vollmachtserteilung hingewiesen wird und somit der Veräußerer gegenüber dem Verwalter auf seine Ladung verzichtet.

e) **Feststellung der Stimmberechtigung.** Der Verwalter hat als Versammlungslei- **571** ter nicht nur zu Beginn der Versammlung die **Beschlussfähigkeit** festzustellen, sondern auch bei jedem einzelnen Tagesordnungspunkt, falls unveränderte Präsenz nicht sicher ist. Bei Eigentümerversammlungen im kleinen Kreis erfordert dies keine besonderen Feststellungen. Bei größeren Eigentümerversammlungen muss hingegen durch eine **Türkontrolle** sichergestellt sein, dass einzelne Wohnungseigentümer nicht unbemerkt die Versammlung verlassen können und damit die Anzahl der stimmberechtigten Wohnungseigentümer nicht korrekt feststeht.

In Einzelfällen kann das **Stimmrecht** eines Eigentümers **ausgeschlossen** sein. § 25 **572** Abs. 5 WEG sieht einen solchen Ausschluss für solche Beschlussgegenstände vor, die ein **Rechtsgeschäft mit diesem Wohnungseigentümer** oder die Einleitung oder Erledigung eines **Rechtsstreits** gegen diesen Eigentümer zum Gegenstand haben.

Problematisch ist auch die Bestimmung des stimmberechtigten Personenkreises in einer **Mehrhausanlage.** Grundsätzlich haben auch hier zu allen Themen alle Wohnungseigentümer ein uneingeschränktes Stimmrecht. Etwas anderes gilt aber dann, wenn die Gemeinschaftsordnung bestimmt, dass solche Beschlussgegenstände, die ausschließlich eine **Maßnahme des einzelnen Hauses** betreffen, auch nur von den betroffenen Wohnungseigentümern behandelt und beschlossen werden dürfen. Zweifelhaft ist allerdings, ob diese Regelung auch noch nach der Feststellung der Rechtsfähigkeit der Eigentümergemeinschaft uneingeschränkt angewendet werden kann. Das einzelne Haus als **Untergemeinschaft** ist **selbst nicht rechtsfähig.**[240]

Instandsetzungsaufträge, die nur ein einzelnes Haus betreffen, sind gegenüber dem **573** Werkunternehmer im Namen der gesamten Eigentümergemeinschaft und somit des rechtsfähigen Verbands zu erteilen. Damit entsteht im Außenverhältnis die Haftung des Gesamtverbands, während nach der Regelung in der Gemeinschaftsordnung nur die Wohnungseigentümer eines Hauses der Mehrhausanlage stimmberechtigt wären. Dies verstößt aber gegen den Grundsatz, dass immer die Personen stimmberechtigt sind, die auch die **haftungsrechtlichen Konsequenzen** zu tragen haben. Auch wenn im Außenverhältnis der rechtsfähige Verband haftet, so haftet daneben auch jeder Wohnungseigentümer gem. § 10 Abs. 8 WEG in Höhe seines Miteigentumsanteils. Wenzel[241] ist der Auffassung, dass dennoch das Stimmrecht der Wohnungseigentümer des einzelnen

---

[240] *Jennißen,* NZM 2006, 203, 206; *Wenzel,* NZM 2006, 321, 324.
[241] *Jennißen,* NZM 2006, 203, 206; *Wenzel,* NZM 2006, 321, 324.

Hauses uneingeschränkt bestehe, weil es der Regelung in der Gemeinschaftsordnung entspreche. Eine vom allgemeinen Grundsatz abweichende Stimmrechtsregelung könne vereinbart werden. Diese Auffassung ist aber zumindest für solche Gemeinschaftsordnungen zweifelhaft, die vor der Entscheidung des BGH zur Rechtsfähigkeit aufgestellt wurden und noch die gesamtschuldnerische Haftung **aller** Wohnungseigentümer zur Folge hatten Der Unterschied liegt darin, dass bis zur Rechtsfähigkeitsentscheidung des BGH (s. o. I.) angenommen wurde, dass der Instandsetzungsauftrag im Namen der Eigentümer des jeweiligen Hauses erteilt werden könnte. Dann wäre auch für diese Wohnungseigentümer eine gesamtschuldnerische Haftung entstanden. Die übrigen Wohnungseigentümer hätten nicht gehaftet. Indem aber der BGH klargestellt hat, dass die Auftragserteilung im Außenverhältnis immer im Namen des rechtsfähigen Verbands zu erfolgen hat und der Verband durch die gesamte Eigentümergemeinschaft bestimmt wird, wird nun bei einem Instandsetzungsauftrag im Außenverhältnis zunächst der Gesamtverband verpflichtet. Konsequenz hieraus ist aber, dass alle Wohnungseigentümer – und nicht nur die des betreffenden Hauses – im Außenverhältnis in Höhe ihres jeweiligen Miteigentumsanteils quotal gem. § 10 Abs. 8 WEG haften. Da die Regelung in der Gemeinschaftsordnung diese konkrete Haftungsfolge nicht kennen konnte, kann sie auch nicht einschlägig sein. Die Auslegung der Gemeinschaftsordnung muss dazu führen, dass Beschlusskompetenz und Haftungsfolgen wieder einhergehen.

574 Es stellen sich hierzu zwei Lösungsmöglichkeiten: Entweder wird der Beschluss von der Gesamtgemeinschaft gefasst, so dass die Beschlusskompetenz nicht nur auf die Wohnungseigentümer des betreffenden Hauses beschränkt ist, oder es beschließen nur die betreffenden Wohnungseigentümer des jeweiligen Hauses und die Regelung in der Gemeinschaftsordnung wird als eine interne Freistellungsverpflichtung der Eigentümer des betreffenden Hauses gegenüber allen anderen Wohnungseigentümern ausgelegt. Dennoch wird dies alleine nicht genügen, um das Stimmrecht bei den jeweiligen Hauseigentümern anzusiedeln. Zusätzlich ist es erforderlich, dass die Bezahlung des Auftrags aus der Instandhaltungsrücklage des jeweiligen Hauses sichergestellt ist. Nur dann, wenn kein Restrisiko für die übrigen Wohnungseigentümer wegen ihrer quotalen Haftung im Außenverhältnis tatsächlich entsteht, lässt sich das Stimmrecht auf die Mitglieder des betreffenden Hauses beschränken.

575 **f) Leitung der Versammlung.** In der Versammlung führt grundsätzlich der Verwalter den **Vorsitz,** § 24 Abs. 5 WEG. Allerdings können die Wohnungseigentümer in der Versammlung jederzeit einen anderen Versammlungsleiter mehrheitlich **wählen.** Solche Beschlüsse zur Geschäftsordnung können auch dann gefasst werden, wenn sie nicht in der Tagesordnung aufgeführt sind. Allerdings muss der Verwalter die Frage der Versammlungsleitung nicht unverlangt zur Disposition stellen.

576 Mit dem Recht, den Vorsitz in der Versammlung zu führen, sind weitere Nebenrechte verbunden:

– das **Hausrecht,**
– Bestimmung der **Form** der Beschlussfassung,
– Bestimmung der **Reihenfolge** der Abstimmung,
– Begrenzung der **Redezeit**[242],
– Feststellung und **Verkündung** des Beschlussergebnisses.

Sämtliche vorstehend genannten Rechte können dem Verwalter aber durch Mehrheitsbeschluss in der Versammlung entzogen werden.

Der Verwalter hat als Versammlungsleiter darauf zu achten, dass er alle Wohnungseigentümer **gleich behandelt.** Auch wenn die Redezeit beschränkt werden kann, so

---

[242] OLG Stuttgart DWE 1987, 30.

darf dies nicht willkürlich erscheinen und keinen Wohnungseigentümer von seinem Anspruch auf Mitbestimmung sowie auf **rechtliches Gehör** ausschließen.[243]

Der Verwalter kann, wenn es sich um eine natürliche Person handelt, die Versamm- **577** lungsleitung durch einen **Erfüllungsgehilfen** i. S. v. § 278 BGB und insbesondere durch einen Angestellten durchführen lassen.[244] Bei einer Personengesellschaft oder einer juristischen Person ist die Vertretung unproblematischer. Den Vorsitz in der Versammlung und somit die Vertretung des Verwalters können **alle vertretungsberechtigten Gesellschafter, Geschäftsführer oder Prokuristen** übernehmen. Auch ein einfacher Mitarbeiter kann die Versammlung leiten. Den Wohnungseigentümern muss bewusst sein, dass sich ein professioneller Verwalter Erfüllungsgehilfen bedient. Zumindest dann, wenn die Wohnungseigentümer gegen die Leitung der Versammlung durch einen Erfüllungsgehilfen nicht opponieren, kann hierin ein konkludenter Beschluss nach § 24 Abs. 5 WEG liegen.[245] Allerdings kann sich der Verwalter nicht durch eine Person vertreten lassen, die mit seinem Verwaltungsunternehmen in keiner **direkten Beziehung** steht, z. B. durch den Ehegatten.[246]

g) Feststellung des Abstimmungsergebnisses. Der Verwalter hat als Versamm- **578** lungsleiter die schwierige Aufgabe, Beschlüsse festzustellen. Dazu zählt sowohl die zutreffende Formulierung des Beschlussinhalts als auch die Feststellung der Abstimmungsergebnisse. Die Kernaussagen des BGH[247] zur Beschlussergebnisfeststellungskompetenz des Verwalters lauten:

- Eigentümerbeschlüsse kommen nur dann zu Stande, wenn das Beschlussergebnis vom Versammlungsleiter in der Versammlung festgestellt und verkündet wird. Die Ergebnisverkündung ist folglich **Existenzvoraussetzung** des Beschlusses. Ohne Verkündung in der Versammlung existiert kein Beschluss, sodass auch eine Beschlussanfechtung gem. den §§ 43 Nr. 4, 46 Abs. 1; 23 Abs. 4 WEG „mangels Masse" ausscheidet.
- Auch ein **negativer (ablehnender) Beschluss** hat entgegen der zuvor h. M. Beschlussqualität und kommt daher ebenso wie ein positiver Beschluss durch Feststellung und Verkündung des Beschlussergebnisses zu Stande. Ein negativer Beschluss ist ein Beschluss, mit dem ein Beschlussantrag mehrheitlich abgelehnt wird.
- Der Bekanntgabe des Beschlussergebnisses kommt **konstitutive und inhaltsfixierende** Bedeutung zu, d. h. maßgeblich ist das vom Versammlungsleiter verkündete Beschlussergebnis, auch wenn es falsch ist. Die Ergebnisverkündung hat entgegen der früher h. M. nicht mehr nur deklaratorischen Charakter. Die früher h. M.[248] hatte angenommen, dass dann, wenn der Versammlungsleiter abweichend von der wirklichen Rechtslage ein falsches Beschlussergebnis bekannt gibt, die wirkliche Rechtslage dem verkündeten Beschlussergebnis vorgehe. Dem erteilte der BGH nunmehr eine Absage. Folge: Ist ein Eigentümer mit dem vom Versammlungsleiter verkündeten Ergebnis nicht einverstanden, muss er den Beschluss fristgerecht bei Gericht anfechten und mit einem Antrag auf Feststellung des seiner Meinung nach richtigen Beschluss-

---

[243] Vgl. hierzu auch *Bub* in Staudinger, BGB, § 24 WEG Rdn. 92.

[244] KG ZWE 2001, 75 = ZMR 2001, 223 = WuM 2001, 44; BayObLG ZMR 2001, 826 = ZWE 2001, 490 = NZM 2001, 766; OLG Schleswig WE 1997, 388; OLG Düsseldorf WE 1996, 72; *Riecke* in Riecke/Schmid, WEG, § 24 Rdn. 69; a. A. *Lüke* in Weitnauer, WEG, § 24 Rdn. 15, der eine Vertretung durch einen Mitarbeiter nur dann für zulässig hält, wenn die Eigentümerversammlung ausdrücklich oder zumindest konkludent die Versammlungsleitung durch diesen Mitarbeiter genehmigt.

[245] *Elzer* in Jennißen, WEG, § 24 Rdn. 98

[246] A. A. *Riecke* in Riecke/Schmid, WEG, § 24 Rdn. 69.

[247] NJW 2001, 3339 = ZWE 2001, 530.

[248] U. a. BayObLG NJW-RR 1996, 524; 1999, 1173; 2001, 133 m. w. N.

ergebnisses verbinden. Dies gilt auch im Falle eines negativen Beschlusses, wenn der Anfechtende meint, einen Anspruch auf Verkündung des positiven Beschlussergebnisses zu haben. Die Anfechtung eines negativen Beschlusses allein führt nicht etwa automatisch zu dem positiven Beschluss.[249]

– Die Verkündung des Beschlussergebnisses muss **in** der Versammlung erfolgen. Eine Verkündung nach Versammlungsende oder im Versammlungsprotokoll genügt nicht. Werden Beschlüsse außerhalb einer Versammlung, d. h. im schriftlichen Verfahren, gefasst (§ 23 Abs. 3 WEG), muss das Beschlussergebnis den Eigentümern ebenfalls mitgeteilt werden, z. B. durch Rundschreiben oder Aushang.

– Die Feststellung des Beschlussergebnisses muss nicht ausdrücklich, sondern kann auch **konkludent** erfolgen. Für eine konkludente Verkündung genügt z. B. das im Versammlungsprotokoll eindeutig festgehaltene Stimmenverhältnis von Ja- und Nein-stimmen sowie Enthaltungen. Auch hier kommt dem Protokollinhalt selbstverständlich keine konstitutive Bedeutung zu. Über das Zustandekommen eines Beschlusses, d. h. die Verkündung des Beschlussergebnisses in der Versammlung, lässt sich nur durch Partei- oder Zeugenvernehmung von in der Versammlung anwesenden Eigentümern bzw. des Verwalters Beweis erheben.

579   Bei der Auszählung der Stimmen darf er nach der **Subtraktionsmethode** vorgehen[250], indem er beispielsweise die Ja-Stimmen und die Enthaltungen zählt und dann auf die Nein-Stimmen schließt. Da der Verwalter auch festhalten muss, wenn ein Wohnungseigentümer den Raum verlässt und keinem anderen Wohnungseigentümer sein Stimmrecht überträgt, muss bei jeder Beschlussfassung die Anzahl der Stimmrechte bekannt sein. Nur dann kann aus der Addition der Ja-Stimmen und der Enthaltungen im Vergleich zu der Anzahl der anwesenden Stimmen das Beschlussergebnis ermittelt werden. Es genügt nicht, lediglich festzustellen, dass ein Beschluss mehrheitlich zustande gekommen ist. Das **konkrete Beschlussergebnis** muss feststehen und auch grundsätzlich **protokolliert** werden. Ausnahmsweise kann die Aufnahme des Beschlussergebnisses in das Protokoll unterbleiben, wenn ein klares Abstimmungsergebnis vorlag und somit keine Zweifel am Zustandekommen des Beschlusses bestanden.[251] Ob der Beschluss dann zu Stande gekommen ist, hängt von der Verkündung des Beschlussergebnisses ab. Es gilt der Grundsatz, dass das beschlossen ist, was der Versammlungsleiter verkündet. Die **Verkündung** hat somit **konstitutive Bedeutung.**[252]

579a Fraglich ist, inwieweit der Verwalter die Rechtmäßigkeit des Beschlusses prüfen und, wenn er ernsthafte Bedenken hat, die Beschlussfassung ablehnen muss.

Eine eigenverantwortliche Prüfung wird man dem Verwalter allenfalls hinsichtlich der formellen Rechtmäßigkeit von Beschlüssen (keine Einladungsfehler, keine Beschlussunfähigkeit, keine Unbestimmtheit des Beschlusswortlauts) abverlangen können. Formelle Fragen erfordern keine umfassende rechtliche Prüfung, sondern sind in der Regel leicht zu beantworten. Macht der Verwalter hier Fehler, wird er den Eigentümern grundsätzlich für die durch sein Verschulden veranlassten Kosten eines Gerichtsverfahrens haften, es sei denn, die Mehrheit schenkte auch hier seinen rechtlichen Hinweisen und Bedenken keine Beachtung.

579b Eine materielle Prüfung der Rechtmäßigkeit des Beschlussinhalts kann vom Verwalter hingegen nicht verlangt werden. Der Verwalter ist nicht der berufene rechtliche Berater der Eigentümerversammlung. Die besondere Beratungsfunktion der Versammlung führt zu keiner abweichenden Beurteilung. Sie stellt zwar ebenso wie die eigentliche Willensbildungsfunktion eine organspezifische Funktion der Mitgliederversamm-

---

[249] *Gottschalg*, ZWE 2005, 32, 33 m. w. N.
[250] BGH DWE 2002, 125 = NZM 2002, 992 = ZMR 2002, 936 = WuM 2002, 624.
[251] OLG Hamm ZMR 2009, 59.
[252] BGH ZMR 2001, 809 = MDR 2001, 1283 = WE 2002, 68.

lung dar. Dennoch zählt die umfassende rechtliche Beratung und Unterstützung der Versammlung nicht zu den von Gesetz oder Satzung (Gemeinschaftsordnung) vorgesehenen Aufgaben des Versammlungsvorsitzenden. Der Versammlungsvorsitz ist kein vom Gesetz mit besonderen Beratungs- und Prüfungsbefugnissen ausgestattetes Organamt (s. § 24 Abs. 5 WEG, wonach der Verwalter nur mangels anderweitiger Entscheidung der Eigentümer den Versammlungsvorsitz innehat[253]). Entsteht in der Eigentümerversammlung konkreter Bedarf nach einer vertieften rechtlichen Beratung, muss diese Beratung von einem Rechtsanwalt erbracht werden oder zumindest auf dessen rechtliche Überprüfung und Beurteilung der Rechtslage zurückzuführen sein. Die obergerichtliche Rechtsprechung trägt dem dadurch Rechnung, dass es dem Verwalter in weitem Umfang gestattet ist, auch ohne Ankündigung in der Einladung einen Rechtsanwalt mit in die Versammlung zu bringen, der im Gesamtinteresse, d. h. nicht im Interesse einzelner Eigentümer oder in Individualrechtsangelegenheiten, Rechtsrat erteilt.[254] Ebenso widerspricht es nicht ordnungsgemäßer Verwaltung, wenn zur Vorbereitung einer anstehenden Versammlung einem Rechtsanwalt ein Auftrag zur Überprüfung der Rechtmäßigkeit von Beschlüssen erteilt wird.[255] Verwalter sollten vor der Versammlung abschätzen, ob TOPe streitig werden könnten und vorher Rechtsrat einholen, was freilich teilweise mit Schwierigkeiten verbunden sein kann, da Wohnungseigentümer keine Auskunftspflicht hinsichtlich ihres Erscheinens und ihres Abstimmungsverhaltens in der Eigentümerversammlung trifft.[256]

Ein Verkündungsverbot für Zitterbeschlüsse ginge zu weit und widerspräche der gesetzlichen Grundwertung. Das Gesetz bringt in § 23 Abs. 4 WEG klar zum Ausdruck, dass für Wohnungseigentümer keine Pflicht zur rechtmäßigen Beschlusstätigkeit besteht. § 23 Abs. 4 WEG durchbricht den allgemeinen zivilrechtlichen Grundsatz der Nichtigkeit rechtswidriger Rechtsgeschäfte und stellt die Berufung auf Anfechtungsgründe bewusst zur Disposition der Eigentümer. Es bleibt ihnen überlassen, ob sie innerhalb ihrer Beschlusskompetenz einen zwar rechtswidrigen, aber nichtsdestotrotz wirksamen Beschluss fassen und sich sowie Sondernachfolger gemäß § 10 Abs. 4 WEG an ihn binden wollen oder nicht.[257] Wenn aber für die Wohnungseigentümer keine Pflicht zur rechtmäßigen Beschlussfassung besteht, kann eine solche auch nicht über den Verwalter erzwungen werden.[258] **579c**

Da somit bereits § 23 Abs. 4 WEG im Sinne des Rechtsfriedens eine eindeutige **579d** gesetzgeberische Grundaussage trifft, vermag auch der Einwand nicht durchzudringen, der Verwalter dürfe nicht durch die Verkündung eines rechtswidrigen Beschlussergebnisses die Anfechtungslast mit dem Risiko der Fristversäumung auf die Seite der sich rechtstreu verhaltenden Minderheit verschieben. Die Anfechtungslast wird nämlich nicht vom Verwalter, sondern kraft Gesetzes verteilt.[259] Ein dem WEG-Verwalter auf-

---

[253] Zutreffend KG NZM 2003, 325 („Ersatzkompetenz"); OLG München ZMR 2005, 728, 729. Auch die Anordnung der Versammlungsleitung durch den WEG-Verwalter in der Gemeinschaftsordnung ändert hieran nichts. Der Verwalter ist weder Organ noch Berater. Unrichtig daher BayObLG ZMR 2004, 442, 443.

[254] BayObLG NJW-RR 2004, 1312; s. ferner OLG München NJW-RR 2005, 964; OLG Düsseldorf NJW-RR 2005, 1327, jeweils zur Versammlungsleitungsübertragung auf einen Rechtsanwalt.

[255] OLG Köln NZM 1998, 870.

[256] OLG München MDR 2005, 1159 = MietRB 2005, 295 m. Anm. Becker.

[257] *Suilmann*, Beschlussmängelverfahren im Wohnungseigentumsrecht, 1998, S. 1f., 20ff., 52, 54; ders. BGHR 2001, 866, 867 in Anm. zu BGH v. 23. 8. 2001; *Drasdo*, Versammlung, Rd. 616, der aber dennoch eine formelle Prüfungspflicht des WEG-Verwalters annimmt.

[258] *J.-H. Schmidt* DWE 2005, 9ff.; *Riecke/Schmidt/Elzer*, Eigentümerversammlung, Rdn. 700; *Elzer* MietRB 2008, 378, 380.

[259] Hierauf weist zu Recht Häublein, NJW 2005, 1466, 1468 hin.

erlegtes Verkündungsverbot für rechtswidrige Beschlüsse würde zudem zu dem parado-
xen Ergebnis führen, dass der Rechtsschutz in der Eigentümerversammlung stärker wäre
als im Gerichtssaal, denn der Richter darf wegen § 23 Abs. 4 WEG Anfechtungsgründe
nicht etwa von Amts wegen berücksichtigen (und den Beschluss für ungültig erklären),
sondern nur dann, wenn mindestens ein Beteiligter sich auf die Rechtswidrigkeit des
(im Sinne von: genau dieses) Anfechtungsgrundes beruft.[260]

579e   Im Übrigen zeigt etwa der Fall AG Hamburg-Barmbek DWE 2005, 5, dass ein Zitterbeschluss in manchen Fällen zur Erleichterung der Verwaltung des Gemeinschaftseigentums sogar äußerst wünschenswert und zweckmäßig sein kann: Man denke etwa
an die Wahl eines vierköpfigen Beirats, in den jedes Haus einer aus vier Blöcken bestehenden Mehrhausanlage einen Vertreter entsenden möchte.[261] Ein solches Vorgehen
wäre nach der Gegenansicht nicht möglich, die sich zudem in Widersprüche verwickelt, indem sie in Fällen fehlender Gegenstimmen ein Recht des Verwalters zur Ergebnisverkündung zulassen will, denn wenn der Verwalter aus seiner neutralen Stellung
heraus an Recht und Gesetz gebunden sein soll[262], dann muss dies für die in der Versammlung nicht anwesenden sowie alle künftigen Eigentümer erst recht gelten.[263]

Der BGH hat bislang weder in der Entscheidung vom 23. 8. 2001 noch in anderen
Folgeentscheidungen zu dieser Frage Stellung genommen. Er hat lediglich ausgeführt,
der Verwalter müsse für eine korrekte Feststellung des Mehrheitswillens und dessen
Umsetzung in der Form ordnungsmäßiger Beschlüsse sorgen.[264] Die Betonung der
Form deutet aber darauf hin, dass der BGH ein materielles Prüfungsrechts des Abstim-
mungsleiters hinsichtlich der Rechtmäßigkeit des Beschlussinhalts ablehnt.[265]

579f   Ein **materielles Prüfungsrecht** des Versammlungsvorsitzenden wird vom BGH und
der h. M. angenommen im Hinblick auf die Wirksamkeit der in der Versammlung
abgegebenen **Einzelstimmen**. Der BGH zählt es zu den Aufgaben des Versammlungsleiters, unwirksame Stimmen (z. B. wegen Stimmrechtsausschlusses oder -missbrauchs,
vgl. § 25 Abs. 5 WEG, § 242 BGB) aufzuspüren und bei der rechtlichen Bewertung
des Abstimmungsergebnisses nicht mitzuzählen.[266] Worin der BGH die Legitimationsgrundlage für diese Pflicht des WEG-Verwalters sieht, wird bislang nicht klar. Eine
Regelung in der Satzung (Gemeinschaftsordnung) – wie im Gesellschaftsrecht gefordert[267] – scheint er nicht zu verlangen. Eine Verankerung im Gesetz wird nicht erwähnt.

579g   Für ein **materielles Prüfungsrecht** in Bezug auf den Beschlussinhalt selbst lässt sich
auch nicht die Entscheidung BGH NJW 1996, 1216 anführen. Im dortigen Fall bedurfte die Vornahme **baulicher Veränderungen** am Gemeinschaftseigentum laut Gemeinschaftsordnung der Zustimmung des Verwalters, die nur aus wichtigem Grund versagt
werden durfte. Da der Verwalter sich unsicher war, holte er eine Weisung der Eigentümerversammlung ein. Der BGH entschied, auch der gewerbliche Verwalter dürfe bei

---

[260] *Abramenko*, ZMR 2004, 789, 791 m. w. N. Der Richter muss daher, wenn er in einem Verfahren einen von den Beteiligten übersehenen Anfechtungsgrund sieht, zunächst rechtliches Gehör gewähren.

[261] Der Sachverhalt lässt leider nicht erkennen, ob nicht auch im Ausgangsfall ein sachlicher
Grund für die Wahl bestand (z. B. Ehegatte des Eigentümers mit besonderer beruflicher Qualifikation für eine anstehende Großsanierungsmaßnahme o. ä.).

[262] *Kümmel/v. Seldeneck*, GE 2002, 382.

[263] *J.-H. Schmidt,* DWE 2005, 9 ff.

[264] BGH NJW 2002, 3704, 3708; 2002, 3629, 3630.

[265] *J.-H. Schmidt,* a. a. O.

[266] BGH NJW 2002, 3704. Ebenso BayObLG WuM 2005, 609; Gottschlag, ZWE 2005, 32,
35.

[267] Vgl. *Wendel*, ZWE 2002, 545, 547 f., der dies zu Unrecht auch für das Wohnungseigentum
nicht verlangt.

ernstlichen Zweifeln von einer eigenen Entscheidung zwar absehen und die Gemeinschaft um eine Weisung (§ 665 BGB) angehen.[268] Dennoch habe er die Eigentümerversammlung „umfassend über die aufgetretenen tatsächlichen und rechtlichen Zweifelsfragen aufzuklären und ihr einen Vorschlag zum weiteren Vorgehen zu machen". In der Sache verlangt der BGH vom Verwalter damit eine rechtliche Beratung der Eigentümerversammlung in Bezug auf den richtigen Beschlussinhalt (Zustimmung oder Zustimmungsverweigerung). Damit ist indes nicht gesagt, dass der Verwalter die dem Rat zugrunde liegende rechtliche Überprüfung und Bewertung der Rechtslage persönlich vornehmen muss. Vielmehr wird man ihn für berechtigt halten müssen, diese durch einen Rechtsanwalt vornehmen zu lassen und sodann dessen rechtliche Empfehlung an die Eigentümer weiter zu geben.[269]

h) Versammlungsniederschrift. Über die in der Versammlung gefassten Be- **580** schlüsse ist eine Niederschrift zu fertigen, die der Verwalter, wenn er den Vorsitz in der Versammlung ausgeübt hat, zu **unterzeichnen** hat, § 24 Abs. 6 WEG. Die Versammlungsniederschrift ist weiterhin von einem Wohnungseigentümer und vom Beiratsvorsitzenden bzw. seinem Vertreter zu unterzeichnen. Die Unterzeichnung des Versammlungsprotokolls soll die Richtigkeit der Protokollierung bestätigen, so dass nur solche Personen unterzeichnen können, die auch in der Versammlung anwesend waren.

Sofern die Wohnungseigentümer durch Beschluss oder Vereinbarung keine Vorgaben **581** machen, kann der Verwalter die Niederschrift entweder als **Ablauf- oder Ergebnisprotokoll** führen. Die Eigentümergemeinschaft kann allerdings auch eine andere Person als den Verwalter zum Protokollführer wählen.

Da die Versammlungsniederschrift nicht nur die Beschlussinhalte wiedergeben muss, **582** sondern auch für die **Auslegung von Beschlüssen** herangezogen werden kann, sollte der Versammlungsverlauf soweit in der Niederschrift mit erfasst werden, als dies zur Auslegung bzw. zum Verständnis der gefassten Beschlüsse notwendig ist. Die Versammlungsniederschrift sollte folgende Bestandteile enthalten:

– **Datum** der Versammlung
– **Ort** der Versammlung
– **Name** der Eigentümergemeinschaft
– **Versammlungsvorsitz**
– **Protokollführer**
– **Teilnehmer**
– **Tagesordnung**
– exakte Protokollierung der **Beschlussanträge,** der **Beschlussergebnisse** und der hierzu getätigten **Feststellungen** des Versammlungsleiters
– **wesentliche Hinweise der Teilnehmer** zu den einzelnen Beschlusspunkten, sofern diese nicht selbst Beschlussbestandteil geworden sind.

Die **Teilnehmerliste** ist zum Bestandteil der Versammlungsniederschrift zu machen. **583** Dabei hat der Versammlungsleiter bei jeder Beschlussfassung festzustellen, wie viele abstimmungsberechtigte Wohnungseigentümer jeweils im Versammlungsraum sind, sofern dies bei größeren Eigentümerversammlungen nicht ohne Weiteres zu übersehen ist. Es sind die Namen der Wohnungseigentümer festzuhalten, die die Versammlung vorzeitig verlassen oder ihr zwischenzeitlich nicht beiwohnen. Beim **Abstimmungsergebnis** sollte der Verwalter sowohl die Ja- und Neinstimmen als auch die Enthaltungen

---

[268] BGH NJW 1996, 1216, 1218; zustimmend OLG Düsseldorf NJW-RR 2005, 1254, 1255.
[269] S. OLG Düsseldorf NJW-RR 2005, 1254, 1255, das allerdings feststellt, der Verwalter müsse sich einen schuldhaften Rechtsirrtum des Rechtsanwalts als eigenes Verschulden zurechnen lassen (§ 278 BGB), weil der Rechtsanwalt Erfüllungsgehilfe des Verwalters sei (zweifelhaft).

auszählen lassen. Zwar ist eine Ergebnisfeststellung nach der sog. Subtraktionsmethode zulässig (s. o. Rdn. 579). Empfehlenswerter ist es aber, zumindest bei größeren Versammlungen, auch die Nein-Stimmen auszuzählen, um eine **Kontrolle** der anwesenden Stimmen vorzunehmen.

584   Der Protokollführer sollte **keine unsachlichen Äußerungen** oder gar diskriminierenden Feststellungen in das Protokoll aufnehmen. Der Protokollführer hat zwar ein erhebliches Ermessen, welche Erörterungen er in die Niederschrift aufnimmt. Der Protokollinhalt darf aber nicht zu Lasten eines Wohnungseigentümers ungleich gewichtet sein.[270] Schmähkritik hat im Protokoll nichts zu suchen. Andererseits muss das Protokoll die abwesenden Wohnungseigentümer nicht vollständig über alle Diskussionsbeiträge unterrichten. Wahre Tatsachen dürfen stets im Protokoll aufgenommen werden.[271] Der Protokollführer hat zu entscheiden, ob bei der jeweiligen Äußerung ein **sachliches Interesse** an ihrer Weiterverbreitung besteht, so dass diese in das Protokoll aufgenommen werden sollte. Enthält das Protokoll dennoch polemische Werturteile, beispielsweise von Seiten des Verwalters über einen Wohnungseigentümer, resultiert für den Betroffenen hieraus kein Schadensersatz- oder Schmerzensgeldanspruch. Allerdings kann der Betroffene **Gegendarstellung** und **Widerruf** begehren.[272]

585   Sind die zur Mitunterzeichnung des Protokolls berechtigten Miteigentümer der Auffassung, dass der Verwalter das Protokoll inhaltlich nicht richtig abgefasst hat und entsteht hierüber Streit, kann der Verwalter die **unterschiedlichen Versionen** in das Protokoll aufnehmen und den **Widerspruch kennzeichnen.** Dann können alle zur Unterzeichnung des Protokolls berufenen Personen dieses unterzeichnen. Dies mag für Hinweise von Teilnehmern unproblematisch sein. So sind beispielsweise Situationen denkbar, in denen ein Wohnungseigentümer in der Versammlung auf einen Mangel am Objekt hingewiesen hat und diesen Hinweis im Protokoll festgehalten wissen will. Ist der Protokollführer hingegen der Auffassung, dass diese Feststellung vom Wohnungseigentümer nicht oder so nicht gemacht wurde, können die unterschiedlichen Versionen im Protokoll gekennzeichnet werden. Etwas anderes gilt jedoch dann, wenn der Beschlussinhalt bestritten wird. Hier wird es im Zweifel nicht genügen, die unterschiedlichen Versionen im Protokoll darzustellen. Da Klarheit über den Beschlussinhalt bestehen muss, wird ein solcher Fall entweder eine Beschlussanfechtung, einen Feststellungsantrag oder die Erklärung des Verwalters zur Folge haben, dass er wegen dieser Unklarheit **baldmöglichst eine weitere Eigentümerversammlung** zu diesem Tagesordnungspunkt einladen wird, um die Unsicherheit über den Beschlussinhalt zu beseitigen.

586   **i) Beschluss-Sammlung.** Die WEG-Novelle sieht in § 24 Abs. 7 WEG zusätzlich vor, dass eine **Beschluss-Sammlung** (auch Beschlussbuch genannt) geführt werden muss. Sie ist nicht mit der Versammlungsniederschrift identisch. Die Beschluss-Sammlung enthält keine Abstimmungsergebnisse, keine Anwesenheitsliste und auch keine Wortbeiträge (s. Muster einer Beschluss-Sammlung Anlage 6). So sind in der Beschluss-Sammlung nur die **verkündeten Beschlüsse** mit Angabe von Ort und Datum der Versammlung aufzunehmen. Da negative Beschlüsse auch eine Beschlussqualität haben[272a], sind auch diese aufzunehmen. Allerdings genügt die Feststellung nicht, dass der Beschluss keine Mehrheit gefunden hat. Der Inhalt des abgelehnten Antrags ist wiederzugeben. Darüber hinaus sind auch **schriftliche Beschlüsse** im Umlaufverfahren in der Beschluss-Sammlung zu führen. Schließlich hat der Verwalter darin auch **gerichtliche Entscheidungen** abzulegen. Diese Beschlüsse und gerichtlichen Entscheidungen

---

[270] BayObLG WuM 1990, 173, 175.
[271] OLG Köln ZWE 2000, 427 u. V. a. BVerfG NJW 1997, 1439.
[272] OLG Köln, ebenda.
[272a] BGH ZWE 2001, 530.

sind fortlaufend einzutragen und zu nummerieren. Wurden die Beschlüsse oder gerichtlichen Entscheidungen nicht bestandskräftig, d. h. sie wurden aufgehoben, so kann der Verwalter mit einem Vermerk auch die entsprechende Eintragung löschen. Die Beschluss-Sammlung soll sicherstellen, dass insbesondere einem **Erwerber** die Möglichkeit gegeben wird, sich über die Beschlüsse der Eigentümergemeinschaft vollständig zu informieren. Der Erwerber soll wissen, worauf er sich einlässt. Die Beschluss-Sammlung wird aber auch einem neuen Verwalter einen schnellen **Überblick über die Beschlusslage** geben.

Geschäftsordnungsbeschlüsse gehören nicht in die Beschluss-Sammlung, da sie mit Ablauf der Versammlung ihre Bedeutung verlieren.[272b] Die Bindung des Rechtsnachfolgers an Beschlüsse tritt unabhängig von ihrer Eintragung in die Beschluss-Sammlung ein. Dies folgt aus § 10 Abs. 4 WEG.

Die Bedeutung der Beschlussfeststellung durch den Verwalter wird in der WEG- **587** Novelle unter § 24 Abs. 7 WEG hervorgehoben, wenn es dort heißt, dass die verkündeten Beschlüsse in die Beschluss-Sammlung aufzunehmen sind. Da nur verkündete Beschlüsse einzutragen sind, kann sich der Verwalter zukünftig auch bei relativ klarer Sachlage nicht mehr mit konkludenten **Ergebnisfeststellungen** begnügen.[273]

Die Eintragungen sind vom Verwalter **unverzüglich** vorzunehmen, d. h. ohne schuldhafte Verzögerung. Im Zweifel wird daher der Verwalter unmittelbar im Anschluss an die Verkündung die Eintragung vornehmen.[274] Eine Eintragung, die am nächsten Werktag erfolgt, ist unverzüglich; die Eintragung, die erst mehrere Tage später vorgenommen wird, entspricht hingegen nicht ordnungsmäßiger Verwaltung.[275]

Die Beschluss-Sammlung stellt den Verwalter vor zusätzliche Aufgaben. Durch die Verpflichtung, das Beschlussbuch unverzüglich zu führen, ist es für den Verwalter noch wichtiger, Beschlüsse präzise zu formulieren. Die häufig anzutreffende Praxis, dass Verwalter in der Eigentümerversammlung oberflächlich formulieren, einen Beschluss fassen lassen und dann im Protokoll eine genauere Formulierung wählen, nachdem sie den Beschluss nochmals in Ruhe haben durchdenken können, ist nicht mehr vertretbar. Auch bisher entsprach eine solche Vorgehensweise nicht ordnungsmäßiger Verwaltung, blieb aber i. d. R. ohne Folgen. Jetzt wird das Beschlussbuch etwaige Abweichungen von der Protokollniederschrift offenbaren.

Die Beschluss-Sammlung wird in der Praxis dazu führen, dass der Verwalter seine Be- **588** schlussvorschläge den Wohnungseigentümern schriftlich präsentiert. Dann kann am konkreten Text gearbeitet und eine etwaige Änderung unmittelbar aufgenommen werden.

Der Verwalter hat das Beschlussbuch auch dann zu führen, wenn er die Wohnungs- **589** eigentümerversammlung nicht geleitet hat. Nur dann, wenn ein **Verwalter fehlt,** hat der Vorsitzende der Wohnungseigentümerversammlung das Beschlussbuch zu führen (§ 24 Abs. 8 WEG).

Wird ein Beschluss **angefochten,** ist dies im Beschlussbuch zu vermerken. Werden **590** Beschlüsse durch eine gerichtliche Anfechtung **aufgehoben** oder durch einen **Zweitbeschluss** der Wohnungseigentümerversammlung überholt, hat der Verwalter die Wahl. Er kann dies nachträglich hinter den Beschlüssen anmerken oder ihre Eintragung

---

[272b] OLG München v. 8. 12. 2006 – 34 Wx 103/06.

[273] So auch *Schmidt,* ZWE 2006, 164, 172.

[274] Ebenso *Greiner*, Wohnungseigentumsrecht, Rdn. 852; *Merle* in Bärmann, WEG, § 24 Rdn. 143.

[275] A. A. *Abramenko*, Handbuch, § 5 Rdn. 134, der eine Eintragung „alsbald" genügen lässt; *Elzer* in Jennißen, WEG, § 24 Rdn. 170, der als Regelfall drei Werktage nennt, bei größeren Gemeinschaften auch eine Woche als zulässig ansieht; *Röll/Sauren*, Handbuch, Teil B.Rdn. 467, wonach eine Woche stets angemessen sei.

löschen. Dies kommt bei einem elektronischen Beschlussbuch in Betracht. Bei einer Beschluss-Sammlung in Papierform kann der aufgehobene Beschluss durchgestrichen werden. Stets ist zu vermerken, wodurch er aufgehoben wurde. Alle Eintragungen sind mit Datum zu versehen als Nachweis ihrer unverzüglichen Eintragung. Die Urteilsformel der gerichtlichen Entscheidung ist im Sinne von § 313 Abs. 1 Nr. 4 ZPO einzutragen. Im Berufungsverfahren kann die Eintragung des Tenors nicht genügen, wenn die Berufung lediglich zurückgewiesen wird. So ist auch stets die Urteilsformel der ersten Instanz aufzunehmen, weil nur aus ihr der **materielle Inhalt der Entscheidung** zu entnehmen ist. Gleichermaßen ist bei einem klageabweisenden Urteil zu verfahren. Da dieses den Gegenstand des Prozesses auch nicht ansatzweise wiedergibt, ist der Klageantrag zusätzlich aufzunehmen.

591   In analoger Anwendung von § 24 Abs. 7 WEG sind auch gerichtliche **Vergleiche** aufzunehmen.[276] Es wäre widersinnig, stattgebende bzw. abweisende Urteile eintragen zu müssen, nicht aber ein Treffen der Parteien beispielsweise in der Mitte.

Die Beschluss-Sammlung sind nur Beschlüsse einzutragen. Darüber hinausgehende Eintragungen haben zu unterbleiben, damit die Sammlung übersichtlich bleibt.

592   Die Beschluss-Sammlung soll den Erwerber von Wohnungseigentum informieren. Der Gesetzgeber hat aber davon abgesehen, eine Rechtsfolge für den Erwerber daran zu knüpfen, wenn die Eintragung eines Beschlusses nicht erfolgt ist. Zunächst war im Entwurf vorgesehen, dass für den Erwerber nur solche Beschlüsse gelten, die auch in der Beschluss-Sammlung eingetragen wurden. Davon hat der Gesetzgeber jedoch Abstand genommen.

Die Wohnungseigentümer können den Verwalter weder durch Beschluss noch im Verwaltervertrag von der Führung der Beschlusssammlung freisprechen. Insoweit fehlt es an der Beschlusskompetenz.[277]

593   Die Beschluss-Sammlung muss auch **nicht rückwirkend** gefertigt werden, wie § 24 Abs. 7 S. 2 WEG hervorhebt. Dass die Wohnungseigentümer mit dem Verwalter die rückwirkende Erstellung der Beschluss-Sammlung ggf. gegen Zahlung eines Zusatzhonorars vereinbaren können, ist nicht zweifelhaft. Allerdings können die Wohnungseigentümer den Verwalter nicht durch einseitigen Beschluss und gegen seinen Willen zur rückwirkenden Führung der Beschluss-Sammlung zwingen.[278]

594   Führt der Verwalter diese Beschluss-Sammlung nicht, kann er nach § 26 Abs. 1 WEG mit sofortiger Wirkung **abberufen** werden. Gleiches gilt schon dann, wenn der Verwalter die Beschluss-Sammlung nicht ordnungsgemäß führt, wozu beispielsweise die verspätete Eintragung der Beschlüsse oder ihre unterlassene Nummerierung zählen.

595   Der Verwalter muss die Beschlüsse durchnummerieren, § 24 Abs. 7 S. 3 WEG.[279] Führt er die Beschluss-Sammlung als Beschlussbuch, ist dieses mit Seitenzahlen zu versehen.[280] Die Sammlung muss eine Kontrolle der Vollständigkeit und damit auch der Richtigkeit ermöglichen.

Der Verwalter muss sich die Einsichtnahme nicht schriftlich bestätigen lassen. Diese im Gesetzesentwurf noch vorgesehene Verpflichtung ist ebenfalls nicht Gesetzesbestandteil geworden. Empfehlenswert ist es aber trotzdem.

---

[276] Ebenso *Röll/Sauren*, Handbuch, Rdn. 466; *Merle* in Bärmann, WEG, § 24 Rdn. 164; *Abramenko*, Handbuch, § 5 Rdn. 116; *Kümmel* in Niedenführ/Kümmel/Vandenhouten, WEG, § 24 Rdn. 82; a. A. *Scheel* in Hügel/Scheel, Rechtshandbuch, Teil 12 Rdn. 245; *Drasdo*, ZMR 2007, 503; *Riecke* in Riecke/Schmid, WEG, § 24 Rdn. 111.

[277] *Abramenko*, Handbuch, § 5 Rdn. 137.

[278] *Gottschalg*, DWE 2008, 113, 115.

[279] Siehe hierzu auch *Sauren*, MietRB 2005, 244.

[280] OLG Köln ZMR 2006, 711 für den Fall, dass das Protokollbuch laut Teilungserklärung zu führen ist.

Beispiel: Herr/Frau XY bestätigt, in die Beschluss-Sammlung der Eigentümergemeinschaft Hauptstr. 107 in Köln-Kalk mit den Beschluss-Nrn. 1–128 Einsicht genommen zu haben. Ort, Datum und Unterschrift der einsehenden Person nebst ihrer Anschrift folgen.

Der Verwalter darf einem **Dritten** (potentiellen Erwerber oder Ersteher) nur dann Einblick in das Beschlussbuch gewähren, wenn dieser von einem Wohnungseigentümer **zur Einsichtnahme ermächtigt** wurde, § 24 Abs. 7 WEG.

7. Aufgaben der juristischen Verwaltung

Die WEG-Novelle hat die Aufgaben des Verwalters hinsichtlich der juristischen Betreuung der Eigentümergemeinschaft erweitert. So ist der Verwalter gesetzlich berechtigt und verpflichtet: **596**

– **Willenserklärungen und Zustellungen** entgegenzunehmen, soweit sie an alle Wohnungseigentümer in dieser Eigenschaft oder an die Wohnungseigentümergemeinschaft gerichtet sind, § 27 Abs. 2 Nr. 1, Abs. 3 Nr. 1 WEG;

– bei Streitigkeiten zwischen den Wohnungseigentümern einschließlich des Beschlussanfechtungsverfahrens (§ 43 Nr. 1 und 4 WEG) und bei Streitigkeiten eines Wohnungseigentümers gegen die Eigentümergemeinschaft (§ 43 Nr. 2 WEG) Maßnahmen zu treffen, die zur **Wahrung einer Frist** oder zur Abwendung eines sonstigen Rechtsnachteils erforderlich sind und insbesondere auf **Passivseite** den **Rechtsstreit zu führen,** § 27 Abs. 2 Nr. 2, Abs. 3 Nr. 2 WEG;

– mit einem Rechtsanwalt wegen eines Rechtsstreits gem. § 43 Nr. 1, Nr. 2 und Nr. 4 WEG eine **Gebührenvereinbarung** zu treffen, § 27 Abs. 2 Nr. 5, Abs. 3 Nr. 6 WEG;

– die Wohnungseigentümer unverzüglich über die Anhängigkeit eines Rechtsstreits gem. § 43 WEG zu **unterrichten,** § 27 Abs. 1 Nr. 7 WEG;

– **aktiv Ansprüche** gerichtlich und außergerichtlich geltend zu machen, sofern er durch Beschluss hierzu ermächtigt wurde, § 27 Abs. 2 Nr. 3 WEG.

Im **Beschlussanfechtungsverfahren** erhält der Verwalter die Klageschrift zugestellt, **597** muss hierüber unverzüglich die Wohnungseigentümer unterrichten und kann dann selbst einen Rechtsanwalt mit der Vertretung der übrigen Wohnungseigentümer auf Passivseite bevollmächtigen. Mit diesem darf er eine **Honorarvereinbarung** schließen, die höchstens einen Streitwert in Höhe von 50% des kumulierten Interesses der Wohnungseigentümer (Parteien) zugrunde legt, § 27 Abs. 2 Nr. 4 WEG. Nach § 49a GKG ist der vom Gericht festzusetzende Streitwert i. d. R. auf das fünffache Eigeninteresse des einzelnen Klägers oder des Beklagten beschränkt. Liegt dieser Wert unter 50% des kumulierten Interesses aller Streitparteien, kann der Verwalter hinsichtlich dieser Differenz eine Honorarvereinbarung treffen. Hierzu bedarf es keines Beschlusses der Wohnungseigentümer. Der Verwalter befindet sich durch diese Regelung in einem Konfliktfeld. Die Gebührenvereinbarung geht zu Lasten der Wohnungseigentümer. Eine solche Vereinbarung lässt sich daher nur argumentativ rechtfertigen, wenn ein besonders qualifizierter Anwalt ausgewählt wurde.

Der Verwalter muss zum Abschluss der Honorarvereinbarung die Wohnungseigen- **598** tümer nicht befragen oder einen Beschluss fassen lassen. Sein diesbezügliches Recht kann nicht einmal durch Vereinbarung eingeschränkt werden, § 27 Abs. 4 WEG. Ebenso wenig kann der Abschluss einer solchen Vereinbarung einen Abberufungsgrund darstellen. Die Wohnungseigentümer haben hinsichtlich der Honorarvereinbarung auch keine Richtlinienkompetenz. So können sie den Verwalter nicht wirksam anweisen, beispielsweise eine Streitwertvereinbarung nur bis 30% des kumulierten Interesses treffen zu dürfen. Dies wäre eine Anweisung, die gegen § 27 Abs. 4 WEG verstößt. Der Verwalter kann aber durch den Abschluss der Streitwertvereinbarung die Grundsätze ordnungsgemäßer Verwaltung verletzen und kann sich somit einem Schadensersatzrisiko aussetzen (s. u. Rdn. 790 f.).[281] Daher dürfte der Verwalter gut beraten sein, den Abschluss einer Streitwertvereinbarung mit den Wohnungseigentümern zu erörtern, um einem Misstrauen vorzubeugen.

Festgesetzt werden vom Gericht aber nur Kosten in Höhe des gesetzlichen Streitwerts. Die **Mehrkosten,** die sich aus einer Honorarvereinbarung ergeben, hat der Verwalter gem. § 16 Abs. 8 WEG auf alle Wohnungseigentümer umzulegen.[282]

599   Der Verwalter hat zu berücksichtigen, dass nach dem Gesetzeswortlaut nur Streitwertvereinbarungen von der gesetzlichen Vertretungsmacht gedeckt sind. Es kann also nur vereinbart werden, dass sich die Gebühren nach einem höheren als dem gesetzlichen Streitwert bemessen. Anderweitige Gebührenvereinbarungen sind hingegen nicht von der Vertretungsmacht umfasst. So ist er weder aus § 27 Abs. 2 Nr. 4 noch aus Abs. 3 S. 1 Nr. 6 WEG dazu berechtigt, Stundenhonorare oder höhere Sätze als die des RVG zu vereinbaren. Hierzu bedarf es wiederum einer besonderen Ermächtigung des Verwalters, die sich entweder aus der Gemeinschaftsordnung (selten), dem Verwaltervertrag oder einem entsprechenden Eigentümerbeschluss ergeben kann.

600   Der Verwalter hat des weiteren zu beachten, dass für Streitigkeiten nach § 43 Nr. 3 WEG über die Rechte und Pflichten des Verwalters keine gesetzliche Vertretungsmacht aus § 27 Abs. 2 Nr. 4 und Abs. 3 S. 1 Nr. 6 WEG besteht. Dies kann namentlich bei Streitigkeiten mit dem abberufenen Verwalter bedeutsam werden, die unter § 43 Nr. 3 WEG fallen.[283] Klagt also etwa der ausgeschiedene Verwalter restliches Honorar wegen einer (vermeintlich) unwirksamen Kündigung des Verwaltervertrages ein, so liegt kein Fall des § 43 Nr. 5 WEG vor, sondern des § 43 Nr. 3 WEG.[284] Geht der Verwalter bei einer Gebührenvereinbarung über die gesetzlichen Grenzen hinaus, hängt die rechtliche Bindungswirkung gegenüber Wohnungseigentümern bzw. Verband davon ab, ob der Rechtsanwalt den Mangel der Vertretungsmacht kannte bzw. kennen musste.[285]

601   Der Verwalter hat zu beachten, dass Streitwertvereinbarungen ausweislich des Gesetzeswortlautes nur mit Rechtsanwälten abgeschlossen werden dürfen, also nicht mit anderen Rechtsvertretern. Fraglich ist, ob ein Verwalter, der ermächtigt ist, die Wohnungseigentümer gerichtlich und außergerichtlich zu vertreten sowie einen Rechtsanwalt mit der Interessenwahrnehmung zu beauftragen, dazu berechtigt ist, mit sich selbst eine Streitwertvereinbarung abzuschließen, wenn er sich das Mandat selbst in seiner Funktion als Rechtsanwalt erteilt. Dies wird davon abhängen, ob der Verwalter von den Beschränkungen des § 181 BGB befreit ist und kein Verstoß gegen seine Neutralitätspflicht vorliegt.[286]

602   Beauftragt ein Verwalter einen Rechtsanwalt mit der Vertretung der übrigen Wohnungseigentümer im Anfechtungsprozess und werden vom Kläger mehrere Tagesordnungspunkte angefochten, kann zu jedem einzelnen TOP eine Streitwertvereinbarung getroffen werden. Für jede einzelne Streitwertberechnung sind wiederum die Vorgaben der § 27 Abs. 2 Nr. 4 und Abs. 3 S. 1 Nr. 6 WEG einzuhalten.

603   Hat der Verwalter die Wohnungseigentümer über den Inhalt des Anfechtungsantrags unterrichtet, dann braucht er die Wohnungseigentümer, die von der Möglichkeit der unmittelbaren Beteiligung am Verfahren keinen Gebrauch machen, nur noch über die Prozessergebnisse (Urteil, Berufung etc.) zu informieren, sofern ein Wohnungseigentümer die Übermittlung der Schriftsätze nicht ausdrücklich wünscht.

---

[281] *Gottschalg*, DWE 2008, 113, 117.
[282] Vgl. hierzu *Jennißen*, WEG, § 16 Rdn. 131.
[283] *Abramenko*, ZWE 2005, 154, 157.
[284] Vgl. BGH NJW 1987, 1091; *Suilmann* in Jennißen, WEG, § 43 Rdn. 33.
[285] Vgl. zu den Folgen einer Überschreitung der Vertretungsmacht *Abramenko*, ZWE 2009, 154, 157 ff.
[286] Vgl. BayObLG ZMR 2005, 641.

Führt ein Wohnungseigentümer gegen die anderen Wohnungseigentümer einen Rechtsstreit über die sich aus der Gemeinschaft der Wohnungseigentümer oder aus der Verwaltung des gemeinschaftlichen Eigentums ergebenden Rechte und Pflichten außerhalb des Beschlussanfechtungsverfahrens (§ 43 Nr. 1 WEG) oder richtet sich die Streitigkeit gegen den rechtsfähigen Verband, gilt Vorstehendes entsprechend.

Mit der Gesetzesnovelle ist das Problem beseitigt, dass der Verwalter i. d. R. nicht be- **604** vollmächtigt war, im Beschlussanfechtungsverfahren die Wohnungseigentümer zu vertreten und für diese einen Rechtsanwalt zu beauftragen.[287] Nach § 27 Abs. 2 Nr. 2 WEG ist der Verwalter auch in Passivprozessen zwischen den Wohnungseigentümern einschließlich Beschlussanfechtungsverfahren legitimiert, diese auf Passivseite zu führen. Dies bedeutet gleichzeitig auch, dass er an Stelle des eigenen aktiven Führens eines solchen **Passivprozesses** einen Rechtsanwalt beauftragen darf. An dieser Stelle **darf** der Verwalter Rechtsberatung leisten, muss es aber nicht. Hierfür kann er sich auch ein **Sonderhonorar** im Verwaltervertrag vorbehalten (s. hierzu oben Rdn. 375). Die Kosten des Verwalters sind, auch wenn er den Passivprozess durch einen Rechtsanwalt führen lässt, im Kostenfestsetzungsbeschluss zu berücksichtigen.[288]

Der Verwalter darf die Rechtsanwaltskosten der Beklagtenseite im Beschlussanfech- **605** tungsverfahren auch vom Gemeinschaftskonto bezahlen (einschließlich Vorschüsse). Es wäre widersinnig, wenn der Verwalter für die Wohnungseigentümer den Passivprozess führen, aber nicht bezahlen dürfte. Das Gegenargument, das Geldvermögen gehöre dem Verband und hieraus dürften auch nur Verbandsangelegenheiten bezahlt werden[289], verfängt nicht. Der Verband erhält die Wohngeldzahlungen zweckgebunden, um damit Angelegenheiten der Wohnungseigentümer zu bezahlen. Wird beispielsweise ein berechtigter Aufopferungsanspruch eines Wohnungseigentümers ausgeglichen, handelt es sich hierbei ebenfalls um einen Anspruch eines Einzelnen, den dennoch der Verband erfüllen kann und muss.[290] Der Verband hat gerade die Aufgabe, Angelegenheiten der Wohnungseigentümer zu erledigen. Die Klärung, ob ein Beschluss der Eigentümerversammlung wirksam ist, ist keine Privatangelegenheit eines Wohnungseigentümers, sondern eine gemeinschaftsbezogene.

Vor der Gesetzesnovelle waren entsprechende Bevollmächtigungen in der Gemein- **606** schaftsordnung oder dem Verwaltervertrag zwar möglich, in der **Praxis** aber selten. Eine solche Bevollmächtigung des Verwalters musste sich bis zur Novelle auf einen eindeutigen Wortlaut beziehen. § 27 Abs. 2 Nr. 5 WEG a. F. sah vor, dass der Verwalter nur für aktive Verfahren durch Beschluss der Eigentümergemeinschaft ermächtigt werden konnte. Diese Vorschrift entspricht dem heutigen § 27 Abs. 2 Nr. 3 WEG. Soweit § 27 Abs. 2 Nr. 4 WEG a. F. den Verwalter bevollmächtigte, Maßnahmen zu treffen, die zur **Wahrung einer Frist** oder zur **Abwendung eines sonstigen Rechtsnachteils** erforderlich sind, folgte aus dieser Regelung noch nicht das Recht, im Beschlussanfechtungsverfahren ohne Weiteres einen Rechtsanwalt für die Antragsgegner zu bestellen. Auf Grund des bis zur Reform geltenden Amtsermittlungsgrundsatzes hatte das Gericht die Rechtmäßigkeit der angefochtenen Beschlüsse von Amts wegen zu prüfen, so dass im Zweifel auch ohne Bestellung eines Rechtsanwalts kein Rechtsnachteil drohte. Teilweise wurde die Auffassung vertreten, dass aus § 27 Abs. 2 Nr. 4 WEG a. F. allerdings das Recht des Verwalters folgte, ein Rechtsmittel gegen eine gerichtliche Entscheidung im Beschlussanfechtungsverfahren für die Wohnungseigentümer einlegen zu

[287] Siehe hierzu ausführlich *Merle*, ZWE 2006, 21 ff.
[288] LG Stuttgart ZMR 2004, 216, 217; OLG München NZM 2006, 106.
[289] So *Kühl*, ZWE 2009, 196, 198; *Hügel*, ZWE 2008, 265; OLG München ZMR 2007, 140.
[290] *Wenzel* in Bärmann, WEG, § 14 Rdn. 75; *Kümmel* in Niedenführ/Kümmel/Vandenhouten, WEG, § 14 Rdn. 48; *Sauren*, WEG, § 14 Rdn. 16; a. A. OLG Düsseldorf ZMR 2006, 459; OLG Frankfurt ZMR 2006, 625 mit kritischer Anmerkung *Elzer*.

dürfen, weil es sich hierbei um eine **Fristwahrungsangelegenheit** handelt.[291] M. E. war jedoch zu differenzieren. Wenn der Verwalter in erster Instanz im Beschlussanfechtungsverfahren seitens der Antragsgegner bevollmächtigt war, dann umfasste diese Vollmacht im Zweifel auch das Einlegen eines Rechtsmittels. War er hingegen nicht bevollmächtigt, weil die Wohnungseigentümer sich entweder unmittelbar vertreten ließen oder an dem Verfahren kein Interesse zeigten, bestand für eine Vollmacht des Verwalters, ein Rechtsmittel gegen die erstinstanzliche Entscheidung einlegen zu können, kein Raum.

607   Wird von einem **Dritten** ein gerichtliches Verfahren gegen die Wohnungseigentümer oder gegen den **Verband** angestrengt, ist der Verwalter ebenfalls zustellungsbevollmächtigt und berechtigt, für die Wohnungseigentümer oder den Verband einen Rechtsanwalt mit der Interessenvertretung zu beauftragen.

Dieses Recht bestand auch schon vor der Novelle. Der Unterschied zum Beschlussanfechtungsverfahren lag darin, dass bei der Klage eines Dritten vor dem Prozessgericht enge Erwiderungsfristen gesetzt werden, deren Nichteinhaltung zum Erlass eines **Versäumnisurteils** führen können. Im früheren FGG-Verfahren zur Beschlussanfechtung blieben wegen des Amtsermittlungsgrundsatzes Fristversäumnisse ohne Folgen. Somit galt es nur bei Klagen eines Dritten, Rechtsnachteile der Wohnungseigentümer oder des Verbands abzuwenden.[292]

608   Weiterhin bedarf es einer **besonderen Ermächtigung,** wenn der Verwalter aktiv gerichtlich oder außergerichtlich gegen einen Wohnungseigentümer vorgehen will. Dies gilt sowohl für **Wohngeldansprüche** als auch für Ansprüche auf **Rückbau** einer baulichen Veränderung oder Unterlassung einer **unzulässigen Gebrauchsform.** Die Ermächtigung kann der Verwalter entweder in der Gemeinschaftsordnung, dem Verwaltervertrag oder durch Beschluss der Eigentümerversammlung erhalten. Erfolgt die Bevollmächtigung durch Beschluss, muss dieser deutlich machen, welche Ansprüche geltend gemacht werden sollen. Auch hier gilt der Grundsatz, dass unklare Beschlüsse nichtig sind.[293]

609   Hinsichtlich der Wohngeldansprüche sind diese im Namen des rechtsfähigen Verbands geltend zu machen. § 27 Abs. 3 WEG enthält hierzu keine der Vorschrift des § 27 Abs. 2 Nr. 3 WEG entsprechende Regelung. Für Ansprüche der Wohnungseigentümer stellt § 27 Abs. 2 Nr. 3 WEG fest, dass der Verwalter hierzu gerichtlich und außergerichtlich bevollmächtigt werden kann. Die Geltendmachung von Wohngeldbeträgen für den Verband ist davon nicht erfasst und lässt sich daher nur über § 27 Abs. 3 Nr. 7 WEG begründen. Die Klageerhebung ist dann als „sonstige Rechtshandlung" anzusehen. Eine Regelungslücke besteht somit nicht, obschon die unterschiedliche Behandlung dieser Frage als ausdrückliche Regelung bei Klagen für die Wohnungseigentümer und als Regelung im Sinne eines Auffangtatbestands für Klagen des Verbands wenig konsequent erscheint.

610   Wurde der Verwalter beauftragt, eine Rechtsfrage durch einen Rechtsanwalt prüfen zu lassen, so umfasst diese Vollmacht nicht ohne weiteres das Recht, diesen auch zur nächsten Eigentümerversammlung zur Berichterstattung einzuladen. Es kommt vielmehr auf die konkrete Aufgabenstellung an. Ist eine schriftliche Stellungnahme gefordert, sollte diese die Rechtsfrage erschöpfend behandeln, so dass eine mündliche Erörterung in der Eigentümerversammlung obsolet sein dürfte. Wollen hingegen die

---

[291] So *Merle* in Bärmann/Pick/Merle, WEG, 9. Auflage § 27 Rdn. 134.

[292] Vgl. hierzu auch *Merle*, ZWE 2006, 21, 23, der mit Recht darauf hinweist, dass der Verwalter nach Zustellung der Klage keine Eigentümerversammlung einberufen musste, da seine diesbezügliche Vertretungsmacht nach § 27 Abs. 3 WEG a. F. nicht eingeschränkt werden konnte.

[293] OLG München ZMR 2006, 718 für den Fall, dass ein ordnungsgemäßer Zustand von Gärten eingefordert werden soll.

Wohnungseigentümer einen Rechtsstreit mit einem Dritten vorbereiten, ist die Erörterung der weiteren Vorgehensweise, ihre Erfolgsaussicht und das Kostenrisiko sinnvoll. In diesem Fall wäre es sinnvoll, den beauftragten Rechtsanwalt auch zur Eigentümerversammlung zu laden. Der Verwalter kann, wenn er die Anwesenheit für sinnvoll hält, zu Beginn der Versammlung über die **Anwesenheit des Anwalts** abstimmen lassen. Dieser sog. Organisationsbeschluss ist nicht anfechtbar. Nicht zwingend notwendig, aber sinnvoll ist es, die beabsichtigte Hinzuziehung des Beraters zur Versammlung in der Einladung anzukündigen.[294]

Darüber hinaus kann sich der Verwalter zulässigerweise bevollmächtigen lassen, für **611** die Eigentümergemeinschaft in **Verfahrensstandschaft** rückständige Wohngeldbeträge oder Abrechnungsspitzen gerichtlich geltend zu machen.[295] Diese Verfahrensstandschaft hat zwar durch die Rechtsfähigkeit der Gemeinschaft (s. o. I.) an Bedeutung verloren. Sie hat keinen besonderen Vorteil mehr, da bei einem **Zahlungstitel zu Gunsten der Gemeinschaft** diese selbst vollstrecken kann und z. B. im Rahmen einer **Zwangshypothek** in das Grundbuch eingetragen wird. Bis zur Rechtsfähigkeit der Eigentümergemeinschaft war die Verfahrensstandschaft von Vorteil, da andernfalls alle Wohnungseigentümer als Gläubiger auftraten und in das Grundbuch eingetragen wurden. Wenn dann die Löschungsbewilligung für eine Zwangshypothek erteilt werden musste, hatten alle Wohnungseigentümer die Löschungsbewilligung in grundbuchmäßiger Form zu erteilen. Dies war umständlich und zum Teil nicht praktikabel. Deshalb war die Verfahrensstandschaft notwendig, was heute nicht mehr der Fall ist. Die Verfahrensstandschaft hatte darüber hinaus für die Wohnungseigentümer den Vorteil, dass die sog. **Mehrvertretungsgebühr** für den beauftragten Rechtsanwalt nicht anfiel und somit das Verfahren für die Wohnungseigentümer billiger wurde. Seitdem die Rechtsfähigkeit der Eigentümergemeinschaft anerkannt ist und dem rechtsfähigen Verband die Wohngeldansprüche zustehen, sind diese ohnehin nur im Namen des Verbands geltend zu machen, so dass jetzt eine Mehrvertretungsgebühr nicht mehr anfällt. Somit ist auch unter diesem Gesichtspunkt die Verfahrensstandschaft überflüssig geworden. Unabhängig davon ist sie aber weiterhin zulässig.

Grundsätzlich muss die Berechtigung zur Verfahrensstandschaft ausdrücklich vereinbart werden. Ausnahmsweise kann sich dieses Recht aus dem Gesamtbild des Verwaltervertrags ergeben, wenn der Verwalter darin mit umfassenden Befugnissen ausgestattet wird.[296]

Nach § 43 Abs. 1 Nr. 4 WEG a. F. war der **Verwalter** auch **berechtigt,** Beschlüsse **612** der Wohnungseigentümer **anzufechten.** In der Novelle folgt dieses Recht nun aus § 46 Abs. 1 WEG. Für Anfechtungsanträge fehlt dem Verwalter in der Regel auch nicht das **Rechtsschutzinteresse.** Er hat grundsätzlich ein berechtigtes und schutzwürdiges Interesse an der Anfechtung fehlerhafter Beschlüsse[297] (hinsichtlich des Rechts des Verwalters, Beschlüsse über seine Abberufung oder Kündigung anzufechten, s. u. 883 ff.).

Überzieht der Verwalter einen Wohnungseigentümer mit einem Verfahren, obwohl er weiß, dass er hierzu nicht bevollmächtigt ist, so hat er die Kosten des Verfahrens einschließlich der außergerichtlichen Kosten des Wohnungseigentümers zu tragen.[298]

Der Verwalter ist weiterhin berechtigt, Mahnbescheide oder Zahlungsklagen für die **613** Eigentümergemeinschaft vor dem Amtsgericht ohne Einschaltung eines Rechtsanwalts einzureichen.

---

[294] BayObLG MietRB 2004, 210.

[295] OLG Hamm ZMR 2009, 61.

[296] OLG München NZM 2006, 512 = ZMR 2006, 647.

[297] BayObLG WuM 1999, 179; *Mansel* in Weitnauer, WEG, § 43 Rdn. 28 (S. 743); *Merle* in Bärmann, WEG, § 43 Rdn. 100; *Müller,* ZWE 2000, 557 (558).

[298] OLG Düsseldorf ZMR 2006, 941.

614 Bezüglich der Prozessvertretung des Verbandes liegt kein Fall des § 79 Abs. 2 S. 1 WEG vor, da der rechtsfähige Verband vom Verwalter nicht vertreten wird, sondern vielmehr mittels seines Vertretungsorgans den Prozess selbst führt. Der WEG-Verwalter ist ein echtes Organ im verbandsrechtlichen Sinne, wenn auch nur mit minimaler organschaftlicher Vertretungsmacht ausgestattet. Das im allgemeinen Verbandsrecht anerkannte Prinzip organschaftlicher Zurechnung ist daher auch auf die Wohnungseigentümergemeinschaft und ihr Vertretungsorgan zu übertragen. Der beim Verwalter im Gegensatz zu anderen rechtsfähigen Personenverbänden, z. B. juristischen Personen und Personenhandelsgesellschaften, fehlende Organbesetzungszwang führt zu keiner anderen Beurteilung, da das organschaftliche Prinzip über die Rechtsfähigkeit bestimmt wird und nicht über den gesetzlichen Umfang einer organschaftlichen Vertretungsmacht. Es liegt somit ein Fall der Geltendmachung bzw. Wahrnehmung eigener Rechtsangelegenheiten im eigenen Namen vor.

615 **Berufsrechtliche Hindernisse** bei der gerichtlichen Vertretung von Eigentümern oder Verband ergeben sich für den Verwalter jedenfalls bei der gerichtlichen Vertretung nicht. Schon nach früherer Rechtslage war rechtsberatungsrechtlich anerkannt, dass die gerichtliche Geltendmachung von Ansprüchen der Wohnungseigentümer durch den Verwalter keine unzulässige Besorgung fremder Rechtsangelegenheiten i. S. v. Art. 1 Abs. 1 RBerG darstellte.[299] Freilich wurden die Hausgeldansprüche, die im BGH-Fall eingeklagt wurden, noch den Wohnungseigentümern zugeordnet, da der rechtsfähige Verband noch nicht entdeckt war.

616 Auch nach dem zum 1. 7. 2008 novellierten Rechtsberatungsrecht ist anzunehmen, dass derartige Rechtsdienstleistungen vor Gericht dem Verwalter gestattet sind. Die Grenzen zieht allerdings nunmehr das Prozessrecht, d. h. die jeweils einschlägige Verfahrensordnung. Das Rechtsdienstleistungsgesetz, namentlich § 5 Abs. 2 Nr. 2 RDG, ist auf den gerichtlichen Bereich nicht anwendbar. Sein Anwendungsbereich beschränkt sich im Gegensatz zum Rechtsberatungsgesetz auf **außergerichtliche Rechtsdienstleistungen.**[300] Im Zivilprozess steht die Neufassung des § 79 ZPO einer gerichtlichen Prozessvertretung der Eigentümer oder des Verbandes durch den WEG-Verwalter ohne Hinzuziehung eines Rechtsanwaltes jedoch nach hier vertretener Auffassung nicht entgegen (s. oben Rdn. 614).

617 In berufsrechtlicher Hinsicht hat der Verwalter nicht allein das Rechtsberatungsrecht, sondern auch die ihm gegenüber Verband und Wohnungseigentümern obliegende **Neutralitätspflicht** zu berücksichtigen. Der Verwalter ist sowohl dem Verbandsinteresse als auch dem Gesamtinteresse aller Wohnungseigentümer verpflichtet. Daher muss er sich in internen Rechtsstreitigkeiten stets unparteiisch verhalten. Es ist insofern fraglich, wenn die h. M. keine Bedenken hat, wenn der Verwalter im eigenen Namen oder im fremden Namen Abwehransprüche (Beseitigungs- und Unterlassungsansprüche) einzelner Wohnungseigentümer gegen andere gerichtlich durchsetzt oder abwehrt. Dies dürfte nach hier vertretener Meinung mit der Neutralitätspflicht nicht in Einklang zu bringen sein, zumal der Verwalter aufgrund seiner Amtsstellung zumeist auch über vertrauliche Informationen („Insiderwissen") verfügt, die er im Parteiprozess zu Gunsten der von ihm vertretenen Partei gegen den bzw. die Miteigentümer (Prozessgegner) verwenden müsste, um im Rechtsstreit zu obsiegen, selbst wenn er dabei Rechtspositionen außerhalb einer ordnungsmäßigen Verwaltung vertreten bzw. verteidigen müsste.

618 Ist der Verwalter von den Beschränkungen des § 181 BGB befreit, so dass er sich selbst Prozessvollmacht erteilen und ein Sonderhonorar für seine „anwaltsgleiche" Tätigkeit verlangen kann, hat eine möglicherweise entstehende Interessenkollision nach

---

[299] BGH NJW 1993, 1924.
[300] Dies übersieht *Merle* in Bärmann, WEG, § 27 Rdn. 58.

h. M. keinen Einfluss auf die Wirksamkeit der Vollmachtserteilung.[301] Ein drohender **(abstrakter) Interessenkonflikt** hat insoweit auch keine Bedeutung für die Frage der Ordnungsmäßigkeit eines entsprechenden Ermächtigungsbeschlusses. Selbst wenn insoweit eine Verletzung der Neutralitätspflicht drohen sollte, führt dies jedenfalls nach h. M. nicht zur Ungültigerklärung des Eigentümerbeschlusses durch das Gericht, sondern kann allenfalls Anlass zur Prüfung sein, ob ein wichtiger Grund für die Abberufung des Verwalters gegeben ist.[302] Die Einzelheiten sind fraglich und noch nicht abschließend diskutiert. In juristisch anspruchsvollen Rechtsstreitigkeiten und/oder Innenrechtsstreitigkeiten zwischen einzelnen Wohnungseigentümern oder auch einzelnen Gruppierungen innerhalb der Gemeinschaft sollte auch der berufserfahrene Verwalter im Zweifel die Prozessvertretung einem Rechtsanwalt überlassen. Sowohl haftungsrechtliche als auch berufsrechtliche Gründe sprechen hierfür.

8. Steuerrechtliche Aufgaben des Verwalters für die Eigentümergemeinschaft

a) Überblick. Der Verwalter hat bei der Erledigung seiner Aufgaben für die Woh- **619** nungseigentümer und die rechtsfähige Eigentümergemeinschaft zu prüfen, ob steuerrechtlich relevante Sachverhalte berührt werden. Steuerrechtliche Anknüpfungspunkte können sich zum einen aus der Abgabenordnung (AO) und zum anderen aus der Vielzahl der Bestimmungen der einzelnen Steuergesetze ergeben. Dabei knüpfen die Steuergesetze an die zivilrechtliche Gestaltung an.

Der Verwalter ist aufgrund der Verpflichtungen, die ihm das Wohnungseigentumsge- **620** setz auferlegt, als Vermögensverwalter im Sinne des § 34 AO anzusehen.[303] In seiner Eigenschaft als Vermögensverwalter hat er die steuerlichen Pflichten der Wohnungseigentümer zu erfüllen und dabei insbesondere dafür zu sorgen, dass die Steuern entrichtet werden, die auf das zu verwaltende Wohnungseigentum entfallen.

Nach § 33 AO ist Steuerpflichtiger, wer eine Steuer schuldet, für eine Steuer haftet, eine Steuer für Rechnung eines Dritten einzubehalten und abzuführen hat, wer eine Steuererklärung abzugeben, Sicherheiten zu leisten, Bücher und Aufzeichnungen zu führen oder andere ihm durch die Steuergesetze auferlegte Verpflichtungen zu erfüllen hat.

Die kaufmännische Tätigkeit des Verwalters findet gem. § 28 Abs. 3 und 4 WEG ihren Niederschlag in der Verpflichtung zur Jahresabrechnung sowie zur Rechnungslegung. In diesen Dokumentationen werden Geschäftsvorfälle aufgrund der Aufgaben und Befugnisse des Verwalters nach § 27 WEG wiedergegeben.

b) Steuererklärungspflicht. In der Praxis stellt sich oft die Frage, ob die Woh- **621** nungseigentümergemeinschaft für ihre erzielten Einkünfte eine Steuererklärung abgeben muss. Bereits mit Urteil vom 26. 1. 1988 hat der BFH[304] eindeutig entschieden, dass die Wohnungseigentümer den Tatbestand der Einkunftserzielung gemeinsam als Wohnungseigentümergemeinschaft verwirklichen, soweit es sich um mit dem gemeinschaftlichen Eigentum zusammenhängende Einnahmen handelt.

Die Wohnungseigentümergemeinschaft ist, soweit es um umsatzsteuerliche, einkommensteuerliche oder gewerbesteuerliche Fragestellungen geht, als Steuerrechtssubjekt anzusehen. Die Einnahmen sind zunächst auf Ebene der Gemeinschaft zu ermitteln und dann auf die Wohnungseigentümer zu verteilen.

Wer zur Abgabe einer Steuererklärung verpflichtet ist, bestimmen die jeweiligen Ein- **622** zelsteuergesetze (§ 149 Abs. 1 S. 1 AO). Stehen einkommensteuerpflichtige Einkünfte

---

[301] OLG München NZM 2006, 106, 107; BayObLG NJW-RR 2002, 158.
[302] Vgl. BayObLG ZMR 2005, 641, 642; NJW-RR 2002, 158, 159.
[303] OFD Frankfurt, S 2401 A-7-St II 11.
[304] BFH BStBl. II 1988, 577.

mehreren Personen zu, ist gem. § 181 Abs. 1 S. 2 AO eine einheitliche und gesonderte Feststellung abzugeben. § 180 Abs. 3 S. 1 Nr. 2 AO bestimmt jedoch, dass für den Fall, dass an den einkommensteuerpflichtigen Einkünften mehrere beteiligt sind, keine gesonderte Feststellung erfolgt, wenn es sich um einen Fall „von geringer Bedeutung handelt". Ein Fall von geringer Bedeutung liegt vor, wenn die Höhe des festgestellten Betrages und die Aufteilung feststehen. Insoweit bedarf es keiner diesbezüglichen Steuererklärung.

623   Die gesonderte Feststellung i.S.d. §§ 179ff. AO hat den Zweck, widersprüchliche Entscheidungen verschiedener Finanzbehörden zu verhindern und das Finanzverwaltungsverfahren zu erleichtern.[305] Führt eine gesonderte Feststellung nicht zu einer Erleichterung, sondern zu einer Erschwerung des Verfahrens, ist sie nicht durchzuführen.[306]

624   **c) Instandhaltungsrücklage. aa) Zinsen aus der Instandhaltungsrücklage.** Ein Teil des Wohngeldes dient nicht unmittelbar der Deckung der laufenden Kosten, sondern wird in Form einer Instandhaltungsrücklage angesammelt, um bei Bedarf für die Instandhaltung des gemeinschaftlichen Eigentums zur Verfügung zu stehen. Gem. §§ 21 Abs. 5 Nr. 4, 28 Abs. 1 Nr. 3 WEG sind die Eigentümer zur Ansammlung einer Instandhaltungsrücklage verpflichtet, die in der Regel verzinslich angelegt wird.

625   Grundsätzlich sind die aus der Anlage resultierenden Zinsen nach § 180 Abs. 1 Nr. 2a AO einheitlich und gesondert festzustellen. Die Wohnungseigentümergemeinschaft erzielt insoweit Einkünfte aus Kapitalvermögen gem. § 20 EStG. Für die obersten Finanzbehörden reicht es unter Verweis auf die obigen Ausführungen aus, wenn der Verwalter die anteiligen Einnahmen aus Kapitalvermögen nach dem Verhältnis der Miteigentumsanteile aufteilt und dem einzelnen Wohnungseigentümer mitteilt. Hierbei sind die Zinseinkünfte unter Berücksichtigung des Zuflussprinzips gem. § 11 EStG zu berücksichtigen. Neben der Aufteilung der Einnahmen ist gegebenenfalls auch eine Aufteilung des einbehaltenen Zinsabschlages in der Abrechnung darzustellen, die es dem einzelnen Wohnungseigentümer ermöglicht, die einbehaltenen Zinsabschlagsteuern und Solidaritätszuschläge bei seiner Veranlagung geltend zu machen.

626   Eine Anrechnung des Zinsabschlags bei den einzelnen Eigentümern ist nur möglich, wenn neben der Mitteilung des Verwalters über die Aufteilung der Einnahmen und des Zinsabschlags eine Kopie der Steuerbescheinigung des Kreditinstitutes vorgelegt wird.[307] Der Verwalter sollte somit auf jeden Fall seiner Abrechnung eine solche Kopie beifügen. Es genügt die Kopie der Steuerbescheinigung für die Eigentümergemeinschaft. Einzelbescheinigungen je Eigentümer müssen nicht ausgestellt und beigefügt werden.

Im Einzelfall wird vom Verwalter jedoch abzuwägen zu sein, ob es nicht weniger Aufwand bereitet, die Kapitalerträge nach § 180 Abs. 1 Nr. 2a AO einheitlich und gesondert festzustellen. In diesem Fall wird das für die gesonderte Feststellung zuständige Finanzamt auch den entrichteten und anzurechnenden Zinsabschlag ermitteln und den Wohnsitzfinanzämtern die auf den einzelnen Wohnungseigentümer entfallenden Steuerbeträge mitteilen.

627   Der Verwalter hat dann die Steuerbescheinigungen im Original beim zuständigen Feststellungsfinanzamt einzureichen. Kopien der Steuerbescheinigungen der Eigentümer sind nicht erforderlich.

628   **bb) Zahlungen in die Instandhaltungsrücklage.** Anders als die Behandlung der Zinsen kann aufgrund des § 180 Abs. 2 AO eine gesonderte und einheitliche Feststel-

[305] *Schwarz* in Frotscher, AO, 2003, § 180 Tz. 195.
[306] BFH BStBl. II 1976, 305; BFH/NV 2004, 1211.
[307] OFD Frankfurt S-2401 A II 1976 – 7 – St II 11.

lung der auf die Wohnungseigentümer entfallenden anteiligen Instandhaltungsrückla-
genanteile entfallen.

Die Instandhaltungsrücklage ist Teil des Verwaltungsvermögens der Eigentümerge- **629**
meinschaft. Der einzelne Eigentümer ist in Höhe seiner Zahlungen am Verwaltungsvermögen nur noch ideell beteiligt. Dennoch entspricht es dem Steuersystem, dass Zahlungen in die Rücklage einer Gesellschaft zur Eigenkapitalerhöhung noch keine
Werbungskosten sind. Da somit der Anteil des Einzelnen an der Rücklage keine steuerlichen Auswirkungen hat, kann auch eine Aufteilung der Instandhaltungsrücklage auf
die einzelnen Wohnungseigentümer unterbleiben. Der Anteil des Einzelnen an der
Rücklage hat nur statistische Bedeutung.

Aus Vereinfachungsgründen kann auch bei der Aufführung der Kosten und Erlöse **630**
auf das Erstellen einer solchen einheitlichen und gesonderten Feststellung verzichtet
werden.[308] Sinnvoll erscheint eine einheitliche und gesonderte Feststellung z.B. dann,
wenn es um eine gemeinschaftliche Modernisierungsmaßnahme aller Eigentümer einer
Wohnungseigentumsanlage geht.[309]

Wenn also grundsätzlich auch bei den Zahlungen in die Instandhaltungsrücklage von **631**
der Erstellung einer einheitlichen und gesonderten Feststellung abgesehen werden kann,
so ist doch darauf hinzuweisen, dass diese möglicherweise dann vom Finanzamt eingefordert wird, wenn es sich nicht um einen Fall von geringer Bedeutung gemäß § 180
Abs. 3 Nr. 2 AO handelt.

cc) Zeitpunkt der Berücksichtigung von Aufwendungen im Zusammen- **632**
hang mit der Instandhaltungsrücklage. Es stellt sich die Frage, ob der Wohnungseigentümer die Zahlungen in die Instandhaltungsrücklage in seiner Einkommensteuer-
erklärung berücksichtigen kann. Hierzu hat der Bundesfinanzgerichtshof entschieden,
dass ein Werbungskostenabzug erst bei Verausgabung der Beträge für die Erhaltungsaufwendungen in Frage kommt.[310]

Die vorstehende Auffassung des BFH basiert noch auf der Annahme, dass es sich bei **633**
der Eigentümergemeinschaft um eine Bruchteilsgemeinschaft handelt, bei der Innen-
schuld gleich der Außenschuld wäre.[311] In seinem Urteil bezieht sich der BFH auf den
Beschluss des großen Senats vom 25. 4. 1984, wonach die Bruchteilsgemeinschaften für
die Einkommensteuer nur insoweit Steuerrechtssubjekte sind, als ihre Gemeinschafter
gemeinsame Merkmale verwirklichen, die den Gemeinschaftlern für deren Besteuerung
zuzurechnen sind.

Die Zivilrechtslage hat sich spätestens durch die Verankerung der Rechtsfähigkeit der **634**
Eigentümergemeinschaft in § 10 Abs. 6 WEG geändert. Danach ist das zweckgebunde-
ne Verwaltungsvermögen der Wohnungseigentümergemeinschaft – und dazu gehört
insbesondere die Instandhaltungsrücklage – vom Privatvermögen der einzelnen Wohnungseigentümer getrennt zu sehen, mit der Folge, dass die einzelnen Wohnungseigentümer über ihren Anteil an den einzelnen Vermögensgegenständen – und damit auch
an der Instandhaltungsrücklage – nicht verfügen können.

Da die Instandhaltungsrücklage wesentlicher Teil des Verwaltungsvermögens ist, ist **635**
eine Zuordnung zum Vermögen des Steuerpflichtigen durch die Rechtsfähigkeit der
Eigentümergemeinschaft nicht mehr möglich. Das Vermögen gehört dem Verband. Es
stellt sich die Frage, ob daher die Beiträge zur Rücklage schon bei der Zahlung an die
Eigentümergemeinschaft als Werbungskosten zu berücksichtigen sind.[312]

---

[308] Nach § 180 Abs. 2 AO reicht es aus, wenn der Verwalter die anteiligen Einkünfte aufteilt
und dem einzelnen Wohnungseigentümer mitteilt.
[309] *Brandis* in Tipke/Kruse, AO, § 180 AO, Rdn. 86.
[310] BFH BStBl. II, 1988, 577.
[311] So auch BGH NJW 1985, 2717.
[312] *Sauren,* DStR 2006, 2163.

636   Der BFH hat jedoch aus der geänderten Zivilrechtslage bislang keine Konsequenzen gezogen. Vielmehr hat er seine Auffassung aus dem Jahre 1988 mit Urteil vom 21. 10. 2005[313] bestätigt. Der BFH argumentiert noch, dass die Zahlungen in dem Jahr noch nicht steuerlich zu beachten seien, in dem die Zahlungen an den Verwalter abgeführt werden. Nach dem Abflussprinzip des § 11 EStG sei ein steuerlich beachtlicher Abfluss erst dann gegeben, wenn ein Verlust der wirtschaftlichen Verfügungsmacht eingetreten ist. Solange die in die Instandhaltungsrückstellung eingezahlten Gelder nicht zu Reparaturzwecken verwendet worden seien, könne der Eigentümer theoretisch noch darüber verfügen. Diese Auffassung vertritt auch die Finanzverwaltung. In den Einkommensteuer-Richtlinien folgt sie dem BFH-Urteil vom 26. 1. 1988.[314] Nach dieser Auffassung können die Werbungskosten weiterhin erst bei Verausgabung der Beträge aus der Instandhaltungsrücklage geltend gemacht werden.[315] Andernfalls wäre eine zutreffende steuerliche Würdigung der Verwendung der Instandhaltungsrücklage unmöglich, da erst in diesem Zeitpunkt feststehe, ob es sich um laufenden Instandhaltungsaufwand, größeren Erhaltungsaufwand oder sogar Herstellungsaufwand handele.

637   In der Praxis bedeutet dies, dass der Verwalter nach Verwendung der Instandhaltungsrücklage die entsprechenden Reparaturkosten dem Wohnungseigentümer auch dann anteilig in Rechnung stellt, wenn sie aus der Rücklage beglichen wurden. Damit der Wohnungseigentümer hierdurch nicht doppelt belastet wird, sind ihm zur Ermittlung des Abrechnungsergebnisses nicht nur seine Wohngeldzahlungen, sondern auch seine anteiligen „Entnahmen" aus der Rücklage gutzubringen. In seiner persönlichen Steuererklärung kann der Eigentümer dann die in der Jahresabrechnung auf ihn entfallenden Reparaturaufwendungen als Werbungskosten geltend machen.

638   Gerade nach dem geltenden Abflussprinzip überzeugt die Auffassung der Finanzverwaltung und des BFH nicht. Schon die Zahlungen in die Instandhaltungsrücklkage müssten als Werbungskosten berücksichtigt werden. Sie fließen aus dem Vermögen der Wohnungseigentümer ab und werden Bestandteil des Verbandsvermögen und somit einer anderen Rechtsperson. Da auch kein Anspruch auf Auflösung der Rücklage besteht, sind die Beiträge dauerhaft dem Privatvermögen entzogen.

639   **dd) Abgrenzung von Erhaltungs- und Herstellungsaufwendungen.** Erhaltungsaufwand stellen Aufwendungen für die Erneuerung von bereits vorhandenen Teilen, Einrichtungen oder Anlagen dar.[316] Herstellungsaufwand ist hingegen anzunehmen, wenn Aufwendungen durch den Verbrauch von Gütern und die Inanspruchnahme von Diensten für die Erweiterung oder für die über den ursprünglichen Zustand hinausgehende wesentliche Verbesserung eines Gebäudes entstehen.[317]

640   Während Erhaltungsaufwand im Jahr des Abflusses sofort in voller Höhe als Werbungskosten abzugsfähig ist, darf Herstellungsaufwand nur über die Absetzung für Abnutzung des Gebäudes letztlich verteilt auf dessen Nutzungsdauer berücksichtigt werden.

641   Steuerliche Probleme ergeben sich in der Praxis immer dann, wenn die Aufwendungen auf die Immobilie in relativ kurzer Zeit nach dem Erwerb – i. d. R. drei Jahre – 15%[318] der Anschaffungskosten übersteigen (anschaffungsnahe Aufwendungen). Dann werden gem. § 6 Abs. 1a EStG die getätigten Aufwendungen nicht als sofort abzugsfähige Aufwendungen, sondern lediglich im Rahmen der Abschreibung steuermindernd behandelt.

---

[313] BFH/NV 2006, 291.
[314] BFH BStBl. II, 1988, 577.
[315] *Kahlen,* ZMR 2006, 21.
[316] R 157 Abs. 1 EStR.
[317] R 157 Abs. 3 S. 1 EStR.
[318] Der Prozentsatz hängt von der jeweiligen Fassung der EStR ab – derzeit sind es 15%.

Für hohen Erhaltungsaufwand eröffnet §§ 82 b EStDV die Möglichkeit der Verteilung **642** über einen größeren Zeitraum. Jedoch sind gem. § 82 a, i EStDV bestimmte Herstellungsaufwendungen nicht entsprechend der Nutzungsdauer für das Gebäude zu berücksichtigen, sondern auf 10 Jahre zu verteilen.

Nach § 82 a Abs. 3 EStDV können Maßnahmen im Sinne des § 82 a Abs. 1 EStDV **643** auch Erhaltungsaufwendungen sein und sind dann bei selbst genutztem Wohnungseigentum wie Sonderausgaben zu berücksichtigen. Allerdings dürfte es dem Verwalter im Einzelnen schwer fallen, eine entsprechende Würdigung vorzunehmen. Er sollte daher die einzelnen Maßnahmen ausführlich darstellen, um so dem sachverständigen Dritten (Steuerberater, Finanzamt) eine steuerliche Einordnung zu ermöglichen.[319]

In der Praxis der Wohnungseingentümergemeinschaften kommen Herstellungsauf- **644** wendungen eher selten vor. Dies kann dann ein Thema sein, wenn der Bauträger insolvent würde und es sich um einen steckengebliebenen Bau handelt.

d) Vermietung von Gemeinschaftsvermögen. Vermietet die Eigentümerge- **645** meinschaft beispielsweise Parkplätze an fremde Dritte oder stellt sie das Dach des Hauses Mobilfunkanbietern für Handyantennen zur Verfügung, erzielt sie grundsätzlich Einnahmen aus Vermietung und Verpachtung gem. § 21 EStG. Sofern es sich dabei um eine reine Vermögensverwaltung handelt, kann auch hier von einer einheitlichen und gesonderten Feststellung gem. § 180 Abs. 1 Nr. 2 a AO abgesehen werden, wenn die Mieteinnahmen entsprechend in der Jahresabrechnung ausgewiesen werden.[320]

e) Gewerbliche Tätigkeit der Eigentümergemeinschaft. Geht die Tätigkeit **646** über die reine Vermietung von Gegenständen hinaus und nimmt den Charakter einer gewerblichen Tätigkeit an, so sind die Einkünfte grundsätzlich nach § 180 Abs. 1 Nr. 2 b AO als Einkünfte aus Gewerbebetrieb einheitlich und gesondert festzustellen. Auch hier ist eine einheitliche und gesonderte Feststellung nach § 180 Abs. 1 Nr. 2 b AO in Fällen von geringer Bedeutung nicht erforderlich.[321]

f) Steuerermäßigung bei der Inanspruchnahme haushaltsnaher Dienstleis- 647 tungen. Zu den haushaltsnahen Dienstleistungen im Sinne des § 35 a Abs. 1 Satz 1 EStG gehören Tätigkeiten eines bei der Eigentümergemeinschaft angestellten Hausmeisters oder einer Reinigungskraft und nach § 35 a Abs. 2 EStG einer Dienstleistungsagentur oder eines selbstständigen Dienstleisters. Nach § 35 Abs. 1 EStG kommen sowohl festangestellte als auch geringfügig beschäftigte Mitarbeiter in Betracht. Die Abzugsbeträge sind unterschiedlich. 10%, höchstens 510,– EUR, können bei geringfügiger Beschäftigung und 12%, höchstens 2.400,– EUR, bei anderen Beschäftigungsverhältnissen angesetzt werden. Bezugsgröße ist der Bruttoarbeitslohn zuzüglich Arbeitgeberanteil zur Sozialversicherung und Kosten der Lohnabrechnung.

Bei geringfügiger Beschäftigung ist zu berücksichtigen, dass der Abzug grundsätz- **648** lich nur dann vorgesehen ist, wenn der Arbeitgeber am sog. Haushaltscheck-Verfahren teilnimmt. Dieses Verfahren ist für Eigentümergemeinschaften nicht vorgesehen. Die Finanzverwaltung hat für die Eigentümergemeinschaften auf das Haushaltscheck-Verfahren verzichtet.[322]

Nach § 35 a Abs. 2 EStG kommt für bestimmte haushaltsnahe Dienstleitungen eine **649** Ermäßigung der tariflichen Einkommensteuer in Betracht. Die Vorschrift gewährt eine Steuerminderung i. H. v. 20%, höchstens 600,– EUR. Der Steuerabzug kommt bei Handwerkerleistungen in Betracht, sofern es sich um Renovierungs-, Erhaltungs- oder

---

[319] *Horlemann*, DStZ 1990, 120.
[320] *Brandis* in Tipke/Kruse, AO, § 180 AO, Rdn. 50.
[321] *Brandis* in Tipke/Kruse, AO, § 180 AO, Rdn. 69.
[322] BMF, Anwendungsschreiben zu § 35 a EStG, IV C 4 – S 2296-b/07/0003.

Modernisierungsmaßnahmen handelt. Solche Tätigkeiten können sich u. a. am Dach, an der Fassade, an Garagen, Fenstern, Türen, Wandschränken, Heizkörpern, Bodenbelägen, Heizungsanlagen, Einbauküche, Badezimmer, Reparaturen von Gegenständen des Gemeinschaftsvermögens und am Garten ergeben. Auch Kontrollaufwendungen wie z. B. die Gebühr des Schornsteinfegers oder eines Dienstleisters für die Kontrolle von Blitzschutzanlagen gehören dazu. Zu dem Begriff der haushaltsnahen Dienstleistungen zählen auch die Treppenhausreinigungskosten. Die Bezugsgrundlage der Steuerminderung ist der in Rechnung gestellte Arbeitslohn. Voraussetzung für diese Steuerermäßigung ist, dass der Steuerpflichtige die Aufwendungen durch Vorlage einer Rechnung und die Zahlung auf das Konto des Erbringers der haushaltsnahen Dienstleistungen durch Beleg des Kreditinstituts nachweist.

650   Für die Anwendung dieser Vorschrift auf Mitglieder von Eigentümergemeinschaften war dies bislang streitig. In einem jüngst veröffentlichten Schreiben des Bundesministeriums der Finanzen[323] wurde die Anwendung des § 35 a EStG auf Eigentümergemeinschaften nun explizit geregelt.

651   Besteht ein Beschäftigungsverhältnis zu einer Eigentümergemeinschaft oder ist eine Eigentümergemeinschaft Auftraggeber der haushaltsnahen Dienstleistung, kommt für den einzelnen Wohnungseigentümer eine Steuerermäßigung in Betracht, wenn in der Jahresabrechnung des Verwalters die unbar gezahlten Beträge für haushaltsnahe Dienstleistungen jeweils gesondert aufgeführt sind, wenn der Anteil der steuerbegünstigten Kosten (Arbeits- und Fahrtkosten) ausgewiesen ist und der Anteil des jeweiligen Wohnungseigentümers anhand seines Beteiligungsverhältnisses errechnet wurde. Der Verwalter hat darauf zu achten, dass die Renovierungs-, Erhaltungs- und Modernisierungskostenrechnungen den Anteil der Arbeitsleistungen separat ausweisen. Entsprechend hat er getrennt zu buchen und in der Jahresabrechnung die Instandhaltungs- und Instandsetzungskosten nach Materialaufwand und Personalaufwand einschließlich Fahrtkosten zu trennen. Alternativ kann er diese Trennung innerhalb der eigentlichen Jahresabrechnung unterlassen, muss dann aber eine separate Bescheinigung über die Arbeitsaufwendungen aufstellen. Dabei muss der Verwalter nicht zwischen selbstnutzenden und vermietenden Wohnungseigentümern differenzieren. Für Letztere kommen zwar keine haushaltsnahen Dienstleistungen in Betracht. Der vermietende Wohnungseigentümer kann aber sämtliche Aufwendungen als Werbungskosten bei seinen Einkünften aus Vermietung und Verpachtung geltend machen, so dass die Differenzierung für ihn irrelevant bleibt.

652   Hat die Eigentümergemeinschaft einen Verwalter bestellt, ist der Nachweis der Aufwendungen für haushaltsnahe Dienstleistungen durch diesen zu erbringen. Als Alternative zum gesonderten Ausweis der auf den einzelnen Wohnungseigentümer entfallenden Aufwendungen für haushaltsnahe Dienstleistungen kann der Verwalter auch eine „Bescheinigung" über den Anteil des jeweiligen Wohnungseigentümers ausstellen.[324] Darüber hinaus sollte er Kopien der Rechnungen sowie Nachweise der Überweisungen auf die Bankkonten der Vertragspartner jedem Eigentümer zur Verfügung stellen. Bei wiederkehrenden Dienstleistungen (wie z. B. die Reinigung des Treppenhauses oder Gartenpflege) sind die in der Jahresabrechnung ausgewiesenen, für den Veranlagungszeitraum geleisteten Vorauszahlungen maßgeblich. Die entsprechenden Nachweise sind mit der Antragstellung der Wohnungseigentümer auf Steuervergünstigung nach § 35 a EStG beim jeweiligen Finanzamt einzureichen.

653   Der Verwalter hat die Möglichkeit, über die Steuervergünstigung eine Bescheinigung auszustellen oder diese Beträge in der Jahresabrechnung hervorzuheben. Für das Ausstellen der Bescheinigung kann der Verwalter ein angemessenes Zusatzhonorar einfor-

---

[323] BMF IV C 4 – S 2296 b – 60/06.
[324] BMF IV C 4 – S 2296 b – 60/06, Rdn. 15.

dern, wobei 25,- € je Bescheinigung nicht beanstandet werden (s. zu Sondervergütungen des Verwalters auch oben Rdn. 384).[325]

g) Grunderwerbsteuer. Der Grunderwerbsteuer unterliegen nach § 1 GrEStG ins- 654 besondere Kaufverträge oder andere Rechtsgeschäfte, die den Anspruch auf Übereignung inländischen Grundbesitzes zur Folge haben. Hierbei bemisst sich die Grunderwerbsteuer grundsätzlich nach dem Wert der Gegenleistung.

Fraglich ist, wie in diesem Zusammenhang der Anteil an der Instandhaltungsrücklage 655 zu behandeln ist. Der bei Erwerb einer Eigentumswohnung im Kaufpreis enthaltene Anteil für das in der Instandhaltungsrücklage angesammelte Guthaben gehört nicht zu den Anschaffungskosten der Eigentumswohnung. Vielmehr wird durch die Übernahme des Anteils durch den Erwerber eine vom Grundstückseigentum losgelöste Rechtsposition übertragen, die mit einer Geldforderung vergleichbar ist.[326] Auch hier ergeben sich durch die Rechtsfähigkeit der Eigentümergemeinschaft keine Änderungen der grunderwerbsteuerlichen Würdigung. Es wird zwar auch ein Anteil am Gemeinschaftsvermögen übertragen, das jedoch nicht selbstständiger Bestandteil des übertragenen Immobilienvermögens ist. Wird im Kaufpreis der ideelle Anteil der Instandhaltungsrücklage separat berechnet und ausgewiesen, unterliegt dieser Anteil nicht der Grunderwerbssteuer.

h) Lohnsteuer. Stellt ein Eigentümer eines Miethauses Dienstpersonal (Hausmeister, 656 Reinigungspersonal) an, ist er gem. § 38 Abs. 1 EStG als Arbeitgeber anzusehen. Er hat gem. § 41a EStG bei jeder Lohnzahlung an einen Arbeitnehmer die maßgebende Lohnsteuer vom Arbeitslohn einzubehalten und an das zuständige Betriebsstättenfinanzamt abzuführen.

Gleich ist der Fall zu beurteilen, wenn eine Eigentümergemeinschaft Dienstpersonal 657 beschäftigt. Als Arbeitgeber ist dann nicht mehr der einzelne Wohnungseigentümer, sondern die Eigentümergemeinschaft vertreten durch den Verwalter anzusehen.

Ist dieser kraft Beschlusses der Eigentümerversammlung mit der Ermittlung des für 658 die Durchführung des Lohnsteuerabzugs maßgebenden Arbeitslohns betraut, ist das Büro des Verwalters lohnsteuerliche Betriebsstätte. In diesem Fall hat er auch für die Lohnsteuerzahlungen und Abgabe der Lohnsteueranmeldungen an das für ihn zuständige Betriebsstättenfinanzamt zu sorgen. Die Abgabe hat dabei unter seiner Steuernummer zu erfolgen. Nach § 41a EStG ist grundsätzlich der Kalendermonat der Lohnsteueranmeldungszeitraum, wobei spätestens 10 Tage nach Ablauf des Anmeldungszeitraums die Lohnsteueranmeldung beim zuständigen Finanzamt abzugeben ist.[327]

i) Umsatzsteuer. Neben den ertragsteuerlichen Sachverhalten hat der Verwalter 659 auch umsatzsteuerliche Tatbestände zu beachten, insbesondere dann, wenn sich ein Wohnungseigentümer für die umsatzsteuerliche Option nach § 9 UStG entscheidet.

aa) Unternehmer im Sinne des Umsatzsteuergesetzes. Voraussetzung für einen 660 offenen Umsatzsteuerausweis in der Jahresabrechnung ist, dass Unternehmereigenschaft im Sinne des Umsatzsteuergesetzes (UStG) gegeben ist.

In § 2 Abs. 1 UStG wird definiert, wer als Unternehmer im Sinne des Umsatzsteu- 661 ergesetzes anzusehen ist. Der BFH hat bereits in einem Urteil vom 4. 7. 1956[328] entschieden, dass jede natürliche und juristische Person oder auch ein Personenzusammenschluss Unternehmer sein kann, soweit sie eine gewerbliche oder berufliche Tätigkeit selbstständig gegen Entgelt ausübt. Gewerblich oder beruflich ist dabei jede nachhaltige Tätigkeit zur Erzielung von Einnahmen. Gewinnerzielungsabsicht ist nicht erforderlich. Die Unternehmereigenschaft ist auch dann erfüllt, wenn die Absicht,

---

[325] AG Neuss ZMR 2007, 898 = NZM 2007, 736; LG Düsseldorf ZMR 2008, 484.
[326] OFD Frankfurt S – 2211 a – 12 St 2 23.
[327] OFD München S – 2377 B – 22 St 23.
[328] BFH BStBl. III 1956, 275.

eine unternehmerische Tätigkeit gegen Entgelt auszuführen, allein durch objektive Anhaltspunkte belegt werden kann.[329]

662   Für Wohnungseigentümergemeinschaften ist eher zweifelhaft, ob diese nachhaltig und in Einnahmeerzielungsabsicht tätig und damit als Unternehmer i. S. d. § 2 Abs. 1 UStG anzusehen sind. Dies hat auch der BFH in seiner Entscheidung vom 28. 11. 2002 in Frage gestellt, indem er zwischen einem Leistungsaustausch und einer reinen Kostentragungsgemeinschaft abgegrenzt hat.[330] Seit 2005 gehen aber die Umsatzsteuerrichtlinien davon aus, dass die von der Eigentümergemeinschaft vereinnahmten Umlagen das Entgelt für steuerbare Sonderleistungen der Eigentümergemeinschaft an ihre Mitglieder darstellt. Damit ist die Eigentümergemeinschaft als Unternehmer anzusehen, während ihre einzelnen Wohnungseigentümer grundsätzlich keine Unternehmer i. S. d. UStG sind, R 87 Abs. 2 Satz 3 UStR 2005.

663   **bb) Umsätze in der Jahresabrechnung. aaa) Steuerbare Umsätze.** Umsatzsteuer entfällt nach § 1 Abs. 1 UStG nur auf „steuerbare" Umsätze. Diese umfassen grundsätzlich alle Lieferungen und sonstigen Leistungen, die ein Unternehmer im Inland für sein Unternehmen gegen Entgelt ausführt.

664   Sind die Voraussetzungen für steuerbare Umsätze nicht erfüllt, unterliegen die Lieferungen und sonstigen Leistungen nicht der Umsatzsteuer; es handelt sich dann um einen „nicht steuerbaren" Umsatz. Zur Beurteilung, ob ein steuerbarer oder nicht steuerbarer Umsatz vorliegt, ist grundsätzlich jeder Umsatz einzeln zu würdigen.

Steuerbare Umsätze sind grundsätzlich auch „**steuerpflichtig**".

665   Wohnungseigentümergemeinschaften erheben von den Wohnungseigentümern zur Deckung ihrer Kosten Wohngeld. Bereits im Schreiben des Bundesministers für Finanzen vom 30. 1. 1987[331] ist festgehalten, dass das Wohngeld das Entgelt für steuerbare Leistungen der Wohnungseigentümergemeinschaften an ihre Mitglieder darstellt. Darüber hinaus wird die Finanzverwaltung angewiesen, alle Umsätze der Wohnungseigentümergemeinschaft als umsatzsteuerbar zu qualifizieren. Es ist somit nicht zwischen den das **Gemeinschaftseigentum** aller Wohnungseigentümer und den das **Sondereigentum** einzelner Wohnungseigentümer betreffenden Leistungen zu unterscheiden.[332] Auch nach den Grundsätzen des BGH[333] stellen die Lieferungen von Wasser, Abwasser und Wärme Kosten des Sondereigentums dar.

666   Dagegen vertritt die Finanzverwaltung die Auffassung, dass nur die in Form von Umlagen ausgeführten Sonderleistungen der Eigentümergemeinschaft an einzelne Mitglieder in ihr Sondereigentum steuerbar sind; Leistungen der Eigentümergemeinschaft, die das Gemeinschaftseigentum betreffen, stellen hingegen nicht steuerbare Gemeinschaftsleistungen dar.[334]

667   Die Auffassung der Finanzverwaltung ist jedoch nicht überzeugend. In der Praxis liefert jede Leistung der Eigentümergemeinschaft einen Beitrag zum Werterhalt, zur Wertsteigerung und zur Verwertbarkeit des Sondereigentums des einzelnen Mitglieds. Eine strikte Trennung zwischen Leistungen in das Gemeinschaftseigentum und (Sonder-)Leistungen an den einzelnen Wohnungseigentümer ist u. E. nach nicht vollziehbar.[335] Die Auffassung des Finanzministeriums, wonach das gesamte Wohngeld das Entgelt für steuerbare Leistungen darstellt, ist hingegen schlüssig.

---

[329] BFH BStBl. II 2003, 426.

[330] BFH BStBl. II 2003, 443.

[331] BMF BStBl. I 1987, 228; s. a. R 87 UStR 2005.

[332] Vgl. ebenda.

[333] ZMR 2003, 937 = NJW 2003, 3476 = NZM 2003, 952.

[334] Vgl. R 87 Abs. 2 S. 1 UStR 2005; so auch *Wälzholz* in Hügel/Scheel, Rechtshandbuch, Teil 18 Rdn. 112.

[335] UR 1997, 463; UR 1993, 204.

bbb) Steuerfreie Umsätze. Neben den Regelungen zur Besteuerung von steuer- **668** baren Umsätzen enthält das Umsatzsteuergesetz auch eine Vielzahl von **Umsatzsteuerbefreiungen** in § 4 UStG. Fällt eine Lieferung oder sonstige Leistung unter eine der Befreiungsvorschriften des § 4 UStG, liegt ein steuerbarer aber steuerbefreiter Umsatz vor.

Zweck dieser Vorschrift ist es vorrangig, die Wohnungseigentümer hinsichtlich der **669** Umsatzsteuerbelastung den Eigentümern von Einfamilienhäusern weitgehend gleichzustellen. Denn ohne diese Befreiungsvorschrift wäre die in den Leistungen enthaltene Umsatzsteuer auf die einzelnen Mitglieder umzulegen und von ihnen wirtschaftlich zu tragen. Darüber hinaus sollen durch die Befreiungsvorschrift Schwierigkeiten bei der Unterscheidung von steuerbaren und nicht steuerbaren Leistungen vermieden werden.[336]

Bereits im Jahr 1964 wurde die Steuerbefreiung von Wohnungseigentümergemein- **670** schaften als § 4 Nr. 27 in das UStG 1951 aufgenommen und bei Umstellung auf das Mehrwertsteuersystem unverändert als § 4 Nr. 13 UStG 1967 übernommen. Ab 1980 ist diese Befreiungsvorschrift ausdrücklich auch auf Leistungen an Teileigentümer ausgedehnt worden.[337]

Nach § 4 Nr. 13 UStG werden die steuerbaren Umsätze, die eine Wohnungseigen- **671** tümergemeinschaft an die Wohnungseigentümer erbringt und die in der Gebrauchsüberlassung, Instandhaltung, Instandsetzung oder sonstigen Verwaltung des gemeinschaftlichen Eigentums oder in der Lieferung von Wärme und ähnlichen Gegenständen bestehen, von der Umsatzsteuer befreit. Begünstigt werden hier somit insbesondere die von der Wohnungseigentümergemeinschaft erbrachten Verwaltungsleistungen.

Steuerfrei sind dabei ausschließlich die Leistungen von Eigentümergemeinschaften im **672** Sinne des WEG. Ausgeschlossen sind dagegen die Leistungen einer Kapitalgesellschaft, die Wohnbauten errichtet, einzelne Wohneinheiten nach Teilung (§ 8 WEG) veräußert und sich vertraglich das Recht auf Verwaltung der Wohneinheiten sichert. Auch auf Leistungen der Wohnungseigentümer untereinander ist die Befreiungsvorschrift nicht anwendbar.[338]

Leistungen der Eigentümergemeinschaft an Dritte fallen ebenfalls nicht unter die Be- **673** freiungsvorschrift des § 4 Nr. 13 UStG. So stellen die Vermietung eines zum Gemeinschaftseigentum gehörenden Sitzrasenmähers an benachbarte Hauseigentümer gegen Entgelt sowie die Ausstattung vornehmlich hoher Bauwerke mit Antennenanlagen eines Mobilfunkanbieters gegen Nutzungsentgelt steuerbare und steuerpflichtige Umsätze gem. § 1 Abs. 1 Nr. 1 UStG dar. Ebenfalls steuerbar und steuerpflichtig sind gem. § 4 Nr. 12 UStG die Vermietung von Parkplätzen und Fremdenzimmern. In der Regel entsteht hieraus dennoch keine tatsächliche Steuerpflicht für die Wohnungseigentümergemeinschaft, wenn nämlich die Einnahmen maximal 17.500,-€ p.a. betragen. Dann ist die Eigentümergemeinschaft sog. **Kleinunternehmer** i.S.v. § 19 UStG (s.u. Rdn. 678). Sie darf dann keine Umsatzsteuer ausweisen und keine Vorsteuer geltend machen.

Im Einklang mit der Definition der steuerbaren Umsätze erstreckt sich die Steuerbe- **674** freiung nach Ansicht des **BMF**[339] sowohl auf Leistungen der Eigentümergemeinschaft in das Gemeinschaftseigentum als auch auf Leistungen, die lediglich das Sondereigentum einzelner Wohnungseigentümer betreffen. Auch hier ist die **Finanzverwaltung** unter Berufung auf den Gesetzestext des § 4 Nr. 13 UStG anderer Ansicht. Der Gesetzestext bezieht sich dabei ausdrücklich lediglich auf Leistungen, die in der Überlassung des gemeinschaftlichen Eigentums zum Gebrauch, seiner Instandhaltung, Instandset-

---

[336] *Weimann/Raudszus,* UR 1999, 486.
[337] *Weimann/Raudszus,* UR 1997, 462 ff.
[338] Ebenda, 463.
[339] BMF BStBl. I 1987, 228.

zung und sonstigen Verwendung sowie der Lieferung von Wärme und ähnlichen Gegenständen bestehen. Die Instandhaltung, Instandsetzung und Verwaltung des Sondereigentums des einzelnen Wohnungseigentümers fällt somit nach dem Wortlaut des Gesetzes nicht unter die Befreiungsvorschrift.[340] Tätigt die Eigentümergemeinschaft beispielsweise eine Lieferung von Wärme in das Sondereigentum eines Wohnungseigentümers, ist diese Lieferung nach Meinung der Finanzverwaltung ebenfalls nicht nach § 4 Nr. 13 UStG von der Umsatzsteuer befreit.

675   Die Umsetzung dieser Meinung würde für den Verwalter einen sehr hohen Verwaltungsaufwand darstellen. Bei jeder einzelnen Leistung der Eigentümergemeinschaft an ihre Mitglieder hat der Verwalter eine strikte Trennung zwischen steuerbaren aber nach § 4 Nr. 13 UStG steuerbefreiten Gemeinschaftsleistungen und steuerbaren und steuerpflichtigen Leistungen in das Sondereigentum zu vollziehen. Nicht zuletzt folgt aus dieser Regelung dann auch das Erfordernis einer adäquaten Darstellung der steuerpflichtigen Leistungen in der Jahresabrechnung.

676   Fraglich ist, wie sich die divergierenden Meinungen von Finanzverwaltung und Bundesministerium der Finanzen in Zukunft zueinander verhalten werden. Bislang ist die Auffassung des BMF aus dem Jahr 1987 nicht überholt, so dass noch die Steuerbefreiung gem. § 4 Nr. 13 UStG auch auf Leistungen der Eigentümergemeinschaft in das Sondereigentum der Wohnungseigentümer anzuwenden ist. Diese Auffassung erscheint konsequent zu sein und verdient den Vorzug. Somit sind alle Leistungen der Wohnungseigentümergemeinschaft als steuerfreie Umsätze gem. § 4 Nr. 13 UStG anzusehen.

677   **cc) Umsatzsteueroption.** Auf die Steuerbefreiungen kann jedoch nach § 9 Abs. 1 UStG verzichtet werden.[341] Voraussetzung für einen Verzicht auf die Steuerbefreiung ist, dass steuerbare Umsätze von einem Unternehmer im Rahmen seines Unternehmens an einen anderen Unternehmer für sein Unternehmen ausgeführt werden.[342] Auf die Steuerfreiheit eines Umsatzes kann nur derjenige Unternehmer verzichten, der den Umsatz bewirkt. Der Leistungsempfänger hat kein Besteuerungswahlrecht.[343]

678   Die Optionsmöglichkeit ist grundsätzlich ausgeschlossen, wenn der Unternehmer von der Kleinunternehmerregelung des § 19 UStG Gebrauch macht.[344] Der Unternehmer erfüllt die Voraussetzungen des § 19 UStG, wenn sich die steuerbaren und steuerpflichtigen Umsätze des vorangegangenen Kalenderjahres (inklusive Umsatzsteuer) auf höchstens EUR 17.500,00 belaufen und im laufenden Kalenderjahr höchstens EUR 50.000,00 betragen.

679   Hat der Unternehmer gem. § 19 Abs. 2 Satz 1 UStG auf die Anwendung der Kleinunternehmerregelung verzichtet, wird ihm die Möglichkeit der Option jedoch nicht verwehrt.[345]

680   **aaa) Umsatzsteueroption des einzelnen Wohnungseigentümers.** Eine Umsatzsteueroption kommt für den einzelnen Wohnungseigentümer nur in Betracht, wenn er als Unternehmer gem. § 2 Abs. 1 UStG grundsätzlich steuerbare Umsätze tätigt, auf die eine Befreiungsvorschrift des Umsatzsteuergesetzes Anwendung findet. Dazu gehören insbesondere die nach § 4 Nr. 12 UStG von der Umsatzsteuer befreiten Umsätze aus der Vermietung und Verpachtung seines Sondereigentums, sofern die Räume weder zu eigenen Wohnzwecken noch zu anderen nicht unternehmerischen Zwecken genutzt werden.

---

[340] Vgl. R 87 Abs. 2 S. 3 UStR.

[341] Gem. § 9 Abs. 1 UStG ist ein Verzicht nur in den Fällen des § 4 Nr. 8 a bis g, Nr. 9 a, Nr. 12, 13 und 19 UStG möglich.

[342] Vgl. BFH BStBl. II 2003, 434.

[343] *Wenzel* in Rau/Dürrwächter, UStG, § 9 Rdn. 50.

[344] R 148 Abs. 2 Satz 1 UStR 2005.

[345] *Wenzel* in Rau/Dürrwächter, UStG, § 9 Rdn. 50.

Ob sich für den Eigentümer die Option bei Umsätzen aus der Vermietung und Ver- **681** pachtung wirtschaftlich lohnt, muss von ihm sorgfältig ermittelt werden. Die Entscheidung hängt jedoch sicher davon ab, ob die Überwälzung der Steuer auf den Leistungsempfänger möglich ist.[346]

Der Verzicht auf die Steuerbefreiung ist nur zulässig, wenn der Eigentümer sein Son- **682** dereigentum an Gewerbetreibende vermietet, die ihrerseits die Voraussetzungen des § 2 Abs. 1 UStG erfüllen. Denn nur dann ist der Eigentümer gem. § 15 UStG dazu berechtigt, die ihm in Rechnung gestellte Umsatzsteuer (Vorsteuer) geltend zu machen. Als vorsteuerberechtigte Eingangsrechnungen kommen dabei insbesondere Rechnungen der Wohnungseigentümergemeinschaft oder Dritter (z.B. Versorgungsunternehmen für die Lieferung von Wasser, Gas, Strom, von Handwerkern für Schönheitsreparaturen etc.) in Betracht.[347] Dies hat der Verwalter jedoch nicht zu beurteilen, er schuldet keine Steuerberatung.[348]

Zu beachten ist jedoch, dass die Optionsmöglichkeit verneint wird, wenn der Eigen- **683** tümer sein Sondereigentum an einen gewerblichen Zwischenvermieter vermietet hat und dieser wiederum die Wohnung einer Privatperson zu Wohnungszwecken zur Verfügung stellt.[349] Es wird nicht auf die Person des Mieters, sondern auf die tatsächliche Nutzungsform abgestellt.

bbb) Umsatzsteueroption der Wohnungseigentümergemeinschaft. Mit dem **684** Umsatzsteuergesetz 1979 wurde die Anwendbarkeit des § 9 UStG auch auf Steuerbefreiungen nach § 4 Nr. 13 UStG ausgeweitet. Somit steht auch den Eigentümergemeinschaften hinsichtlich ihrer nach § 4 Nr. 13 UStG von der Umsatzsteuer befreiten Umsätze die Möglichkeit der Umsatzsteueroption zu. Durch die Aufnahme des § 4 Nr. 13 UStG in den Gesetzeswortlaut des § 9 UStG sollte sichergestellt werden, dass in der Unternehmerkette durch die Behandlung steuerfreier Umsätze als steuerpflichtig der mit der Steuerbefreiung verbundene Ausschluss des Vorsteuerabzugs vermieden werden kann.[350]

Sinnvoll ist die Umsatzsteueroption der Eigentümergemeinschaft dann, wenn der **685** einzelne Eigentümer Unternehmer i. S. d. § 2 Abs. 1 UStG ist, da er die Wohnung oder das Teileigentum entweder im Rahmen seines Unternehmens nutzt, z.B. als Gewerberäume, Steuerberatungsbüro oder als Lagerraum, und allein aus diesem Grund mit seinen Leistungen bereits der Umsatzsteuer unterliegt oder selbst zur Umsatzsteuer optiert hat. Denn nur wenn auch der Eigentümer die Wohnung unternehmerisch nutzt, können die Umsätze der Eigentümergemeinschaft steuerpflichtig erfolgen. Daher kommt nur bei **Teileigentum** eine Optionserklärung in Betracht.[351]

Über die Option muss in der Eigentümerversammlung durch Beschluss abgestimmt **686** werden.[352] Dabei steht es jedem Eigentümer frei, ob er mit der Eigentümergemeinschaft zur Umsatzsteuer optieren will oder nicht. Da der Optionsbeschluss i. d. R. Mehrkosten verursacht, gehört es zur Ordnungsmäßigkeit des Beschlusses, wenn die die Option befürwortenden Eigentümer die Kosten für die anderen Eigentümer übernehmen.[353]

Es unterliegt auch der Beschlussfassung, in welchem Umfang von der Option Ge- **687** brauch gemacht wird. Es muss erörtert werden, ob die Option für alle Wohnungs- bzw.

---

[346] *Widmann* in Plückebaum/Malitzky/Widmann, UStG, § 9 Rdn. 100.
[347] UR 1997, 467.
[348] Siehe auch *Röll/Sauren*, Handbuch, Teil D Rdn. 23.
[349] BMF-Schreiben, 27. 6. 1983, BStBl. I 347; R 148 a Abs. 1 UStR 2005.
[350] *Widmann* in Plückebaum/Malitzky/Widmann, UStG, § 9 Rdn. 139.
[351] A. A. *Wälzholz* in Hügel/Scheel, Rechtshandbuch, Teil 18 Rdn. 114, der unzutreffenderweise auch eine Option bei Wohnraumvermietung für möglich hält.
[352] *Jennißen*, Verwalterabrechnung, VII. 18.
[353] *Weimann/Raudszus,* UR 1997, 465; *Röll/Sauren*, Handbuch, Teil D Rdn. 22.

Teileigentümer oder nur für den Umsatz mit dem Miteigentümer ausgeübt werden soll, der seinerseits zur Umsatzsteuer optiert hat.[354]

688 Darüber hinaus kann sich nach Auffassung des OLG Hamm[355] die Optionspflicht für Eigentümergemeinschaften gegenüber den unternehmerisch tätigen Eigentümern auch aus § 21 Abs. 4 WEG ergeben, wenn die Interessen der übrigen nicht unternehmerisch tätigen Eigentümer gewahrt werden.

689 Die Optionsmöglichkeit besteht für jeden einzelnen Umsatz, wenn – der Auffassung des **BMF** folgend – alle Leistungen zwischen Eigentümergemeinschaft und dem einzelnen Teileigentümer als steuerbar und steuerpflichtig angesehen werden. Die Eigentümergemeinschaft kann somit das Optionsrecht für jede optionsfähige Leistung gesondert ausüben. Dieser Grundsatz der Einzeloption eröffnet der Eigentümergemeinschaft die Möglichkeit, lediglich für Leistungen auf die Steuerbefreiung zu verzichten, die ihrerseits mit Vorsteuern belastet sind.[356] **Vorsteuerfreie Eingangsleistungen**, wie z. B. Versicherungsbeiträge, Abfallgebühren, Gebühren für Straßenreinigung oder Entwässerung oder auch den Hausmeisterlohn müssen somit nicht der Umsatzsteuer unterworfen werden.[357]

Hinzuweisen ist auf die Verpflichtung, schon die Vorauszahlungen der Umsatzsteuerpflicht zu unterwerfen, § 13 Abs. 1 Nr. 1 a UStG.

690 Erweist sich aus Sicht des Verwalters eine Umsatzsteueroption der Eigentümergemeinschaft als sinnvoll, sollte er die Eigentümer auf diese Möglichkeit hinweisen. Zeigen diese dann Interesse, sollte der Verwalter einen Beschluss vorschlagen, einen Steuerberater mit der weiteren Bearbeitung und Beratung zu beschäftigen. Im Falle der Option bleiben trotz Einschaltung eines Steuerberaters buchhalterische und abrechnungstechnische Mehrleistungen für den Verwalter, für die er sich per Mehrheitsbeschluss Sonderhonorare zusichern lassen kann. Auch für diese Honoraranteile kommt eine Abweichung vom allgemein geltenden Verteilungsschlüssel in Betracht, wenn die Wohnungseigentümer gem. § 16 Abs. 3 WEG dies mit Mehrheit beschließen. Entsprechend sind dann auch die Kosten der Steuerberatung zu verteilen. Nach § 16 Abs. 3 WEG kann der Verursachungsschlüssel gewählt werden.

691 **ccc) Formelle Anforderungen.** Die Ausübung der Option führt dazu, dass die Eigentümergemeinschaft als solche umfangreiche steuerrechtliche Verpflichtungen zu erfüllen hat. Zur Ausübung einer Umsatzsteueroption gem. § 9 UStG hat der Steuerpflichtige eine Optionserklärung abzugeben. Dabei reicht es auch aus, wenn gegenüber dem Veranlagungsfinanzamt eine mündliche Erklärung zur Versteuerung steuerfreier Umsätze abgegeben wird.[358]

692 Entsprechend dem Umfang der Option hat die Eigentümergemeinschaft den Wohnungseigentümern Rechnung unter Ausweis der Umsatzsteuer zu erteilen. Nur Abrechnungen an Mitglieder, die das Teileigentum unternehmerisch nutzen, dürfen unter Ausweis der Umsatzsteuer erfolgen. Darüber hinaus sind die der Eigentümergemeinschaft gestellten Rechnungen Dritter auf die Möglichkeit des Vorsteuerabzugs hin zu kontrollieren, damit keine Zahllast der Gemeinschaft entsteht.[359]

693 Gem. § 18 Abs. 1 UStG hat der Verwalter als Vertreter der Eigentümergemeinschaft dafür Sorge zu tragen, dass bis zum 10. Tag nach Ablauf jedes Voranmeldungszeitraums eine **Voranmeldung** nach amtlich vorgeschriebenem Vordruck auf elektronischem

---

[354] *Schmidt,* UR 1993, 203.
[355] Ebenda 202.
[356] *Widmann* in Plückebaum/Malitzky/Widmann, UStG, § 9 Rdn. 140 f.
[357] Ebenda 141.
[358] *Wenzel* in Rau/Dürrwächter, UStG, § 9 Rdn. 41.
[359] *Schmidt,* UR 1993, 203.

Weg an das Finanzamt übermittelt wird, in der er die Steuer für den Voranmeldungszeitraum selbst zu berechnen hat.[360]

Für jedes Kalenderjahr oder kürzeren Besteuerungszeitraum hat der Verwalter gem. § 18 Abs. 3 UStG eine Steuererklärung nach amtlich vorgeschriebenem Vordruck abzugeben, in der er die Abschlusszahlung oder den Überschuss zu Gunsten der WEG zu berechnen hat.

Darüber hinaus müssen auch die in § 22 UStG aufgeführten **Aufzeichnungspflich- 694 ten** erfüllt werden. Danach ist der Verwalter verpflichtet, zur Feststellung der Steuer und der Grundlagen ihrer Berechnung Aufzeichnungen zu machen. Die allgemeinen Vorschriften über das Führen von Büchern und Aufzeichnungen gem. §§ 140 bis 180 AO, § 63 Abs. 1 UStDV gelten hier sinngemäß.[361] Aus den Aufzeichnungen müssen die Umsätze hervorgehen, für die der Unternehmer nach § 9 UStG zur Umsatzsteuer optiert hat.[362]

Hat die Gemeinschaft zur Umsatzsteuer optiert, ist sie unter den Voraussetzungen des **695** § 15 UStG zum Vorsteuerabzug berechtigt. Die Voraussetzungen sind erfüllt, wenn sie vorsteuerbelastete Eingangsrechnungen für Umsätze, die nach § 4 Nr. 13 UStG steuerfrei sind, zu deren Steuerpflicht aber zulässigerweise nach § 9 Abs. 1 UStG optiert wurde und die an einen Dritten (z.B. einen Mieter) und nicht den Eigentümer selbst ausgeführt werden, für Umsätze, die die Verwaltung des Sondereigentums betreffen und für sonstige Umsätze, die in der Überlassung beweglicher Gegenstände bestehen, verwendet.[363]

In der Praxis werden die für die Eigentümergemeinschaft bestimmten Rechnungen **696** regelmäßig an den Hausverwalter adressiert. Zum Vorsteuerabzug benötigt die Gemeinschaft jedoch eine an sie gerichtete Rechnung des leistenden Unternehmens. Bei unvollständiger Adressierung der Eingangsrechnungen wird der Vorsteuerabzug nicht gewährt. Um diesem entgegenzuwirken, sollten die eingehenden Rechnungen auf die Adresse der Eigentümergemeinschaft ausgestellt werden, während die Adresse des die Rechnung empfangenden Hausverwalters nur „c/o" geführt werden darf. Ist auf der Rechnung nur die Adresse der Hausverwaltung enthalten, muss zur Gewährung des Vorsteuerabzugs auf der Rechnung oder in Begleitdokumenten vermerkt sein, dass die Rechnung an die Hausverwaltung nur als Empfangsbevollmächtigte für die Eigentümergemeinschaft geht.

Hierbei ist zu erwähnen, dass soweit die Eigentümergemeinschaft **Bauleistungen 697** empfängt und an ihre Beteiligten weiterleistet, dies seitens der Finanzverwaltung nicht als Bauleistungen i.S. von § 13b UStG eingestuft wird.[364] Die Eigentümergemeinschaft muss also darauf achten, dass ihr für solche Leistungen Rechnungen mit gesondertem Umsatzsteuerausweis erteilt werden.[365]

Für die Umsatzsteuer ist grundsätzlich das Finanzamt zuständig, von dessen Bezirk **698** aus der Unternehmer sein Unternehmen betreibt. Die Eigentümergemeinschaft betreibt ihr Unternehmen grundsätzlich an dem **Belegenheitsort** des Grundstücks. Das gilt

---

[360] Gem. § 18 Abs. 2 UStG ist Voranmeldungszeitraum das Kalendervierteljahr. Beträgt die Steuer für das vorangegangene Kalenderjahr mehr als EUR 6.136, ist der Kalendermonat Voranmeldungszeitraum. Beträgt die Steuer für das vergangene Kalenderjahr dagegen weniger als EUR 512, kann der Unternehmer von der Verpflichtung zur Abgabe einer Voranmeldung und zur Entrichtung von Vorauszahlungen befreit werden. Bei erstmaliger Ausübung der Option zur Umsatzsteuer ist der Kalendermonat Voranmeldungszeitraum.

[361] R 255 Abs. 1 UStR.

[362] R 255 Abs. 4 UStR.

[363] *Weimann/Raudszus*, UR 1997, 467.

[364] BMF BStBl. I 2004, 1129.

[365] *Nieskoven*, Gestaltende Steuerberatung 2006, 438 ff.

auch dann, wenn der Verwalter seine Aufgaben von einem anderen Ort aus wahrnimmt.

699   Die Vermietung und Verpachtung des Sondereigentums durch die einzelnen Wohnungs- bzw. Teileigentümer erfolgt i. d. R. vom Ort des Wohnsitzes aus. Die Besteuerung erfolgt somit durch die entsprechenden Wohnsitzfinanzämter.

700   **dd) Zusammenfassung**

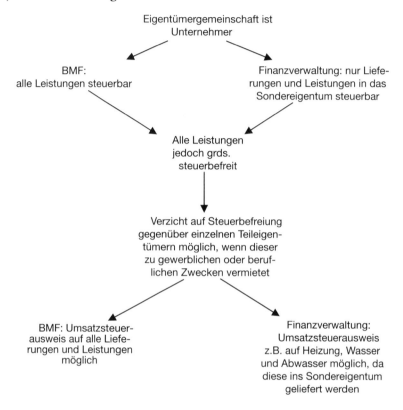

9. Veräußerungszustimmung

701   In der Gemeinschaftsordnung der Eigentümergemeinschaft kann geregelt werden, dass die Veräußerung des Wohnungseigentums der Zustimmung anderer Wohnungseigentümer oder eines Dritten bedarf, § 12 Abs. 1 WEG. Hiervon wird in der Praxis häufig derart Gebrauch gemacht, dass die Veräußerung von der Zustimmung des Verwalters abhängig gemacht wird. Bis zur Zustimmung ist dann das Rechtsgeschäft **schwebend unwirksam.**[366] Der Verwalter hat nur zu prüfen, ob ein **wichtiger Grund** besteht, der einer Zustimmung entgegenstehen könnte. Dieser wichtige Grund kann nicht in der Person des Veräußerers bestehen. Hat dieser beispielsweise Wohngeldrückstände, hindert dies die Zustimmung nicht. Der Versagungsgrund kann nur in der **Person des Erwerbers** bestehen. Da der Grund wichtig sein muss, darf die Zustimmung verweigert werden, wenn der Erwerber über eine schwache **Bonität** verfügt, so

---

[366] OLG Hamm ZMR 2001, 840; OLG Köln NJW-RR 1996, 1296; *Hügel* in Bamberger/Roth, BGB, § 12 WEG Rdn. 12; *Schneider* in Riecke/Schmid, WEG, § 12 Rdn. 73.

dass die Gefahr besteht, dass dieser das lfd. Wohngeld nicht ordnungsgemäß entrichten wird. Dieser Grund wird aber in der Praxis kaum relevant sein. Entweder bezahlt der Käufer die Wohnung mit Eigenkapital, was solchen Annahmen entgegensteht, oder er finanziert den Kaufpreis ganz oder teilweise über ein Kreditinstitut. Wenn ein Kreditinstitut bereit ist, Kredit zu gewähren, hat dieses die Bonität des Erwerbers geprüft, so dass für eine eigene weitergehende Prüfung des Verwalters kaum Raum ist. Somit bleibt die Frage der ausreichenden Bonität i. d. R. ein theoretisches Problem. Sie wäre aber denkbar, wenn die Wohnung beispielsweise verschenkt wird. Darüber hinaus kann die Verweigerung ausgesprochen werden, wenn in der Person des Erwerbers wichtige Gründe liegen, z. B., dass er ein **Querulant** ist. Aber auch diese Erkenntnis wird der Verwalter kaum objektiv ziehen können. Denkbar ist dies beispielsweise, wenn gegen den Erwerber, der in diesem Objekt bereits eine weitere Eigentumswohnung besitzt, wegen seines Verhaltens ein Entziehungsverfahren nach § 18 WEG eingeleitet wurde. Die Streitsucht des Erwerbers muss **nachweisbar** sein. Meinungsverschiedenheiten zwischen dem Erwerber und einem Wohnungseigentümer reichen hierzu in der Regel nicht aus.[367] Die Streitsucht muss die Prognose rechtfertigen, dass sich der Erwerber nicht in die Gemeinschaft eingliedern wird.

Ist der Verwalter unsicher, ob er die Zustimmung erteilen soll, kann er hierzu eine **702** Eigentümerversammlung einberufen. Lehnen die Wohnungseigentümer die Zustimmung ab (Negativbeschluss), ist der Verwalter an die Weisung gebunden.[368]

Wegen dieser geringen Möglichkeiten, die Zustimmung zu verweigern, ist die Veräußerungsbeschränkung nach § 12 Abs. 1 WEG im Grunde eine Farce. Dies hat der **703** Gesetzgeber offensichtlich auch erkannt und durch den 2007 in das Gesetz eingefügten § 12 Abs. 4 WEG die Befugnis der Wohnungseigentümer eröffnet, die Veräußerungsbeschränkung gem. Abs. 1 durch Stimmenmehrheit wieder aufheben zu können. § 12 Abs. 4 WEG regelt somit einen Fall des satzungsändernden Beschlusses.

Auch wenn die Prüfungsmöglichkeiten des Verwalters eingeschränkt sind, ist die Veräußerungsbeschränkung durchaus sinnvoll. Die Zustimmungspflicht stellt für den Ver- **704** walter sicher, dass er von Veräußerungsvorgängen Kenntnis erhält und nicht Gefahr läuft, die falsche Person zur Eigentümerversammlung einzuberufen. Zumindest besteht Anlass, den Zeitpunkt des Eigentumsübergangs festzuhalten.

Hat der Verwalter **begründete Zweifel** an der Bonität des Erwerbers, muss er die **705** Zustimmung verweigern. Dies kann dann der Fall sein, wenn der Erwerber Mieter der Eigentumswohnung und mehrfach mit der Miete rückständig war.[369] Ebenso sind begründete Bonitätszweifel angebracht, wenn der säumige Wohnungseigentümer die Wohnung an eine ihm nahestehende Person mit Sitz im Ausland veräußert und anzunehmen ist, dass dies nur geschieht, um sich dem Zugriff der Wohnungseigentümergemeinschaft zu entziehen.

Ist der **Verwalter selbst** der **Erwerber,** darf und muss der Verwalter trotzdem zu- **706** stimmen. Nach herrschender Auffassung findet § 181 BGB keine Anwendung.[370] Zustimmungspflichtig ist der gewählte Verwalter. Da das Verwalteramt nicht einseitig übertragen werden kann, reicht die Zustimmung des Rechtsnachfolgers des Verwalters nicht aus.[371]

Der Verwalter hat grundsätzlich keinen Anspruch darauf, Einsicht in den **Kaufver-** **707** **trag** zu erhalten. Er kann die Vorlage des Kaufvertrags somit auch nicht zur Bedingung

---

[367] OLG Franfurt NZM 2006, 380.
[368] AG Siegburg ZMR 2009, 82; bestätigend LG Köln v. 28. 8. 2008 – 29 T 34/08.
[369] OLG Köln NJW-RR 1996, 1296.
[370] KG MietRB 2004, 176; OLG Düsseldorf MDR 1985, 58 = NJW 1985, 390; *Kreuzer* in Staudinger, BGB, § 12 WEG Rdn. 43; *Schneider* in Riecke/Schmid, WEG, § 12 Rdn. 82.
[371] OLG Köln ZMR 2006, 385.

seiner Zustimmungserklärung machen. Der Verwalter genehmigt nicht den Kaufvertrag, sondern die Person des Erwerbers.[371a] Etwas anderes gilt nur dann, wenn die **Gemeinschaftsordnung** die Vorlage des Kaufvertrags an den Verwalter vorsieht.[372] Dann kommt der Verwalter mit der Veräußerungszustimmung solange nicht in Verzug, als ihm der Kaufvertrag nicht zur Einsicht überlassen wird.

708   Der Verwalter hat die Zustimmung in **grundbuchmäßiger Form** zu erteilen. Er muss somit seine Zustimmungserklärung notariell beglaubigen lassen. Dazu muss er seine Verwalterstellung ebenfalls in notariell beglaubigter Form nachweisen. Hierzu genügt es, dass er das Protokoll der Eigentümerversammlung, in der er bestellt wurde, in notariell beglaubigter Form von den hierzu bestimmten Personen unterzeichnen lässt. Das Gleiche gilt für seine Wiederwahl. Der Verwalter hat diese Unterschriftsbeglaubigungen schon prophylaktisch nach seiner Bestellung einzufordern. Andernfalls könnte ein Veräußerungsvorgang erheblich verzögert werden, weil der Verwalter zunächst seine Bestellung in grundbuchmäßiger Form nachweisen müsste. Die hierdurch bedingten Verzögerungen können von dem Verkäufer als **Verzugsschaden** geltend gemacht werden.[373] Der Verwalter muss somit unverzüglich handeln und, wenn keine Einwendungen in der Person des Erwerbers vorliegen, die Zustimmung erteilen. Die verzögerte Veräußerungszustimmung stellt dann keine Pflichtverletzung dar, wenn vom Verwalter fälschlicherweise die Zustimmung zum Vertrag und nicht zur Person des Erwerbers verlangt wird.[374]

Der Verwalter kann ein Zusatzhonorar für seine Zustimmungserklärung beanspruchen, wenn dies im Verwaltervertrag vorgesehen ist (s.o. Rdn. 385).

709   Grundsätzlich ist der Verwalter nicht daran gehindert, bei der Veräußerung von Wohnungen als **Makler** aufzutreten. Diese Möglichkeit besteht aber nicht, wenn er gleichzeitig der Zustimmungsberechtigte bzw. -verpflichtete gem. § 12 Abs. 1 WEG ist. Dann befindet sich der Makler in einer **Interessenkollision.** Als Makler ist er am wirksamen Zustandekommen des Vertrags interessiert. Dieses Interesse muss sich mit seiner **Prüfungspflicht** gem. § 12 Abs. 1 WEG nicht decken. Auf Grund der sich hieraus ergebenden Interessenkollision verliert der Makler seinen Honoraranspruch und kann gleichzeitig als WEG-Verwalter fristlos abberufen werden, weil er eine solche Interessenkollision herbeigeführt hat.

10. Vermietungszustimmung

710   In einzelnen Gemeinschaftsordnungen ist vorgesehen, dass die Vermietung des Sondereigentums die Zustimmung des Verwalters erfordert. In diesem Fall darf der Verwalter die Zustimmung nur verweigern, wenn in der Person des Mietinteressenten eine **mangelnde persönliche Zuverlässigkeit** gesehen werden kann[375] oder eine **zweck- oder vereinbarungswidrige Nutzung** beabsichtigt ist.[376] Diesbezüglich unterscheiden sich die Versagungsgründe nicht von denen der Veräußerungszustimmung. Da der Vermieter das Solvenzrisiko des Mietinteressenten trägt, muss der Verwalter aber nicht die finanzielle Leistungsfähigkeit des Mietinteressenten prüfen. Selbst wenn Anhaltspunkte für eine mangelnde Leistungsfähigkeit vorliegen sollten, kann der Verwalter die Zustimmung diesbezüglich nicht verweigern, obschon ein entsprechender Hinweis an

---

[371a] OLG Schleswig ZMR 2006, 964 f.

[372] OLG Hamburg ZMR 2004, 850 = MietRB 2005, 125.

[373] OLG Düsseldorf MietRB 2004, 18.

[374] OLG Schleswig ZMR 2006, 964.

[375] Siehe den Rechtsprechungsüberblick zum Begriff der persönlichen Zuverlässigkeit bei *Fritsch* in Köhler/Bassenge, AHB Wohnungseigentumsrecht, Teil 17, Rdn. 62 ff; *Schneider* in Riecke/ Schmid, WEG, § 12 Rdn. 110 ff.

[376] BayObLG NJW-RR 1988, 17 = ZMR 1988, 106.

den Vermieter angezeigt ist.[377] Der Verwalter kann sich **schadensersatzpflichtig** machen, wenn er die in der Gemeinschaftsordnung vorgesehene Vermietungszustimmung ohne wichtigen Grund verweigert.

Der Schadensersatzanspruch ist von dem betroffenen Wohnungseigentümer gegen die   **711**
Eigentümergemeinschaft zu richten, die generell Inhaberin der gemeinschaftsbezogenen Forderungen und Verbindlichkeiten ist. Soweit § 27 Abs. 2 WEG auch Aufgaben des Verwalters in der Rechtsbeziehung zu den Wohnungseigentümern vorsieht, ist die Summe der Wohnungseigentümer gemeint. § 27 Abs. 2 WEG sieht keine Tätigkeitsverpflichtung des Verwalters für den einzelnen Wohnungseigentümer vor.

Die Vermietungszustimmung liegt **im Interesse der Wohnungseigentümer,** um   **712**
eine gewisse Homogenität der Hausgemeinschaft zu erhalten und zweckwidrige Nutzungsformen zu vermeiden. Daher liegt eine **gemeinschaftsbezogene Aufgabe** vor, bei deren Verletzung durch den Verwalter die **Eigentümergemeinschaft** gegenüber dem einzelnen Wohnungseigentümer **haftet.** Der rechtsfähige Verband kann dann beim Verwalter Regress nehmen.

---

[377] Vgl. hierzu die Anm. v. *Hogenschurz* zur Entscheidung BayObLG, MietRB 2004, 83.

XII. Verwalterhaftung

1. Grundzüge des Haftungsrechts

713   Unter der Verwalterhaftung wird die Verpflichtung des Verwalters verstanden, einen dem rechtsfähigen Verband und/oder den Wohnungseigentümern durch eine Verletzung von Verwalterpflichten entstandenen Schaden ersetzen zu müssen.[1] Die den Verwalter treffenden Pflichten und somit auch die Möglichkeit entsprechender Pflichtverletzungen sind vielseitig daher nicht abschließend aufzählbar. Dementsprechend weitreichend und unübersichtlich ist die Kasuistik. Über die Haftung des Verwalters trifft das Wohnungseigentumsgesetz – einmal abgesehen von § 49 Abs. 2 WEG – keine besonderen Regelungen. Daher gelten die allgemeinen Bestimmungen des BGB.

714   **a) Bestellungs- und Anstellungsrechtsverhältnis.** Nach verbreiteter Ansicht wird die Verwalterhaftung regelmäßig als Vertragshaftung eingestuft, die an den Verwaltervertrag als Geschäftsbesorgungsvertrag (§§ 675, 611, 631 BGB) und an die durch seinen Abschluss begründeten vertraglichen Pflichten anknüpft.[2] Nur sofern ausnahmsweise kein oder kein rechtswirksamer Verwaltervertrag zustande gekommen ist, wird die Haftung des Verwalters von dieser Meinung auf das durch den organschaftlichen Bestellungsakt geschaffene gesetzliche Schuldverhältnis (Amtsverhältnis) zwischen dem Verwalter und der rechtsfähigen Wohnungseigentümergemeinschaft gestützt.[3]

715   Diese bislang h.M. überzeugt seit der Anerkennung der Rechtsfähigkeit der Wohnungseigentümergemeinschaft bereits im Ansatz nicht mehr. Zwar ist es zutreffend, den Verwaltervertrag als Geschäftsbesorgungsvertrag anzusehen[4], da der gewerbliche Verwalter entgeltliche Geschäftsbesorgungen i.S. des § 675 BGB erbringt und zwar überwiegend Dienstleistungen (§§ 611 ff. BGB), zum Teil – Erstellung von Wirtschaftsplan und Jahresabrechnung (s. § 28 WEG) – aber auch Leistungen von werkvertraglichem Charakter (§§ 631 ff. BGB). Nach der Aufnahme der Wohnungseigentümergemeinschaft in den Kreis der rechtsfähigen Verbände, die dem WEG-Verwalter eine echte Organstellung verleiht, sollte die h.M. jedoch überdacht werden. Nachdem sich auch im Wohnungseigentumsrecht die im Gesellschaftsrecht geltende Trennungstheorie durchgesetzt hat mit der Folge, dass Organstellung und Anstellungsverhältnis jeweils nach eigenen Regeln zu beurteilen sind[5], und insbesondere die Bestellung zum Verwalter den Abschluss eines schuldrechtlichen Verwaltervertrags nicht erfordert, kann es nicht mehr überzeugen, die Verwalterhaftung grundsätzlich in einer Vertragshaftung zu sehen.[6] Nicht erst nach Abschluss eines Verwaltervertrages kann der WEG-Verwalter in die Haftung geraten, sondern auch für Pflichtverletzungen bezüglich seiner aus der Organstellung (Bestellungsrechtsverhältnis) resultierenden Aufgaben und Pflichten. Diese stellt ebenfalls ein Schuldverhältnis i.S.d. § 280 Abs. 1 BGB dar.[7]

716   Das Bestellungsrechtsverhältnis (Amtsverhältnis) besteht unmittelbar zwischen dem konkret bestellten Verwalter (Amtswalter) und dem rechtsfähigen Verband, begründet

---

[1] *Gottschalg,* Die Haftung von Verwalter und Beirat, Rdn. 57.

[2] Aus der älteren Rspr. BGHZ 131, 346, 352 = NJW 1996, 1216; NJW 1992, 182, 183.

[3] Vgl. *Gottschalg,* Die Haftung von Verwalter und Beirat, Rdn. 58, 67; aus der neueren Rechtsprechung OLG Oldenburg ZMR 2008, 238.

[4] Unzutreffend *Röll/Sauren,* Handbuch WEG, Rdn. 471, wo die Haftung auf Auftragsrecht (§§ 662 ff. BGB) gestützt wird, was nur für den unentgeltlichen Verwalter (Eigentümerverwalter) richtig ist, vgl. BGH NJW 1996, 1216; LG Berlin ZMR 2009, 393.

[5] *Armbrüster* in FS Wenzel, S. 85, 89.

[6] Zutreffend und überzeugend *Jacoby,* Das private Amt, S. 568 f.

[7] *Häublein,* ZWE 2008, 80; *Jacoby,* Das private Amt, S. 569.

für den Verwalter aber auch Pflichten und Schutzwirkungen zugunsten Dritter[8] (§ 328 BGB) bzw. für Dritte, namentlich die Wohnungseigentümer als Verbandsmitglieder.[9] Beide Rechtsinstitute[10] können nicht nur für Vertragsverhältnisse Geltung beanspruchen, sondern auch für das Bestellungsrechtsverhältnis. Festzuhalten ist somit, dass aus der Bestellung in das Amt (§ 26 Abs. 1 WEG) sowohl unmittelbare Verpflichtungen des WEG-Verwalters dem Verband gegenüber als auch solche im Verhältnis zu den Wohnungseigentümern resultieren.[11]

An eine vertragliche Haftung ist zu denken, wenn ein Bestellungsrechtsverhältnis gar **717** nicht, noch nicht oder nicht mehr besteht, was in der Praxis der Ausnahmefall ist, weil – trotz der Trennungstheorie – der Beschluss über den Abschluss bzw. die Ermächtigung zum Abschluss[12] des Verwaltervertrages noch immer gleichzeitig als Bestellungsakt verstanden wird. Im Regelfall ist davon auszugehen, dass eine Pflichtverletzung des Verwalters sowohl eine Verletzung des Bestellungsrechtsverhältnisses als auch des Anstellungsrechtsverhältnisses darstellt und eine entsprechende Anspruchskonkurrenz[13] aus gesetzlicher und vertraglicher Haftung besteht, jedenfalls insoweit, als organschaftliche (gesetzliche) und vertragliche Pflichten sich decken. Etwas anderes kann gelten, wenn im Verwaltervertrag seitens des Verwalters Verpflichtungen mit rechtsdienstleistender Relevanz eingegangen werden, die entweder über die gesetzlichen (organschaftlichen) Pflichten der juristischen Verwaltung hinausgehen oder diese in ihrem Umfang oder in ihrer Tiefe ergänzen bzw. modifizieren. In einem solchen Fall stellt das Anstellungsrechtsverhältnis bzw. die verletzte Pflicht das speziellere Schuldverhältnis gem. § 280 Abs. 1 BGB dar und die Vertragshaftung die insoweit speziellere – ggf. alleinige – Anspruchsgrundlage. Denn obwohl nach der Trennungstheorie die Bestellung die alleinige Voraussetzung für die Amtseinsetzung bildet, ist nicht zu verkennen, dass vertragliche Abreden spezieller sein können als gesetzliche Regelungen. Im Ergebnis kommt dem Verwaltervertrag eine Ergänzungsfunktion hinsichtlich des Bestellungsrechtsverhältnisses zu.[14]

Die ebenfalls denkbare Haftung des Verwalters bei Fehlen oder Erlöschen eines **718** Bestellungs- und Anstellungsrechtsverhältnisses, z.B. aus unerlaubter Handlung i.S. der §§ 823 ff. BGB oder nach § 179 BGB, soll an dieser Stelle nicht untersucht werden.[15]

b) Pflichtverletzung. Wenn Wohnungseigentümer oder der Verband vom Verwal- **719** ter Schadensersatz verlangen, kommt es zunächst auf das Vorliegen einer Pflichtverletzung des Verwalters an. Eine solche kann nur in Betracht kommen, wenn sich das Bestehen einer aus dem Bestellungsrechtsverhältnis oder den Verwaltervertrag folgenden konkreten Pflicht zu einem bestimmten Handeln, Dulden oder Unterlassen feststellen lässt (vgl. § 241 BGB). Ohne eine solche konkrete Pflicht gibt es keine Pflichtverletzung.

Eine **allgemeine Pflicht**, bei der gewerbsmäßigen Verwaltung von Wohnungseigen- **720** tum Sorgfalt walten zu lassen, ist dem Zivilrecht fremd. Daraus ergibt sich die Notwendigkeit, Inhalt und Umfang der jeweils in Rede stehenden Pflicht, etwa zur Beschlussergebnisermittlung (unten Rdn. 578 ff.) oder zur rechtlichen Information (unten Rdn. 597) im Einzelfall genau zu definieren.

---

[8] OLG München ZMR 2007, 480 = NZM 2007, 448.

[9] Dazu *Häublein,* ZWE 2008, 1 ff.; 80 ff.

[10] Zusammenfassend BGHZ 133, 168, 170 ff. = NJW 1996, 2927; *Zugehör,* NJW 2008, 1105.

[11] *Häublein,* ZWE 2008, 80, 82.

[12] Dazu und gegen die bisher herrschende Praxis *Hügel,* ZMR 2008, 1, 2 ff.

[13] Kritisch *Jacoby,* Das private Amt, S. 545.

[14] Vgl. *Jacoby,* Das private Amt, S. 544 f.

[15] S. dazu *Gottschalg,* Die Haftung von Verwalter und Beirat, Rdn. 61 ff.; *Merle* in Bärmann, § 27 Rdn. 272 ff.

721   Eine Pflichtverletzung kann nicht nur durch ein **aktives Tun** (Handeln) begangen werden, sondern auch durch ein passives **Dulden** oder **Unterlassen** (vgl. § 241 BGB). Eine Pflichtverletzung durch Unterlassen hat zur Voraussetzung, dass eine Pflicht zum Handeln bestand, der Geschädigte also gegen den Schädiger darauf einen Anspruch hatte (vgl. § 194 Abs. 1 BGB). Eine Amtspflichtverletzung ist anzunehmen, wenn der WEG-Verwalter durch eine von ihm erbrachte oder pflichtwidrig unterlassene Rechtsdienstleistung oder Rechtsinformation gegen seine aus dem Bestellungsakt folgenden organschaftlichen (gesetzlichen) Pflichten verstößt.[16] Vertragliche Schadenersatzansprüche kommen dem Grunde nach in Betracht, wenn der Verwalter durch eine von ihm erbrachte oder pflichtwidrig unterlassene Rechtsdienstleistung oder Rechtsinformation gegen seine vertraglichen Verpflichtungen verstößt. Dies kann eine Hauptpflicht oder eine vertragliche Nebenpflicht sein, wobei letztere nicht notwendig ausdrücklich im Vertrag geregelt sein muss, sondern sich auch aus einer ergänzenden Vertragsauslegung (§§ 675, 666 BGB)[17] oder dem Gebot von Treu und Glauben (§ 242 BGB) als Nebenpflicht ergeben kann.[18]

722   Seit der Schuldrechtsmodernisierung zum 1. 1. 2002[19] ist allgemeine **Haftungsnorm** (Anspruchsgrundlage) sowohl für eine Verletzung des durch den Bestellungsakt (§ 26 Abs. 1 WEG) begründeten gesetzlichen Schuldverhältnisses (Bestellungsrechtsverhältnis) als auch des vertraglichen Schuldverhältnisses (Verwaltervertrag) § 280 Abs. 1 BGB.[20] Die Pflichtverletzung i.S. des § 280 Abs. 1 S. 1 BGB hat der Anspruchsteller dem Verwalter nachzuweisen. Im Prozess trifft ihn die volle **Darlegungs- und Beweislast**. Gelingt dieser Beweis, muss der WEG-Verwalter darlegen und beweisen, dass er die Pflichtverletzung nicht zu vertreten hat (vgl. § 280 Abs. 1 S. 2 BGB). Dass er seinerseits Rechtsrat eingeholt hat, entlastet ihn nicht, wenn dieser Rat (objektiv) nicht alle Umstände des Einzelfalles berücksichtigte und der Verwalter (subjektiv) trotz gegenteiliger **Rechtsauskünfte** damit rechnen musste, dass ein mit der Sache befasstes Gericht angesichts der Sach- und Rechtslage eine abweichende Ansicht vertreten könnte.[21] Eine Entlastung kann jedenfalls dem gewerbsmäßigen WEG-Verwalter selbst dann verwehrt sein, wenn der von ihm eingeholte Rechtsrat offenkundig rechtsfehlerhaft war, so dass er ihn nicht seiner eigenen Entscheidung hätte zugrunde legen dürfen (siehe dazu unten 2 h).

723   **c) Verschulden.** Haftungsansprüche setzen ein schuldhaftes Verhalten des Verwalters voraus. Die objektiv festgestellte Verletzung spezifischer Verwalterpflichten genügt nicht, um einen Schadensersatzanspruch zu begründen. Vielmehr muss dem Verwalter diese Pflichtverletzung vorgeworfen werden können. Im deutschen Zivilrecht gilt das Verschuldensprinzip. Der WEG-Verwalter haftet für eigenes Verschulden (§ 276 BGB) und für das Verschulden seiner **Erfüllungsgehilfen** (§ 278 BGB), das er sich wie eigenes Verschulden zurechnen lassen muss. Die Frage, wer als sein Erfüllungsgehilfe anzusehen ist, z.B. sogar ein von ihm wegen einer unklaren Rechtsfrage zu Rate gezogener Rechtsanwalt, hat für den Verwalter daher Bedeutung.

724   Nach allgemeinen zivilrechtlichen Grundsätzen haftet der Verwalter für **Vorsatz** und jede Art von **Fahrlässigkeit** (§ 276 BGB). Ist der Verwalter Kaufmann, so hat er die Sorgfalt eines ordentlichen Kaufmanns zu beachten (§ 347 HGB).[22] Im Verwaltervertrag

---

[16] Vgl. *Jacoby*, Das private Amt, S. 571.
[17] BGH MDR 1998, 208 mit Anm. *Riecke*.
[18] *Riecke,* MDR 1998, 209 in Anm. zu BGH MDR 1998, 208.
[19] Gesetz zur Modernisierung des Schuldrechts vom 26. 11. 2001 (BGBl. I S. 3138).
[20] Vgl. *Jacoby*, Das private Amt, S. 570; für den WEG-Verwalter *Gottschalg*, Die Haftung von Verwalter und Beirat, Rdn. 68.
[21] BGHZ 115, 253 = NJW 1992, 182, 183 unter III 6.
[22] BGHZ 131, 346, 353; *Gottschalg*, Die Haftung von Verwalter und Beirat, Rdn. 73.

kann die Haftung auf grobe Fahrlässigkeit und Vorsatz beschränkt werden.[23] Auch ohne eine solche Haftungsbeschränkung wird – beschränkt auf Prozesskosten – aus dem neuen **§ 49 Abs. 2 WEG** vereinzelt sogar eine generelle materiell-rechtliche Haftungsmilderung i.S.d. § 276 Abs. 1 BGB auf grobe Fahrlässigkeit gesehen mit der Konsequenz, dass der WEG-Verwalter für Prozesskosten, die Eigentümern oder der WEG entstanden sind, nur haftet, wenn sie durch von ihm in Folge mindestens grob fahrlässigen Verhaltens zu vertretende Pflichtverletzungen entstanden sind.[24] Vorsatz im Sinne des Zivilrechts erfordert, dass der Schädiger wissentlich und willentlich eine Pflicht verletzt und dadurch einen Schaden herbeiführt. Vorsätzliche Pflichtverletzungen eines WEG-Verwalters sind Ausnahmefälle. Für die Praxis relevant sind fahrlässige Pflichtverletzungen. Dazu gehören auch schuldhafte Irrtümer über Rechtsfragen (Rechtsirrtümer).[25] Fahrlässig handelt, wer die im Verkehr erforderliche Sorgfalt außer acht lässt (§ 276 Abs. 2 BGB).

Wie bei der Pflichtverletzung (oben Rdn. 719 ff.) gibt es auch auf der Ebene des **725** Verschuldens keine allgemeine Sorgfalt, die jedermann zu walten lassen hat. Es kommt vielmehr auf diejenige Sorgfalt an, die von einem gewerblich tätigen WEG-Verwalter im maßgeblichen Zeitpunkt des schädigenden Ereignisses (Pflichtverletzung) zu erwarten gewesen wäre. Es gilt ein **objektiver Fahrlässigkeitsmaßstab,** und zwar auch für Rechtsirrtümer.[26] In Bezug auf den WEG-Verwalter kommt es also auf den Verkehrskreis bzw. Berufsstand eines gewerbsmäßigen Verwalters von Wohnungseigentum an. Dieser Haftungsmaßstab ist von der Rechtsprechung anhand zahlreicher Einzelfälle nach und nach verwalterspezifisch ausgeformt worden.

Für die „juristische Verwaltung", d.h. rechtsdienstleistende Tätigkeiten i.S. des § 2 **726** Abs. 1 RDG oder zumindest mit einem haftungsrelevanten rechtlichen Bezug, wird angenommen, dass der gewerbliche WEG-Verwalter sich neben den kaufmännischen, technischen und organisatorischen Kenntnissen und Fertigkeiten auch die erforderlichen Rechtskenntnisse („Mindeststandard") verschaffen und erforderlichenfalls im Wege der Fortbildung aktualisieren muss.[27] Die weiteren Einzelheiten sind weitestgehend ungeklärt. *Gottschalg*[28] fordert, die rechtlichen Informations- und Hinweispflichten des Verwalters bei der Einberufung und Durchführung der Eigentümerversammlung nicht zu überspannen; der Verwalter müsse zwar die aktuelle obergerichtliche Rechtsprechung zum Wohnungseigentumsrecht kennen und diese Kenntnisse durch permanente Fortbildungen aktualisieren; von ihm könnten aber keine Rechtskenntnisse erwartet werden, über die nur ein Volljurist verfüge; deshalb dürfe vom Verwalter nicht die Beantwortung schwieriger rechtlicher Zweifelsfragen verlangt werden, die in Rechtsprechung und Literatur noch nicht geklärt sind.[29] Zur rechtlichen Beratung in der Eigentümerversammlung stellt *Gottschalg*[30] fest, die Grenzen der rechtlichen Prüfungs- und Hinweispflichten des Verwalters habe der BGH bereits mit seinem Beschluss vom 21. 12. 1995[31] anerkannt. Diese sehr allgemein gehaltenen Definitionen sollen für die fehlerhafte oder unterlassene Beschlussergebnisverkündung (unten Rdn. 755 ff.) und die fehlerhafte Rechtsberatung (unten Rdn. 783 ff.) weiter präzisiert werden.

---

[23] BGHZ 131, 346, 356; näher dazu *Gottschalg*, Die Haftung von Verwalter und Beirat, Rdn. 310 ff.

[24] So wohl nur *Suilmann* in Jennißen, WEG, § 49 Rdn. 30 ff; ablehnend die h. M., s. etwa *Riecke*, WE 2008, 148.

[25] BGHZ 131, 346; OLG Hamburg ZMR 2001, 134; DWE 1994, 148.

[26] OLG Hamburg ZMR 2001, 134, 136.

[27] Siehe *Gottschalg*, Die Haftung von Verwalter und Beirat, Rdn. 73.

[28] In FS Seuß (2007) S. 113 ff.

[29] *Gottschalg* in FS Seuß, S. 113, 122 f.

[30] A. a. O.

[31] BGHZ 131, 346 = NJW 1996, 1216. Dazu oben Teil 2 B.

727 **d) Schaden.** Ein vom Verwalter zu ersetzender Schaden wird oft in den Prozesskosten zu sehen sein, die ein durch eine fehlerhafte oder pflichtwidrig unterlassene Beschlussfeststellung ausgelöster Rechtsstreit verursacht hat. Erfasst sind insoweit Gerichts- und Rechtsanwaltskosten, die nach den allgemein anerkannten Grundsätzen zu erstatten sind (§ 91 Abs. 1 ZPO; §§ 49 Abs. 2, 50 WEG). Neben Prozesskosten kann als Schaden ein **Verzögerungsschaden** auf den WEG-Verwalter zukommen (vgl. §§ 280, 286, 249 BGB), z.B. eine verzögerte (verteuerte[32]) Instandsetzungsmaßnahme (unten Rdn. 739 ff.), die verpasste rechtzeitige Verfolgung eines Rechtsanspruchs in unverjährter Zeit[33] oder eine sonstige Vermögenseinbuße. Einen ersatzfähigen Schaden können auch Rechtsanwaltskosten darstellen, die ein Wohnungseigentümer aufgewendet hat, um die rechtswidrige bauliche Veränderung eines Miteigentümers zu verhindern, nachdem der WEG-Verwalter diesem – im verschuldeten Rechtsirrtum – die bauliche Maßnahme bewilligt hatte. Die Erstattung derartiger Kosten ist vom Schutzzweck der verletzten Verwalterpflicht umfasst.[34] Bei einem Verzugsschaden (§ 286 BGB) kommt es auf den **hypothetischen Verlauf** der Geschehnisse an, wenn die Pflichtverletzung unterblieben wäre. Bei einer pflichtwidrig verzögerten rechtlichen Aufklärung der Versammlung ist etwa von Bedeutung, innerhalb welchen Zeitraums die rechtliche Aufklärung der Eigentümer hätte erfolgen können.[35]

728 Probleme bei der **Beweisführung** können sich auf Seiten des Geschädigten ergeben bezüglich des Ursachenzusammenhangs zwischen der Pflichtverletzung und dem Schadenseintritt (haftungsausfüllende Kausalität).[36] Beweiserleichterungen, insbesondere ein Anscheinsbeweis, sind für Verträge mit rechtlichen Beratern anerkannt, wenn nach der Lebenserfahrung bei vertragsgemäßer Leistung des Rechtsberaters lediglich ein bestimmtes wirtschaftlich vernünftiges Verhalten des Geschädigten nahegelegen hätte.[37] So spricht etwa eine tatsächliche Vermutung dafür, dass ein richtig beratener Eigentümer berechtigte Mängelansprüche noch in unverjährter Zeit geltend gemacht hätte.[38]

729 **e) Anspruchsgegner.** Im Ausgangspunkt richtet sich die Verwalterhaftung gegen den WEG-Verwalter. Damit ist aber nicht ausgeschlossen, dass zusätzlich nicht eine Haftung der Wohnungseigentümergemeinschaft für schuldhafte Versäumnisse des Verwalters bestehen kann. Ist lediglich der Verwalter Anspruchsgegner, so hat dieser nicht nur eigenes Verschulden zu vertreten, sondern auch das Verschulden seiner Erfüllungsgehilfen (§ 278 BGB). Erfüllungsgehilfen des Verwalters sind diejenigen Personen, derer er sich bei der Erfüllung seiner Aufgaben und Pflichten bedient. Dies gilt insbesondere für angestellte oder sonstige Mitarbeiter der Verwaltung. So ist etwa ein Mitarbeiter, dem für das WEG-Konto eine EC-Karte mit Geheimzahl überlassen wird, Erfüllungsgehilfe des Verwalters in Bezug auf seine Pflicht, die Gemeinschaftskonten ordnungsgemäß zu verwalten.[39] Gleiches gilt für Mitarbeiter, denen der Verwalter die Leitung einer Eigentümerversammlung überträgt. Dem Verwalter werden Vorsatz und Fahrlässigkeit eines seiner Erfüllungsgehilfen als eigenes Verschulden zugerechnet.

730 Nicht um Erfüllungsgehilfen gem. § 278 BGB handelt es sich zumeist, wenn Dritte (z.B. Architekten, Ingenieure, Handwerker, Rechtsanwälte oder sonstige Sonderfachleute) vom Verwalter beauftragt werden. Denn die Vertragsverhältnisse kommen in der Regel nicht mit dem Verwalter zustande, sondern mit dem rechtsfähigen Verband.

---

[32] Fallgruppe des „weiter fressenden" Schadens.
[33] Vgl. dazu BGH MDR 1998, 208 mit Anm. *Riecke*; OLG München ZMR 2009, 629.
[34] BGHZ 115, 253 = NJW 1992, 182, 183.
[35] Vgl. BGHZ 131, 346, 355.
[36] BGH NJW 2008, 2647 Rdn. 12.
[37] Vgl. BGH NJW 2008, 2647 Rdn. 12.
[38] BGH MDR 1998, 208 mit Anm. *Riecke*.
[39] OLG München MDR 2007, 81.

Hierbei ist zu berücksichtigen, dass bei der **Instandsetzung** des gemeinschaftlichen Eigentums nicht der Verwalter selbst Verträge im eigenen Namen abschließen muss, sondern lediglich die Instandsetzungsmaßnahme zu organisieren hat.[40] Anderes kann gelten, wenn die Umstände des Einzelfalles ergeben, dass der Verwalter im eigenen Namen Verträge abschließt, wovon aber im Regelfall nicht auszugehen ist, da er sowohl für den Verband als auch für die Wohnungseigentümer fremde Interessen wahrzunehmen hat. Auch wenn einzelne Auftragnehmer des Verbandes keine Erfüllungsgehilfen des Verwalters sind, kann dieser gleichwohl verpflichtet sein, offenkundige Beratungsfehler etwa eines Rechtsanwalts oder Architekten zu erkennen und die Wohnungseigentümer entsprechend zu informieren.[41] Den **Rechtsirrtum** eines Rechtsanwaltes etwa, an dessen rechtliche Beurteilung ein Verwalter seine uneingeschränkte Zustimmungserklärung zur Veräußerung einer Wohnung geknüpft hat, soll sich der Verwalter jedenfalls dann wie das Verschulden eines Erfüllungsgehilfen zurechnen lassen müssen, wenn der Rechtsirrtum aufgrund fehlerhafter Einschätzung einer eindeutigen Rechtslage vermeidbar war.[42]

Bei der Frage nach der Haftung für den Verwalter wurde bis zur Entdeckung der **731** Rechtsfähigkeit des Verbandes zumeist nur über eine Haftung der Wohnungseigentümer nachgedacht. Danach hafteten die Wohnungseigentümer Dritten gegenüber gem. § 278 BGB für ein Verschulden des Verwalters, wenn dieser als ihr Erfüllungsgehilfe bei der Eingehung oder Abwicklung eines Vertrages tätig war. Daneben hafteten die Eigentümer Dritten gegenüber gem. § 831 BGB für vom Verwalter im Zusammenhang mit der Verwaltertätigkeit begangene unerlaubte Handlungen, insbesondere wegen Verletzung von Verkehrssicherungspflichten. Diesbezüglich war den Eigentümern die **Exkulpationsmöglichkeit** gem. § 831 Abs. 2 BGB eröffnet. Eine Organhaftung der Wohnungseigentümer für den Verwalter gem. § 31 BGB wurde verneint.[43] Seitdem die Rechtsfähigkeit der Wohnungseigentümergemeinschaft anerkannt ist, muss angenommen werden, dass der Verwalter ein echtes Organ im verbandsrechtlichen Sinne ist, wenngleich mit lediglich minimaler organschaftlicher Funktionsausausstattung. Dies dürfte zur direkten Anwendbarkeit der §§ 31, 89 BGB führen, wenn und soweit Dritten Schäden entstehen, die auf pflichtwidrige Versäumnisse des Verwalters zurückzuführen sind.[44] Geht es nicht um die Haftung für den Verwalter Dritten gegenüber, sondern um die Haftung im Innenverhältnis der Wohnungseigentümer untereinander, ist weithin anerkannt, dass der Verwalter weder Erfüllungs- noch Verrichtungsgehilfe und auch nicht Organ i. S. des § 31 BGB ist.[45]

Bei einem fehlerhaften rechtlichen Hinweis oder Rat trifft eine etwaige Haftung aus- **732** schließlich den Verwalter, nicht den Verband, denn dieser schuldet den Eigentümern keine Rechtsberatung. Der Verwalter haftet jedem Eigentümer, dem durch ein pflichtwidrig verkündetes Beschlussergebnis ein Schaden entsteht, für eigenes Verschulden. Erfüllungsgehilfe (§ 278 BGB) der anderen Eigentümer ist er nicht, denn kein Eigentümer bedient sich in der Versammlung der Hilfe des Verwalters bei einer ihm im Innenverhältnis zu den anderen Eigentümern obliegenden Verbindlichkeit. Die Eigentümer schulden bei der versammlungsspezifischen Diskussion und Beratung einander

---

[40] BayObLG, NJW-RR 1992, 1102; *Niedenführ* in Niedenführ/Kümmel/Vandenhouten, WEG, § 27 Rdn. 96.

[41] Vgl. BGHZ 115, 253, 260 = NJW 1992, 182.

[42] OLG Hamburg DWE 1994, 148, 151.

[43] Nachweise bei *Niedenführ* in Niedenführ/Kümmel/Vandenhouten, WEG, § 27 Rdn. 114.

[44] *Merle* in Bärmann, § 27 Rdn. 305; a. A. *Niedenführ* in Niedenführ/Kümmel/Vandenhouten, WEG, § 27 Rdn. 114, wohl noch zur alten Rechtslage.

[45] *Niedenführ*, a. a. O. Zum Erfüllungsgehilfen s. KG ZMR 2005, 402; OLG Düsseldorf ZMR 1999, 423.

keine rechtliche Unterstützung, sondern haben bis zur Grenze des Stimmrechtsmissbrauchs das Recht, eigene (private) rechtliche Interessen zu verfolgen und zur Grundlage ihrer individuellen Stimmabgabe zu machen, ohne auf das Gesamtinteresse, das Verbandsinteresse oder die Einzelinteressen anderer Eigentümer zu achten.[46]

2. Die Haftungstatbestände im Einzelnen

733 **a) Durchführung von Beschlüssen.** Nach § 27 Abs. 1 Nr. 1 WEG ist der Verwalter sowohl gegenüber den Wohnungseigentümern als auch gegenüber dem Verband berechtigt und verpflichtet, Beschlüsse der Wohnungseigentümer durchzuführen. Der Eigentümerbeschluss ist das kollektive Regelungsinstrument zur rechtsverbindlichen Willensbildung im Innenverhältnis der Eigentümer und für das Außenverhältnis. Die Rechtsverbindlichkeit des Beschlusses gilt für alle aktuellen und künftigen Wohnungseigentümer (§ 10 Abs. 4 WEG). Die Beschlussdurchführung zählt zu den wesentlichen Vollzugspflichten des Verwalters. Wegen Inhalt und Umfang siehe oben Rdn. 389ff. und 478ff.

734 § 27 Abs. 1 Nr. 1 WEG nennt keine Vollzugsfrist. Daher ist die Durchführungspflicht im Zweifel **sofort fällig**, also mit Verkündung des Beschlussergebnisses. Dies bedeutet freilich nicht, dass der Verwalter unmittelbar nach der Versammlung mit der Beschlussdurchführung beginnen muss, es sei denn, im Beschlussantrag ist ausdrücklich etwas anderes angeordnet, etwa die Annahme eines Angebots innerhalb einer zeitnah ablaufenden Annahmefrist. Fehlt es an einer derartigen Fristsetzung, ist davon auszugehen, dass die Beschlussdurchführung **unverzüglich**, d. h. ohne schuldhaftes Zögern (s. § 221 Abs. 1 S. 1 BGB) zu erfolgen hat. Führt der Verwalter Eigentümerbeschlüsse nicht unverzüglich aus und entsteht dem Verband oder einzelnen Eigentümern hierdurch ein Verzögerungsschaden, macht sich der Verwalter haftbar. Umgekehrt macht er sich nicht haftbar, wenn er angefochtene aber noch nicht für ungültig erklärte Beschlüsse umsetzt.[47] Hat der Verwalter **rechtliche Bedenken** gegen den Beschluss, soll er hierauf hinweisen. Er kann sich auch ausdrücklich anweisen lassen, den Beschluss trotz seiner Bedenken auszuführen.[48] Der Verwalter kann sich nur schadensersatzpflichtig machen, wenn er bei eindeutiger Rechtswidrigkeit des Beschlusses auf keine Bedenken hinweist und trotz irreparabler Folgen den Beschluss sofort umsetzt.[49] Allerdings müssen sich die Wohnungseigentümer im Zweifel ein Mitverschulden anrechnen lassen.

735 **Nichtige Beschlüsse** sind im rechtlichen Sinne keine Beschlüsse, so dass auch eine Durchführungspflicht nicht bestehen kann. Führt der Verwalter nichtige Beschlüsse durch und entsteht Verband und/oder Eigentümern hierdurch ein Schaden, kann ebenfalls eine Verwalterhaftung eintreten, jedenfalls dann, wenn die Beschlussnichtigkeit bei pflichtgemäßem Verhalten erkennbar gewesen wäre. Hierbei ist aber zu berücksichtigen, dass die Abgrenzung zwischen nichtigen und lediglich rechtswidrigen (anfechtbaren) Beschlüssen teilweise rechtlich sehr schwierig sein kann.[50]

736 Mangels besonderer Weisungen im Beschluss oder besonderer Einzelfallumstände liegt es im pflichtgemäßen Ermessen des Verwalters, wie schnell er einen Beschluss durchführt. Bei der Beurteilung, wann er tätig wird, sollte sich der Verwalter vor allem daran orientieren, ob durch eine Verzögerung Schäden entstehen können. Dies ist häufig der Fall bei der Verzögerung von Baumaßnahmen, sei es durch einen weiter fressenden Schaden, sei es durch steigende Preise, oder auch beim Verpassen juristisch er-

---

[46] BGH NJW 2002, 3704, 3707.

[47] BGH NZM 2000, 184; vgl. zur Haftung des Verwalters auch *Bauriedel*, ZMR 2006, 252ff.

[48] So auch *Merle* in Bärmann, WEG, § 27 Rdn. 20; *Müller*, WE 1994, 7.

[49] Ebenso *Gottschalg*, Haftung, Rdn. 321.

[50] Vgl. bereits *Müller*, WE 1994, 7ff.; *Wenzel*, WE 1998, 455; sowie *Merle* in Bärmann, WEG § 27 Rdn. 14ff.

forderlicher Maßnahmen, z. B. der Geltendmachung von Ansprüchen zur Verjährungshemmung oder Abwendung sonstiger Rechtsnachteile.

b) Durchführung der Hausordnung. Nach § 27 Abs. 1 Nr. 1 WEG ist der Ver **737** walter berechtigt und verpflichtet, für die Durchführung der Hausordnung zu sorgen. Diese Pflicht ist ebenso wie die Durchführungspflicht von Beschlüssen Ausdruck der Rechtsstellung des Verwalters als Vollzugsorgan im Innenverhältnis der Wohnungseigentümer. Auch Dritten gegenüber kann sich die Verpflichtung auswirken, etwa störenden Mietern oder sonstigen Wohnungsnutzern gegenüber. Von der gesetzlichen Verpflichtung umfasst sind sowohl Maßnahmen tatsächlicher als auch rechtsgeschäftlicher Art, wobei letztere ohne besondere Ermächtigung (s. § 27 Abs. 3 S. 1 Nr. 7 WEG) nicht die gerichtliche Geltendmachung von Ansprüchen umfasst (wegen weiterer Einzelheiten s. o. Rdn. 394 ff.).

Pflichtverletzungen des Verwalters bzgl. der Hausordnung werden selten zu Scha **738** densersatzansprüchen führen. Denkbar ist dies gleichwohl. Zu denken ist etwa an **Mietausfallschäden** (Mietminderungen), die auf Verstöße gegen die Hausordnung zurückzuführen sind. Gehen Störungen von Mietern eines Wohnungseigentümers aus, so kann der Verwalter zunächst auf den vermietenden Wohnungseigentümer einwirken, der gesetzlich dazu verpflichtet ist, dafür zu sorgen, dass seine Mieter vom Sondereigentum und dem gemeinschaftlichen Eigentum nur in einer solchen Weise Gebrauch machen, dass dadurch keine Störungen des Gemeinschaftsverhältnisses auftreten (vgl. § 14 Nr. 2 WEG).[51] Für **gerichtliche Schritte** bedarf es grundsätzlich der Verwalterermächtigung gem. § 27 Abs. 3 S. 1 Nr. 7 WEG, da der WEG-Verwalter keine so weitreichende gesetzliche Vertretungsmacht besitzt. Beschließen die Eigentümer, dass auf einer bestimmten Gemeinschaftsfläche künftig keine Krafträder mehr abgestellt werden dürfen, so ermächtigt dieser Beschluss den Verwalter nicht, dort stehende Fahrzeuge abschleppen zu lassen. Er handelt dann in verbotener Eigenmacht.[52] Schadensersatzansprüche sind auch denkbar, wenn es infolge der Nichtdurchführung der Hausordnung zu Personenschäden kommt, etwa durch herab fallende Blumentöpfe, deren Anbringen an der Außenseite der Balkonbrüstungen nach der Hausordnung verboten ist.

c) Ordnungsmäßige Instandhaltung und Instandsetzung. Werden erforderli **739** che Maßnahmen der Instandhaltung und Instandsetzung des gemeinschaftlichen Eigentums hinausgeschoben (verzögert) oder gar gänzlich unterlassen, so können sich für einzelne Wohnungseigentümer Schadensersatzansprüche ergeben. Diese richten sich entweder gegen den Verwalter, einen Miteigentümer, den Verband oder auch gegen mehrere von ihnen. Am Anfang der Haftungskette steht zunächst der WEG-Verwalter. Er ist dazu verpflichtet, die Eigentümer über einen erkannten oder einen erkennbaren Instandsetzungsbedarf zu unterrichten und entsprechende Beschlüsse herbeizuführen. Verletzt er diese Pflichten, so kommt eine Haftung der Wohnungseigentümer oder des Verbandes regelmäßig (noch) nicht in Betracht, da sie seitens des Verwalters nicht in der erforderlichen Weise mit der Thematik befasst wurden.

Hat der Verwalter seine Pflichten zur Feststellung, Aufklärung und Herbeiführung **740** von Beschlüssen dagegen ordnungsmäßig erfüllt, so können die Wohnungseigentümer und/oder der rechtsfähige Verband in eine Schadensersatzpflicht geraten, wenn sie die Einleitung notwendiger Sanierungsmaßnahmen ablehnen. Da es insoweit auf die **Willensbildung** ankommt, sind zunächst die Wohnungseigentümer in der Pflicht. Aufgrund des zwischen ihnen bestehenden gesetzlichen Schuldverhältnisses (Gemein

---

[51] Zur Durchsetzung der WEG-Hausordnung gegenüber Eigentümern und Mietern s. *J.-H. Schmidt*, ZMR 2009, 325 ff.
[52] OLG München, ZMR 2005, 907; s. aber auch BGH NJW 2009, 2530 wonach derjenige verbotene Eigenmacht begeht, der sein Fahrzeug unbefugt auf einem Privatgrundstück abstellt.

schaftsverhältnis) sind sie verpflichtet, geeignete Gegenmaßnahmen zu ergreifen, wenn das gemeinschaftliche Eigentum instandsetzungsbedürftig ist.

741   Im Einzelfall kann es allerdings rechtsmissbräuchlich sein, wenn ein Wohnungseigentümer es über einen längeren Schadenszeitraum hinnimmt, dass die Gemeinschaft keine bzw. keine ausreichenden Gegenmaßnahmen ergreift.[53] Auch ein erhebliches **Mitverschulden** kommt in derartigen Fällen in Betracht. Haben etwa der Verwalter, die Wohnungseigentümer und der geschädigte Eigentümer hinsichtlich eines Baumangels am gemeinschaftlichen Eigentum über Jahre hinweg den gleichen Kenntnisstand bzgl. des bestehenden Instandsetzungsbedarfs, so obliegt es Letzterem, einen Beschluss der Gemeinschaft zur Feststellung der Ursache der Mängel und zu deren Beseitigung rechtzeitig herbeizuführen, insbesondere auch mit gerichtlicher Hilfe.[54]

742   Der Anspruch des einzelnen Eigentümers auf eine ordnungsgemäße Instandhaltung und Instandsetzung des gemeinschaftlichen Eigentums beschränkt sich nicht auf die Herbeiführung der erforderlichen Beschlussfassung über eine Sanierungsmaßnahme, sondern schließt auch die tatsächlichen erforderlichen Maßnahmen (Werkleistungen) ein, die erforderlich sind.[55]

743   Die übrigen Wohnungseigentümer bzw. der rechtsfähige Verband haften dem einzelnen geschädigten Miteigentümer für ein Verschulden des mit der Instandsetzungsmaßnahme beauftragen Werkunternehmers, dessen Verschulden sie sich gem. § 278 BGB zurechnen lassen müssten.[56] Vertragspartner des Werkunternehmers ist grundsätzlich der rechtsfähige Verband. Die einzelnen Eigentümer sind jedoch in den Schutzbereich des Werkvertrages eingebunden. Auch der einzelne Wohnungseigentümer, der etwa den über seinem Sondereigentum gelegenen Teil des Daches reparieren lässt, haftet für ein Verschulden des von ihm beauftragten Werkunternehmers, wenn hierdurch am Sondereigentum eines anderen Miteigentümers ein Schaden entstanden ist. Der geschädigte Eigentümer muss sich ein Verschulden des Werkunternehmers in der Regel selbst zu einem Bruchteil als Mitverschulden anrechnen lassen.[57] Für ein schuldhaftes Fehlverhalten des amtierenden oder inzwischen ausgeschiedenen Verwalters haften die Wohnungseigentümer untereinander bei nicht rechtzeitigen Instandsetzungsmaßnahmen hingegen nicht, da der Verwalter im Verhältnis der Wohnungseigentümer zueinander nicht Erfüllungsgehilfe i. S. des § 278 BGB ist.[58]

Der Verwalter kann nach **§ 49 Abs. 2 WEG** für die Kosten einer Beschlussanfechtungsklage haften, wenn bei einer größeren Baumaßnahme die Beschlüsse der Eigentümerversammlung nicht hinreichend vorbereitet waren (z. B. fehlende Vergleichsangebote, unpräzise Ankündigung der Finanzierung).[59]

744   **d) Haftung im Bereich des Sondereigentums.** Die Pflicht zur Instandhaltung und Instandsetzung des Sondereigentums einschließlich der Überwachung des Zustandes und der Organisation der nötigen Maßnahmen obliegt dem einzelnen Wohnungseigentümer (Sondereigentümer) selbst. Dies ergibt sich aus dem Gesetz (§ 13 Abs. 1 und § 14 Nr. 1 WEG), ist aber deklaratorisch auch in den meisten Gemeinschaftsordnungen noch einmal ausdrücklich festgehalten. Folge davon ist, dass der WEG-Verwalter für das Sondereigentum grundsätzlich nicht zuständig ist. Gleichwohl können sich für ihn Haf-

---

[53] OLG Hamburg ZMR 2008, 315, 316.

[54] Vgl. OLG Hamm, NJW-RR 1997, 908 bzgl. eines über Jahre hinweg bekannten Durchfeuchtungsschadens unterhalb des Flachdaches.

[55] BGH NJW 1999, 2108; OLG Hamburg ZMR 2008, 315; ZMR 2005, 392.

[56] OLG Hamburg ZMR 2008, 315; ZMR 2005, 392.

[57] BGH NJW 1999, 2108.

[58] OLG Hamm ZMR 2005, 808; KG ZMR 2005, 402; OLG Düsseldorf ZMR 1999, 423, 425.

[59] AG Velbert ZMR 2009, 565.

tungsrisiken ergeben, einerseits dann, wenn es um **versicherungsrechtliche Schadensabwicklungen** geht, andererseits dann, wenn er im Rahmen eines Auftragsverhältnisses (§§ 662 ff. BGB) bereit ist, dem geschädigten Sondereigentümer bei der Schadensabwicklung behilflich zu sein. Einer vertraglichen Haftung (§§ 675, 611, 280 BGB) kann der WEG-Verwalter ausgesetzt sein, wenn er neben der Verwaltung des gemeinschaftlichen Eigentums für den betroffenen Wohnungseigentümer die **Sondereigentumsverwaltung** übernommen hat.

Das Sondereigentum unterliegt der **Verwaltungshoheit** der einzelnen Wohnungseigentümer, speziell auch im Hinblick auf einen etwaigen Instandsetzungsbedarf des Sondereigentums. In der Praxis ist allerdings festzustellen, dass vielfach nicht von vornherein geklärt werden kann, ob die Ursache eines festzustellenden Schadensbildes im Bereich des gemeinschaftlichen Eigentums liegt oder auf Sondereigentum zurückzuführen ist. Für den Verwalter ist es in diesen Fällen sehr haftungträchtig, ohne nähere Sachkenntnis die **Ursächlichkeit des Gemeinschaftseigentums** zu verneinen und den Sondereigentümer darauf zu verweisen, sich selbst um die Angelegenheit zu kümmern. Solange die wirkliche Ursache nicht feststeht, muss der Verwalter aktiv werden. Die Rechtsprechung legt einen sehr strengen Haftungsmaßstab an. Bei Feuchtigkeitsschäden in einer Wohnung, deren Ursache im gemeinschaftlichen Eigentum liegen kann, hat der Verwalter, auch wenn er kein „Profi" ist, unverzüglich das Erforderliche zu unternehmen, um die Schadensursache festzustellen. Verletzt er diese Pflicht schuldhaft, so haftet er für den Schaden des betroffenen Wohnungseigentümers auch dann, wenn die Schadensursache ungeklärt bleibt oder sich nachträglich herausstellen sollte, dass sie ausschließlich im Sondereigentum liegt.[60] Solange nicht von vornherein feststeht, dass die Schadensursache unmöglich im Bereich des Gemeinschaftseigentums liegen kann, trifft den Verwalter somit die Pflicht, Ursachenforschung zu betreiben und dem Mangel nachzugehen. Steht allerdings von Anfang an fest, dass der Schaden seine Ursache ausschließlich im mangelhaften Sondereigentum hat, ist der Verwalter nicht zur Sachverhaltsaufklärung verpflichtet. Dies gilt etwa bei einem abgeplatzten Verbindungsschlauch zum Geschirrspüler oder zur Waschmaschine oder bei einem defekten WC-Druckspüler.[61] In derartigen Fällen kann der Verwalter aber dann haftbar sein, wenn er sich gleichwohl der Sache annimmt, sei es etwa als Sondereigentumsverwalter (Hausverwalter), sei es im Rahmen eines Auftragsverhältnisses nach den §§ 662 ff. BGB.

Die **Gebäudeversicherung** für Wohnungseigentum unterscheidet nicht zwischen **746** Gemeinschafts- und Sondereigentum. Vielmehr wird das Gebäude versicherungstechnisch als Einheit behandelt. Es wird also regelmäßig nur ein einheitlicher Vertrag abgeschlossen, der sowohl die im Gemeinschafts- als auch die im Sondereigentum stehenden Gebäudeteile umfasst.[62] Aufgrund der Mitversicherung des Sondereigentums im Rahmen eines Verbandsvertrages ist der Verwalter dazu verpflichtet, den geschädigten Sondereigentümer bei der Schadensregulierung zu unterstützen. Er hat dem Geschädigten die erforderlichen Vertragsdaten mitzuteilen und sonstige Voraussetzungen zu schaffen, die für die Durchsetzung des Anspruches erforderlich sind.[63] Zur Sicherheit sollte der Verwalter auch stets von sich aus die Gebäudeversicherung unverzüglich über einen Schadensfall unterrichten und den einzelnen Eigentümer zur Abwicklung des Schadens ermächtigen.

Im Übrigen hat bei Eintritt eines Schadens am Sondereigentum eines Wohnungseigentümers allein dieser für die Behebung und Begrenzung des Schadens zu sorgen. Der Verwalter ist gegenüber dem geschädigten Eigentümer, wenn dessen Mieter von dem

745

---

[60] OLG München ZMR 2006, 716; s. auch BayObLG NZM 1998, 583.
[61] Vgl. BayObLGZ 1996, 84 = WuM 1996, 445.
[62] Zum Ganzen ausführlich *Armbrüster*, ZWE 2009, 109 ff.
[63] *Armbrüster*, ZWE 2009, 109, 110.

Schadensfall Kenntnis hat, nur verpflichtet, Notmaßnahmen zu ergreifen und den Versicherer zu unterrichten.[64] Ist die Schadensursache hingegen unklar, kommt also auch gemeinschaftliches Eigentum in Betracht, so hat der Verwalter die Pflicht, die Schadensursache unverzüglich festzustellen.[65] Hat der Verwalter bei Eintritt eines Schadensereignisses im Sondereigentum eines Wohnungseigentümers Notmaßnahmen ergriffen, so haftet er nicht wegen eines weiteren Schadens am Sondereigentum, der sich daraus ergibt, dass von ihm nicht sofort Maßnahmen zur Verhinderung weiteren Schadens ergriffen wurden. Von den getroffenen Maßnahmen muss er den Wohnungseigentümer auch nicht unterrichten, wenn der **Mieter Kenntnis** von dem Schadensfall hat.[66]

748   Zur Geltendmachung von Schadensersatzansprüchen gegen den Verwalter wegen am Sondereigentum eingetretener Schäden bedarf der geschädigte Wohnungseigentümer keiner Ermächtigung der Gemeinschaft. Die **unmittelbare Inanspruchnahme** ist zulässig, obwohl der einzelne Wohnungseigentümer nicht am Bestellungsrechtsverhältnis bzw. Anstellungsrechtsverhältnis (Verwaltervertrag) beteiligt ist, sondern lediglich in dessen Schutzbereich einbezogen wird. Eine dem Verwalter für seine Tätigkeit durch Beschluss erteilte Entlastung berührt den Schadensersatzanspruch des Wohnungseigentümers wegen am Sondereigentum eingetretener individueller Schäden nicht.[67] Hinsichtlich der übrigen Miteigentümer bzw. des Verbandes ergibt sich das Entfallen der gemeinschaftlichen Ermächtigung daraus, dass die Anspruchsgegner nicht zum „Richter in eigener Sache" werden können (vgl. auch § 25 Abs. 5 WEG). Allerdings sollte der geschädigte Eigentümer seinen Schadensersatzanspruch zunächst auf die Tagesordnung der Eigentümerversammlung bringen, um feststellen zu können, ob durch eine Ablehnung der freiwilligen Erfüllung der Forderung Veranlassung zur Klage besteht.

749   e) **Verletzung der Verkehrssicherungspflicht.** Der Verwalter kann sich **schadensersatzpflichtig** machen, wenn er ihm persönlich übertragene Verkehrssicherungspflichten nicht erledigt. Dabei muss nicht für alle denkbaren Möglichkeiten eines Schadenseintritts Vorsorge getroffen werden. Maßnahmen, die entfernt liegende Möglichkeiten eines Schadenseintritts oder eines solchen bei bestimmungswidriger Nutzung der Wohnungseigentumsanlage betreffen, müssen nicht ergriffen werden.[68] Die Schadensersatzverpflichtung des Verwalters im Zusammenhang mit der Verletzung von Verkehrssicherungspflichten wird bislang wesentlich durch Einzelfallentscheidungen bestimmt. Haben beispielsweise die Wohnungseigentümer den Verwalter beauftragt, an einem Treppenaufgang ein fehlendes Geländer anbringen zu lassen, so muss er die Treppe provisorisch absichern lassen, wenn die Anbringung des Geländers noch einige Zeit in Anspruch nimmt. In diesem Fall folgt die Schadensersatzverpflichtung aus §§ 847, 823 Abs. 1 und Abs. 2 BGB i. V. m. bauordnungsrechtlichen Vorschriften.[69]

750   Die Rechtsfähigkeit des Verbandes zieht die Notwendigkeit nach sich, die stark ausgeprägte Kasuistik der bisherigen Rechtsprechung rechtsdogmatisch neu zu durchdenken. Die Haftungssituation wegen einer Verletzung der Verkehrssicherungspflicht ist unübersichtlich. Die Unübersichtlichkeit ergibt sich daraus, dass zum Einen zwischen der Außenhaftung gegenüber Dritten und der Haftung im Innenverhältnis des Verbandes unterschieden werden muss. Zum Anderen ist umstritten und noch nicht abschließend geklärt, wer überhaupt Träger der Verkehrssicherungspflicht ist.[70]

---

[64] BayObLG NJW-RR 1996, 1298.

[65] OLG München ZMR 2006, 716.

[66] BayObLG NZM 2000, 555.

[67] OLG Hamm, NJW-RR 1997, 908.

[68] BGH NJW 1978, 1629; ausführlich hierzu *Gottschalg,* Haftung von Verwalter und Beirat, Rdn. 232 ff.

[69] BayObLG WE 1996, 315, 316.

[70] Zum Ganzen ausführlich *Wenzel,* ZWE 2009, 57 ff.; *Merle* in Bärmann, WEG, § 27 Rdn. 299 ff.

Geht man davon aus, dass die Verkehrssicherungspflicht originär bei den Wohnungs- **751** eigentümern liegt, da ihnen das Gemeinschaftseigentum, welches es zum Schutze des Rechtsverkehrs abzusichern gilt, gehört (s. § 10 Abs. 1 WEG), gleichwohl aber die Wahrnehmung bzw. Ausübung der Verkehrssicherungspflicht eine originär eigene Aufgabe des rechtsfähigen Verbandes ist (vgl. § 10 Abs. 6 S. 3 WEG), so haftet sowohl im Außenverhältnis als auch im Innenverhältnis zunächst nur der **rechtsfähige Verband**. Dieser hat sich freilich schuldhafte Pflichtverletzungen des Verwalters bei der Erfüllung der ihm obliegenden Verkehrssicherungspflichten als eigenes Verschulden entsprechend §§ 31, 89 BGB zurechnen zu lassen, ohne dass er sich nach § 831 Abs. 1 S. 2 BGB exkulpieren kann.[71]

Soweit im allgemeinen Gesellschaftsrecht eine deliktsrechtliche Eigenhaftung des **752** konkreten Inhabers eines Vollzugs- und Vertretungsorgans eines rechtsfähigen Verbandes bejaht wird, so muss dies hinsichtlich des WEG-Verwalters dahingehend eingeschränkt werden, dass eine derartige deliktsrechtliche Eigenhaftung nicht über die Verpflichtung des Verwalters hinausgehen kann, einen Instandsetzungsbedarf festzustellen,[72] die Eigentümer zu unterrichten und Eigentümerbeschlüsse herbeizuführen.[73] Andernfalls können sich Wertungswidersprüche innerhalb der Rechtsordnung ergeben, wenn über die deliktsrechtliche Verpflichtung weitergehende Pflichten begründet würden, als im Rahmen des § 27 Abs. 1 Nr. 2 WEG vom Verwalter erwartet werden. Etwas anderes kann nur angenommen werden, wenn und soweit die geforderte Verkehrssicherungsmaßnahme entweder als Notmaßnahme (§ 27 Abs. 3 S. 1 Nr. 4 WEG) oder als laufende Maßnahme der erforderlichen ordnungsmäßigen Instandhaltung oder Instandsetzung (§ 27 Abs. 3 S. 1 Nr. 3 WEG) zu qualifizieren ist. Denn dann wäre die Ergreifung der geforderten Maßnahme ohne Befragung der Eigentümerversammlung von der gesetzlichen Vertretungsmacht des Verwalters gedeckt. Zumindest im Hinblick auf den Gesetzeswortlaut erscheint dies aber fraglich, da Notmaßnahmen in dringenden Fällen sich auf die Erhaltung des gemeinschaftlichen Eigentums beschränkt, also den Schutz des Eigentums, aber nicht des Schutzes vor dem (gefahrbringenden) Eigentum (s. § 27 Abs. 1 Nr. 3 WEG) und eine Maßnahme zur Erfüllung der Verkehrssicherungspflicht nicht notwendig eine Maßnahme der Instandhaltung und Instandsetzung i. S. des § 27 Abs. 3 S. 1 Nr. 3 WEG darstellt. Folglich beschränkt sich die Eigenhaftung des Verwalters als Verbandsorgan in diesem Bereich zumeist auf die Erfüllung der ihm (lediglich) obliegenden Kontroll-, Hinweis- und Organisationspflicht und auf die Herbeiführung ausreichender Beschlüsse zur Durchführung von Verkehrssicherungsmaßnahmen.

Ist eine Pflichtverletzung festzustellen, so ergibt sich hieraus gegenüber Dritten eine **753** **deliktsrechtliche Haftung** des Verwalters. Im Innenverhältnis tritt neben die deliktsrechtliche Haftung eine **Haftung aus dem Bestellungsrechtsverhältnis** und/oder Anstellungsrechtsverhältnis (Verwaltervertrag) aufgrund der hieraus resultierenden Schutzwirkungen zu Gunsten der Wohnungseigentümer.

Hat der Verwalter seinerseits Hilfskräfte mit der **Überwachung** und Kontrolle des **754** mangelfreien bzw. verkehrssicheren Zustandes des gemeinschaftlichen Eigentums betraut, so kann er sich seiner Haftung für diese Verrichtungsgehilfen nach § 831 Abs. 1 S. 2 BGB nur durch den Nachweis sorgfältiger Auswahl und Überwachung oder mangelnder Kausalität befreien (Exkulpation).[74] Überträgt etwa der Verwalter die Überwachung der Verkehrssicherung der Tiefgaragenrolltoranlage einer Hauswartfirma, so kann er sich exkulpieren, wenn die **Hauswartfirma** zuverlässig ar-

---

[71] *Wenzel*, ZWE 2009, 57, 62.
[72] Vgl. BGH NJW 1996, 1535, 1537; NJW 1990, 976, 977 f.: Eigenhaftungstheorie.
[73] *Wenzel*, ZWE 2009, 57, 60.
[74] *Wenzel*, ZWE 2009, 57, 62.

beitet und über mehrere Jahre hinweg kein Anlass zur Beanstandung bestand. Eine Zurechnung etwaiger Versäumnisse des Hauswarts als eigenes Fehlverhalten des Verwalters über § 278 BGB kommt nicht in Betracht, da dieser nicht in Erfüllung einer eigenen Verbindlichkeit des Verwalters tätig wird, sondern in Erfüllung einer eigenen vertraglichen Pflicht für den Verband gegenüber dem geschützten Personenkreis.[75]

755 **f) Haftung für die Verkündung fehlerhafter Beschlussergebnisse.** Die Haftungsfrage stellt sich immer dann, wenn der Verwalter Beschlüsse als angenommen verkündet, obwohl die **notwendigen Mehrheiten** nicht erreicht wurden. Hier sind vor allem Fälle relevant, in denen nach neuem Recht eine (doppelt) qualifizierte Mehrheit erforderlich ist, um zu einem rechtmäßigen Beschluss zu gelangen. Durch die WEG-Novelle wurden mit § 16 Abs. 4 und § 22 Abs. 2 WEG zwei gesetzliche Beschlusskompetenzen **(Öffnungsklauseln)** ins Gesetz eingeführt, die es den Wohnungseigentümern erlauben, im Einzelfall eine abweichende Verteilung der Kosten einer baulichen Maßnahme (§ 16 Abs. 4 WEG) oder[76] über eine Modernisierung oder Anpassung des Gemeinschaftseigentums an den Stand der Technik (§ 22 Abs. 2 WEG) zu beschließen. Beide Vorschriften setzen das Erreichen einer doppelt qualifizierten Mehrheit (75% nach Köpfen + mehr als 50% MEA) voraus. Eine einfache Stimmenmehrheit reicht nicht. Damit sind Probleme verbunden. Wird z.B. bei einer baulichen Maßnahme nach § 22 Abs. 2 WEG die erforderliche doppelt qualifizierte Mehrheit nicht erreicht, ist nämlich fraglich und umstritten, ob der Versammlungsleiter (Verwalter) von einer Abstimmung mit einfachen Mehrheitsverhältnissen auf eine Abstimmung nach § 22 Abs. 1 **„umswitchen"** darf oder ob er einen negativen Beschluss verkünden muss, also die Ablehnung des Beschlussantrags.

756 Teilweise wird Letzteres angenommen, einerseits von den Vertretern, die § 22 Abs. 2 WEG als vorrangige und abschließende Sonderregelung zu § 22 Abs. 1 WEG ansehen und daher bereits eine Beschlusskompetenz für ein **„Umswitchen"** verneinen[77], andererseits von denjenigen, die zwar eine Beschlusskompetenz sehen, aber keine Befugnis des Verwalters, beim Verfehlen der doppelt qualifizierten Mehrheit einen mit einfacher Mehrheit gefassten positiven Beschluss zu verkünden[78]. Für diese Meinung lässt sich auf den ersten Blick anführen, dass fraglich erscheint, weshalb eine einfache Mehrheit, die also das erforderliche doppelt qualifizierte Quorum nicht erreicht, berechtigt sein soll, den Verwalter anzuweisen, die Verfehlung der doppelt qualifizierten Mehrheit einfach zu übergehen?

757 Die wohl h.M. im Schrifttum lässt ein solches **„Umswitchen"** dagegen zu, empfiehlt dem Verwalter aber eine entsprechende haftungsrechtliche Absicherung.[79] Überwiegend wird vertreten, dass der Verwalter vor der Abstimmung klarzustellen hat, ob es sich um eine Beschlussfassung nach Abs. 1, Abs. 2 oder Abs. 3 handelt, am besten schon in der Einladung/Tagesordnung, spätestens aber vor der Abstimmung[80] und in jedem

---

[75] BayObLG NZM 2005, 24, 25; *Wenzel*, ZWE 2009, 57, 63; *Fritsch*, ZWE 2005, 384, 393.

[76] Bzw. und, denn §§ 16 Abs. 4 und 22 Abs. 2 WEG können natürlich in einem Beschluss zusammentreffen, z.B. beim Beschluss über den Einbau eines Aufzugs mit einer Kostenverteilung nach Geschosshöhe, s. dazu und zu den neuen Möglichkeiten der Verteilung von Kosten baulicher Maßnahmen *J.-H. Schmidt*, ZMR 2007, 913 ff.

[77] Siehe *Abramenko*, Das neue WEG, § 4 Rdn. 37, der einen einfachen Mehrheitsbeschluss sogar für nichtig hält, wenn es um eine Modernisierung oder Anpassung an den Stand der Technik gem. § 22 Abs. 2 WEG geht.

[78] So *Häublein*, NJW 2005, 1466 und nunmehr zum neuen Recht ders., NZM 2007, 752, 757 ff.; *Kümmel*, ZWE 2006, 278, 281; im Ergebnis ebenso *Elzer*, MietRB 2008, 378, 380.

[79] *Armbrüster*, ZWE 2008, 61, 62 f.; *Häublein* NZM 2007, 752, 758; *Deckert* ZMR 2008, 585, 592 f.; abweichend *Bub*, ZWE 2008, 205, 208.

[80] *Armbrüster*, ZWE 2008, 61, 62 f. im Anschluss an *Häublein*, NZM 2007, 752, 758 f.

Falle spätestens vor der Verkündung des rechtswidrigen Beschlussergebnisses. Die Wohnungseigentümer, die hinter dem rechtswidrigen Beschluss stehen und dessen Verkündung fordern, müssen rechtzeitig wissen, dass sie ein Anfechtungsrisiko schaffen und für etwaige Prozesskosten einzustehen haben.

Nach hier vertretener Ansicht ist das teilweise geforderte Verkündungsverbot im Falle **758** des Nichterreichens der erforderlichen qualifizierten Stimmenmehrheit abzulehnen. Unterhalb der Schwelle der doppelt qualifizierten Mehrheit herrscht nach zumindest noch[81] ganz h. M. nicht die Beschlussnichtigkeit, sondern die Beschlussrechtswidrigkeit; das Verpassen der erforderlichen qualifizierten Stimmenmehrheit wird also wie ein bloßer Zählfehler behandelt, nicht als Nichtigkeitsgrund. Auch die nach § 22 Abs. 1 WEG beschlossene Modernisierung oder Anpassung an den Stand der Technik i. S. d. § 22 Abs. 2 WEG hat bildlich gesprochen somit „das Zeug", nach Ablauf der einmonatigen Anfechtungsfrist bestandskräftig zu werden. Es handelt sich um einen Zitterbeschluss. Daher ist auch dieses nach z. Zt. noch ganz h. M. – nur – rechtswidrige, aber nicht nichtige Beschlussergebnis vom Versammlungsleiter zu verkünden, wenn die Mehrheit es trotz des Hinweises auf das Anfechtungsrisiko will. Auch hier ist der Versammlungsleiter (Verwalter) weder der verlängerte Arm des Gerichts noch der Vormund der Eigentümer. Die Frage, weshalb die einfache Mehrheit den WEG-Verwalter anweisen können soll, die verfehlte doppelt qualifizierte Stimmenmehrheit zu ignorieren, dürfte damit zu beantworten sein, dass es wiederum nur um eine Frage des „rechtlichen Dürfens" geht, nicht aber um eine Frage des „rechtlichen Könnens"; die fragliche Maßnahme „kann" mit lediglich einfacher Stimmenmehrheit beschlossen werden, auch wenn sie nicht mit der zu geringen Stimmenzahl beschlossen werden „darf". Dies ist bei allen Zitterbeschlüssen so.

Solange die umstrittene Haftungsfrage höchstrichterlich nicht geklärt ist, muss sich **759** der WEG-Verwalter im eigenen Interesse haftungsrechtlich davor schützen, im Anfechtungsprozess mit den Kosten des Prozesses belastet zu werden (vgl. **§ 49 Abs. 2 WEG**). Erforderlich ist, dass der Verwalter – am besten schon vor der Abstimmung – darauf aufmerksam macht, dass nicht nach § 22 Abs. 2 WEG (doppelt qualifizierte Mehrheit), sondern nach § 22 Abs. 1 WEG (im Zweifel Allstimmigkeit) abgestimmt wird und ein mit nur einfacher Mehrheit gefasster Beschluss möglicherweise anfechtbar ist. Der Hinweis hat in der Versammlung vor der Abstimmung zu erfolgen[82] und sollte zu Beweiszwecken zusätzlich in das Versammlungsprotokoll aufgenommen werden. Falls möglich, kann der Hinweis auch schon in die Einladung zur Eigentümerversammlung aufgenommen werden.[83] Nicht notwendig und sogar riskant ist es, dass der WEG-Verwalter einen zusätzlichen Beschluss herbeiführt, durch den er von etwaigen Prozesskosten freigestellt wird[84], zumal ein solcher Beschluss zumindest schon aus formellen Gründen anfechtbar sein dürfte mangels Ankündigung in der Einladung (§ 23 Abs. 2 WEG). Ein solcher Beschluss ist kein bloßer Geschäftsordnungsbeschluss, der sich mit der Versammlung erledigt, sondern inhaltlich auf einen Haftungserlass in Durchbrechung des Verwaltervertrages bzw. des gesetzlichen Haftungssystems gerichtet.

Grundsätzlich abzuraten ist dem Verwalter von dem **Offenlassen des Beschluss-** **760** **ergebnisses**. Der BGH spricht dem Versammlungsleiter ein solches Recht zwar nicht schlechthin ab, verlangt aber „tatsächliche oder rechtliche Schwierigkeiten bei der Bewertung des Abstimmungsergebnisses".[85] Dies wird selten der Fall sein. Von Berufs-

---

[81] Skeptisch wohl *Elzer*, MietRB 2008, 378, 379 unter 4 („Jedenfalls nach h. M. […]").
[82] LG Berlin ZMR 2009, 393.
[83] Das empfiehlt ausdrücklich *Deckert*, ZMR 2008, 585, 592.
[84] A. A. *Deckert* a. a. O.
[85] BGH NJW 2001, 3339, 3342 unter dd (3), in BGHZ 148, 335 nicht mit abgedruckt.

verwaltern kann in der Regel erwartet werden, Rechtsfragen im Vorfeld der Versammlung und ggf. durch die Hinzuziehung eines Rechtsanwalts zu klären.[86] Nur bei unvorsehbaren Schwierigkeiten, z. B. spontan auftretenden Fragen des Stimmrechtsmissbrauchs, macht ein Offenlassen des Beschlussergebnisses unter Umständen Sinn und ist haftungsrechtlich ungefährlich.[87] Im Fall des AG Hamburg-Barmbek fehlte es daran. Die Rechtslage war eindeutig und daher für den Verwalter leicht zu beurteilen. Die Uneinsichtigkeit der Mehrheit in den rechtlichen Hinweis des Verwalters lässt sich nicht als tatsächliche Schwierigkeit i. S. d. BGH-Entscheidung vom 23. 8. 2001 qualifizieren.

761 Man könnte erwägen, dass der Verwalter, wenn die Mehrheit von ihm die Verkündung eines Beschlussergebnisses verlangt, das nach der Erkenntnis des Verwalters rechtswidrig ist, die Versammlungsleitung über diesen Tagesordnungspunkt an einen Wohnungseigentümer (z. B. den Beirat oder Wortführer der Mehrheit) abgibt, damit dieser den Zitterbeschluss verkündet.[88] Der Versammlungsvorsitz ist nicht fest dem Verwalter zugewiesen. Die Versammlung kann jederzeit per Mehrheitsbeschluss (Geschäftsordnungsbeschluss[89]) einen anderen Versammlungsleiter wählen (s. § 24 Abs. 5 WEG).[90] Dem drohenden Haftungsrisiko hätte der Verwalter durch einen solchen Schritt grundsätzlich vorgebeugt.

762 Andererseits kann die Abgabe der Versammlungsleitung aber auch als Führungsschwäche oder Rechtsunsicherheit ausgelegt werden. Es könnte der Eindruck entstehen, der Verwalter wolle sich entweder aus Rechtsunkenntnis oder aus Angst vor einer Haftung in heiklen Fällen „aus der Verantwortung stehlen". Von der Niederlegung bzw. Abgabe der Versammlungsleitung sollte daher eher zurückhaltend Gebrauch gemacht werden.[91] Einen Versuch wert ist es unter Umständen, die Versammlung zu einer Vertagung zu bewegen, um dort erneut abstimmen zu können.[92] Im Regelfall dürfte dies aber nicht gelingen, da die Mehrheit zumeist auf eine Abstimmung bestehen wird.[93] Empfehlenswerter ist daher die Erteilung eines Hinweises auf die (offensichtliche) Anfechtbarkeit des von der Mehrheit gewollten Beschlusses. Der Hinweis muss unbedingt in der Versammlung, spätestens vor der Beschlussverkündung, erteilt werden, ganz besonders dann, wenn sich Widerstand zeigt und eine Anfechtung des Beschlusses angekündigt wird. Der Hinweis ist zu Beweiszwecken anschließend auch ins Versammlungsprotokoll aufzunehmen.

763 Dem Verwalter können die Kosten des Rechtsstreits nach **§ 49 Abs. 2 WEG** auferlegt werden, wenn er sich bei Feststellung des Abstimmungsergebnisses nachweislich verzählt, Stimmen falsch wertet oder einen Beschluss verkündet, der tatsächlich die

---

[86] Eine Auskunftspflicht des Wohnungseigentümers über sein Erscheinen und Abstimmungsverhalten in der Versammlung besteht aber nicht, OLG München MDR 2005, 1159 = MietRB 2005, 295 m. Anm. *Becker*.

[87] Selbstverständlich drohen dem Verwalter nicht nur die Kosten für ein schuldhaft veranlasstes Anfechtungsverfahren, sondern auch für ein überflüssiges Feststellungsverfahren, wenn das Beschlussergebnis klar zu ermitteln war.

[88] Vgl. den Fall OLG Düsseldorf NJW-RR 2005, 1327, wo ein Rechtsanwalt zunächst als Berater zu einigen TOPen in die Versammlung gekommen war, dann aber die Versammlungsleitung übertragen bekam.

[89] OLG Düsseldorf NJW-RR 2005, 1327, 1328.

[90] OLG Düsseldorf NJW-RR 2005, 1327, 1328; a. A. zu Unrecht BayObLG ZMR 2004, 442, 443 für den Fall, dass nach der Gemeinschaftsordnung der Verwalter vorgesehener Versammlungsleiter ist. Diese Anordnung ist nicht rechtsverbindlich.

[91] S. bereits *J.-H. Schmidt* DWE 2005, 9 ff.; sich anschließend *Deckert* ZMR 2008, 585, 592.

[92] S. *Deckert*, ZMR 2008, 585, 591; zustimmend *Elzer*, MietRB 2008, 378, 380.

[93] Realistisch *Elzer*, MietRB 2008, 378, 380.

notwendige Mehrheit nicht gefunden hat.[94] Schon die ungenaue Bezeichnung von Tagesordnungspunkten kann die spätere Haftung auslösen.[95]

g) Haftung bei fehlerhaftem Wohngeldmanagement. aa) Haftung des Ver- 764 walters für Zahlungsfähigkeit der Gemeinschaft. Fraglich ist, ob der Verwalter persönlich haftet, wenn er mangels Zahlungsfähigkeit der Gemeinschaft Rechnungen nicht begleicht. Die Rechtsprechung hat für den Geschäftsführer einer GmbH die persönliche Haftung in solchen Fällen darauf beschränkt, dass dieser **persönliches Vertrauen** in Anspruch nimmt.[96] Dann, wenn der Gläubiger auf Grund einer persönlichen Beziehung zum Geschäftsführer der GmbH das Vertragsverhältnis mit der GmbH eingeht, ist eine persönliche Haftung des Geschäftsführers denkbar, wenn die GmbH den Zahlungsverpflichtungen aus dem abgeschlossenen Vertrag nicht nachkommen kann. Zudem ist eine Außenhaftung des GmbH-Geschäftsführers denkbar, wenn ein **qualifiziertes Eigeninteresse** am Vertragsabschluss besteht. Dies soll nach der Rechtsprechung[97] aber nicht allein in seiner Beteiligung an der GmbH gesehen werden können. Denkbar ist ein qualifiziertes Eigeninteresse, wenn der Geschäftsführer den Auftrag für die GmbH erteilt, um einen eigenen Haftungstatbestand zu beseitigen.[98]

Übertragen auf den WEG-Verwalter bedeutet dies, dass er selbst dann nicht persön- **765** lich für die gesamte Schuld der Eigentümergemeinschaft aus einem Rechtsgeschäft haftet, wenn er selbst Miteigentümer ist. Bei Inanspruchnahme persönlichen Vertrauens wird ihm ausnahmsweise eine persönliche Haftung für nicht gedeckte Aufträge angelastet werden können. Das Handeln des WEG-Verwalters muss über seine bloße Organtätigkeit hinausgehen und Erklärungen mit einer gewissen Selbstständigkeit enthalten.[99]

bb) Haftung des Verwalters für nicht gezahltes Wohngeld. Der Verwalter **766** kann sich **schadensersatzpflichtig** gegenüber dem Verband machen, wenn er Wohngeldbeträge nur verzögert beitreibt und schließlich die Wohngeldbeträge ausfallen, weil die **Zahlungsunfähigkeit** eines Wohnungseigentümers eingetreten ist. War die Verzögerung kausal, d. h. hätte bei unverzüglicher Beitreibung der Wohngeldrückstand noch realisiert werden können, ist der Verwalter zum Schadensersatz verpflichtet.[100] Stets ist der Einzelfall zu bewerten, so dass sich allgemeine Regeln kaum aufstellen lassen. So kann es durchaus sinnvoll sein und einer Pflichtverletzung des Verwalters entgegenstehen, zunächst zu versuchen, bereits titulierte Forderungen beizutreiben, bevor neue Titel kostenintensiv erstritten werden.[101] Andererseits muss der Verwalter die dreijährige **Verjährungsfrist** gem. § 195 BGB berücksichtigen und darf auch aus diesem Grund nicht zu lange abwarten.

Die unverzügliche Geltendmachung von Wohngeldrückständen durch den Verwalter **767** hat durch die privilegierte Stellung der Eigentümergemeinschaft im Zwangsversteigerungsverfahren besondere Bedeutung bekommen. Nach § 10 Abs. 1 Nr. 2 ZVG sind seit 1. 7. 2007 im geringsten Gebot solche Forderungen der Eigentümergemeinschaft gegen den einzelnen Wohnungseigentümer zu berücksichtigen, die sich aus dem laufenden Jahr der Beschlagnahme und den beiden letzten Jahren zuvor ergeben. Allerdings ist das Vorrecht einschließlich aller Nebenleistungen auf 5% des Verkehrswertes (§ 74a Abs. 5 ZVG) beschränkt. Alle darüber hinausgehenden Beträge werden nicht im

---

[94] AG Berlin Tempelhof v. 11. 1. 2008 – 72 C 141/07.

[95] AG Düsseldorf v. 7. 7. 2008 – 291 II 98/07.

[96] BGH ZIP 1991, 1142; BGH DStR 2002, 1276.

[97] BGHZ 126, 184.

[98] BGH ZIP 1986, 30.

[99] S. zu den gleichlautenden Ausführungen zur Haftung des GmbH-Geschäftsführers, *Hommelhoff/Kleindieck* in Lutter/Hommelhoff, GmbH-Gesetz, § 43 Rdn. 51.

[100] *Gottschalg*, Haftung von Verwalter und Beirat, Rdn. 171; AG Idstein MietRB 2004, 82.

[101] So auch LG Berlin ZMR 2006, 393.

geringsten Gebot, sondern in der Rangklasse 5 berücksichtigt und fallen damit praktisch in der Zwangsversteigerung aus (s. o. Rdn. 538 ff.).

768   Dies hat zur Folge, dass der Verwalter Wohngeldrückstände möglichst unverzüglich gerichtlich geltend machen soll. Aus den Titeln hat er wiederum möglichst schnell die Zwangsversteigerung einleiten zu lassen. Da ein Zwangsversteigerungsverfahren erfahrungsgemäß mindestens ein Jahr in Anspruch nimmt, können bei einem säumigen Wohnungseigentümer schon während des Verfahrens Zahlungsrückstände entstehen, die höher als 5% des Verkehrswertes sind. Schon aus diesem Grunde ist dem Verwalter zu empfehlen, jeglichen Rückstand gerichtlich geltend zu machen und die Zwangsversteigerung anzustreben.

769   Wird der Verwalter diesbezüglich nur zögernd tätig und fallen deshalb Wohngeldbeträge aus, weil die Forderung im Zwangsversteigerungszeitpunkt über 5% des Verkehrswertes hinausgeht, kann der Verwalter sich schadensersatzpflichtig gemacht haben. Eine gleiche Schadensersatzverpflichtung kann eintreten, wenn bei einem von dritter Seite eingeleiteten Zwangsversteigerungsverfahren die Forderungen der Wohnungseigentümergemeinschaft nicht zum Versteigerungstermin angemeldet werden. Auch in diesem Fall wären die Forderungen der Wohnungseigentümer bis zu 5% des Verkehrswertes privilegiert, auch wenn noch kein Titel über die Wohngeldforderung vorliegt. Die Forderung muss der Verwalter glaubhaft machen, was beispielsweise durch Abgabe einer eidesstattlichen Versicherung über die Zusammensetzung der Forderung und die die Fälligkeit auslösenden Beschlüsse erfolgen kann.

770   Auch außerhalb der Zwangsversteigerungsmöglichkeit hat der Verwalter alles Notwendige zu veranlassen, dass Zahlungstitel gegen einzelne Wohnungseigentümer möglichst umfassend vollstreckt werden, damit alle Möglichkeiten der Beitreibung dieser Beträge gewahrt werden. Für kausale Verzögerungsschäden hat er einzustehen.

771   **cc) Haftung bei unbestimmten Zahlungsbeschlüssen.** Umgekehrt kann sich der Verwalter schadensersatzpflichtig machen, wenn er Wohngeldbeträge gerichtlich geltend macht, die (noch) nicht fällig oder schon erfüllt (s. § 362 BGB) sind. Gleiches wird man anzunehmen haben, wenn im Zeitpunkt der Klageerhebung bei Anwendung der im Verkehr erforderlichen Sorgfalt (siehe § 276 Abs. 1 BGB) **erkennbar** war, dass der Beschluss, auf den sich der Zahlungsanspruch stützt, inhaltlich zu **unbestimmt** war. Denkbar ist dies, wenn ausweislich des Beschlussprotokolls (bzw. des tatsächlichen Versammlungsablaufs, denn nur darauf kommt es an) nur der Gesamtwirtschaftsplan oder die Gesamtjahresabrechnung beschlossen wurden, nicht aber die dazugehörigen Einzelwirtschaftspläne bzw. Einzeljahresabrechnungen. Denn nur bzw. erst Letztere begründen konstitutiv Zahlungsansprüche des rechtsfähigen Verbandes gegen die einzelnen Eigentümer und entsprechende Zahlungsverpflichtungen der einzelnen Wohnungseigentümer. Gesamtwirtschaftsplan und Gesamtjahresabrechnung enthalten nämlich nur die Gesamtausgaben und Gesamteinnahmen, aber keine Verteilung auf die einzelnen Eigentümer bzw. Einheiten.

772   Ein anderes in der Praxis nicht seltenes Beispiel ist, dass **Sonderumlagen** eingeklagt werden, obwohl sich dem zu Grunde liegenden Beschluss nicht mit der notwendigen inhaltlichen Bestimmtheit entnehmen lässt, auf welchen Betrag sich der von der beklagten Partei geschuldete Anteil beläuft. Ist ein Sonderumlagebeschluss in diesem Sinne zu unbestimmt, kann der bloße Zeitablauf (Bestandskraft) die erforderliche Klarheit nicht herbeiführen. Der Beschluss bleibt trotz Bestandskraft zu unbestimmt, um Zahlungsansprüche begründen zu können. Es ist daher empfehlenswert, in dem Beschluss über die Erhebung einer Sonderumlage stets den exakten Gesamtbetrag, den Verteilerschlüssel und die Fälligkeit (bei Ratenzahlung: der jeweiligen Einzelraten) genau zu bestimmen, um Haftungsrisiken auszuschließen. Dies gilt in jedem Falle dann, wenn die Sonderum-

lage nicht nach dem allgemeinen Verteilerschlüssel erhoben wird oder zwischen den Eigentümern Streit über den anzuwendenden Verteilerschlüssel besteht.

Derartige Fehler können schnell dazu führen, dass das Gericht dem Verwalter die **773** Prozesskosten auferlegt. Dies folgt seit der Gesetzesnovelle aus **§ 49 Abs. 2 WEG**. Bis zur Novelle war diese Frage umstritten. Teilweise wurden dem Verwalter, obschon eine vergleichbare Regelung wie § 49 Abs. 2 WEG fehlte, die Kosten des Verfahrens auch dann auferlegt, wenn er nicht Beteiligter des Verfahrens war.[102] Demgegenüber wurde in zutreffender Weise argumentiert, dass der Verwalter die außergerichtlichen Kosten des Antragsgegners nur dann zu tragen habe, wenn er die unberechtigte Inanspruchnahme des Antragsgegners als **Partei** veranlasst hat. Dies kommt beispielsweise dann in Betracht, wenn er in Verfahrensstandschaft tätig wurde. Hat er hingegen die Ansprüche für die Eigentümergemeinschaft geltend gemacht, ist er nicht **Beteiligter** des Verfahrens, so dass ihm auch nicht die Kosten des Verfahrens auferlegt werden dürfen.[103] Die Kosten wurden dann der Eigentümergemeinschaft auferlegt. Die Wohnungseigentümer konnten anschließend beschließen, dass die Eigentümergemeinschaft den Verwalter wegen des eingetretenen Schadens in Regress nimmt. Ggf. musste dieser Anspruch gerichtlich durchgesetzt werden. Indem die Gerichte aber teilweise ohne formelle Beteiligung des WEG-Verwalters diesen mit den Kosten belasteten, verkürzten sie unzulässig den Rechtsweg. Dieses Problem hat der Gesetzgeber gelöst und aus Gründen der Prozessökonomie die **unmittelbare Entscheidung des Gerichts** zugelassen, so dass Regressverfahren überflüssig werden. Voraussetzung ist aber, dass den Verwalter ein **grobes Verschulden** trifft, was bei der Geltendmachung von Wohngeldbeträgen, die nicht fällig oder schon erfüllt sind, der Fall ist.

dd) Haftung für verspätete Erstellung der Jahresabrechnung. Der Verwalter **774** hat gemäß § 28 Abs. 3 WEG nach Ablauf des Kalenderjahrs eine Abrechnung aufzustellen. Eine Frist zur Abrechnung nennt das Gesetz nicht. Nach überwiegender Auffassung soll der Verwalter die Abrechnung innerhalb von 6 Monaten nach Ablauf des Kalenderjahres erstellen.[104] Kommt der Verwalter dieser Pflicht erst nach 7 Monaten oder später nach, entsteht bei den Wohnungseigentümern dennoch in der Regel kein Schaden.

Allenfalls bei vermietenden Wohnungseigentümern könnte eine verspätet erstellte **775** Jahresabrechnung Auswirkungen auf eine Abrechnungsmöglichkeit gegenüber seinem Mieter haben. Der Vermieter hat die Betriebskostenabrechnung spätestens bis zum Ablauf des 12. Monats nach Ende des Abrechnungszeitraums dem Mieter mitzuteilen. Es handelt es sich hierbei um eine Ausschlussfrist gemäß § 556 Abs. 3 BGB, so dass der Vermieter nach Ablauf dieser Frist mit Nachforderungen ausgeschlossen ist, es sei denn, er hat die verspätete Geltendmachung nicht zu vertreten.

Der vermietende Wohnungseigentümer ist weitgehend auf die wohnungseigentums- **776** rechtliche Jahresabrechnung angewiesen, weil er hieraus die Betriebskostenabrechnung entwickelt. Legt nun der WEG-Verwalter die Jahresabrechnung erst so spät vor, dass der vermietende Wohnungseigentümer nicht mehr innerhalb des 12-Monatszeitraums gegenüber seinem Mieter abrechnen kann, stellt sich die Frage, ob die Ausschlussfrist nunmehr greift. Dies ist davon abhängig, ob der vermietende Wohnungseigentümer sich die zeitliche Verzögerung bei der Erstellung der Jahresabrechnung durch den WEG-Verwalter zurechnen lassen muss. Dies ist zu verneinen.[105] Der WEG-Verwalter steht nach der hier ausgeäußerten Auffassung nur in einem Rechtsverhältnis zum rechtsfähi-

---

[102] BayObLG ZMR 2006, 55 = NZM 2005, 786; KG MietRB 2005, 238.
[103] KG ZMR 2006, 380.
[104] BayObLG WEG 1991, 223; Merle in Bärmann, WEG, § 28 Rdn 58; Sauren, WEG, § 28 Rdn. 16.
[105] So auch AG Singen v. 24. 2. 2004 – 7 UR WEG 48/03, MietRB 2004, 295.

gen Verband (siehe oben Rdn. 152 ff.). Aber selbst dann, wenn der WEG-Verwalter auch zu dem einzelnen Wohnungseigentümer in einem unmittelbaren Rechtsverhältnis stünde, so ist er dennoch nicht Erfüllungsgehilfe gem. § 278 BGB des Vermieters in der Rechtsbeziehung zum Mieter. Daher hat sich der vermietende Wohnungseigentümer auch ein etwaiges Verschulden des WEG-Verwalters nicht zurechnen zu lassen.

777   Die verzögerte Erstellung der Jahresabrechnung wird aber auch gegenüber der Eigentümergemeinschaft eher selten ein schadensersatzverpflichtendes Ereignis für den WEG-Verwalter sein. Denkbar ist es, dass durch die verspätete Erstellung der Jahresabrechnung, die beispielsweise für alle Wohnungseigentümer mit hohen Nachzahlungsbeträgen endet, die Liquidität der Eigentümergemeinschaft gefährdet wird. Wäre daraufhin die Eigentümergemeinschaft nicht in der Lage, fällige Rechnungen zu begleichen und würden hierdurch der Eigentümergemeinschaft Verzugskosten in Rechnung gestellt, wäre dieser Schaden dem Verwalter zuzurechnen.

778   **ee) Haftung für nicht ordnungsgemäße Anlage der Instandhaltungsrücklage.** Der Wirtschaftsplan hat gemäß § 28 Abs. 1 Nr. 3 WEG auch die Beitragsleistungen der Wohnungseigentümer zur Instandhaltungsrücklage zu erfassen. Da der Verwalter das Geldvermögen der Gemeinschaft verwaltet, entspricht es ordnungsmäßiger Verwaltung, wenn der Verwalter die Instandhaltungsrücklage zinsbringend anlegt (siehe zur ordnungsgemäßen Rücklagenbildung, oben Rdn. 528 ff.).

779   Eine Haftung des Verwalters kommt dann in Betracht, wenn er trotz vorhandener Liquidität die Zuführungsbeträge nicht oder nicht rechzeitig dem Zinskonto zuführt. Der hieraus resultierende Zinsnachteil wäre der Wohnungseigentümergemeinschaft zu ersetzen. Allerdings ist erst dann von einer Pflichtverletzung des Verwalters auszugehen, wenn feststand, dass die Liquidität für die Rücklage zumindest soweit verfügbar war, dass nicht in Kürze durch eintreffende Rechnungen die Rücklagezuführung wieder rückgängig gemacht werden müsste und sich gerade hierdurch der Zinsvorteil in einen Zinsschaden wandeln wird.

780   Verwendet der Verwalter Mittel der Instandhaltungsrücklage zweckwidrig, z. B. zur Begleichung seines Verwalterhonorars, ist er zum Ersatz verpflichtet.[106]

781   Ebenso kann sich der Verwalter schadensersatzpflichtig machen, wenn er die Instandhaltungsrücklage nicht sicher anlegt, sondern überproportionale Risiken wählt. Dennoch hat in Zeiten von Banken-Insolvenzen, wie z. B. Lehmann-Brothers, der Begriff der sicheren Kapitalanlage eine neue Bedeutung bekommen. Sicherlich darf der Verwalter keine spekulativen Geschäfte eingehen, es sei denn die Wohnungseigentümer hätten ihn per bestandskräftigem Mehrheitsbeschluss entsprechend angewiesen. Dennoch kann auch eine einfache Bankeinlage in der heutigen Zeit risikobehaftet sein.

782   Führt der Verwalter die Konten der Gemeinschaft nicht getrennt von seinem Vermögen und werden aus diesem Grunde Beschlüsse der Wohnungseigentümer zur wirtschaftlichen Verwaltung angefochten, hat der Verwalter im Zweifel die Prozesskosten nach **§ 49 Abs. 2 WEG** zu tragen.[107]

783   **h) Haftung bei juristisch fehlerhafter Verwaltung.** Es wurde bereits ausgeführt, dass die WEG-Novelle die Aufgaben des Verwalters in Bezug auf die juristische Verwaltung erweitert hat (oben Rdn. 596 ff.). Dementsprechend sind auch die Haftungsrisiken gestiegen. Juristische Verwaltung in diesem Sinne bedeutet nicht nur die Prozessvertretung des Verbandes oder der Wohnungseigentümer in einem gerichtlichen Verfahren einschl. einer etwaigen anschließenden Zwangsvollstreckung. Umfasst sind auch Vorbereitungsmaßnahmen, die beispielsweise in der rechtzeitigen Unterrichtung der Wohnungseigentümer über gerichtliche Verfahren bestehen können. Haftungstatbestände

---

[106] OLG Düsseldorf ZMR 2005, 468 = NZM 2005, 628 = MietRB 2005, 295.
[107] AG Straußberg ZMR 2009, 563.

können auch dadurch erfüllt werden, dass fehlerhafte bzw. überhöhte Streitwert- oder Gebührenvereinbarungen abgeschlossen werden, ohne dass diese durch einen gemeinschaftlichen Willensakt bzw. das Gemeinschaftsrecht (Gemeinschaftsordnung, Beschluss) legitimiert sind, oder Prozesse entweder auf Aktiv- oder Passivseite für Verband oder Wohnungseigentümer fehlerhaft geführt werden.

aa) Verzögerte oder unterlassene Unterrichtung der Eigentümer. Der Ver- **784** walter ist nach § 27 Abs. 1 Nr. 7 WEG verpflichtet, die Wohnungseigentümer darüber zu unterrichten, dass ein Rechtsstreit gem. § 43 WEG anhängig ist. Es handelt sich um eine Geschäftsführungsaufgabe im Innenverhältnis gegenüber Verband und Wohnungseigentümern. Da der Verband als rechtsfähiges Denkgebilde nicht selbst unterrichtet werden kann, ist die Benachrichtigung in jedem Fall an die Wohnungseigentümer zu richten. Eine Unterrichtung des Verbandes ist aber nicht dadurch entbehrlich, dass dieser bereits durch den Verwalter als sein (Wissens-)Organ Kenntnis von dem Rechtsstreit erlangt hat (vgl. § 166 Abs. 1 BGB).[108] Vielmehr sind auch die hinter dem Verband stehenden Wohnungseigentümer zu unterrichten.

Unterlässt oder verzögert der WEG-Verwalter die **unverzügliche Unterrichtung** **785** der Wohnungseigentümer, so ist er für einen daraus entstehenden und kausal verursachten Schaden erstattungspflichtig. Wird etwa eine prozessuale Frist versäumt, die zum Prozessverlust oder einem anderweitigen Nachteil führt, so hat er den Eigentümern jedenfalls die entstandenen Prozesskosten zu ersetzen, falls bei gehöriger Unterrichtung die Rechtsverteidigung im Prozess erfolgreich gewesen wäre und den nicht bzw. verspätet unterrichteten Wohnungseigentümern keine Prozesskosten entstanden wären.

Über die Prozesskosten hinaus kann weiterer finanzieller Schaden zu ersetzen sein, **786** insbesondere eine rechtskräftig ausgeurteilte Geldsumme, die bei rechtzeitiger Verteidigung nicht hätte gezahlt werden müssen, da die Klage ganz oder teilweise unbegründet gewesen wäre. Neben einer Schadensersatzverpflichtung kommt bei einer Verletzung der Unterrichtungspflicht die **Abberufung** des Verwalters aus wichtigem Grund in Betracht, sofern die weiteren Voraussetzungen des § 314 Abs. 1 S. 2 BGB vorliegen.[109] Dies bedeutet allerdings nicht, dass jede Nichtinformation bereits einen wichtigen Grund darstellt. Es kommt stets auf die Gesamtumstände des Einzelfalles an, insbesondere darauf, welche Bedeutung der Rechtsstreit in rechtlicher und wirtschaftlicher, insbesondere finanzieller Hinsicht für die Wohnungseigentümer bzw. den Verband hatte. Wohngeldklagen etwa gehören zu den Massengeschäften der Verwaltung. Hier ist nicht zu erwarten, dass eine zeitnahe und umfassende Unterrichtung erfolgt. Vielmehr dürfte es genügen, dass in der ordentlichen Eigentümerversammlung im Rahmen des Berichts des Verwalters über den zurückliegenden Abrechnungszeitraum die Eigentümer informiert werden. Bei gegen Verband oder Wohnungseigentümer gerichteten Klagen, vor allem Zahlungsklagen mit hohem finanziellem Risiko, dürfte in der Regel anderes gelten.

Hat der Verwalter über einen Rechtsstreit gem. § 43 WEG unterrichtet, jedoch nicht **787** sämtliche **Schriftstücke und Anlagen** weitergegeben, so dürfte im Regelfall eine Pflichtverletzung zu verneinen sein, jedenfalls aber ein so erhebliches Mitverschulden seitens des Verbandes bzw. der Wohnungseigentümer vorliegen, dass eine Schadensersatzpflicht im Ergebnis zu verneinen ist. Aufgrund des Hinweises auf den Rechtsstreit kann von den Eigentümern erwartet werden, bei Interesse oder Bedarf beim Verwalter weitere Auskünfte einzuholen und insbesondere die Übersendung von Abschriften zu verlangen. Das Verlangen eines Eigentümers, sämtliche Schriftstücke eines Rechtsstreits

---

[108] So aber *Vandenhouten*, ZWE 2009, 145, 151; *Abramenko* in Riecke/Schmid, WEG, § 27 Rdn. 33.
[109] *Vandenhouten*, ZWE 2009, 145, 154.

einschließlich aller Anlagen zu übersenden, ist für die Verwaltung grundsätzlich nicht unzumutbar, da es sich um einen hinreichend bestimmten Vorgang handelt, selbst wenn das Aktenvolumen aufgrund des Prozessstoffes sehr umfangreich ist. Der Verwalter hat Anspruch auf Kopierkostenerstattung Zug um Zug gegen Übersendung und – falls im Verwaltervertrag wirksam vereinbart – auf eine Bearbeitungsgebühr.

788 In einem Anfechtungsrechtsstreit ist es normalerweise ausreichend, den Wohnungseigentümern die Klagschrift und die Klagbegründung zuzuleiten und die Eigentümer über die Ladung zum Termin zu unterrichten. Eine Übersendung umfangreicher Anlagen bzw. Anlagenkonvolute ist nicht erforderlich. Es dürfte der Hinweis darauf genügen, dass diese Anlagen jederzeit nach vorheriger Ankündigung beim Verwalter eingesehen werden können.[110] Werden durch die erste Zustellung Fristen ausgelöst, z.B. eine Verteidigungsanzeige binnen zwei Wochen im schriftlichen Vorverfahren (§ 276 Abs. 1 S. 1 ZPO), darf der Verwalter nicht den anschließenden Zugang der vom Gericht noch nicht übersandten Anfechtungsbegründung abwarten. Vielmehr muss er die Wohnungseigentümer unverzüglich unterrichten, damit die Frist zur Verteidigungsanzeige gewahrt werden kann. Gleiches gilt nach Zustellung der Klagebegründung. Es wäre pflichtwidrig, die dort gesetzte Klagerwiderungsfrist verstreichen zu lassen, um zunächst den anschließenden Zugang der Terminsladung abzuwarten, damit in einem einzigen Anschreiben die Wohnungseigentümer über sämtliche Umstände informiert werden können. Die Prozessförderungspflichten der Parteien sind insoweit auch bei der Unterrichtung der Eigentümer zu berücksichtigen.

789 **bb) Abschluss von Honorar- und Streitwertvereinbarungen.** Um das durch die deutliche Herabsenkung der gesetzlichen Streitwerte (s. § 49a GKG) verursachte geringere Gebührenaufkommen der Rechtsanwälte zu kompensieren, hat der Gesetzgeber dem Verwalter die gesetzliche Vertretungsmacht verliehen, um mit Rechtsanwälten in Rechtsstreitigkeiten gem. § 43 Nr. 1, Nr. 2, Nr. 4 oder Nr. 5 WEG Streitwertvereinbarungen abzuschließen. Dies gilt sowohl für Aktiv- als auch für Passivverfahren, wobei der Hauptanwendungsfall in der Organisation der Rechtsverteidigung der beklagten Wohnungseigentümer in einem Beschlussanfechtungsprozess (§§ 27 Abs. 2 Nr. 2, § 43 Nr. 4 WEG) liegen dürfte. Es ist folglich weder die gesetzliche Prozessführungsbefugnis (s. § 27 Abs. 2 Nr. 2 und § 27 Abs. 3 S. 1 Nr. 2: „… insbesondere") noch die Vertretungsmacht zum Abschluss von Streitwertvereinbarungen auf Passivprozesse beschränkt. Wegen der Grundzüge zur Streitwertvereinbarung s. oben Rdn. 597 ff.

790 Ein Haftungsrisiko für den Verwalter ergibt sich aus derzeitiger Rechtslage daraus, dass § 27 Abs. 2 Nr. 4 und § 27 Abs. 3 S. 1 Nr. 6 WEG lediglich **Höchstgrenzen** festlegen. Es ist damit nicht gesagt, dass in jedem Einzelfall die volle Ausschöpfung des gesetzlich zugelassenen Höchstwertes pflichtgemäß ist. Dies hängt vielmehr von den Umständen des Einzelfalles und vor allem den Streitwertberechnungsgrundsätzen der bisherigen Rechtsprechung ab. Speziell in WEG-Verfahren alten Rechts mit hohen Streit- bzw. Geschäftswerten war allgemein anerkannt, dass etwa bei der Anfechtung einer Jahresabrechnung üblicherweise (nur) 20–30% des Gesamtvolumens der Gesamtabrechnung zzgl. des Einzelanteils des Anfechtenden aus der Einzeljahresabrechnung als Streitwert anzusetzen waren. Bei umfangreichen Sanierungsmaßnahmen waren sogar weitere Geschäftswertreduzierungen üblich, bei kostspieligen Maßnahmen sogar (nur) bis zu 5–10% der Bauauftragssumme.[111] Die in der früheren Rechtsprechung herausgearbeiteten Berechnungsgründsätze finden auch nach der reformbedingten Überführung des WEG-Verfahrens vom FGG in die ZPO weiterhin Anwendung. So ist etwa zu

---

[110] Vgl. BGH NZM 2009, 517.
[111] Zu den Einzelheiten s. etwa *Abramenko* in Riecke/Schmid, WEG, § 48 Rdn. 16 ff.

verweisen auf LG Hamburg ZMR 2009, 71 im Anschluss an die frühere Rechtsprechung. Vor diesem Hintergrund ist es nicht unriskant, wenn der Verwalter mit dem Rechtsanwalt einen Streitwert vereinbart, der 50% des Gesamtvolumens der Jahresabrechnung beträgt und somit die gesetzliche Obergrenze voll ausschöpft. Andernfalls kann er in Erklärungsnot geraten, zumal nicht gewährleistet ist, dass er mit dem Argument, ohne die getroffene Streitwertvereinbarung keinen geeigneten und auf dem Gebiet des Wohnungseigentumsrechts kundigen Rechtsanwalt für die Wohnungseigentümer gefunden hätte, realistischer Weise durchdringt.

Den sichersten Weg geht der Verwalter, wenn er die Höhe des Streitwerts an den **791** bisherigen Grundsätzen ausrichtet. Es ist nicht anzunehmen, dass ein derartiges Verhalten ihm als Pflichtwidrigkeit im Innenverhältnis vorgeworfen werden kann. Rechtsanwälte werden sich für gewöhnlich auf eine derartige Vorgehensweise einlassen, da sie jedenfalls bis zu einer höchstrichterlichen Klärung den Vertreter der Vertragspartner nicht unnötig in Schwierigkeiten bringen werden und andererseits zumindest bei der Rechtsverteidigung im Beschlussanfechtungsverfahren die Mehrvertretungsgebühr anfällt.

cc) **Fehlerhafte Prozessführung.** Der Verwalter hat eine **gesetzliche Prozess- 792 führungsbefugnis** für die Wohnungseigentümer (§ 27 Abs. 2 Nr. 2 WEG) und den rechtsfähigen Verband, dessen Vertretungsorgan er ist (§ 27 Abs. 3 S. 1 Nr. 2 WEG). Dies gilt insbesondere, also nicht nur für Passivverfahren, für die Prozessführung auf Beklagtenseite im Beschlussanfechtungsverfahren gem. § 43 Nr. 4 WEG. Aber auch bei Klagen von Wohnungseigentümern (§ 43 Nr. 2 WEG) oder Dritten gegen den Verband (§ 43 Nr. 5 WEG) ist der Verwalter berechtigt, den gegen den Verband gerichteten Rechtsstreit zu führen, also die Rechtsverteidigung vorzunehmen bzw. zu organisieren. Das **„Führen" des Prozesses** bedeutet, dass der Verwalter selbst **Prozessbevollmächtigter** der Wohnungseigentümer bzw. des Verbandes sein kann, wenn er die Angelegenheit nicht einem Rechtsanwalt überträgt.[112]

Führt der WEG-Verwalter Rechtsstreitigkeiten für Wohnungseigentümer oder Ver- **793** band selbst, d. h. ohne Hinzuziehung eines Rechtsanwaltes, so ist naheliegend, dass er seinem „Mandanten" wie ein Rechtsanwalt haftet. Pflichtverletzungen und **„Kunstfehler"** bei der Prozessführung hat er daher zu vertreten, ohne dass ihm ein Haftungsprivileg zur Seite steht. Dies muss jedenfalls für den professionellen, d. h. gewerbsmäßig tätigen, WEG-Verwalter gelten. Bei Amateur-Verwaltern kann ausnahmsweise anderes gelten.[113] Für eine strenge Verwalterhaftung im Bereich der Prozessvertretung spricht auch, dass der Verwalter nach der höchstrichterlichen Rechtsprechung berechtigt ist, für seine Rechtsdienstleistungen im Prozess wie ein Rechtsanwalt abzurechnen, d. h. nach anwaltlichem Gebührenrecht (jetzt RVG, früher BRAGO), auch wenn er selbst nicht zur Rechtsanwaltschaft zugelassen ist und möglicherweise nicht einmal über juristische Grundkenntnisse verfügt.[114] Lässt sich der Verwalter wie ein Rechtsanwalt bezahlen, so hat er sich auch haftungsrechtlich wie ein Rechtsanwalt behandeln zu lassen. Ein Honoraranspruch setzt voraus, dass eine entsprechende Sondervergütungsregelung im Verwaltervertrag vereinbart ist. Das Sonderhonorar soll der Verwalter im Kostenfestsetzungsverfahren geltend machen, d. h. gerichtlich festsetzen lassen können.[115]

Durch die Überführung des WEG-Verfahrens vom früheren FGG-Verfahren in das **794** Zivilprozessrecht sind die Anforderungen an die Prozessführung und damit einhergehend die Haftungsrisiken erheblich angestiegen. Der Amtsermittlungsgrundsatz (Offi-

---

[112] *Schmid,* MDR 2009, 12; *Abramenko* in Riecke/Schmid, WEG, § 27 Rdn. 54.
[113] Vgl. LG Berlin ZMR 2009, 393.
[114] BGH NJW 1993, 1924.
[115] OLG München NZM 2006, 106.

zialmaxime) ist entfallen und dem Beibringungsgrundsatz (Dispositionsmaxime) gewichen. Das Gericht wird mit Ausnahme von Nichtigkeitsgründen (s. § 46 Abs. 2 WEG als spezielle richterliche Hinweispflicht gegenüber § 139 ZPO) den Parteien keine rechtlichen Hinweise oder sonstigen weiterführenden Hilfestellungen geben. Die Parteien treffen strenge **Prozessförderungspflichten**, und zwar nicht nur im Hinblick auf die Einhaltung gerichtlich gesetzter oder gesetzlicher Fristen, sondern auch im Hinblick auf das Verbot verspäteten Vorbringens prozessrelevanter Angriffs- oder Verteidigungsmittel.

795   Verwaltern kann daher im Zweifel nur empfohlen werden, Prozesse nicht selbst zu führen, sondern stattdessen im Namen der Wohnungseigentümer bzw. des Verbandes einen Rechtsanwalt zu mandatieren. Diese Befugnis ist nach ganz h. M. von der gesetzlichen Prozessführungsbefugnis umfasst. Die neue Gesetzeslage knüpft insoweit an die frühere Rechtslage zu § 27 Abs. 2 Nr. 5 WEG a. F. an. Seinerzeit war ebenfalls unbestritten, dass eine durch Gemeinschaftsordnung, Verwaltervertrag oder sonstigen Beschluss erteilte Verwalterermächtigung zur Geltendmachung oder Abwehr von Rechten in einem gerichtlichen Verfahren grundsätzlich die Befugnis einschloss, einen Rechtsanwalt mit der Vertretung der Wohnungseigentümer zu beauftragen, selbst wenn dies aus dem Wortlaut der Ermächtigung nicht ausdrücklich hervorging.[116]

796   Ist der Verwalter unter Befreiung von § 181 BGB ermächtigt, die Wohnungseigentümer oder den Verband gerichtlich oder außergerichtlich zu vertreten, sowie einen Rechtsanwalt mit der Interessenwahrnehmung zu beauftragen, so ist er grundsätzlich auch dazu berechtigt, das Mandat sich selbst in seiner Funktion als Rechtsanwalt zu erteilen.[117] Hier ist die anwaltliche Haftung unzweifelhaft zu bejahen. Geht ein Prozess erstinstanzlich verloren, so darf der Verwalter grundsätzlich ohne vorherige Einschaltung der Eigentümerversammlung Rechtsmittel einlegen. Die Befugnis ergibt sich aus § 27 Abs. 2 Nr. 2 bzw. § 27 Abs. 3 S. 1 Nr. 2 WEG, und zwar bereits im Hinblick auf den drohenden kurzfristigen Ablauf der Rechtsmittelfrist. Zur Fristwahrung ist auch die erneute Einschaltung des bereits zuvor in der Sache tätigen Prozessbevollmächtigten angezeigt.[118]

797   **dd) Fehlerhafte Rechtsberatung.** Von der gerichtlichen Vertretung (Prozessvertretung) abzugrenzen ist die rechtliche **Beratung** der Wohnungseigentümer im außergerichtlichen Bereich. Hier gerät vor allem die Eigentümerversammlung ins Blickfeld, da sie neben ihrer eigentlichen Willensbildungs- auch eine Beratungsfunktion besitzt. In Versammlungen kommt es regelmäßig zu rechtlichem Erörterungs- und Beratungsbedarf.

798   Versäumt der Verwalter eine rechtzeitige Einholung fremden Rechtsrats bis zur Versammlung, so kann er für eventuelle Verzögerungsschäden haftbar gemacht werden. Erbringt der Verwalter die notwendige rechtliche Prüfung und Beratung selbst, so ist er für eine Falschberatung, insbesondere einen schuldhaften Rechtsirrtum, haftungsrechtlich verantwortlich. Ein etwaiger berufsrechtlicher Verstoß gegen das RDG kann nicht dazu führen, dass eine vertragliche oder sonstige schuldrechtliche Haftung z. B. nach §§ 662 ff. BGB, § 134 BGB i. V. m. § 3 RDG entfällt. Ein solches Ergebnis würde zu Wertungswidersprüchen führen.

799   Beauftragt der Verwalter einen Rechtsanwalt mit der rechtlichen Beratung der Wohnungseigentümer, so kann er dadurch in die Haftung geraten, dass er einen klaren und eindeutigen Beratungsfehler des Rechtsanwalts nicht erkennt.[119] Haftungsträchtig sind

---

[116] Vgl. etwa BayObLG ZMR 2005, 641, 642; NJW-RR 2002, 158, 159.
[117] BayObLG ZMR 2005, 641.
[118] OLG München ZMR 2007, 807.
[119] Vgl. BGHZ 115, 253, 260 = ZMR 1992, 30; OLG Hamburg DWE 1994, 149.

Fälle, in denen in der Gemeinschaftsordnung eine Verwalterzustimmung vereinbart ist, sei es für eine nachteilige bauliche Maßnahme am gemeinschaftlichen Eigentum,[120] sei es zu einer Veräußerung von Sondereigentum.[121] Aber auch in Fällen, in denen eine besondere Verwalterzustimmung nicht vorgesehen ist, sondern eine bauliche Veränderung am gemeinschaftlichen Eigentum der Zustimmungsbedürftigkeit nach § 22 Abs. 1 WEG unterstellt ist, kann eine rechtliche Fehlbeurteilung des Verwalters Schadensersatzansprüche begründen.[122] Im dortigen Fall konnte der Verwalter sich nicht damit entlasten, dass er einen Rechtsanwalt nach Rechtsrat gefragt habe, da trotz der anwaltlichen Beratung gewichtige Gründe für die Zustimmungsbedürftigkeit der dort streitigen Baumaßnahme (Einbau eines Kamins samt Schornsteinführung durch das Dach) vorlagen. Der Verwalter musste trotz gegenteiliger Rechtsauskünfte damit rechnen, dass die Zustimmungsfreiheit gem. § 22 Abs. 1 S. 2 WEG nicht eingriff.[123] Je nach Sachverhalt, kann die Schadensersatzpflicht gegenüber den einzelnen (bauwilligen) Wohnungseigentümer bestehen oder gegenüber den übrigen Eigentümern bzw. dem Verband, wenn dort ein entsprechender Schaden verursacht wurde.

i) Zustimmungsverweigerung zur Veräußerung oder Vermietung. Begründet **800** die Gemeinschaftsordnung eine Verpflichtung des Verwalters zur Zustimmung zu einer Veräußerung oder Vermietung (s. dazu Rdn. 701 ff.), so birgt eine schuldhaft verzögerte oder gänzlich unterlassene Zustimmung Haftungsrisiken für den Verwalter. Das Haftungsrisiko des Verwalters präsentiert sich in zweifacher Hinsicht.[124]

Erteilt er die Zustimmung zur Veräußerung oder Vermietung, obwohl ein **wichtiger** **801** **Grund** gegen die Person des Erwerbers bzw. Mieters spricht und erleidet die übrige Eigentümergemeinschaft hierdurch einen Schaden, der ursächlich auf die Pflichtverletzung zurückzuführen ist, so macht sich der Verwalter schadensersatzpflichtig. Gegenüber dem Verband kann eine solche Schadensersatzpflicht etwa dadurch eintreten, dass ein insolventer Erwerber das Wohngeld nicht zahlt und daher Wohngeldausfälle entstehen, die von den übrigen Wohnungseigentümern durch Ausfallumlage (Sonderumlage) auszugleichen sind. Der den einzelnen Miteigentümern entstehende Schaden (Anteil an der Sonderumlage) dürfte ein gemeinschaftsbezogener Anspruch gem. § 10 Abs. 6 S. 3 WEG sein, so dass er nur gemeinschaftlich durchgesetzt werden kann und von einzelnen Eigentümern nur nach entsprechender vorheriger Ermächtigung durch die Versammlung.

Der andere Haftungsfall liegt darin, dass der Verwalter eine geschuldete Zustimmung **802** ohne wichtigen Grund verweigert oder verzögert und dadurch der veräußerungs- bzw. vermietungswillige Wohnungseigentümer geschädigt wird. Dieser Schaden entsteht als **individueller Schaden** dem einzelnen Wohnungseigentümer, der den Anspruch ohne Ermächtigung der Versammlung allein geltend machen kann. Als Schaden kommen Verzugsschäden und entgangener Gewinn in Betracht. Denkbare Schadenspositionen sind z. B. nutzlos aufgewandte Vertragskosten, Zinsverluste, Telefonkosten und außergerichtliche Rechtsanwaltskosten, letztere allerdings nur, wenn sie erst nach Verzugseintritt entstanden sind.[125]

Der Verwalter ist verpflichtet, die geschuldete Zustimmung **unverzüglich**, d. h. oh- **803** ne schuldhaftes Zögern, zu erteilen, was voraussetzt, dass vor seiner Erklärung in tatsächlicher und rechtlicher Hinsicht überprüft wird, ob eine Zustimmungspflicht besteht

---

[120] BGHZ 115, 253.
[121] OLG Hamburg DWE 1994, 149.
[122] Vgl. BGHZ 115, 253 = NJW 1992, 182.
[123] Vgl. BGHZ 115, 253, 260.
[124] Vgl. *Gottschalg*, Haftung von Verwalter und Beirat, Rdn. 249.
[125] OLG Düsseldorf, NZM 2005, 787, 788; *Gottschalg*, Haftung von Verwalter und Beirat, Rdn. 249; *Müller*, Praktische Fragen, Rdn. 129.

oder ein wichtiger Grund dagegen spricht. Wie üblich bedeutet *unverzüglich* keineswegs sofort und auf der Stelle. Vielmehr ist dem Verwalter eine angemessene **Prüfungsfrist** zuzubilligen, da der Zustimmungsberechtigte im eigenen (haftungsrechtlichen) Interesse sowie im fremden (gemeinschaftsbezogenen) Interesse ausreichend Möglichkeit haben muss, das Vorliegen eines wichtigen Grundes zu überprüfen, und zwar möglicherweise auch unter Einholung von Rechtsrat oder Auskünften aus Wirtschafts- und Schuldnerdatenbanken.[126] Teilweise wird dem Verwalter insoweit eine Frist von einer Woche zugebilligt.[127] Dies dürfte im Regelfall zu kurz sein, so dass eine Mindestprüffrist von 2 Wochen zuzugestehen sein wird.[128]

804   Grundsätzlich hat der Verwalter – auch ohne entsprechende Regelung in der Gemeinschaftsordnung – das Recht, eine **Weisung der Eigentümerversammlung** einzuholen, jedenfalls bei berechtigten tatsächlichen oder rechtlichen Zweifeln an seiner Zustimmungspflicht bzw. am Vorliegen eines wichtigen Grundes.[129] Allerdings muss er beachten, dass ein solcher Entschluss die Prüfungsfrist nicht aussetzt, sondern allenfalls geringfügig verlängern kann. Er hat die Eigentümerversammlung unverzüglich einzuberufen, zumeist unter Abkürzung der an sich vorgeschriebenen Einladungsfrist. Ein Fall besonderer Dringlichkeit ist in derartigen Situationen regelmäßig zu bejahen (vgl. § 24 Abs. 4 WEG). Unterlässt es der Verwalter, bei zweifelhafter Rechtslage unverzüglich eine Weisung der Versammlung einzuholen, so haftet er auf Ersatz des dem Veräußerer entstandenen Verzögerungsschadens auch dann, wenn er seine Zustimmung nach anwaltlicher Beratung verweigert hat, obwohl erkennbar war, dass ein wichtiger Verweigerungsgrund nicht vorliegt.[130]

805   Der Verwalter macht sich auch dann schadensersatzpflichtig, wenn er die Eigentümerversammlung unverzüglich einberuft, in der Versammlung jedoch die Eigentümer nicht über die tragenden Erwägungen für seine tatsächliche oder rechtliche Unsicherheit informiert. Der Verwalter ist nämlich dazu verpflichtet, in der Versammlung die Problematik derart darzustellen, dass die Eigentümer ohne Weiteres darüber entscheiden können, wie sie sich aus Rechtsgründen bei der Abstimmung verhalten sollen.[131]

806   Der Verwalter ist einem Eigentümer wegen schuldhafter Pflichtverletzung auch dann zum Schadensersatz verpflichtet, wenn er die Zustimmung zur Veräußerung oder Vermietung zwar rechtzeitig erteilt, seine Verwaltereigenschaft aber dem **Grundbuchamt** nicht ordnungsgemäß (formgerecht) nachgewiesen hat und infolge dessen die Zustimmungserklärung des Verwalters vom Grundbuchamt nicht akzeptiert wird.[132] Dieser Schaden wird zumeist in einem Verzögerungsschaden liegen, der dem Veräußerer entsteht. Bei der Vermietung entfallen grundbuchrechtliche Formvorschriften. Hier wird ein Verzögerungsschaden vor allem im zwischenzeitlichen Mietausfall bestehen.

807   Fraglich ist, ob eine Pflichtverletzung des Verwalters wegen verweigerter Zustimmung entfällt, wenn die Eigentümerversammlung ihm die entsprechende Weisung erteilt hat oder eine von ihm bereits ausgesprochene Zustimmungsverweigerung nachträglich bestätigt. Anders als bei einer in der Gemeinschaftsordnung vereinbarten Verwalterzustimmung zu nachteiligen baulichen Veränderungen, wo die Verwalterzustimmung nicht an die Stelle, sondern an die Seite der individuellen Zustimmung benachteiligter Wohnungseigentümer tritt, ist in den Fällen des § 12 WEG ausschließ-

---

[126] *Kümmel* in Niedenführ/Kümmel/Vandenhouten, WEG, § 12 Rdn. 42; *Wenzel* in Bärmann, WEG, § 12 Rdn. 31.

[127] *Müller*, Praktische Fragen, Rdn. 128.

[128] *Wenzel*, a. a. O.

[129] Vgl. BGH NJW 1996, 1216.

[130] OLG Düsseldorf NZM 2005, 787.

[131] Vgl. BGH NJW 1996, 12. 16.

[132] OLG Düsseldorf ZMR 2003, 956.

lich der Verwalter zur Zustimmung berechtigt bzw. verpflichtet. Berücksichtigt man zudem, dass der Verwalter die Zustimmung nicht an die Versammlung (Eigentümer) delegieren, sondern letztere lediglich um eine Weisung (§ 665 BGB) mit entsprechender Aufklärungsobliegenheit angehen darf,[133] dürfte eine rechtswidrige **Beschlussfassung der Eigentümer** die Pflichtverletzung des Verwalters nicht beseitigen. Etwas anderes würde nur dann gelten, wenn dem Beschlussinhalt bei objektiver unbefangener Auslegung mit hinreichender Bestimmtheit entnommen werden kann, dass die Wohnungseigentümer bereit sind, das dem Verwalter bei einer unberechtigten Zustimmungsverweigerung drohende Haftungsrisiko abzunehmen und die haftungsrechtliche Verantwortung „an sich zu ziehen". Der Verwalter sollte schon im eigenen Interesse auf eine klare Diskussion und Beschlussfassung nebst Protokollierung achten (Wiederwahl).

---

[133] Vgl. BGH NJW 1996, 1216.

XIII. Entlastung des Verwalters

808   Es entspricht einer weit verbreiteten Praxis, dass sich der Verwalter in Eigentümerversammlungen entlasten lässt. Der Entlastungsbeschluss ist eine Vertrauensbekundung
der Wohnungseigentümer an den Verwalter.[1] Sie wird mit Zugang beim Verwalter
wirksam.[2] Sie ist **bedingungsfeindlich** und nicht wegen Irrtums anfechtbar.[3] Die
Entlastung hat die Wirkung eines negativen **Schuldanerkenntnisses** im Sinne des
§ 397 Abs. 2 BGB.[4] Dabei besteht für den Verwalter nur dann ein **Anspruch auf
Entlastung,** wenn eine solche in der Gemeinschaftsordnung oder im Verwaltervertrag
vorgesehen ist.[5] Im Übrigen kann der Verwalter dann Entlastung begehren und auch
gerichtlich geltend machen, wenn er von den Wohnungseigentümern **zu Unrecht
belastet** wird.[6] Entlasten die Wohnungseigentümer per Beschluss den Verwalter, obschon dieser darauf keinen Anspruch hat, so kann dies dennoch ordnungsmäßiger
Verwaltung entsprechen. Den Wohnungseigentümern ist es nicht untersagt, dem
Verwalter per Beschluss ein Recht zu gewähren, auf das dieser keinen Anspruch hat.[7]
Die vom BayObLG[8] entsprechend geäußerte Gegenmeinung ist im dogmatischen Ansatz falsch. Das BayObLG setzt einen fehlenden Anspruch einem Verbotstatbestand
gleich.

Ein Eigentümerbeschluss, der die Entlastung des Verwalters ausspricht, entspricht
dann ordnungsmäßiger Verwaltung, wenn keine Anhaltspunkte für Schadensersatzansprüche gegen den Verwalter erkennbar sind.[9]

809   Umgekehrt entspricht die Entlastung dann nicht ordnungsmäßiger Verwaltung, wenn
begründete Vorwürfe oder ungeklärte Tatbestände im Raum stehen und auch nicht aus
besonderen Gründen Anlass dazu besteht, auf die hiernach möglichen und erkennbaren
Ansprüche zu verzichten.[10] Dies gilt auch für den Beschluss über die Entlastung des
ausgeschiedenen Verwalters.[11] Nach entsprechender Anfechtung sind Entlastungsbe-
schlüsse daher aufzuheben,

– wenn die Jahresabrechnung noch nicht erstellt[12], fehlerhaft[13] oder unvollständig ist;[14]
– weil der Verwalter Beschlüsse der Eigentümerversammlung nicht weiter umgesetzt
  hat;[15]
– weil Regressansprüche in Betracht kommen;[16]
– weil der Verwalter ungenehmigte Ausgaben aus Gemeinschaftsmitteln getätigt hat;[17]

---

[1] *Gottschalg,* NJW 2003, 1293; *Bub* in Staudinger, BGB, § 28 WEG Rdn. 432.

[2] *Bassenge* in Palandt, § 26 WEG Rdn. 16; *Gottschalg,* NJW 2003, 1293; *Bub* in Staudinger,
BGB, § 28 WEG Rdn. 432.

[3] *Bub* in Staudinger, BGB, § 28 WEG Rdn. 432.

[4] *Bub* in Staudinger, BGB § 28 WEG Rdn. 434; *Jennißen,* Verwalterabrechnung, Rdn. 558;
OLG Frankfurt DWE 1988, 142.

[5] AG Köln ZMR 2002, 793.

[6] OLG Düsseldorf NJW-RR 1997, 525.

[7] BGH NJW 2003, 3124 = NZM 2003, 764 = ZMR 2003, 750 = MietRB 2003, 74.

[8] ZMR 2003, 280 = NZM 2003, 154.

[9] BayObLG ZMR 2006, 137.

[10] BGH NJW 2003, 3124 = NZM 2003, 764; OLG Frankfurt ZMR 2003, 594.

[11] BGH NZM 2003, 950 gegen BayObLG NZM 2003, 815.

[12] OLG München NZM 2005, 825 = ZMR 2006, 68.

[13] KG WE 1988, 167; AG Hamburg ZMR 2003, 301; OLG München ZMR 2006, 68 =
NZM 2005, 825.

[14] OLG München OLGReport 2005, 829 = MietRB 2006, 74.

[15] AG Hamburg, s. Fn. 11.

[16] OLG Düsseldorf WE 1995, 287.

[17] OLG Düsseldorf WE 1995, 287.

– weil andere, eine fristlose Abberufung des Verwalters begründende, Tatsachen vorliegen;[18]
– weil der Verwalter bei seiner Entlastung mit abgestimmt hat.[19]

Wird der Entlastungsbeschluss durch einen Wohnungseigentümer angefochten, ist die Klage nicht dem Verwalter, sondern dem **Ersatzzustellungsvertreter** zuzustellen.[20] Ist die Anfechtung erfolgreich, kann der Verwalter hiergegen kein Rechtsmittel einlegen, es sei denn, die Urteilsgründe würden Verfehlungen des Verwalters feststellen, gegen die er sich verwahren will.[21] Der Verwalter muss es nicht hinnehmen, dass ihm Unrecht geschieht.

Wird in der Eigentümerversammlung über Jahresabrechnung und Entlastung in einem Beschluss abgestimmt, kann die Anfechtung auf die Entlastung beschränkt werden.[22]

Das Verhältnis von Entlastung und Beschlussfassung über die **Jahresabrechnung** ist   **810** teilweise streitig und es wird in der Rechtsprechung nicht immer exakt differenziert. Wenn Jahresabrechnung und Entlastung in einer Beschlussfassung zusammengefasst werden, ist der Verwalter bei dieser Beschlussfassung mit einem eigenen **Stimmrecht** ausgeschlossen.[23] Der Verwalter kann zwar grundsätzlich über die Jahresabrechnung mit abstimmen, nicht aber über seine Entlastung.[24] Differenziert die Beschlussfassung nicht hinreichend, ist insgesamt das Beschlussrecht ausgeschlossen. Da der Verwalter bei der Entlastung kein eigenes Stimmrecht hat, darf er auch von Vollmachten anderer Wohnungseigentümer keinen Gebrauch machen. Es ist ihm aber gestattet, Untervollmachten zu erteilen, sofern er diese nicht mit Weisungen für die Abstimmung verbindet.[24 a]

Ein Beschluss über die Jahresabrechnung bewirkt nicht gleichzeitig die Entlastung des   **811** Verwalters.[25] Daher kann auch die Bestandskraft des Beschlusses über die Jahresabrechnung nicht Regressansprüche gegen den Verwalter ausschließen.[26] Der teilweise anderslautenden Rechtsprechung kann nicht gefolgt werden, weil sie den Inhalt der Jahresabrechnung verkennt. In der Jahresabrechnung hat der Verwalter über alle Zahlungsvorgänge abzurechnen. Dabei spielt es für die Richtigkeit der Jahresabrechnung keine Rolle, ob die dort dargestellten Ausgaben zu Recht oder zu Unrecht getätigt wurden.[27] Die **Darstellung unberechtigter Ausgaben** in der Jahresabrechnung ist erforderlich, um die Schlüssigkeitsprüfung vornehmen zu können. Erst danach können die Wohnungseigentümer entscheiden, ob sie **Regressansprüche** gegen den Verwalter geltend machen wollen. Dies ist aber unabhängig von der Tatsache zu sehen, dass zunächst die Beträge vom Konto der Eigentümergemeinschaft abgeflossen sind und daher auch buchhalterisch erfasst werden müssen. Was aber in der Buchhaltung erfasst ist, muss auch Niederschlag in der Jahresabrechnung finden. Wenn nun mit dem Beschluss über die Jahresabrechnung auch die Entlastung einhergehen würde, könnten die Wohnungs-

---

[18] AG Hamburg, s. Fn. 11.
[19] BayObLG MDR 1987, 410 = WuM 1987, 101; KG WE 1989, 134.
[20] Siehe hierzu *Suilmann* in Jennißen, WEG, § 45 Rdn. 13.
[21] KG NJW 1989, 134.
[22] BayObLG WE 1989, 144, 145.
[23] OLG Karlsruhe WuM 2003, 108.
[24] BayObLG MDR 1987, 410 = WuM 1987, 101; KG WE 1989, 134.
[24 a] OLG Zweibrücken WE 1998, 504.
[25] *Gottschalg,* Haftung von Verwalter und Beirat, Rdn. 291.
[26] A. A. OLG Düsseldorf ZWE 2002, 82 = NZM 2001, 537; KG NJW-RR 1986, 1337; BayObLG NJW-RR 1988, 81; WE 1989, 64.
[27] BayObLG NJW-RR 2001, 1231; 2002, 1093; OLG Hamburg WuM 2003, 104; BGH NJW 1997, 2106 = WuM 1997, 294; KG NJW-RR 1997, 715 = WuM 1997, 234; *Jennißen,* Verwalterabrechnung, Rdn. 564; a. A. *Sauren,* Wohnungseigentumsgesetz, § 28 Rdn. 29.

eigentümer entweder nicht über die Jahresabrechnung beschließen, obschon sie richtig ist, oder sie müssten mit dem Beschluss über die Jahresabrechnung befürchten, dass sie den Verwalter nicht mehr in Regress nehmen könnten. Die Frage, ob Schadensersatz gegen den Verwalter geltend zu machen ist, ist aber von der Richtigkeit der Jahresabrechnung zu unterscheiden, so dass der Beschluss über die Jahresabrechnung vom Beschluss über die Entlastung zu trennen ist.[28]

812 Die dem Verwalter erteilte Entlastung bezieht sich nicht nur auf die Abrechnung selbst. So kann dem Verwalter die Entlastung trotz richtiger Jahresabrechnung zu versagen sein, wenn er beispielsweise Gewährleistungsansprüche verjähren lässt.[29] Andererseits ist das dem einzelnen Zahlungsvorgang zugrunde liegende Verwalterhandeln von der Entlastung mit umfasst.[30] Aus der Jahresabrechnung sind die Ausgaben der Höhe nach erkennbar. Wird Entlastung erteilt, kann nicht mehr nachträglich eingewandt werden, der Verwalter habe die Ausgaben nicht tätigen dürfen.

813 Die Entlastung bewirkt weiterhin, dass alle der Eigentümergemeinschaft in diesem Zeitpunkt bekannten oder erkennbaren Sachverhalte für eine Inregressnahme des Verwalters ausgeschlossen sind.[31] Nach h. M. soll es genügen (s. hierzu auch unten Rdn. 999), dass dem Beirat Sachverhalte bekannt waren, die eine Inregressnahme des Verwalters ermöglicht hätten. Das OLG Köln[32] nimmt eine Wissenszusendung des Bezirks als Vertreter der Eigentümergemeinschaft vor.

814 Die bestandskräftige Entlastung bewirkt weiterhin, dass Ansprüche aus **ungerechtfertigter Bereicherung** oder **Geschäftsführung ohne Auftrag** gegen den Verwalter ausgeschlossen sind.[33] Auch kann ein Entlastungsbeschluss nicht durch einen **Zweitbeschluss** widerrufen werden.[34] Allerdings sollen trotz Bestandskraft eines Entlastungsbeschlusses **Ansprüche aus strafbaren Handlungen** weiterhin geltend gemacht werden können.[35] Individuelle Schadensersatzansprüche eines Wohnungseigentümers, die aus einer Verletzung des Sondereigentums oder aus anderen Rechtsverhältnissen stammen, sind durch den Entlastungsbeschluss nicht ausgeschlossen.[36] Nach Auffassung des OLG Karlsruhe[37] sollen trotz Entlastung noch Ansprüche der Eigentümergemeinschaft gegen den Verwalter in Betracht kommen können, die trotz gehöriger Sorgfalt nicht erkennbar waren.

815 Der Entlastungsbeschluss schränkt den Auskunftsanspruch der Wohnungseigentümer selbst dann nicht ein, wenn auch noch die Jahresabrechnung beschlossen wurde. Das Auskunftsverlangen ist nicht von der Frage abhängig, ob noch Ansprüche gegen den Verwalter geltend gemacht werden können.[38] Der Verwalter hat trotz Entlastung keinen Anspruch auf Wiederwahl.

---

[28] Siehe zum Verhältnis von Jahresabrechnung zur Entlastung auch *Jennißen*, WEG, § 28 Rdn. 19 ff.

[29] BayObLG WuM 1990, 175.

[30] OLG Köln ZMR 2005, 473 = MietRB 2005, 154 = OLGReport Köln 2005, 182.

[31] KG KGReport Berlin 1993, 19 = WuM 1993, 140 = NJW-RR 1993, 404; OLG Karlsruhe OLGReport Karlsruhe 2000, 259 = ZWE 2000, 426.

[32] OLG Köln OLGReport Köln 2002, 4.

[33] OLG Düsseldorf ZWE 2001, 270.

[34] OLG Köln ZMR 2000, 485.

[35] OLG Celle DWE 1992, 84.

[36] BayObLG WuM 1988, 30; OLG Düsseldorf OLGReport Düsseldorf 1997, 25 = WE 1997, 67.

[37] OLGReport Karlsruhe 2000, 259 = ZWE 2000, 426.

[38] A. A. OLG Düsseldorf ZWE 2001, 270, 272; *Merle* in Bärmann, WEG, § 28 Rdn. 128.

XIV. Abberufung und Kündigung des Verwalters

1. Ordentliche Abberufung

Der Verwalter kann jederzeit abberufen werden, wenn der Vertrag auf unbestimmte **816** Zeit geschlossen[1] und die Abberufungsmöglichkeit nicht auf das Vorliegen eines wichtigen Grundes beschränkt wurde. Dann muss ein Abberufungsgrund nicht vorliegen und somit auch nicht angegeben werden. Es genügt ein Mehrheitsbeschluss gem. § 26 Abs. 1 WEG.

Ein Mehrheitsbeschluss ist zur Abberufung entbehrlich, wenn der Verwalter auf bestimmte Zeit bestellt wurde und diese Zeit abgelaufen ist. Ist die Höchstdauer von fünf Jahren gem. § 26 Abs. 1 S. 2 WEG erreicht, endet das Verwalteramt ebenfalls automatisch, wenn nicht vor Ablauf (frühestens ein Jahr zuvor, § 26 Abs. 2 WEG) eine Wiederwahl erfolgt ist.

Die Abberufung muss dem Verwalter als **empfangsbedürftige Willenserklärung** zugehen, was keiner besonderen Anforderung bedarf, wenn der Verwalter bei der Abstimmung anwesend ist oder er sogar selbst die Abstimmung als Versammlungsleiter durchführt. Mit der Feststellung des Beschlussergebnisses ist ihm dann auch die Abberufung zugegangen.

Die Abberufung ist bedingungsfeindlich. Andernfalls würde die Rechtssicherheit leiden, da Unklarheit entstünde, ob der Verwalter noch im Amt ist.[2]

Die Abberufung bedarf keiner Annahme durch den Verwalter.[3]

Die Rechtsprechung lässt es sogar genügen, dass die Eigentümerversammlung nur **817** über die Bestellung eines neuen Verwalters abstimmt und sieht dann hierin inzidenter den Abberufungsbeschluss des bisherigen Verwalters.[4] Bei der ordentlichen Abberufung ist der Verwalter, wenn er selbst Wohnungseigentümer ist oder per Vollmacht über Stimmen verfügt, nicht von der Abstimmung ausgeschlossen. Wie der Verwalter selbst bei seiner Wahl mit abstimmen darf, darf er auch das **Stimmrecht** gegen seine ordentliche Abberufung ausüben.[5] Es handelt sich um die Wahrnehmung mitgliedschaftlicher Interessen.[6] Wären die Stimmen des Verwalters bei seiner Wahl nicht, bei seiner ordentlichen Abberufung wohl ausgeschlossen, könnte der Verwalter sich mit seiner Stimmenmehrheit nach einer Abberufung immer wieder neu wählen.

Das Stimmenübergewicht eines Wohnungseigentümers bei der Entscheidung über seine Abberufung als Verwalter genügt allein noch nicht, um unter dem Gesichtspunkt der Majorisierung einen Stimmrechtsmissbrauch zu begründen.[7]

Will ein Wohnungseigentümer die Abberufung des Verwalters betreiben, kann er **818** hierzu nicht unmittelbar gerichtliche Hilfe in Anspruch nehmen. Solange er sich nicht um die Herbeiführung eines Mehrheitsbeschlusses bemüht hat, fehlt für den gerichtlichen Antrag das **Rechtsschutzinteresse**.[8] Nur ausnahmsweise ist es möglich, unmittelbar das Gericht anzurufen, wenn in Anbetracht der Mehrheitsverhältnisse ein Mehr-

---

[1] OLG Hamm NZM 1999, 230.
[2] *Bub* in Staudinger, BGB, § 26 WEG Rdn. 405.
[3] BayObLG NZM 2003, 243; NJW-RR 1999, 1390.
[4] BayObLG NZM 2003, 243; KG NZM 2004, 913.
[5] *Lüke* in Weitnauer, WEG, § 26 Rdn. 31; *Bub* in Staudinger, BGB, § 26 WEG Rdn. 422.
[6] BGH NJW 2002, 3704, 3706; OLG Düsseldorf NZM 1999, 285; OLG Hamburg ZWE 2002, 483.
[7] BGH NJW 2002, 995.
[8] KG WE 1988, 168.

heitsbeschluss nicht zu erwarten ist oder sich der Verwalter weigert, die Abberufung zum Gegenstand der nächsten Eigentümerversammlung zu machen.[9]

Die Entscheidung über die Abberufung kann nicht auf Dritte und auch nicht auf den Verwaltungsbeirat übertragen werden. Die einfache Abberufungsmöglichkeit kann wirksam durch die Gemeinschaftsordnung eingeschränkt werden. So ist die Regelung, dass der Abberufungsbeschluss eine qualifizierte Mehrheit erfordert, nicht nichtig. Nichtig ist er hingegen, wenn auch die Abberufung aus wichtigem Grund an erhöhte Anforderungen geknüpft wird.[10]

2. Außerordentliche Abberufung

819 **a) Abberufungsgrund.** Die außerordentliche Abberufung kommt in Betracht, wenn der Verwalter für eine mehrjährige Amtszeit bestellt ist oder im Verwaltervertrag bzw. im Bestellungsbeschluss die Abberufung auf den wichtigen Grund beschränkt wurde. Die Abberufung aus wichtigem Grund kann nicht weiter eingeschränkt werden, § 26 Abs. 1 Satz 5 WEG. Sie ist immer zulässig. Eine Beschränkung oder Aufhebung der Abberufungsmöglichkeit aus wichtigem Grund ist nichtig, § 134 BGB.

820 Sieht die Gemeinschaftsordnung die Möglichkeit zur jederzeitigen Abberufung des Verwalters vor, ist dies mit § 26 Abs. 1 S. 5 WEG vereinbar. Dies ist eine zulässige Erleichterung der Abberufungsmöglichkeit, die einer etwaigen Einschränkung der Abberufung im Verwaltervertrag vorgeht. Die Wohnungseigentümer können nicht durch einen Vertrag mit einem Dritten (Verwalter) die Gemeinschaftsordnung aushebeln.

Die Regelung, dass die Abberufung aus wichtigem Grund eines qualifizierten Mehrheitsbeschlusses bedarf, verstößt gegen § 26 Abs. 1 S. 5 WEG und ist nichtig.[11]

821 Die Bestellung eines Verwalters auf **bestimmte Zeit** hat die gleichen Auswirkungen wie die ausdrückliche Vereinbarung, dass der Verwalter nur aus **wichtigem Grund** abberufen werden kann.[12] In beiden Fällen besitzt der Verwalter ein **subjektives Recht** auf Ausübung des Verwalteramts für die Dauer der Bestellungszeit.[13] Unmaßgeblich ist in diesem Zusammenhang, dass der Verwalter das **Organ der Gemeinschaft** ist.[14] Als Organ der Gemeinschaft könnte seine Rechtsposition zwar mit dem Geschäftsführer einer GmbH verglichen werden, der für eine bestimmte Dauer bestellt wurde. Für diesen Geschäftsführer ist in der Rechtsprechung anerkannt, dass er dennoch jederzeit abberufen werden kann. Allerdings besitzt er weiterhin Beschäftigungs- und Vergütungsansprüche. Diese Parallelität verbietet sich jedoch. § 38 GmbHG, der die Abberufungsmöglichkeit des Geschäftsführers regelt, ist eine Spezialregelung und insoweit nicht analogiefähig. Im Wohnungseigentumsgesetz fehlt eine entsprechende Norm auch nach der Gesetzesnovelle. Zu berücksichtigen ist aber vor allem, dass der WEG-Verwalter nicht die Möglichkeit hat, nach Abberufung weiterhin in einer anderen Funktion für die Gemeinschaft tätig zu bleiben, während der GmbH-Geschäftsführer trotz Abberufung weiterhin das Anstellungsverhältnis in einer anderen Funktion ausüben kann, wenn die Gesellschaft dies wünscht und dem ehemaligen Geschäftsführer dies auch möglich ist,[15]

---

[9] BayObLG WE 1986, 64; ZWE 2002, 579; OLG Köln NZM 1998, 959; OLG Düsseldorf NZM 1998, 517; WE 1991, 252.

[10] OLG Hamm ZWE 2002, 234; *Gottschalg,* NZM 2002, 841.

[11] OLG Hamm ZWE 2002, 234; *Gottschalg,* NZM 2002, 841.

[12] LG Düsseldorf ZMR 2005, 740.

[13] *Suilmann,* Beschlussmängelverfahren S. 80; *Wenzel,* ZWE 2001, 510, 514.

[14] *Wenzel* begründete in ZWE 2001, 514 das fehlende subjektive Recht noch damit, dass der Verwalter kein Organ der Gemeinschaft sei, gab diese Meinung aber als Präsident des 5. Zivilsenats auf, als er im Rahmen der Rechtsfähigkeitsentscheidung zur Eigentümergemeinschaft hervorhob, dass der Verwalter das Organ des Verbands ist.

[15] *Lutter/Hommelhoff,* GmbHG, § 38 Rdn. 25.

ist eine solche Alternative für den Verwalter wohnungseigentumsrechtlich undenkbar, so dass der Verwalter an dieser Stelle einen besonderen Schutz verdient.

Wenn ein wichtiger Grund vorliegt, muss die Abberufung hierauf **zeitnah** erfolgen. **822** Die aus dem Arbeitsrecht bekannte Frist von zwei Wochen des § 626 Abs. 2 BGB findet jedoch keine Anwendung. Die Einhaltung einer 2-Wochenfrist wäre auch unrealisierbar, da nach Kenntniserlangung zunächst eine Eigentümerversammlung unter Wahrung der Einladungsfristen einberufen werden muss. Dazu muss der abzuwählende Verwalter zunächst unter Fristsetzung von mehr als 25% der Wohnungseigentümer zur Einberufung einer außerordentlichen Eigentümerversammlung aufgefordert werden, § 24 Abs. 2 WEG. Hingegen wird § 314 Abs. 3 BGB angewendet, wonach der Berechtigte nur innerhalb einer **angemessenen Frist** kündigen kann, nachdem er vom Kündigungsgrund Kenntnis erlangt hat.[16] Dennoch dürfte diese zeitliche Einschränkung in der Praxis leer laufen. Wenn ein einzelner Wohnungseigentümer von Verfehlungen des Verwalters Kenntnis erhält, müssen sich dieses Wissen die Eigentümergemeinschaft als rechtsfähiger Verband und die übrigen Wohnungseigentümer nicht zurechnen lassen. Der Vertragspartner und nicht dessen einzelnes Mitglied muss Kenntnis erlangt haben.

Das Abberufungsrecht kann deshalb auch nicht durch einen späteren Eintritt eines **823** Wohnungseigentümers in die Eigentümergemeinschaft wieder aufleben[17], wenn die Eigentümerversammlung von ihrem Abberufungsrecht keinen Gebrauch gemacht hat. Das Wissen des Einzelnen ist unschädlich und auch zugleich unerheblich.

Nach § 166 Abs. 1 BGB kommt für die **Wissenszurechnung** die Person des Vertre-[824] ters in Betracht. Die Eigentümergemeinschaft wird aber durch ihr Organ, den Verwalter, vertreten. Es wäre nun ein Zirkelschluss, darauf abzustellen, ob der Verwalter seinen eigenen Abberufungsgrund kannte. Welcher Verwalter würde daraufhin eine Eigentümerversammlung zwecks seiner eigenen Abberufung einberufen? Das Abberufungsorgan ist die Eigentümerversammlung. Daher kann es nur auf das Wissen der Eigentümerversammlung ankommen.

Erhält ein Wohnungseigentümer Kenntnis von Umständen, die eine Abberufung des **825** Verwalters rechtfertigen würden, muss der Wohnungseigentümer nicht alle Anstrengungen unternehmen, hierüber seine Miteigentümer zu informieren und eine außerordentliche Eigentümerversammlung einzufordern.[18] Ein solcher Verpflichtungstatbestand ist dem Gesetz nicht zu entnehmen und hätte zur Konsequenz, dass bei nicht umgehender Einforderung einer Eigentümerversammlung die übrigen Wohnungseigentümer sich dieses Verhalten zurechnen lassen müssten. Auch hierfür besteht weder ein Rechtsgrund noch eine besondere Veranlassung. Der Verwalter wird nicht unangemessen benachteiligt, läuft bis zu seiner Abberufung doch sein Verwaltervertrag mit seinen vollen Vergütungsansprüchen weiter.

Wenn Abberufungsgründe in einer Eigentümerversammlung erörtert werden und die **826** Abberufung nicht in dieser Versammlung auf der Tagesordnung steht, kann die Eigentümerversammlung lediglich beschließen, dass der Verwalter unverzüglich eine weitere Eigentümerversammlung zwecks Abberufung seiner Person einlädt. Geschieht dies nicht, kann § 314 Abs. 3 BGB Anwendung finden. Reagiert die Eigentümerversammlung hingegen nicht und betreibt die Abberufung erst ein Jahr später, wird der Abberufungsgrund verwirkt sein.[19]

Maßgebend sind nur die Abberufungsgründe, die in der Eigentümerversammlung **827** bekannt sind. Bei der gerichtlichen Überprüfung der Wirksamkeit eines Abberufungs-

---

[16] BayObLG ZWE 2000, 185 = NZM 2000, 341; OLG Schleswig ZMR 2007, 727.
[17] A. A. AG Wedding DWE 2009, 74, 77.
[18] A. A. *Niedenführ* in Niedenführ/Kümmel/Vandenhouten, WEG, § 26 Rdn. 106.
[19] So auch BayObLG ZWE 2000, 185 für eine Abberufung nach Ablauf von zwei Monaten seit Kenntnisnahme.

beschlusses sind keine Umstände zu berücksichtigen, die erst später bekannt geworden sind, da sie für den Beschluss nicht kausal waren[20] oder erst danach eintraten. Allerdings müssen die Abberufungsgründe bei der Beschlussfassung nicht genannt werden[21], so dass die Überprüfbarkeit des Beschlusses faktisch eingeschränkt wird. Wird ein Verwalter, obwohl der Versammlung Abberufungsgründe bekannt sind, wiedergewählt oder waren wichtige Gründe schon bei seiner ersten Bestellung bekannt, ist eine Abberufung aus diesen Gründen später ausgeschlossen.[22]

828   **b) Abmahnung.** Der Abberufung aus wichtigem Grund muss in der Regel eine Abmahnung vorausgegangen sein.[23] Die Wohnungseigentümer müssen zunächst versuchen, durch die Abmahnung den Verwalter von ihren Vorstellungen über die ordnungsgemäße Erfüllung der Verwalterpflichten zu überzeugen. Es bedarf nur dann keiner vorausgehenden **Abmahnung,** wenn der erste Abberufungsgrund so schwerwiegend ist, dass unter keinem Gesichtspunkt eine Fortsetzung der Zusammenarbeit angezeigt und eine **Wiederherstellung des Vertrauensverhältnisses** zu erwarten ist. Hier ist insbesondere auf vom Verwalter begangene Vermögensdelikte zu verweisen. Der Vertragspartner muss die Abmahnung erklären. Dazu müssen die Wohnungseigentümer die Vornahme der Abmahnung beschließen und gleichzeitig bestimmen, wer die Abmahnung ausspricht, § 27 Abs. 3 S. 2 WEG. Ohne eine solche Ermächtigung kann ein einzelner Wohnungseigentümer nicht wirksam abmahnen.[24]

829   **c) Stimmrecht des Verwalters.** Bei der Abberufung aus wichtigem Grund hat der Verwalter selbst **kein Stimmrecht,** wenn er gleichzeitig Wohnungseigentümer ist oder von Wohnungseigentümern zur Abstimmung bevollmächtigt wurde. Wer einen wichtigen Abberufungsgrund verursacht, soll durch seine Stimme seine Abberufung und somit eine Form der Sanktionierung nicht verhindern können. Über das Stimmrecht entscheidet der Versammlungsleiter, so dass sich für die Wohnungseigentümer empfiehlt, zumindest für diesen Tagesordnungspunkt einen anderen Versammlungsleiter als den Verwalter zu wählen. Der Verwalter wird nicht rechtlos gestellt, weil er den Abberufungsbeschluss einer gerichtlichen Überprüfung zuführen kann (s.u.). Wird der wichtige Grund in der gerichtlichen Überprüfung nicht bestätigt, war der Ausschluss des Stimmrechts gleichsam rechtswidrig.

830   Auch wenn der Verwalter nicht berechtigt ist, bei der Abberufung aus wichtigem Grund selbst mit abzustimmen, so kann er dennoch nach h.M. seine **Stimmrechtsvollmachten** durch **Untervollmacht** weiterreichen, wenn dies durch den Hauptvollmachtgeber nicht ausgeschlossen wurde. Zudem darf der Verwalter die Untervollmacht nicht mit Weisungen für die Abstimmung verbinden.[25] Dieser Auffassung kann jedoch nicht gefolgt werden, da es lebensfremd ist anzunehmen, dass der Verwalter die Vollmacht an eine Person weiterreicht, die **freies Ermessen** ausübt. Der Verwalter wird in einer solchen Situation die Vollmacht nur an solche Personen weitergeben, bei denen er sicher ist, dass diese Person in seinem Sinne abstimmen wird. Zudem wird es im Einzelfall schwer feststellbar sein, ob nicht doch eine **gebundene** Vollmachtserteilung vorliegt und der Vertreter Weisungen erhalten hat.

---

[20] BayObLG NZM 2001, 104; ZMR 2001, 815; *Niedenführ* in Niedenführ/Kümmel/Vandenhouten, WEG, § 26 Rdn. 17; *Greiner* in Köhler/Bassenge, AHB Wohnungseigentumsrecht, Teil 14 Rdn. 80; Elzer, ZMR 2001, 418, 424.
[21] So auch *Greiner* in Köhler/Bassenge, AHB Wohnungseigentumsrecht, Teil 14 Rdn. 186.
[22] AG Wedding DWE 2009, 74, 75.
[23] BGH NZM 2002, 788 = NJW 2003, 3240 = ZMR 2002, 766.
[24] KG KGReport Berlin 2003, 265 = MietRB 2003, 75.
[25] OLG Zweibrücken WE 1998, 504 = NZM 1998, 671; BayObLG WE 1999, 29 = NZM 1998, 668; *Merle* in Bärmann/Pick/Merle, WEG, § 25 Rdn. 121.

Nach Bestellung des Verwalters und Abschluss des Verwaltervertrages auf eine bestimmte Zeit kann die Eigentümergemeinschaft nicht nachträglich durch einseitige Vereinbarung der Wohnungseigentümer ein Recht auf jederzeitige Abberufung ohne
wichtigen Grund schaffen.[26]

d) Wichtige Gründe – Einzelfälle. Der Begriff des wichtigen Grundes wird durch **831**
eine Fülle von Einzelfallentscheidungen geprägt. Er lässt sich kaum allgemein definieren. Der unbestimmte Rechtsbegriff des wichtigen Grundes wird wesentlich durch
das **Vertrauensverhältnis** zwischen Verwalter und Wohnungseigentümer geprägt. Ist
dieses stark belastet und eine Fortsetzung der Zusammenarbeit den Wohnungseigentümern nicht mehr zumutbar, ist der wichtige Grund zu bejahen.[27] Die Gründe können einzeln oder in ihrer Gesamtheit einer weiteren Zusammenarbeit nach Treu
und Glauben entgegenstehen.[28] Maßgebend sind auch nicht lediglich die Verletzungen
von Pflichten, welche dem Verwalter im Rahmen seiner Amtsführung obliegen. Eine
Störung des Vertrauensverhältnisses kann sich auch aus dem Verhalten des Verwalters
außerhalb seiner eigentlichen Tätigkeit für die Wohnungseigentümergemeinschaft ergeben.[29] Die Störung des Vertrauensverhältnisses muss auch nicht gegenüber allen Wohnungseigentümern vorliegen. Es kann auch genügen, wenn nur einzelne Wohnungseigentümer betroffen sind.[30]
Im Wesentlichen lassen sich die wichtigen Abberufungsgründe in vier Gruppen ein-
teilen.

aa) Vertrauensbruch im engeren Sinne. Auch wenn alle wichtigen Gründe **832**
letztendlich auf einen Vertrauensbruch hinauslaufen, so stellen insbesondere atmosphäri-
sche Störungen in den Beziehungen zwischen Verwalter und Wohnungseigentümern
einen Abberufungsgrund dar, wenn diese das Vertrauen belasten. Solche Störungen
können sein:
- **Beleidigung** eines Wohnungseigentümers;[31] allerdings ist die jeweilige Situation zu
  berücksichtigen. Haben die Wohnungseigentümer die Auseinandersetzung begonnen
  und mit großer Schärfe geführt, so dass die Beleidigung nur eine (verständliche) Re-
  aktion darstellt, kann der Abberufungsgrund fehlen.[32]
- **Strafanzeigen** gegen Wohnungseigentümer, die jeglicher Grundlage entbehren;[33]
- Verwalter ist wegen **Vermögensdelikten** vorbestraft, wobei sich die Taten nicht
  gegen die Beschluss fassenden Wohnungseigentümer gerichtet haben müssen; allerdings dürfen die Taten noch nicht getilgt sein.[34] Hat der Verwalter vor seiner Wahl
  die Verurteilung offengelegt, können die Wohnungseigentümer ihn später wegen der
  begangenen Vermögensdelikte nicht abberufen; wiederum etwas anderes gilt, wenn
  der Verwalter die Fragen der Wohnungseigentümer nach nicht getilgten Vorstrafen
  falsch, ausweichend oder bagatellisierend beantwortet hat;[35]
- **Eröffnung des Insolvenzverfahrens** oder Einstellung mangels Masse gegen den
  Verwalter;[36]

---

[26] LG Düsseldorf ZMR 2005, 740.
[27] BayObLG NZM 1999, 284; 2000, 511; ZWE 2002, 528.
[28] BGH ZMR 2002, 766, 769 = NZM 2002, 788 = NJW 2002, 3240.
[29] OLG Hamm NZM 2002, 295, 296.
[30] OLG Hamm NZM 2002, 295, 296.
[31] BayObLG ZMR 2004, 923, in dem der Verwalter den Beiratsvorsitzenden als klassisch-psy-
chologischen Fall bezeichnet hat.
[32] KG ZMR 1997, 489.
[33] OLG Düsseldorf NZM 1989, 517.
[34] BayObLG NJW-RR 1998, 1022; ZWE 2000, 77; KG WuM 1989, 347; WE 1994, 50; OLG
Hamm NZM 1999, 229; OLG Köln ZMR 2008, 734.
[35] KG WE 1994, 50 = WuM 1993, 761.
[36] OLG Stuttgart OLGZ 1977, 433, 435.

- Eröffnung des Insolvenzverfahrens anderer mit dem Verwalter verflochtener Unternehmen und Weigerung über seine finanziellen Verhältnisse Auskunft zu geben;[37]
- Verwalter verfügt über kein pfändbares Vermögen;[38]
- Verletzung der Neutralitätspflicht; die Neutralität ist bereits verletzt, wenn der Verwalter für einen Wohnungseigentümer **Partei ergreift**[39], innerhalb einer Zweiergemeinschaft einen Wohnungseigentümer in einem Prozess gegen den anderen vertritt[40] oder zugunsten eines Wohnungseigentümers eigenständig den **Verteilungsschlüssel** in der Jahresabrechnung abändert;[41]
- Gefahr der Verletzung der Neutralitätspflicht bei einer aus drei Einheiten bestehenden Gemeinschaft, von denen zwei im Eigentum von Personen stehen, die mit dem Verwalter verwandt sind;[42]
- die **Übertragung der Verwaltungstätigkeit** im Ganzen auf eine andere Person ohne Zustimmung der Wohnungseigentümer;[43]
- unzumutbare **Selbstherrlichkeit** des Verwalters;[44]
- **Missachtung der Wünsche** zahlreicher Wohnungseigentümer;[45]
- **Betreiben der Abwahl des Beirats** ohne triftigen Grund oder Verweigerung der Zusammenarbeit mit diesem, sofern das Zerwürfnis nicht vom Beirat verursacht ist;[46]
- Verweigerung der Zusammenarbeit mit dem Beirat;[47]
- verbale Angriffe auf den Beirat;[48]
- Weitergabe von internen Angelegenheiten der Wohnungseigentümer an die Tagespresse, auch wenn in dem Verhalten der Wohnungseigentümer möglicherweise ein kinderfeindliches Verhalten gesehen werden kann.[49]

833   **bb) Schlechtleistung der wirtschaftlichen Verwaltungstätigkeit.** Die ordnungsmäßige Verwaltung des Gemeinschaftsvermögens ist eine der Kernaufgaben des Verwalters, die besonders kritisch zu bewerten ist. Deshalb ist die Schwelle für diesbezügliche Abberufungsgründe niedrig anzusetzen:

- Verweigerung, einen Wohnungseigentümer oder den Beirat in die Abrechnungsunterlagen und Belege schauen zu lassen;[50]
- unvollständige Ausgabendarstellung bzw. Berücksichtigung von Ausgaben, die schon mehrere Jahre zurückliegen;[51]
- fehlende oder wiederholt **verspätete Aufstellung der Jahresabrechnung;**[52]
- **hartnäckige Weigerung** des Verwalters, die Jahresabrechnungen als Einnahmen- und Ausgabenrechnung zu fertigen;[53]

---

[37] BayObLG BayObLGReport 2005, 270 = MietRB 2005, 238.
[38] AG Wedding DWE 2009, 74.
[39] OLG Köln NZM 1999, 126.
[40] BayObLG ZMR 2001, 721.
[41] OLG Köln NZM 1999, 126; BayObLG ZMR 2001, 721.
[42] AG Wedding DWE 2009, 74.
[43] OLG Hamm WuM 1991, 218, 220; BayObLG ZMR 1998, 174.
[44] BayObLG DWE 1985, 126; NZM 1989, 283; 2000, 342.
[45] LG Frankfurt WE 1991, 31; BayObLG NZM 2000, 342.
[46] BayObLG Rpfleger 1965, 224, 227; OLG Frankfurt NJW-RR 1988, 1169 = DWE 1988, 36; BayObLG NZM 1999, 283; OLG Hamm ZMR 2007, 133.
[47] OLG Frankfurt NJW-RR 1988, 1169 = DWE 1988, 36.
[48] OLG Köln ZMR 2007, 717.
[49] AG Kassel ZMR 2006, 322.
[50] BayObLG WuM 1990, 464.
[51] BayObLG WE 1996, 239.
[52] BayObLG NZM 2000, 343.
[53] OLG Köln NZM 1999, 843.

- jahrelange Nichtbefolgung eines gerichtlichen Vergleichs über Abänderung der Verteilungsschlüssel;[54]
- Verwalter verfolgt Beitragsrückstände nicht und verursacht hierdurch Liquiditätsengpässe der Eigentümergemeinschaft;[55]
- ungeordnete finanzielle Verhältnisse der Gemeinschaft;[56]
- Einstellung fiktiver Beträge in die Jahresabrechnung;[57]
- **keine Begleichung von Verbindlichkeiten** der Eigentümergemeinschaft, weil die dafür erforderlichen Mittel vom Verwalter nicht im Wirtschaftsplan angefordert wurden;[58]
- Entnahme einer **überhöhten Verwaltervergütung;**[59]
- Entnahme von **zweckgebundenen Geldern** zur Befriedigung eigener Honoraransprüche;[60]
- Begleichung unberechtigter Honorarforderungen aus lfd. Verwaltungskonto an sich selbst;[61]
- Alleinverfügung über gemeinschaftliche Gelder trotz Beschlusses, nur mit der Zustimmung eines Eigentümers verfügen zu dürfen;[62]
- Untreuehandlungen im Zusammenhang mit Verwaltungstätigkeiten für eine andere Wohnungseigentümergemeinschaft;[63]
- irrtümliche Überweisung hoher Beträge an eine falsche Person;[64]
- Abschluss von **Gebäudeversicherungen** ohne Eigentümerbeschluss;[65]
- Nichtabschluss der vereinbarten Versicherungen[66], mehrmonatiger unzureichender **Gebäudeversicherungsschutz;**[67]
- ungenehmigte Darlehensaufnahme.[68]

Anmerkungen: Abrechnungsfehler können nur dann die Abberufung aus wichtigem Grund rechtfertigen, wenn sich der Verwalter hartnäckig weigert, eine ordnungsgemäße Abrechnung vorzulegen. Wird unvollständig abgerechnet, kann dies solange keinen Abberufungsgrund darstellen, als diese Abrechnungsform dem Wunsch der Eigentümermehrheit entsprach.[69] Der Verwalter muss also zunächst durch Beschluss der Wohnungseigentümer verpflichtet werden, anders abzurechnen oder ihm wird dies durch Gerichtsurteil nach entsprechender Anfechtung aufgegeben. Erst dann kann das Nichteinhalten der Vorgaben zu einem Abberufungsgrund werden. Dabei ist aber zu berücksichtigen, dass das Wohnungseigentumsgesetz über Inhalt und Form der Jahresabrechnung schweigt. Deshalb müssen Inhalt und Form einer Abrechnung durch Vereinbarung, Beschluss oder Verwaltervertrag zunächst definiert werden. Weigert sich

834

---

[54] OLG Köln ZMR 2009, 311.
[55] OLG Karlsruhe WE 1998, 189.
[56] OLG Köln WE 1998, 189; OLG Karlsruhe NZM 1998, 768.
[57] BayObLG ZMR 2008, 840.
[58] OLG Köln NZM 1999, 846 (Ls.).
[59] OLG Schleswig NJW 1961, 1870.
[60] OLG Düsseldorf WE 1997, 426.
[61] OLG Köln ZWE 2008, 396, wonach der Verwalter bei der Honorierung der eigenen Tätigkeit besondere Sorgfalt zu wahren hat.
[62] LG Freiburg NJW 1968, 1973.
[63] OLG Köln ZWE 2008, 396.
[64] KG WE 1988, 168.
[65] BayObLG WE 1991, 358.
[66] *Bub* in Staudinger, BGB, § 26 WEG Rdn. 445 a.
[67] OLG Düsseldorf ZMR 2006, 57.
[68] OLG Karlsruhe NZM 1998, 769.
[69] AG Bergisch Gladbach MietRB 2006, 297.

dann der Verwalter diesen Vorgaben nachzukommen, kann er aus wichtigem Grund abberufen werden.[70]

Auch stellt es einen Abberufungsgrund dar, wenn die Jahresabrechnung angefochten und durch Gerichtsurteil aufgehoben wurde und der Verwalter die Aufhebungsgründe nicht beachtet, indem er keine neue Jahresabrechnung erstellt oder die Abrechnungsfehler nicht beseitigt. Problematisch ist in diesem Zusammenhang, dass die Rechtsprechung gelegentlich dazu neigt, Abrechnungsfehler zu definieren, die keine sind. Die Rechtsprechung leitet zum Teil auch zur Falschabrechnung an, indem sie Abrechnungen aus unzutreffenden Gründen aufhebt.[71] So wird beispielsweise verkannt, dass ein Wohngeldausfall, der auf die restlichen Wohnungseigentümer umgelegt werden soll, in der Jahresabrechnung wie Kosten zu behandeln ist. Demgegenüber wird in der Rechtsprechung darauf verwiesen, dass diese fehlenden Einnahmen nur per Wirtschaftsplan oder Sonderumlage, nicht aber innerhalb der Jahresabrechnung erhoben werden dürften.[72] Die Differenzierung zwischen Wirtschaftsplan und Sonderumlage auf der einen und Jahresabrechnung auf der anderen Seite ist aber unzutreffend. Diese sind allesamt Bestandteil eines einheitlichen Abrechnungswesens.[73] Wirtschaftsplan und Sonderumlage enthalten nur kalkulierte Werte, während die Jahresabrechnung die tatsächliche Mittelverwendung belegt.[74] Die Behandlung der Wohngeldausfälle verdeutlicht, dass der Inhalt einer ordnungsgemäßen Jahresabrechnung zumindest umstritten ist. Daher können die Abberufung des Verwalters aus wichtigem Grund nur solche Abrechnungsmängel rechtfertigen, die eindeutig und so schwerwiegend sind, dass sie nicht hingenommen werden können und eine Kontrolle des Verwalters letztendlich nicht zulassen.[75]

835 So verhält es sich auch bei einer unvollständigen **Jahresabrechnung.** Es müssen solche wesentlichen Inhalte der Abrechnung fehlen, dass eine **Plausibilitätskontrolle** nicht mehr möglich ist. Die Wohnungseigentümer müssen anhand der Jahresabrechnung überschlägig erkennen können, ob Anlass besteht, dem Verwalter zu misstrauen. Dazu muss der Verwalter in der Jahresabrechnung eine Bankkontenentwicklung und/oder eine Vermögensübersicht[76] vorlegen. Wird er hierzu aufgefordert und kommt er dieser nicht nach, besteht ein Grund zur fristlosen Abberufung.

Die eigenmächtige Anlage der **Instandhaltungsrücklage** in Form eines Bausparvertrags rechtfertigt die sofortige Abberufung i.d.R. nicht. Zwar können Zweifel bestehen, ob es sich hierbei um eine ordnungsgemäße Anlageform handelt.[77] Unabhängig von dieser Frage entsteht der Eigentümergemeinschaft aber kein schwerer Nachteil, der die weitere Zusammenarbeit unzumutbar erscheinen lässt.[78]

Im Bereich der **Buchführung** rechtfertigt die Abberufung des Verwalters die wiederholte Buchung ohne Beleg oder eine unstrukturierte Belegablage. Ohne ordnungsgemäße Buchführung wird der Verwalter nicht zu einer ordnungsgemäßen Jahresabrechnung kommen können. Ebenso wenig ist seine wirtschaftliche Verwaltungstätigkeit prüfbar.

---

[70] OLG Düsseldorf ZMR 2006, 144; *Sauren,* WE 1999, 90.

[71] Siehe hierzu *Jennißen,* MietRB 2004, 307.

[72] BayObLG NZM 2002, 531 = NJW-RR 2002, 1093; vgl. auch hierzu die kritischen Ausführungen von *Jennißen,* MietRB 2004, 307, 308.

[73] Vgl. zum Verhältnis von Wirtschaftsplan zur Jahresabrechnung *Jennißen,* WEG, § 28 Rdn. 5 ff.

[74] *Jennißen,* Verwalterabrechnung, Rdn. 764.

[75] So auch OLG Düsseldorf ZMR 2006, 144.

[76] Vgl. zu den Anforderungen einer vollständigen Jahresabrechnung: *Jennißen,* Verwalterabrechnung, Rdn. 402 ff.

[77] So OLG Düsseldorf WuM 1996, 112; a. A. *Brych,* Fs. für Seuß 1987, 65 ff.

[78] BGH ZMR 2002, 766, 770.

cc) Fehler im Zusammenhang mit der Durchführung der Eigentümerver- 836
sammlung. Der Verwalter hat mindestens einmal im Jahr eine Eigentümerversammlung einzuberufen, § 24 Abs. 1 WEG. Folgende Pflichtverletzungen rechtfertigen seine Abberufung:

- keine Einberufung einer **Eigentümerversammlung**;[79]
- Nichtaufnahme des Punktes „Abwahl des Verwalters" auf die **Tagesordnung** trotz entsprechender Aufforderung durch Wohnungseigentümer;[80]
- pflichtwidrige Verzögerung der Einberufung einer Eigentümerversammlung[81] mit dem Ziel der sofortigen Abberufung des Verwalters;[82]
- Einladung der Versammlung zu unvertretbarer Zeit und an unvertretbarem Ort.[83]

Anmerkung: Nicht jeder Aufforderung zur Einberufung einer Eigentümerversammlung muss der Verwalter unverzüglich nachkommen. Nennen die Wohnungseigentümer hierzu keinen wichtigen Grund oder steht die planmäßige Eigentümerversammlung ohnehin in den nächsten Wochen an, weigert sich der Verwalter nicht rechtswidrig. Auch kann die Weigerung, den Tagesordnungspunkt „Abwahl des Verwalters" auf die Tagesordnung zu setzen, dann rechtmäßig sein, wenn die Wohnungseigentümer hierzu keinen Grund nennen, so dass die Forderung willkürlich erscheint. Fordern die Wohnungseigentümer beispielsweise die Verwalterneuwahl ohne wichtigen Grund, obschon der Verwaltervertrag noch eine längere Laufzeit hat, muss der Verwalter dieser Forderung nicht nachgehen. Er kann auf Einhaltung des Verwaltervertrages bestehen. Das Nichterscheinen des Verwalters zur Eigentümerversammlung kann nur dann einen triftigen Grund für seine fristlose Abberufung darstellen, wenn es sich um eine ordnungsgemäß eingeladene Eigentümerversammlung handelt. Lädt hingegen ein nicht berechtigter Wohnungseigentümer zu einer Versammlung ein, muss der Verwalter zu einer solchen Versammlung nicht erscheinen.

Werden Abberufungsgründe genannt, hat der Verwalter einem solchen Begehren, von Missbrauchsfällen abgesehen, stets Folge zu leisten.[84] Selbst wenn der Verwalter die Abberufungsgründe für nicht gegeben hält, muss er diese Eigentümerversammlung einberufen. Die Eigentümerversammlung selbst ist das Forum, wo sich der Verwalter den erhobenen Vorwürfen stellen und diese entkräften kann. Allerdings muss der Verwalter nicht dem Einberufungsbegehren eines einzelnen Wohnungseigentümers blind folgen. Bei einer solchen Forderung hat der Verwalter selbstkritisch die Frage zu stellen, ob die Vorwürfe eine Rechtfertigung seinerseits erfordern. Es steht stets das Problem im Raum, ob sein Handeln ordnungsgemäßer Verwaltung entsprach. War dies zumindest nicht frei von Zweifeln, muss der Verwalter einladen, auch wenn dies nur ein Wohnungseigentümer fordert.[85] Das Quorum des § 24 Abs. 2 WEG ist aber i. d. R. zu beachten, da andernfalls jeder einzelne Wohnungseigentümer durch Erhebung von angeblichen Abberufungsgründen gegen den Verwalter eine außerordentliche Eigentümerversammlung erzwingen könnte.

- Verlassen der Eigentümerversammlung ohne triftigen Grund, insbesondere dann, wenn hierdurch die Beschlussunfähigkeit der Wohnungseigentümerversammlung herbeigeführt wird;[86]

---

[79] BayObLG NZM 1999, 844; *Lüke* in Weitnauer, WEG, § 26 Rdn. 33.
[80] OLG Frankfurt OLGE 1988, 43 = DWE 1988, 36.
[81] BGH NJW 2002, 3240; OLG Düsseldorf ZMR 1998, 449; OLG Hamm WuM 2001, 461.
[82] OLG Düsseldorf MietRB 2004, 45 = ZMR 2004, 692.
[83] OLG Hamm NZM 2001, 297.
[84] OLG München MietRB 2006, 245; OLG Düsseldorf MietRB 2004, 45.
[85] Vgl. auch OLG Frankfurt NZM 2008, 34.
[86] BayObLG Rpfleger 1965, 224, 227; LG Freiburg Rpfleger 1968, 93.

– Weigerung, **Beschlüsse** der Wohnungseigentümer **durchzuführen,** es sei denn, der Beschluss wurde angefochten;[87]
– **Protokollführung** im Sinne einer **Fälschung**[88] oder erhebliche Verzögerung der Protokollversendung,[89] Gewährung der Einsicht in die Versammlungsniederschrift erst nach Ablauf der Anfechtungsfristen;[90]
– willkürliches Abschneiden des **Rederechts** der Wohnungseigentümer in der Eigentümerversammlung;[91]
– Weigerung, das Versammlungsprotokoll zu unterschreiben, obschon nach der Gemeinschaftsordnung dies für die Gültigkeit des Beschlusses erforderlich ist;[92]
– nicht ordnungsgemäßes Führen der Beschluss-Sammlung, § 26 Abs. 1 Satz 5 WEG.

837   **dd) Schlechtleistung im Zusammenhang mit Instandsetzungspflichten.** Unabhängig davon, dass in der Praxis die Umsetzung von Instandsetzungsbeschlüssen relativ haftungsträchtig ist (s.o. 739 ff.), können hieraus auch Abberufungsgründe folgen:

– Auftragsvergabe erheblichen Umfangs ohne Beschluss der Wohnungseigentümer;[93]
– Nichtfeststellung des Instandsetzungsbedarfs;[94]
– keine Initiative zur **Baumängelbeseitigung;**[95]
– wenn der Bauträger-Verwalter **Gewährleistungsprozesse** gegen Handwerker führt, ohne die Wohnungseigentümer trotz Aufforderung zu informieren;[96]
– wirtschaftliche Identität mit dem Bauträger, so dass Interessenkollisionen bei der Geltendmachung von Gewährleistungsansprüchen bestehen;[97]
– Verletzung der Verkehrssicherungspflicht, indem der Verwalter einen Gaswartungsvertrag trotz entsprechender Beschlussfassung nicht abschließt.[98]

838   **ee) Fehlende wichtige Gründe.** In folgenden Fällen hat die Rechtsprechung das Vorliegen eines wichtigen Grundes verneint:

– der Verwalter zieht Beiratsaufgaben an sich (hier Auftragserteilung an Werkunternehmer); indem der Beirat auf unübersehbare Bautätigkeit nicht reagierte, wurde hierin eine Duldung der Kompetenzüberschreitung gesehen;[99]
– persönliche Misshelligkeiten, Verzögerung des Abschlusses neuer Hausmeisterverträge, unterlassene Auskunftserteilung bzgl. geringfügiger Reparaturen, nicht ständige Erreichbarkeit und Verfügbarkeit (z.B. an einem Sonntagnachmittag);[100]
– Anlage der Instandhaltungsrücklage in Form eines Bausparvertrages, selbst wenn diese Anlageform nicht den Grundsätzen ordnungsmäßiger Verwaltung entsprechen würde, aber hierdurch die Interessen der Wohnungseigentümer nicht so schwer verletzt werden, dass eine weitere Zusammenarbeit unzumutbar sei;[101]

---

[87] BayObLG WE 1986, 65; OLG Düsseldorf NZM 1998, 487; AG Hamburg ZMR 2003, 201.
[88] BayObLG WEM 1980, 125, 128.
[89] BayObLG WEM 1980, 125.
[90] LG Frankfurt Rpfleger 1968, 93.
[91] *Bub* in Staudinger, BGB, § 26 WEG Rdn. 450; *Niedenführ* in Niedenführ/Kümmel/Vandenhouten, WEG, § 26 Rdn. 85.
[92] OLG Hamm NZM 2002, 295.
[93] BayObLGReport 2004, 164 (LS) = MietRB 2004, 175.
[94] LG Düsseldorf ZWE 2001, 501.
[95] *Bub* in Staudinger, BGB, § 26 WEG Rdn. 444a.
[96] OLG Frankfurt OLGZ 1993, 63.
[97] OLG Hamm ZMR 2004, 702 = MietRB 2004, 296 = NZM 2004, 744.
[98] BayObLG WE 1986, 65.
[99] OLG Hamburg ZMR 2005, 974.
[100] AG Hannover ZMR 2005, 581.
[101] BGH NZM 2002, 788 = NJW 2002, 3240 = ZMR 2002, 766.

– fehlerhafte Information des Verwalters zur Höhe der Einlagensicherung der auf einem offenen Treuhandkonto geführten Instandhaltungsrücklage;[102]
– verspätete Vorlage der Jahresabrechnung, weil die Heizkostenabrechnung unverschuldet ebenfalls verspätet erstellt wurde;[103]
– einmalige Abhaltung der Versammlung an einem 50–60 km entfernten, aber mit der Bahn gut erreichbaren Ort.[104]

3. Kündigung des Verwaltervertrages

a) Durch die Wohnungseigentümer. Der Verwaltervertrag kann **jederzeit** von **839** der Eigentümergemeinschaft gekündigt werden, wenn eine der nachfolgenden Voraussetzungen gegeben ist:
– Verwaltervertrag sieht keine Kündigungsfrist vor;
– das Kündigungsrecht ist nicht auf den wichtigen Grund beschränkt;
– der Verwaltervertrag wurde nicht für eine Festlaufzeit abgeschlossen.

Die ordentliche Kündigung bei einem Verwaltervertrag auf unbestimmte Zeit ist spätestens am 15. eines Monats für den Schluss des Kalendermonats zulässig, da die Vergütung des Verwalters i. d. R. nach Monaten bemessen ist, § 621 Nr. 3 BGB.[105] Sieht der Verwaltervertrag eine Kündigungsfrist vor, ist diese einzuhalten, sofern hierdurch die höchstzulässige Bestellungsdauer von 5 Jahren nicht überschritten wird. Ist der Verwaltervertrag für einen begrenzten Zeitraum abgeschlossen worden, ist dieser nur außerordentlich, d. h. aus wichtigem Grund gem. § 626 BGB, kündbar.

Die Kündigungserklärung muss innerhalb angemessener Frist seit Kenntnis des Kün- **840** digungsgrundes abgegeben werden.[106] Die **Abberufungsfrist** des § 626 Abs. 2 Satz 1 BGB von zwei Wochen nach Kenntniserlangung ist auf den WEG-Verwalter nicht anzuwenden.[107] Maßgebend ist eine angemessene Frist analog § 314 Abs. 3 BGB (s. auch oben Rdn. 822 ff.).

Die Erklärungsfrist beginnt erst mit dem Tag der Eigentümerversammlung, die sich mit dem möglichen Kündigungsgrund auseinandersetzt. Fassen die Wohnungseigentümer keinen Beschluss oder beschließen negativ, dem Verwalter nicht zu kündigen, ist eine spätere Kündigung aus gleichen Gründen verwirkt. Wird hingegen ein positiver Kündigungsbeschluss gefasst, muss dem Verwalter innerhalb angemessener Frist die Kündigung erklärt werden, sofern er nicht in der Eigentümerversammlung selbst anwesend ist. Trägt ein Wohnungseigentümer oder der Beirat in der Eigentümerversammlung wichtige Kündigungsgründe vor und kann hierzu kein Beschluss gefasst werden, weil es die Tagesordnung nicht vorsieht, müssen die Wohnungseigentümer beschließen, dass der Verwalter mit entsprechender Tagesordnung unverzüglich eine weitere Eigentümerversammlung einzuberufen hat. Kommt der Verwalter dieser Aufforderung nicht nach, ist die Führung des Verwirkungseinwands treuwidrig.

Der Wirksamkeit der Kündigung können neben dem Fehlen eines ausreichenden **841** Kündigungsgrundes zwei weitere Gründe entgegenstehen:
– Der Kündigungsgrund ist den Wohnungseigentümern in einem Kalenderjahr bekannt geworden, für das dem Verwalter **Entlastung** erteilt wurde. Die Entlastung

---

[102] OLG München NZM 2006, 593 = DWE 2006, 75 = ZMR 2006, 637.
[103] OLG Brandenburg NZM 2002, 131.
[104] BayObLG WE 1992, 236.
[105] *Becker/Kümmel/Ott,* Wohnungseigentum, Rdn. 383; *Bub* in Staudinger, BGB, § 26 WEG Rdn. 387; a. A. KG WE 1989, 132.
[106] BayObLG NZM 1999, 844; ZWE 2000, 185 = ZMR 2000, 321 = NZM 2000, 341; KG WE 1986, 140; OLG Hamm ZWE 2002, 234; OLG Karlsruhe ZMR 2004, 55; OLG Köln NZM 2004, 305; OLG Hamburg ZMR 2005, 974.
[107] OLG Hamburg ZMR 2005, 974.

enthält im Sinne eines negativen Schuldanerkenntnisses die konkludente Erklärung der Wohnungseigentümer, Ansprüche aus den bekannten Tatsachen nicht geltend machen zu wollen, wozu sowohl der Verzicht auf Schadensersatz als auch auf Kündigung des Verwaltervertrages zählen.

– Die Wohnungseigentümer haben nach Bekanntwerden eines Kündigungsgrundes den Verwalter wieder gewählt. Die **Wiederwahl** kommt einer Vertrauenskundgebung gleich und hat damit in der rechtlichen Wertung die gleichen Konsequenzen wie die Entlastung.[108]

842   Die Kündigung setzt keine **Abwahl** des Verwalters voraus.[109] Ebenso wenig ist ein **Verschulden** notwendig.[110]

Die Kündigungserklärung muss im Namen des rechtsfähigen Verbandes ausgesprochen werden. Naturgemäß spricht der Verwalter die Kündigung nicht sich selbst aus, obschon er Organ des Verbands ist. Daher können entweder nach § 27 Abs. 3 Nr. 7 WEG alle Wohnungseigentümer die Kündigungserklärung unterschreiben oder per Beschluss mit Stimmenmehrheit einen oder mehrere Wohnungseigentümer zur Vertretung des Verbands ermächtigen.

843   **b) Kündigung/Niederlegung seitens des Verwalters. aa) Kündigungs- und Niederlegungserklärung.** Der Verwalter kann den Verwaltervertrag kündigen, wenn er die vereinbarte Frist einhält. Sieht der Verwaltervertrag keine Kündigungsfrist vor und ist er auf unbestimmte Zeit abgeschlossen, kann der Verwalter bis spätestens zum 15. eines Monats für den Schluss des Kalendermonats kündigen, § 621 Nr. 3 BGB. Ist hingegen die fristlose Kündigung auf den wichtigen Grund beschränkt, muss der Verwalter grundsätzlich bis zum Ende der Vertragsdauer am Verwaltervertrag festhalten (s. aber unten Rdn. 845). Liegt hingegen ein wichtiger Grund vor, der dem Verwalter ein Festhalten am Verwaltervertrag unzumutbar werden lässt, kommt eine **fristlose Kündigung** seitens des Verwalters in Betracht.[111] Als fristlose Kündigungsgründe seitens des Verwalters kommen ebenfalls die Verletzung des Vertrauensverhältnisses durch Handlungen oder Äußerungen der Wohnungseigentümer oder erhebliche Zahlungsrückstände der Eigentümergemeinschaft auf das Verwalterhonorar in Betracht.

844   Als Pendant zur Abberufung des Verwalters kann dieser selbst sein **Amt niederlegen**. In konsequenter Fortsetzung der **Trennungstheorie** ist somit auch aus Sicht des Verwalters zwischen Kündigung des Verwaltervertrages und Amtsniederlegung zu differenzieren. Die Konturen der Trennungstheorie werden hingegen verwischt, wenn bei der Amtsniederlegung von einer besonderen Form der Kündigung des Verwaltervertrags gesprochen wird und die Kündigung somit im Zweifel schon in der Niederlegungserklärung zu sehen ist.[112] So ist auch die Auffassung dogmatisch nicht überzeugend, dass der Verwalter, wenn er seine Rechte aus dem Verwaltervertrag – insbesondere Vergütungsansprüche – wahren will, sich diese ausdrücklich vorbehalten müsse.[113] Dennoch ist der Auffassung im Ergebnis zu folgen, weil der Verwalter ohne Amt keine Tätigkeiten für die Eigentümergemeinschaft ausüben kann. Ein fortbestehender Vertrag würde inhaltsleer (s. hierzu auch unten Rdn. 851).

Fraglich ist, ob die Niederlegung des Amts jederzeit möglich ist oder an das Vorliegen eines wichtigen Grundes geknüpft sein muss. Diese Frage kann sich nur stellen,

---

[108] OLG Köln ZMR 2003, 703; BayObLG NZM 2004, 659 (Ls.).

[109] *Bub* in Staudinger, BGB, § 26 WEG Rdn. 392.

[110] BayObLG ZWE 2002, 234, 236; 2005, 81, 84.

[111] BayObLG NZM 2000, 48.

[112] Ebenso *Greiner* in AHB Wohnungseigentumsrecht, Teil 11 Rdn. 165; a. A. BayObLG NZM 2000, 48, 49; *Gottschalg* in Fs. für Wenzel, 2005, 167; *Niedenführ* in Niedenführ/Kümmel/Vandenhouten, WEG, § 26 Rdn. 113.

[113] So aber BayObLG NZM 2000, 48.

wenn die Bestellung des Verwalters auf Zeit erfolgte und/oder die vorzeitige Abberufung auf einen wichtigen Grund beschränkt wurde.

Überwiegend wird vertreten, dass die Amtsniederlegung im Interesse der Beteiligten **845** und des Rechtsverkehrs stets **sofort wirksam** wird.[114] Die herrschende Meinung prüft nur im Zusammenhang etwaiger Schadensersatzansprüche der Wohnungseigentümergemeinschaft, ob für die Niederlegung des Verwalteramts ein **wichtiger Grund** vorlag.[115] Auch soll die Eigentümergemeinschaft berechtigt sein, den Verwaltervertrag fristlos zu kündigen, wenn der Verwalter sein Amt ohne wichtigen Grund niedergelegt hat.[116]

Die herrschende Auffassung ist überzeugend. Kündigt der Verwalter den Verwaltervertrag, ist dies für den Rechtsverkehr zunächst unerheblich, da hiervon nur die Geschäftsführungskompetenz betroffen ist. Die Niederlegung des Verwalteramts betrifft hingegen die Vertretungsmacht. Der Rechtsverkehr kann mit dem niederlegenden Verwalter nicht darüber diskutieren, ob die Niederlegung rechtmäßig war. Deshalb kommt es auch auf den Grund der Niederlegung für ihre Wirksamkeit nicht an.[117] Der Grund kann allenfalls Auswirkungen für etwaige **Schadensersatzansprüche** haben. Bei der Abberufung des Verwalters durch die Wohnungseigentümer tritt die Rechtssicherheit dadurch ein, dass dieser Beschluss, wenn er nicht sogar nach Ablauf der einmonatigen Anfechtungsfrist bestandskräftig geworden ist, schwebend wirksam bis zu einer anderslautenden Gerichtsentscheidung ist.

Selbstverständlich kann der Verwalter jederzeit einvernehmlich ausscheiden.[118]

bb) Adressat der Kündigung/Niederlegung. Die Kündigungserklärung muss **846** dem **Verband** und den Wohnungseigentümern zugehen. Für den Verband ist aber der Verwalter nach § 27 Abs. 3 WEG zustellungsberechtigt. Da sich der Verwalter seine eigene Kündigungserklärung nicht selbst zustellen kann, ist er in diesem Fall von der Zustellung ausgeschlossen. Haben die Wohnungseigentümer für diesen Fall keinen **Zustellungsbevollmächtigten** benannt, muss der Verwalter im Zweifel allen Wohnungseigentümern zustellen, § 27 Abs. 3 Nr. 7 WEG. Gleiches gilt für die Amtsniederlegung. Diese ist grundsätzlich gegenüber allen Wohnungseigentümern zu erklären.

Zweifelhaft ist, welche Rechtsfolge eintritt, wenn nicht allen Wohnungseigentümern zugestellt werden kann. Es wird die Meinung vertreten, dass bei einer fehlenden Zustellungsmöglichkeit die Kündigung oder Niederlegung insgesamt nicht wirksam würde.[119] Diese Auffassung ist nicht überzeugend. Wenn die Amtsniederlegung aus Gründen der Rechtssicherheit nicht von dem Vorliegen besonderer Gründe abhängig gemacht und jederzeit zulässig sein soll (abgesehen von Schadensersatzansprüchen), kann aus den gleichen Rechtssicherheitsgründen nicht die Niederlegung von dem Zugang der Erklärung an alle Wohnungseigentümer abhängig gemacht werden. Dies würde für den Verwalter die Niederlegung unzumutbar behindern. Rechtssicherheit entstünde ebenfalls nicht, weil allenfalls der Verwalter prüfen könnte, ob allen Wohnungseigentümern seine Niederlegungserklärung zugegangen ist.

---

[114] *Müller,* Praktische Fragen, Rdn. 979; *Bub* in Staudinger, BGB, § 26 WEG Rdn. 481; *Merle* in Bärmann, WEG, § 26 Rdn. 207; *Sauren,* WEG, § 26 Rdn. 38; *Bogen,* ZWE 2002, 153, 157; a. A. *Reichert* ZWE 2002, 438.

[115] *Müller,* Praktische Fragen, Rdn. 979; *Merle* in Bärmann, WEG, § 26 Rdn. 230; *Bogen,* ZWE 2002, 153, 157; *Gottschalg* in Fs. für Wenzel, 2005, 159, 172; so auch die Rspr. zur Amtsniederlegung des GmbH-Geschäftsführers: BGH GmbHR 1993, 216; OLG Frankfurt GmbHR 1993, 738.

[116] *Merle* in Bärmann, WEG, § 26 Rdn. 230.

[117] So auch *Bogen,* ZWE 2002, 156; a. A. *Reichert,* ZWE 2002, 438, 446.

[118] BayObLG DWE 1985, 60.

[119] So OLG München MietRB 2006, 106; *Bub* in Staudinger, BGB, § 26 WEG Rdn. 479; *Merle* in Bärmann, WEG, § 26 Rdn. 228; *Gottschalg* in Fs. für Wenzel, 2005, 159, 162.

847 Fraglich ist, ob sich die Zustellung an alle Wohnungseigentümer dann erübrigt, wenn der Verwalter in der **Eigentümerversammlung** seine Amtsniederlegung erklärt. Wenn zu diesem Zeitpunkt alle Wohnungseigentümer anwesend sind, ist dies unproblematisch. Sind aber nicht alle Wohnungseigentümer anwesend, stellt sich die Frage, ob der fehlende Zugang der Willenserklärung an alle Wohnungseigentümer durch die Verkündung des Verwalters in der Eigentümerversammlung ersetzt werden kann. Dies wird teilweise in Rechtsprechung und Literatur verneint.[120] Der Verwalter müsse den nicht anwesenden Wohnungseigentümern die Niederlegungserklärung zukommen lassen. Es genüge nicht die zufällige Kenntnisnahme der abwesenden Wohnungseigentümer.[121] Diese Auffassung überzeugt jedoch nicht.[122] Wenn der Verwalter in der Eigentümerversammlung sein Amt nur dann wirksam niederlegen könnte, wenn alle Wohnungseigentümer anwesend sind, würde die Niederlegung seitens des Verwalters an höhere Anforderungen als die Abberufung gestellt. Die Abberufung – auch aus wichtigem Grund – kann von den Wohnungseigentümern mit Mehrheit beschlossen werden. Eine Anwesenheit aller Wohnungseigentümer ist dazu nicht erforderlich. Ist der Verwalter in der Eigentümerversammlung anwesend, geht ihm dieser Beschluss unmittelbar zu und die Abberufung ist zunächst wirksam, und zwar unabhängig davon, ob sie später auf Grund entsprechender Anfechtung des Verwalters gerichtlich aufgehoben wird. Damit korrespondierend muss es auch dem Verwalter möglich sein, in der Eigentümerversammlung gegenüber den anwesenden Wohnungseigentümern seine Amtsniederlegung erklären zu können.[123] Die Wohnungseigentümer werden hierdurch auch nicht rechtlos gestellt, da Schadensersatzansprüche hiervon unbenommen bleiben. Der Zugang der Amtsniederlegungserklärung in der Eigentümerversammlung, die im Übrigen zu protokollieren wäre, führt zu einem relativ hohen Maß an Rechtssicherheit. Zudem ist auch zu berücksichtigen, dass die Eigentümerversammlung ein Organ der Eigentümergemeinschaft ist. Auch dies spricht dafür, dass die Eigentümerversammlung für den Zugang von Willenserklärungen zuständig ist. Schließlich spricht auch die Kontrollüberlegung für die Niederlegungsmöglichkeit in der Eigentümerversammlung, wenn nämlich die Wohnungseigentümer den in der Versammlung anwesenden Kandidaten mit sofortiger Wirkung zum Verwalter bestellen könnten und dieser in der Versammlung die Annahme gegenüber den Anwesenden erklären kann, ist es widersprüchlich, wenn er diesen gegenüber nicht auch die Niederlegung erklären dürfte. Würde beispielsweise dieser Kandidat die Annahme erklären und sich dann im weiteren Verlauf der Eigentümerversammlung mit den Wohnungseigentümern überwerfen und daraufhin sein Amt wieder niederlegen wollen, wäre dies, wenn man der herrschenden Meinung folgen wollte, nicht möglich. Er müsste die Niederlegung allen Wohnungseigentümern zustellen. Für eine solche Auffassung besteht aber keine Notwendigkeit.

848 Um dieses Problem auszuschließen, sollte in der **Gemeinschaftsordnung** bereits geregelt werden, dass der Verwalter die Niederlegung seines Amtes gegenüber einer ordnungsgemäß einberufenen und beschlussfähigen Eigentümerversammlung erklären kann. Dies dürfte sich darüber hinaus auch im Verwaltervertrag regeln lassen. Ebenso könnte dort vereinbart werden, dass der Verwalter eine etwaige Kündigungserklärung des Verwaltervertrages oder seine Amtsniederlegung stellvertretend für die Eigentümer-

---

[120] OLG München NZM 2005, 750; *Gottschalg* in Fs. für Wenzel, 2005, 172; *Scheel* in Hügel/Scheel, Rechtshandbuch, Teil 9 Rdn. 67.

[121] OLG München NZM 2005, 750.

[122] Ebenso *Niedenführ* in Niedenführ/Kümmel/Vandenhouten, WEG, § 26 Rdn. 112; *Greiner*, AHB Wohnungseigentumsrecht, Teil 11 Rdn. 170.

[123] So auch die überwiegende Auffassung zum GmbH-Recht, wonach der Geschäftsführer die Amtsniederlegung gegenüber dem Organ erklären kann, das auch für die Bestellung zuständig ist: *Lutter/Hommelhoff*, GmbHG, § 38 Rdn. 47 m. w. N.

gemeinschaft dem Beirat zuleiten kann. Es würde somit eine Regelung über den Zustellungsvertreter getroffen.

cc) Rechtsfolgen. Legt der Verwalter unberechtigt sein Amt nieder, so kann die   849
Wohnungseigentümergemeinschaft gegen ihn **Schadensersatzansprüche** analog
§ 628 Abs. 2 BGB erheben.[124] Schäden können dadurch entstehen, dass
– Beschlüsse der Eigentümergemeinschaft nicht rechtzeitig umgesetzt werden;
– ein neuer Verwalter gesucht werden muss;
– wenn kein Beirat besteht, im Hinblick auf die Einberufung einer weiteren Eigentümerversammlung zur Wahl eines neuen Verwalters Handlungsunfähigkeit eintreten
   könnte; in diesem Falle müssten die Wohnungseigentümer zunächst durch das Gericht einen Wohnungseigentümer zur Einberufung einer Eigentümerversammlung
   legitimieren lassen; die hiermit verbundenen Kosten können einen Schaden darstellen.
Im Einzelfall wird es wesentlich auf die Kausalität des möglichen Schadens ankommen.

4. Verhältnis von Kündigung zur Abberufung

Nach der **Trennungstheorie** (s. o. Rdn. 66 ff.) ist grundsätzlich zwischen Kündigung   850
des Verwaltervertrags und Abberufung des Verwalters zu differenzieren. Beruft die Eigentümergemeinschaft den Verwalter lediglich ab, ohne die Kündigung auszusprechen, laufen die Wohnungseigentümer Gefahr, dass der Verwaltervertrag fortbesteht und hieraus
die Eigentümergemeinschaft gegenüber dem Verwalter zur Entrichtung des Entgelts
verpflichtet bleibt. Daher sollten die Wohnungseigentümer in der Beschlussfassung formulieren, dass sie den Verwalter **abberufen** und ihm **kündigen.** Bei ungenauer Formulierung hilft allerdings die Rechtsprechung, indem sie im Beschluss über die fristlose
Kündigung des Verwalters zugleich die Abberufung sieht und umgekehrt.[125]

Auch im Beschluss, einen neuen Verwalter zu bestellen, liege in der Regel die Abbe-   851
rufung des bisherigen Verwalters und seine Kündigung. Es wird argumentiert, dass die
Wohnungseigentümer nicht zwischen Kündigung und Abberufung hinreichend zu differenzieren wüssten; daher könne die Trennungstheorie nicht streng angewendet werden.[126] Diese Lösung des Problems ist ergebnisorientiert. Es wird berücksichtigt, dass es
zu erheblichen Problemen führt, wenn die Wohnungseigentümer mit der Abberufung
nicht gleichzeitig auch die Kündigung des Verwaltervertrages erreichen würden.[127] Dennoch werden durch diese Auffassung die Konturen der Trennungstheorie verwischt. Aus
diesem Grunde hatte das OLG Köln[128] entschieden, dass der Verwaltervertrag weiter
bestehen kann, wenn er nicht mit der Verwalterabwahl gekoppelt war. Die Konsequenzen dieser Auffassung sind anders als im Gesellschaftsrecht nicht umsetzbar. Im Gesellschaftsrecht könnte der Geschäftsführer einer GmbH, wenn er abberufen wurde, weiter
als leitender Angestellter fungieren. Für den WEG-Verwalter gibt es aber nur das Amt als
solches. Er ist entweder Verwalter oder er ist es nicht. Er kann nicht in anderer Funktion
(beispielsweise als Hausmeister) seinen Vertrag fortsetzen.

Die sachgerechte Lösung kann nur darin gesehen werden, dass der Verwaltervertrag   852
konkludent unter die **auflösende Bedingung** gestellt wird, dass er als Verwalter abberufen wird.[129] Die Annahme einer auflösenden Bedingung führt nicht nur zu sachge-

---

[124] BayObLG ZMR 2000, 45.
[125] BayObLG NZM 1999, 844 = ZMR 1999, 575; KG WuM 1991, 218, 221; MietRB 2004,
296 = NZM 2004, 913.
[126] KG ebenda.
[127] KG ebenda.
[128] WE 1989, 142.
[129] So auch *Wenzel,* ZWE 2001, 513; *Lüke* in Weitnauer, WEG, § 26 Rdn. 35; *Bub* in Staudinger, BGB, § 26 WEG Rdn. 412.

rechten Ergebnissen, sondern auch zu einer dogmatischen Beibehaltung der Trennungstheorie.

853   Sieht der Verwaltervertrag nur eine vorzeitige Kündigungsmöglichkeit aus **wichtigem Grund** vor, so gilt diese Beschränkung auch für die Abberufung, auch wenn dies so im Bestellungsbeschluss nicht ausdrücklich erwähnt wurde.[130] Deckungsgleichheit besteht bei den wichtigen Gründen für die außerordentliche Abberufung und die fristlose Kündigung des Verwalters.

5. Folgen von Abberufung und Kündigung

854   **a) Herausgabe der Objektunterlagen.** Die Beendigung des Verwalteramts verpflichtet diesen, alles, was er zur Ausübung der Verwaltertätigkeit erhalten oder in Folge seiner Geschäftsbesorgung erlangt hat, gem. § 667 BGB **herauszugeben.** Hierzu zählen insbesondere

– Belege
– Objektpläne
– Versammlungsniederschriften und die Beschluss-Sammlung
– Objektschlüssel
– alle gemeinschaftlichen Gelder
– etwaige Treuhandkonten und Sparbücher
– Namens- und Anschriftenlisten der Wohnungseigentümer
– alle im Namen des Verbands abgeschlossenen Verträge
– die gesamte Objektkorrespondenz.

Die Geltendmachung des Herausgabeanspruchs gegen den Verwalter steht der rechtsfähigen Eigentümergemeinschaft zu.[131] Diese Belege und Objektunterlagen stehen im Zusammenhang mit dem Verwaltungsvermögen der Eigentümergemeinschaft, wie § 10 Abs. 8 S. 2 WEG verdeutlicht. Die Geltendmachung setzt nicht voraus, dass die Wohnungseigentümer einen Beschluss über die Jahresabrechnung oder die Rechnungslegung gefasst haben. Diese Beschlüsse sind nicht vorrangig.[132]

855   Der Herausgabeanspruch ist mit Beendigung des Verwalteramts fällig, und zwar unabhängig davon, ob der Verwalter gedenkt, den Abberufungsbeschluss anzufechten oder gegen die Kündigung vorzugehen.[133]

856   Bestehen begründete Zweifel an der **Vollständigkeit** der herausgegebenen Unterlagen oder der abgegebenen Informationen, kann vom ausgeschiedenen Verwalter die Abgabe einer eidesstattlichen Versicherung gem. §§ 260 Abs. 2 BGB, 889 ZPO verlangt werden. Dies ist im Wege einer Stufenklage möglich. Der Antrag auf Abgabe einer **eidesstattlichen Versicherung** über die Vollständigkeit der herausgegebenen Unterlagen muss bestimmt sein. Dabei kann auf einen Schriftsatz Bezug genommen werden, so dass im Tenor nicht alle Angaben wiederholt werden müssen.[134]

857   Von den Wohnungseigentümern sollte beschlossen werden, den neuen Verwalter zu bevollmächtigen, dem alten Verwalter eine Frist zur Herausgabe der Verwaltungsunterlagen zu setzen und nach deren fruchtlosem Ablauf Klage für den rechtsfähigen Verband zu erheben. Der Klageantrag kann lauten:

– *Die Fa. XY wird verurteilt, an die Eigentümergemeinschaft Hauptstr. 105, 51330 Köln (Klägerin), zu Händen des Verwalters V sämtliche Verwaltungsunterlagen des Objekts Hauptstr. 105, 51330 Köln herauszugeben, und zwar insbesondere die Objektschlüssel neben einem*

---

[130] OLG Düsseldorf ZMR 2006, 57.
[131] OLG München NZM 2006, 349 = DWE 2006, 74.
[132] BGH DWE 1997, 72.
[133] *Kalenberg,* ZMR 1994, 237.
[134] BayObLG MietRB 2005, 207.

etwaigen Schließplan, sämtliche Objektverträge und insbesondere Wartungsunterlagen, die Objektpläne, Niederschriften der Eigentümerversammlungen einschließlich Beschluss-Sammlung, die Objektbelege, Versicherungspolicen, Korrespondenz, Teilungserklärung und Gemeinschaftsordnung.

Die **Zwangsvollstreckung** aus einem entsprechenden Urteil ist nach § 888 ZPO **858** vorzunehmen, da es sich um eine **unvertretbare Leistung** handelt.[135] Bub[136] ist hingegen der Auffassung, dass es genügt, Antrag auf Herausgabe aller Verwaltungsunterlagen zu stellen. Eine Aufzählung der einzelnen Verwaltungsunterlagen sei nicht erforderlich.[137] Dabei wird jedoch übersehen, dass der Herausgabeanspruch zunächst durch den Gerichtsvollzieher vollstreckt werden kann. Diesem muss konkret aufgegeben werden, welche Unterlagen er abholen soll und wonach er ggf., falls sich der Verwalter weigert und ein **Durchsuchungsantrag** gestellt wird, in den Geschäftsräumen des früheren Verwalters suchen soll.

Die verspätete Herausgabe der Verwaltungsunterlagen kann den Verwalter **scha-** **859** **densersatzpflichtig** machen.[138] Ein Zurückbehaltungsrecht hat der Verwalter nicht.[139]

Durch die Herausgabe der Verwaltungsunterlagen endet nicht gleichzeitig die **Aus-** **860** **kunftspflicht** des Verwalters gem. §§ 675, 666 BGB. Erteilt er eine möglicherweise unvollständige Auskunft in einem gerichtlichen Verfahren, besteht kein Anspruch auf Auskunftsergänzung, sondern auf eidesstattliche Versicherung der Richtigkeit der gemachten Angaben.[140]

b) Erstellung der Jahresabrechnung. Trotz Beendigung der Verwalterstellung be- **861** stehen noch **nachvertragliche Abwicklungspflichten.** So ist der Verwalter noch zu Auskünften verpflichtet und muss, je nach Abberufungs- und Kündigungszeitpunkt, die **Jahresabrechnung erstellen.** Nach herrschender Auffassung muss der Verwalter, wenn während des Kalenderjahres seine Verwaltertätigkeit endet, für das vorangegangene Kalenderjahr die Abrechnung erstellen. Endet hingegen zum Ende des Kalenderjahres sein Verwalteramt, sei die Jahresabrechnung für das zurückliegende Jahr vom neuen Verwalter zu fertigen.[141]

Nach einer jüngeren Auffassung sei der alte (ausgeschiedene) Verwalter auch dann **862** nicht zur Abrechnung verpflichtet, wenn seine Verwaltertätigkeit zu Beginn des neuen Jahres endet.[142] Diese Auffassung stellt ebenfalls auf den Fälligkeitsgedanken ab, berücksichtigt aber, dass die Abrechnung tatsächlich noch nicht am 1. Januar des Folgejahres erstellt werden kann und daher zu diesem Zeitpunkt noch nicht fällig sei. Diese Fälligkeit sei erst drei bis vier Monate nach dem Jahreswechsel zu erwarten, so dass das alte Jahr derjenige abzurechnen habe, der am 1.5. des Folgejahres Verwalter sei. Diese Auffassung schiebt den Zeitpunkt der Fälligkeit hinaus. War nach der bisher herrschenden Auffassung zu empfehlen, einen Verwalter nicht bis zum 31.12., sondern beispielsweise bis zum 2.1. zu bestellen, um die Abrechnungspflicht für das zurückliegende Jahr entstehen zu lassen, sollte jetzt der Verwalterwechsel sicherheitshalber nicht vor dem 30.4. erfolgen.

---

[135] OLG Frankfurt WuM 1999, 61.

[136] In *Staudinger,* BGB, § 26 WEG Rdn. 403b.

[137] So auch OLG Hamburg ZMR 2008, 148.

[138] LG Mainz MietRB 2006, 46.

[139] BayObLG BayObLGZ 1975, 329.

[140] LG Saarbrücken ZMR 2006, 400.

[141] OLG Köln NJW 1986, 328; OLG Hamburg WE 1987, 83; OLG Hamm NJW-RR 1993, 847; LG Frankfurt MDR 1985, 59; *Merle* in Bärmann, WEG, § 28 Rdn. 63.

[142] OLG Zweibrücken ZMR 2007, 887; BayObLG WE 1991, 223; *Müller,* Praktische Fragen, Rdn. 1098.

863   Diese Auffassungen überzeugen nicht, da die Erstellung der Jahresabrechnung dem Rechenschaftsbericht des Verwalters entspricht. Es ist nicht verständlich, warum der zum 31. 12. oder 31. 3. eines Jahres ausscheidende Verwalter nicht mehr verpflichtet sein soll, in Form der Jahresabrechnung umfassend Rechenschaft abzulegen. Die Rechnungslegung nach § 28 Abs. 4 WEG ist hierbei nur ein Teilaspekt.

864   Der ausgeschiedene Verwalter hat über das zurückliegende Kalenderjahr die Abrechnung zu erstellen, selbst wenn diese am 31. 12. noch nicht fällig ist. Fehlende Fälligkeit steht seiner Verpflichtung nicht entgegen. Die Fälligkeit bestimmt nur den Zeitpunkt der Abrechnungspflicht, nicht die Person des Verpflichteten. Der ausgeschiedene Verwalter ist für das gesamte Kalenderjahr bezahlt worden und seine Vergütung umfasst auch die Buchführungs- und Abrechnungsaufgaben.[143]

865   Gibt der ausgeschiedene Verwalter die Belege und Buchhaltungsunterlagen nicht oder nicht unverzüglich an seinen Nachfolger heraus und entstehen Letzterem hieraus Zusatzaufwendungen, führt dies zu einer Schadensersatzverpflichtung des ausgeschiedenen Verwalters.[144]

866   Die Verpflichtung zur Herausgabe der Verwaltungsunterlagen einschließlich der Belege steht der Abrechnungspflicht des Verwalters nicht entgegen. Der Verwalter hat zeitnah zu buchen, so dass beispielsweise bei einer Beendigung des Verwalteramts zum 31.12. die Novemberbuchführung fertig sein muss. Somit muss der Verwalter die Belege bei Beendigung seines Verwalteramts unverzüglich an den neuen Verwalter bis zum letzten Monat seiner Tätigkeit herausgeben. Die Belege für den letzten Monat kann er noch max. einen Monat zurückhalten, um auch diese Belege zu verarbeiten. Teilweise wird die Auffassung vertreten, dass der Verwalter zum Stichtag der Beendigung seines Verwalteramts sämtliche Belege herauszugeben habe. Hinsichtlich der Belege, die er noch verarbeiten müsse, könne er sich Kopien fertigen oder Einsicht bei dem neuen Verwalter nehmen.[145] M. E. besteht aber für den letzten Monat vor Beendigung seiner Verwaltertätigkeit noch unter dem Gesichtspunkt von Treu und Glauben ein **Zurückbehaltungsrecht,** da dem Verwalter das zu belassen ist, was er noch zur Erfüllung seiner Verwalterpflichten benötigt. Nach Ablauf des einen, diesseits für ausreichend erachteten Monats, besteht ein Zurückbehaltungsrecht auch an diesen Unterlagen für den Verwalter nicht mehr.[146]

867   Die Herausgabeverpflichtung des ausgeschiedenen Verwalters besteht gegenüber der Eigentümergemeinschaft als rechtsfähigem Verband. Diesem gegenüber kann der Verwalter selbst dann kein Zurückbehaltungsrecht geltend machen, wenn er noch Vergütungsansprüche besitzt. Zulässig wäre es allerdings, die Erstellung der letzten Jahresabrechnung hinauszuzögern, bis seine Vergütung gesichert ist. Die Wohnungseigentümergemeinschaft ist insoweit **vorleistungspflichtig.** Dies folgt daraus, dass die Jahresabrechnung stets erst nach Ablauf des Kalenderjahres erstellt werden kann und der Verwalter während des Kalenderjahres im Hinblick auf die noch zu erstellende Jahresabrechnung bereits bezahlt wurde. Es liegt somit in der Natur der Sache, dass die Eigentümergemeinschaft vorleistet. Die Vorleistungspflicht der Eigentümergemeinschaft endet, wenn der Verwalter konkrete Anhaltspunkte geliefert hat, dass er seiner Abrechnungspflicht nicht nachkommen wird.

868   **c) Rechnungslegung.** Wenn die Wohnungseigentümer einen neuen Verwalter wählen, sollten sie gleichzeitig hinsichtlich der Herausgabe der Verwaltungsunterlagen

---

[143] So auch *Sauren,* ZMR 1985, 326.

[144] AG Hannover ZMR 2004, 867.

[145] *Bub* in Staudinger, BGB, § 26 WEG Rdn. 403 c, § 28 WEG Rdn. 612; OLG Düsseldorf ZWE 2001, 114.

[146] Siehe zum fehlenden Zurückbehaltungsrecht des ausgeschiedenen Verwalters OLG Frankfurt ZMR 1994, 376.

und der **Rechnungslegungspflicht**[147] des alten Verwalters entsprechende Beschlüsse fassen, selbst wenn nicht zu erwarten ist, dass der ausscheidende Verwalter sich diesbezüglich sperrt. Der vorsorglich gefasste Beschluss erspart es der Wohnungseigentümergemeinschaft, eine außerordentliche Eigentümerversammlung einberufen zu lassen, falls der ausgeschiedene Verwalter seinen entsprechenden Pflichten doch nicht nachkommt. Hier würde im Übrigen unnötige Zeit verloren, die es dem neuen Verwalter fast unmöglich macht, in der Zwischenzeit das Objekt ordnungsgemäß zu verwalten.

Die Rechnungslegung ist eine reine Einnahmen-/Ausgabenrechnung im Sinne von **869** § 259 BGB. Alle Einnahmen und Ausgaben, die der Verwalter im Laufe des Kalenderjahres getätigt hat, werden dort im Sinne eines Journals erfasst. Dabei ist der Verwalter nicht verpflichtet, einen speziellen Rechenschaftsbericht mit der Rechnungslegung zu verbinden.[148] Die Rechnungslegung ermöglicht es, dass sich die Wohnungseigentümer einen schnellen Überblick über den wirtschaftlichen Stand der Eigentümergemeinschaft und über das Handeln des ausgeschiedenen Verwalters schaffen können. Der neue Verwalter benötigt die Rechnungslegung, um hieran seine Buchführung anknüpfen zu können. Ohne Beschluss der Eigentümerversammlung ist der Rechnungslegungsanspruch nur dann von einem **einzelnen Wohnungseigentümer** zu Gunsten des Verbands geltend zu machen, wenn die Wohnungseigentümer den Beschluss auf Rechnungslegung mehrheitlich ablehnen, obschon Anhaltspunkte für Unregelmäßigkeiten bei Verwalterhandlungen bestehen.[149] Verlangt unter solchen Voraussetzungen ein einzelner Wohnungseigentümer Rechnungslegung, ist dieser Anspruch für den rechtsfähigen Verband zu stellen. Der gerichtliche Antrag des einzelnen Wohnungseigentümers im Falle einer Beendigung der Verwaltertätigkeit zum 30. 11. 2010 lautet wie folgt:

– *Die Fa. XY (Beklagte) wird verpflichtet, über die wirtschaftlichen Vorgänge der Eigentümergemeinschaft Hauptstr. 105 in 51330 Köln für den Zeitraum vom 1. 1. bis 30. 11. 2010 der Klägerin, vertr. d. d. Verwalter V, durch eine geordnete Aufstellung aller Ein- und Auszahlungen sowie aller am 30. 11. 2010 noch bestehender Forderungen und Verbindlichkeiten Rechnung zu legen.*

Die Rechnungslegung ist von der Jahresabrechnung zu unterscheiden.[150] Sie unter- **870** scheiden sich nicht nur darin, dass keine Kostenverteilung auf die einzelnen Wohnungseigentümer erfolgt.[151] Entsprechend ist auch keine Saldenliste zu erstellen.[152] Ebenso fehlen Heizkostenabrechnung und Rücklagenentwicklung. Insbesondere die Sollrücklage kann während des Jahres nicht entwickelt werden. Jahresabgrenzungsposten werden – wenn überhaupt – erst am Jahresende gebucht. Die Rechnungslegung soll nur darüber aufklären, welche Einzahlungen und Auszahlungen der Verwalter während des Kalenderjahres über das Konto der Eigentümergemeinschaft abgewickelt hat. Zudem soll die Rechnungslegung einen schnellen Überblick über die offenen Forderungen (Wohngeld) und die noch nicht bezahlten Rechnungen (Verbindlichkeiten) enthalten.

d) Vergütungsansprüche. Hinsichtlich etwaiger Vergütungsansprüche des Verwal- **871** ters nach seiner Abberufung ist die **Trennungstheorie** von Bedeutung. Endet die Bestellung durch Zeitablauf oder Abberufung, so führt dies nicht automatisch dazu, dass auch der Verwaltervertrag beendet ist und damit jeglicher Vergütungsanspruch des Verwalters entfällt. Im Einzelfall ist zu prüfen, ob der Verwaltervertrag so eng mit der Ver-

---

[147] Siehe hierzu Rechnungslegung *Jennißen*, Verwalterabrechnung, Rdn. 547 ff.; *ders*. WEG, § 28 Rdn. 167 ff.

[148] A. A. BayObLG ZWE 2002, 585; OLG Köln WuM 1998, 375, 377.

[149] BayObLG WE 1989, 144; WE 1991, 253; KG WE 1988, 17; OLG Hamburg WuM 1993, 705; OLG Köln ZMR 2005, 573; *Bub* in Staudinger, BGB, § 28 WEG Rdn. 463.

[150] Siehe hierzu *Jennißen*, WEG, § 28 Rdn. 9 ff.

[151] So aber *Greiner*, Wohnungseigentumsrecht, Rdn. 1258.

[152] Siehe zur Saldenliste *Jennißen*, Verwalterabrechnung, Rdn. 478 f.

walterbestellung gekoppelt war, dass die Beendigung der Bestellung auch das schuldrechtliche Vertragsverhältnis zwischen der Eigentümergemeinschaft und dem Verwalter
beendet.[153] Im Zweifel ist durch Auslegung zu ermitteln, ob neben der Abberufung des
Verwalters auch sein Verwaltervertrag gekündigt werden sollte.

872 Wird der Bestellungsbeschluss auf Anfechtung hin aufgehoben, was faktisch wie eine
Abberufung wirkt, kann der Verwalter auf Grund des jedenfalls als vorläufig abgeschlossen anzusehenden Verwaltervertrages Vergütung für seine zwischenzeitliche Tätigkeit
verlangen.[154]

Grundsätzlich hat ein Verwalter bis zu seiner Kündigung Anspruch auf das **vereinbarte Verwalterentgelt.** Dieser Anspruch kann aber für den Zeitraum rechtsmissbräuchlich sein, wenn der Verwalter es pflichtwidrig unterlässt, eine Eigentümerversammlung mit dem Ziel seiner sofortigen Abberufung anzuberaumen.[155]

873 Wenn die Wohnungseigentümergemeinschaft einen Verwalter abberuft und gleichzeitig einen neuen Verwalter wählt und später auf entsprechenden Anfechtungsantrag
des abberufenen Verwalters diese Beschlüsse gerichtlich aufgehoben werden, hat dennoch der neu bestellte Verwalter bis zur Rechtskraft der gerichtlichen Entscheidung
Anspruch auf die vereinbarte Vergütung. Dem abberufenen Verwalter steht hingegen
unter dem Gesichtspunkt der entgangenen Vergütung ein Anspruch auf die vereinbarte
Vergütung abzüglich ersparter Aufwendungen analog § 615 BGB für diese Zwischenzeit zu. Der Verwalter muss sich auch eine Vergütung anrechnen lassen, die er durch
„böswillige" Ablehnung eines anderen Verwaltungsauftrags nicht erzielt. Waren bisher
die Kapazitäten des Verwalters erschöpft, muss er jetzt ein vergleichbares Objekt übernehmen, wenn es ihm zur Verwaltung angeboten wird. Insoweit kommt es zu einer
doppelten Zahlungsverpflichtung der Eigentümergemeinschaft.

874 Nach Auffassung der Rechtsprechung[156] muss sich der abberufene Verwalter für die
Zwischenzeit im Zweifel nur eine **Kostenersparnis** von 20% anrechnen lassen. Diese
sehr verwalterfreundliche Entscheidung geht somit etwas unrealistisch davon aus, dass
dem Verwalter bei der Auftragsdurchführung 20% variable Kosten entstehen. Fixe Kosten werden nur dann erspart, wenn der Verwalter wegen des Auftragsentzuges Personal
entlässt.[157] Kann er darlegen, dass er kein Personal entlassen und auch keine Büromiete
wegen des weggefallenen Auftrags reduzieren konnte, muss er sich nur einen pauschalen
Abzug wegen ersparter variabler Kosten (Porto, Telefon, Papier, Fahrkosten) entgegenhalten lassen. Der Verwalter kann die Vergütungsansprüche auch dann einklagen, wenn
er seine Abberufung nicht angefochten hat.[158]

Hat der Verwalter noch bis zum Vertragsende beispielsweise 3.000,– € als Vergütung
zu erhalten, sollten im Klageantrag die fälligen Zahlungsansprüche im Zweifel um 20%
und somit 600,– € gekürzt werden, wenn ein Teilunterliegen vermieden werden soll.

875 Nach OLG Düsseldorf[159] sollen Vergütungsansprüche des Verwalters verloren gehen,
wenn er nach der Abberufung nicht zeitnah zu erkennen gibt, am Fortbestand des Verwaltervertrags festhalten zu wollen. Der Senat begegnet diesen Ansprüchen mit den
Grundsätzen von Treu und Glauben (§ 242 BGB). Richtiger wäre es, die **Verwir-
kungsgrundsätze** zu prüfen. In jedem Fall sollte der Verwalter nach der Abberufung
zeitnah gegenüber der Eigentümergemeinschaft erklären, dass er an dem Verwalterver-

---

[153] Vgl. hierzu BayObLG WE 1996, 314.
[154] OLG München ZMR 2006, 719.
[155] OLG München, ebenda.
[156] OLG Hamburg ZMR 2005, 974; OLG Köln DWE 1994, 110; NZM 2001, 429; a.A. KG
ZMR 1994, 579, wonach 45% Ersparnis anzurechnen sei.
[157] OLG Köln DWE 1994, 110.
[158] *Wenzel*, ZWE 2001, 510, 515; *Jennißen*, WEG, § 26 Rdn. 166.
[159] OLG Düsseldorf OLGReport Düsseldorf 2003, 451 = MietRB 2004, 80.

trag festhalten will und auf seine Vergütungsansprüche besteht. Er muss dazu nicht seine Dienste ausdrücklich anbieten.[160] Ist ein neuer Verwalter bestellt worden, kann der abberufene Verwalter seine Vergütungsansprüche gegenüber dem neuen Verwalter als amtierendem Organ der Eigentümergemeinschaft anmelden.

Ist das Vertragsverhältnis wirksam gekündigt worden, so kann dennoch für den Verwalter Anspruch auf Erstattung verauslagter Beträge bestehen. Diese können auf die Anspruchsgrundlagen der entgeltlichen Geschäftsbesorgung (§§ 675, 670 BGB), der Geschäftsführung ohne Auftrag (§§ 677, 683 BGB) oder der ungerechtfertigten Bereicherung (§ 812 BGB) gestützt werden.[161]   **876**

6. Anfechtung von Abberufung und Kündigung

a) Durch einen Wohnungseigentümer. aa) Anfechtung der Nicht-Abberufung. Stimmen die Wohnungseigentümer über die Abberufung und Kündigung des Verwalters ab und entscheiden sich negativ, d. h. sie lehnen mehrheitlich das Abberufungsbegehren ab, so kann dieser Beschluss von einem Wohnungseigentümer grundsätzlich innerhalb der Anfechtungsfrist des § 46 Abs. 1 WEG angefochten werden, d. h. Klage auf Erklärung der Ungültigkeit des Beschlusses erhoben werden. Voraussetzung für ein entsprechendes **Rechtsschutzinteresse** ist es allerdings, mit dem Anfechtungsantrag den Verpflichtungsantrag zu verbinden, den amtierenden Verwalter abzuberufen. Die bloße Anfechtung der **Negativentscheidung** würde bewirken, dass zwar die negative Entscheidung aufgehoben werden könnte, aber nicht automatisch durch eine positive Entscheidung ersetzt wird. Deshalb sind Anfechtungs- und Verpflichtungsanträge zu verbinden.[162]   **877**

Bevor ein Wohnungseigentümer den gerichtlichen Antrag auf Abberufung eines Verwalters stellt, hat er grundsätzlich einen Beschluss der Eigentümerversammlung herbeizuführen. Dies ist nur dann entbehrlich, wenn auf Grund bestehender Mehrheitsverhältnisse klar ist, dass die Wohnungseigentümer dem Antrag nicht folgen werden. Dann wäre die Einberufung einer Eigentümerversammlung eine Farce. In solchen Ausnahmefällen kann der Wohnungseigentümer dann unmittelbar das Gericht anrufen.[163]

Das **Rechtsschutzbedürfnis** geht bei abgelehnter Abberufung allerdings im Verfahren verloren, wenn der Bestellungszeitraum abläuft. Dies folgt daraus, dass die Ungültigkeitserklärung des Bestellungsbeschlusses nur ex-nunc wirkt.[164] Das Rechtsschutzinteresse geht ebenfalls verloren, wenn während des Verfahrens die Eigentümerversammlung den Verwalter erneut wählt, d. h. seine Amtszeit verlängert. Dann ist die Negativentscheidung, ihn nicht abzuberufen, überholt. Der Wohnungseigentümer kann dann den Wiederwahlbeschluss anfechten. Für den früheren Negativbeschluss fehlt aber das Rechtsschutzinteresse.[165]   **878**

Das Gericht prüft, ob die **Nichtabberufung** des Verwalters ordnungsmäßiger Verwaltung entspricht. Dabei ist zu berücksichtigen, dass sich die Mehrheit der Wohnungseigentümer für die Fortdauer der Verwalterbestellung ausgesprochen hat. Diese Entscheidung der Wohnungseigentümer wirkt wie die Wiederwahl des Verwalters. In beiden Fällen kann das Gericht nur prüfen, ob wesentliche Grundsätze ordnungsmäßiger Verwaltung verletzt wurden und insbesondere die Nichtabberufung verwerflich war   **879**

---

[160] *Kümmel,* Anm. zu OLG Düsseldorf MietRB 2004, 80, 81.
[161] Siehe hierzu auch BayObLG WE 1996, 314, 315.
[162] BGH ZMR 2001, 814; 2002, 931; *Abramenko* in Riecke/Schmid, WEG, § 46 Rdn. 10; kritisch *Suilmann* in Jennißen, WEG, § 46 Rdn. 130.
[163] KG MietRB 2003, 111 = KGReport Berlin 2003, 263.
[164] OLG Düsseldorf ZMR 2006, 544.
[165] OLG Düsseldorf ZWE 2006, 246 = MietRB 2006, 272.

oder gegen den Grundsatz von **Treu und Glauben** verstieß.[166] Nicht jeder wichtige Grund verpflichtet auch die Wohnungseigentümer zum Tätigwerden. Bei der Überprüfung eines Nichtabberufungsbeschlusses hat das Gericht das Ermessen der Mehrheit der Wohnungseigentümer zu berücksichtigen. Nur bei gravierenden Pflichtverletzungen des Verwalters ist das Ermessen der Wohnungseigentümer auf Null reduziert.[167]

880   **bb) Anfechtung der Abberufung.** Beschließt die Eigentümerversammlung hingegen die Abberufung, kann für einen Anfechtungsantrag eines Wohnungseigentümers das **Rechtsschutzinteresse** fehlen. Der anfechtende Wohnungseigentümer kann seinen Anfechtungsantrag i.d.R. nur dadurch begründen und das Rechtsschutzinteresse nachweisen, indem er darlegt, dass die Abberufung und Kündigung rechtswidrig waren und diese zu Schadensersatzansprüchen des Verwalters führen werden. Macht der abberufene Verwalter dann solche Ansprüche aber nicht geltend, entfällt das Rechtsschutzinteresse spätestens mit der Verjährung der Vergütungs- oder Schadensersatzansprüche. Das Rechtsschutzinteresse lässt sich nicht damit ausreichend begründen, dass der anfechtende Wohnungseigentümer den abberufenen Verwalter für geeigneter hält als den neuen. Zwar spricht eine solche Verschlechterung, wenn sie denn objektiv feststellbar wäre, gegen den Grundsatz ordnungsmäßiger Verwaltung. Dennoch steht die Auswahl des Verwalters im Ermessen der Wohnungseigentümer und ist nicht gerichtlich überprüfbar, sofern keine **sachwidrigen Interessen** der Mehrheit der Wohnungseigentümer zu den Neuwahlen geführt haben.[168]

881   Das Rechtschutzinteresse kann sich aber für den anfechtenden Wohnungseigentümer daraus ergeben, dass er zu der Versammlung nicht eingeladen wurde oder sonstige schwerwiegende **formelle Fehler** festzustellen sind. Dann kann der Abberufungsbeschluss aufgehoben werden, weil das **Teilnahmerecht** des Wohnungseigentümers nicht übergangen werden darf. Wenn er darlegen kann, dass durch seine Anwesenheit möglicherweise eine andere Entscheidung getroffen worden wäre, sind Rechte des Wohnungseigentümers verletzt, die eine Beschlussaufhebung rechtfertigen. Auch hier geht das Rechtsschutzinteresse verloren, wenn während des Verfahrens die Bestellungsdauer des abberufenen Verwalters ohnehin endet. Dann kann der anfechtende Wohnungseigentümer nur den selbstständig zu beurteilenden Beschluss der Wahl eines anderen Verwalters weiter verfolgen und muss im Übrigen den Rechtsstreit für erledigt erklären.[169]

882   Die gerichtlichen Anfechtungs- oder Verpflichtungsanträge eines Wohnungseigentümers, die die Abberufung des Verwalters zum Gegenstand haben, haben zur Konsequenz, dass der Verwalter nach § 48 WEG beizuladen und ihm die **Klageschrift zuzustellen** ist. Für die übrigen Wohnungseigentümer als Beklagte hat die Zustellung der Klage an einen Ersatzzustellungsvertreter zu erfolgen, da für den Verwalter auf Grund des Streitgegenstands die Gefahr besteht, er werde die Wohnungseigentümer nicht sachgerecht unterrichten, § 45 Abs. 1 und 2 WEG. Haben die Wohnungseigentümer keinen Ersatzzustellungsvertreter bestellt, kann das Gericht einen Ersatzzustellungsvertreter selbst benennen, § 45 Abs. 3 WEG (siehe hierzu auch oben Rdn. 32 f.). Der Ersatzzustellungsvertreter hat dann die Aufgabe, die übrigen Wohnungseigentümer über den Inhalt der Klageschrift zu informieren.

883   **b) Durch den Verwalter.** Ob der abberufene Verwalter selbst den Abberufungs- oder Kündigungsbeschluss anfechten kann, ist umstritten.

Hinsichtlich der **Abberufung** ist für die **Anfechtungsbefugnis** nicht erheblich, dass dem Verwalter mit der Abberufung bzw. dem Zugang der Abberufungserklärung keine

---

[166] *Bub* in Staudinger, BGB, § 26 WEG Rdn. 428.
[167] OLG Celle MietRB 2003, 74.
[168] A.A. *Wenzel*, ZWE 2001, 510.
[169] OLG Hamm ZMR 2003, 51.

Befugnisse mehr zustehen.[170] Dies wäre ein Zirkelschluss, worauf Wenzel[171] mit Recht hinweist. Der Verwalter könnte seine eigene Abberufung nicht anfechten, weil er abberufen ist.

Suilmann[172] verneint ein **subjektives Recht** des Verwalters auf Fortbestand seiner Organstellung. Sei die Abberufung auf das Vorliegen eines wichtigen Grundes beschränkt worden, so bestünden zwei Möglichkeiten: Entweder ist ein wichtiger Abberufungsgrund gegeben, dann sei die Anfechtung unzulässig und unbegründet. Liege hingegen ein wichtiger Grund tatsächlich nicht vor, sei die Abberufung nichtig.

Becker[173] ist der Auffassung, dass der Abberufungsbeschluss ein **Akt der internen Willensbildung** sei, der noch keine Auswirkungen auf den Verwalter habe. Erst der Zugang der Abberufungserklärung beim Verwalter beende sein Amt, so dass er sich erst dann hierzu verteidigen könne. Bestünde Unklarheit über das Vorliegen eines wichtigen Grundes, könne der Verwalter einen Feststellungsantrag stellen.[174]

Der BGH[175] bejaht hingegen ein subjektives Recht des Verwalters, seine Organstellung zurückgewinnen zu wollen. Der Verwalter habe ein **Recht auf sein Amt,** wenn er für bestimmte Zeit bestellt oder seine Abwahl auf das Vorliegen eines wichtigen Grundes beschränkt wurde.[176] Das Rechtsschutzinteresse des Verwalters, den Beschluss über seine vorzeitige Abberufung oder wegen Vorliegens eines wichtigen Grundes anfechten zu können, folgt auch daraus, dass der Verwalter sonst rechtlos gestellt wäre. Könnte er seine Abwahl nicht anfechten, wäre er stets abwählbar und die Beschränkungen im Bestellungsbeschluss wären wirkungslos. Daher ist dem BGH zu folgen und dem Verwalter ein **Anspruch auf Wiedereinsetzung** in sein Amt zuzubilligen.[177] **884**

Dass der Verwalter den Beschluss über seine Abberufung anfechten kann, folgt auch aus § 46 Abs. 1 WEG. Dort ist eine Anfechtungsklage für den Verwalter ausdrücklich vorgesehen.[178] Wird nicht die Abberufung, sondern lediglich die **Abmahnung** des Verwalters beschlossen, kann der Verwalter diesen Beschluss ebenfalls anfechten.[179] **885**

Das **Rechtsschutzinteresse** auf Anfechtung der Abberufung fehlt, wenn der Verwalter hiermit nur das Ziel verfolgt, die Wirksamkeit der Vertragskündigung klären zu lassen oder die Abwehr von **Regressansprüchen** vorzubereiten.[180] Ebenso ist die Anfechtung des Abberufungsbeschlusses unzulässig geworden, wenn während der Verfahrensdauer das Amt des Verwalters ohnehin endet.[181] Wenzel weist darauf hin, dass nach diesem Zeitpunkt allenfalls noch ein Feststellungsantrag in Betracht kommt, wenn ausnahmsweise der Verwalter darlegen kann, dass die Feststellung der unwirksamen Abberufung trotz Auslaufens seiner Bestellungsdauer für ihn noch von Bedeutung ist, um seinen **guten Ruf** als Gewerbetreibender **wieder herzustellen.**[182] **886**

---

[170] So aber *Drasdo,* NZM 2001, 923; OLG Celle ZWE 2006, 298.

[171] ZWE 2001, 510.

[172] ZWE 2000, 106, 111.

[173] ZWE 2002, 211, 212.

[174] So auch im Ergebnis *Suilmann,* Fn. 132.

[175] NJW-RR 1989, 1087 = MDR 1989, 435; NZM 2002, 788 = NJW 2002, 3240 = ZMR 2002, 766.

[176] *Merle* in Bärmann, WEG, § 26 Rdn. 243; *Wenzel,* ZWE 2001, 510, 514.

[177] Siehe auch *Müller,* Praktische Fragen, Rdn. 972; *Abramenko* in Riecke/Schmid, WEG, § 26 Rdn. 29; *Merle* in Bärmann, WEG, § 26 Rdn. 243; a.A. *Gottschalg,* ZWE 2006, 332, 335; *Suilmann* in Jennißen, WEG, § 46 Rdn. 29.

[178] Siehe zur Kritik an der gesetzlichen Regelung *Suilmann* in Jennißen, WEG, § 46 Rdn. 40 ff.

[179] LG Nürnberg-Fürth ZMR 2009, 483; a.A. AG Siegburg ZMR 2009, 82.

[180] OLG Celle ZWE 2006, 298.

[181] KG WE 1998, 66; OLG Naumburg WuM 2001, 44; OLG Köln NZM 2004, 625; *Wenzel,* ZWE 2001, 510, 515; a.A. OLG München MietRB 2006, 133.

[182] *Wenzel,* ZWE 2001, 510, 515.

887 Von der Anfechtung der Abberufung ist aber die Anfechtung eines **Kündigungsbeschlusses** zu unterscheiden. Wenn die Wohnungseigentümerversammlung die Kündigung des Verwaltervertrages beschließt, bedeutet dies nur, dass dem Verwalter gegenüber die Kündigung ausgesprochen werden soll. Die Kündigung betrifft nach der **Trennungstheorie** nicht seine Organstellung. Sie lässt lediglich seine Rechte und Pflichten aus dem Verwaltervertrag entfallen, wozu insbesondere die Vergütungsansprüche zählen. Dieser Vertrag kommt zwischen dem Verwalter und der rechtsfähigen Eigentümergemeinschaft sowie allen Wohnungseigentümern zustande. Es handelt sich dabei um einen Vertrag mit einem Dritten (Nicht-Eigentümer), der in seiner Wirkung mit einem Vertrag zwischen der Eigentümergemeinschaft und dem Hausmeister oder einem Handwerker zu vergleichen ist. Auch Letztere können eine beschlossene Vertragskündigung nicht anfechten.

888 Die Ansprüche aus dem Verwaltervertrag auf **Fortzahlung der Vergütung** oder Zahlung von Schadensersatz kann der Verwalter somit auch dann noch geltend machen, wenn er den Beschluss auf Ausspruch der Kündigung nicht angefochten hat. Der Verwalter kann ohne Anfechtung dieses Beschlusses und ohne Anfechtung des Abberufungsbeschlusses den Zahlungsanspruch auch noch nach Ablauf der einmonatigen Frist des § 46 Abs. 1 WEG geltend machen. Für die Frage der Wirksamkeit der Kündigung entfaltet die Anfechtung des Abberufungsbeschlusses **keine vorgreifliche Wirkung.**[183] Macht der Verwalter einen Zahlungsanspruch geltend, wird inzidenter geprüft, ob die Kündigung wirksam war, d. h. ob ein wichtiger Grund vorlag. Allerdings sind **Feststellungsanträge über die Wirksamkeit des Kündigungsbeschlusses** denkbar.[184]

889 Nicht überzeugend ist die Auffassung des OLG München[185], wonach das **Rechtsschutzinteresse** trotz Ablauf der Bestellungsdauer erhalten bleibt, da die Frage des **wichtigen Grundes** sonst in einem gesonderten Verfahren über die Bezahlung der Verwaltervergütung geklärt werden müsse. Die Entscheidung übersieht nicht nur die anderslautende Auffassung des BGH[186], sondern erklärt das Rechtsschutzinteresse auch nicht für den Fall, dass der Zahlungsantrag nicht gestellt wird.[187]

Zusammengefasst kann der Verwalter gegen Abberufungs-/Kündigungsbeschlüsse wie folgt vorgehen, wenn er für eine bestimmte Zeit bestellt oder das Kündigungsrecht auf den wichtigen Grund beschränkt war:

1. Fall: Der Verwalter ist bis zum 31. 12. 2010 bestellt worden. In der Eigentümerversammlung vom 3. 2. 2010 wird er durch Mehrheitsbeschluss abberufen. Die mündliche Verhandlung über den Anfechtungsantrag des Verwalters findet am 5. 12. 2010 statt.
Der Verwalter kann den Beschluss anfechten und beantragen, den Abberufungsbeschluss für unwirksam zu erklären.

2. Fall: Bei gleicher Ausgangslage findet die mündliche Verhandlung am 10. Januar 2011 statt. Jetzt kann der Verwalter nicht mehr die Unwirksamkeit des Abberufungsbeschlusses beantragen, da die Bestellungszeit ohnehin abgelaufen ist. Insoweit muss er den Rechtsstreit für erledigt erklären. Dann ist bei der Kostenentscheidung nur noch inzidenter über die Rechtmäßigkeit der Abberufung zu entscheiden. Ausnahmsweise kann der Verwalter einen Feststellungsantrag stellen, wenn er ein besonderes Feststellungsinteresse nachweisen kann, um die Abberufung für rechtswidrig erklären zu lassen.

3. Fall: Bei gleicher Ausgangslage beschließen die Wohnungseigentümer ausdrücklich oder konkludent, mit der Abberufung auch die Kündigung des Verwaltervertrags zu verbinden.

---

[183] BGH NZM 2002, 788 = NJW 2002, 3240 = ZMR 2002, 766.
[184] So auch *Wenzel*, ZWE 2001, 510, 515.
[185] OLGReport 2006, 129 = MietRB 2006, 133.
[186] BGH NZM 2002, 788 = NJW 2002, 3240 = ZMR 2002, 766.
[187] Vgl. hierzu auch kritisch *Gottschalg*, MietRB 2006, 134.

Will der Verwalter seine Verwalterstellung nicht zurückerlangen, weil er das Vertrauensverhältnis zu den Wohnungseigentümern als zerrüttet ansieht, muss er diesen Beschluss nicht anfechten. Will er somit nicht in das Amt zurückkehren, kommt nur eine Klage auf Zahlung in Betracht. Er kann damit die Anfechtung des Abberufungsbeschlusses verbinden, wenn er die Verwaltertätigkeit wieder übernehmen will. Alternativ kann sich die Möglichkeit stellen, daneben einen Feststellungsantrag zu stellen, dass die Kündigung unwirksam war. Dies bietet sich dann an, wenn die ursprüngliche Bestellungsdauer im Zeitpunkt der mündlichen Verhandlung noch nicht abgelaufen ist, um durch diese Feststellung die Basis für weitergehende Zahlungsansprüche zu schaffen.

Da das Verhältnis von Abberufung zur Kündigung nicht zweifelsfrei geklärt ist, bleiben für den Verwalter Restrisiken. Daher ist dem Verwalter zu empfehlen, den Abberufungsbeschluss stets fristgemäß anzufechten und hierbei vorzutragen, dass er das Verwalteramt wieder erlangen möchte. Ohne eine solche Anfechtung könnte auch sein Vergütungsanspruch leiden, da sich argumentieren ließe, dass der Verwalter, der kein Interesse an der Fortsetzung seines Verwalteramts habe, auch keinen oder nur einen geringeren Vergütungsanspruch besitzt. **890**

Der **Streitwert** eines Beschlussanfechtungsverfahrens richtet sich im Falle der Abberufung nach der Höhe der für die Restlaufzeit des Vertrags ausstehenden Vergütung, die nicht nach § 49 a Abs. 1 S. 1. GKG herabzusetzen ist.[188]

c) Folgen der Aufhebung des Abberufungsbeschlusses. Hebt das Gericht auf Grund einer Anfechtung die Abberufung auf, ist der Verwalter mit **ex nunc-Wirkung** wieder im Amt. Dies hat zur Konsequenz, dass ein zwischenzeitlich neu bestellter Verwalter automatisch aus seinem Amt ausscheidet, da die Eigentümergemeinschaft nicht zwei Verwalter haben kann. Hierzu wird im Wege der Auslegung angenommen, dass die Bestellung des neuen Verwalters zumindest konkludent unter die auflösende Bedingung gestellt wurde, dass die Abberufung des Vorverwalters nicht unwirksam war.[189] Zum gleichen Ergebnis führt die Argumentation, dass die Bestellung des neuen Verwalters nichtig war, da die Eigentümergemeinschaft nicht gleichzeitig zwei Verwalter haben könne und deshalb die Bestellung des neuen Verwalters auf einen rechtlich unmöglichen Erfolg gerichtet war.[190] Die Annahme einer **auflösenden Bedingung** entspricht eher dem Willen der Wohnungseigentümer und erklärt einfacher, dass die Handlungen des neuen Verwalters für die Eigentümergemeinschaft in der Zwischenzeit die eines Vertreters mit Vertretungsmacht waren. Genehmigungen dieser Handlungen durch die Eigentümergemeinschaft oder den alten Verwalter sind dann ebenso wenig erforderlich wie die Prüfung von Anscheinsvollmachten.[191] **891**

Der zu Unrecht abberufene und/oder gekündigte Verwalter hat ab Wiedereinsetzung in sein Amt Anspruch auf Zahlung des vereinbarten **Verwalterhonorars.** Für die Zwischenzeit steht ihm ein Vergütungsanspruch zu, weil es die Wohnungseigentümer zu vertreten haben, dass ihm die Ausübung des Verwalteramts unmöglich gemacht wurde. In der Rechtsprechung zeichnet sich hierzu kein einheitliches Bild über den Faktor ab, inwieweit sich der Verwalter für diesen Zeitraum ersparte Aufwendungen abziehen lassen muss (s. hierzu auch oben Rdn. 874). **892**

---

[188] LG Köln NZM 2009, 364.
[189] *Merle* in Bärmann, WEG, § 26 Rdn. 239.
[190] *Lüke* in Weitnauer, WEG, § 26 Rdn. 41.
[191] Vgl. hierzu *Lüke* in Weitnauer, WEG, § 26 Rdn. 20; *Merle* in Bärmann, WEG, § 26 Rdn. 237.

XV. Der Verwalter als Makler

1. Genehmigungsvorbehalt

893 Während der WEG-Verwalter keine behördliche Genehmigung benötigt, ändert sich dies, wenn er gleichzeitig Maklertätigkeiten ausüben will. Ein Immobilienmakler muss eine **behördliche Genehmigung** nach § 34c GewO besitzen. Bei Ausübung seiner Tätigkeiten hat der Immobilienmakler die Vorschriften der **Makler- und Bauträgerverordnung** (MaBV) zu beachten.

Wird die Verwaltungsgesellschaft in der Rechtsform einer juristischen Person betrieben, muss für die Durchführung von Maklergeschäften sowohl für die Gesellschaft als auch für den Geschäftsführer ein Antrag nach § 34c GewO gestellt werden. Wechselt der Geschäftsführer, muss auch für den neuen Geschäftsführer die Erlaubnis eingeholt werden.

Vollkommen unabhängig davon ist es, ob der Umfang der Maklertätigkeit nur von untergeordneter Bedeutung ist. Auch ist nicht entscheidend, wie die Gesellschaft firmiert. Maßgebend ist lediglich die ausgeübte Maklertätigkeit. Ob die Tätigkeit erfolgreich ist und/oder wirksam ein Entgelt vereinbart werden konnte, ist für die Genehmigungspflichtigkeit ebenfalls nicht von Bedeutung.[1]

894 Während der WEG-Verwalter den Wohnungseigentümern und hier namentlich der Eigentümerversammlung Rechenschaft schuldet, muss der Makler nach §§ 10 und 11 MaBV der Aufsichtsbehörde Einsicht in das Geschäftsgebaren vermitteln und eine Überwachung seiner Tätigkeiten ermöglichen. Er ist einer umfassenden **Buchführungs- und Informationspflicht** unterworfen, die er jährlich gegenüber dem Gewerbeamt in Form eines **Prüfberichtes** eines geeigneten Prüfers zu hat, § 16 MaBV. Geeignete Prüfer sind Wirtschaftsprüfer, vereidigte Buchprüfer, Wirtschaftsprüfungs-/Buchführungsgesellschaften und Prüfungsverbände. Da nach § 16 Abs. 3 Satz 2 MaBV auch andere Personen in Betracht kommen, die öffentlich bestellt oder zugelassen und die auf Grund ihrer Vorbildung und Erfahrung in der Lage sind, eine ordnungsgemäße Prüfung durchzuführen, sind auch Rechtsanwälte von der Prüfung nicht ausgeschlossen. Allerdings kommen solche Personen nicht in Betracht, bei denen die Besorgnis der Befangenheit besteht, § 16 Abs. 3 Satz 3 MaBV. Dies dürfte der Fall sein, wenn der Rechtsanwalt das Verwaltungs-/Maklerunternehmen auch in sonstigen rechtlichen Angelegenheiten vertritt.

2. Provisionsanspruch des Verkaufsmaklers

895 Wenn der WEG-Verwalter gleichzeitig als Makler tätig ist, können sich folgende Fragen stellen:

– Erwirbt der Makler einen wirksamen Honoraranspruch?
– Können Interessenkollisionen entstehen, die Auswirkungen auf den Verwaltervertrag haben?

Im Einzelnen ist zu differenzieren. Vermittelt der WEG-Verwalter einen Käufer für eine **Eigentumswohnung** in dem von ihm verwalteten Objekt, kann er sich grundsätzlich eine Maklerprovision wirksam versprechen lassen.[2] Ein institutioneller **Interessenkonflikt** liegt beim Makler, der zugleich Hausverwalter oder WEG-Verwalter ist,

---

[1] BGH NJW 1992, 2818.
[2] BGH ZMR 2006, 50.

nicht ohne weiteres vor (s. nachfolgend Rdn. 896).[3] Gleiches gilt auch, wenn der WEG-Verwalter vom Verkäufer mit der **Verwaltung des Sondereigentums** zusätzlich beauftragt war.[4] Es liegt kein Fall der echten Verflechtung vor, so dass der Verwalter ebenfalls eine Maklerprovision beanspruchen kann.

3. Zustimmungsvorbehalt

Steht jedoch die Veräußerung der Eigentumswohnung nach dem Inhalt der Teilungs- **896** erklärung unter dem **Genehmigungsvorbehalt** des § 12 WEG, kann der WEG-Verwalter wegen der entstehenden Interessenkollision keine Vermittlungsprovision wirksam vereinbaren.[5] Nach Auffassung des LG Hamburg[6] soll der Makler allerdings einen wirksamen Honoraranspruch besitzen, wenn er auf diesen Vorbehalt vor Abschluss des Kaufvertrages ausdrücklich hinweist. Diese vom BGH[7] bestätigte Auffassung trifft unabhängig davon zu, ob der Kunde die Rechtskenntnis hat, dass der Makler keine echte Maklerleistung erbringen kann. Es genügt die tatsächliche Kenntnis des Maklerkunden von den die Veräußerungszustimmung begründenden Umständen.[8] Allerdings kann eine solche Vermittlungstätigkeit bei bestehender Interessenkollision die fristlose Abberufung des Verwalters rechtfertigen, da ein Vertrauensbruch entsteht.[9] Das BayObLG stellt allerdings darauf ab, ob der Interessenkonflikt weiter besteht. Er könne ausgeräumt werden, indem der Verwalter erklärt, während seiner Verwaltertätigkeit keine weiteren Wohnungen zu vermitteln und so die Wiederholungsgefahr zu beseitigen.[10] Die Entscheidung überzeugt jedoch nicht, da sich auf diese Art und Weise jede Pflichtverletzung des Verwalters beseitigen ließe. Zudem wurde diese Erklärung im entschiedenen Fall erst in der mündlichen Verhandlung abgegeben. Da die Wirksamkeit eines Beschlusses von den Tatsachen im Zeitpunkt der Eigentümerversammlung abhängig ist, scheiden alle späteren Tatsachen für die Rechtmäßigkeitsbeurteilung aus.[11]

Die Kenntnis vom Zustimmungsvorbehalt kann beim verkaufenden Wohnungseigentümer unterstellt werden, so dass ein wirksamer Provisionsanspruch gegenüber dem Verkäufer entstehen kann.[12]

4. Vermietungsmakler

Wenn der WEG-Verwalter als **Vermietungsmakler** für das Sondereigentum eines **897** Wohnungseigentümers tätig wird, kann er grundsätzlich eine Provision vom Mieter verlangen.[13] Der WEG-Verwalter ist nicht dem Mietverwalter entsprechend § 2 Abs. 2 WoVermittG gleichzustellen. Etwas anderes gilt jedoch dann, wenn der WEG-Verwalter gleichzeitig mit der Sondereigentumsverwaltung beauftragt wurde. In diesem Fall entsteht kein Provisionsanspruch.[14] Ebenso scheidet ein Provisionsanspruch aus, wenn Vormieter der Wohnung ein Mitarbeiter des Maklers ist, der vorzeitig aus dem Mietvertrag ausscheiden will. Dann liegt ebenfalls eine Interessenkollision vor, die den Provi-

---

[3] OLG Dresden NJW-RR 1999, 1501; OLG Frankfurt OLGReport Frankfurt 1994, 85; OLG Hamburg MDR 1992, 646.
[4] BGH ZMR 2006, 50.
[5] BGH MDR 1991, 132 = NJW 1991, 168.
[6] NZM 2001, 486.
[7] NJW-RR 2003, 1249.
[8] Ebenso *Moraht,* DWE 2006, 89, 93.
[9] BayObLG MDR 1997, 727 = NJW-RR 1998, 302.
[10] BayObLG NZM 2001, 104.
[11] So selbst auch BayObLG in der vorstehend zitierten Entscheidung.
[12] OLG Köln OLGReport Köln 2003, 75 = MietRB 2004, 114 = NZM 2003, 241.
[13] BGH MDR 2003, 678 = ZMR 2003, 431 = NJW 2003, 1393.
[14] LG Essen NZM 2000, 150.

sionsanspruch entfallen lässt;[15] gleichermaßen, wenn die Wohnung von einem Mitarbeiter des Maklers verwaltet wurde.[16] Hat der Makler hingegen eine Mietgarantie abgegeben, entfällt der Provisionsanspruch nicht schon deshalb.[17] Der Provisionsanspruch des WEG-Verwalters kann auch entfallen, wenn er zwar nicht die Mietverwaltung übernommen hat, aber dennoch erhebliche Leistungen im Sondereigentum für den Vermieter erbringt.[18] Das kann zu bejahen sein, wenn sich der WEG-Verwalter/Makler um die Renovierung des Sondereigentums kümmert.[19]

898 In einzelnen Gemeinschaftsordnungen ist geregelt, dass die **Vermietung** des Wohnungs- oder Teileigentums der **Zustimmung** des Verwalters bedarf. Damit soll ebenso wie bei dem Zustimmungsvorbehalt im Veräußerungsfall gewährleistet werden, dass der Verwalter in beschränktem Umfang die Person des zukünftigen Wohnungsmieters prüft, damit nur solche Personen in das Haus einziehen, von denen anzunehmen ist, dass sie sich in die Hausordnung einfügen. Diese Vermietungsvorbehalte unterliegen aber den besonderen Anforderungen nach dem Gleichbehandlungsgesetz.

Wenn der WEG-Verwalter dem Mieter die Anmietung einer Eigentumswohnung vermittelt, kann er entsprechend dem Zustimmungsvorbehalt im Veräußerungsfall nur dann Provision verlangen, wenn ein solcher Zustimmungsvorbehalt für die Vermietung nicht besteht. Andernfalls ist der Provisionsanspruch nicht wirksam wegen der entstehenden Interessenkollision begründet worden.

Eine Interessenkollision kann der Verwalter/Makler auch nicht dadurch umgehen, dass er die Maklertätigkeit auslagert und durch ein separates Unternehmen durchführen lässt. Entscheidend ist, ob die Unternehmen verflochten sind, was auch schon dann zu bejahen ist, wenn in beiden Unternehmen dieselbe Person die Willensbildung steuert.[20] In diesem Sinne werden von der Rechtsprechung auch Ehegatten als Einheit angesehen.[21]

5. Übersicht

899 Zusammenfassend ist der Provisionsanspruch des WEG-Verwalters für Maklerleistungen wie folgt zu sehen:

WEG-Verwalter	Provisionsanspruch	
	ja	nein
Verkaufsvermittlung	X	
Verkaufsvermittlung bei Genehmigungsvorbehalt		X
Verkaufsvermittlung bei Hinweis auf Genehmigungsvorbehalt	X	
Mietervermittlung	X	
Mietervermittlung bei gleichzeitiger Sondermietverwaltung		X
Mietervermittlung bei Genehmigungsvorbehalt		X

---

[15] BGH ZMR 2006, 621.
[16] BGH NZM 2003, 985 = ZMR 2003, 935.
[17] BGH v. 9. 3. 2006 – III ZR 151/05.
[18] BGH NJW 2003, 1393 = ZMR 2003, 431 = MDR 2003, 678.
[19] LG Düsseldorf v. 18. 3. 2005 – 20 S 167/04.
[20] Ausführlich hierzu Breiholdt, ZMR 2009, 85 ff.
[21] BGH NJW 1987, 1008.

B. Der Verwaltungsbeirat

I. Überblick

Nach § 29 Abs. 1 WEG können die Wohnungseigentümer einen Verwaltungsbeirat **1** bestellen. Er ist neben dem Verwalter (§ 26 WEG) und der Eigentümerversammlung (§ 23 Abs. 1 WEG) das dritte **Organ der Wohnungseigentümergemeinschaft.**[1] Die zum 1. 7. 2007 in Kraft getretene Novellierung des Wohnungseigentumsgesetzes hat an der Rechtsstellung des Verwaltungsbeirats nichts geändert. Die ihn betreffenden Gesetzesvorschriften gelten unverändert fort, sieht man einmal von § 27 Abs. 5 S. 2 WEG ab, der den Wohnungseigentümern nunmehr eine Beschlusskompetenz einräumt, um mit einfacher Mehrheit zu beschließen, dass die Verfügung des Verwalters über in das Verwaltungsvermögen eingeflossene Gelder von der Zustimmung eines Wohnungseigentümers oder eines Dritten, also z.B. des Verwaltungsbeirats, abhängig gemacht wird. Eine lediglich mittelbare Auswirkung hat auch § 45 Abs. 2 WEG, der die Wohnungseigentümer verpflichtet, einen Ersatzzustellungsvertreter sowie dessen Vertreter zu bestellen (dazu Rdn. 32). In der Praxis wird häufig – wenn auch nicht zwingend – ein Mitglied des Verwaltungsbeirats diese Funktion übernehmen.

Seit der Entdeckung[2] und Kodifizierung (s. § 10 Abs. 6 WEG)[3] der Rechtsfähigkeit **2** der Wohnungseigentümergemeinschaft im Gesetz ist anzunehmen, dass der Beirat ein **echtes Organ** im verbandsrechtlichen Sinne ist, auch wenn es sich im Hinblick auf die nach h.M. mögliche Abschaffung des abstrakten Organs als solchem (dazu unten Rdn. 16ff.) um ein **fakultatives Organ** handelt.[4]

Einen **Organbesetzungszwang** gibt es nicht, worin allerdings bei genauerem Hin- **3** sehen kein Unterschied zum Verwalteramt besteht, das – trotz § 20 Abs. 2 WEG – ebenfalls zu keinem Zeitpunkt mit einem konkreten Amtsträger (Verwalter) besetzt werden muss, auch nicht im Gründungsstadium einer Wohnungseigentümergemeinschaft oder zur Erlangung ihrer Rechtsfähigkeit. Der rechtsfähigen Wohnungseigentümergemeinschaft fehlt als wohl einzigem rechtsfähigen Verband im Gesellschaftsrecht der Organbesetzungszwang für das Amt des Geschäftsführers. Sie kann entstehen und fortwährend existieren, ohne dass das Amt jemals besetzt werden müsste, da ein staatlicher Verleihungsakt, wie er bei juristischen Personen gilt, bei der Begründung von Wohnungseigentümer (s. §§ 3, 8 WEG) entfällt und der rechtsfähige Verband – anders als Personengesellschaften (Selbstorganschaft) – auch nicht „in ihren Organen" lebt. Auch insoweit bestätigt sich die Aussage des BGH[5], die rechtsfähige Gemeinschaft der Wohnungseigentümer sei ein Verband „sui generis", also eigener Kategorie.

Der Verwaltungsbeirat ist von seiner Funktion und Kompetenzausstattung her das **4** schwächste Organ einer Wohnungseigentümergemeinschaft, weil er – wie der Name schon andeutet - in erster Linie nur **unterstützend** tätig wird. Einen Kreis an unbeschränkbaren Mindestaufgaben gibt es bei ihm im Gegensatz zum Verwalter (vgl. § 27 Abs. 4 WEG) nicht. Insbesondere ist er kein Mitverwalter oder Nebenverwalter.[6] Der Beirat **unterstützt** den Verwalter bei der Durchführung seiner Aufgaben (§ 29 Abs. 2 WEG).

---

[1] BGH NJW 2005, 2061 = ZMR 2005, 547 mit Anm. *Häublein*.
[2] Am 2. 6. 2005 durch den BGH, s. BGH NJW 2005, 2061.
[3] Zum 1. 7. 2007 durch den Gesetzgeber im Wege der WEG-Novelle.
[4] Vgl. BGH a. a. O.
[5] BGH NJW 2005, 2061.
[6] OLG München ZMR 2008, 657, 658.

5 Gleichwohl beschränkt sich die Funktion des Beirats nicht auf eine das Verwalterhandeln unterstützende Tätigkeit. Vielmehr übt er im Sinne eines **internen Kontrollorgans** auch Kontroll- und Prüfungskompetenzen gegenüber der Verwaltung aus, insoweit nach dem Gesetz allerdings wiederum beschränkt auf das ordnungsgemäße Rechnungs- und Finanzwesen der Gemeinschaft. So sollen der Wirtschaftsplan, die Abrechnung über den Wirtschaftsplan (Jahresabrechnung), Rechnungslegungen und Kostenvoranschläge, bevor über sie die Wohnungseigentümerversammlung beschließt, vom Verwaltungsbeirat geprüft und mit dessen Stellungnahme versehen werden (§ 29 Abs. 3 WEG). Weitergehende und ergänzende Kontrollfunktionen können sich aus Vereinbarungen der Wohnungseigentümer in der Gemeinschaftsordnung oder aus richterrechtlichen Grundsätzen ergeben, wie z.B. der Befugnis des Beirats, Einblick in die dem Verwalter erteilten Stimmrechtsvollmachten zu nehmen.

6 Die gesetzlich beschränkte Unterstützungs- und Kontrollfunktion verbieten es, den Verwaltungsbeirat mit dem **Aufsichtsrat** einer Aktiengesellschaft zu vergleichen. Werden dem Verwaltungsbeirat durch eine Vereinbarung in der Gemeinschaftsordnung oder im Einzelfall durch einen Eigentümerbeschluss weitergehende Kompetenzen eingeräumt, so ist bei einem Kompetenzkonflikt die Grenze des § 27 Abs. 4 WEG zu beachten. Danach dürfen die dem Verwalter in den § 27 Abs. 1 bis 3 WEG eingeräumten Mindestbefugnisse nicht eingeschränkt oder ausgeschlossen werden.[7]

7 Der Beirat ist ein so genanntes **Innenorgan**.[8] Dies ergibt sich aus sämtlichen Bestimmungen des Wohnungseigentumsgesetzes, in denen dem Verwaltungsbeirat Aufgaben zugewiesen werden (§ 24 Abs. 3 und Abs. 6 S. 2, § 29 Abs. 2 und 3 WEG). § 24 Abs. 3 und Abs. 6 S. 2 WEG regeln Befugnisse des Beirats im Zusammenhang mit der Eigentümerversammlung (Einberufungsrecht; Unterzeichnung des Versammlungsprotokolls) als dem **internen** Willensbildungsorgan. § 29 Abs. 3 WEG betrifft die **interne Kontrolle** des Rechnungs- und Finanzwesens, bevor die Eigentümerversammlung über die vom Verwalter vorgelegten Zahlungsgrundlagen und Rechenwerke beschließt. Soweit § 29 Abs. 2 WEG anordnet, dass der Verwaltungsbeirat den Verwalter bei der Durchführung seiner Aufgaben unterstützt, ist ebenfalls nur eine Innenkompetenz (Geschäftsführungsbefugnis) **im verbandsinternen Bereich** gemeint, d.h. nicht etwa eine grundsätzliche Mitberechtigung des Beirats bei der Durchführung von Eigentümerbeschlüssen im Außenverhältnis im Sinne des § 27 Abs. 1 Nr. 1 WEG. Die Vertretungsmacht für Wohnungseigentümer und den rechtsfähigen Verband zum Abschluss von Verträgen oder zur Vornahme sonstiger Rechtshandlungen im Außenverhältnis liegt beim Verwalter (vgl. § 27 Abs. 2 und 3 S. 1 WEG). Der Beirat tritt in der Regel nicht im Rechtsverkehr zwischen der Eigentümergemeinschaft und Dritten in Erscheinung, wenngleich im Einzelfall der Beirat bzw. ein oder einzelne Beiratsmitglieder als Vertreter für Wohnungseigentümer oder Verband nach außen auftreten können, sofern ihnen durch Eigentümerbeschluss eine entsprechende Vollmacht bzw. Ermächtigung erteilt wird (vgl. § 27 Abs. 3. S. 2 und 3 WEG). Denkbar ist aber auch, dass in der Gemeinschaftsordnung zusätzliche Pflichten des Verwaltungsbeirats vereinbart werden, wie z.B. eine Zustimmung zur Veräußerung gem. § 12 WEG.[9] Organschaftlicher Natur ist diese Vertretungsmacht im Einzelfall nicht.

8 Im Gegensatz zum Verwalteramt, für das das Prinzip der **Fremdorganschaft** gilt,[10] hat der Gesetzgeber für den Verwaltungsbeirat am personenverbandsrechtlichen Prinzip der **Selbstorganschaft** festgehalten, so dass die Mitglieder des Verwaltungsbeirats nach

---

[7] OLG München ZMR 2008, 657, 658; *F. Schmidt*, ZWE 2001, 137.

[8] OLG Frankfurt NJW 1975, 2297.

[9] S. etwa die Fälle KG NZM 2002, 29 = NJW-RR 2002, 590 und KG KGR 2006, 418.

[10] Es kann aber auch ein Wohnungseigentümer zum Verwalter bestellt werden (so genannter Eigentümerverwalter).

den gesetzlichen Vorgaben des § 29 Abs. 1 S. 2 WEG selbst Wohnungseigentümer sein müssen. Die Mitglieder des Verwaltungsbeirats sind also sozusagen durch ihr Amt hervorgehobene Wohnungseigentümer, was sich gegenüber dem Verwalter insbesondere durch eigenständige Informations-, Auskunfts- und Prüfungsrechte zeigt, aber darüber hinaus auch etwa durch das dem Beirat zustehende Einberufungsrecht bzgl. der Eigentümerversammlung, wenn ein Verwalter fehlt oder die Einberufung oder zumindest die Aufnahme berechtigter Tagesordnungspunkte in die Einladung/Tagesordnung (s. dazu oben A Rdn. 554 ff. und unten Rdn. 102 ff.) pflichtwidrig verweigert (vgl. § 24 Abs. 3 WEG).

Obwohl der BGH[11] den Beirat als **Organ** der Eigentümergemeinschaft bezeichnet **9** und darunter nach hier vertretener Ansicht ein **echtes Organ** im verbandsrechtlichen Sinne zu verstehen ist (oben Rdn. 2), ist er nach überwiegender Ansicht kein Organ im Sinne von § 31 BGB.[12] Dazu fehlt dem Beirat als abstraktem Amt innerhalb der Verbandsorganisation das haftungsrechtlich notwendige Mindestmaß an eigenständiger Handlungskompetenz im Rechtsverkehr. Für Pflichtverletzungen des Verwaltungsbeirats hat daher die rechtsfähige Wohnungseigentümergemeinschaft nicht im Wege der Organhaftung einzustehen (s. zur Haftung unten Rdn. 122 ff.).

Teilweise wird der Verwaltungsbeirat als **Mittler** zwischen Verwalter und Wohnungs- **10** eigentümern bezeichnet.[13] Da aber die Beiratsmitglieder gem. § 29 Abs. 1 S. 2 WEG selbst Wohnungseigentümer sind, können sie schlecht zwischen Verwalter und sich selbst vermitteln. Eine für die Praxis relevante Folge hiervon ist, dass das **Wissen** und – besonders im haftungsrechtlichen Zusammenhang (vgl. § 166 Abs. 2 S. 2, 122 Abs. 2 BGB) – das **Wissenmüssen**[14] der Beiratsmitglieder zumindest im Grundsatz nicht den übrigen Wohnungseigentümern oder dem Verband zuzurechnen ist. Es kann mithin für eine ordnungsgemäße Information der Wohnungseigentümer (vgl. etwa § 27 Abs. 1 Nr. 7 WEG) regelmäßig nicht genügen, wenn der Verwalter in gemeinschaftsbezogenen Angelegenheiten ausschließlich den Beirat informiert, die übrigen Miteigentümer aber nicht. Obwohl der rechtsfähige Verband in allen Verbandsangelegenheiten durch die Gesamtheit aller Wohnungseigentümer im Sinne eines umfassend berechtigten Handlungsorgans vertreten wird, gelten gleichwohl in solchen Fällen die Grundsätze der **Gesamtorganschaft** (vgl. § 170 Abs. 3 ZPO) nicht. Daher ist die Kenntniserlangung des Beirats bzw. eines Beiratsmitglieds zumindest in der Regel nicht im Wege der Wissenszurechnung i. S. des § 166 BGB den übrigen Wohnungseigentümern bzw. dem rechtsfähigen Verband zuzurechnen.

Ausnahmen sind aber anerkannt, vor allem, wenn es um das Rechtsverhältnis der **11** Wohnungseigentümergemeinschaft zum Verwalter geht und der **Kompetenzbereich** des Verwaltungsbeirats betroffen ist. So geht das Recht der Wohnungseigentümer zur Abberufung des Verwalters und fristlosen Kündigung des Verwaltervertrages verloren, wenn es nicht in angemessener Zeit nach **Kenntniserlangung** über die Verfehlungen des Verwalters ausgeübt wird, der Verwaltungsbeirat aber aufgrund der Rechnungs- und Belegprüfung hinsichtlich der Abrechnungsunterlagen des Verwalters seit geraumer Zeit Kenntnis von den maßgeblichen Tatsachen hat.[15] Außerdem büßt die Wohnungseigen-

---

[11] NJW 2005, 2061 = NZM 2005, 543 = ZMR 2005, 547.

[12] BayObLG BayObLGZ 1972, 161, 163; *Bub* in Staudinger, BGB, § 29 WEG Rdn. 3; *Gottschalg*, Haftung von Verwalter und Beirat, Rdn. 497 ff.; *Niedenführ* in Niedenführ/Kümmel/Vandenhouten, WEG, § 29 Rdn. 1; *Drabek*, jurisAnwZert MietR 17/2009 Anm. 2; a. A. *Häublein/Lehmann-Richter* in AHB WEG, Teil 15 Rdn. 59.

[13] KG WE 1997, 421; OLG Zweibrücken OLGZ 1983, 438; *Grziwotz* in Erman, BGB, § 29 WEG Rdn. 2.

[14] Im Sinne der fahrlässigen Unkenntnis.

[15] KG GE 2009, 1053.

tümergemeinschaft ihr Recht zur späteren Geltendmachung von Ersatzansprüchen gegenüber dem Verwalter ein, wenn diesem für den fraglichen Zeitraum oder Zeitpunkt durch Beschluss der Eigentümer Entlastung erteilt worden war und die anspruchsbegründenden Tatsachen dem Verwaltungsbeirat aufgrund der Rechnungs- und Belegprüfung bekannt waren oder hätten bekannt sein müssen.[16]

12   In der Praxis hat sich der Verwaltungsbeirat trotz seiner gesetzlich beschränkten Aufgaben und Befugnisse bewährt. Wenn der Verwalter mit dem Beirat einen regen Gedanken- und Informationsaustausch pflegt, werden Handlungen des Verwalters transparenter und lassen sich besser rechtfertigen, falls die konkrete Entwicklung zeigt, dass die Handlungsweise des Verwalters nicht günstig war. Die mit dem Beirat abgestimmte Handlung enthält die Vermutung, zumindest aus damaliger Sicht objektiv richtig gewesen zu sein. In der Praxis trägt ein starker Verwaltungsbeirat zur Befriedung der Eigentümergemeinschaft erheblich bei.

---

[16] OLG Düsseldorf ZMR 1998, 104 = MDR 1998, 38 mit Anm. *Riecke/v. Rechenberg.*

II. Bestellung des Beirats

Die Bestellung des Verwaltungsbeirats ist **fakultativ.** Das Amt als solches, sprich als **13** eigenständige Funktionseinheit in der Handlungsorganisation des rechtsfähigen Verbandes, besteht von Gesetzes wegen ab dem Zeitpunkt der Entstehung der Wohnungseigentümergemeinschaft. Es besteht kein Organbesetzungszwang. Die Wohnungseigentümer haben somit die freie Wahl, ob sie einen Verwaltungsbeirat bestellen oder von einer Bestellung absehen. Insbesondere bei kleinen Eigentümergemeinschaften bietet es sich nicht an, einen Beirat zu wählen, zumal in Kleinstgemeinschaften schon die gesetzlich vorgeschriebene Mindestzahl von drei Eigentümern nicht zu erreichen ist. Ehe der Verwalter bei kleinen Gemeinschaften Probleme mit einem Beirat erörtert, ist es effizienter, die Eigentümerversammlung einzuberufen.

Zahlreiche Wohnungseigentümergemeinschaften sind **Mehrhausanlagen**, bestehen **14** mithin aus mehreren Gebäuden oder verschiedenen Gebäude- und Baukomplexen. Hier kann ein nachvollziehbares Interesse bestehen, entweder für jedes Gebäude einen eigenen Verwaltungsbeirat zu bestellen (unten Rdn. 45) oder aus jedem Gebäude ein Mitglied in den Verwaltungsbeirat zu entsenden, letzteren Falls also – bei mehr als drei Gebäuden – eine abweichende Zahl von Beiratsmitgliedern festzulegen. Bei kleineren Anlagen kann es sich empfehlen, die gesetzliche Zahl der Beiratsmitglieder zu reduzieren.[1] Zu bedenken ist hierbei freilich, dass bei zwei Beiräten schnell Patt-Situationen auftreten können. Besteht ein vergrößerter oder verkleinerter Beirat aus einer geraden Anzahl von Mitgliedern, kann es sich anbieten, den Beiratsvorsitzenden im Falle einer Patt-Situation ein Mehrstimmrecht zuzuweisen.[2]

Von der vorgenannten **personellen Erweiterung** oder **Verkleinerung** des Beirats **15** abzugrenzen ist die Installierung eines **Gesamtbeirats** mehrerer benachbarter, aber rechtlich selbständiger Wohnungseigentümergemeinschaften. Mit der h. M. ist davon auszugehen, dass eine derartige, gemeinschaftsübergreifende Vereinbarung wohnungseigentumsrechtlich unwirksam ist.[3] Die Installation zusätzlicher Willensbildungsorgane im Wege der Vereinbarung gem. § 10 Abs. 2 WEG kommt nur innerhalb einer Wohnungseigentümergemeinschaft in Betracht. Wohnungseigentümer können nicht gem. § 10 Abs. 2 WEG Willensbildungsbefugnisse in grundstücksübergreifenden Angelegenheit auf ein außerhalb bzw. über der eigenen Gemeinschaft stehendes „Superorgan" übertragen und die verbandseigenen Organe, speziell die Eigentümerversammlung, insoweit entmachten. Mehrere auf einem Areal liegende Wohnungseigentümergemeinschaften können aber einen Gesellschaftsvertrag (§§ 705 ff. BGB) abschließen, deren Gesellschafter die jeweils rechtsfähigen Verbände sind. Die Praxis steht zumeist vor der Frage, ob die insoweit gleichlautenden Regelungen in den Gemeinschaftsordnungen verschiedener Wohnungseigentümergemeinschaften im Sinne eines solchen Gesellschaftsvertrages ausgelegt bzw. umgedeutet werden können.

Zweifelhaft und umstritten ist, ob in der **Gemeinschaftsordnung** die Bestellung **16** eines Verwaltungsbeirats auf Dauer rechtswirksam **ausgeschlossen** werden kann. So finden sich in manchen Gemeinschaftsordnungen etwa Bestimmungen, wonach ein Verwaltungsbeirat nicht bestellt wird und die Einsetzung eines Verwaltungsbeirats der Zustimmung aller Miteigentümer bedarf.[4] Von der wohl h. M. wird eine derartige Ver-

---

[1] *Häublein/Lehmann-Richter* in AHB WEG, Teil 15 Rdn. 11.
[2] *Häublein/Lehmann-Richter* a. a. O.
[3] OLG Hamm, NZM 2004, 787; OLG Düsseldorf ZMR 2002, 765, 766; OLG Köln, ZMR 2000, 651; a. A. OLG Celle NZM 2007, 689.
[4] S. den Sachverhalt bei BayObLG NZM 2004, 587.

einbarung auch in größeren Wohnungseigentümergemeinschaften als rechtswirksam erachtet.[5] Diese Ansicht ist fragwürdig. Bevor aber die Rechtwirksamkeit beurteilt werden kann, ist vorab durch Auslegung der Gemeinschaftsordnung zu klären, ob tatsächlich ein dauerhafter Ausschluss der Beiratsbestellung im Sinne eines generellen Bestellungsverbotes gewollt ist. Maßgeblich ist wie immer in derartigen Fällen die Auslegung nach Wortlaut und Sinn, wie er sich bei unbefangener Betrachtung durch einen objektiven Dritten als nächstliegende Bedeutung des Eingetragenen erschließt. Wird die im Vordruck einer Teilungserklärung vorgesehene Einrichtung eines Verwaltungsbeirats durchgestrichen, so bedeutet dies bei unbefangener Betrachtung nicht die Vereinbarung eines Ausschlusses der Bestellung eines Verwaltungsbeirats auf Dauer, so dass die Wohnungseigentümer in einem solchen Fall jederzeit einen Verwaltungsbeirat gem. § 29 Abs. 1 S. 1 WEG durch einfachen Mehrheitsbeschluss bestellen können.[6]

17   Ergibt die unbefangene Auslegung der Gemeinschaftsordnung, dass die Bestellung eines Verwaltungsbeirats mit materiellem Vereinbarungscharakter (Satzungsgehalt) **dauerhaft ausgeschlossen** werden sollte, dürfte diese Regelung dennoch rechtswirksam sein. Im Gegensatz zur Verwalterbestellung, die auch durch Vereinbarung nicht wirksam ausgeschlossen werden kann (§ 20 Abs. 2 WEG), fehlt für den Verwaltungsbeirat ein vergleichbarer Schutz. Zur Nichtigkeit einer solchen Vereinbarung könnte man somit nur dann gelangen, wenn man in § 29 Abs. 1 S. 1 WEG eine zwingende (unabdingbare) gesetzliche Beschlusskompetenz (Öffnungsklausel) sehen könnte. Dies ist aber fraglich, da es an einem gesetzlichen Abänderungsverbot fehlt (vgl. anders hingegen § 12 Abs. 4 S. 2, § 16 Abs. 5, § 22 Abs. 2 S. 2 WEG). Wurde die Bestellung durch eine Vereinbarung ausgeschlossen, kann sie nur durch Vereinbarung wieder zugelassen werden (vgl. § 10 Abs. 2 WEG). Gleichwohl wird vertreten, dass ein Beschluss über die Bestellung eines Verwaltungsbeirats gem. § 23 Abs. 4 WEG nur anfechtbar, aber nicht nichtig sein soll.[7] Diese Ansicht ist widersprüchlich, da die Vereinbarungsbedürftigkeit mangels einer gesetzlichen oder vertraglichen Beschlusskompetenz (Öffnungsklausel) nicht durch einen Eigentümerbeschluss wirksam überwunden werden kann.[8]

18   Von einem in der Gemeinschaftsordnung gem. § 10 Abs. 2 WEG vereinbarten Bestellungsverbot (s. vorige Rdn.) zu unterscheiden ist eine Vereinbarung, wonach die Bestellung des Beirats zulässig ist, jedoch in Abweichung von der gesetzlichen Grundregel des § 29 Abs. 1 S. 1 WEG Einstimmigkeit voraussetzt.[9] Wird im Einzelfall ein Verwaltungsbeirat mit einfacher Stimmenmehrheit bestellt, obwohl die Gemeinschaftsordnung die Zustimmung aller Wohnungseigentümer erfordert, ist der Beschluss nicht nichtig. Die h. M. geht von einem bloßen Zählfehler aus.[10] Wird wiederholt, d. h. in einer Serie von Einzelfällen, gegen ein vereinbartes Einstimmigkeitserfordernis oder qualifiziertes Mehrheitserfordernis verstoßen, ist die konkludente (formlose) Aufhebung der Gemeinschaftsordnung zu prüfen. Durch die **jahrelange Übung**, einen Verwaltungsbeirat durch unangefochten gebliebenen Mehrheitsbeschluss zu bestellen, wird eine Vereinbarung, nach der hierfür die Zustimmung aller Wohnungseigentümer erforderlich ist, aber nur dann abgeändert, wenn angenommen werden kann, dass alle Wohnungseigentümer damit auch künftig einen Mehrheitsbeschluss ausreichen lassen wollten. Diese Annahme setzt voraus, dass den Wohnungseigentümern die abweichende Regelung der Gemeinschaftsordnung bekannt ist.[11] In derartigen Fällen ist zu beden-

---

[5] BayObLG NZM 2004, 587 im Anschluss an NJW-RR 1994, 338.
[6] *Merle* in Bärmann, WEG § 29 Rdn. 6.
[7] *Merle* a. a. O.
[8] Vgl. BGH NJW 2000, 3500.
[9] So etwa die Fälle BayObLG NZM 2004, 587; NZM 2002, 529.
[10] BayObLG NZM 2002, 529.
[11] BayObLG NZM 2004, 587 im Anschl. an ZMR 1994, 69.

          J.-H. Schmidt

ken, dass nicht eingetragene Vereinbarungen gegenüber Sondernachfolgern nicht rechtsverbindlich sind (§ 10 Abs. 3 WEG). Bei regelmäßigen Eigentümerwechseln dürfte es daher regelmäßig bereits an der jahrelangen Übung fehlen.

Obwohl der Verwaltungsbeirat ein fakultatives Amt ist, ist davon auszugehen, dass das   **19** abstrakte Amt als solches fester Bestandteil der Handlungsorganisation der Wohnungseigentümergemeinschaft ist. Es muss folglich nicht das Amt als solches durch Vereinbarung oder Beschluss **institutionalisiert** werden.[12] Fakultativ ist lediglich die Besetzung des abstrakten Beiratsamtes durch konkrete Amtsträger. Eine Institutionalisierung des Verwaltungsbeirats im Sinne eines konstitutiven verbandsrechtlichen Organisationsaktes ist weder nötig noch rechtlich möglich, da das abstrakte Amt ab dem Zeitpunkt der Entstehung der Wohnungseigentümergemeinschaft kraft Gesetzes entsteht. Bei einer Aufteilung nach § 8 WEG durch Teilungserklärung tritt die Rechtsfähigkeit des Verbandes mit der Erfüllung der Voraussetzungen einer werdenden Wohnungseigentümergemeinschaft ein,[13] also nicht erst mit der rechtlichen Invollzugsetzung der Gemeinschaft durch Eintragung des ersten Erwerbers als Wohnungseigentümer im Wohnungsgrundbuch.

Enthält die Gemeinschaftsordnung keine die Bestellung eines Verwaltungsbeirats aus-   **20** schließende Regelung, können die Wohnungseigentümer den Verwaltungsbeirat durch Beschluss bestellen. Teileigentümer sind wie immer (vgl. § 1 Abs. 6 WEG) Wohnungseigentümern gleichgestellt, es sei denn, die Gemeinschaftsordnung beschränkt die Stimmberechtigung klar und eindeutig auf die Wohnungseigentümer, wovon im Regelfall nicht auszugehen ist. Es genügt die einfache Stimmenmehrheit (§ 29 Abs. 1 S. 1 WEG), sofern nicht – was stets zu prüfen ist – die Gemeinschaftsordnung eine qualifizierte Mehrheit oder einen einstimmigen Beschluss aller Eigentümer oder zumindest aller in der Versammlung anwesenden Eigentümer vorsieht. Maßgeblich ist die einfache Mehrheit der anwesenden oder wirksam vertretenen stimmberechtigten Wohnungseigentümer. Ein Kandidat ist gewählt, wenn auf ihn mehr Ja- als Nein-Stimmen entfallen. Stimmenthaltungen sind nicht mitzuzählen, sofern nicht die Gemeinschaftsordnung anordnet, dass sie als Nein-Stimmen zu werten sind.[14] Die nur **relative Mehrheit** der in der Versammlung abgegebenen Stimmen reicht nicht.[15] Dies kommt speziell bei der sog. **Blockwahl** zum Tragen.

Es ist umstritten, ob die Bestellung des Verwaltungsbeirats im Wege der sog. **Block-**   **21** **wahl** erfolgen darf. Gemeint ist der Fall, dass die einzelnen Mitglieder des Beirats nicht durch jeweils gesonderten Beschluss in das Gremium gewählt werden, sondern durch eine einheitliche Abstimmung. Vereinzelt wird angenommen, dass die Bestimmung der Verwaltungsbeiratsmitglieder selbst keine Bestellung sei, sondern eine Wahl, so dass insoweit die relative Mehrheit in Form einer Blockwahl genüge.[16] Diese Auffassung ist zweifelhaft und nicht empfehlenswert. Stellen sich beispielsweise drei Eigentümer zur Wahl und stimmen von insgesamt 10 Stimmberechtigten 4 für den einen und jeweils 3 für die zwei anderen, hat kein Bewerber die erforderliche (absolute) einfache Mehrheit erhalten,[17] die bei fünf Ja-Stimmen liegt bzw. bei sechs, wenn fünf Ja-Stimmen fünf Nein-Stimmen gegenüber stehen. Nach h. M. ist die erforderliche Mehrheit nicht erreicht. Ein gleichwohl verkündetes Beschlussergebnis wird aber bei nicht rechtzeitiger Anfechtung bestandskräftig. Wird der Beschluss dagegen rechtzeitig angefochten, ist er

---

[12] So aber *Merle* in Bärmann, WEG, § 29 Rdn. 5.
[13] Dazu BGH NJW 2008, 2639 und *Wenzel*, NZM 2008, 625.
[14] *Müller*, Praktische Fragen, Rdn. 815 f.
[15] *Häublein/Lehmann-Richter* in AHB WEG, Teil 15 Rdn. 4 mit Beispiel; a. A. *Müller*, Praktische Fragen, Rdn. 1125.
[16] *Müller*, Praktische Fragen, Rdn. 1125.
[17] Beispiel nach *Häublein/Lehmann-Richter*, AHB WEG, Teil 15 Rdn. 4.

vom Gericht für ungültig zu erklären, da die relative Mehrheit nicht ausreicht und insbesondere die Kategorie der „Wahl" neben der Bestellung von Organmitgliedern dem Wohnungseigentumsgesetz als weitere Entscheidungsform unbekannt ist.[18] In der Praxis ist von der Anwendung einer Blockwahl abzuraten, sobald auch nur ein einziger Eigentümer dieser Abstimmungsweise widerspricht.[19] Wird gegen eine Blockwahl protestiert, so sind die Kandidaten in gesonderten Wahlgängen auszuzählen. Dadurch ist gewährleistet, dass kein Eigentümer bei der Stimmabgabe gezwungen ist, zur Wahl des von ihm erwünschten Kandidaten gleichzeitig einen missliebigen Mitkandidaten in den Beirat wählen zu müssen. Stellen sich mehr als drei Kandidaten zur Verfügung, ist durch einzelne Wahlgänge festzustellen, welcher bzw. welche Kandidat(en) die wenigsten Stimmen auf sich vereint. Gibt es beispielsweise fünf Kandidaten, müssen mindestens drei Wahlgänge stattfinden. Der Kandidat, der im ersten Wahlgang, in dem die fünf Namen nacheinander einzeln aufzurufen, abzustimmen und auszuzählen sind, die wenigsten Stimmen erhält, scheidet aus. Wer von den verbleibenden vier Kandidaten im zweiten Wahlgang die wenigsten Stimmen erhält, scheidet ebenfalls aus. Grundsätzlich ist anzunehmen, dass die übrig gebliebenen drei Kandidaten den Verwaltungsbeirat bilden. Dennoch müssen die drei verbliebenen Kandidaten in einem dritten Wahlgang durch Eigentümerbeschluss formell bestellt werden.

22   Die einfache Stimmenmehrheit nach § 29 Abs. 1 S. 1 WEG reicht nicht aus, wenn in der Gemeinschaftsordnung ein **qualifiziertes Mehrheitserfordernis** oder gar **Einstimmigkeit** vereinbart wurde. Zwingende Gesetzesvorschriften stehen nicht entgegen (arg. e § 26 Abs. 1 S. 5 WEG). Wird die erforderliche Mehrheit nicht erreicht, verkündet der Versammlungsleiter aber gleichwohl die Annahme des Beschlussantrags, so wird der verkündete Beschluss über die Bestellung des Verwaltungsbeirats nach Ablauf der Anfechtungsfrist endgültig bestandskräftig.[20]

23   Wird ein Mehrheitsbeschluss nicht gefasst oder wird ein Beschlussantrag auf Bestellung eines Verwaltungsbeirats durch (negativen) Mehrheitsbeschluss[21] abgelehnt, da die erforderlichen Kandidaten nicht zur Verfügung stehen oder die notwendige Stimmenmehrheit nicht erreicht wird, besteht kein Anspruch einzelner Eigentümer auf Bestellung eines Beirats. Somit kann im Grundsatz auch kein Wohnungseigentümer einen **gerichtlichen** Antrag auf Verpflichtung der Wohnungseigentümer stellen, einen Beirat zu wählen. Für ein Verpflichtungsurteil fehlt die Anspruchsgrundlage. Eine solche läge zwar vor, wenn die Gemeinschaftsordnung die Beiratsbestellung als rechtliche Verpflichtung der Wohnungseigentümer vorsieht, was unter Zugrundelegung der insoweit maßgeblichen unbefangenen Betrachtungsweise allerdings zumeist zu verneinen sein dürfte. Aber selbst wenn im Einzelfall ein Besetzungszwang zu bejahen sein sollte, wäre ein Verpflichtungsurteil (z. B. nach § 21 Abs. 8 WEG) nicht vollstreckbar, wenn sich niemand zur Wahl stellt. Kein Wohnungseigentümer kann gegen seinen Willen zum Verwaltungsbeirat bestellt werden. Es besteht ein Vollstreckungshindernis (vgl. auch § 888 Abs. 3 ZPO). Ebenso wie bei der Bestellung des Verwalters ist es erforderlich, dass der durch Eigentümerbeschluss gewählte konkrete Amtsträger seine Wahl annimmt und seiner Amtseinsetzung zustimmt.

24   Nur in Ausnahmefällen kann die Bestellung eines Verwaltungsbeirats als Maßnahme ordnungsgemäßer Verwaltung aufgrund des Verlangens eines Wohnungseigentümers gem. §§ 21 Abs. 4 und Abs. 8 sowie 43 Nr. 1 WEG **durch das Gericht** erfolgen. Ein solcher Schritt setzt aber voraus, dass sowohl Kandidaten als auch die erforderliche

---

[18] *Armbrüster*, PiG Band 61 (2001), S. 35, 44.
[19] OLG Hamburg ZMR 2005, 395, 396; KG ZMR 2004, 775; *Armbrüster* a. a. O. S. 45 f.
[20] BayObLG NZM 2002, 529, 530.
[21] Der wie ein positiver, d. h. den Beschlussantrag annehmender Beschluss ebenfalls Beschlussqualität hat und daher grundsätzlich anfechtbar ist, vgl. BGH NJW 2001, 3339.

Stimmenmehrheit vorhanden sind. Beispielhaft ist insoweit die fehlerhafte Auszählung des Abstimmungsergebnisses durch den Versammlungsleiter, etwa in dem Fall, dass die einfache Stimmenmehrheit in Wahrheit erreicht wurde, der Abstimmungsleiter jedoch z. B. aufgrund eines Irrtums die Ablehnung des Beschlussantrags verkündete. Enthält etwa die Gemeinschaftsordnung eine qualifizierte Öffnungsklausel zur Änderung der Gemeinschaftsordnung gem. § 10 Abs. 2 WEG, soll jedoch nur der konkrete Verwaltungsbeirat im Einzelfall gem. § 29 Abs. 1 WEG bestellt werden, unterliegt der Versammlungsleiter einem Rechtsirrtum, wenn er der Stimmenauszählung das qualifizierte Beschlusserfordernis zugrunde legt. In einem solchen Fall geht es nicht um eine auf die Öffnungsklausel zu stützende Änderung der Gemeinschaftsordnung, sondern um die Bestellung des Beirats in einem konkreten Einzelfall. Es gilt und genügt daher das einfache Mehrheitserfordernis (§ 29 Abs. 1 S. 1 WEG). Wurde diese in der Versammlung tatsächlich erreicht, wäre eine gegen die unrechtmäßige Ablehnung der Beiratsbestellung gerichtete Klage von Erfolg gekrönt. Statthaft wäre eine kombinierte (negative) Anfechtungs- und (positive) Beschlussergebnisfeststellungsklage. Misst man dem negativen Beschluss keinerlei Regelungswirkung und Rechtsverbindlichkeit bei, genügt sogar die Erhebung der nicht fristgebundenen Feststellungsklage.

Lehnt die Eigentümerversammlung mit einfacher Mehrheit die Abberufung des derzeitigen Verwaltungsbeirats und **Neubestellung** eines anderen Verwaltungsbeirats ab, ist eine hiergegen gerichtete Anfechtungs- und Verpflichtungsklage mangels Rechtsschutzbedürfnisses unzulässig, jedenfalls aber der Sache nach unbegründet. Dies gilt zumindest dann, wenn der derzeitige Verwaltungsbeirat in gesetzmäßiger Weise (drei Wohnungseigentümer) befristet oder unbefristet[22] bestellt ist und kein sachlicher Grund gegen die Amtsinhaberschaft der derzeitigen Beiratsmitglieder spricht.[23] Hier darf der Verwalter über den Antrag eines Wohnungseigentümers auf „Neuwahl des Verwaltungsbeirats" zunächst eine Abstimmung darüber herbeiführen, ob überhaupt der Beirat neu zu bestellen ist und vom Ausgang dieser Abstimmung die Neuwahl abhängig machen.[24] **25**

Davon unberührt bleibt der aus § 21 Abs. 4 WEG folgende **Individualanspruch** jedes einzelnen Wohnungseigentümers, zukünftig wiederum zu verlangen, die **Neubestellung** des Verwaltungsbeirats auf die Tagesordnung zu setzen. Allerdings ist Voraussetzung für eine erfolgreiche Rechtsverfolgung, dass eine neue Sachlage eingetreten ist, die es rechtfertigt, den amtierenden Beirat ganz oder teilweise abzuberufen und neue Beiratsmitglieder zu bestellen. Ist eine derartige Änderung der Sachlage gegenüber dem vorherigen Zustand tatsächlich eingetreten, kann die Bestandskraft des früheren ablehnenden (negativen) Beschlusses dem Anspruch nicht im Sinne einer konstitutiven Sperrwirkung entgegengehalten werden, da Eigentümern hierzu die notwendige Beschlusskompetenz fehlt.[25] **26**

Wird die Beschlussfassung über die Abberufung des derzeitigen Beirats oder die (Neu-)Wahl eines Beirats durch einen Mehrheitseigentümer oder auf sonstige Weise bereits im Vorfeld der Abstimmung **vereitelt**, so können die übrigen Wohnungseigentümer **gerichtlich** dazu verurteilt werden, über den Beschlussantrag abzustimmen. Der Vorbefassungsgrundsatz der Versammlung wird durch eine solche Klage nicht verletzt, da andernfalls die Mehrheit den Rechtsschutz der Minderheit aushebeln könnte, indem sie keinen ablehnenden Beschluss fasst, sondern die Abstimmung insgesamt blockiert. In das Abstimmungsergebnis selbst kann sich das Gericht jedoch grundsätzlich nicht vorab einmischen. **27**

---

[22] Im Gegensatz zur Verwalterbestellung (§ 26 Abs. 1 S. 2 WEG) ist die Bestellungszeit für den Verwaltungsbeirat gesetzlich nicht befristet.

[23] OLG München ZMR 2007, 996.

[24] OLG München ZMR 2007, 996.

[25] Offen gelassen von OLG München ZMR 2007, 996; zur fehlenden Beschlusskompetenz der Eigentümer zur konstitutiven Anspruchsvernichtung s. *Schmidt/Riecke*, ZMR 2005, 252 ff.

28   Die Abstimmung muss weder **geheim** noch schriftlich erfolgen. Wünscht ein Wohnungseigentümer, dass geheim abgestimmt wird, so ist das darin regelmäßig zum Ausdruck kommende Anliegen, zur Vermeidung persönlicher Konflikte seine Vorbehalte
gegenüber bestimmten Kandidaten nicht offen legen zu müssen, grundsätzlich zu
respektieren.[26] Die Wahlkandidaten müssen in der Eigentümerversammlung, spätestens
vor der Abstimmung, feststehen und namentlich bekannt gegeben werden. In der Einladung ist eine namentliche Benennung noch nicht erforderlich. Es genügt die Ankündigung der Beiratswahl als solche.[27] Auch die Wohnungseigentümer, die als Beirat kandi-
dieren, haben ein **Stimmrecht**.[28] Bei der Bestellung zum Beirat handelt es sich nämlich
nicht um ein Rechtsgeschäft zwischen dem Wohnungseigentümer und der Gemeinschaft i.S. des § 25 Abs. 5 WEG, sondern um eine von dieser Vorschrift nicht eingeschränkte Wahrnehmung **mitgliedschaftlicher** Interessen, so dass der als Kandidat aufgestellte Wohnungseigentümer nicht von der Abstimmung ausgeschlossen ist.[29] Keinen
Unterschied macht es, wenn es um die Bestellung eines Wohnungseigentümers zum
Verwaltungsbeiratsvorsitzenden geht.[30] Für einen ebenfalls zum Stimmrechtsausschluss
(§ 242 BGB) führenden Stimmrechtsmissbrauch genügt es allein noch nicht, dass ein
Wohnungseigentümer bei der Entscheidung über seine Bestellung zum Verwaltungsbeirat sein Stimmenübergewicht zu seinen Gunsten einsetzt. Vielmehr müssen besondere
Umstände hinzutreten, aus denen sich ergibt, dass der Eigentümer private Sonderinteressen vor das objektiv zu bewertende Gesamtinteresse aller Eigentümer stellt.[31] Die Absicht
des Wohnungsverkaufs steht der Wahl zum Beirat nicht entgegen, es besteht also weder
ein Stimmrechtsausschluss des Noch-Eigentümers noch ein Verstoß gegen die Grundsätze ordnungsmäßiger Verwaltung.[32]

29   Der Beschluss über die Bestellung eines Wohnungseigentümers zum Mitglied des
Verwaltungsbeirats ist trotz **rechtswidrigen Ausschlusses** dieses Eigentümers von der
Abstimmung durch den Versammlungsleiter gerichtlich nicht für ungültig zu erklären,
wenn der Eigentümer die Beiratswahl angenommen hat und somit feststeht, dass er nicht
mit „Nein" gestimmt hätte.[33] Denn dann hätte sich bei rechtmäßiger Einbeziehung der
eigenen Stimme des Kandidaten am Beschlussergebnis nichts geändert, so dass es an der
erforderlichen Kausalität zwischen Auszählungsfehler und Beschlussergebnis fehlt.[34] Einer Anfechtungsklage fehlen demnach in einer solchen Konstellation die Erfolgsaussichten.

30   Etwas anderes gilt, wenn über das schuldrechtliche Anstellungsrechtsverhältnis („Beiratsvertrag") abgestimmt wird, das bei Unentgeltlichkeit ein Auftragsverhältnis (§§ 662 ff.
BGB) und bei Entgeltlichkeit einen Geschäftsbesorgungsvertrag (§§ 675, 611 ff. BGB)
darstellt. Dies gilt besonders dann, wenn die Wohnungseigentümer über die den Beiräten
zu gewährende Vergütung oder Aufwandsentschädigung beschließen. Insoweit handelt es
sich um ein Rechtsgeschäft gem. § 25 Abs. 5 WEG. Wird in einem Beschluss einheitlich
über Bestellung und Anstellung beschlossen, dürfte das Mitgliedschaftsrecht im Vordergrund stehen, so dass kein Stimmrechtsausschluss eingreift.[35]

---

[26] *Armbrüster*, ZWE 2001, 355, 358; *Gottschalg*, Haftung von Verwalter und Beirat, Rdn. 41.
[27] AG Hamburg-Harburg ZMR 2008, 919.
[28] BayObLG NZM 2001, 990; *Müller*, Praktische Fragen, Rdn. 1125.
[29] BayObLG WE 1991, 226; vgl. zur entsprechenden Situation beim Verwalter BGH ZMR
2002, 930, 935.
[30] OLG Köln MietRB 2006, 322.
[31] Vgl. BGH ZMR 2002, 930.
[32] BayObLG NZM 2001, 990.
[33] OLG Köln MietRB 2006, 322.
[34] Vgl. *Merle* in Bärmann, WEG, § 23 Rdn. 176.
[35] *Häublein/Lehmann-Richter* in AHB WEG, Teil 15 Rdn. 5 in Anschluss an BGH ZMR 2002,
930 zur parallelen Situation beim Verwalter.

Neben den ordentlichen Mitgliedern des Verwaltungsbeirats können die Wohnungs- 31 eigentümer für den Fall des Ausscheidens eines Beiratsmitglieds vorsorglich **Ersatzmitglieder** bestellen. Deren Bestellung erfolgt aufschiebend bedingt (§ 158 Abs. 1 BGB) wird also erst rechtswirksam, wenn eines der zunächst bestellten Mitglieder aus dem Beirat ausscheidet. Die Beiratsbestellung der Ersatzmitglieder beginnt folglich erst mit Bedingungseintritt, so dass kein gesetzeswidriger Mehrheitsbeschluss gegeben ist, wenn etwa drei Beiratsmitglieder (s. § 29 Abs. 1 S. 1 WEG) und zwei **Nachrücker** bestellt werden. Werden mehrere Nachrücker gewählt, ist die Reihenfolge des Nachrückverfahrens zu bestimmen.[36]

Werden für den Fall des Ausscheidens einzelner Beiratmitglieder keine Ersatzmitglie- 32 der bestellt, so zieht das Ausscheiden eines Mitglieds grundsätzlich nicht die sofortige **Auflösung** des Verwaltungsbeirats nach sich. Für das abstrakte Amt als solches ist dies unzweifelhaft. Es besteht fort, ist aber ab diesem Zeitpunkt unterbesetzt. Der konkrete Beirat besteht ohne das ausgeschiedene Beiratsmitglied fort. In diesem Fall kommt aber ein Anspruch jedes einzelnen Wohnungseigentümers gem. § 21 Abs. 4 WEG auf **Neubesetzung** bzw. „**Wiederauffüllung**" des Amtes in Betracht, damit das Organamt wieder den gesetzlichen oder vereinbarten Anforderungen entspricht.[37] Etwas anderes gilt, wenn der Gemeinschaftsordnung oder dem konkreten Bestellungsbeschluss zu entnehmen ist, dass beim Ausscheiden eines Mitglieds der Verwaltungsbeirat in seiner konkreten Zusammensetzung aufgelöst wird und eine Neuwahl zu erfolgen hat.

Unzulässig ist es, **Stellvertreter** in den Beirat zu wählen. Es liegt ein Verstoß gegen 33 § 29 Abs. 1 S. 1 WEG vor, da von Anfang an eine unzulässige Anzahl von Beiratsmitgliedern bestellt werden würde. Denn die Bestellung von Stellvertretern steht nicht unter der aufschiebenden Bedingung, dass einzelne Beiratsmitglieder ausscheiden, entfaltet also unmittelbare Rechtswirkungen. Ersatzmitglieder treten an die Stelle eines ausgeschiedenen Beiratsmitglieds, ein Stellvertreter hingegen dürfte ein anderes bestelltes Beiratsmitglied im Falle dessen Verhinderung punktuell vertreten. Dies hätte zur Folge, dass das Beiratsmitglied seine Tätigkeit nicht mehr uneingeschränkt höchstpersönlich ausübt.[38] Allerdings kann die Vertretung durch Vereinbarung der Wohnungseigentümer wirksam zugelassen werden.[39]

Infolge der Rechtsfähigkeit der Wohnungseigentümergemeinschaft hat man wie beim 34 Verwalter nunmehr auch beim Verwaltungsbeirat zwischen der organschaftlichen Bestellung ins Beiratsamt und der Eingehung eines schuldrechtlichen Anstellungsverhältnisses („**Beiratsvertrag**") zu unterscheiden,[40] wenngleich der praktische Ertrag der Anwendung dieser sog. **Trennungstheorie** im Hinblick auf die in aller Regel unentgeltliche Tätigkeit des Verwaltungsbeirats gering erscheint.[41]

Das **organschaftliche Bestellungsrechtsverhältnis** (Amtsverhältnis) wird begrün- 35 det durch die Annahme der Bestellung durch das gewählte Beiratsmitglied. Mit der Bestellung erwachsen dem Beiratsmitglied die gesetzlichen und gegebenenfalls in der Gemeinschaftsordnung ergänzend oder abweichend zum bzw. vom Gesetz vereinbarten Aufgaben und Befugnisse.

Bezüglich des **schuldrechtlichen Anstellungsrechtsverhältnisses** trifft das Woh- 36 nungseigentumsgesetz keine Regelung. Es gelten folglich die allgemeinen Vorschriften,

---

[36] *Häublein/Lehmann-Richter* in AHB WEG, Teil 15 Rdn. 6; *Bub*, ZWE 2002, 7, 10 f.

[37] OLG Düsseldorf, ZMR 1991, 32, 33; *Bub*, ZWE 2002, 7, 11; *Häublein/Lehmann-Richter*, ebenda, Rdn. 9.

[38] So auch *Merle* in Bärmann, WEG, § 29 Rdn. 44.

[39] *Merle* in Bärmann, WEG § 29 Rdn. 44.

[40] *Häublein/Lehmann-Richter* in AHB WEG Teil 15 Rdn. 41 ff.; so bereits LG Nürnberg/Fürth ZMR 2001, 746.

[41] S. dazu näher die Vorauflage, Rdn. 415 f.

also bei – dies ist Regelfall – unentgeltlicher Beiratstätigkeit Auftragsrecht (§§ 662 ff. BGB) und – dies ist der Ausnahmefall – bei entgeltlicher Tätigkeit die §§ 675 Abs. 1, 611 ff. BGB, da der Beiratsvertrag dann ein Geschäftsbesorgungsvertrag ist.[42] Der Geschäftsbesorgungsvertrag hat – anders als der Verwaltervertrag – dienstvertraglichen Charakter; werkvertragliche Elemente entfallen, da die Prüfung der Jahresabrechnung etc. (vgl. § 29 Abs. 3 WEG) im Gegensatz zu ihrer Erstellung kein Werk i. S. der §§ 631 ff. BGB ist, sondern eine Dienstleistung i. S. der §§ 611 ff. BGB.

37   Entsprechend der Rechtslage beim Verwalter bestehen sowohl das Bestellungs- als auch das Anstellungsrechtsverhältnis ausschließlich zur **rechtsfähigen Wohnungseigentümergemeinschaft**, in dessen Verbandsorganisation das abstrakte Beiratsamt eingegliedert ist. Die Wohnungseigentümer selbst sind an beiden Rechtsverhältnissen nicht unmittelbar beteiligt, jedoch in den Schutzbereich der Rechtsbeziehungen zwischen Verband und Beirat einbezogen. Sowohl das Bestellungs- als auch das Anstellungsrechtsverhältnis begründen somit Rechtsbeziehungen mit **Schutzwirkungen zu Gunsten Dritter**.[43]

---

[42] LG Nürnberg-Fürth ZMR 2001, 746.
[43] Näher *Häublein/Lehmann-Richter* a. a. O.

III. Dauer der Bestellung

Das Gesetz regelt anders als beim Verwalter (s. § 26 Abs. 1 S. 2 WEG) keine maxima- **38** le **Bestellungsdauer** des Verwaltungsbeirats. Dies bedeutet, dass die Wohnungseigen-tümer bei der Bestellung eines konkreten Verwaltungsbeirats im Einzelfall eine Bestel-lungsdauer mehrheitlich beschließen können. Eine Bestellung mit unterschiedlicher Amtszeit kann grundsätzlich nicht ordnungsmäßiger Verwaltung entsprechen, sofern die Eigentümer im Zeitpunkt der Beschlussfassung nicht einen sachlichen Grund nachwei-sen können. Eine Erprobungszeit für ein neues Mitglied dürfte i. d. R. keinen sachli-chen Grund darstellen. Ein sachlicher Grund kann darin liegen, dass ein Mitglied aus persönlichen Gründen vorzeitig aus dem Amt ausscheiden möchte. Soll eine generelle Befristung der Bestellungszeit des jeweiligen Beirats eingeführt werden, so ist ein darauf gerichteter Mehrheitsbeschluss als gesetzesändernder Beschluss nichtig, falls nicht die Gemeinschaftsordnung eine entsprechende Beschlusskompetenz (Öffnungsklausel) ent-hält.

Bestellen Wohnungseigentümer einen Verwaltungsbeirat ohne zeitliche Befristung, so **39** ist er mangels gegenteiliger objektiver Anhaltspunkte auf unbestimmte Zeit ins Amt gewählt mit der Folge, dass in jeder Eigentümerversammlung eine Neuwahl angesetzt werden kann (s. aber oben Rdn. 924). Ebenso kann jedes Beiratsmitglied sein Verwal-teramt jederzeit **niederlegen,** da es nicht gegen seinen Willen zur Ausübung seines Ehrenamts verpflichtet werden kann (näher unten Rdn. 143).

Das Amt des Beirats kann aus mehreren Gründen enden: **40**

- Tod des Beiratsmitglieds
- Ausscheiden aus der Wohnungseigentümergemeinschaft
- Niederlegung des Mandats
- gerichtliche Entscheidung über die Ungültigkeit der Wahl
- Ablauf der Amtsdauer
- Abberufungsbeschluss der Eigentümerversammlung
- Neuwahl des Beirats, die konkludent die Abberufung des bisherigen enthält.

IV. Anzahl der Beiratsmitglieder

41   § 29 Abs. 1 S. 2 WEG sieht die **numerische Zusammensetzung** des Beirats aus **drei** Mitgliedern vor, wobei ein Wohnungseigentümer als **Vorsitzender** und zwei weitere als **Beisitzer** fungieren sollen. Das Gesetz schreibt somit die Anzahl fest. Versuche, in den Gesetzestext die Wörter „mindestens drei" oder „höchstens drei" hineinzulesen, missachten in verfassungswidriger Weise den eindeutigen Gesetzeswortlaut.[1]

42   Wollen die Wohnungseigentümer wirksam beschließen, dass der Beirat **generell** aus mehr oder weniger als drei Personen bestehen soll oder aus **Nichteigentümern** (dazu unten Rdn. 48), bedarf es dazu der Beschlusskompetenz durch eine in der Gemeinschaftsordnung vereinbarte Öffnungsklausel. Denn 29 Abs. 1 S. 1 WEG räumt den Wohnungseigentümern nur die Beschlusskompetenz zur Bestellung des Verwaltungsbeirats im konkreten Einzelfall ein, nicht aber zur Änderung einer gesetzlichen Regelung. Andernfalls ist ein Mehrheitsbeschluss mangels Beschlusskompetenz nichtig.[2]

43   Fraglich und neuerdings umstritten ist, ob eine **Verletzung der gesetzlichen Vorgaben** des § 29 Abs. 1 S. 2 WEG im konkreten Einzelfall nur zur Anfechtbarkeit (Rechtswidrigkeit) der Bestellung des Beirats führt oder zur Nichtigkeit des Beschlusses. Bislang entspricht es fast einhelliger Ansicht, dass die erforderliche Beschlusskompetenz aus § 29 Abs. 1 S. 1 WEG folgt und ein Beschluss, der mehr oder weniger als drei Eigentümer und/oder einen Nichteigentümer in den Beirat wählt, als bloß gesetzeswidriger Beschluss[3] nach Ablauf der Anfechtungsfrist bestandskräftig wird.[4]

44   Teilweise werden gegen diese h. M. Einwände erhoben im Hinblick auf die fehlende Befristung der Amtszeit des Beirats. Vertreter dieser Ansicht plädieren dafür, wie im allgemeinen Verbandsrecht zwischen **punktuellen** und **zustandsbegründenden Satzungsdurchbrechungen** zu differenzieren. Daher sei ein Beschluss über die Bestellung einer vom Gesetz abweichenden Anzahl von Beiratsmitgliedern als sog. zustandsbegründende Satzungsdurchbrechung mangels Beschlusskompetenz nichtig.[5] Neben der Frage nach der Beschlusskompetenz sollte in Zukunft auch diskutiert werden, ob § 29 Abs. 1 S. 2 WEG nicht zu denjenigen Rechtsvorschriften zählt, auf deren Einhaltung rechtswirksam nicht verzichtet werden kann (vgl. § 23 Abs. 4 S. 1 WEG), denn dann wäre der Beschluss über eine abweichende Anzahl von Beiratsmitgliedern oder die Wahl von Nichteigentümern gem. § 134 BGB i. V. m. § 29 Abs. 1 S. 2 WEG nichtig.

45   In der **Gemeinschaftsordnung** kann wirksam vereinbart werden, dass der Beirat aus mehr als drei Personen besteht. Hiervon wird insbesondere bei sog. **Mehrhausanlagen** Gebrauch gemacht. Für solche Anlagen bietet es sich an, je Haus einen dreiköpfigen Verwaltungsbeirat zu bestellen. Ebenso ist es denkbar, für die Mehrhausanlage auf „Unterbeiräte" zu verzichten und einen **Gesamtbeirat** zu bestimmen, der sich aus je einem Vertreter je Haus zusammensetzt. Dann würde beispielsweise bei einer Mehrhausanlage, die aus fünf Häusern besteht, ein fünfköpfiger Beirat zu wählen sein, wobei die Wohnungseigentümer des jeweiligen Hauses ihren Beiratsvertreter alleine wählen. Vorausset-

---

[1] So auch *Bub* in Staudinger, BGB, § 29 WEG Rdn. 14.

[2] BayObLG ZMR 2004, 358; vgl. BGH-NJW 2000, 3500.

[3] Zur Abgrenzung zwischen gesetzes- und vereinbarungsverletzenden und gesetzes- und vereinbarungsändernden Beschlüssen vgl. BGH NJW 2000, 3500.

[4] LG Karlsruhe ZMR 2009, 550; *Merle* in Bärmann, WEG § 29 Rdn. 11, *Wenzel*, ZWE 2001, 226, 233; *Armbrüster* ZWE 2001, 355.

[5] *Riecke/Schmidt/Elzer*, Die erfolgreiche Eigentümerversammlung, Rdn. 165; im Anschluss daran *Elzer*, ZMR 2009, 412 in Anm. zu AG Karlsruhe-Durlach ZMR 2009, 410; *J.-H. Schmidt*, WE 2000, 191; skeptisch auch *Häublein*, ZMR 2003, 233, 237.

zung ist stets eine entsprechende Vereinbarung. Bei „Unterbeiräten" ist auch die Zuständigkeit der einzelnen Gremien regelungsbedürftig. Andererseits kann auch vereinbart werden, dass der Beirat beispielsweise nur aus einer Person besteht.

Scheidet ein Beiratsmitglied aus, ohne dass eine Neubestellung eines Ersatzmitgliedes **46** stattgefunden hat, besteht der Beirat grundsätzlich in reduzierter Anzahl fort **(Rumpf- oder Schrumpfbeirat).**[6] Es erfolgt also keine automatische Auflösung des konkret bestellten Beirats. Anderes gilt aber dann, wenn in der Gemeinschaftsordnung bestimmt ist, dass beim Ausscheiden eines einzelnen Mitglieds der gesamte Beirat neu zu bestellen ist oder sich eine derartige Rechtsfolge aus dem Bestellungsbeschluss selbst ergibt. Gibt es weder eine solche Vereinbarung noch einen solchen Beschluss, ist davon auszugehen, dass nicht mehr das abstrakte Beiratsamt, sondern auch der konkret bestellte (unterbesetzte) Beirat seine Amtsbefugnisse weiterhin ausübt. Hierfür spricht, dass der verkleinerte Beirat keineswegs handlungsunfähig wird und auch die übrigen Verwaltungsgeschäfte ihren Fortgang nehmen.

Wurde durch einen mangels Beschlusskompetenz nichtigen Mehrheitsbeschluss fest- **47** gelegt, dass in Zukunft das Ausscheiden eines Beiratsmitglieds zur sofortigen Auflösung führen soll, so entfaltet dieser Beschluss keine Rechtswirkungen. Eine Selbstauflösung findet mithin nicht statt.

---

[6] *Grziwotz* in Erman, BGB, § 29 WEG Rdn. 1.

V. Die Person des Beiratsmitglieds

48   Nach § 29 Abs. 1 S. 2 WEG besteht der Beirat aus **Wohnungseigentümern,** so dass nur Wohnungs- und Teileigentümer zum Beirat gewählt werden können. Dies bedeutet im Umkehrschluss, dass die Wahl von dritten Personen rechtswidrig ist. Wird die Wahl eines Dritten nicht angefochten, erwächst sie nach überwiegender Meinung aber gleichwohl in Bestandskraft, da es sich lediglich um einen gesetzeswidrigen Einzelfallbeschluss handelt, begrenzt auf den konkret ins Amt gesetzten Beirat.

49   Nach anderer Auffassung ändert der Beschluss, einen Dritten zum Beirat zu bestimmen, jedenfalls mittelbar das Gesetz ab, so dass er als nichtig anzusehen ist.[1] Nach dieser Auffassung handelt, es sich wegen der zeitlich unbefristeten Amtszeit um eine **zustandsbegründende Satzungsdurchbrechung,** die im Gegensatz zur lediglich punktuellen Satzungsdurchbrechung zur Beschlussnichtigkeit führt.[2]

50   Für den Verwalter in seiner regelmäßigen (vgl. § 24 Abs. 5 WEG) Funktion als Versammlungs- und Abstimmungsleiter ist diese derzeit ungeklärte Rechtslage **haftungsträchtig.** Nach ganz h.M. ist er verpflichtet, nichtige Beschlussergebnisse nicht zu verkünden, da diese mangels Beschlusskompetenz oder aus sonstigen Nichtigkeitsgründen von vornherein keine Rechtswirksamkeit entfalten können und allenfalls den Anschein eines gültigen Beschlusses erzeugen.[3] Solange sich indessen kein Gericht[4] der o. g. Minderansicht anschließt, darf er vom Vorliegen eines bloßen Zitterbeschlusses ausgehen und nach entsprechender haftungsrechtlicher Absicherung durch einen rechtlichen Hinweis auf die Gesetzesverletzung vor der Abstimmung bzw. spätestens vor der Beschlussergebnisverkündung (dazu oben A Rdn. 579 a ff.; 755 ff.) die Annahme des Beschlussantrags über die Bestellung eines Nichteigentümers in den Beirat und/oder eine abweichende Anzahl von Beiratsmitgliedern positiv verkünden, ohne Gefahr zu laufen, mit den Prozesskosten eines drohenden Anfechtungsprozesses gem. § 49 Abs. 2 WEG belastet zu werden.[5]

51   Dem in Verwaltungsbeirat gewählten Dritten steht trotz seiner fehlenden Eigentümerstellung ein **Anwesenheitsrecht** in der Eigentümerversammlung zumindest in dem Umfang zu, in dem Aufgabenbereiche des Beirats betroffen sind. Dies gilt auch für die Beschlussfassung über eine Abberufung eines Verwalters aus wichtigem Grund, wenn der Abberufungsgrund maßgeblich auf eine Zerrüttung des Vertrauensverhältnisses zwischen ihm und dem Verwaltungsbeirat gestützt wird. Ein Verstoß gegen den Grundsatz der Nichtöffentlichkeit der Eigentümerversammlung ist mithin in derartigen Fällen nicht gegeben.[6]

52   Der **Verwalter** kann nicht zum Beirat gewählt werden. Dies gilt auch dann, wenn er selbst Wohnungseigentümer ist. Dies folgt einerseits aus § 29 Abs. 2 WEG, wonach der

---

[1] *Elzer,* ZMR 2009, 412.

[2] *Elzer,* ebenda im Anschl. an *Riecke/Schmidt/Elzer,* Die erfolgreiche Eigentümerversammlung, Rdn. 165.

[3] *Kümmel* in Niedenführ/Kümmel/Vandenhouten, WEG, § 23 Rdn. 45; *J.-H. Schmidt,* DWE 2005, 9 ff.

[4] Die Außerachtlassung der abweichenden und in Fachzeitschriften veröffentlichten Entscheidung eines Amtsgerichts dürfte noch nicht haftungsbegründend sein. Wenn aber ein Landgericht (jedenfalls in einem Berufungsverfahren nach neuem Recht), ein Oberlandesgericht (in einem Rechtsbeschwerdeverfahren nach altem Recht) oder der Bundesgerichtshof von der bislang h. M. abgeht, muss der Verwalter in Erwägung ziehen, dass ein mit der Sache befasstes Gericht der h. M. nicht folgt.

[5] Unbestritten ist auch dies freilich nicht, a. A. etwa AG Hamburg-St. Georg DWE 2005, 9.

[6] OLG Hamm ZMR 2007, 133.

Verwaltungsbeirat den Verwalter bei der Durchführung seiner Aufgaben unterstützt. Der Verwalter kann sich nicht selbst unterstützen. Vor allem aber widerspricht es der Kontrollfunktion, wenn der Verwalter als „Wächter in eigener Sache" fungieren könnte. Die Wahl eines Verwalters als Mitglied des Beirats ist **nichtig** und bedarf keiner Anfechtung.[7] Allerdings darf der Verwalter, der gleichzeitig Wohnungseigentümer ist, den Verwaltungsbeirat mit wählen.

Der gesetzliche Vertreter oder ein leitender Angestellter der **Verwaltungsgesell-** 53 **schaft** kann nicht Beirat werden, auch wenn er selbst Wohnungseigentümer ist. Die leitende Position in der Verwaltungsgesellschaft lässt sich mit den Aufgaben eines Beiratsmitglieds nicht vereinbaren. Dies muss aber auch für einen einfachen Angestellten gelten. Andernfalls könnte beispielsweise der Buchhalter einer Verwaltungsgesellschaft gewählt werden und damit im Beirat sein eigenes Rechnungswesen kontrollieren.

Testamentsvollstrecker, Insolvenzverwalter, Nachlasspfleger, Zwangsverwalter und an- 54 dere so genannte **Parteien kraft Amtes** dürfen nicht in den Verwaltungsbeirat gewählt werden, da diese nicht Wohnungseigentümer sind.[8] Die Eigentümerstellung der Schuldner bzw. Betroffenen bleibt von der Bestellung dieser gerichtlich eingesetzten und überwachten Personen unberührt. Sie üben nur zeitlich beschränkte Befugnisse aus, die sich mit dem Ende ihrer Amtstätigkeit erledigen. Eine Berufung in den Verwaltungsbeirat verträgt sich damit nicht. Obwohl die genannten Personen nicht in den Beirat gewählt werden **dürfen, können** sie wirksam in den Beirat gewählt werden. Ein gegen § 29 Abs. 1 S. 2 WEG verstoßender Bestellungsbeschluss ist der Bestandskraft zugänglich. Eine Vereinbarung, durch die Wohnungseigentümern die Möglichkeit eingeräumt wird, einen außen stehenden Dritten, u. a. eben auch Zwangs- und Insolvenzverwalter etc. in den Beirat zu wählen, wird unzweifelhaft für wirksam gehalten.[9] Die Wahl eines (noch) nicht zur Gemeinschaft gehörenden Rechtsanwalts in einen konkreten Verwaltungsbeirat ist anfechtbar, aber nicht wegen Verstoßes gegen § 29 Abs. 1 S. 2 WEG nichtig, da es sich insoweit ebenfalls lediglich um eine gesetzeswidrige Einzelfallentscheidung handelt.[10]

Die Tätigkeit des Verwaltungsbeirats ist **ehrenamtlich** und **höchstpersönlich**. Das 55 Mitglied des Beirats kann seine Tätigkeit nicht auf Dritte übertragen.[11] Dies schließt grundsätzlich die **Bevollmächtigung** eines anderen Wohnungseigentümers zur Stimmabgabe im Verwaltungsbeirat aus. Durch Vereinbarung können die Wohnungseigentümer einem Mitglied des Beirats aber gestatten, die Ausführung seiner Aufgaben einem Dritten zu übertragen oder Dritte zur Stimmabgabe in Beiratssitzungen zu bevollmächtigen.[12]

Unstreitig und unzweifelhaft ist, dass jede **natürliche Person**, der Wohnungseigen- 56 tum gehört, in den Beirat gewählt werden darf. Dies beruht darauf, dass der Verwaltungsbeirat der eigenverantwortlichen Selbstverwaltung und Selbstkontrolle dient und daher das persönliche Engagement des Eigentümers im Vordergrund steht.[13] Für die Eigentümerstellung kommt es auf den Zeitpunkt des Bestellungsbeschlusses an. Ist zu erwarten, dass ein bestellter Wohnungseigentümer demnächst seine Eigentümerstellung verliert, soll dies nicht gegen § 29 Abs. 1 S. 2 WEG verstoßen, da das Mitglied des Beirats seine Stellung mit dem Ausscheiden aus der Gemeinschaft ohnehin verliert.[14] Veräußert ein Mitglied des Verwaltungsbeirats sein Wohnungseigentum, so endet seine

---

[7] OLG Zweibrücken OLGZ 1983, 438; *Lüke* in Weitnauer, WEG, § 25 Rdn. 3.

[8] *Bub* in Staudinger, BGB, § 29 WEG Rdn. 79.

[9] KG WE 1989, 137; *Lüke* in Weitnauer, WEG, § 29 Rdn. 3; *Häublein/Lehmann-Richter* in AHB WEG, Teil 15 Rdn. 17.

[10] OLG Hamm ZMR 2007, 133, 134 f.

[11] *Merle* in Bärmann, WEG, § 29 Rdn. 44; *Bub* in Staudinger, BGB, § 29 WEG Rdn. 4.

[12] *Merle* in Bärmann, WEG, § 29 Rdn. 44.

[13] *Niedenführ* in Niedenführ/Kümmel/Vandenhouten, WEG, § 29 Rdn. 11.

[14] BayObLG ZWE 2002, 32, 33.

Rechtsstellung als Beiratsmitglied, denn die Eigentümerstellung ist als fortlaufende Zugangsvoraussetzung für die Mitgliedschaft im Verwaltungsbeirat zu verstehen.[15] Wird ein ausgeschiedenes Beiratsmitglied später erneut Wohnungseigentümer, so wird er nicht automatisch, sondern nur durch eine erneute Bestellung wieder Mitglied des Verwaltungsbeirats.[16]

57 Steht ein Wohnungseigentum im Eigentum mehrerer Personen, ist jedes Mitglied geeignet, Beirat zu werden. Dies gilt auch für **Miterben** oder **Gesellschafter** von Gesellschaften bürgerlichen Rechts,[17] wobei es sich jedenfalls bei einer (Außen-)GbR nicht um eine Personenmehrheit handelt, sondern um eine einzige rechtsfähige Person. Die Miterbengemeinschaft hingegen ist nach h. M. nicht rechtsfähig, stellt also stets eine Mehrheit von Personen dar.

58 Wählbar sind auch **gesetzliche Vertreter** juristischer Personen, nach h. M. jedoch nicht **juristische Personen** selbst.[18] Die Gegenmeinung verweist darauf, es seien keine plausiblen Gründe erkennbar, juristische Personen anders zu behandeln als natürliche; der Teilnahme ständig wechselnder Vertreter juristischer Personen in den Beiratssitzungen könne dadurch begegnet werden, dass man die juristische Person für verpflichtet hält, möglichst kontinuierlich ein und denselben Vertreter zu entsenden.[19] Diese im Vordringen befindliche Auffassung löst zumindest einige Definitions- und Abgrenzungsprobleme aus, die sich insbesondere auch dann ergeben, wenn man seitens der Eigentümergemeinschaft einen „zu häufigen" Wechsel von Repräsentanten bzw. Vertretern der juristischen Person etwa durch Abberufung der juristischen Person aus dem Beirat sanktionieren will. Eine Regelung in der Gemeinschaftsordnung, dass eine bestimmte **juristische Person** einen **Pflichtsitz** im Beirat hat, soll wirksam sein.[20] Dem ist jedenfalls dann zu folgen, wenn die Auslegung der Regelung dazu führt, dass zwar die juristische Person selbst nicht Beirat wird, aber ein Bestimmungsrecht hat und somit die von ihr bestimmte Person gewählt wird.

59 Die Bestellung eines Wohnungseigentümers zum Beiratsmitglied widerspricht ordnungsmäßiger Verwaltung, wenn ein **wichtiger Grund** gegen seine Wahl besteht. Ein solcher Grund liegt dann vor, wenn unter Berücksichtigung aller Umstände eine Zusammenarbeit mit dem gewählten Mitglied im Beirat nicht denkbar ist oder das erforderliche Vertrauensverhältnis zwischen den Wohnungseigentümern und dem Beiratsmitglied von vornherein nicht zu erwarten ist.[21] Diese Umstände müssen aber schwer wiegen und keine andere Entscheidung als die Ungültigerklärung der Wahl zulassen.

60 Mit fehlender **fachlicher Qualifikation** wird man das Vorliegen eines wichtigen Grundes in aller Regel nicht begründen können, da im Gegensatz zum Verwalteramt eine bestimmte berufliche Qualifizierung oder zumindest berufliche Erfahrung nicht verlangt werden kann.[22] Das Beiratsamt ist in erster Linie ein **Ehrenamt**. Hingegen

---

[15] *Merle* in Bärmann, WEG, § 29 Rdn. 27.

[16] BayObLG ZMR 1993, 127, 129; *Niedenführ* in Niedenführ/Kümmel/Vandenhouten, WEG, § 29 Rdn. 13.

[17] *Bub* in Staudinger, BGB, § 29 WEG, Rdn. 80; *Merle* in Bärmann, WEG, § 29 Rdn. 12; a. A. *Kümmel,* NZM 2003, 303.

[18] LG Bonn ZMR 2005, 653; *Merle* in Bärmann, WEG, § 29 Rdn. 12; *Bassenge* in Palandt, BGB, § 29 WEG Rdn. 2; *Müller,* Praktische Fragen, Rdn. 1135; a. A. *Bub* in Staudinger, BGB, § 29 WEG Rdn. 80; *Armbrüster,* ZWE 2001, 355; *Häublein,* ZMR 2003, 233, 238; *Kümmel,* NZM 2003, 301.

[19] So zuletzt *Häublein/Lehmann-Richter* in AHB WEG, Teil 15 Rdn. 15.

[20] OLG Köln NZM 2000, 193.

[21] BayObLG WE 1991, 226; ZMR 2003, 438.

[22] Ein beruflicher Mindestabschluss, z. B. als Kaufmann/Kauffrau der Grundstücks- und Immobilienwirtschaft, ist indessen keine zwingende Zugangsvoraussetzung zur Anmeldung und Ausübung einer gewerblichen Verwaltung von Wohnungseigentum.

können Mängel an **persönlicher Zuverlässigkeit und Integrität** oder Zweifel an der **Neutralität** das erforderliche Vertrauensverhältnis so sehr in Frage stellen, dass ein wichtiger Grund vorliegen kann.

Als ein die Bestellung ausschließender wichtiger Grund ist auch ein erheblicher **Wohngeldrückstand** anzusehen, jedenfalls dann, wenn er den Entziehungstatbestand gem. den §§ 18, 19 WEG erfüllt. Wenn demgegenüber in der Rechtsprechung vertreten wird, derartige Entziehungsgründe stellten kein Hindernis für die Bestellung des Wohngeldschuldners als Beiratsmitglied dar,[23] überzeugt dies nicht. Es erscheint widersprüchlich, einen unzumutbaren Eigentümer ausgerechnet in den Verwaltungsbeirat zu wählen, zumal spätestens der Verlust des Wohnungseigentums die Mitgliedschaft im Beirat beenden würde.[24] Die Dauer des Entziehungsprozesses als „Galgenfrist" für den Wohngeldschuldner (Beirat) anzusehen, überzeugt nicht.

Problematisch ist die Frage, ob im Falle der **Wiederbestellung** eines Verwaltungs- **61** beiratsmitglieds der Ermessens- und Beurteilungsspielraum der Eigentümerversammlung weiter ist als bei der erstmaligen Bestellung und es der Mehrheit gestattet, trotz des Vorliegens eines wichtigen Grundes an dem Beiratsmitglied festzuhalten und ihn wieder zu wählen. Bei der Wiederbestellung eines Verwalters, gegen dessen Wiederwahl ein wichtiger Grund spricht, nimmt die h.M. an, dass gleichwohl kein Verstoß gegen die Grundsätze ordnungsmäßiger Verwaltung gem. § 21 Abs. 3 WEG gegeben ist, solange nicht die Mehrheitsentscheidung schlechterdings unvertretbar sei.[25] Diese h.M. dürfte insoweit vom Verwalter auf den Verwaltungsbeirat übertragbar sein.

Überzeugen kann sie in beiden Fällen nicht. Alle Umstände, nach denen zu beurtei- **62** len ist, ob die Zusammenarbeit mit dem bestellten Beirat nach Treu und Glauben für zumindest einen Wohnungseigentümer unzumutbar ist, so dass ein wichtiger Grund vorliegt, sind auf Tatbestandsseite zu prüfen. Ergibt sich, dass das Vorliegen eines wichtigen Grundes zu bejahen ist, verbleibt der Mehrheit auf Rechtsfolgeseite **kein Ermessensspielraum** mehr, um das Beiratsmitglied gleichwohl zu akzeptieren. Ein anderes Ergebnis wäre mit dem vom Gesetz angestrebten und in § 21 Abs. 4 WEG verankerten **Minderheitenschutz** unvereinbar. Jede Verwaltungsmaßnahme muss sich gemäß § 21 Abs. 3 WEG daran messen lassen, ob sie ordnungsmäßiger Verwaltung entspricht oder nicht. Im ersten Fall ist sie rechtmäßig, im anderen rechtswidrig. Steht ein wichtiger Grund der Bestellung entgegen, entspricht sie nicht ordnungsmäßiger Verwaltung. Ist ein Bestellungszeitraum abgelaufen, widerspricht die Wiederbestellung trotz des Vorliegens eines entgegenstehenden wichtigen Grundes nicht ordnungsmäßiger Verwaltung. Tritt während der laufenden Amtsperiode ein wichtiger Grund auf, den Verwalter abzuberufen, stellt die Nichtabberufung keine ordnungsmäßige Verwaltungsmaßnahme dar. Rechtmäßig ist die (Wieder-)Bestellung bzw. Nichtabberufung nur, wenn alle Wohnungseigentümer zustimmen, da gemäß § 23 Abs. 1 WEG (nur) per **einstimmigem Beschluss** auch rechtswidrige Verwaltungsmaßnahmen beschlossen werden dürfen (zur Abberufung des Verwaltungsbeirats unten Rdn. 135 ff.).

---

[23] So LG Baden-Baden ZMR 2009, 473 mit abl. Anm. Abramenko.

[24] Abl. zu recht *Abramenko,* a.a.O.; *Riecke,* WE 2009, 200.

[25] OLG Schleswig, ZMR 2007, 485; OLG Hamburg ZMR 2005, 71; 2003, 128; OLG Köln NZM 1999, 128; OLG Hamm ZMR 2004, 854; a.A. *Ott,* ZMR 2007, 586 f.; *Abramenko* in Riecke/Schmid, WEG, § 26 Rdn. 20.

VI. Innenorganisation des Beirats

63 Der Verwaltungsbeirat besteht nach dem Wortlaut des Gesetzes aus einem Wohnungseigentümer als **Vorsitzenden** und zwei weiteren Wohnungseigentümern als **Beisitzern**, § 29 Abs. 1 S. 2 WEG. Das Gesetz regelt nicht, wer den **Beiratsvorsitzenden** wählt. Von diesem Recht kann die Eigentümerversammlung Gebrauch machen und den Vorsitzenden mit Mehrheit bestimmen. Das kann sowohl sogleich im ursprünglichen Bestellungsbeschluss geschehen als auch einer späteren Beschlussfassung vorbehalten sein.

64 Geschieht dies nicht, wählt der Verwaltungsbeirat den Vorsitzenden aus seiner Mitte selbst.[1] Die Bestellung des Vorsitzenden des Verwaltungsbeirats ist **formlos** möglich,[2] kann aber auch durch Mehrheitsbeschluss nach Köpfen erfolgen.[3] Beschlussfähig ist eine Beiratssitzung, wenn mehr als die Hälfte der Mitglieder erschienen sind (analog § 25 Abs. 3 WEG).[4] Da für die Willensbildung im Beirat grundsätzlich Formfreiheit gilt, muss es genügen, wenn die Hälfte der Mitglieder sich an der Abstimmung beteiligt. Eine persönliche Anwesenheit ist also nicht zwingend erforderlich.[5]

65 Beschlüsse des Verwaltungsbeirats unterliegen nicht der gerichtlichen Beschlussmängelkontrolle der §§ 43 Nr. 4, 46 WEG. Zwar handelt es sich im Regelfall um Beschlüsse von Wohnungseigentümern. Diese werden aber nicht in der Wohnungseigentümerversammlung (§ 23 Abs. 1 WEG) oder von der Gesamtheit der Wohnungseigentümer im schriftlichen Verfahren (§ 23 Abs. 3 WEG) gefasst, sondern innerhalb eines Organs. Es kann auch nicht in der Gemeinschaftsordnung wirksam vereinbart werden, dass Beschlüsse des Verwaltungsbeirats mit der gerichtlichen Anfechtungsklage überprüft werden, da die verfahrensrechtlichen Vorschriften der §§ 43 ff. WEG nicht der Vertrags- und Gestaltungsfreiheit der Wohnungseigentümer unterstellt sind. Eine wichtige Rechtsfolge der gerichtlichen Unanfechtbarkeit von Beiratsbeschlüssen ist, dass fehlerhafte Beschlüsse auch nicht der Bestandskraft unterliegen, also nicht etwa mit Verkündung vorläufig gültig und nach Ablauf eines Monats bestandskräftig werden, sondern von vornherein nichtig sind. Der Grundsatz der Nichtigkeit fehlerhafter Rechtsgeschäfte gilt insoweit also uneingeschränkt.[6]

66 § 29 Abs. 1 S. 2 WEG hebt den **Vorsitzenden** des Beirats hervor und benennt die zwei weiteren Beiratsmitglieder als **Beisitzer**. Aus § 24 Abs. 3 und Abs. 6 WEG lässt sich ergänzend dazu entnehmen, dass das Gesetz davon ausgeht, dass der Vorsitzende einen **Vertreter** hat. Für dessen Wahl gelten die vorgenannten Grundsätze entsprechend. Der Vertreter kann somit von den Wohnungseigentümern gewählt werden. Geschieht dies nicht, bestimmt der Beirat, wer den Vorsitzenden vertritt.[7]

67 Weder der Beiratsvorsitz noch die Vertretung noch der Beisitz sind **Organe** im verbandsrechtlichen Sinne. Lediglich der Verwaltungsbeirat selbst als mit bestimmten Aufgaben und Befugnissen ausgestattete abstrakte Funktionseinheit der Verbandsorganisation ist ein echtes Organ (s. oben Rdn. 900 ff.).[8]

---

[1] OLG Köln NZM 2000, 675; *Merle* in Bärmann, WEG, § 29 Rdn. 36.

[2] OLG München ZMR 2005, 980, 981.

[3] OLG Zweibrücken, ZMR 1988, 24, 25; *Häublein/Lehmann-Richter* in AHB WEG, Teil 15 Rdn. 22.

[4] *Merle* in Bärmann, WEG § 29 Rdn. 42.

[5] *Armbrüster*, PiG Band 61 (2001), S. 35, 54; *Merle* a. a. O., Rdn. 43.

[6] *Merle* in Bärmann, WEG, § 29 Rdn. 47; *Armbrüster*, PiG Band 61 (2001), S. 35, 57.

[7] *Merle* in Bärmann, WEG, § 29 Rdn. 36.

[8] A. A. LG Nürnberg-Fürth ZMR 2001, 746, das den Beiratsvorsitz als Organ ansieht.

Übt das einzig vorhandene Mitglied des Verwaltungsbeirats Befugnisse des Vorsitzen- **68** den aus, so bestellt es sich damit im Wege konkludenten Verhaltens schlüssig selbst zum Vorsitzenden des Verwaltungsbeirats.[9] Scheiden zwei Mitglieder durch Niederlegung aus dem Beirat aus, so übt das einzig verbliebene Beiratsmitglied gleichzeitig die Befug- nisse des Vorsitzenden aus.[10] Dies gilt etwa dann, wenn das einzig verbliebene Beirats- mitglied zur Beiratsversammlung einlädt. Ein Ladungsmangel besteht dann nicht.[11] Bei einem dreiköpfigen Beirat ohne Vorsitzenden kann das Einberufungsrecht des § 24 Abs. 3 WEG bereits dann ausgeübt werden, wenn zwei der drei Beiratsmitglieder dies befürworten (dazu näher Rdn. 103).

Der Verwaltungsbeirat kann sich durch Mehrheitsbeschluss eine eigene **Geschäfts-** **69** **ordnung** geben.[12] Andererseits besteht eine Befugnis der Eigentümerversammlung, durch Mehrheitsbeschluss Vorgaben über die interne Organisation und Willensbildung im Verwaltungsbeirat zu treffen. Die erforderliche Beschlusskompetenz folgt aus § 29 Abs. 1 S. 1 und § 21 Abs. 3 WEG, sofern es sich um konkrete Vorgaben für den kon- kret bestellten Beirat handelt (Einzelfall). Werden hingegen generelle Vorgaben be- schlossen, die für jeden künftig bestellten Beirat Geltung beanspruchen sollen, so reicht die Beschlusskompetenz nur bis zur Grenze einer Abänderung gesetzlicher oder in der Gemeinschaftsordnung vereinbarter Vorgaben. Sollen also etwa gesetzliche Aufgaben und Befugnisse gem. § 29 Abs. 2 und 3 WEG abgeändert werden, so bedarf es dazu einer Vereinbarung, es sei denn, die Gemeinschaftsordnung enthält eine Öffnungsklau- sel, die eine Abänderung der Satzung durch Mehrheitsbeschluss gestattet.

Macht die Gemeinschaftsordnung keine Vorgaben und haben die Wohnungseigen- **70** tümer durch Mehrheitsbeschluss keine Auflagen erteilt, gibt sich der Beirat eine **Ge-** **schäftsordnung** (Statut) selbst. Eine Geschäftsordnung sollte umfassen:[13]

– wer zur Einladung befugt ist,
– wie häufig Beiratssitzungen stattfinden sollen,
– mit welchen Fristen Beiratssitzungen einzuladen sind,
– Versammlungsort,
– Hinzuziehung des Verwalters,
– Mehrheitsbeschlüsse oder Einstimmigkeitserfordernis,
– Protokollierung der Sitzungen und Aufbewahrungspflichten.

Nach § 29 Abs. 4 WEG obliegt es dem Vorsitzenden des Beirats, die Beiratssitzung **71** bei Bedarf einzuberufen. Gesetzliche Form- und Fristvorschriften gelten nicht. Treffen Geschäftsordnung (Statut), Gemeinschaftsordnung, Beschlüsse oder sonstige Regeln des Gemeinschaftsrechts keine Bestimmung, erfolgt die **Einberufung** einer Beiratssitzung form- und fristlos. Dennoch wird eine reibungslose Vorbereitung und Durchführung der Beiratssitzung zumindest die Erstellung einer **Tagesordnung** sinnvoll erscheinen lassen. Überdies sollten die Beiratsmitglieder den Termin im Vorfeld abstimmen. Den Vorsitz in der Beiratssitzung führt der Beiratsvorsitzende, sofern ein solcher bestellt ist und nicht mit Mehrheit ein anderer Sitzungsleiter gewählt wird.

In der Praxis lädt häufig der Verwalter zu Beiratssitzungen ein, was schon allein des- **72** halb fehlerhaft ist, weil er nicht dem Beirat angehört. Allerdings kann der Vorsitzende des Beirats den Verwalter bitten, in seinem Namen einzuladen. Eine Verpflichtung trifft den Verwalter aber nur, wenn dies im Verwaltervertrag vereinbart wurde. Ein solches Regelungsbedürfnis dürfte angesichts der Überschaubarkeit des Gremiums aber prak- tisch gering sein.

---

[9] OLG München, ZMR 2005, 980, 981.
[10] OLG München, NZM 2005, 750 = ZMR 2005, 980.
[11] OLG München a. a. O.
[12] *Armbrüster*, PiG Band 61 (2001), S. 35, 59.
[13] Mustervorschlag bei *Armbrüster*, PiG Band 61 (2001), S. 35, 60 ff.

73 Der Verwalter kann von sich aus eine Beiratssitzung anregen, wenn er Erörterungsbedarf sieht. In der Beiratssitzung hat der Verwalter **kein Anwesenheitsrecht** und erst recht kein Rede- oder Stimmrecht. Somit kann der Beirat ohne Anwesenheit des Verwalters tagen, was aber wenig zweckmäßig sein kann. Der Beirat soll den Verwalter bei der Durchführung seiner Aufgaben unterstützen. Diese Aufgabe lässt sich oftmals nur dann wirkungsvoll erledigen, wenn der Verwalter auch an den Beiratssitzungen teilnimmt. Wurde im Verwaltervertrag vereinbart, dass der Verwalter an mindestens einer Beiratssitzung pro Jahr teilzunehmen hat, besteht eine Teilnahmepflicht. Der Verwalter sollte darauf achten, dass seine Teilnahme durch eine entsprechende Sondervergütung abgegolten wird, da sie nicht zu seinen Grundleistungen gehört.

74 Die Beiratssitzung ist „nach Bedarf" einzuberufen (§ 29 Abs. 4 WEG). Es gibt also keine fixe Zahl von vorgeschriebenen Sitzungen. Aus der Aufgabe, Wirtschaftsplan und Abrechnung zu prüfen (§ 29 Abs. 3 WEG), folgt aber im Umkehrschluss, dass mindestens eine Sitzung pro Wirtschaftsjahr abzuhalten ist. Insoweit kann § 24 Abs. 1 WEG entsprechend herangezogen werden. Oft wird eine jährliche Sitzung des Beirats nicht ausreichen, speziell dann nicht, wenn größere Instandsetzungsmaßnahmen vorzubereiten bzw. zu organisieren sind und der Verwalter gem. Eigentümerbeschluss in Abstimmung oder Absprache mit dem Verwaltungsbeirat vorgehen soll.[14] Ist hierzu keine förmliche Beiratssitzung erforderlich, so sind doch zumindest Besprechungen zwischen Verwalter und Beirat nötig, etwa am Rande der Belegprüfung zur Jahresabrechnung.

75 Umstritten ist, ob der Verwalter die **Einberufung des Beirats** beanspruchen und notfalls gerichtlich erzwingen kann. Teilweise wird dies bejaht.[15] Die Gegenauffassung lehnt einen derartigen Rechtsanspruch ab unter Hinweis darauf, dass der Verwalter weder einen Anspruch auf Bestellung eines Beirats hat, noch diesem angehören darf, so dass es widersprüchlich erschiene, ihm einen Einberufungsanspruch zu gewähren.[16] Daher kann der Verwalter eine Beiratssitzung zwar anregen, aber nicht beanspruchen und schon gar nicht rechtlich erzwingen.

76 Ein Wohnungseigentümer kann grundsätzlich keine Einberufung einer Beiratssitzung beanspruchen. Lediglich in Ausnahmefällen kann sich ein solcher Anspruch aus § 21 Abs. 4 WEG ergeben, z.B. wenn Rechtsnachteile drohen und ein Abwarten bis zur nächsten ordentlichen Beirats- oder Eigentümerversammlung unzumutbar ist. Ein Anspruch auf Einberufung einer Beiratssitzung gem. §§ 29 Abs. 4, 21 Abs. 4 WEG wäre durch Klage gem. § 43 Nr. 1 WEG geltend zu machen, die gegen den Vorsitzenden des Verwaltungsbeirats oder, sofern ein solcher nicht bestellt ist, gegen alle Beiratsmitglieder zu erheben wäre.[17] Eine Klage gegen den Verwaltungsbeirat als solchen, d.h. als abstraktes Organ des Verbandes, wäre unzulässig. Einen Organstreit gibt es im Wohnungseigentumsrecht nicht. Eine Klage gegen die übrigen Wohnungseigentümer oder rechtsfähigen Verband wäre unbegründet, da ihnen kein Einberufungsrecht zusteht.

---

[14] *Merle* in Bärmann, WEG § 29 Rdn. 37; *Armbrüster,* PiG Band 16 (2001), S. 35, 53.
[15] *Bub* in Staudinger, BGB, § 29 WEG, Rdn. 130.
[16] *Armbrüster* a. a. O.; *Merle* in Bärmann, WEG, § 29 Rdn. 39.
[17] *Merle* in Bärmann, WEG, § 29 Rdn. 39.

VII. Vergütung des Beirats

Grundsätzlich ist die Beiratstätigkeit ein Ehrenamt. Die Wohnungseigentümer kön- 77
nen allerdings eine **Aufwandsentschädigung** beschließen, wenn dem die Gemeinschaftsordnung nicht entgegensteht. Die Mitglieder des Beirats sind bei der Beschlussfassung nicht stimmberechtigt (vgl. § 25 Abs. 5 WEG).

Es kann beschlossen werden, dass die **konkreten Auslagen**, die vom Beirat durch 78
Belegvorlage nachzuweisen sind, erstattet werden. Dazu können etwa Telefonkosten,
Kopierkosten, Porti usw. gehören, bei einer größeren oder zerstrittenen Wohnanlage
auch die Kosten für die Teilnahme an einem Seminar oder für den Erwerb eines Fach-
buches, wenn derartige Aufwendungen vom Verwaltungsbeirat nach der Sachlage für
erforderlich gehalten werden dürfen.[1] Es sollte verlangt werden, dass nicht das einzelne
Mitglied des Verwaltungsbeirats derartige Ausgaben tätigen darf, sondern eine vorherige
Willensbildung im Beirat vorausgegangen sein muss.

Die Wohnungseigentümer können aber auch die Gewährung einer **pauschalen** 79
Aufwandsentschädigung beschließen. Dies ändert am unentgeltlichen Charakter der
Tätigkeit nichts (arg. e § 670 BGB).[2] Die Gewährung einer pauschalen Aufwandsent-
schädigung hat den Vorteil, dass der Verwaltungsbeirat von der Nachweispflicht durch
Vorlage konkreter Belege entbunden ist. Dies macht die Kostenerstattung praktikabel.
Der Beschluss über die Bewilligung einer **angemessenen** Pauschale entspricht ord-
nungsmäßiger Verwaltung.[3] Die **Angemessenheit** bemisst sich vor allem nach der
Größe der jeweiligen Wohnanlage, im Einzelfall aber auch nach der jeweiligen Lage.
Bei Ferienwohnanlagen kann etwa eine pauschale Fahrtkostenerstattung erfolgen.[4] Zu
berücksichtigen ist, dass insbesondere bei größeren Eigentümergemeinschaften die Beiratstätigkeit eine beträchtliche Zeit in Anspruch nimmt. Der Beirat soll motiviert werden, seine Kontrollaufgaben sorgfältig auszuüben. Unverständlich ist es in diesem Zusammenhang, wenn ein Beschluss über pauschale Auslagenerstattung durch Anfechtung
einer weiten gerichtlichen Kontrolle unterzogen werden kann. Den Wohnungseigentümern muss ein weites Ermessen eingeräumt werden. Der Beschluss über die Auslagenerstattung enthält seine Rechtmäßigkeit in sich. Lediglich Fehler beim Zustandekommen des Beschlusses oder Bereicherungstendenzen durch den Beirat dürfen im
Rahmen einer Beschlussanfechtung von den Gerichten geprüft werden. Das demokra-
tische Ermessen der Wohnungseigentümer darf nicht durch ein Richterermessen ersetzt
werden.

Beispiele aus der Rechtsprechung belegen, dass Gerichte die **Angemessenheit** einer 80
durch Beschluss bewilligten Beiratsentschädigung zwar überprüfen, dabei aber wohl-
wollend entscheiden im Hinblick auf den der Eigentümergemeinschaft grundsätzlich
eröffneten weiten Ermessens- und Beurteilungsspielraum. So wurde eine Aufwandsentschädigung i. H. v. 300,– DM pro Jahr für angemessen gehalten, weil der Beirat mit
der Abnahme des Gemeinschaftseigentums beauftragt wurde.[5] Auch eine Sitzungspau-
schale von 20,– EUR zzgl. Fahrkostenerstattung anlog der Erstattung für Dienstrei-
sen wurde als angemessen angesehen.[6] Dabei kommt es immer auf die Größe der Anlage an. Bei einer Anlage von 340 Einheiten hielt das LG Hannover eine Vergütung von

---

[1] Vgl. *Merle* in Bärmann, WEG, § 29 Rdn. 115.
[2] *Häublein/Lehmann-Richter* in AHB WEG, Teil 15 Rdn. 44.
[3] OLG Schleswig NZM 2005, 588; LG Hannover, ZMR 2006, 398.
[4] OLG Schleswig NZM 2005, 588.
[5] BayObLG NZM 1999, 862, 865.
[6] OLG Schleswig ZMR 2005, 736.

3.579,– EUR für drei Beiratsmitglieder und pro Jahr für zulässig.[7] Demgegenüber wurde eine Jahresvergütung von 500,– EUR für den Beiratsvorsitzenden als nicht ordnungsmäßiger Verwaltung entsprechend angesehen. Die Entscheidung ist nur im Hinblick darauf verständlich, dass in der konkreten Eigentümergemeinschaft eine schlechte Liquiditätslage bestand.[8] Nicht ordnungsmäßiger Verwaltung entspricht ferner ein Beschluss, durch den dem Beirat jährlich ein nicht zweckgebundener freier Betrag pauschal zur Verfügung gestellt wird. Dem Beschluss muss zumindest mit der hinreichenden Bestimmtheit zu entnehmen sein, für welche speziellen Aufgaben der Betrag bewilligt wird.[9]

81   Eine Vergütung bzw. Aufwandsentschädigung für den Verwaltungsbeirat wird vom rechtsfähigen Verband geschuldet. Eine unmittelbare teilschuldnerische Mithaftung der Wohnungseigentümer für diese Verbandsschuld gem. § 10 Abs. 8 S. 1 WEG kommt nur in Betracht, wenn man diese Haftungsnorm auch im Innenverhältnis der Wohnungseigentümer anwenden möchte.

---

[7] ZMR 2006, 398.
[8] KG ZMR 2004, 775.
[9] So AG Hamburg-Wandsbek ZMR 2008, 335, 336 f.; *Merle* in Bärmann, WEG, § 29 Rdn. 115.

VIII. Aufgaben des Beirats

Das Wohnungseigentumsgesetz regelt an verschiedenen Stellen die Rechte und **82**
Pflichten des Verwaltungsbeirats. Diese sind:

– die Unterstützung des Verwalters, § 29 Abs. 2 WEG;
– Prüfung von Wirtschaftsplan, Jahresabrechnung, Rechnungslegung und Kostenvoranschlägen, § 29 Abs. 3 WEG;
– Erstellung einer Stellungnahme über die wirtschaftliche Verwaltung, § 29 Abs. 3 WEG;
– Einberufung der Eigentümerversammlung, wenn ein Verwalter fehlt oder sich pflichtwidrig weigert, diese einzuberufen, § 24 Abs. 3 WEG;
– Unterzeichnung der Versammlungsniederschrift, § 24 Abs. 6 WEG;
– Unterzeichnung des Bestellungsprotokolls in öffentlich-beglaubigter Form, § 26 Abs. 4 WEG.

Keine gesetzlich vorgesehenen, aber nichtsdestotrotz in der Praxis nicht selten dem **83**
Verwaltungsbeirat zufallende Aufgaben und Befugnisse sind die Zustimmung über die
Verfügungen eingenommener Gelder durch den Verwalter (§ 27 Abs. 5 S. 2 WEG)
oder die Einsetzung als Ersatzzustellungsvertreter (§ 45 Abs. 2 WEG).

Hinzu kommen außerdem richterrechtlich anerkannte Befugnisse, z.B. das Recht auf **84**
Einsichtnahme in die dem Verwalter zur Eigentümerversammlung erteilte Stimmrechtsvollmachten (s. unten Rdn. 1020) und in der Gemeinschaftsordnung satzungsmäßig
vereinbarte Aufgaben, z.B. die Zustimmung zu einer Veräußerung von Wohnungseigentum.

1. Unterstützung des Verwalters

Welcher Art die Unterstützungsleistung des Beirats für den Verwalter ist, ist im Ge- **85**
setz nicht näher umschrieben. Sinnvoll ist es, wenn der Verwalter mit dem Beirat die
Durchführung der Eigentümerversammlung zuvor abstimmt. Zeit, Ort der Versammlung und ihre Tagesordnung sollten einvernehmlich mit dem Beirat festgelegt
werden.

Ebenfalls können Beschlussvorschläge gemeinsam ausgearbeitet werden. Technische **86**
Lösungskonzepte für **Instandsetzungsmaßnahmen** können in der Eigentümerversammlung oft nur unzureichend präsentiert werden. Dies ist auch darin begründet, dass
die Art einer geplanten Instandsetzungsmaßnahme erst nachvollziehbar wird, wenn das
Objekt in Augenschein genommen wird. Dies ist bei größeren Eigentümergemeinschaften kaum möglich, da die Eigentümerversammlungen nicht im Objekt selbst stattfinden. In solchen Fällen ist es von Vorteil, wenn der Beirat in der Versammlung zu
berichten weiß, dass er den Instandsetzungsvorschlag am Objekt überprüft und für
sachdienlich befunden hat.

Allgemein wird darauf hingewiesen, dass der Beirat mit dem Verwalter das Objekt **87**
regelmäßig begehen und den Verwalter bei der Feststellung von Baumängeln unterstützen soll.[1] Dies bedeutet einerseits nicht, dass der Verwalter von seiner Verpflichtung zur
regelmäßigen Objektkontrolle entbunden ist. Andererseits besteht der Beirat nach der
gesetzlichen Vorstellung aus Wohnungseigentümern, die aufgrund der Verbundenheit
mit dem Objekt die Gegebenheiten und die Probleme in der Regel besser kennen als
der Verwalter.[2] Dies kann im Einzelfall dazu führen, dass der Verwaltungsbeirat den

---

[1] *Abramenko* in Riecke/Schmid, WEG, § 29 Rdn. 17; *Merle* in Bärmann, WEG, § 29 Rdn. 53.
[2] *Merle* in Bärmann, WEG, § 29 Rdn. 52.

Verwalter auf von ihm entdeckte Schwierigkeiten hinweist, die dem Verwalter nicht bekannt sind.

88   Bei der Einholung von Angeboten und der **Auswahl von Handwerkern** sollte der Beirat ebenfalls mit involviert werden. Hierdurch wird das Vertrauen in die Tätigkeit des Verwalters gestärkt, dass bei der Auswahl von Handwerkern keine sachfremden Interessen berücksichtigt wurden. Da für die Auftragserteilung nicht nur das günstigste Angebot maßgebend ist, sondern auch die Leistungsfähigkeit des einzelnen Handwerkers berücksichtigt werden muss (Preis-Leistungs-Verhältnis), ist zu empfehlen Bonitätsbeurteilungen mit dem Beirat zu erörtern, damit dieser eine Empfehlung aussprechen kann. Eine Bonitätsdiskussion über die einzelnen Anbieter in der Eigentümerversammlung bietet sich nicht an.

89   Es entspricht anerkannter Rechtsmeinung, dass der Verwaltungsbeirat **beratende Funktionen** hat.[3] Die Beratung ist insoweit ein weiter Begriff, der näher eingegrenzt werden muss. Eine wichtige Rolle wird spielen, welche berufliche oder andere Qualifikationen die einzelnen Beiratsmitglieder besitzen. Architekten, Bauingenieure, Statiker, vereidigte Buchprüfer, Steuerberater, Rechtsanwälte und sonstige Fachleute können auf den ihnen jeweils beruflich vertrauten Gebieten besondere Kenntnisse und Erfahrungen einbringen. Grundsätzlich handelt es sich um ehrenamtliche Dienste, für die eine Vergütung oder Aufwandsentschädigung nicht anfällt. Anderenfalls bedarf es klarer Vereinbarungen zwischen Verband und Beiratsmitglied, z. B. durch den Abschluss entsprechender Verträge. Das betroffene Beiratsmitglied darf bei einer Beschlussfassung nicht mit abstimmen (vgl. § 25 Abs. 5 WEG). Im Gegensatz zu einem gewerblichen Verwalter handeln Beiratsmitglieder bei der Einbringung persönlicher beruflicher Kenntnisse oder Erfahrungen zumeist in eigenen Angelegenheiten, so dass jedenfalls bei unentgeltlicher Tätigkeit bei Pflichtverletzungen oder Versäumnissen zu Gunsten des Beiratsmitglieds grundsätzlich ein Haftungsprivileg eingreifen muss.

2. Prüfung der wirtschaftlichen Verwaltung

90   Nach § 29 Abs. 3 WEG sollen **Wirtschaftsplan, Jahresabrechnung und Rechnungslegung** sowie **Kostenvoranschläge** vom Verwaltungsbeirat geprüft und mit einer Stellungnahme versehen werden. Diese Prüfungspflicht ist nicht Bedingung für eine ordnungsgemäße Beschlussfassung über Jahresabrechnung oder Wirtschaftsplan.[4] Die Prüfung durch den Verwaltungsbeirat und der erstellte **Prüfbericht** schließen genauso wenig ein Prüfungsrecht der übrigen Wohnungseigentümer aus, wie die Beschlussfassung über die Jahresabrechnung selbst. Durch den Prüfbericht werden grundsätzlich keine Einwendungen der übrigen Wohnungseigentümer ausgeschlossen. Aus dem Votum des Beirats, dass keine Beanstandungen vorzutragen sind, folgt nicht einmal der Anschein der Richtigkeit der Jahresabrechnung. Die Jahresabrechnung ist auch nicht schon deshalb anfechtbar, weil sie nicht vom Beirat geprüft wurde oder die Beiratswahl nichtig war.[5]

91   Zur Prüfung der Jahresabrechnung gem. § 29 Abs. 3 WEG gehört neben der Prüfung der rechnerischen Schlüssigkeit der Abrechnung zumindest auch eine stichprobenartige Prüfung der sachlichen Richtigkeit, die nur durch Prüfung der Belege erfolgen kann.[6] Dabei ist es mangels tatsächlicher Anhaltspunkte für Unstimmigkeiten vertretbar, die Belege nur **stichprobenweise** einzusehen.[7] Der Beirat muss auch nur die vorhan-

---

[3] *Merle* in Bärmann, WEG, § 29 Rdn. 52.
[4] BayObLG ZMR 2004, 358.
[5] BayObLG DWE 2004, 93.
[6] OLG München ZMR 2007, 988, 989; OLG Düsseldorf ZMR 1998, 104, 107; *Drasdo*, NZM 1998, 15, 16.
[7] OLG Düsseldorf NZM 1998, 36; OLG Köln NZM 2001, 862.

denen Unterlagen prüfen und selbst keine Übersichten erstellen.[8] Die kritischen Ausgabenpositionen sind i. d. R. bei den **Instandsetzungskosten** oder der **Verwaltervergütung** zu finden. Weichen die in der vorbereiteten Jahresabrechnung ausgewiesenen Verwalterkosten von der vereinbarten Jahrespauschale ab, spricht eine Vermutung dafür, dass der Verwalter sich **Sonderhonorare** ausgezahlt hat. Hier ist zu prüfen, ob dem Verwalter die entnommene Sondervergütung nach dem Verwaltervertrag zusteht.[9] Dabei schuldet der Beirat aber keine juristische Prüfung der Wirksamkeit einer vom Verwalter im Vertrag verwendeten Klausel.

Bei den Instandsetzungskosten können sich haftungsbegründende Fehler des Verwalters durch Nichtausnutzung einer gewährten **Skontoberechtigung** oder durch unterlassene Kürzung der Rechnung um einen vereinbarten **Sicherheitseinbehalt** ergeben. Eine erkennbare Pflichtverletzung des Verwalters ist auch zu bejahen, wenn eine Rechnung bezahlt wurde, obwohl diese von einem von der Gemeinschaft damit beauftragten Architekten nicht geprüft und frei gezeichnet worden war oder die Versammlung beschlossen hatte, diese Rechnung wegen festgestellter Unstimmigkeiten oder Baumängel nicht zu bezahlen. Die Beschlusslage muss dem Beirat insoweit bekannt sein.

In derartigen Fällen muss der Verwaltungsbeirat im Hinterkopf haben, dass auch unberechtigte Ausgaben in die Jahresabrechnung eingestellt werden müssen, da es sich um tatsächliche Geldabflüsse handelt. Die Jahresabrechnung ist also richtig, wenn sie die **unberechtigten Ausgaben** ausweist. Wird die Genehmigung aus diesem Grunde verweigert, befindet sich die Wohnungseigentümergemeinschaft im Annahmeverzug, da die Jahresabrechnung genehmigungsfähig vorgelegt wurde. Eine gegen sie gerichtete Anfechtungsklage wäre als unbegründet abzuweisen. Der Beirat darf der Versammlung also nicht empfehlen, die Jahresabrechnung nicht zu genehmigen. Wichtig ist jedoch, dass der Beirat der Versammlung stattdessen empfiehlt, angesichts der in der unberechtigten Ausgabe liegenden Pflichtverletzung in jedem Falle die Verwalterentlastung zu verweigern.[10] 92

Stellt der Verwaltungsbeirat fest, dass vom Verwalter eine ordnungsgemäße **Gesamt-**abrechnung nicht vorgelegt wurde, hat er die Versammlung darauf hinzuweisen. Es ist dagegen nicht seine Aufgabe, Verwalteraufgaben wie etwa die Abrechnungserstellung gemäß § 28 Abs. 3 WEG selbst vorzunehmen oder dafür die Verantwortung zu übernehmen, dass der Verwalter dieser Aufgabe nachkommt. Dies ist vielmehr die Aufgabe der Wohnungseigentümergemeinschaft.[11] 93

Schwerpunktmäßig sollten auch die im Wirtschaftsplan oder der Jahresabrechnung vom Verwalter angesetzten **Verteilungsschlüssel** anhand des Gemeinschaftsrechts überprüft werden. Unrichtige Kostenverteilungen müssen dem Verwaltungsbeirat regelmäßig auffallen.[12] Dies gilt umso mehr, wenn in der Vergangenheit Prozesse ausgetragen werden mussten, in denen das Gericht eine fehlerhafte Kostenverteilung feststellte. Hier bestehen besondere Anhaltspunkte für eine genauere Überprüfung. Dabei ist darauf zu achten, dass zwar die Gemeinschaftsordnung Vorrang hat gegenüber dem Gesetz, allerdings auch Beschlüsse abweichende Kostenverteilungsschlüssel hervorgebracht haben können, und zwar entweder auf der Grundlage vereinbarter Öffnungsklauseln (d.h. schon aus der Zeit vor dem 1. 7. 2007) und seit dem 1. 7. 2007 aufgrund von Beschlüssen nach § 16 Abs. 3 WEG (Änderung des Verteilerschlüssels für Betriebs- oder Verwaltungskosten) oder § 16 Abs. 4 WEG (abweichende Kostenverteilung vom unverändert fortbestehenden Verteilerschlüssel im Einzelfall bei baulichen Maßnahmen). 94

---

[8] AG Hannover ZMR 2003, 538.
[9] Vgl. OLG Düsseldorf ZMR 2002, 294; 2001, 301.
[10] Vgl. OLG München ZMR 2007, 988, 989.
[11] AG Hannover ZMR 2003, 538, 539.
[12] OLG München ZMR 2008, 905.

95   Besonderes Augenmerk gilt auch der Erhebung einer **Sonderumlage**. Diese ist rechtlich eine Ergänzung zum Wirtschaftsplan, so dass der Verteilerschlüssel im Beschluss anzugeben ist. Unerlässlich ist dies, wenn der gewollte Verteilerschlüssel unklar oder zwischen den Eigentümern sogar streitig ist. Auch auf die Festlegung des Fälligkeitszeitpunktes der Umlage bzw. bei Ratenzahlung der einzelnen Raten sollte geachtet werden.

96   Bei einer **Mehrhausanlage** stellt sich das Problem der richtigen Kostenzuordnung bei vereinbarter **Kostentrennung** in Bezug auf solche Kosten, die ausschließlich und abgrenzbar nur für ein Gebäude oder einen Baukomplex (z. B. Schwimmbad, Sauna, Tiefgarage etc.) anfallen. Im Zweifel regelt die Gemeinschaftsordnung die Verteilung der Instandhaltungs- und Instandsetzungskosten je Haus. Dann sind die einzelnen Rechnungen auf ihre Zuordnung hin zu überprüfen. Dabei sollte der Verwaltungsbeirat sich nicht von dem rechtlichen Unterschied zwischen Innenverhältnis und Außenverhältnis verwirren lassen. Selbst wenn nach der Gemeinschaftsordnung eine Kostentrennung zwischen **Untergemeinschaften** angeordnet ist, so erfolgt die Auftragsvergabe im Außenverhältnis z. B. zu einem Handwerker grundsätzlich im Namen der Wohnungseigentümergemeinschaft. Denn die einzelnen Untergemeinschaften sind nicht selbst rechtsfähig, können also auch nicht im eigenen Namen eigene Verträge abschließen. Im Außenverhältnis haften also gegenüber dem Gläubiger (z. B. Handwerker) stets alle Wohnungseigentümer gem. § 10 Abs. 8 S. 1 WEG, weshalb sie auch bei der Beschlussfassung über die Auftragsvergabe stimmberechtigt sind. Denn sie sind – obwohl sie im Innenverhältnis von den Kosten freigestellt werden – im Außenverhältnis der unmittelbaren teilschuldnerischen Außenhaftung in Höhe der Größe ihres Miteigentumsanteils ausgesetzt.

97   Etwas anderes gilt nur, wenn es dem Verwalter im Rahmen der Vertragsverhandlungen gelingt, den Vertrag, der z. B. Baumaßnahmen an einem Gebäude der Mehrhausanlage betrifft, auch im Außenverhältnis nur im Namen der Eigentümer dieses Hauses abzuschließen. Dies wird aber im Regelfall bereits an der Ablehnung des zu beauftragenden Unternehmens scheitern. Die Wohnungseigentümer des Hauses wiederum müssen ihrer persönlichen Verpflichtung individuell zustimmen. Eine Beschlusskompetenz der Eigentümerversammlung, einzelne Miteigentümer gegen deren Willen oder ohne ihre Zustimmung als Vertragspartner des Unternehmers persönlich zu verpflichten, dürfte zu verneinen sein. Zwar hat der BGH[13] dies bislang nur für den Fall ausdrücklich entschieden, dass einzelne Wohnungseigentümer durch Mehrheitsbeschluss für Verbandsschulden neben dem Verband persönlich verpflichtet werden sollen. Für die vorliegende Fallkonstellation wird wegen des verbandsrechtlichen Belastungsverbots aber gleiches zu gelten haben, obwohl der rechtsfähige Verband selbst gerade nicht Vertragspartner des Unternehmers wird.

98   Die Übereinstimmung von Soll- und Ist-Rücklage, die Entwicklung des Rücklagenbankkontos und ihre verzinsliche Anlageform sind ebenso zu prüfen, wie die Kontenanlage als Fremdkonto.

99   Daneben gehört es zum Prüfbericht, eine **Plausibilitätskontrolle** durchzuführen, die sich im Zweifel durch eine Bankkontenentwicklung vornehmen lässt. Wenn die Bankkontenentwicklung vom Verwalter vorgelegt wird, was zur ordnungsgemäßen Verwalterabrechnung gehört[14], braucht der Beirat lediglich die einzelnen dort aufgeführten Positionen anhand der Buchführung zu überprüfen.

100   Umstritten ist, ob sich die Wohnungseigentümer bei erkennbaren Fehlern der Jahresabrechnung die **Kenntnis** und das **Kennenmüssen** (fahrlässige Unkenntnis) des Verwaltungsbeirats wie eine eigene Kenntnis zurechnen lassen müssen. Teilweise wird dies

---

[13] BGH NJW 2005, 2061 = ZMR 2005, 547 mit Anm. *Häublein*.
[14] OLG Hamm ZWE 2001, 446; *Jennißen,* Verwalterabrechnung, VII. Rdn. 26 ff.

abgelehnt unter Hinweis darauf, dass der Beirat die übrigen Eigentümer vertrete, für diese keine Willenserklärung abgebe und auch nicht stellvertretend die Jahresabrechnung prüfe, vielmehr jeder Wohnungseigentümer daneben sein eigenes Prüfungsrecht auszuüben habe.[15] Die h. M. geht demgegenüber davon aus, dass sich die Wohnungseigentümergemeinschaft entsprechend § 166 Abs. 1 BGB so behandeln lassen müsse, als hätte sie vor ihrer Beschlussfassung Kenntnis von diesen unrechtmäßigen Vorgängen gehabt und die Jahresabrechnung mit diesem Kenntnisstand gebilligt, wenn der Verwaltungsbeirat seine Kontrollpflicht nach § 29 Abs. 3 WEG überhaupt nicht oder, ohne den Verwalter um die Vorlage aussagekräftiger Unterlagen zu ersuchen, nur oberflächlich und daher unzureichend ausübte.[16]

Gleiches gilt, wenn dem Verwalter trotz erkennbarer Versäumnisse, die dem Verwaltungsbeirat im Rahmen seiner Prüfungstätigkeit hätten auffallen müssen, Entlastung erteilt wurde und nach Bestandskraft des Entlastungsbeschlusses später wegen dieser Versäumnisse Ersatzansprüche geltend gemacht werden (dazu unten Rdn. 125 ff.). **101**

3. Eigenes Einladungsrecht zur Eigentümerversammlung

Wenn ein Verwalter fehlt oder er sich pflichtwidrig weigert, die Eigentümerversammlung einzuberufen, so kann die Versammlung auch vom **Beiratsvorsitzenden** oder seinem **Vertreter** einberufen werden, § 24 Abs. 3 WEG. Wenn im Beirat weder ein Vorsitzender noch ein Stellvertreter gewählt wurde, genügt auch die Einladung durch den gesamten Verwaltungsbeirat.[17] Diese Ansicht kann sich auf die zutreffende Erwägung stützen, dass bei einer Mitwirkung aller Mitglieder jedenfalls auch diejenige Person mit gehandelt hat, die zum Vorsitzenden bestellt worden wäre.[18] **102**

Dennoch ist diese Meinung zu eng, und zwar aus folgenden Erwägungen heraus: Das Gesetz gibt dem Vorsitzenden kein Alleineinberufungsrecht, denn gemäß § 24 Abs. 3 WEG kann auch sein Vertreter einberufen. Hinzu kommt, dass die Willensbildung innerhalb des Verwaltungsbeirats mangels einer abweichenden Vereinbarung oder Bestimmung in einer Geschäftsordnung (Statut) nach dem Kopfprinzip erfolgt. Jedes Beiratsmitglied hat also eine Stimme. Für einen Beschluss genügt die einfache Mehrheit. Bei der Wahl zum Vorsitzenden ist jeder Eigentümer auch für seine eigene Bestellung stimmberechtigt, da § 25 Abs. 5 WEG für die organinterne Mitgliedschaft nicht gilt.[19] Da demnach mit zwei Stimmen ein Verwaltungsbeiratsvorsitzender gewählt ist und bei Stimmenthaltungen im Übrigen sogar eine Stimme ausreicht, muss dies entsprechend für die Einberufung nach § 24 Abs. 3 WEG gelten. Folglich genügt es für das Ersatzeinberufungsrecht des Verwaltungsbeirats, wenn **zwei** der drei Beiratsmitglieder einberufen und bei Enthaltung der beiden anderen Mitglieder sogar das Tätigwerden nur des eines Beiratmitglieds.[20] **103**

Wenn ein Verwalter vorhanden ist, kommt die Einladung durch den Beirat nur bei **pflichtwidriger Weigerung** des Verwalters in Betracht. Hinsichtlich des Zeitpunkts der Einladung und der Tagesordnung hat der Verwalter grundsätzlich einen **Ermessensspielraum**. Dieser Ermessensspielraum ist aber eingeschränkt, wenn der Beirat die Einberufung der Eigentümerversammlung fordert. Dann muss der Verwalter dieser Forderung nur dann nicht nachkommen, wenn kein plausibler Grund erkennbar ist, diese **104**

---

[15] So *Jennißen*, Voraufl. Rdn. 432.
[16] OLG Düsseldorf, ZMR 2002, 294; OLG Köln, ZMR 2001, 913, 914.
[17] OLG Köln NZM 2000, 676.
[18] Vgl. auch OLG Zweibrücken NZM 1999, 858.
[19] Vgl. *Merle* in Bärmann, WEG, § 29 Rn 42; *Riecke/Schmidt/Elzer*, Die erfolgreiche Eigentümerversammlung, Rdn. 337.
[20] So *Riecke/Schmidt/Elzer* a. a. O.

zusätzliche Versammlung einzuberufen oder das Begehren sogar als schikanös angesehen werden kann.

105   Eine pflichtwidrige Weigerung des Verwalters liegt vor, wenn die Verpflichtung zur Einberufung der Versammlung fällig ist und er sich mit der Erfüllung dieser Verpflichtung im **Verzug** befindet. Wird nur die Durchführung der ordentlichen Eigentümerversammlung gefordert, um insbesondere über die **Jahresabrechnung** zu beschließen, setzt die Verpflichtung des Verwalters die Fertigstellung der Abrechnung voraus, wofür das Gesetz ihm keine Abrechnungsfrist anlastet.

106   Teilweise wird dem Verwalter zur Einberufung eine **6-Monatsfrist** nach Ablauf des abzurechnenden Kalenderjahres eingeräumt.[21] Die Wohnungseigentümer haben es aber selbst in der Hand, diese Frist zu bestimmen und eine entsprechende Regelung im Verwaltervertrag zu vereinbaren. Ohne eine solche Vereinbarung besteht keine Grundlage, die Aufstellungsfrist auf 6 Monate zu beschränken. Auf keinen Fall kann der Verwalter die Abrechnung erstellen, wenn die **Heizkostenabrechnung,** die Pflichtbestandteil einer jeden Jahresabrechnung ist, noch nicht vorliegt. Wenn der Verwalter alles in seiner Macht stehende fristgemäß getan hat, damit die Heizkostenabrechnung erstellt werden kann (insbesondere die notwendigen Daten geliefert hat) und die fehlende Abrechnung zeitnah anmahnt, hat er im Zweifel alles Notwendige getan, dass er mit der Erstellung der Jahresabrechnung nicht in Verzug gerät. Dies bedeutet dann aber auch gleichzeitig, dass er dem Einberufungsverlangen nach Durchführung einer ordentlichen Eigentümerversammlung mit dem Beschlussgegenstand „Jahresabrechnung" nicht nachgehen muss. Eine pflichtwidrige Weigerung liegt dann nicht vor.

107   Ist das Begehren des Beirats auf Einladung einer Eigentümerversammlung nicht **rechtsmissbräuchlich,** liegt eine Einladungsverweigerung vor, wenn der Verwalter sie ausdrücklich ablehnt oder unangemessen lang abwartet.[22] Die Ankündigung, die Eigentümerversammlung innerhalb der nächsten vier Wochen einzuladen, wurde nicht als **Weigerungshaltung** angesehen.[23] Das Einberufungsverlangen muss nicht vom Verwaltungsbeirat geäußert worden sein. Dieser hat grundsätzlich kein besonderes Einforderungsrecht.

108   Nach ganz h. M. muss das Recht des Verwaltungsbeirats, eine Eigentümerversammlung einberufen zu können, wenn der Verwalter sich pflichtwidrig weigert, auch – und zwar erst recht – das Recht umfassen, die vom Verwalter aufgestellte **Tagesordnung** zu ergänzen, wenn dieser pflichtwidrig die Aufnahme einzelner Tagesordnungspunkte verweigert. Denn wenn schon eine Eigentümerversammlung einberufen werden kann, muss es erst recht von der gesetzlichen Kompetenz umfasst sein, die Aufnahme eines Tagesordnungspunktes als die wesentlich weniger weitreichende Maßnahme vorzunehmen.[24] Wurde die Einladung/Tagesordnung vom Verwalter bereits abgesandt, darf der Verwaltungsbeirat eine Ergänzungseinladung mit Zusatz-Tagesordnung absenden. Diese muss ihrerseits **form- und fristgerecht** sein unter Beachtung der gesetzlichen oder abweichend davon in der Gemeinschaftsordnung vereinbarten Einladungsvoraussetzungen.

109   Ist eine fristgerechte Ladung angesichts des schon begonnenen Fristenlaufs nicht mehr möglich, muss abgewogen werden: Bei Dringlichkeit und erkennbarem Anfechtungsrisiko ist auf eine Verschiebung der Eigentümerversammlung hinzuwirken; die entstehenden Mehrkosten hat der Verwalter zu tragen. Ist eine Dringlichkeit zu verneinen, sollte die eingeladene Eigentümerversammlung mit der fristgerecht angekündigten Tagesordnung stattfinden und der zusätzliche TOP auf die Tagesordnung der nächsten

---

[21] So *Merle* in Bärmann, WEG, § 28 Rdn. 59.
[22] OLG Köln NZM 2004, 305; OLG Hamm OLG Z 1981, 24.
[23] BayObLG WuM 1991, 131, 133; ZWE 2003, 387, 389; OLG Düsseldorf NZM 2004, 110.
[24] ZMR 2009, 133 = NJW 2009, 300.

Eigentümerversammlung verschoben werden; vom Verwalter ist unter Setzung einer Erklärungsfrist die schriftliche Bestätigung der Aufnahme dieses Tagesordnungspunktes in die Einladung/Tagesordnung zur nächsten Versammlung anzufordern; wird sie nicht erteilt, sollte der Verwalter gerichtlich in Anspruch genommen werden. Eine weitere Variante besteht darin, den Einladungsfehler in der Eigentümerversammlung bei der Abstimmung über den nicht fristgerecht angekündigten Tagesordnungspunkt wissentlich und willentlich hinzunehmen bei entsprechender haftungsrechtlicher Absicherung im Vorfeld der Beschlussfassung durch den Verwaltungsbeirat.

Nach § 24 Abs. 2 WEG muss der Verwalter die Eigentümerversammlung einberufen, **110** wenn dies schriftlich unter Angabe des Zwecks und der Gründe von mehr als einem **Viertel der Wohnungseigentümer** verlangt wird. Da der Beirat i. d. R. dieses Viertel nicht verkörpert, erfüllt dessen Forderung nicht die Kriterien des § 24 Abs. 2 WEG. Nicht zu übersehen ist aber, dass der Verwalter auch dann die Eigentümerversammlung einberufen muss, wenn dies zwar nicht von einem Viertel der Wohnungseigentümer gefordert wird, die Einberufung aber **ordnungsmäßiger Verwaltung** entspricht. Dies ist stets der Fall, wenn es einen sachlichen Grund gibt, innerhalb einer angemessenen Frist zur Eigentümerversammlung einzuladen und nicht etwa die nächste ordentliche Versammlung abzuwarten. Beispiele sind die zeitnahe Einberufung einer Zweitversammlung, wenn die Erstversammlung nicht beschlussfähig war, aber auch, wenn anstehende Aufgaben und insbesondere Instandsetzungsverpflichtungen keinen Aufschub dulden und somit die kurzfristige Durchführung der Eigentümerversammlung ordnungsmäßiger Verwaltung entspricht.[25]

Dieser Umstand kann für den Verwalter, der die Einberufung verweigert, haftungs- **111** trächtig und umgekehrt für den Verwaltungsbeirat wissenswert sein. In der Praxis ist immer wieder festzustellen, dass sachlich gerechtfertigte Einberufungsverlangen bzw. die sachlich gerechtfertigte Aufnahme bestimmter Tagesordnungspunkte in die Einladung einer Eigentümerversammlung vom Verwalter zurückgewiesen werden, weil der Antragsteller nicht das gesetzlich vorgeschriebene Quorum erfülle.

Grundsätzlich besteht bei den Gerichten eine Tendenz, das Vorliegen eines sachlichen **112** Grundes gerade für die Aufnahme eines bestimmten TOP in die Einladung zu bejahen, nicht zuletzt im Hinblick auf das Vorbefassungsrecht der Eigentümerversammlung. Wohnungseigentümer und speziell Beirat sollten bedenken, ihre Eingaben rechtzeitig vor der Versammlung beim Verwalter einzureichen, d. h. am besten deutlich vor Beginn der Einladungsfrist. Denn ein Nachschieben von Tagesordnungspunkten nach Versendung der Einladung kommt nur in dringenden Fällen in Betracht.

Nimmt der Verwaltungsbeirat die Einberufungsbefugnis nach § 24 Abs. 3 WEG zu **113** Unrecht an, sind die gefassten Beschlüsse **anfechtbar** aber nicht nichtig.[26] Der Verwalter kann i. d. R. diese Beschlüsse nicht anfechten. Etwas anderes gilt nur dann, wenn er von den gefassten Beschlüssen unmittelbar betroffen ist, z. B. bei seiner **Abberufung.** Dann kann der Verwalter seine Anfechtung sowohl darauf stützen, dass er die Abberufung materiell für unwirksam hält als auch auf den formellen Einberufungsmangel. Die übrigen Beschlüsse kann der Verwalter nicht anfechten, weil er insoweit i. d. R. nicht betroffen ist. Da aber die Auffassung vertreten wird, dass der Verwalter bei pflichtwidriger Weigerung, die Eigentümerversammlung einzuberufen, einen wichtigen Abberufungsgrund liefert[27], steht dem Verwalter ein Feststellungsantrag zu, um festhalten zu lassen, dass seine Weigerung nicht pflichtwidrig war und somit keinen Abberufungsgrund liefert.

---

[25] Vgl. *Merle* in Bärmann, WEG, § 24 Rdn. 5; *Bub* in Staudinger, BGB, § 24 WEG Rdn. 55.
[26] OLG Hamm ZMR 1997, 50; BayObLG ZWE 2002, 361; *Abramenko* in Riecke/Schmid, WEG, § 29 Rdn. 19.
[27] OLG Düsseldorf NZM 1998, 517; 2004, 110; OLG Köln NZM 2004, 305.

4. Protokollprüfung

114   Nach § 24 Abs. 6 WEG ist die **Versammlungsniederschrift** vom Beiratsvorsitzenden oder seinem Vertreter zu unterschreiben. Diese Unterschrift wirkt inhaltsbestätigend. Sie hat damit eine Beweisfunktion. Die Niederschrift muss umgehend vom Beirat geprüft werden. Wird das Protokoll erst nach Ablauf der Anfechtungsfrist des § 23 Abs. 4 WEG versandt, begeht der Verwalter keine Pflichtverletzung, wenn der Beirat nur verzögert mitwirkt.[28]

115   Die **Beschluss-Sammlung** nach § 24 Abs. 7 WEG ist hingegen nur vom Verwalter bzw. dem Versammlungsleiter zu führen. Die dort vorzunehmenden Eintragungen, Vermerke und Löschungen müssen nicht von einem Wohnungseigentümer bzw. dem Beirat abgezeichnet werden. Das ist schon deshalb problematisch, weil die Beschluss-Sammlung unverzüglich erstellt werden muss, während für die Versammlungsniederschrift diese Anforderung nicht gilt. Die Versammlungsniederschrift und die Unterzeichnung durch den Beiratsvorsitzenden oder seinen Vertreter können damit auch noch Tage oder gar Wochen später erfolgen. Die Novelle regelt nicht die Frage, wie mit Widersprüchen zwischen der Niederschrift und dem Inhalt der Beschluss-Sammlung umzugehen ist. Um solche Widersprüche zu vermeiden, wird der Beirat auch die Beschluss-Sammlung zu überprüfen haben.

5. Sonstige Aufgaben

116   Dem Beirat können durch Beschluss der Eigentümerversammlung oder durch Vereinbarung weitere Aufgaben übertragen werden. Hierbei ist insbesondere an den Abschluss und die Kündigung des Verwaltervertrages zu denken.[29]

117   Wenn der Verwaltungsbeirat durch Beschluss ermächtigt wird, den **Verwaltervertrag** auszuhandeln und/oder im Namen des rechtsfähigen Verbandes abzuschließen, fungiert das Innenorgan ausnahmsweise als Vertretungsorgan. Nach h.M. soll der bevollmächtigte Verwaltungsbeirat im Zweifel aber nur zum Abschluss solcher Rechtsgeschäfte berechtigt sein, die den Grundsätzen einer ordnungsmäßigen Verwaltung entsprechen. Überschreitet der Beirat beim Abschluss des Verwaltervertrages diese Grenze, so soll er als Vertreter ohne Vertretungsmacht handeln.[30] Ob in diesem Fall der gesamte Vertrag nach § 177 Abs. 1 BGB schwebend unwirksam und dem Genehmigungsvorbehalt der Eigentümerversammlung unterstellt ist oder nur der Vertragsteil, der nicht vom Ermächtigungsbeschluss umfasst ist, ist eine nach § 139 BGB zu entscheidende Frage des Einzelfalles. Danach ist im Zweifel der gesamte Vertrag als schwebend unwirksam anzusehen, wenn dies nach dem Parteiwillen anzunehmen ist.[31]

118   Das Besondere an dieser Rechtsfolge ist, dass der Ermächtigungsbeschluss selbst dann bestandskräftig wird, wenn er inhaltlich ordnungsmäßiger Verwaltung widersprechen sollte, der sodann im Außenverhältnis abgeschlossene Verwaltervertrag aber dessen ungeachtet ganz oder teilweise unwirksam sein soll, wenn einzelne Vertragsbestimmungen wiederum einer ordnungsmäßigen Verwaltung widersprechen. Leidtragender dieser Ansicht ist in jedem Falle der Verwalter, der sich nicht auf die inhaltliche Wirksamkeit des Verwaltervertrages im Hinblick auf die Grundsätze des § 21 Abs. 3 WEG verlassen darf. Neben der – wesentlich strengeren – AGB-Kontrolle nach den §§ 305 ff. BGB (dazu oben Rdn. 253 ff.) muss er also auch stets damit rechnen, dass einzelne vertragliche Bestimmungen, z. B. über Sondervergütungen, oder auch (vgl. § 139 BGB) der

---

[28] LG Bonn ZMR 2003, 610.
[29] OLG Düsseldorf ZMR 1998, 105; siehe auch oben Rdn. 89.
[30] OLG Hamm, ZMR 2001, 138, 141.
[31] *Häublein/Lehmann-Richter* in AHB WEG, Teil 15 Rdn. 56 ff.

gesamte Verwaltervertrag unwirksam ist. Dass zunächst ein Schwebezustand besteht (vgl. § 177 Abs. 1 BGB), ist insoweit unerheblich, da die erforderliche Genehmigung der Eigentümerversammlung im Streitfall nicht erfolgt ist bzw. auch nicht mehr erfolgen wird.

Eine Sonderrolle kann dem Verwaltungsbeirat bei der **Entgegennahme** einer Kün- **119** digungserklärung des Verwalters bezüglich des Verwaltervertrages zukommen. Zwar wird in der Rechtsprechung die Ansicht vertreten, dass eine vom Verwalter in der Eigentümerversammlung erklärte Niederlegung der Verwaltungtätigkeit und Kündigung des Verwaltervertrages erst dann wirksam werden soll, wenn sie auch den an der Versammlung nicht teilnehmenden Eigentümern zugegangen ist.[32] Diese Ansicht erscheint jedoch fraglich, da Vertragspartner ausschließlich der rechtsfähige Verband ist, der in einer derartigen Situation nicht von seinem eigentlichen Vertretungsorgan (Verwalter) vertreten werden kann, sondern gem. § 27 Abs. 3 S. 2 WEG von der Gesamtheit aller Wohnungseigentümer. Wendet man die Grundsätze der **Gesamtorganschaft** an, muss der Zugang der Amtsniederlegungserklärung und/oder Kündigungserklärung gegenüber der Eigentümerversammlung oder auch dem Verwaltungsbeirat genügen. Dies ergibt sich aus einer entsprechenden Anwendung von § 170 Abs. 3 ZPO. Zu einem anderen Ergebnis wird man gelangen, wenn man die Bestellung des Verwaltungsbeirats nicht als Ermächtigung zur Entgegennahme der Kündigungserklärung i.S. des § 27 Abs. 3 S. 2 und 3 WEG ansieht.

Sonstige Aufgaben fallen dem Verwaltungsbeirat auch in der **Eigentümerversamm-** **120** **lung** zu. Denkbar ist etwa, dass der Beiratsvorsitzenden oder ein anderes Mitglied des Beirates den Versammlungsvorsitz in der Eigentümerversammlung übernimmt, weil ein Verwalter fehlt, die Versammlungs- und/oder Abstimmungsleitung niederlegt oder ihm diese ganz oder für einzelne Tagesordnungspunkte durch Geschäftsordnungsbeschluss gem. § 24 Abs. 5 WEG entzogen wird. Als Versammlungs- und/oder Abstimmungsleiter ist der Verwaltungsbeirat ebenso wie der Verwalter lediglich Funktionsgehilfe der Eigentümerversammlung, der für einen reibungslosen Ablauf der Versammlung und eine ungestörte Abarbeitung der Tagesordnung zu sorgen hat.

Ferner ist der Verwaltungsbeirat berechtigt, **Einblick** in die zur Eigentümerver- **121** sammlung dem Verwalter erteilten **Stimmrechtsvollmachten** zu nehmen. Jeder Wohnungseigentümer hat das individuelle Recht in einer Versammlung nachprüfen zu können, ob diese überhaupt beschlussfähig ist. Es ist nicht erkennbar, weshalb ausgerechnet dem Verwaltungsbeirat in seiner Unterstützungs- und Kontrollfunktion (§ 29 Abs. 2 und 3 WEG) insoweit weniger Rechte zukommen sollten. Diesem Recht des Beirats kann auch nicht entgegen gehalten werden, dass durch die Vorlage der Vollmachten das Vertrauensverhältnis zwischen Vollmachtgeber und Bevollmächtigten gestört werden könnte. Wenn der eine Stimmrechtsvollmacht ausstellende Wohnungseigentümer nicht möchte, dass schon vor der Abstimmung bekannt wird, welche etwaigen Weisungen er dem Verwalter erteilt hat, bleibt es ihm unbenommen, die Erteilung von Vollmacht und von Weisungen zu trennen und insoweit jeweils eigene Schriftstücke abzufassen.[33]

---

[32] OLG München ZMR 2005, 980.
[33] OLG München ZMR 2008, 657, 658.

IX. Haftung des Beirats

122   Die einzelnen Mitglieder des Verwaltungsbeirats haften der Wohnungseigentümergemeinschaft und den Wohnungseigentümern gegenüber für schuldhafte **Pflichtverletzungen** gem. § 280 BGB. Bestellungs- und Anstellungsverhältnis bestehen ausschließlich zum rechtsfähigen Verband. Dieser ist vor allem auch alleiniger Vertragspartner des vom Bestellungsrechtsverhältnis zu unterscheidenden Beiratsvertrags. Die Wohnungseigentümer sind in der Regel in die **Schutzwirkungen** sowohl des durch den Bestellungsakt begründeten Amtsrechtsverhältnisses als auch des Anstellungsverhältnisses (Beiratsvertrag) einbezogen. Die Schutzwirkungen wirken sich also zu ihren Gunsten aus, so dass sie ohne eine Ermächtigung des Verbandes selbst Schadensersatzansprüche geltend machen können, jedenfalls dann, wenn und soweit durch ein pflichtwidriges Verhalten des Beirats ausschließlich ihnen ein persönlicher Schaden entstanden ist.[1] Für die Begründung des Schadensersatzanspruchs genügt **Fahrlässigkeit.**

123   Oft wird fraglich sein, ob durch das rechtswidrige Handeln des Beirats ein **kausaler Schaden** entstanden ist. Üben die Beiratsmitglieder ihre Kontrollpflichten nur unvollständig aus und verursachen der Eigentümergemeinschaft oder den Wohnungseigentümern einen Schaden, kommt die Ersatzverpflichtung der Beiratsmitglieder nur dann in Betracht, wenn Schadensausgleich beim Verwalter mangels Zahlungsfähigkeit nicht zu erzielen ist. Aber auch dann wird zu berücksichtigen sein, dass im Zweifel der Beirat das Handeln des Verwalters nicht durch geeignete Kontrollmaßnahmen hätte verhindern können. Die unzureichende Kontrolle führt vielmehr dazu, dass Fehler des Verwalters unaufgedeckt oder verspätet entdeckt werden. Dann stellt sich wiederum die Frage, ob bei zeitiger Aufdeckung der Missstände der Schadensersatzanspruch noch hätte realisiert werden können.

124   In der Praxis spielt die Beiratshaftung im Verhältnis zur Verwalterhaftung eine untergeordnete Rolle. Dies liegt daran, dass die Miteigentümer keine zu hohen Anforderungen an die Beiratsmitglieder stellen, weil diese i. d. R. ehrenamtlich arbeiten und sich bei großen Haftungsrisiken niemand für diese Tätigkeit mehr zur Verfügung stellen wird. Gleichwohl bringt die Rechtsprechung Fälle ans Licht, in denen der Verwaltungsbeirat wegen seiner Versäumnisse teilweise ganz erheblich in die Haftungsfalle geraten konnte.

125   Dies sind meistens Fälle, in denen der Beirat seiner **gesetzlichen Kontrollpflicht** nach § 29 Abs. 3 WEG überhaupt nicht oder nur oberflächlich und daher unzureichend nachkam, deshalb keine Kenntnis davon erlangte, dass der Verwalter entweder falsch abgerechnet oder zwar richtig abgerechnet, aber im Abrechnungszeitraum unberechtigte Gelder (z. B. Sonderhonorare, die ihm nach dem Verwaltervertrag nicht zustanden) entnommen hatte und den Wohnungseigentümern in der Eigentümerversammlung die **Entlastung des Verwalters** für den betreffenden Abrechnungs- und Entlastungszeitraum empfahl, anstatt die Eigentümer vor einem solchen Beschluss zu warnen. Denn nach h. M. muss sich die Wohnungseigentümergemeinschaft entsprechend § 166 Abs. 1 BGB so behandeln lassen, als hätte sie vor ihrer Beschlussfassung Kenntnis von diesen Vorgängen gehabt und den Entlastungsbeschluss mit diesem Kenntnisstand gefasst mit der weiteren rechtlichen Konsequenz, dass ihr die spätere Geltendmachung von Schadensersatzansprüchen gegen den Verwalter aufgrund der Wirkungen des Entlastungsbeschlusses abgeschnitten ist.[2]

---

[1] Näher *Häublein/Lehmann-Richter* in AHB WEG, Teil 15 Rdn. 41 ff.
[2] Vgl. OLG Düsseldorf ZMR 2002, 294; 2001, 301.

Ebenso wurde entschieden, wenn zu Unrecht ausgezahlte Arbeitnehmeranteile ar- **126** beitsrechtlich nicht mehr zurückgefordert werden können, dass sich die Eigentümergemeinschaft nach der bestandskräftig beschlossenen Verwalterentlastung die Kenntnis und das Kennenmüssen des Verwaltungsbeirats wie eigenes Wissen zurechnen lassen muss.[3]

In den eben dargelegten Fällen liegt es nach der allgemeinen Lebenserfahrung nahe, **127** dass sich die finanziell geschädigte Wohnungseigentümergemeinschaft, die mit ihren Ersatzforderungen gegen den bestandskräftig entlasteten Verwalter ausfällt, im Wege des **Regresses beim Verwaltungsbeirat** wegen dessen schuldhafter Versäumnisse schadlos halten wird. Der Schaden besteht zumindest in der unberechtigten und infolge der Bestandskraft des Entlastungsbeschlusses verlorenen Zahlung an den Verwalter. Prozesskosten für einen verlorenen Prozess der Wohnungseigentümergemeinschaft gegen den Verwalter dürften dagegen regelmäßig nicht erstattungsfähig sein, da der Klage von vornherein die Erfolgsaussichten fehlten. Die einschlägige und einhellige obergerichtliche Rechtsprechung muss in der Zwischenzeit in der Rechtspraxis bekannt sein.

Für den Verwaltungsbeirat heikel sind auch diejenigen Fälle, in denen erhebliche **128** Pflichtverletzungen des Verwalters eine sofortige Abberufung aus dem Verwalteramt und/ oder fristlose Kündigung des Verwaltervertrages aus wichtigem Grund (§ 626 BGB) rechtfertigen, der Beirat jedoch seine im Rahmen der Ausübung des Beiratsamts gewonnenen Erkenntnisse nicht oder nicht rechtzeitig weitergibt, so dass der Wohnungseigentümergemeinschaft ihr Recht zur Abberufung des Verwalters und zur fristlosen Kündigung des Verwaltervertrages verloren geht, da es nicht in angemessener Zeit nach Kenntnis der Verfehlungen ausgeübt wurde. Werden dem Verwaltungsbeirat bei der Belegprüfung Tatsachen bekannt, die eine Abberufung rechtfertigen, muss er unverzüglich das Notwendige veranlassen, also etwa die übrigen Wohnungseigentümer informieren und eine zeitnahe Einberufung der Eigentümerversammlung durch den Verwalter veranlassen oder – bei dessen pflichtwidriger Weigerung – gem. § 24 Abs. 3 WEG selbst in die Hand nehmen (s. oben Rdn. 102 ff.). Ergibt sich jedoch vorerst nur ein Anfangsverdacht für eine erhebliche Pflichtverletzung des Verwalters, der die weitere Aufklärung des Sachverhalts oder die Einholung von Informationen erfordert, ist dem Beirat eine angemessene Zeit zur Ermittlung der Voraussetzungen einer fristlosen Abberufung und Kündigung des Verwalters zuzubilligen, deren Umfang von den Umständen des Einzelfalles abhängt.[4] Anders als in der Fallgruppe zuvor (s. die beiden vorherigen Rdn.) drohen Wohnungseigentümergemeinschaft und Beirat hier keine erheblichen finanziellen Schäden. Die Nachteile dürften sich grundsätzlich darauf beschränken, bis zum Ende der Bestellungs- und Vertragslaufzeit weiterhin an den wirksam bestellten Verwalter gebunden zu sein. Allerdings könnten zumindest die Prozesskosten für eine erfolgreiche Rechtsverteidigung des Verwalters gegen seine Abberufung und fristlose Kündigung letztlich beim Beirat hängen bleiben, wenn die Wohnungseigentümergemeinschaft bzw. die im Prozess unterlegenen übrigen Miteigentümer von den Beiratsmitgliedern insoweit Erstattung verlangen.

Dem Verwaltungsbeirat kann durch Mehrheitsbeschluss **Entlastung** erteilt werden. **129** Ein solcher Beschluss entspricht nicht ordnungsgemäßer Verwaltung und ist deshalb gerichtlich für ungültig zu erklären, wenn für den betreffenden Entlastungszeitraum aufgrund konkreter Anhaltspunkte ein Ersatzanspruch gegen die Mitglieder des Verwaltungsbeirats im Zusammenhang mit ihren gesetzlichen Aufgaben und Befugnissen möglich erscheint.[5] Rein theoretische Ersatzansprüche genügen nicht, um die Ordnungsmäßigkeit des Mehrheitsbeschlusses in Zweifel zu ziehen. Vielmehr müssen hinreichend

---

[3] OLG Köln ZMR 2001, 913.
[4] KG GE 2009, 1053.
[5] OLG München ZMR 2008, 905; BayObLG ZMR 2004, 51; OLG Hamburg ZMR 2003, 772; AG Hannover ZMR 2003, 538, 539.

substantiierte Versäumnisse des Beirates im betreffenden Zeitraum dargelegt werden. Dazu gehört auch die Möglichkeit eines Schadenseintritts, woran es fehlen dürfte, wenn etwa eine unberechtigte Ausgabe, die dem Beirat hätte auffallen müssen, in der Zwischenzeit unstreitig wieder in das Verbandvermögen zurückgeflossen ist. Auf der anderen Seite kommt es nicht darauf an, ob tatsächlich Ansprüche gegen die Mitglieder des Verwaltungsbeirats bestehen. Es genügt die auf konkrete Anhaltspunkte gestützte Möglichkeit eines Versäumnisses des Beirats, um die Ungültigerklärung des Entlastungsbeschlusses durch das Gericht zu rechtfertigen, wie etwa eine nach dem Sach- und Streitstand im Zeitpunkt der gerichtlichen Entscheidung nicht auszuschließende objektiv falsche Kostenverteilung.[6]

130   Die **Entlastung des Verwaltungsbeirats** geht nicht mit der Entlastung des Verwalters einher, was sich allein aus den unterschiedlichen Aufgaben und Befugnissen beider Organträger und im Übrigen daraus ergibt, dass das Verwalteramt unbesetzt sein kann. Dem Beirat kann auch dann Entlastung erteilt werden, wenn die Jahresabrechnung fehlerhaft ist und nicht beschlossen wird, z.B. weil eine Genehmigung der fehlerhaften Jahresabrechnung eben gerade aufgrund der vorausgegangenen Prüfung und Empfehlung des Verwaltungsbeirats unterbleibt. Hier ist der Beirat seinen Verpflichtungen ordnungsgemäß nachgekommen.[7] Beschließt die Eigentümerversammlung unter demselben Tagesordnungspunkt die Entlastung des Verwaltungsbeirats, lehnt sie jedoch zugleich die Entlastung des Verwalters ab, so lässt sich daraus in der Regel nicht auf die gleichzeitige Genehmigung der Jahresabrechnung schließen.[8] Die Entlastung des Verwaltungsbeirats widerspricht ordnungsmäßiger Verwaltung und ist anfechtbar, wenn Ansprüche gegen ihn erkennbar in Betracht kommen und nicht aus besonderem Grund Anlass besteht, auf die hiernach möglichen Ansprüche zu verzichten. Das ist grundsätzlich anzunehmen, wenn die vom Beirat geprüfte Jahresabrechnung insgesamt oder teilweise fehlerhaft ist und korrigiert werden muss.

131   Für die Entlastung des Verwaltungsbeirats gilt im Übrigen das Gleiche wie zur Entlastung des Verwalters (dazu A Rdn. 808 ff.). Die Entlastung hat die Wirkung eines **negativen Schuldanerkenntnisses.** Mögliche Ersatzansprüche werden allerdings durch die Wirkung des Entlastungsbeschlusses nicht konstitutiv zum Erlöschen gebracht. Vielmehr widerspricht es Treu und Glauben (§ 242 BGB), wenn die Wohnungseigentümergemeinschaft später trotz der von ihr erteilten Entlastung Ersatz wegen schon damals erkennbarer Versäumnisse fordert. Insoweit setzt sie sich zu ihrem vorherigen Verhalten in Widerspruch. Individuelle Schadensersatzansprüche einzelner Wohnungseigentümer gegen ein Beiratsmitglied wegen einer Beschädigung oder Vermögenseinbuße am eigenen Sondereigentum werden von der Entlastungswirkung nicht umfasst. Nicht ausgeschlossen sind ferner Ansprüche wegen solcher Versäumnisse, die im Zeitpunkt der Beschlussfassung über die Entlastung unbekannt und auch bei Anwendung der erforderlichen Sorgfalt nicht erkennbar waren. Ansprüche wegen eines strafbaren Verhaltens des Beirats werden niemals vom Entlastungsbeschluss ausgeschlossen, selbst wenn es im Zeitpunkt der Entlastung bekannt oder erkennbar war. Der Beirat ist insoweit nicht schutzwürdig. Ein **Anspruch** auf Entlastung besteht nur bei einer entsprechenden Regelung in der Gemeinschaftsordnung oder durch sonstige Vereinbarung.

132   Dem Beschluss über die Entlastung des Beirats muss nach allgemeinen Grundsätzen mit **hinreichender Bestimmtheit** entnommen werden können, auf welchen Zeit-

---

[6] OLG München ZMR 2008, 905.

[7] AG Hannover, Fn. 150.

[8] OLG München ZMR 2007, 988. Die Bejahung einer Indizwirkung der Entlastung für die Genehmigung der Jahresabrechnung ist fraglich. Definitiv abzulehnen ist sie im umgekehrten Verhältnis, da eine Jahresabrechnung, die unberechtigte Ausgaben enthält, fehlerfrei, die Entlastung zur Vermeidung von Rechtsverlusten aber gerade zu versagen ist.

raum sie sich erstreckt. Bei unbefangener Betrachtung wird sich zumeist dem Beschlussantrag, jedenfalls aber dem sonstigen Protokollinhalt entnehmen lassen, dass es
um einen bestimmten Abrechnungs- und somit Entlastungszeitraum geht. Problematisch sind Fälle, in denen einzelne Beiratsmitglieder unterjährig aus dem Amt ausge-
schieden sind und nicht erkennbar ist, auf welche Zeiträume bzw. Beiratsmitglieder sich
die Entlastungswirkung erstrecken soll.

Nicht ordnungsmäßiger Verwaltung dürfte es entsprechen, nur einzelne Beiratsmit- **133**
glieder zu entlasten. Da der Verwaltungsbeirat als abstraktes Organ nicht rechtsfähig ist,
bedeutet Beiratshaftung persönliche Verantwortlichkeit der Beiratsmitglieder. Die Verletzung von Beiratspflichten führt zur **gesamtschuldnerischen Haftung** aller Organ-
mitglieder nach den §§ 421 ff. BGB, weil alle Beiräte für die ordnungsmäßige Erfüllung
der Aufgaben und Befugnisse zu sorgen haben. Ist ein Beiratsmitglied allein verantwortlich, kann es im Wege des internen Gesamtschuldnerausgleichs zur vollständigen Frei-
stellung der übrigen Mitglieder gem. den §§ 426 Abs. 1, 254 BGB kommen.[9] Da es
sich aber um einen internen Ausgleich handelt, widerspricht die vorzeitige Entlassung
einzelner Gesamtschuldner aus der Gesamtschuld durch Mehrheitsbeschluss ordnungsmäßiger Verwaltung i. S. des § 21 Abs. 3 WEG. Die Wohnungseigentümer müssen bei
der Willensbildung nicht nur das gesamte Interesse aller Wohnungseigentümer (s. § 21
Abs. 4 WE) beachten, sondern vor allem das Interesse des rechtsfähigen Verbandes, mit
dem allein das Bestellungs- und Anstellungsverhältnis zum Beirat besteht. Dem Verbandsinteresse entspricht die Entlassung eines Gesamtschuldners nicht.

In der Gemeinschaftsordnung kann eine **Haftungsbeschränkung** für die Beirats- **134**
mitglieder verankert werden. Umstritten, mit der h. M. aber zu bejahen, ist die Rechtmäßigkeit des Abschlusses einer **Haftpflichtversicherung** für den Verwaltungsbeirat.[10]
Grundsätzlich entspricht es ordnungsmäßiger Verwaltung, für die Mitglieder eines konkret bestellten Beirats eine Haftpflichtversicherung abzuschließen. Die Eigentümer haben nicht nur die erforderliche Beschlusskompetenz (§ 21 Abs. 3 WEG), sondern die
Versicherung entspricht auch dem Gesamtinteresse aller Wohnungseigentümer, da die
Erfüllung der Beiratsaufgaben allen Eigentümern dient. Bestellung und Versicherung
des Beirats dienen dem geordneten Zusammenleben in der Gemeinschaft. Die Durchsetzung von Schadensersatzansprüchen stört · zwangsläufig die Harmonie innerhalb der
Gemeinschaft, wenn die Beiratsmitglieder ohne Rückendeckung einer Versicherung
zur Zielscheibe der Miteigentümer oder des Verbandes werden. Hingegen überzeugt es
nicht, den Abschluss der Beiratsversicherung als private Obliegenheit der Beiratsmitglieder anzusehen, da sie mit der Amtstätigkeit keine privaten Sonderinteressen verfolgen, sondern dem Gesamtinteresse aller Eigentümer dienen.[11] Eine Versicherung fördert
außerdem die Bereitschaft der Eigentümer, Beiratsaufgaben zu übernehmen und dient
damit der Realisierung der gesetzlich gewollten Kontroll- und Unterstützungsfunk-
tion.[12] Den Beiratsmitgliedern ist nicht zuzumuten, diese Versicherungsprämien aus
eigenen Mitteln zu bezahlen, da dies bedeuten würde, dass die betreffenden Wohnungseigentümer für ihr Ehrenamt noch Geld mitbringen müssten.

---

[9] *Drabek,* juris AnwZert MietR 17/2009 Anm. 2.
[10] KG ZMR 2004, 780; *Armbrüster,* ZMR 2003, 1, 4; *Häublein,* ZMR 2003, 233; *Abramenko* in
Riecke/Schmid, WEG, § 29 Rdn. 27; *Drabek,* jurisAnwZert MietR 17/2009 Anm. 2; a. A. AG
Hamburg-Wandsbek ZMR 2008, 335, 337; *Köhler,* ZMR 2002, 891, 893.
[11] A. A. AG Hamburg-Wandsbek ZMR 2008, 335, 337.
[12] *Drabek,* jurisAnwZert MietR 17/2009 Anm. 2.

X. Abberufung des Beirats

135   Der Beirat kann grundsätzlich jederzeit ordentlich **abberufen** werden. Dazu bedarf es eines Mehrheitsbeschlusses. Beim Beirat ist zwischen Bestellung und Abberufung einerseits sowie Abschluss oder Kündigung eines Beiratsvertrages andererseits zu unterscheiden (s. oben Rdn. 34), so dass es die Abberufung nicht hindert, wenn daneben ein Beiratsvertrag existiert.[1] Im Zweifel wird dieser bei verständiger Auslegung des Erklärten unter Berücksichtigung der Sach- und Interessenlage gleichzeitig mit der Abberufung aus dem Amt gekündigt werden.

136   Ohne weiteres statthaft ist die Abberufung aller Beiratsmitglieder, aber auch der Beiratsvorsitzende oder ein anderes Mitglied des Beirats allein kann von den Eigentümern durch Mehrheitsbeschluss abberufen werden.[2] Wird etwa der Beiratsvorsitzende abberufen, ist freilich zu unterscheiden, ob er aus dem Amt abberufen wird oder unter Verbleib im Verwaltungsbeirat lediglich den Vorsitz einbüßt. In der Bestellung eines kompletten neuen Beirats liegt gleichzeitig die schlüssige Abberufung des bisherigen Beirats.[3] Wird die Neuwahl des Verwaltungsbeirats beantragt, muss dieser denklogisch eine vollständige oder zumindest teilweise Abberufung des bisherigen Beirats vorausgehen.[4] Daher muss der Verwalter als Versammlungsleiter zwangsläufig zunächst über die Abberufung abstimmen lassen, selbst wenn in der Einladung auf Antrag eines Miteigentümers lediglich die Neuwahl des Beirats angemeldet und angekündigt ist.

137   Im Ausgangspunkt kann der Beirat ohne Angabe von Gründen jederzeit abberufen werden. Auf das Vorliegen eines **wichtigen Grundes** für seine Abberufung kommt es an, wenn dies in der Gemeinschaftsordnung angeordnet ist oder – nach der hier vertretenen Meinung – der Beirat im Bestellungsbeschluss für eine bestimmte **Mindestdauer** bestellt wurde. Eine solche Mindestdauer muss aber ausdrücklich beschlossen werden. Das Gesetz bestimmt weder eine Mindest- noch eine Höchstdauer der Amtszeit des Verwaltungsbeirats.

138   Das Recht, den Beirat jederzeit aus wichtigem Grund abberufen zu können, kann nicht eingeschränkt werden. Sieht die Gemeinschaftsordnung vor, dass der Beirat für eine bestimmte Dauer bestellt wird (z. B. ein Jahr), kann er während dieser Zeit nur aus wichtigem Grund abberufen werden. Das OLG Hamm[5] vertrat hierzu die Auffassung, dass auch dann, wenn der Beirat für eine bestimmte Zeit gem. Gemeinschaftsordnung bestellt ist, die Abberufung jederzeit auch ohne wichtigen Grund möglich wäre. Die Beschränkung der Abberufung setze voraus, dass dies so ausdrücklich in der Gemeinschaftsordnung geregelt sei. Diese Auffassung überzeugt aber nicht, da andernfalls die zeitliche Beschränkung vollkommen leer liefe. Zeitliche Beschränkungen beinhalten konkludent die Regelung, dass die Abberufung innerhalb dieser Zeiträume nur aus wichtigem Grund möglich ist. Die Rechtslage über die Abberufung des Beirats aus wichtigem Grund bei fester Bestellungsdauer kann nicht anders beurteilt werden als beim Verwalter (s. oben Rdn. 821).

139   Die Abberufung des Beirats durch **Mehrheitsbeschluss** kann somit jederzeit ohne Angaben von Gründen erfolgen, falls die Abberufung nicht aus wichtigem Grund in der Gemeinschaftsordnung oder beim Bestellungsbeschluss beschränkt wurde. Der Beschränkung auf den wichtigen Grund ist die zeitlich befristete Bestellung des Beirats gleichzustellen.

---

[1] LG Nürnberg-Fürth ZMR 2001, 746.
[2] LG Nürnberg-Fürth ebenda.
[3] LG Nürnberg-Fürth ebenda.
[4] OLG München ZMR 2007, 996.
[5] NZM 1999, 227.

Soll ein Beiratsmitglied auf entsprechenden Antrag hin gerichtlich abberufen werden, **140**
ist zuvor die Anrufung der Wohnungseigentümerversammlung notwendig. Wenn diese
den Abberufungsantrag durch (negativen) Mehrheitsbeschluss ablehnt oder sich überhaupt nicht zu einer Abstimmung bereit erklärt, ist der Weg für ein gerichtliches Verfahren frei.[6] Die vorherige Anrufung der Eigentümerversammlung ist ausnahmsweise
entbehrlich, wenn nach den bestehenden Stimmverhältnissen mit an Sicherheit gren-
zender Wahrscheinlichkeit davon ausgegangen werden muss, dass der Antrag des An-
tragstellers auf Abberufung des Mitglieds des Verwaltungsbeirats nicht die erforderliche
Mehrheit finden wird. Dann ist die vorherige Befassung der Eigentümerversammlung
mit dieser Thematik eine unnötige Förmelei.[7]

Schwerwiegende Pflichtverletzungen des Beirats, die eine Abberufung rechtfertigen, **141**
sind Täuschung über die Korrektheit der Jahresabrechnungen, Falschaussagen in WEG-
Verfahren, eigenmächtiges Handeln, Vorteilsverschaffung, kollusives Zusammenwirken
mit dem Verwalter bei vermögensschädigenden Handlungen etc.[8] Da die Beiratsmitglieder nicht über eine besondere Qualifikation verfügen müssen, rechtfertigt allerdings
nicht jede Fehleinschätzung einen wichtigen Abberufungsgrund.

Einen Abberufungsgrund stellt es ebenfalls dar, wenn der Verwaltungsbeirat seine **142**
Neutralitätspflicht verletzt. Diese Pflicht ist verletzt, wenn er in der Wohnanlage
Aushänge gegen einzelne Wohnungseigentümer vornimmt, die seine Privatangelegen-
heiten betreffen. Eine solche Handlungsweise ist mit seiner Aufgabe, den Verwalter zu
unterstützen, nicht vereinbar.[9]

---

[6] OLG München ZMR 2006, 962.
[7] OLG München Fn. 58; *Lüke* in Weitnauer, WEG, § 26 Rdn. 29.
[8] OLG München Fn. 58.
[9] KG WuM 2004, 623 = MietRB 2005, 14.

XI. Niederlegung des Beiratsamts

143   Will ein Mitglied des Verwaltungsbeirats sein Amt niederlegen, so kann dies jederzeit geschehen und ist weder an Fristen noch an einen wichtigen Grund gebunden. Die Niederlegungserklärung muss ähnlich wie bei der Niederlegung des Verwalteramts nicht allen Wohnungseigentümern zugehen. Hier genügt **die Erklärung gegenüber der Eigentümerversammlung.** Alternativ kommt die Niederlegungserklärung auch **gegenüber dem Verwalter** in Betracht, da dieser das nach dem Gesetz für die Entgegennahme von Willenserklärungen zuständige Organ der Eigentümergemeinschaft ist. Er ist nach § 27 Abs. 2 Nr. 1 und § 27 Abs. 3 S. 1 Nr. 1 WEG berechtigt, Willenserklärungen und Zustellungen entgegenzunehmen.

C. Anhang

I. Verwaltungsfreundlicher Verwaltervertrag

Verwaltervertrag

zwischen

der Wohnungseigentümergemeinschaft ...
– nachfolgend WEG genannt –
und

...
– nachfolgend Verwaltung genannt –

Inhaltsverzeichnis

§ 1 Vorbemerkung und Vertragsgegenstand

Die Verwaltung wurde durch den Beschluss der Eigentümer vom ... für die Zeit vom ... bis zum ... bestellt. Das Protokoll der Verwalterbestellung ist (ggf.: bei einem Notar öffentlich zu beglaubigen und) diesem Vertrag als Anlage ... anzuheften.

Gegenstand des Vertrages ist die Verwaltung des gemeinschaftlichen Eigentums. Die Verwaltung ist dem Verbandsinteresse und dem Gesamtinteresse aller Eigentümer verpflichtet. Auf Individualinteressen einzelner Eigentümer hat sie angemessen Rücksicht zu nehmen. Die Verwaltung übt ihr Amt unparteiisch aus.

Das Recht der Sondereigentümer zur Beauftragung der Verwaltung mit der Sondereigentumsverwaltung für einzelne Sondereigentumseinheiten bleibt von diesem Verwaltervertrag unberührt und bedarf des Abschlusses gesonderter Verträge.

§ 2 Laufzeit und Kündigung

2.1.   Der Verwaltervertrag wird für die Dauer der Bestellung geschlossen, höchstens für jeweils 5 Jahre (alternativ: im Falle der ersten Bestellung nach der Begründung von Wohnungseigentum höchstens für 3 Jahre). Er beginnt mit dem Anfang der Bestellungszeit und endet mit deren Ablauf. Endet das Verwalteramt vor Ablauf der Bestellungszeit, endet damit zugleich und zeitgleich auch der Verwaltervertrag.

2.2.   Wird die Verwaltung wieder bestellt, so verlängert sich der Vertrag für die Dauer der erneuten Bestellung, sofern anlässlich der Verwalterwiederbestellung nicht der Abschluss eines anderen Verwaltervertrages beschlossen wird.

2.3.   Der Verwaltervertrag kann für die Zeit der Vertragsdauer von beiden Vertragsparteien nur aus wichtigem Grund gekündigt werden. Der wichtige Grund ist in der Kündigung anzugeben. Die Kündigung durch die Verwaltung kann schriftlich gegenüber dem Beiratsvorsitzenden, bei dessen Abwesenheit oder Verhinderung auch gegenüber seinem Vertreter, einem anderen Beiratsmitglied oder dem Ersatzzustellungsvertreter oder in der Eigentümerversammlung erklärt werden.

§ 3 Aufgaben und Befugnisse der Verwaltung im Innenverhältnis

3.1.   Die Aufgaben und Befugnisse der Verwaltung im Verhältnis zur WEG und den Eigentümern richten sich nach dem Wohnungseigentumsgesetz in der jeweils gültigen Fassung, der Teilungserklärung bzw. dem Teilungsvertrag mit Gemeinschaftsordnung und etwaiger Nachträge zur Gemeinschaftsordnung, diesem Verwaltervertrag sowie den Beschlüssen der Eigentümer.

3.2.   Die Verwaltung ist gegenüber der WEG und gegenüber den Eigentümern insbesondere berechtigt und verpflichtet,

a)   mindestens einmal jährlich eine Eigentümerversammlung einzuberufen, zu leiten und die dort verkündeten Beschlüsse zu protokollieren, sofern nicht ein anderer Versammlungsleiter und/oder Protokollführer bestimmt wird;

b)   die Beschluss-Sammlung zu führen;

c)   die Eigentümerbeschlüsse durchzuführen und für die Durchführung der Hausordnung zu sorgen;

d)   die für die ordnungsgemäße Instandhaltung und Instandsetzung des Gemeinschaftseigentums erforderlichen Maßnahmen zu treffen und in regelmäßigen Abständen, mindestens aber einmal pro Kalenderjahr, die Wohnanlage zu begehen;

e)   Lasten- und Kostenbeiträge (insbesondere Wohngeld) anzufordern, in Empfang zu nehmen und abzuführen, soweit es sich um gemeinschaftsbezogene Angelegenheiten handelt. Bezüglich des laufenden Wohngelds ist die Verwaltung befugt, Rückstände beizutreiben, sobald ein Eigentümer mit 2 aufeinander folgenden Monatsraten oder einem Betrag, der 2 Monatsraten entspricht;

f)   alle Zahlungen und Leistungen zu bewirken und entgegenzunehmen, die mit der laufenden Verwaltung des Gemeinschaftseigentums zusammenhängen. Die Verwaltung ist berechtigt, bei einem Zahlungsengpass das Wohngeldkonto (Girokonto) der WEG kurzfristig, d. h. nicht länger als 2 Monate, und bis zu einem Betrag, der das Gesamtwohngeld für 2 Monate nicht übersteigt, zu überziehen. Die Verwaltung ist zugleich gehalten, eine Sonderumlage (Liquiditätsumlage) beschließen zu lassen;

g)   die eingenommenen Gelder gesondert von seinem Vermögen zu halten und zu verwalten. Besteht eine gesonderte Instandhaltungsrücklage ist diese getrennt vom Wohngeldkonto verzinslich anzulegen;

h)   die Eigentümer über einen bei Gericht rechtshängigen Rechtsstreit gem. § 43 WEG unverzüglich zu informieren. Die Pflicht beginnt, wenn die Verwaltung von dem Rechtsstreit Kenntnis erlangt oder ohne grobe Fahrlässigkeit erlangen müsste;

i)   die Jahresabrechnung zu erstellen und den Eigentümern zur Genehmigung durch Beschlussfassung vorzulegen. Die Vorlage der Jahresabrechnung erfolgt bis spätestens 6 Monate nach Ende des Abrechnungszeitraums, sofern alle Abrechnungsdaten zur Verfügung stehen. Endet die Bestellungszeit vor Ablauf eines Abrechnungsjahres oder vor Fälligkeit der Jahresabrechnung, ist die Verwaltung lediglich zur Rechnungslegung verpflichtet.

j) Bei Beendigung der Verwaltung sind sämtliche Verwaltungsunterlagen von der Veraltung zur Abholung durch einen Bevollmächtigten der WEG bereitzustellen. Die WEG ist verpflichtet, auch nicht mehr benötigte Unterlagen in ihren Besitz zu übernehmen.

3.3. Gemeinschaftsbezogene Rechte der WEG gegenüber der Verwaltung aus dem Gemeinschaftsverhältnis oder diesem Verwaltervertrag können grundsätzlich nur von der Gemeinschaft geltend gemacht werden.

§ 4 Vertretungsmacht der Verwaltung im Außenverhältnis

4.1. Die Verwaltung ist berechtigt, im Namen aller Eigentümer mit Wirkung für und gegen sie

a) Willenserklärungen und Zustellungen entgegenzunehmen, soweit sie an alle Eigentümer in dieser Eigenschaft gerichtet sind;

b) Maßnahmen zu treffen, die zur Wahrung einer Frist oder zur Abwendung eines sonstigen Rechtsnachteils erforderlich sind, insbesondere einen gegen die Eigentümer gerichteten Rechtsstreit gem. § 43 Nr. 1 WEG (Streit über Rechte und Pflichten der Eigentümer untereinander), § 43 Nr. 4 WEG (Beschlussanfechtungsklagen) oder § 43 Nr. 5 WEG (Klagen Dritter gegen Eigentümer, die sich auf das Gemeinschaftseigentum beziehen) im Erkenntnis- und Vollstreckungsverfahren zu führen;

c) Ansprüche gerichtlich und außergerichtlich geltend zu machen, sofern sie dazu nach dem Gesetz, der Teilungserklärung/Gemeinschaftsordnung, durch Beschluss der Eigentümer oder nach diesem Verwaltervertrag ermächtigt ist;

d) mit einem Rechtsanwalt wegen eines Rechtsstreits gem. obiger Ziffer 4.1. Buchst. b) dieses Vertrages eine schriftliche Streitwertvereinbarung abzuschließen, wobei in Beschlussanfechtungsklagen (§ 43 Nr. 4 WEG) der zu vereinbarende Streitwert, wenn dieser höher sein soll als der gesetzliche Streitwert, 25% des Gesamtinteresses aller Eigentümer zuzüglich des Eigenanteils des/der anfechtenden Eigentümer(s) nur dann überschreiten soll, wenn Umfang oder Schwierigkeitsgrad der Angelegenheit oder ihre wirtschaftliche Bedeutung für die Eigentümer dies notwendig erscheinen lassen. In diesem Fall kann ein Streitwert von bis zu 50% des Gesamtinteresses aller Eigentümer vereinbart werden.

4.2. Die Verwaltung ist berechtigt, im Namen der WEG und mit Wirkung für und gegen sie

a) Willenserklärungen und Zustellungen entgegenzunehmen;

b) Maßnahmen zu treffen, die zur Wahrung einer Frist oder zur Abwendung eines sonstigen Rechtsnachteils erforderlich sind, insbesondere einen gegen die WEG gerichteten Rechtsstreit gem. § 43 Nr. 2 WEG (Streit über Rechte und Pflichten zwischen der WEG und Eigentümern) oder § 43 Nr. 5 WEG (Klagen Dritter gegen die WEG oder Eigentümer) im Erkenntnis- und Vollstreckungsverfahren zu führen;

c) Ansprüche gerichtlich und außergerichtlich geltend zu machen, sofern sie dazu nach dem Gesetz, der Teilungserklärung/Gemeinschaftsordnung, durch Beschluss der Eigentümer oder nach diesem Verwaltervertrag ermächtigt ist;

d) mit einem Rechtsanwalt wegen eines Rechtsstreits gem. obiger Ziffer 4.2. Buchst. b) dieses Vertrages eine schriftliche Streitwertvereinbarung abzuschließen. Der vereinbarte Streitwert darf 50% des Interesses der Parteien und aller vom Gericht etwa Beigeladener an der Entscheidung nicht übersteigen;

e) im Rahmen der Geldverwaltung Konten zu eröffnen und zu führen. Gemeinschaftliche Konten sind auf den Namen der WEG zu eröffnen und zu führen;

f) in dringenden Fällen die zur Erhaltung des Gemeinschaftseigentums oder zum Schutz der Eigentümer und Bewohner erforderlichen Maßnahmen zu treffen, insbesondere Notreparaturen zu beauftragen oder sonstige unaufschiebbare Verträge abzuschließen;

g) die laufenden Maßnahmen der ordnungsmäßigen Instandhaltung und Instandsetzung zu treffen und auch dazu, soweit erforderlich, Verträge mit Dritten abzuschließen;

h) Hausmeisterverträge abzuschließen, zu verlängern, zu ändern, durchzusetzen oder zu kündigen, sofern dies ordnungsmäßiger Verwaltung entspricht;

i) die notwendigen Versicherungen abzuschließen, zu verlängern, zu ändern oder zu kündigen, sofern dies ordnungsmäßiger Verwaltung entspricht, insbesondere weil mit der Kündigung ein Neuabschluss erfolgt oder ein ausreichender Versicherungsschutz auf sonstige Weise gewährleistet wird;

j) die Abwicklung von Versicherungsschäden auf der Grundlage gemeinschaftlicher Versicherungsverträge in Bezug auf das Gemeinschaftseigentum zu übernehmen.

4.3. Soweit die Verwaltung nach dem Gesetz, der Teilungserklärung/Gemeinschaftsordnung, durch Beschluss der Eigentümer, gem. obiger Ziffern 4.1. und 4.2., jeweils Buchst. b), oder nachfolgender Buchst. zu Ziffer 4.3. dieses Vertrages oder auf sonstige Weise zur Führung von Aktiv- und Passivprozessen oder zur außergerichtlichen Geltendmachung oder Abwehr von Ansprüchen berechtigt ist, schließt dies auch die Beauftragung eines Rechtsanwalts im Namen und auf Kosten der WEG bzw. Eigentümer ein. Wird die Verwaltung ohne Hinzuziehung eines Rechtsanwalts tätig, ist sie berechtigt, für die Rechtsvertretung auf der Grundlage des Gebührenrechts der Rechtsanwälte nach dem gesetzlichen Streitwert abzurechnen.

a) Die Verwaltung ist berechtigt, fällige Lasten- und Kostenbeiträge (insbesondere Wohngeldrückstände) außergerichtlich und gerichtlich im Namen der WEG anzufordern und beizutreiben. Die Beitreibung umfasst auch die Zwangsvollstreckung;

b) Die Verwaltung ist berechtigt, den Anspruch auf Herausgabe von Verwaltungsunterlagen gegen einen früheren Verwalter (Fremdverwalter oder Eigentümerverwalter) im Namen der WEG außergerichtlich und gerichtlich geltend zu machen einschließlich der Beantragung einer einstweiligen Verfügung;

c) Die Verwaltung ist berechtigt, gemeinschaftsbezogene Rechte und Pflichten der Eigentümer, die der Ausübungs- und Wahrnehmungsbefugnis der WEG unterliegen, sowie die Durchsetzung oder Abwehr von Ansprüchen, welche die WEG durch Mehrheitsbeschluss an sich gezogen hat, als Vertreter der WEG außergerichtlich und gerichtlich vorzunehmen, z. B. Ansprüche auf Beseitigung baulicher Veränderungen, Unterlassung von zweckbestimmungswidriger oder sonst störender Nutzung von Gemeinschaftseigentum oder Sondereigentum durch Eigentümer, Mieter oder sonstige Bewohner, Beseitigung von Mängeln am Gemeinschaftseigentum oder Sondereigentum usw.

d) In der Eigentümerversammlung fällt der Verwaltung nicht die Befugnis und Verpflichtung zu einer spezifisch rechtlichen Prüfung und Beratung der Eigentümer zu. Zeigt sich im Einzelfall bereits vor der Versammlung eine rechtliche Schwierigkeit, die eine spezifisch juristische Prüfung erfordert, ist die Verwaltung berechtigt, im Namen und auf Kosten der WEG einen Rechtsanwalt zu beauftragen, die Eigentümer vor oder in der Versammlung rechtlich zu beraten, z.B. durch eine mündliche oder schriftliche Rechtsauskunft oder Kurzbegutachtung, die Formulierung eines Beschlussantrags usw. Die Vertretungsmacht der Verwaltung beschränkt sich darauf, mit dem Rechtsanwalt je nach Umfang und Schwierigkeitsgrad der Rechtsfrage eine Vergütungsvereinbarung von bis zu EUR ... (in Worten: ... Euro) zuzüglich der jeweils geltenden Mehrwertsteuer abzuschließen. Für eine weitergehende Beauftragung des Rechtsanwalts bedarf es einer gesonderten Ermächtigung.

4.4.   Die Verwaltung kann von den Eigentümern jederzeit die Ausstellung einer Vollmachts- und Ermächtigungsurkunde verlangen, aus welcher der Umfang der Vertretungsmacht hervorgeht. Soweit erforderlich, ist die Verwalter berechtigt, in den Grenzen der ihr verliehenen Vertretungsmacht im Einzelfall eine Untervollmacht zu erteilen.

§ 5 Verwaltungsentgelt

5.1.   An Grundvergütung zahlt die WEG der Verwaltung ein monatliches Entgelt von

ohne MwSt.	+ ges. MwSt. (derz. 19%)	Brutto €	Einheiten	Gesamt-betrag (€) inkl. ges. MwSt. (derzeit 19%)
je Wohnung €	...,00	...,00	...,00	...,00
je Garage/Stell-platz €	...,00	...,00	...,00	...,00
je Teil-eigentum €	...,00	...,00	...,00	...,00
Monatl. Gesamtbetrag €	...,00	...,00	...,00	...,00

5.2.   Die Grundvergütung wird gezahlt für die der Verwaltung nach den gesetzlichen Bestimmungen der §§ 23–24, 27–28 WEG obliegenden Mindestaufgaben (Grundleistungen). Für darüber hinausgehende besondere Leistungen im Sinne des Leistungskatalogs gem. Ziffer 6.2. dieses Verwaltervertrages werden die unter § 6.2. aufgelisteten Sondervergütungen vereinbart.

5.3.   Falls sich nachträglich durch Gesetzesänderungen, Änderung der höchstrichterlichen Rechtsprechung oder behördliche Verfügungen der Aufgabenbereich der Verwaltung nicht nur unwesentlich erweitern sollte, hat die Verwaltung einen Anspruch auf eine angemessene Anpassung der Vergütung.

5.4.   Die Verwaltung ist berechtigt, die monatliche Gesamtvergütung (Grundvergütung und Sondervergütung) bis zum 3. eines jeden Monats vom Wohngeldkonto der WEG abzubuchen und auf ihr Konto zu überweisen. Im Innenverhältnis der Eigentümer wird die an die Verwaltung geleistete Gesamtvergütung nach dem für die Verteilung des Verwalterhonorars geltenden Kostenverteilungsschlüssel verteilt. Verursachen einzelne Eigentümer einen besonderen Verwaltungsaufwand, kann durch Eigentümerbeschluss eine direkte Kostentragungspflicht beschlossen werden.

§ 6 Leistungskatalog

6.1.   Grundleistungen
Zu den Grundleistungen der Verwaltung gehören die in den §§ 23–24, 27–28 WEG aufgeführten gesetzlichen Mindestaufgaben. Diese Leistungen sind mit der Zahlung der Verwaltergrundvergütung gemäß § 5 abgegolten.

6.2.   Besondere Leistungen
Die Verwaltung erbringt über die Grundleistungen hinaus besondere Leistungen, die gemäß nachstehender Auflistung teilweise kostenfrei, teilweise kostenpflichtig sind und im letzteren Falle eine Sondervergütung auslösen. Die Sondervergütung wird aus dem Verbandsvermögen geschuldet. Soweit eine besondere Leistung oder ein sonstiger besonderer Verwaltungsaufwand durch einzelne Eigentümer verursacht wird, ist dieser im Innenverhältnis der Eigentümer mit der Vergütung zu belasten. Die Eigentümer sind gegebenenfalls verpflichtet, im Innenverhältnis entsprechende Beschlüsse zu fassen.

6.2.1.   Niederschrift   kostenfrei
Versammlungsprotokolle und Umlaufbeschlüsse werden jedem Eigentümer an die dem Verwalter bekannte oder sonst zuletzt schriftlich mitgeteilte Adresse übersandt.

6.2.2.   Beschluss-Entwürfe   kostenfrei
Um einen zügigen und reibungslosen Ablauf der Eigentümerversammlung sicherzustellen, bereitet die Verwaltung – soweit tatsächlich und rechtlich möglich – Beschlussentwürfe vor.

6.2.3.   Beiratskopien   kostenfrei
Von wichtigem Schriftverkehr erhält der Verwaltungsbeirat Kopien, damit er immer über die aktuellen Belange der WEG informiert ist und seine Stellungnahme dazu abgeben kann.

6.2.4.   Mahnungen wegen Wohngeldrückstand   € …
und   pro Mahnfall
Mahnung von säumigen Eigentümern.

6.2.5.   Einrichtung der Lohnabrechnung   € … je Mitarbeiter

6.2.6.   Lohnabrechnung   € …
                                             je Lohnabrechnung
Lohn- und Lohnnebenkosten-Abrechnung für haupt-/nebenberufliche Mitarbeiter der Gemeinschaft.   je Mitarbeiter

6.2.7.   Eigentumswechsel
Bearbeitung von Eigentumswechsel (z. B. Information des Erwerbers, Ändern der Stammdaten, Auskünfte / Einsicht in die Unterlagen usw.) und – falls erforderlich – Verkaufs-   ohne Verwalterzustimmung je € …

	zustimmung gemäß § 12 WEG vor dem Notar. Im Innenverhältnis wird der veräußernde Eigentümer belastet.	mit Verwalterzustimmung je € …
6.2.8.	Gerichtsverfahren	
	Beitreibung von Hausgeld oder Sonderumlage, ab Mahnbescheid.	pro Fall € …
	Bearbeiten von Gerichtsverfahren, wie z. B. Beschlussanfechtungen. Über die Anträge und Ergebnisse der Verfahren (außer Hausgeldklagen) werden die Eigentümer unmittelbar informiert.	nach Aufwand
6.2.9.	Instandsetzungen/Sanierungsmaßnahmen	
	Durchführung von Instandsetzungen ohne Einschaltung eines Ingenieurbüros, nach vorherigem Beschluss der Eigentümer.	gemäß Beschluss
	Durchführung von Instandsetzungen unter Einschaltung eines Ingenieurbüros, nach Beschluss der Eigentümer.	gemäß Beschluss
6.2.10.	Wiederholungsversammlung	€ …
	Jede Eigentümerversammlung, die auf Grund Beschlussunfähigkeit wiederholt werden muss *(Berechnung: € 50,00 + € 2,50 je Einheit für Kopier- und Versandkosten)*	
6.2.11.	Weitere Eigentümerversammlungen	€ …
	Jede weitere Versammlung, soweit der Anlass nicht vom Verwalter zu vertreten ist. *(Berechnung: € 150,00 + € 5,00 je Einheit für Kopier- und Versandkosten)*	
6.2.12.	Kopien DIN A4	bis 50 Kopien á € 0,50
	Von Eigentümern beauftragte zusätzliche Kopien einschl. Lohnkosten. Gleiches gilt für das Einscannen und Versenden per E-Mail.	ab der 51. Kopie á € 0,15
6.2.13.	Ersatzvornahme	nach Aufwand
	Ersatzvornahmen bei abgemahntem Leistungsrückstand einzelner Miteigentümer und Beschaffung fehlender Unterlagen.	
6.2.14.	Zwangsversteigerungen	€ …
	Bearbeiten des Vorgangs (Antrag, Beitritt, Anmeldung) und Information der Eigentümer *(Berechnung: € 100,00 + € 2,50 je Einheit für Kopier- und Versandkosten)*	
6.2.15.	Bestellen von Schlüsseln und Schließzylinder der Schließanlage für Sondereigentum	€ … pro Bestellung
6.2.16.	Sonderumlagen berechnen, einziehen und buchen	€ … je Einheit
6.2.17.	Gebühr für die Nichtteilnahme am Lastschriftverfahren je Eigentümer und Einheit	€ … monatliche Gebühr
6.2.18.	Zusätzliche Arbeiten	nach Aufwand
	Arbeiten und Leistungen, die nicht in den Grundleistungen aufgeführt und nach diesem Vertrag von einzelnen	

Eigentümern oder der Gemeinschaft beauftragt oder im Rahmen ordnungsgemäßer Verwaltung erforderlich werden.

6.2.19. Gebühr für die Abwicklung der Bauabzugsteuer bei Vergabe der Bauleistungen

€ ...
je Sondereinheit
und Jahr

6.2.20. Neue Aufgaben

nach Aufwand
oder Pauschale

Neue Aufgaben, die der Eigentümergemeinschaft durch gesetzliche Verfügung neu entstehen.

Bei einer Berechnung nach Aufwand gelten folgende Kostensätze:

1. Personal, Kosten pro Stunde für Verwalter (Geschäftsleitung)   € ...
2. Personal, Kosten pro Stunde für Sachbearbeiter (Kauffrau/Kauf-   € ...
mann der Grundstücks- und Immobilienverwaltung, Immobilien-
fachwirt usw.)
3. Umschläge und Adressen   kostenfrei
4. Porto für besondere Leistungen   Postgebühr
5. Auslagenersatz   auf Nachweis

Die vorgenannten Kosten und Kostensätze verstehen sich zzgl. der jeweils gültigen gesetzlichen Mehrwertsteuer.

§ 7 Haftung

7.1. Die Verwaltung haftet für schuldhafte Pflichtverletzungen nach den gesetzlichen Bestimmungen vorbehaltlich der nachfolgenden Besonderheiten.

7.2. Schadenersatzansprüche gegen die Verwaltung verjähren spätestens in drei Jahren, beginnend mit dem Schluss des Jahres, in dem der Anspruch entstanden ist und die WEG oder die Eigentümer von den den Anspruch begründenden Umständen und der Person des Schuldners Kenntnis erlangen oder aufgrund grober Fahrlässigkeit keine Kenntnis erlangt haben. Unabhängig von der Kenntnis oder der grob fahrlässigen Unkenntnis verjähren die Schadensersatzansprüche gegen den Verwalter jedoch spätestens drei Jahre nach Beendigung der Amts- und Vertragslaufzeit, es sei denn, der Schadensersatzanspruch beruht auf einer grob fahrlässigen oder vorsätzlichen Pflichtverletzung oder es sind Schadensersatzansprüche aus der Verletzung des Lebens, des Körpers, der Gesundheit oder der Kardinalpflichten des Verwalters betroffen.

7.3. Die Verwaltung unterhält eine Vermögensschaden-Haftpflichtversicherung. Die Haftung erstreckt sich bei Verschulden des Verwalters auf EUR ... (in Worten: ... Euro) je Versicherungsfall.

§ 8 Obliegenheiten der Eigentümer

Die Eigentümer sind gehalten:

8.1. Verwaltungsunterlagen
der Verwaltung rechtzeitig zu Beginn der Verwaltertätigkeit alle erforderlichen Verwaltungsunterlagen im Original oder – sofern im Original nicht vorhanden – in leserlicher Kopie zu übergeben, insbesondere:
Teilungserklärung/Teilungsvertrag mit Gemeinschaftsordnung und allen etwaigen Nachträgen;
Beschluss-Sammlung
Beschlussprotokolle der Eigentümerversammlungen

Aktuelle Stammdaten (Eigentümerliste, Adressliste, Wohnungsnummer, Wohnflächen-Berechnung usw.);

Alle gerichtlichen Entscheidungen, insbesondere aus WEG-Verfahren;

Vollständige Bau-, Revisions- und Lagepläne einschl. Maße;

Alle zurzeit bestehenden Verträge, die mit Dritten im Namen der Gemeinschaft abgeschlossen wurden;

den laufenden Wirtschaftsplan und die letzte Jahresabrechnung;

vom Beirat geprüfte Belege in geordneter und zusammengestellter Form einschl. Geldbestandsnachweis über das Vermögen der Gemeinschaft und gemeinschaftliche Gelder in spezifizierter Aufstellung.

Nach Beendigung der Verwaltertätigkeit ist die WEG verpflichtet, der Verwaltung Einsicht in Unterlagen zu gewähren oder in Kopie zur Verfügung zu stellen, wenn und soweit Ansprüche geltend gemacht werden.

8.2. Schadensmeldung

erkennbare Schäden am Gemeinschaftseigentum, auch im Bereich des Sondereigentums, der Verwaltung unverzüglich schriftlich anzuzeigen, in Notfällen, die keine schriftliche Abfassung erlauben, auch fernmündlich vorab.

8.3. Zutritt zum Sonderteileigentum

der Verwaltung und Dritten nach je nach Einzelfall zu bemessender angemessener vorheriger Ankündigungsfrist und unter Angabe des Zwecks des Besuchs (z. B. Zählerablesung, Geräteprüfung, Prüfung eines tatsächlichen Instandsetzungsbedarfs, Durchführung von Instandsetzungsmaßnahmen am Sonder- oder Gemeinschaftseigentum usw.) Zutritt zum Sondereigentum zu gestatten und die erforderlichen Maßnahmen zu dulden.

8.4. Hausordnung

für die Einhaltung der Hausordnung zu sorgen, insbesondere bei Vermietung.

8.5. Wertverbesserung

Wertverbesserungen im Sondereigentum, die über die Ausstattung gemäß Baubeschreibung hinausgehen, auf eigene Kosten und in angemessener Höhe zu versichern.

§ 9 Allgemeine Vertragsbestimmungen

9.1. Mündliche Nebenabreden zu diesem Verwaltervertrag haben keine Gültigkeit. Durch die Ungültigkeit einzelner Bestimmungen wird die Wirksamkeit der übrigen Vereinbarungen nicht berührt. Anstelle der nichtigen Bestimmung gilt eine solche Vorschrift als vereinbart, die dem wirtschaftlichen Zielgehalt der unwirksamen Bestimmung am nächsten kommt.

9.2. Änderungen und Ergänzungen dieses Vertrages bedürfen der Zustimmung der Versammlung und des Verwalters. Der Verwaltungsbeirat kann zum Abschluss bevollmächtigt werden.

§ 10 Unterschriftenzeile

…, den …   …, den …

_____   _____

WEG …, vertreten durch den   Verwaltung
Verwaltungsbeirat Frau/Herrn …,
bevollmächtigt gemäß Beschluss
vom … (alternativ: vertreten durch
…)

Anlagenverzeichnis

...
...
[...]

Verwaltervollmacht
Die Wohnungseigentümergemeinschaft ... (im Folgenden: WEG)
bevollmächtigt die Verwaltung ...

die WEG ... in allen gemeinschaftlichen oder gemeinschaftsbezogenen Verwaltungsangelegenheiten auf der Aktiv- wie Passivseite außergerichtlich und gerichtlich, ggf. auch unter Hinzuziehung anwaltlicher Hilfe, zu vertreten. Der Verwalter kann des Weiteren, insbesondere unter Befreiung von den Beschränkungen des § 181 BGB,
  Rechte der WEG gegenüber Dritten regeln und wahrnehmen oder Ansprüche Dritter gegen die WEG abwehren.
  die WEG als Berechtigte von Dienstbarkeiten gerichtlich oder außergerichtlich vertreten.
  namens der WEG Dienst-, Werk-, Versicherungs-, Wartungs- und Lieferungsverträge abschließen und auflösen, die zu einer ordnungsgemäßen sachgerechten Verwaltung erforderlich sind.
Der Verwalter ist auch berechtigt:
Fällige Lasten und Kostenbeiträge (insbesondere Hausgeld) außergerichtlich und notfalls gerichtlich im Namen der WEG gegen den Schuldner, ggf. mit anwaltlicher Hilfe, anzufordern und beizutreiben. Die Beitreibung umfasst auch Maßnahmen der Zwangsvollstreckung.
  Im Namen der WEG mit Wirkung für und gegen sie alle Leistungen und Zahlungen zu bewirken und entgegenzunehmen, die mit der laufenden Verwaltung zusammenhängen. Das gilt auch für Steuern und öffentliche Abgaben, insbesondere wird der Verwalter bevollmächtigt, die Grundsteuer zu zahlen und die Bescheide entgegen zu nehmen.
  Willenserklärungen und Zustellungen entgegenzunehmen, soweit diese an die WEG oder die Eigentümer in dieser Eigenschaft gerichtet sind (hierzu zählen auch Klagen und sonstige gerichtliche oder behördliche Schreiben, Schriftsätze und Schriftstücke).
  Maßnahmen zu treffen, die zur Wahrung einer Frist oder zur Abwendung eines der WEG oder den Eigentümern drohenden Rechtsnachteils erforderlich sind, insbesondere einen gegen die WEG gerichteten Rechtsstreit gem. § 43 Nr. 2 WEG (Streit über Rechte und Pflichten zwischen der WEG und Eigentümern) oder § 43 Nr. 5 WEG (Klagen Dritter gegen die WEG oder Eigentümer) im Erkenntnis- und Vollstreckungsverfahren zu führen, sowie die verklagten Eigentümer im Beschlussanfechtungsprozess gerichtlich zu vertreten. Der Verwalter ist in diesem Rahmen berechtigt, namens der WEG oder Eigentümer einen Rechtsanwalt mit der gerichtlichen Vertretung zu beauftragen und mit diesen ggf. eine Streitwertvereinbarung abzuschließen;
  Untervollmachten für einzelne Verwaltungsangelegenheiten zu erteilen.
  Erlischt die Vertretungsvollmacht der Verwaltung, so ist die Vollmacht den Eigentümern zurückzugeben. Ein Zurückbehaltungsrecht an der Urkunde steht der Verwaltung nicht zu.

..., den ...

_____
(Unterschrift)

(Ggf.: Der Verwaltungsbeirat ist bevollmächtigt gemäß Beschluss vom ...).

II. Eigentümerfreundlicher Verwaltervertrag

Verwaltervertrag

zwischen der
Wohnungseigentümergemeinschaft ... in ...

– nachstehend **WEG** genannt –

und

...

– nachstehend **Verwaltung** genannt –

§ 1 Übertragung der Verwaltung

Der Verwaltung wird auf Grundlage dieses Vertrages die Verwaltung des gemeinschaftlichen Eigentums der WEG ... in ... übertragen. Der Verwaltervertrag ersetzt nicht die organschaftliche Bestellung der Verwaltung, sondern besteht als eigenständiges Rechtsverhältnis (Anstellungsverhältnis) neben dem durch die Bestellung begründeten Bestellungsverhältnis.

(Ggf.: Die Verwaltung wurde durch Beschluss der Wohnungseigentümerversammlung vom ... mit Wirkung ab dem ... für eine Dauer von ... Jahren bestellt. Die Verwaltung hat die Bestellung angenommen.)

§ 2 Laufzeit des Vertrages

2.1   Die Verwaltungstätigkeit beginnt am ...

2.2   Der Vertrag hat eine feste Vertragslaufzeit von einem Jahr und endet mithin – vorbehaltlich einer etwaigen Verlängerung nach § 2.3 – mit Ablauf des ... . Während der Festlaufzeit ist eine ordentliche Kündigung des Vertrages ausgeschlossen.

2.3   Wird der Vertrag nicht 3 Monate vor Ablauf der Festlaufzeit von einer Vertragspartei schriftlich zum Ablauf der Festlaufzeit gekündigt, so verlängert er sich unter Beibehaltung dieser Kündigungsfrist um jeweils eine weitere Festlaufzeit von einem Jahr.

Das Recht zur fristlosen Kündigung aus wichtigem Grund bleibt für beide Parteien unberührt, ebenso bleibt das Recht der WEG unberührt, die Verwaltung aus wichtigem Grund durch Beschluss jederzeit abzuberufen. Ein die WEG zur fristlosen Kündigung und/oder Abberufung berechtigender wichtiger Grund liegt insbesondere vor, wenn die Verwaltung ihre Zahlungen einstellt, über ihr Vermögen ein Insolvenzverfahren eröffnet oder die Eröffnung mangels Masse abgelehnt wird.

2.4   Eine Kündigung dieses Vertrages hat die Verwaltung

2.4.1   schriftlich oder mündlich in der Wohnungseigentümerversammlung oder

2.4.2   schriftlich gegenüber allen Wohnungseigentümern oder

2.4.3   schriftlich gegenüber allen Mitgliedern des Verwaltungsbeirats zu erklären.

§ 3 Rechte und Pflichten der Verwaltung

3.1   Die Rechte und Pflichten der Verwaltung ergeben sich aus

3.1.1   den Regelungen des Wohnungseigentumsgesetzes, insbesondere den §§ 20 ff. WEG,

3.1.2 der/des diesem Vertrag als **Anlage** beigefügten Teilungserklärung (alternativ: Teilungsvertrages) nebst Gemeinschaftsordnung (ggf.: und Nachträgen zur Gemeinschaftsordnung),

3.1.3 Beschlüssen der Wohnungseigentümer,

3.1.4 gerichtlichen und/oder behördlichen Entscheidungen,

3.1.5 den Regelungen dieses Vertrages sowie ergänzend

3.1.6 den §§ 675, 611 ff., 631 ff. BGB und sonstigen einschlägigen gesetzlichen Bestimmungen.

3.2 Für sämtliche Leistungen der Verwaltung und von der Verwaltung veranlasste Maßnahmen gilt folgendes:

3.2.1 Die Verwaltung ist verpflichtet, das Verwaltungsobjekt mit der Sorgfalt und nach den Grundsätzen eines ordentlichen und fachkundigen Kaufmanns der Immobilienwirtschaft zu betreuen, insbesondere

a) alle Regelungen der Teilungserklärung (alternativ: des Teilungsvertrages), der Gemeinschaftsordnung, gerichtliche und/oder behördliche Entscheidungen, Beschlüsse der Wohnungseigentümer und die Bestimmungen dieses Vertrages zu beachten und

b) alle Leistungen und Maßnahmen der Verwaltung so auszuführen, dass sie dem Interesse der Gesamtheit der Wohnungseigentümer und dem Verbandsinteressen entsprechen und

c) sämtliche Leistungen und Maßnahmen der Verwaltung vorbehaltlich entgegenstehender Weisungen der Eigentümerversammlung nur im Rahmen ordnungsgemäßer Verwaltung und unter Beachtung des Grundsatzes der Wirtschaftlichkeit und Sparsamkeit auszuführen.

3.2.2 Soweit nach der Gemeinschaftsordnung oder dem Gesetz die Durchführung einer Maßnahme eines Beschlusses der Wohnungseigentümer bedarf, ist die Verwaltung – mit Ausnahme von Notmaßnahmen nach Ziff. 3.3.9 g) – verpflichtet, eine Beschlussfassung der Wohnungseigentümer herbeizuführen.

3.2.3 Zur Führung von Aktivprozessen im Namen von Wohnungseigentümern oder der WEG ist die Verwaltung ohne vorherige Beschlussfassung der WEG nur befugt, wenn den Wohnungseigentümern oder der WEG durch das Abwarten einer Beschlussfassung rechtliche Nachteile (z. B. Fristablauf, Verjährung) drohen.

3.3 Die Verwaltung ist verpflichtet, alles zu tun, was zu einer ordnungsgemäßen Verwaltung in technischer, organisatorischer und kaufmännischer Hinsicht notwendig ist. Die Verwaltung ist insbesondere zu den nach §§ 27 und 28 WEG vorgesehenen und den nachfolgend unter Ziff. 3.3.1 bis 3.3.10 aufgeführten Leistungen verpflichtet.

3.3.1 Vorbereitung und Durchführung von Wohnungseigentümerversammlungen:

a) Vorbereitung, Einberufung, Leitung und Durchführung der ordentlichen Wohnungseigentümerversammlung einmal pro Jahr, und zwar, soweit diesem Termin nicht ein wichtiger Grund entgegensteht, bis Ende März des laufenden Wirtschaftsjahres;

b) Erstellung einer Niederschrift über die Wohnungseigentümerversammlung nach 3.3.1 a) in Form eines ausführlichen Protokolls und Vorlage dieser Niederschrift bei den jeweiligen Mitgliedern des Verwaltungsbeirats (soweit ein Verwaltungsbeirat vorhanden ist, sonst drei Mitgliedern der Wohnungseigentümergemeinschaft) zur Unterschrift;

c) Versendung einer Ablichtung der Niederschrift an jeden einzelnen Wohnungseigentümer;

d) Gewährung der Einsichtnahme in die Originale der Niederschriften nach vorheriger Terminabsprache;

e) **Zusatzleistung:** Vorbereitung, Einberufung Leitung und Durchführung weiterer Wohnungseigentümerversammlungen sowie Erstellung und Versand der Niederschriften. Soweit eine weitere Eigentümerversammlung durch ein schuldhaftes Verhalten der Verwaltung verursacht wird, handelt es sich um keine Zusatzleistung der Verwaltung.

3.3.2 Durchführung von Beschlüssen der Wohnungseigentümer.

3.3.3 Allgemeine Betreuungsleistungen:

a) Mitwirkung bei der Aufstellung und Änderung einer Hausordnung (insb. einer Nutzungsordnung für im gemeinschaftlichen Eigentum stehende Einrichtungen und Anlagen, wie z.B. Waschküche, Aufzug, Fahrradkeller, usw.).

b) Überwachung der Einhaltung der jeweils gültigen Haus- und Nutzungsordnung und Durchführung der Haus- und Nutzungsordnung (gegebenenfalls durch beauftragte Dritte, z.B. durch den Hausmeister);

c) Teilnahme an zwei Verwaltungsbeiratssitzungen pro Wirtschaftsjahr (inkl. der Beiratssitzung zur Vorbereitung der ordentlichen jährlichen Wohnungseigentümerversammlung) sowie Teilnahme an der Belegprüfung durch den Verwaltungsbeirat, wobei dem Verwaltungsbeirat spätestens bis Ende Januar Gelegenheit zur Prüfung der Belege für das vorangegangene Wirtschaftsjahr zu geben ist;

d) Auskunftserteilung gegenüber der WEG und/oder einzelnen Wohnungseigentümern einschließlich der Gewährung der Einsichtnahme in sämtliche Verwaltungsunterlagen;

e) geordnete Aufbewahrung aller Verwaltungsunterlagen, insbesondere Teilungserklärung (alternativ: Teilungsvertrag), Gemeinschaftsordnung nebst etwaiger Nachträge, Hausordnung, Eigentümerlisten, Adresslisten, Beschluss-Sammlung, Niederschriften über Eigentümerversammlungen, gerichtliche Entscheidungen, behördliche Verfügungen, Mitteilungen, Pläne, Schließpläne, Generalschlüssel, Betriebsanleitungen, alle objektbezogenen Verträge, alle steuerlichen und sonstigen behördlichen Unterlagen, …

f) Führung einer Beschluss-Sammlung nach den §§ 24 Abs. 7, 8 WEG;

g) Führung der erforderlichen Korrespondenz;

h) **Zusatzleistung:** Teilnahme an Verwaltungsbeiratssitzungen außerhalb der üblichen Bürozeiten oder an mehr als den zwei als Grundleistung vereinbarten Verwaltungsbeiratssitzungen im Jahr (oben c);

i) **Zusatzleistung:** Beschaffung, Einsichtnahme, Erstellen oder Wiederherstellung fehlender Verwaltungsunterlagen, die zur Durchführung einer ordnungsgemäßen Verwaltung erforderlich und bei Übernahme der Verwaltung nicht vorhanden sind.

3.3.4 Vertragsmanagement:

a) Information und Beratung der Wohnungseigentümer und des Verwaltungsbeirats, sofern ein solcher besteht, über Notwendigkeit und Zweckmäßigkeit des Abschlusses objektbezogener Verträge, wobei bei einer rechtlichen Beratung die gesetzlichen Grenzen zulässiger Rechtsdienstleistungen einzuhalten sind;

b) Einholung von Angeboten/Kostenvoranschlägen (insbesondere zur Vorbereitung der Durchführung von Instandhaltungs- und Instandsetzungsmaßnahmen) und Vorlage dieser Angebote/Kostenvoranschläge in der Eigentümerversammlung zur Vorbereitung einer Beschlussfassung;

c) Überwachung der ordnungsgemäßen Durchführung der von der WEG abgeschlossenen Verträge; wobei hinsichtlich von Anstellungsverträgen mit einem Hausmeister, sonstigem Dienstpersonal und/oder Hausmeisterservice-Unternehmen die Gewährung von Urlaub mit dem Verwaltungsbeirat abzustimmen ist;

d) Abschluss, Änderung oder Beendigung von Anstellungsverträgen mit einem Hausmeister, sonstigem Dienstpersonal und/oder Hausmeisterservice-Unternehmen nach entsprechendem vorherigen Beschluss der Wohnungseigentümer;

e) Abschluss der in Gesetz, Gemeinschaftsordnung oder Beschlüssen der Wohnungseigentümer vorgesehenen Versicherungsverträge und bedingungsgemäße Erfüllung der versicherungsvertraglichen Obliegenheiten und die Abwicklung von Versicherungsfällen;

f) Abschluss erforderlicher Wartungsverträge für alle technischen Anlagen, wie insbesondere Heizung, Lüftung, Aufzüge, Antennen und alle Verbrauchsmessgeräte (einschließlich Abschluss etwa erforderlichen Verträge zur Eichung) als laufende Maßnahme der erforderlichen ordnungsmäßigen Instandhaltung des gemeinschaftlichen Eigentums;

g) Abschluss von Verträgen über die Anschaffung von Verbrauchsmaterial (z. B. Reinigungsmittel, ... usw.) Gebrauchsgegenständen (z. B. Reinigungsgeräte, Gartengeräte, ... usw.) als laufende Maßnahme der erforderlichen ordnungsmäßigen Instandhaltung des gemeinschaftlichen Eigentums;

h) Abschluss aller für den Betrieb der Wohnungseigentumsanlage erforderlichen Energielieferungsverträge (Strom, Wasser, Gas, Heizöl), soweit die Wohnungseigentümer über derartige Leistungen keine individuellen Verträge abschließen;

i) Abschluss aller zur Instandhaltung und Instandsetzung des gemeinschaftlichen Eigentums erforderlichen Verträge, insbesondere mit Bauunternehmen, Ingenieuren und Architekten und sonstigen Sonderfachleuten, soweit die Wohnungseigentümer über die Durchführung der Maßnahme und den Abschluss des Vertrages einen Beschluss gefasst hat und unter Beachtung der Regelung der Ziff. 9.2;

j) Abschluss von Verträgen mit Kreditinstituten zur Führung von Bankkonten der WEG, Verwaltung von Depots und Anlage von Geldern (Instandhaltungsrücklage) der WEG, wobei

– die Instandhaltungsrücklage gesondert und mündelsicher in entsprechender Anwendung des § 1807 BGB anzulegen ist und

– die Inanspruchnahme von Überziehungs- oder sonstigen Darlehen vorbehaltlich eines anders lautenden Beschlusses der Wohnungseigentümer nicht gestattet ist und

– nur inländische Kreditinstitute in Betracht kommen, bei denen die Einlagen durch inländische Einlagensicherungssysteme geschützt sind und Kontoführungsgebühren von der WEG nicht zu tragen sind.

k) Abschluss von Verträgen zur Erfassung des Verbrauchs von Heizungsenergie und Warmwasser, soweit die Wohnungseigentümer für derartige Leistungen keine individuellen Verträge abschließen;

l) Abschluss aller sonstigen Verträge, die zur ordnungsgemäßen Verwaltung des gemeinschaftlichen Eigentums erforderlich und zweckmäßig sind;

m) Aufhebung, Änderung, Ergänzung und Kündigung aller vorgenannten Verträge.

3.3.5   Zusatzleistung: Hinzuziehung von Sonderfachleuten für die Vorbereitung und Überwachung der ordnungsgemäßen Durchführung von Verträgen, soweit hierzu Kenntnisse erforderlich sind, die über die eines Kaufmanns der Immobilienwirtschaft hinausgehen, insbesondere die Einschaltung von Architekten, Ingenieuren, Statikern, Rechtsanwälten u. a.;

3.3.6   **Zusatzleistung:** Abschluss weiterer über die Gemeinschaftsordnung hinausgehender Versicherungen.

3.3.7   **Zusatzleistung:** Erteilung der Zustimmung zur Veräußerung eines Wohnungseigentums, soweit die Veräußerung des Wohnungseigentums nach der Gemeinschaftsordnung der Zustimmung der Verwaltung bedarf.

3.3.8   Finanz- und Vermögensmanagement:

     a) Einrichtung und Erhaltung einer nach kaufmännischen Grundsätzen geführten Buchhaltung, Überwachung der Zahlungsverpflichtungen der Wohnungseigentümer gegenüber der WEG, Einhaltung des Wirtschaftsplanes sowie rechtzeitige Zahlung aller Verbindlichkeiten der WEG;

     b) geordnete Aufbewahrung der Belege und Führung einer Lohnbuchhaltung (hinsichtlich der Aufbewahrungsfristen gelten die gesetzlichen Regelungen des Handels- und Steuerrechts);

     c) kaufmännische Rechnungsprüfung;

     d) Abrechnung einer etwa vorhandenen Hausmeisterkasse sowie der Erlöse aus dem Betrieb der Münzwaschautomaten;

     e) Aufstellung eines Wirtschaftsplans für das laufende Geschäftsjahr;

     f) Berechnung, Abrufung und Einzug sowie buchhalterische Verwaltung des Wohngeldes auf der Grundlage des von den Wohnungseigentümern beschlossenen Wirtschaftsplanes oder der Gemeinschaftsordnung;

     g) (ggf.: Einzug der Miete für die Hausmeisterwohnung);

     h) Erstellung der Jahresabrechnung in Form einer Gesamtabrechnung und einer Aufteilung des Abrechnungsergebnisses auf jeden Wohnungseigentümer (Einzeljahresabrechnung), und – für vermietende Wohnungseigentümer und soweit möglich – auch nach § 556 BGB i.V.m. der jeweils gültigen Fassung der Betriebskostenverordnung in umlagefähige und nicht umlagefähige Kosten sowie einschließlich der gesonderten Ausweisung der Kosten für nach § 35a EStG als haushaltsnahe Dienstleistungen und haushaltsnahe Handwerkerleistungen begünstigten Leistungen (einschließlich des insoweit auf den jeweiligen Wohnungseigentümer entfallenden Anteils);

     i) Anforderung und Einziehung der sich aus beschlossenen Jahresabrechnungen ergebenden Nachzahlungen auf das Wohngeld;

     j) Teilnahme an der Beleg- und Rechnungsprüfung durch den Verwaltungsbeirat;

     k) Erstellung und Abrechnung der Zinsabschlagssteuer gegenüber den einzelnen Wohnungseigentümern;

     l) Verwaltung von Instandhaltungsrücklagen nach Maßgabe der Ziff. 3.3.4 j);

     m) Überprüfung und Erstellung einer Buchhaltung oder Jahresrechnung für Zeiträume, in denen ein Dritter Verwaltung war, soweit dies für die ordnungsmäßige Verwaltung erforderlich ist;

     n) Gerichtliche Durchsetzung rückständiger Wohngelder aus Beschlüssen über Wirtschaftspläne, Sonderumlagen, Jahresabrechnungen und sonstiger Ansprüche der WEG, gegebenenfalls unter Einschaltung eines auf dem Gebiet des Wohnungseigentumsrechts erfahrenen Rechtsanwalts auf Kosten der WEG;

     o) Teilnahme an Prüfungen der Jahresabrechnung durch beauftragte Sonderfachleute, wie z.B. Wirtschaftsprüfer, soweit solche Prüfungen für die ordnungsmäßige Verwaltung erforderlich sind;

     p) Rechnungslegung während des Geschäftsjahres außerhalb der Jahresabrechnung, soweit eine solche Rechungslegung für die ordnungsmäßige Verwaltung erforderlich ist (insbesondere vom Verwaltungsbeirat verlangt wird).

3.3.9   Technisches Management

Zu den nachfolgenden Leistungen ist die Verwaltung in dem Umfang verpflichtet, in dem sie von einem ausgebildeten ordentlichen Kaufmann der Immobilienwirtschaft ohne vertiefte technische Kenntnisse ausgeführt werden können:

a) Durchführung von Kontrollgängen im Bereich des gemeinschaftlichen Eigentums in angemessenen, regelmäßigen Abständen, mindestens jedoch alle sechs Monate, um Hausmeister- und Reinigungsleistung zu überwachen und bei einer Begehung ohne Hilfsmittel optisch feststellbare Schäden festzustellen;

b) Überwachung des baulichen Zustands des gemeinschaftlichen Eigentums in angemessenen, regelmäßigen Abständen, mindestens jedoch alle sechs Monate;

c) Information und Beratung der Wohnungseigentümer über die technische oder rechtliche (gesetzliche) Notwendigkeit der Vornahme von Instandhaltungs- und Instandsetzungsarbeiten am gemeinschaftlichen Eigentum, der Erfüllung behördlicher, öffentlich-rechtlicher oder sonstiger hoheitlicher oder gesetzlicher Vorschriften und Vorgaben und der Erfüllung der Verkehrssicherungspflicht;

d) Instandhaltung und Instandsetzung:

(aa) Einholung von Kostenvoranschlägen für Instandhaltung und Instandsetzungsarbeiten sowie

(bb) Vergabe von Instandhaltungs- und Instandsetzungsarbeiten nach Beschlussfassung der Wohnungseigentümer über die Vergabe;

e) Überwachung der Ausführung, Abnahme und Rechnungsprüfung sowie außergerichtliche Geltendmachung von Ansprüchen der WEG auf Fertigstellung, Nachbesserung und Mängelgewährleistung, Schadensersatz oder Minderung im Zusammenhang mit Instandhaltungs- und Instandsetzungsarbeiten;

f) Beratung und Hinzuziehung von Sonderfachleuten, insbesondere von Architekten oder Ingenieuren im Zusammenhang mit der Durchführung von Instandhaltungs- und Instandsetzungsarbeiten;

g) Veranlassung der ordnungsmäßigen Instandhaltung und Instandsetzung des gemeinschaftlichen Eigentums nach Beschluss der Eigentümergemeinschaft. Bei Gefahr im Verzug (insbesondere zur Abwendung eines dem gemeinschaftlichen Eigentum bei vorheriger Einberufung der Eigentümerversammlung sonst unmittelbar drohenden Schadens) sind solche Maßnahmen auch ohne Beschluss der Wohnungseigentümer zu veranlassen (Notmaßnahmen), wobei, soweit dies ohne Nachteil für das gemeinschaftliches Eigentum möglich ist, der Verwaltungsbeirat über Art und voraussichtliche Kosten der Notmaßnahmen vor ihrer Veranlassung durch den Verwaltung zu informieren ist;

h) **Zusatzleistung:** Stellungnahme zu beabsichtigten baulichen Veränderungen von Eigentümern;

i) **Zusatzleistung:** Vorbereitung und Durchführung einer gerichtlichen Geltendmachung von Ansprüchen der Wohnungseigentümer und/oder WEG auf Fertigstellung, Nachbesserung und Mängelgewährleistung, Schadensersatz oder Minderung;

3.3.10   Vertretung von Wohnungseigentümern und WEG:

a) Abgabe und Entgegennahme von Willenserklärungen und Vornahme von Rechtshandlungen, die mit der Verwaltung des gemeinschaftlichen Eigentums zusammenhängen;

   b) Durchführung von Maßnahmen, die zur Wahrung einer Frist oder zur Abwendung eines sonstigen Rechtsnachteils erforderlich sind;

   c) Erteilung von Informationen an die Wohnungseigentümer über wesentliche Vorgänge, insbesondere über zugestellte Klagen oder Anträge in Wohnungseigentumssachen;

   d) Beauftragung und Instruierung eines auf dem Gebiet des Bau-, Wohnungseigentums- bzw. Immobilienrechts erfahrenen Rechtsanwalts auf Kosten der WEG, soweit dies zur Wahrung und/oder Durchsetzung von Rechten oder Ansprüchen der WEG erforderlich oder zweckmäßig ist;

   e) Abgabe aller erforderlichen Erklärungen, die zur Herstellung einer Fernsprech-, Antennen- oder Energieversorgungsanlage für die WEG oder einzelne Wohnungseigentümer erforderlich sind;

   f) Vertretung der WEG und/oder Wohnungseigentümer im Zusammenhang mit öffentlich-rechtlichen Angelegenheiten, insbesondere Abgabe von Willenserklärungen und Entgegennahme von Zustellungen für die Wohnungseigentümer;

   g) **Zusatzleistung:** Einlegung von Rechtsmitteln zur Wahrung von Nachbarrechten, ggf. unter Hinzuziehung eines auf dem Gebiet des Bau-, Wohnungseigentums- bzw. Immobilienrechts erfahrenen Rechtsanwalts;

   h) **Zusatzleistung:** Vertretung der Wohnungseigentümer und/oder WEG im Zusammenhang mit gerichtlichen Verfahren, wie z. B. selbständige Beweisverfahren, Verfahren bezüglich Mängeln am gemeinschaftlichen Eigentum, Klagen wegen Fertigstellung, Nachbesserung oder sonstiger Mängelgewährleistungsrechte ggf. unter Hinzuziehung eines auf dem Gebiet des Bau- bzw. Immobilienrechts erfahrenen Rechtsanwalts;

   i) **Zusatzleistung:** Vertretung von Wohnungseigentümern oder der WEG in mündlichen Verhandlungen vor Gericht;

   j) **Zusatzleistung:** Teilnahme am Verfahren in Wohnungseigentumssachen, an denen der Verwaltung kraft Gesetzes beteiligt ist.

3.3.11   Es wird klargestellt, dass die Verwaltung des Sondereigentums jedem Wohnungseigentümer selbst obliegt und nicht durch den Verwaltung erfolgt. Unberührt bleibt die individuelle Beauftragung der Verwaltung mit der Sondereigentumsverwaltung durch den Wohnungseigentümer in einem gesonderten Vertrag.

§ 4 Verwaltungsunterlagen

4.1   Die WEG übergibt der Verwaltung bei der Aufnahme ihrer Tätigkeit die der WEG vorliegenden Verwaltungsunterlagen.

4.2   Der Verwaltung ist verpflichtet, die ihr übergebenen Verwaltungsunterlagen unverzüglich zu überprüfen und den Verwaltungsbeirat oder die Wohnungseigentümer unverzüglich auf das etwaige Fehlen zur Verwaltung erforderlicher Unterlagen schriftlich hinzuweisen.

§ 5 Vollmachten der Verwaltung

5.1   Die Verwaltung wird bevollmächtigt und ermächtigt, im Namen und für Rechnung der WEG alle Rechtsgeschäfte, Rechtshandlungen und Erklärungen vorzunehmen, die zur ordnungsmäßigen Verwaltung des gemeinschaftlichen Eigentums und zur Erfüllung der in diesem Vertrag normierten Pflichten der Verwaltung erforderlich sind.

5.2   Die Verwaltung wird bevollmächtigt und ermächtigt, die WEG auch im Verhältnis zu einzelnen Wohnungseigentümern gerichtlich zu vertreten, insbesondere Ansprüche der WEG gegen einzelne Wohnungseigentümer gerichtlich geltend zu machen.

5.3   Die Verwaltung ist bevollmächtigt und ermächtigt, Untervollmacht zu erteilen und im Zusammenhang mit gerichtlichen Verfahren zur Vertretung von Wohnungseigentümern oder der WEG einen auf dem Gebiet des Wohnungseigentums- bzw. Immobilienrechts erfahrenen Rechtsanwalt zu beauftragen, wenn die Wohnungseigentümer keine andere Weisung erteilen.

5.4   Die Verwaltung kann von den Wohnungseigentümern und der WEG die Ausstellung einer der Anlage ... entsprechenden Vollmachtsurkunde verlangen, aus der sich der Umfang ihrer Vertretungsmacht ergibt. Erlischt die Vertretungsmacht, so ist die Vollmachtsurkunde dem Verwaltungsbeirat oder – wenn bereits eine neue Verwaltung bestellt ist – an diese oder hilfsweise an einen Wohnungseigentümer zurückzugeben. Ein Zurückbehaltungsrecht an der Urkunde steht der Verwaltung nicht zu.

5.5   Die Verwaltung ist verpflichtet, von der Vollmacht nur im Rahmen ihrer durch diesen Vertrag begründeten Rechte (insbesondere in Einklang mit der/ dem Teilungserklärung/Teilungsvertrag und der Gemeinschaftsordnung sowie Beschlüssen und Weisungen der WEG) Gebrauch zu machen, auch soweit die Vollmachtsurkunde oder gesetzliche Bestimmungen der Verwaltung im Außenverhältnis zu Dritten weitergehende Rechte einräumen sollte.

§ 6 Vergütung

6.1   Die Verwaltung erhält für die nach diesem Vertrag von ihr zu erbringenden Leistungen eine pauschale monatliche Vergütung von EUR ... (in Worten: ... Euro) je Sondereigentumseinheit einschließlich Umsatzsteuer in jeweils geltender gesetzlicher Höhe **(Pauschalvergütung)**, wobei auch wohnungseigentumsrechtlich (grundbuchlich) selbständige, baulich (z. B. durch einen Wand- oder Deckendurchbruch) jedoch vereinte Wohnungen als nur eine Einheit gelten. Mit der Pauschalvergütung sind sämtliche Leistungen der Verwaltung abgegolten mit Ausnahme derjenigen Leistungen, die in diesem Vertrag ausdrücklich als **Zusatzleistung** bezeichnet sind, welche nach Maßgabe der nachfolgenden Ziff. 6.3 im Einzelfall zusätzlich zu vergüten sind.

6.2   Die Pauschalvergütung ist am Ersten eines jeden Monats im Voraus fällig.

6.3   Soweit Leistungen der Verwaltung in diesem Vertrag ausdrücklich als **Zusatzleistung** bezeichnet sind, werden diese wie folgt vergütet:

6.3.1 Für die Zusatzleistung nach Ziff. 3.3.1 lit. e) erhält die Verwaltung je weitere Wohnungseigentümerversammlung (einschließlich der dort genannten weiteren Leistungen) eine pauschale Vergütung von EUR ... (in Worten: ... Euro) einschließlich Umsatzsteuer in jeweils geltender gesetzlicher Höhe.

6.3.2 Für die Zusatzleistung nach Ziff. 3.3.7 erhält die Verwaltung eine pauschale Vergütung von ... EUR (in Worten: ... Euro) einschließlich Umsatzsteuer in jeweils geltender gesetzlicher Höhe je Veräußerungsfall, wobei diese pauschale Vergütung im Außenverhältnis von der WEG, im Innenverhältnis aber allein vom veräußernden Wohnungseigentümer geschuldet ist. Der vorliegende Verwaltervertrag ändert das Gemeinschaftsverhältnis der Wohnungseigentümer nicht ab.

6.3.3 Alle übrigen in diesem Vertrag als **Zusatzleistung** bezeichneten Leistungen der Verwaltung werden nach tatsächlichem und nachgewiesenem Zeitaufwand der Verwaltung zu einem Stundensatz von
a) EUR ... (in Worten: ... Euro) für den Geschäftsführer der Verwaltung,
b) EUR ... (in Worten: ... Euro) für besonders qualifizierte Mitarbeiter (z.B. Immobilienkaufleute, Immobilienfachwirte) der Verwaltung sowie

c) EUR … (in Worten: … Euro) für sonstige Mitarbeiter der Verwaltung oder für einfache kaufmännische Hilfstätigkeiten (z. B. Akten- und Archivrecherche, Kopier-, Fax-, Scanvorgänge, usw.)

jeweils einschließlich Umsatzsteuer in der jeweils geltenden gesetzlichen Höhe vergütet, wobei die Vergütung für eine Leistung nach Ziff. 3.3.9 h) im Außenverhältnis von der WEG, im Innenverhältnis aber allein vom veranlassenden Wohnungseigentümer geschuldet wird. Der vorliegende Verwaltervertrag ändert das Gemeinschaftsverhältnis der Wohnungseigentümer nicht ab.

6.3.4 Voraussetzung des Anspruchs auf Vergütung einer in diesem Vertrag als Zusatzleistung bezeichneten Leistung der Verwaltung ist – mit Ausnahme einer Zusatzleistung nach Ziff. 3.3.1 lit. e) und Ziff. 3.3.7 – die vorherige schriftliche Ankündigung der Durchführung einer solchen Leistung unter Hinweis auf den entstehenden zusätzlichen Vergütungsanspruch gegenüber dem Verwaltungsbeirat (wenn ein solcher nicht besteht, gegenüber der WEG).

6.3.5 Vergütungen für Zusatzleistungen werden nach Erbringung der Zusatzleistung und mit Stellung einer prüffähigen Rechnung durch die Verwaltung zur Zahlung fällig.

§ 7 Haftpflichtversicherung der Verwaltung

Die Verwaltung ist verpflichtet,

7.1 eine angemessene Haftpflichtversicherung (Deckungsumfang mind. EUR … (in Worten: … Euro) für Personen- und Sachschäden und EUR … (in Worten: … Euro) für Vermögensschäden, jeweils je Schadenfall) gegen etwaige gegen die Verwaltung oder ihre Erfüllungsgehilfen aus oder im Zusammenhang mit der Durchführung dieses Vertrages entstehende Ansprüche abzuschließen (Haftpflichtversicherung) und

7.2 die Haftpflichtversicherung während der gesamten Dauer dieses Vertrages aufrecht zu erhalten und

7.3 alle sie gegenüber dem Versicherer bedingungsgemäß treffenden Obliegenheiten vertragsgemäß zu erfüllen

sowie die Erfüllung dieser Pflichten der WEG jährlich unaufgefordert, auf Nachfrage jederzeit nachzuweisen.

§ 8 Beendigung des Verwaltervertrages

8.1 Im Falle der Beendigung dieses Vertrages – gleich aus welchem Rechtsgrund – ist die Verwaltung verpflichtet, insbesondere alle in der Anlage … nannten Dokumente im Original entweder an den Verwaltungsbeirat oder an die nachfolgende Verwaltung unverzüglich herauszugeben. Gibt es im Zeitpunkt der Herausgabe weder einen Verwaltungsbeirat noch eine Nachfolgeverwaltung, sind die Dokumente bei einem am Ort der Wohnanlage ansässigen Notar … zu hinterlegen. Gleiches gilt hinsichtlich aller erforderlichen und zweckmäßigen Auskünfte, die die WEG oder das gemeinschaftliche Eigentum betreffen. Ein Zurückbehaltungsrecht steht der Verwaltung nicht zu.

8.2 Die Verwaltung ist verpflichtet, alle Unterlagen i.S.d. vorstehenden Absatzes 8.1 geordnet und prüfbar dem Verwaltungsbeirat oder der Nachfolgeverwaltung zu übergeben und auf Verlangen der WEG Rechenschaft über alle Einnahmen und Ausgaben zu legen. Sie ist ferner verpflichtet, diese Unterlagen der WEG oder der Nachfolgeverwaltung zu erläutern.

8.3 Die Verwaltung hat Dritten, insbesondere Banken, Energielieferanten und ggf. Behörden unverzüglich mit Beendigung der Verwaltertätigkeit schriftlich mitzuteilen, dass die Verwaltertätigkeit beendet ist und die ihr erteilten Vollmachten erloschen sind.

§ 9 Sonstiges

9.1 Die Bestimmungen dieses Vertrages gelten entsprechend auch für ein Teileigentum, ein Wohnungserbbaurecht und ein Teilerbbaurecht, soweit sich aus dem Inhalt und dem Zweck einzelner Bestimmungen nichts anderes ergibt.

9.2 Der Verwaltung ist es zur Vermeidung von Interessenkonflikten nicht gestattet, mit der Ausführung von Bauleistungen im Zusammenhang mit der Verwaltung (insbesondere im Rahmen der Instandhaltung, Instandsetzung oder einer etwaigen Modernisierung des gemeinschaftlichen Eigentums) eigene Mitarbeiter oder mit der Verwaltung i.S.d. § 15 AktG verbundene Unternehmen zu beauftragen. Das Recht der Wohnungseigentümer, abweichend hiervon durch vorherigen Beschluss im Einzelfall die Beauftragung der Verwaltung selbst oder mit ihr i.S.d. § 15 AktG verbundener Unternehmen mit der Ausführung von Bauleistungen zu billigen, bleibt unberührt.

9.3 Gerichtsstand für alle Streitigkeiten aus oder im Zusammenhang mit diesem Vertrag ist .... Dies gilt auch für Streitigkeiten nach Beendigung der Verwaltertätigkeit.

9.4 Widersprechen Bestimmungen dieses Verwaltervertrages den Regelungen der Teilungserklärung/des Teilungsvertrages, der Gemeinschaftsordnung oder Beschlüssen der Wohnungseigentümer, so treten die Bestimmungen dieses Vertrages zurück.

9.5 Änderungen und Ergänzungen dieses Verwaltervertrages bedürfen des Beschlusses der Wohnungseigentümer sowie einer entsprechenden schriftlichen Niederlegung zwischen der WEG und der Verwaltung.

9.6 Sollte eine Bestimmung dieses Verwaltervertrages unwirksam sein oder werden, so berührt dies die Wirksamkeit des Vertrages im Übrigen nicht. Es gilt dann anstelle der unwirksamen Bestimmung eine solche wirksame als vereinbart, die dem wirtschaftlichen Zweck der unwirksamen Bestimmung in rechtlich zulässiger Weise am nächsten kommt, soweit nicht die Unwirksamkeit auf der Anwendung der §§ 305 ff. BGB beruht.

§ 10 Anlagenverzeichnis

Die nachfolgend genannten Anlagen sind Bestandteil dieses Vertrages:

Anlage ...

Anlage ...

Anlage ...

§ 11 Unterschriftenzeile

..., den
Verwaltung, vertreten durch ...

..., den
WEG ..., vertreten durch ...

Anlage Verwaltervollmacht

Die Wohnungseigentümergemeinschaft ... (nachstehend „WEG" genannt) erteilt hiermit der Verwaltung ...

Vollmacht

1. alle in Ausführung nach dem Wohnungseigentumsgesetz, des Verwaltervertrages, der Teilungserklärung/des Teilungsvertrages mit Gemeinschaftsordnung nebst Nachträgen und der Beschlüsse der Eigentümerversammlung notwendigen Rechtsgeschäfte und Rechtshandlungen vorzunehmen und die Wohnungseigentümer und die WEG gegenüber Dritten, insbesondere auch Behörden und Gerichten und gegenüber einzelnen Wohnungseigentümern, zu vertreten und in ihrem Namen und für ihre Rechnung zu handeln;

2. alle Willenserklärungen und Zustellungen entgegenzunehmen, soweit sie mit dem gemeinschaftlichen Eigentum zusammenhängen und an Wohnungseigentümer oder die WEG gerichtet sind;

3. die von den Wohnungseigentümern geschuldeten anteiligen Beiträge zu den gemeinschaftlichen Lasten und Kosten des Anwesens beizutreiben und hierbei die WEG gegebenenfalls auch gerichtlich zu vertreten und dabei nach ihrem pflichtgemäßen Ermessen im Einzelfall auf dem Gebiet des Wohnungseigentums-, des Bau- oder des Immobilienrechts erfahrene Rechtsanwälte einzuschalten;

4. alle dringenden Handlungen und Rechtsgeschäfte, aus deren Unterlassung den Wohnungseigentümern oder der WEG Nachteile entstehen können, nach pflichtgemäßem Ermessen vorzunehmen;

5. einen Hausmeister einzustellen und zu entlassen, sowie dessen Lohn festzusetzen und die erforderlichen Geräte und Werkzeuge zu beschaffen;

6. Beschlüsse nach § 18 WEG, wenn erforderlich, herbeizuführen;

7. Bankkonten zu eröffnen und aufzulösen;

8. alle Zahlungen und Leistungen zu erbringen und entgegenzunehmen, die mit der Verwaltung des gemeinschaftlichen Eigentums zusammenhängen;

9. Erklärungen abzugeben, die zur Herstellung einer Fernsprech- oder Antennenanlage oder Energieversorgung zugunsten der WEG oder einzelner Wohnungseigentümer erforderlich sind;

..., den

WEG ..., vertreten durch ...:

III. Leistungsverzeichnis für Hausmeistertätigkeiten

Objekt: ...

Reinigungsdienst innen	
Kehren der Bodenbeläge, Schmutzaufnahme vor dem Wischgang, feuchtes Wischen der Bodenbeläge, Handläufe abwischen, Spinnweben entfernen, Heizkörper, Fensterbretter, Brüstungen, Schalter, Briefkästen feucht abwischen, an gemeinschaftlichen Türen wie Eingangs-, Hof- und Schleusentüren Griffspuren entfernen, Treppenhaus von Papier und sonstigem Unrat befreien, feuchtes Reinigen der Laubengänge, Schmutzteppiche im Eingangsbereich reinigen, Fahrstuhlkabinen und deren Türen innen und außen reinigen.	**1 × wöchentlich**
Lichtblenden und Beleuchtungskörper außen und innen reinigen, Kellergänge und gemeinschaftliche Räume kehren, teils feucht wischen, technische Räume wie Heizungs-, Zähler- und Lüftungsräume kehren, teils feucht wischen, Wasch-/Trockenräume, Fahrrad- und Kinderwagenabstellräume kehren, teils feucht wischen soweit freigeräumt, Sockelleisten, Wangen und Untersicht der Marmorstufen reinigen, Fensterbänke des Treppenhauses außen reinigen	**1 × monatlich**
Treppenhausfenster und Glastüren allseitig, soweit ohne Gefährdung erreichbar, reinigen, inkl. Rahmen	**4 × jährlich**
Reinigungsdienst außen	
Befestigte und unbefestigte Flächen von Papier und sonstigem Unrat befreien	**3 × wöchentlich**
Unkraut, soweit unansehnlich, bei den Zuwegen zum Eingangsbereich entfernen Hauszugänge, Zufahrten, PKW-Plätze und Wege manuell kehren, große Hofflächen bzw. Parkplätze mit Kehrsaugmaschine oder manuell kehren	**1 × wöchentlich**
Fußroste herausnehmen und reinigen, soweit herausnehmbar. Wassereinläufe, Gullys von Schmutz (Laub, Papier und Unrat) befreien, Schlammeimer entleeren	**1 × mtl. oder im Bedarfsfall**
Winterdienst vom 1. 11.–31. 3.	
Räumung des Schnees nach den derzeit gültigen Bestimmungen der Gemeindereinigungssatzung, Streuen der Verkehrsfläche mit Salz oder abstumpfenden Mitteln zur Vermeidung von Schnee- und Eisglätte, Entfernen des Streugutes im Rahmen der Außenreinigung.	**im Bedarfsfall**

Gartenpflege von April–Oktober	
Papier, Steine und sonstigen Unrat aus Gartenanlage beseitigen und auf gepflegten Gesamtzustand achten,	1 × wöchentlich
Efeu beschneiden,	
Laub im Spätherbst oder Frühjahr aus Gartenanlage rechen,	1 × jährlich
Büsche schneiden (Formschnitt),	
Rasen mähen (während der Saison),	
Spielplatzanlagen und Sandkasten sauber- und von Unkraut freihalten, Sand auflockern,	
Beseitigung der Gartenabfälle in die hauseigenen Mülltonnen oder Komposter, Schnittgut durch Abfuhr zur Deponie.	im Bedarfsfall
Haustechnik	
Überprüfung der elektrischen Einrichtungen wie Schalter, Klingelanlagen, Beleuchtung und Sicherungen, Überprüfung der mechanischen Einrichtungen wie Türschließautomaten, Zylinder, Federbänder, Schlösser, Feuerhemmtüren, Überprüfung der Liftanlage, Stockwerktüren auf Laufruhe, Geräusche. Die Prüfung entbindet den Auftraggeber bei Personenaufzügen nicht von der Pflicht, zusätzlich einen Aufzugswärter gem. § 12 BetrSichV zu bestellen.	3 × wöchentlich
Inspektion der gesamten haustechnischen Einrichtungen im Gemeinschaftsbereich anhand einer Checkliste, Behebung von kleineren Mängeln, max. je Vorgang eine halbe Stunde. Überprüfung des gesamten sanitären Bereichs auf Undichtigkeiten im Rohrleitungssystem, tropfende Ventile, Oberteile, Stopfbuchsen, Mischer, Siphons, Anschlüsse, Waschbeckenverstopfungen im Gemeinschaftsbereich.	1 × wöchentlich
Überwachung der zum Anwesen gehörenden Regen-, Fall- und Grundleitungen auf Verstopfung, Reinigung der Schlammeimer, Fangkörbe und Siebe – soweit erreichbar.	1 × monatlich
Pflege und Überwachung der Tiefgaragenanlage	
Überprüfung der Abluftanlagen und Garagenbeleuchtung,	3 × wöchentlich
Überprüfung der Notausgänge, Notausgangsbeleuchtung, Warnschilder,	
Tiefgaragenzufahrten reinigen,	1 × wöchentlich
Fahrstraßen der Garagen reinigen,	1 × monatlich
Bodenrinnenabläufe, Türen, Tore, Notausgänge, Schalter und Feuerlöscher reinigen,	4 × jährlich
Überprüfung der Tiefgaragengullys, Reinigung der Schlammeimer.	im Bedarfsfall
Bedienung der Heizungsanlage	
Nach Übergabeprotokoll und technischen Vorschriften des Herstellers Heizungsanlagen bedienen, Brenner auf Funktion überprüfen, Kesselthermostat und Temperaturen nach Jahreszeiten regeln, Nachtabsenkung, Zeituhren einregeln und beobachten, Wasserdruckmanometer beobachten, Druck sicherstellen, Wasser auffüllen.	1 × wöchentlich

Notdienst	
Tag und Nacht, auch sonn- und feiertags telefonische Erreichbarkeit als Notdienst. Der Notdienst ist abrufbar bei Wasserrohrbruch, Heizungsausfall, Kanalverstopfung, Stromausfall und sonstigen wirklichen Notfällen. Notdienst-Reparaturen werden sofort beauftragt, wenn Gefahr in Verzug ist. Zuständige behördliche oder fachliche Stellen werden, wenn notwendig, in Kenntnis gesetzt und beauftragt. Der Notdienstmonteur hilft weitere Schäden abzuwenden. Dem Auftraggeber wird Bericht erstattet.	**im Bedarfsfall**

IV. Wirtschaftsplan

MUSTER – Hausverwaltung · Musterring 1 · 55 555 Musterstadt

Musterstadt, 2. 4. 2009
Objekt 00320
WEG Musterring 1

55555 Musterstadt

MUSTER-Hausverw. · Musterring 1 · 55 555 Musterstadt

Eigentümernr. 0032001
Eheleute
Marion und Michael Mustermann
Musterstraße 7

55555 Musterstadt

Wirtschaftsplan vom 1. 1. 2010 bis 31. 12. 2010
Erläuterungen zu den Verteilungsschlüsseln (VTS)*

(1) Gesamt-qm Wohnfläche (QM) 6.781
(2) Anzahl Wohnungen (WG) 78
(3) Nutzer Kabel-TV (TV) 48
(4) Miteigentumsanteile (MEA) 100.000

Umlagefähige Kosten **

Konto	Kostenart	Gesamtkosten	VTS		Ihr Anteil
0004000	Gebäudeversicherung	15.500,00	70,84	QM (1)	161,91
0004010	Haftpflichtversicherung	3.000,00	70,84	QM (1)	31,34
0004020	Glasversicherung	3.500,00	70,84	QM (1)	36,56
0004110	Straßenreinigung	700,00	70,84	QM (1)	7,31
0004120	Abfallbeseitigung	6.500,00	70,84	QM (1)	67,90
0004130	Abwassergebühren	11.700,00	70,84	QM (1)	122,21
0004200	Hausmeister	14.000,00	70,84	QM (1)	146,24
0004210	Hausreinigung	8.000,00	70,84	QM (1)	83,56
0004220	Pflege Außenanlage	3.000,00	70,84	QM (1)	31,34
0004300	Heizkosten***	35.000,00	70,84	QM (1)	365,59
0004310	Allgemeinstrom	7.500,00	70,84	QM (1)	78,34
0004320	Wasser	13.300,00	70,84	QM (1)	138,93
0004400	Wartung/TÜV Aufzug	6.500,00	70,84	QM (1)	67,90
0004430	Wartung Notstrom/				
	Feuer etc.	5.500,00	70,84	QM (1)	57,45
0004480	Kabel-TV	2.500,00	1,00	TV (3)	52,08

Zwischensumme umlagefähige Kosten		136.200,00			1.448,66

Nicht umlagefähige Kosten**

Konto	Kostenart	Gesamtkosten	VTS		Ihr Anteil
0004500	Verwalterhonorar	21.000,00	1,00	WG (2)	269,23
0004510	administrative Kosten	800,00	451,00	MEA (4)	3,61
0004600	Allgemeine Instandhal-				
	tung	15.000,00	451,00	MEA (4)	67,65

Konto	Kostenart	Gesamtkosten	VTS		Ihr Anteil
0004700	Anschaffungen	5.000,00	451,00	MEA (4)	22,55
0004800	Einnahmen Mobilfunk	–3.500,00	451,00	MEA (4)	–15,79
0004860	Rücklagenzuführung	25.500,00	451,00	MEA (4)	115,01

Zwischensumme nicht umlagefähige Kosten 63.800,00				462,26

Gesamtkosten:		200.000,00		1.910,92

Die neue monatliche Vorauszahlung beträgt EUR 160,00.

Empfänger: WEG Musterring 1
Konto-Nr.: 999–999
Institut: Musterbank
BLZ: (999 999 99)

   * Es wird unterstellt, dass die Schlüssel QM, TV und WG nach § 16 Abs. 3 WEG beschlossen wurden, während im Übrigen die Gemeinschaftsordnung als Verteilungsschlüssel MEA vorsieht.
   ** Trennung umlagefähiger u. nicht umlagefähiger Kosten auch beim Wirtschaftsplan empfehlenswert.
   *** Aufbringung Heizkosten nach allgemeinem Verteilungsschlüssel (hier m^2), nicht Vorjahresverbrauch.

V. Muster einer Jahresabrechnung

Marion u. Michael Mustermann
Musterstr. 7
55 555 Musterstadt

Jahresabrechnung Objekt Musterring 1 vom 1. 1. 2009 bis 31. 12. 2009

Sehr geehrte Frau Mustermann, sehr geehrter Herr Mustermann,
in der Anlage erhalten Sie zur Vorbereitung der Eigentümerversammlung am ......
die Jahresabrechnung für das Kalenderjahr 2009. Der Guthabenbetrag wird fällig, sobald
die Eigentümerversammlung die Jahresabrechnung mehrheitlich beschlossen hat. Wir
weisen aber darauf hin, dass aus dem Kalenderjahr 2008 noch ein Nachzahlungsbetrag
i. H. v. 120,– EUR und das Wohngeld für März 2010 i. H. v. 600,– EUR zur Zahlung
offen stehen. Sollten Sie bis zur Fälligkeit des aus der Jahresabrechnung folgenden Gut-
habens diese Fehlbeträge nicht ausgeglichen haben, werden wir entsprechende Aufrechnung vornehmen.
Die Belege und sämtliche Einzelabrechnungen können zwei Stunden vor der Eigentümerversammlung im Versammlungssaal eingesehen werden und liegen auch während
der Versammlung aus.

Mit freundlichen Grüßen

Ihre Hausverwaltung

MUSTER – Hausverwaltung · Musterring 1 · 55555 Musterstadt

Jahresabrechnung

Musterstadt, __.__.____
Objekt 00320
WEG Musterring 1
55555 Musterstadt
Eigentümernr. 0032001

MUSTER-Hausverw. · Musterring 1 · 55555 Musterstadt

Eheleute
Marion und Michael Mustermann
Musterstraße 7

55555 Musterstadt

Wohngeldabrechnung vom 1. 1. 2009 bis 31. 12. 2009

Erläuterungen zu den Verteilungsschlüsseln (VTS)

(1)	Gesamt-qm Wohnfläche	(QM)	6.781
(2)	Anzahl Wohnungen	(WG)	78
(3)	Nutzer Kabel-TV	(TV)	48
(4)	Miteigentumsanteile	(MEA)	100.000

Umlagefähige Kosten

Konto	Kostenart	Gesamtkosten	VTS		Ihr Anteil
0004000	Gebäudeversicherung	14.795,00	70,84	QM (1)	154,54
0004010	Haftpflichtversicherung	2.835,00	70,84	QM (1)	29,61
0004020	Glasversicherung	3.270,00	70,84	QM (1)	34,16
0004110	Straßenreinigung	615,00	70,84	QM (1)	6,42
0004120	Abfallbeseitigung	7.440,00	70,84	QM (1)	77,72
0004130	Abwassergebühren	12.625,00	70,84	QM (1)	131,88
0004200	Hausmeister	15.107,00	70,84	QM (1)	157,80
0004210	Hausreinigung	7.833,00	70,84	QM (1)	81,82
0004220	Pflege Außenanlage	2.557,00	70,84	QM (1)	26,71
0004310	Allgemeinstrom	7.107,00	70,84	QM (1)	74,24
0004320	Wasser	12.962,00	70,84	QM (1)	135,40
0004400	Wartung/TÜV Aufzug	7.414,00	70,84	QM (1)	77,44
0004430	Wartung Notstrom/ Feuer etc.	4.500,00	70,84	QM (1)	47,01
0004480	Kabel-TV-Gebühren	2.557,00	1,00	TV (3)	53,27
Zwischensumme		101.617,00			1.088,02

Heiz- u. Warmwasserkostenabrechnung 2009

0004999	lt. Abrechnung Messwert AG	26.376,97			202,46
Zwischensumme umlagefähige Kosten		127.993,97			1.290,48

MUSTER – Hausverwaltung · Musterring 1 · 55555 Musterstadt

Eigentümernr. 0032001

Nicht umlagefähige Kosten

Konto	Kostenart	Gesamtkosten	VTS		Ihr Anteil
0004500	Verwalterhonorar	20.452,00	1,00	WG (2)	262,21
0004510	administrative Kosten	691,00	451,00	MEA (4)	3,12
0004600	Allgemeine Instandhaltung	10.145,00	451,00	MEA (4)	45,75
0004610	Instandhaltung Aufzug	3.286,00	451,00	MEA (4)	14,82
0004700	Anschaffungen	5.415,00	451,00	MEA (4)	24,42
0004800	Einnahmen Mobilfunk	–3.068,00	451,00	MEA (4)	–13,84
0004860	Rücklagenzuführung	25.565,00	451,00	MEA (4)	115,30
0004865	Zinserträge Festgeld	–10.000,00	451,00	MEA (4)	–45,10
0004870	Abgeltungssteuer Zinsen	2.500,00	451,00	MEA (4)	11,28
0004871	Solidaritätszuschlag	137,50	451,00	MEA (4)	0,62
0004875	Zinsen an Rücklage	7.362,50	451,00	MEA (4)	33,20
0004880	Kosten Dachsanierung	112.485,00	451,00	MEA (4)	507,31
0004885	Sachverständiger, Bauleitung	10.225,00	451,00	MEA (4)	46,11
0004890	Entnahme Rücklage Dachsanierung/Bauleitung	–122.710,00	451,00	MEA (4)	–553,42
Zwischensumme nicht umlagefähige Kosten		62.486,00			451,78

Gesamtkosten:	190.479,97		1.742,26
– Istvorauszahlung			2.197,00

Es ergibt sich eine Rückerstattung von   EURO 454,74

Diese Abrechnung wurde maschinell erstellt und ist ohne eigenhändige Unterschrift gültig.

Eheleute
Marion und Michael Mustermann
Musterstraße 7

55555 Musterstadt

Objekt 00 320 WEG Musterring 1,
55555 Musterstadt
Buchungsjahr 1. 1. 2009 bis 31. 12. 2009
Egt. Nr. 0032001

Entwicklung der Instandhaltungsrücklage (Soll)

Umlagefaktoren

Konto		Gesamtbeiträge
0002000	**Instandhaltungsrücklage per 1. 1. 2009**	**250.000,00**
0002005	Zuführung lt. Wirtschaftsplan	25.565,00
0002006	Zinserträge netto	7.362,50
	Summe Zugänge	**32.927,50**
0002010	Dachsanierung	112.485,00 *
0002015	Sachverständiger, Bauleitung	10.225,00 *
	Summe Abgänge	**122.710,00**
	Instandhaltungsrücklage per 31. 12. 2009	**160.217,50**
	Zinsertrag gesamt	**10.000,00** **
	incl. Abgeltungssteuer auf	*2.500,00* **
	incl. Solidaritätszuschlag	*137,50* **

Hinweis für Ihre Steuererklärung

* Beträge sind steuerlich abzugsfähig bei Einkunftserzielung aus Vermietung und Verpachtung
** Beträge sind bei Antrag auf Veranlagung zu versteuern bzw. anrechnungsfähig.

Entwicklung der Instandhaltungsrücklage (Ist)

Umlagefaktoren

Konto		Gesamtbeiträge
0002000	**Instandhaltungsrücklage per 1. 1. 2009**	**250.000,00**
0002005	Zuführung Geldanlage	20.565,00
0002006	Zinserträge netto	7.362,50
	Summe Zugänge	**27.927,50**
0002010	Dachsanierung	112.485,00 *
0002015	Sachverständiger, Bauleitung	10.225,00 *
	Summe Abgänge	**122.710,00**
	Instandhaltungsrücklage per 31. 12. 2009	**155.217,50**
	Zinsertrag gesamt	**10.000,00** **
	incl. Abgeltungssteuer	*2.500,00* **
	incl. Solidaritätszuschlag	*137,50* **

Hinweis für Ihre Steuererklärung

* Beträge sind steuerlich abzugsfähig bei Einkunftserzielung aus Vermietung und Verpachtung
** Beträge sind bei Antrag auf Veranlagung zu versteuern bzw. anrechnungsfähig.

WEG Musterring 1, 55555 Musterstadt

Jahresabrechnung 2009 – Entwicklung Bankkonten

Saldo Girokonto per 1. 1. 2009		€	1.990,97
zzgl. Einnahmen aus Hausgeldvorauszahlungen		+ €	201.989,00
zzgl. Erlöse lt. Gesamtabrechnung		+ €	3.068,00
zzgl. Kosten 2009 in 2010 bezahlt (EUR 3.000 Gas 12/2009 – EUR 1.500 Wärmedienst 2009)		+ €	4.500,00
zzgl. Ausgleich Nachzahlungssalden Vorjahr		+ €	1.000,00
zzgl. Vorauszahlungen 01/2010 in 12/2009 erhalten		+ €	2.000,00

abzgl. Auszahlungen für Bewirtschaftungskosten:				
– Bewirtschaftungskosten lt. Gesamtabrechnung	€ 190.479,97			
zzgl. Erlöse lt. Gesamtabrechnung	+ € 3.068,00			
abzgl. Zuführung Instandhaltungsrücklage (Sollverbuchung)	./. € 25.565,00	./.	€	167.982,97

abzgl. Übertrag Liquiditätsüberschuss an Festgeldkonto (*)	./.	€	20.565,00
abzgl. Kosten 2008 in 2009 bezahlt (EUR 3.500 Gas 12/2008 – EUR 1.500 Wärrmedienst 2008)	./.	€	5.000,00
abzgl. Ausgleich Guthabensalden Vorjahr	./.	€	9.000,00
Saldo Girokonto per 31. 12. 2009		**€**	**12.000,00**

Saldo Festgeldkonto per 1. 1. 2009		€	250.000,00
zzgl. Einnahmen aus Übertrag von Girokonto (*)	+	€	20.565,00
zzgl. Zinserträge netto (**)	+	€	7.362,50
abzgl. Ausgaben Sanierung Dach	./.	€	122.710,00
Saldo Festgeldkonto per 31. 12. 2009		**€**	**155.217,50**

  * Übereinstimmung mit Rücklagenzuführung gemäß Wirtschaftsplan nicht zwingend
** alternativ Bruttodarstellung: Zinsertrag brutto als Einnahme/Abgeltungssteuer als Ausgabe wie in Darstellung Rücklagenentwicklung mit Einzelanteilsberechnung

WEG Musterring 1, 55555 Musterstadt

Vermögensstatus per 31. 12. 2009

Saldo Girokonto		€	12.000,00
Saldo Festgeldkonto	+	€	155.217,50
zzgl. Forderungen/Aktive RAP:			
rückständige Hausgeldvorauszahlungen ehemaliger Miteigentümer	+	€	6.000,00
offene Salden Vorjahresabrechnung (Abrechnungsspitzen bei Eigentümerwechseln/			
Zwangsverwaltung/Insolvenzverwaltung)	+	€	7.009,00

abzgl. Verbindlichkeiten/Passive RAP:			
Gaslieferung 12/2009	./.	€	3.000,00
Gebühren Wärmedienst (Heizkostenabrechnung) 2009	./.	€	1.500,00
Hausgeldvorauszahlungen 2010 in 2009 vereinnahmt	./.	€	2.000,00
Guthaben Wohngeldabrechnung 2009	./.	€	11.509,03
Restguthaben Vorjahre noch nicht ausgezahlt	./.	€	2.000,00
abgestimmtes Vermögen		**€**	**160.217,47**
Soll-Rücklagevermögen per 31. 12. 2009		**€**	**160.217,50**
Abstimmungsdifferenz durch Rundungen	./.	**€**	**0,03**

Objekt: WEG Musterring 1, 55555 Musterstadt　　Objekt-Nr. 320
Buchungsjahr: 1. 1. 2009 bis 31. 12. 2009

Summe Einzelabrechnungen (Saldenliste)

Eigentümer	Umlage-fähige Kosten	Individuelle Heizkosten	n. umlagef. Kosten	Gesamt-kosten	Hausgeld Istvorausz.	Saldo Wohnung
0 032 001 Mustermann	1.088,02	202,46	451,77	1.742,26	2.197,00	454,74
0 032 002 Mustermann	2.752,16	215,06	990,23	3.957,45	4.823,00	865,55
0 032 003 Mustermann	1.779,19	281,72	808,69	2.869,60	3.282,00	412,40
0 032 004 Mustermann	611,08	164,00	600,17	1.375,25	1.448,00	72,75
0 032 005 Mustermann	611,08	208,73	600,17	1.419,98	1.448,00	28,02
0 032 006 Mustermann	926,06	346,84	663,23	1.936,13	1.970,00	33,87
0 032 007 Mustermann	979,33	105,01	663,23	1.747,57	2.025,00	277,43
0 032 008 Mustermann	1.267,85	233,60	729,60	2.231,05	2.516,00	284,95
–	–	–	–	–	–	–
–	–	–	–	–	–	–
–	–	–	–	–	–	–
–	–	–	–	–	–	–
–	–	–	–	–	–	–
–	–	–	–	–	–	–
–	–	–	–	–	–	–
–	–	–	–	–	–	–
–	–	–	–	–	–	–
–	–	–	–	–	–	–
0 032 076 Mustermann	1.693,07	741,73	1.180,22	3.615,02	3.577,00	–38,02
0 032 077 Mustermann	4.675,76	1.444,17	2.276,90	8.396,83	8.865,00	468,17
0 032 078 Mustermann	1.477,48	421,28	765,78	2.664,54	2.840,00	175,46
Summen	**101.617,00**	**26.376,97**	**62.486,00**	**190.479,97**	**201.989,00**	**11.509,03**

VI. Beschluss-Sammlung

lfd. Nr. der Beschlüsse	Beschlussinhalt	Ort, Datum der Eigentümer- versammlung	Anmerkungen: Datum der gerichtlichen Anfechtung, Aufhebung, Zweitbeschluss	Datum der Eintragung

Hinweise zur Beschluss-Sammlung

1) Es sind nur verkündete Beschlüsse aufzunehmen.
2) Die Beschlüsse sind fortlaufend zu nummerieren.
3) Zweitbeschlüsse, die einen früheren Beschluss aufheben oder verändern, werden unter Hinweis auf die Beschlussnummer des Zweitbeschlusses hinter dem Erstbeschluss vermerkt oder selbst durchgestrichen.
4) Die gerichtliche Anfechtung eines Beschlusses wird mit Datum der Anfechtungsschrift vermerkt.
5) Die gerichtliche Entscheidung über die Beschlussanfechtung wird mit Tenor vermerkt, und zwar je Instanz.
6) **Alle Eintragungen sind mit dem Datum ihrer Eintragung zu versehen.**
7) Der Verwalter sollte sich die Einsichtnahme von der einsichtnehmenden Person quittieren lassen, insbesondere wenn es sich um einen Erwerber handelt.

Sachregister

(fette Buchstaben bezeichnen Hauptkapitel; Zahlen verweisen auf Randnummern)